中山大学哲学系　主编

朱谦之全集

卷六

文化哲学

（二）

扶桑国考证
文化社会学
比较文化论集
文章辑录

创于1897 商务印书馆 The Commercial Press

本卷册二目录

扶桑国考证

——哥仑布前一千年中国僧人发现美洲说之讨论

1940年，朱谦之先生于《读书知识》第1卷第4、5期合刊上发表《哥仑布前一千年中国僧人发现美洲说》，引言谓：“我因对于这个问题发生兴趣，近来研究结果，写成一本专书”，“在此书尚未发表以前，愿将研究的结论，简明的叙述如下”。这部专书于次年（1941）由香港商务印书馆出版，名曰《扶桑国考证》。作者随后对此书加以修订，连载于《现代史学》第4卷第4期（1942）、第5卷第2期（1943），题名《哥仑布前一千年中国僧人发现美洲说》[1]，并由国立中山大学研究院文科研究所于1945年出版单行本。

福建本将本作收入第七卷，附于《比较文化论集》之后，并加编者注云：“1941年商务印书馆（香港）出版单行本《扶桑国考证》，后作者又作进一步修订和充实，发表于《现代史学》杂志第四卷第四期和第五卷第二期，并由国立中山大学研究院文科研究所出版发行单行本（1945）。现稿由这几种版本合校而成，并以注释的方式将作者于晚年所作的增补补入。……”但因1942—1945年的《哥仑布前一千年中国僧人发现美洲说》刊布于抗战播迁之时，条件所限，校对不佳，且删去了原版诸多重要图表。此次整理，仍以1941年香港商务印书馆版《扶桑国考证》为底本，校以晚出诸本。

——编者

① 1942年刊出部分，标题作“发见”，1943年刊出部分，标题作“发现”。——编者

目　录

自　　序

世界文化体系，依斯宾格勒（Spengler）著《西欧之没落》第二卷中，分为九个高等文化，即（一）埃及文化，（二）巴比仑文化，（三）印度文化，（四）中国文化，（五）希腊罗马文化，（六）阿拉伯文化，（七）墨西哥文化，（八）西欧文化，（九）俄罗斯文化，墨西哥文化即为九个高等文化之一。又汤俾（Toynbee）[①] 在《历史研究》第一册中，分世界文化为二十一单位，其中如安达（Andean）文化，马耶（Mayan）文化，俞加达（Yucatic）文化，墨西哥（Mexico）文化四单位，皆为美洲原住民文化，而以墨西哥文化为中心，虽然这一系文化不久中绝，但溯其来源，实中国的文化所传播。墨西哥即中国古所称“扶桑”（Fou-Sang），这是很值得我们去注意讨论的。

美洲古代文化所受中华文化的影响，实较欧洲为先，这在外国学者知之甚详。从一七五二年法国汉学元祖歧尼（De Guignes）提出“纪元五世纪中国僧人发现美洲说”以后，此问题的讨论，已历一百六十年之久；参加论争的有法、美、俄、德、英、意、荷、日、印度各国学者；参加著作据戈尔逖（Cordier）《中国学书目》（*Bibliotheca Sinica*）所列重要论文及专书，有三十余种，批评尚不在内，却是在这些论著里，竟没有中国人的一篇，这真煞是怪事。近来中国学者因墨西哥、秘鲁各国，陆续掘得汉文的古碑、古砖、古钱、

① “汤俾”，又译“陶俾”“陶因贝”。——编者

古装雕刻，似亦稍知注意及此，然而零星小著，不过借作谈资，其能组成系统，成一家言者，实尚未见，不得不认为遗憾。

我对于这问题的研究，从构思以至脱稿，费时乃在一年以上，初意不过介绍关于此问题研究的成绩，积久竟成长篇，而且从文献学、民俗学、考古学三方面的史料搜集和批评的结果，竟得到和歧尼、文宁（Vining）相同的正面结论，而证据确凿，方法亦求严密，真非初料之所及。我很荣幸，历史的一段真实，竟为我而重新发现，然而抱着更大希望的，就是本书发表，能够引起人们更大注意，对此问题更加深一层的研究，否定它或完成它。

还有本书能够早日问世，应该感谢商务印书馆和王云五先生。几幅插图和讲稿，陈翊湛兄，何绛云女士皆与有功，谨此致谢。

中华民国二十九年六月十四日序于国立中山大学，朱谦之

一

一四九二年哥仑布（Christopher Columbus）发现美洲，这一次在地理上的大发见，将所有以前历史的面目，完全为之改观，然就其此次远航的动机，据其所述，即已明言为寻求《马哥波罗游记》（*The Travels of Marco Polo*）中所载之“契丹”（Cathay）[①]，此事人尽皆知，已无须证明。但更可注意的，就是在哥仑布以前约一千年，从中国起程的僧人，已经航行到美洲之西，即今墨西哥地方，此则知之者尚少，有加以详细叙述的必要。

一七五二年，法国的汉学元祖歧尼（De Guignes）在中国古史里面，发见了新奇的问题，于一七六一年报告文史学院（Académie des Inscriptions et Belles-Lettres），谓其寻究中国古史，曾发见纪元后五世纪，已有中国僧人至扶桑国，扶桑即今美洲之墨西哥云云。此说一经宣布，便发生很大的影响，使我们知道一千年前的无名的哥仑布，已经很早发见了美洲，当然很值得学界注意的问题了。因此西方学者，对此问题的反复讨论，著成许多专书或论文，讨论的时间从一七六一年至一九二一年，约一百六十年之久。现在试将法国汉学家戈尔逖（Henri Cordier）所著《中国学书目》（*Bibliotheca Sinica*）第四册页二六五四至二六五八、三二一八，第五册页四二四七所录关于

① 详见 Yule: *Cathay and Way Thither*, Vol. Ⅰ, p. cxix, Preliminary Essay 114, “Cathay sought by Columbus”, p. cxxxiv, Preliminary Essay 111。张星烺：《中国交通史料汇篇》第二册页三七五至三八二，托斯加内里致科伦布第二书与科伦布纪程序文。

慧深（Hwui Shan）与扶桑问题（Question du Fou-Sang）注意一下，便知道这个从来不为我们国人所注意的“哥仑布前一千年中国僧人发见美洲说”是有如何值得我们重新研究的价值了。其重要文献如下：

（一）一七五二年八月二十八日岐尼（De Guignes）与宋君荣（le P. Gaubil）书讨论《文献通考》（“Voir les passages relatifs aux extraits du Wen-hian-toung-kao”），见 *Panth. Litt.* 第四页六四。又一七五五年十月三十日宋君荣从北京与岐尼书，见同书页七一至七二。同年十一月三日宋君荣书，见同书页七三至七五。

（二）岐尼著《中国人之美洲海岸航行及住居亚洲远东之几个民族的研究》（“Recherches sur les Navigations des Chinois du côté de l'Amérique, et sur quelques peuples situés à l'extrémité orientale de l'Asie”），见一七六一年《学院纪录》（*Rec. de l'Académie des Inscripions, Mémoires*）第二十八卷页五〇三至五二五。又报告大纲见一七五三年七月，巴黎发行之《历史报》（*Journal historique*）七十四期页四三至四八。

（三）克拉卜洛特（J. Klaproth）——《关于中国文献中所载之扶桑国竟被误认为美洲一部之说的研究》（“Recherches sur le pays de Fou Sang mentionné dans les livres Chinois et pris mal à propos pour une partie de l'Amérique”），见《旅行新年鉴》（*Nouvelles Annales des Voyages*）二十一卷第二类一八三一年刊页五三至六八。

（四）巴拉维（Paravey, Chev. de）——《美洲之名扶桑，五世纪中国史中曾否引证》（*L'Amérique, sous le nom de pays de Fou-sang, est-elle citée, dès le 5e Siècle de notre ère, dans les grandes annales de la Chine, et, dès lors, les Samanéens de l'Asie centrale et du Caboul*, y outils porté le bouddhisme, ce qu'a crer voir le Célèbre M. De Guignes, et ce qu'out nié Gaubil, Klaproth et M. de Humboldt? Discussion ou Dissertation abrégée, ou l'Affirmative est prouvée)。这是一八四四年在巴黎出版的二十七页的小册子，大纲曾载于一八四四年二月《基督教哲学年鉴》(*Annales de philosophie Chrétienne*)。

（五）巴拉维——《中国书籍中所载扶桑即美洲的新证据》(*Nouvelles preuves que le pays du Fou-sang mentionné dans les livres Chinois est l'Amérique*)十三页的小册子，大纲见一八四七年六月《基督教哲学年鉴》。又关于扶桑问题，巴拉维所著尚有《美洲之原始亚洲住民》("Origine Asiatique d'un peuple de l'Amérique"，共七页)及一八三五年、一八三八年之小册子，均在巴黎出版，大纲见《基督教哲学年鉴》。

（六）《驳若马尔亚洲无关于美洲民族之记载说》("Réfutation de l'opinion émise par M. Jomard, que les peuples de l'Amérique n'ont jamais en aucun rapport avec ceux de l'Asie")共七页，大纲见《基督教哲学年鉴》一八四九年五月，又若马尔说见《地理会报》(*Société de Geographie*)一月十九号卷首。

（七）留曼(Karl Friedrich Neumann)——《东亚洲与西美洲，关于第五、六、七世纪中国人的发见》("Ostasien und Westamerika Nach chinesischen Quellen aus dem fünften, sechsten und siebenten Jahrhundert")，见一八六四年柏林发行 *Zeitschrift f. Allg. Erdkunde* 第十四卷页三〇五至三三〇。案留曼为米尼克(Munich)大学教授，此篇实以较长的记录，证实歧尼之说，谓扶桑即今之墨西哥云。

（八）培累斯(Jose Pérez)——《关于古代美洲与欧、亚、非各洲民族关系的报告》("Mémoire sur les relations des anciens Américains avec les peuples de l'Europe, de l'Asie et de l'Afrique")，见一八六二年《东方与美洲杂志》(*Revue orientale et américaine*)第八卷页一六二又论文四页一六二与三〇〇。

（九）爱赫塔（M. Gustave d'Eichthal）——《原始佛教徒与美洲文化的研究》（*Étude sur les Origines Bouddhiques de la Civilisation Américaine*）一八六五年在巴黎发表，共八十六页，第一部分载于《古物学杂志》（*Revue Archéologique*）。

（一〇）哥德罗（Godron）——《佛教徒于基督纪元五世纪传道美洲说》（"Une mission bouddhist en Amérique au Ve siècle de l'ère chrétienne"），案哥德罗博士为南锡（Nancy）科学界之权威，此文见一八六八年旅行年鉴（*Annales des Voyages*）第四册页六至二〇。

（一一）艾尔卫（M. le Marquis d'Hervey de Saint-Denys）——《关于古代中国所记扶桑国的几种未经考订的同样证据的报告》（*Mémoire sur la pays connu des anciens Chinois sous le nom de Fou-sang, et sur quelques documents inédits pouvant servir à l'identifier*），巴黎国立印刷所发行，共十七页，案此书为文史学院之简单报告书，曾译载《梁四公记》杰公语。

（一二）阿丹（Lucien Adam）——《扶桑说》（"Du Fousang"），见一八七五年南锡与巴黎发表之《美国国际公论》（*Congrès international des Américanistes*）页一四四至一六三。

（一三）《斯文杂志》（*Gentleman's Magazine*）——《谁发见了美洲，四世纪以前中国人已知有新大陆之证明》（"Who discovered America, Evidence that the new world was known to the Chinese fourteen hundred year ago"），此文转载于一八七〇年《中国记录》（*Chinese Recorder*）五月号页三四四至三四五。

（一四）布利侧耐德（E. Bretschneider）——《扶桑或谁发见了美洲》（"Fu-sang, or who discovered America"），此文草于一八七〇年六月十三日，载于《中国记录及传教师杂志》（*Chinese Recorder and Missionary Journal*）三卷，一八七〇年十月刊页一一四至一二〇，对于歧尼及留曼之说，大加攻击。

（一五）李南得（Charles G. Leland）:《扶桑或五世纪中国佛教徒发见美洲说》（*Fusang or the Discovery of America by Chinese Buddhist Priests in the Fifth Century*），一八七五年在伦敦出版，共页XIX至二一二，案此小册子实赞同歧尼及其师留曼（Neumann）教授之说。

（一六）布利侧耐德（E. Bretschneider）:《扶桑国，关于中国古代的记载》（"Ueber das Land Fu Sang nach den alten Chinesischen Berichten"），见一八七六年横滨（Yokohama）出版之《德国自然地理与东亚民族报告》（*Mitt. d. Deutsch. Ges. f. Nat. u. Völk. Ostasiens*）第二册，页一至一一。

（一七）威廉（S. Wells Williams）《扶桑及中国东部太平洋诸国的报告》，译自马端临《文献通考》并加以说明（*Notices of Fu-sang, and other countries lying east of China, in the Pacific Ocean*, Translated from the Antiquarian Researches of Ma Twan-Lin, with notes），作者为耶鲁大学中国语言文学教授，一八八一年 New Haven: Tuttle, Morehouse and Taylor 出版，共三十页。

（一八）文宁（Edwazd P. Vining）《无名的哥仑布或慧深与阿富汗族佛教团于五世纪发见美洲之证据》（*An inglorious Columbus; or, Evidence that Hwui Shăn and the party of Buddhist monks from Afghanistan discovered America in the fifth century, A. D.*）一八八五年由纽约 D. Appleton 出版，共页XXIII至七八八，其中页七一一至七四〇为作者及参考书目，此书为东方僧人发见亚美利加洲说的名著。

（一九）爱德曼·留曼（Edmund Naumann）:《地理学日课》第三《妄诞的扶桑》（"Geographische Tagesfragen. Ⅲ. Das fabelhafte Land Fusan"），一八八九年 *Allg. Zeitg*，二〇，页二八九至二九〇；二一，页二九八至二九九。参阅格拉弗（Rev. A. Kingsley Glover）《中

国人发见美洲说》（“The Chinese Discovery of America”），见《美洲史杂志》（*Mag. of American History*）一八九一年一月号。

（二〇）《扶桑在哪里？》（“Where is Fusang?”），见一八九二年 *Korean Reposit.* 十二月号页三五九至三六四。

（二一）爱德金（J. Edkins）:《真的扶桑》（“The true Foosang”），见先驱报（*Messenger*）一八九二年九月页二八七至二八九。

（二二）希勒格（Gustave Schlegel）:《中国史乘中未详诸国考证 · 卷一扶桑国》（*Problèmes géographiques: les peuples étrangers chez les historiens Chinois.* —I Fou-Sang Kouo. *Le Pays de Fou-Sang*）。案希氏为莱登大学（Université de Leide）中国语言文学教授，此书一八九二年，由 Leide, E. J. Brill 出版，共六十八页，节要见《通报》（*T'oungPao*）第三卷第二分。尚有《一些关于论文中有力的引证文件》（“Tirage à part. —à petit nombre, sur papier fort de l'article”），发表于一八〇二年五月《通报》第三卷第二分页一〇一至一六八。及一八九三年十月《通报》第四卷第四分页三九〇。又希氏原书共分二十卷 Ⅰ. Fou-Sang Kouo（扶桑国）、Ⅱ. Wen-Shin Kouo（文身国）、Ⅲ. Niu Kouo（女国）、Ⅳ. Siao-Jin Kouo（小人国）、Ⅴ. Ta-Han Kouo（大汉国）、Ⅵ. Ta-Jin Kouo ou Tchang-Jin Kouo（大人国或长人国）、Ⅶ. Kuin-Tsze Kouo（君子国）、Ⅷ. Pêh-Min Kouo（白民国）、Ⅸ. Ts'ing-K'ieou Kouo（青丘国）、Ⅹ. Heh-Tchi Kouo（黑齿国）、Ⅺ. Hiouen-Kou Kouo（元股国）、Ⅻ. Lo-Min Kouo ou Kiao-Min Kouo（劳民国或教民国）、XIII. Ni-li Kouo（泥离国）、XIV. Pei-Ming Kouo（背明国）、XV. Youh-i Kouo（郁夷国）、XVI. Han-ming Kouo（含明国）、XVII. Wou-ming Kouo（吴明国）、XVIII. San-Sien Shan（三仙山）、XIX. Lieou-Kieou-Kouo（琉球国）、XX. Niu-Jin-Kouo（女人国）。就中《扶桑国考证》一篇，为最著名。

（二三）戈尔遜（Henri Cordier）:《扶桑问题的实情》（“État actuel

de la Question du Fousang”），见一八九六年巴黎《美洲人会杂志》第一号页三三至四一。

（二四）拉库柏利（Terrien de Lacouperie）《关于高丽、虾夷与扶桑之研究》（“On the Corean. Aïno and Fusang”），见一八九二年十二月《通报》第三分页四四九至四六五。

（二五）《中国人发见美洲问题》（“L’Amérique a-t-elle été d’ecouverte par les Chinois?”），见 *Intermediaire des chercheurs et curieux*，XX，9，87，109，138，307，364，557。

（二六）诺森提尼（Lodovico Nocentini）《美洲的发见归功于中国人》（*La Scoperta dell’America, attribuita ai Cinesi*），在一八九二年热那亚（Genova）之意大利第一次地理会议，刊于一八九四年卷首页三一二至三二三。单行本共十二页。又一八九四年七月《通报》第五卷第三分页二九一至二九八有希勒格（G. Schlegel）的批评，一八九四年十月诺森提尼发表答复，见《东方报》（*L’Oriente*）页二四八至二五〇，希勒格的答复，见《通报》第六卷第一分页八五至九二。

（二七）夫累斯库拉（Bernardino Frescura）《所谓扶桑》（*Il Fusang*），见一八九三年六月 *Bull, della Sezione Fiorentina della Soc. africana, d’Italia*, Ⅸ，页五一至六一。

（二八）马斯忒（Rev. Frederick J. Masters）《是否中国人发见了美洲》（“Did a Chinaman Discover America?”），见一八九四年五月 *Bull. Geog. Soc. California* 卷二页五九至七六。

（二九）夫赖尔（John Fryer）《哥仑布前一千年佛教徒之发见美洲》（“The Buddhist Discovery of America. A Thousand Years before Columbus”），见《哈尔柏月刊》（*Harper’s Monthly Magazine*）一九〇一年七月号页二五一至二五八，案夫氏为 California 大学教授，

本篇实为文宁（Vining）以后，主张扶桑即美洲说的重要论文。

（三〇）荷普士（Johannes Hoops），《希勒格对于扶桑问题的解释》（"Schlegels Lösung der Fu-Sang-Frage"），见一八九三年 *Globus* 第六十三册页七四至七七。

（三一）木神博士（Ryozaburo Sakaki）《关于扶桑国的新解释》（"Une nouvelle interprétation du pays de Fou-Sang"），见 Wien: *Verhandl.* 第十四，*Amerik. Kongr*，一九一〇年页三五至五〇。

（三二）派梭兰卡（Professeur Panduranga S. S. Pissurlancar）《古代印度人发见美洲的研究》（*Recherches sur la découverte de l'Amérique par les anciens hommes de l'Inde*），一九二〇年 Sanquelim-Goa 出版共二十二页，一九二一年伯希和（P. Pelliot）在《通报》第二十卷第二分页一五五至一五七曾加以批评，并兼指出章炳麟氏"法显发见西半球说"的错误。

由上戈尔逖（Cordier）《中国学书目》所列，关于哥仑布前一千年中国僧人发见美洲说，即扶桑问题的讨论，重要论文及专书，已有三十余种，关于这论文及专书的批评，尚不在内。这里可注意的，就是参加这种讨论的，有法、美、俄、德、英、意、荷、日、印度各国学者，却没有一篇中国人的论著，可见我们对于这个大问题，未免太忽略了。第二可以注意的，就是从汉学元祖歧尼氏（De Guignes）提出这个问题以后，各有名的汉学家，如戈尔逖（Codier）、伯希和（Pelliot）、希勒格（Schlegel）等，无不参加，可见此问题之严重性。第三可注意的，就是参加这次讨论的，一方面有歧尼、留曼（Neumann）、李南得（Leland）、文宁（Vining）等主张扶桑即美洲的肯定说；一方面有克拉卜洛特（Klaproth）、布利侧耐德（Bretschneider）、希勒格（Schlegel）等极力反驳扶桑即美洲的否定说，这两方的争论，竟达到一百六十年之久，至今尚未解决。这种研究的态度和精神，是很值得我们钦佩的。

在戈尔逖书目以外，还可以数到中日文关于扶桑问题讨论的文献，不过都是无关紧要的介绍文罢了。

（三三）白鸟库吉:《扶桑國に就いて》。见《地学雜誌》一九之二二五，明治四十年九月。又《東亜之光》一二卷一二号一三卷三号，大正六年十二月七年三月。

（三四）フライヤー——新説の紹介。见《中央公論》，明治三十四年九月号。

（三五）桑原鹭藏:《ヴィニングの『無名のコロンブス』——亞細亞人の亞米利加發見設の紹介》。《三宅博士古稀祝賀記念論文集》页一四三至一六四。

（三六）希勒格:《扶桑国考证》。见《中国史乘中未详诸国考证》卷一页一至四二冯承钧译，民国十七年七月。商务印书馆。

（三七）章炳麟:《法显发见西半球说》。见《章氏丛书别录》三页百〇八至百一一。案日本某博士《晋の僧法顯南アメリカに至る？日本に来る？》，见《思想》昭和四月号。

二

现在先说这个问题的中心论点，即是所谓扶桑问题（Question du Fou Sang）。无论赞成派也好，反对派也好，都是拿纪元五世纪中国史籍所载扶桑国，来作讨论的核心的。原来在中国文献中，记载扶桑一名的，虽有《山海经》《十洲记》等书，但说到扶桑国的，实从《梁书》（姚思廉撰）卷五十四列传第四十八（《四部丛刊》本，页三五至三七）、《南史》（李延寿撰）卷七十九列传第六十九（《四部丛刊》本，页七至八）开始。所谓"扶桑国在昔未闻也，梁普通中（纪元五二〇至五二六），有道人自彼而至，其言元本尤悉，故并录焉"（《梁书》，页二五，《南史》，页一）[①]。《南史》所载，又本于《梁书》，兹将《梁书·诸夷传》"东夷"所载原文，与《南史》《文献通考》《太平御览》对校，录之如下：

> 文身国在倭国东北七千余里……大汉国在文身国东五千余里。……扶桑国者齐永元元年（南齐东昏侯永元元年纪元四九九年）其国有沙门慧深，来至荆州，说云扶桑在大汉国东二万余里，地在中国之东，其土多扶桑木，故以为名。扶桑叶似铜

---

① 案《梁书》《南史》云"扶桑国在昔未闻也"白鸟库吉《见于大秦传中的中国思想》（塞外史地论文译丛第一辑，页一二三）则谓"慧深所述的扶桑国，一如余所论证，全然与《山海经》《十洲记》所载的扶桑相同，世间并无此种国家"，将正史所载之扶桑国与《山海经》《十洲记》所载的扶桑，混为一谈。实与正史"在昔未闻也"之一语，不相符合。

（《南史》《文献通考》作“桐”）而初生如笋（《南史》无“而”字），国人食之。实如梨而赤，绩其皮为布以为衣，亦以为绵（《南史》《文献通考》作“锦”）。作板屋，无城郭，有文字，以扶桑皮为纸。无兵甲，不攻战。其国法有南北狱，若犯轻者（《南史》“若有犯轻罪者”）入南狱，重罪者入北狱，有赦则赦南狱，不赦北狱者（《南史》无“者”字）。男女相配（《南史》《文献通考》此句前有“在北狱者”四字），生男八岁为奴，生女九岁为婢，犯罪之身，至死不出。贵人有罪，国乃大会（《南史》“乃”字作“人”），坐罪人于坑，对之宴饮，分诀若死别焉。以灰绕之，其一重则一身屏退，二重则及子孙（《通考》作“则身及子孙”），三重（《南史》下有“者”字）则及七世。名国王为乙祁，贵人第一者为大对卢，第二者为小对卢，第三者为纳咄沙。国主（《南史》作“王”）行，有鼓角导从，其衣色随年改易。甲乙年青，景丁年赤（“景”字《文献通考》作“丙”字，《太平御览》卷七百八十四引《南史》作“丙”），戊己年黄，庚辛年白，壬癸年黑。有牛角长（《通考》同《南史》“长”字作“甚长”），以角载物，至胜二十斛。有马车牛车鹿车，国人养鹿，如中国畜牛，以乳为酪。有桑梨（《南史》《通考》作“赤梨”），经年不坏，多蒲桃，其地无铁有铜，不贵金银。市无租估。其婚姻（《南史》作“其昏姻法则”，《通考》作“其婚法则”），壻往女家门外作屋，晨夕洒扫。（“壻”通考作“婿”）经年而女不悦，即驱之；相悦乃成婚，婚礼大抵与中国同（《南史》“婚”均作“昏”）。亲丧七日不食，祖父母丧，五日不食，兄弟伯叔姑姊妹三日不食，设灵（《南史》《通考》“灵”作“坐”）为神像（《通考》无“为”字），朝夕拜奠，不制缞绖（《南史》“缞”作“衰”），嗣王立三年，不亲国事。其俗旧无佛法，宋大明二年（纪元四五八年），罽宾国尝有比丘五人，游行至其国（《南史》无“至”字），流通佛法经像，教令出家，风俗遂改。(《太平御览》卷七百八十四引《南史》作“游行其国始通佛法经教焉”，无“风俗遂改”等字……)

这一条亦为马端临《文献通考》卷三百二十七《四裔考》“扶桑”条所录，不过《通史》实以《南史·夷貊传》为依据，而非直接取材《梁书》者。又慧深至中国时，在南齐东昏侯永元元年（纪元后四九九年），而此事“齐书”本史不载[①]。梁书以后，如《三才图会》所绘扶桑人取鹿乳之图，及其说明云“扶桑在大汉国东，作板屋，无城郭。宋武帝时，罽宾有人至其国，其国养鹿为牛，取乳”。这不消说也是从《梁书》脱胎出来的了。[②]

一百六十年来欧美学者所争论的扶桑国问题，就是从《文献通考》卷三百二十七扶桑国的记事里，发见出来的。最初的发见者，我不得不感谢法国有名的汉学始祖歧尼（De Guignes），他在纪元一七六一年发表《中国人之美洲海岸航行及关于居住亚洲远东之几个民族的研究》(“Recherches sur les Navigations des Chinois du côté de l’Amérique, et sur quelques peuples situés à l’exrtrémité orientale de l’Asie”）这一篇论文，可说是他十年前已有的思想，不过把这意见发表出来，是在一七六一年这篇论文罢了。

歧尼氏的意见，可大要介绍之如下：

（一）倭国就是日本，倭国的东北七千余里，就是虾夷

---

① 《南齐书》卷五十八列传第三十九《东南夷传》中有倭国，无扶桑国。惟赞曰“……东夷海外，碣石扶桑；南域景远，极泛溟沧；非要乃贡，竞亦来呈。”扶桑二字，只此一见。又《格致镜原·木类》“桑”字下引《梁书》此段，误作《齐书》，应行更正。

② 希勒格（Schlegel）《扶桑国考证》页一六谓“《三才图会》之著者似自以为曾见扶桑土人及其畜鹿”；不知《三才图会》实有所本，观其本文可见。

（Aino）所住地方，因有黥面文身的习惯，叫做文身国。文身国之东五千余里，叫做大汉国，这就是现在堪察加（Kamchatka）地方。更向东二万余里，地在中国之东，叫做扶桑国，这不得不在北亚美利加大陆上面。就所记扶桑国的物产来说，大致是和北美洲尤其墨西哥相一致的。

（二）从日本北海道经千岛，沿堪察加半岛海岸，穿过阿留地安群岛（Aleutian）而到达北美洲的西北部，这就是乘坐小船也可以完全达到目的，尤其当容易利用海潮的时候。

（三）美洲的古代文化，先从西海岸方面发达起来，有很多证据，知道是受对岸亚洲大陆的影响。由此事实，可证东亚细亚人，很早就航行北亚美利加的说法，是可以成立的。

歧尼的新说，惹起当时学者的多少注意，但使学界拿作大问题讨论的，是当德国东方语言学专家克拉卜洛特（Klaproth）发表反对说以后。克拉卜洛特在一八三一年发表《关于中国文献中所载之扶桑国竟被认为美洲一部之说的研究》（“Recherches sur le pays de Fou Sang mentionné dans les livres Chinois et pris mal à propos pour une partie de l’Amérique”），这篇论文是反对歧尼的，他否认以扶桑国为美洲大陆的最大理由，即依据中国文献，以为扶桑国有马，有葡萄（蒲桃），但在亚美利加洲是没有这些动植物的。马和葡萄，直待西班牙人发见新大陆以后，才输入本土，单就这一点来说，将扶桑国认为墨西哥，不是很勉强附会的吗？

克拉卜洛特以为倭国即是日本，文身国当系虾夷所住的地方，这点和歧尼氏全同。但大汉国却不是堪察加而为桦太岛（即库页岛）。从倭国经文身国而至大汉国，其路程是从日本海沿北海道的西海岸航行，反之从大汉国而至扶桑国的路程，则从北海道沿东海岸南下航行，因此他将扶桑国置于日本的东南部。这就是说，克拉卜洛特认倭国与扶桑国均为日本国，不过所指的地方不同而名称不同罢了。虽然这种说法，根本不能成立，但自从他提出反对说以后，和歧尼一派的肯定说，便发生了继续不断的相互争论，扶桑国问题，在十九世纪，甚至于二十世纪，成为东洋史学界的一个重大问题，如第一节所引戈尔逖《中国学书目》（*Bibliotheca Sinica*）关于扶桑问题的专著和论文，有数十种之多，就可见这种争论意义的重大了。

在主张中国僧人发见美洲说之中，于提倡者歧尼以外，最可注意的，就是文宁（Edward P. Vining）在一八八五年出版的《无名的哥仑布或慧深与阿富汗族佛教团于五世纪发见美洲之证据》（*An inglorious Columbus; or, Evidence that Hwui Shăn and a party of Buddhist monks from Afghanistan discovered America in the fifth century*）可以说从一七六一年至一八八五年间关于扶桑国的重要学说，无不包括在内。桑原骘藏氏曾于《三宅博士古稀祝贺纪念论文集》（页一四三至一六四）中专篇介绍，即《ヴィニングの『無名のコロンブス』》一篇。并云"关于十九世纪发表扶桑国的论文，可分美洲说与非美洲说之二大派，比较起来，前说实占优势。而这主张扶桑国为美洲说的代表，即是文宁所著《无名的哥仑布》一书，文宁集先贤所说，更加以自己研究，而成此书。全书共约八百页，不得不认为一部杰作"（页一四九）。现在试将文宁的学说介绍一下，作为主张扶桑即墨西哥说的代表。

文宁和其他学者一样，以为《梁书》的倭国，即今之日本，倭国东北七千余里，为文身国。依于文身国风俗生活的状况，当系阿留地安（Aleutian）群岛埃斯基摩（Eskimo）种族的土地。文身国东五千余里为大汉国，即当于北美洲西北部之阿拉斯加（Alaska）地方。从阿拉斯加即大汉国向东（＝东南）二万余里，地当中国（以荆州为中心的中国中部）之东的扶桑国，无论从距离、从方位来看，都可推出此地为北美洲的墨西哥（Mexico）地方。加之《梁书》所载扶桑国的风俗物产，大致均与古代墨西哥相同。这就是文宁所得主张的结论。以下试将他怎样解释《梁书》记载的要点，逐条介绍之如下：

（1）其土多扶桑木，故以为名。扶桑叶似桐而初生如笋，国人食之。实如梨而赤，绩其皮为布以为衣，亦以为绵（锦）……以扶桑皮为纸。

墨西哥地方，从古即产生龙舌兰（Maguey-Agave=Century-plant，百年树）[①]一种大树木，可说是这地方到处生长着的特产。龙舌兰的树干，高度约达三十六尺。这种植物，由墨西哥人看来，实为一日不可或缺的必需品。墨西哥人的饮料，食物，衣服的材料，及其他日用品的材料，差不多都是从这植物供给的。所以墨西哥人从古以来、即极看重此种植物，似神一样崇拜他。原来“Mexico”这个名称，即由如下三个名词组成，而带着生长龙舌兰这一种植物的地方的意思。

Me[tl]+Xi[tl]（=Xiuitl）+Co=Mexico

就中国古代的文献来看，扶桑一名就是东方日出处所生的神木，其产地称为扶桑。《梁书》传述扶桑国的慧深，大概是将中国远东即当日出处所生的龙舌兰，——在那地方，认为神木崇拜，且为该地名称起源的植物——很随便地来比拟中国古传说的扶桑罢！中国古传说的扶桑国，究在何处！扶桑这个树木，究为何等植物，这是另一问题，而要之，慧深将墨西哥地方的龙舌兰，推定为中国人所谓扶桑，便不得不将龙舌兰繁生的地方，称之为扶桑国。这种解释，是很可说通的。

龙舌兰的树液，可以制造砂糖、酢，墨西哥人所饮的龙舌兰酒

① 案《中国植物图鉴》页一〇三七，龙舌兰为多年（生）草木，墨西哥原产，博物词典龙舌兰叶中之织维，可织布及充制纸之原料，叶中之汁液，可酿酒，或栽培之供观赏用。

(Pulque)。这植物的叶形虽和桐不同，却如桐叶一般大，可用以覆盖家屋的屋顶。这植物的纤维，可供织精粗各种织物，又可充制纸的原料。《梁书》记事所云“绩其皮以为衣，亦以为纸”，实在和龙舌兰完全吻合的。

在龙舌兰老干的周围，有笋一样的新芽长着，这新芽的根，和笋同样地，可以下膳。只有“实如梨而赤”一语，和龙舌兰不相一致，这大概是将仙人球(Cactus)一种植物所生好似无花果的果实(Indian Fig)，误认为龙舌兰的果实所致。仙人球和龙舌兰同为墨西哥的特产，杂生于同一的地质所在，形状也非常类似。慧深将仙人球的果实误认为龙舌兰的，也不是毫无理由。近代很多欧洲的旅行家，曾发生和慧深一样的错误，Indian Fig 的形状似梨，颜色大体赤色，这和梁书所记是很相符的。

要之墨西哥所产龙舌兰，从其特点来说，和《梁书》所载的扶桑相同，别的无论何种植物，决不能具备如龙舌兰一样合于扶桑木各种条件的资格。

(2)有文字。

古代墨西哥人大体使用象形文字(Hieroglyphie)，而这种文字发达得很，差不多有与中国汉字相比拟的程度。历史不消说了，即如哲学，科学，文学等记录，也证明了此种文字发达，使用时毫无不足之感。

(3)其国法有南北狱，若犯轻者入南狱，重罪者入北狱。

古代墨西哥，确曾有两种监狱的区别，这两种监狱，是否按着南北的位置，因缺乏记载，不易明了。但无论如何，如《梁书》所记，收容轻罪者的牢狱，和收容死刑或重罪者的牢狱，这两种监狱的区别，无疑乎是存在的。

(4)在北狱者男女相配，生男八岁为奴，生女九岁为婢。

西班牙人发见新大陆以后，墨西哥一地才成立了解放奴隶所生小孩的惯例。但在古代，墨西哥也和别国一样，奴隶的小孩，只能作为奴隶。依据西班牙人的记载，墨西哥男孩以七岁为奴隶的年龄，女孩以八岁为奴隶的年龄。若照中国人习用计算年龄的方法，便和《梁书》所说“男八岁为奴，女九岁为婢”相合。

（5）贵人有罪，国乃大会，坐罪人于坑，对之宴饮，分诀若死别焉，以灰绕之。

墨西哥每村均有地下室（=坑）为公共会所，当宗教上政治上或裁判上有重大事件发生的时候，此会所即为公共集合办事的地方。又灰责的刑罚，在西班牙人渡来时，墨西哥犹在实行。犯死刑的罪人，照例缚在柱上，覆之以灰，使其呼吸窒息。这在地下室开国民大会以裁判罪人的习惯，和古代墨西哥所行灰责的刑罚，都与《梁书》记事相合。墨西哥以外，这种习惯是很少看见的。

（6）名国王为乙祁，贵人第一者为大对卢，第二者为小对卢，第三者为纳咄沙。

古代墨西哥国王的称号，早已失传，拿他来对照解释“乙祁”这个名称，是不可能了。第一贵族第二贵族的“对卢”（《三国志·高勾丽传》亦有对卢一名，却不一定会和梁书扶桑传所说“对卢”发生什么关系）则和墨西哥的“Tecuhtli”这个称号有关。Tecuhtli 是赐与功绩显著的贵族的最高称号，或略为 Teutile，更略为 Teule。“对卢”就是 Teule 的音译罢！ Teule 之下有 Tlatoca 贵族的称号，适用于一般贵族、知县等阶级。《梁书》的“纳咄沙”或即 Tlatoca 音译之讹。中国人将 Tla 讹为“la”以“纳”字代表，“T”以“咄”字代表，“Ca”以“沙”字代表，合拢起来便是“纳咄沙”了。

（7）有牛角甚长。

从墨西哥北部到北美合众国南部，古代栖息着比现今还要伟大的野牛。这古野牛的角，据今日所遗留的实物测量，长约六尺以上，大在二尺以上。《梁书》所指长角之牛，当即指此种野牛而言。

（8）多蒲桃。

现在美洲所产蒲桃（葡萄），是西班牙人从欧洲输入的，故如克拉卜洛特（Klaproth）即根据此点，反对以美利加为扶桑国。但是在西班牙人渡美以前，美洲有一种野生葡萄，产出很好果实，这是植物学者一致承认的。因此所以《梁书》蒲桃，也许就是指这种野生的葡萄而言。单就这点，是不足拿来反驳扶桑国即墨西哥说的。

（9）有马车。

马和葡萄同样为西班牙人从欧洲输入的，在此以前，一般均认美洲没有马的存在[①]，因之将扶桑国拟作墨西哥，这一句话就不能解释了。但是动物学者，依据于各地方所发现的遗骨，知道在远古时代，美洲确有马的种类。西班牙人渡来时，在这大陆上，马虽已经绝迹，然而一千年前古代的慧深时代，还有马的存在，也未可知。[②]或是慧深将别种动物，例如貘（Tapir）之一种，传于中国人时，称之为马。要之单就马或葡萄的条件，来反驳《梁书》扶桑即墨西哥之说，这不能不说太武断了。

（10）其俗旧无佛法，宋大明二年，罽宾国尝有比丘五人，游行至其国，流通佛法经像，教令出家，风俗遂改。

墨西哥，甚至于广大的美洲大陆，土人们相传远古时代——确实的时代，虽不易指出，但可解释为慧深与五个比丘时代，即公历纪元五世纪时代——保存着一种传说。即从海外来了一些伟大人物，传

① 谢希傅《墨西哥述略》页三述西班牙人征服墨西哥一段云“墨地无马，见西兵马队，以为半人半兽，疑天降之神，遂惊走”。案此墨西哥史迹，详见 Prescott: *The Conquest of Mexico*, Vol. 2, p. 328。

② 威斯莱（Clark Wissler）著《人与文化》（*Man and Culture*）页一一一至一二一，谓依化石动物学者所说，马在印第安人未来美洲以来，早已绝灭。此说甚有研究价值，今据梁书，乃知纪元五世纪，马匹文化尚盛行于美洲也。

给他们以新的信仰。这伟大人物所带来的新信仰，有些学者解释为基督教徒所传的道；可是从其教义来看，很明白地，是佛教徒的传教无疑。

依据古传说，这些传给美洲土人以新信仰的伟大人们的教义，有如下数端：

（一）独身主义，远离妇人；

（二）禁酒主义；

（三）其他一般的禁欲主义；

（四）素食主义，排斥肉食；

（五）苦行主义；

（六）平和主义，排斥斗争；

（七）隐退主义。

就这几点，便带着很浓厚的佛教的色彩。

在这传布新信仰于大陆的伟人们中，尤其杰出的，即在今日土人间，尚传其盛名的 Wixipecocha 与 Quetzalcoatl 二人，后者依古代墨西哥语，为“可尊敬的外来人”；因此解释为墨西哥人对于游行其国，流通佛法经像的五人比丘中之名称，也是很可能的。前者或许就是慧深比丘（Hwui-Shin Bikshu）的音译，Wixi 即慧深，Pecocha 即比丘，也说不定。

在墨西哥东南海岸附近 Mixteca 地方，称宗教上最高的领袖，为 Taysacaa，Tay 土语有人的意思，Sacaa 土语不能解释，不能不认为外来语。假如 Sacaa 可认为外来语“释迦”的音译，则 Tay-sacaa 的称号当与释子有同样意义，这可解释为古代佛教流行此土的最好证据。其他墨西哥地方及其附近所发现的古代雕刻，都非常类似佛像，由此事实，可见将《梁书》扶桑国，认为就是古代的墨西哥，是很有理由的了。

以上为文宁关于《梁书》本文解释的概述，此外他更从地理上对于扶桑国，加以新的解释：

（a）从中国之东海岸，经日本，阿留地安（Aleutian）或阿拉斯加（Alaska）而到达墨西哥的航路，即用古代制造不很完全的船只，也很容易航行，这是一种事实。

（b）亚美利加古代文化，先从西海岸发达，而且这种文化，非常带着亚洲文化的色彩，这也是一种事实。

参照这些事实，便可断定《梁书》的扶桑国，即亚美利加大陆，尤其相当于墨西哥地方。这么一来，使亚美利加大陆最初发见者的荣誉，便不得不归于亚洲人之比丘五人了。这种主张，自文宁提出以后，经五十余年以至今日，还有许多学者不断地主张中国僧人发见美洲之说。尤其美洲方面的学者为多。可注意的，就是这些学者，大概都不能跳出文宁主张的范围。一九〇一年七月发行的《哈尔柏月刊》（*Harper's Monthly Magazine*）曾载加利福尼亚大学教授夫莱尔（John Fryer）所著《哥仑布前一千年佛教徒之发见美洲》（“The Buddhist Discovery of America: A Thousand Years before Columbus”）一篇论文，内容便与文宁完全相同，有的甚至将文宁《无名的哥仑布》原文一部，照样引用。总之本书旧话重提，介绍纪元五世纪中国僧人发见美洲说，虽有人认为破天荒的新说，一向闻所未闻，实际则此破天荒的新说，欧美学者既已提倡之于一百六十年前，也就不得不认为“古已有之”的学说，不足为奇了。

三

但在这里应该注意的，就是一方面有如歧尼（De Guignes）、文宁（Vining）等主张亚细亚人或中国僧人的美洲发见说，一方面便有许多人，对于扶桑国的问题，也提出异议。固然《梁书》关于扶桑国的记载，有很明白的年代（永元元年），很确实的人物（慧深），而且根据政府报告，而载之正史，当然和那《山海经》《十洲记》荒诞无稽的扶桑传说，不能混为一谈。但是《梁书》的记载，究竟可靠的程度，到如何地步，这不能不算一个疑问。因此和歧尼同时，曾与歧尼公同讨论这个问题的耶稣会士宋君荣（Gaubil），在其与歧尼书中，即行反驳中国人曾至美洲说之误。（见 *Journal Asiatique*, 1832, Vol. X, pp. 390, 392—393）以为慧深所传，实不可信，应加以严格的批评。而且纵令《梁书》的记事，大体可信，那所说的扶桑国，也不一定就是北亚美利加，尤其即推定为墨西哥地方。歧尼发表报告书，乃至文宁发表《无名的哥仑布》以后，有许多学者主张扶桑国应置之于美洲以外，这种反对说，是有应加以注意的价值的。

最初提出反对说的，是德国东方语言学专家克拉卜洛特（Julius Heinrich Klaproth），其说已如前所述，但希勒格（Schlegel）批评他，认为“没有满足的证明”（《扶桑国考证》，页二）。次则布利侧耐德（E. Bretschneider）于《中国记录及传教师杂志》（*Chinese Recorder and Missionary Journal* 三卷，一八七〇年十月刊）中有一关于扶桑的论文，但如希勒格的批评“布氏之文，仅讨论歧尼（De Guignes）及留曼（Carl Friedrich Neumann）之说，其讨论亦不甚慎重，盖仅揶揄其论敌，或辩论中国僧人之信实，一如亚善特（le P. Hyacinthe）神甫之论，不足以解决一种科学问题也”（同上，页三）。所以在反对说之中，不得不推希勒格（Gusgtave Schlegel）一八七〇年在《关于中日的纪录及质疑》（*Notes and Queries on China and Japan*）杂志中（四卷，页十九）所提出一种关于研究扶桑国的建议。即主张于该杂志中，搜集并刊布散见于中国书籍中，所有扶桑一地的材料，以决定扶桑的位置。这种方法当然比较科学的了。希勒格以后乃自为此项工作，取手边所有的中国书籍，搜求扶桑事迹，并将搜求的结果，及所得的论断，于一八九二年发表《扶桑国考证》一篇（*Problèmes géographiques: les peuples étrangers chez les historiens Chinois*. —I. Fou-Sang Kouo, *Le Pays de Fou-Sang*，冯承钧译，见《中国史乘中未详诸国考证》卷一，页一至四二，民国十七年，商务）我现在将这一篇，拿来作为对于中国僧人发现美洲说的反对说的代表。

希勒格的论文，最初在《通报》（*T'oung Pao*, 1892）发表，极力主张扶桑国即桦太说，从他以后，这扶桑国即桦太说，遂在学界风靡一时。（参看 *T'oung Pao*, 1902. pp. 183—185）其中虽有许多不免附会，但仍不失为反对说中之最有力者。以下试将他怎样解释《梁书》记载的要点，分析介绍之如下：

（1）扶桑国。

扶桑一地，虽为欧洲人所未详，但中国人几于人尽皆知。中国人对于扶桑，一如对于日本、台湾、高丽、琉球及东海各岛一样，很早就知道了。日本自己取名扶桑，《图书集成·边裔典》列于已详诸国之内。又如耶稣会士未来中国以前，中国通俗著述，如《幼学琼林》《日用便览》等书所列与图，扶桑乃在朝鲜之南，这不是证明了扶桑是不待考的地方吗？又马端临《文献通考》（《四裔考·东夷》卷三二四至三二七）就地位次序所记各国，先述朝鲜，次述倭即日本，次述辽东及南满各民族，乃超越日本海，述日本的北海道，这地中国古称“虾夷”，虾夷之后，记述扶桑，可见扶桑与朝鲜，日本并传。依希勒格的意思，以为这扶桑一地，即是中国名称的库页，日本名称的桦太，而欧洲地理学者误称为萨哈连（Sakhalian）的便是。

但希勒格怎样证明它呢？他依据于《山海经》卷九《海外东经》，卷十四《大荒东经》所记“汤谷上有扶桑”，以为古代中国人以东海为日出之处，这就是日本国名所由来。扶桑亦在东方，距大陆较日本为近，遂以为日出之地，故《淮南子》说：“日出于旸谷，浴于咸池，拂于扶桑，是谓晨明，登于扶桑之上，爰始将行。”可见中国古说，以东方为扶桑。扶桑《说文》作榑桑，许氏释义云“榑桑，神木，日所出也”。总而言之，皆言日出于东方大树之后。可无疑也。希勒格这段意思，似极力证明扶桑与日本的关系，但他最有力的证据，乃为纪元二世纪东方朔所著的《十洲记》，以为此书叙述扶桑，更为确实些：

> 扶桑在东海之东岸，岸直陆行，登岸一万里，东复有碧海。海广狭浩汗，与东海等。水既不咸苦，正作碧色，甘香味美，扶桑在碧海之中，地方万里，上有太帝宫，大真东王父所治处。地多林木，叶皆如桑，树长者数千丈，大二千余围；树两两同根偶生，更相依倚，是以名为扶桑。仙人食其椹，而一体皆作金光色，飞翔空立。其树虽大，其叶椹，故如中夏之桑也。但椹稀而色赤，九千岁一生实耳。味绝甘香美，地生紫金丸玉，如中国之瓦石状。

这一段的解释，据云扶桑为东海的一岛，其中碧海，即今地图所载的日本海，所生树，为 Broussonetia papyrifera（按即楮树）；即造纸的树，实圆，作深紫色，仙人大概即山人之讹。日本史称虾夷的山民“登山如飞禽，行草如走兽”，故东方朔说他能够飞翔空立。紫金为桦太的出产，已无疑问，至其所产的蓝色曜石，一名桦太玉（Krafto-tano），因此扶桑之为桦太，便很容易证明了。

（2）其土多扶桑木，故以为名。扶桑叶似桐而初生如笋，国人食之。实如梨而赤，绩其皮为布以为衣，亦以为绵（锦）。

希勒格首先声明，中国人所述扶桑的距离里数，不足为凭。要研究扶桑，须取材于地方出产，民族生活，以及其与中国和其他名国的交际关系。关于扶桑地方的出产，依中国著述，载有扶桑一种树木，和它可以造纸织布的树皮。中国造纸的植物很多，楮即 Broussonetia papyrifera 实为一种[①]。楮树高度自八公尺至十五公尺，东方朔的扶桑，当即楮之别名。因中国文献所载的扶桑树实，形同楮实，楮实圆而软，作深紫色，与扶桑相同。又陈槱《负暄野录》“扶桑国出芨皮纸”，威尔斯·威廉（Wells-William）给芨下个定义“即产于北海道的一种植物，其皮可以制纸”；威氏不知从何所本，然谓其产于北海道，则亦不难产于桦太岛。又有一种两岛皆产的树木，名 Ats'ni，为楮 Broussonetia 之一种，但据雷德（Leide）王立植物所收藏的标本来看，或为榆之一种，榆为造布之树，可织其皮为布以为衣。又考《广州记》，楮皮亦可作毡。

（3）作板屋，无城郭。

《三才图会》记载与慧深同。欧洲旅行家所记桦太板屋，据云：“其居屋起于山旁，也有起于山上的。刨板相联，覆以树皮。”《通报》（二册，四〇三、四〇五、四〇八）所载《北虾夷图说》，亦曾见有板屋之图。

---

① 楮英名 Paper mulberry，和名 Kaminoki, Kazionki，《世界树木字汇》云：楮，中国、日本产，制纸原料，《中国植物图鉴》云楮茎高长十六尺，春夏间开花，淡绿色，果实形如杨梅，晚秋成熟，呈黄色，嫩枝的皮，供制纸的原料。

（4）有文字，以扶桑皮为纸。

据现在所知，桦太实无文字（原注见日本文库八册二〇七页）。其遗俗相传：纪元十二世纪时，日本英雄义经（Yoshitsune）曾得到大神夫妇的欢心，以神女为妻，因得有虾夷的宝藏书籍而逃。自此以后，虾夷文字和陶器制造术，遂以失传。要问虾夷人以困难所在，虾夷人便会诉说，他们没有书籍，至于祖传的书籍，均为义经偷去了。余伯博士（Scheube）曾于北海道西北的俄徒那耐湾（Oturanai）海湾岩上，见有刻文，据云是古虾夷遗迹，可见，虾夷古代是有文字的。

（5）无兵甲，不攻战。

与现在旅行家所述桦太的风俗很相似。虾夷人实为爱和平，安静，亲切，谦恭的民族云。

（6）国法有南北狱，若犯轻罪者入南狱，重罪者入北狱。……贵人有罪，国乃大会，坐罪人于坑，对之宴饮，分诀若死别焉。

此处所说刑狱的制度，今已不传，然活葬罪人的风俗尚在。又虾夷村落，如有狱讼，即由村人公共处理，也和慧深“有罪，国人大会”之说相合。

（7）国王为乙祁，贵人第一者为大对卢，第二者为小对卢，第三者为纳咄沙。

中国著作家从没注意到这些名称的来源，只要稍加研究，便很容易明白了。这种名称，原来是古朝鲜语。《南史》卷七九，《旧唐书》列传卷一九九，《新唐书》卷一四五，述高丽官制，最大的官名即“大对卢”，此名亦见于《后汉书》。《文献通考》（卷三二五）载晋安帝时（纪元四〇五年）高丽贡使至中国，据云“其大对卢以强弱相陵夺而自为之，不由其王署置”，可见慧深所述扶桑的大对卢小对卢确有所本，因亦可以证明桦太地方，虽不是高丽的殖民地，却必为高丽所同化。惟名为乙祁的国王，名纳咄沙的第三种贵族，则在高丽语中还未发现，盖因中国史书所记的官名，时代过去，便已不存，这是不足为奇的。

（8）国王行，有鼓角导从，其衣色随年改易，甲乙年青，丙丁年赤，戊己年黄，庚辛年白，壬癸年黑。

国王衣服每两年变换一次，这也有所本。宋君荣（Goubil）曾观察蒙古满洲的风俗，十干各有颜色，最初十年为绿色和淡绿色，次为红色和淡红色，又次为黄色和淡黄色，再次为白色和淡白色，最后为黑色和淡黑色，与扶桑王衣服的颜色次序相同。

（9）有牛角长，以角载物，至胜二十斛。有马车牛车鹿车，国人养鹿，如中国畜牛，以乳为酪。

《三才图会》绘有一扶桑人取鹿乳的图（图一），可见扶桑有鹿。今桦太有土人名俄洛尺苛族（Orotsko）占全岛人口七分之一，即以驯鹿运载其全部家具和渔具等。这些游牧人所用驯鹿，即是慧深所说长角载重之牛，驯鹿（Cervus taranda）虾夷名“Tonakai”。

图一　三才图会

（10）有桑梨，经年不坏，多蒲桃。

今考桦太岛及堪察加（Kamtchatka）地方产生玫瑰果，为普通玫瑰（Rosa rugosa）及堪察加玫瑰（Rosa kamtschatica）的结实。虾夷名“Mao”，音读如毛，虾夷人和堪察加人食之。又考北海道地方产生一种葡萄，色黑味爽，日本人名为虾夷葡萄（Yézo budô），与慧深所说也很相合。

（11）其他无铁有铜，不贵金银。[①]

东方朔《十洲记》云“扶桑地生紫金”，这和桦太一地完全相合。试举谢波德（von Siebold）所记荷兰旅行家的话为证。据云“他们以最美的水獭皮，换我船上的一个旧斧”，“虽给他们以很多银钱，他们不受，宁愿取铁”。这当然因为“山中产银很多”的缘故了。

（12）其婚姻，壻往女家门外作屋，晨夕洒扫。经年而女不悦，即驱之；相悦乃成婚，婚礼大抵与中国同。

现在对于桦太岛虾夷的家庭生活，和婚姻仪式，所知很少。但据谢波德（von Siebold）博士的记载，虾夷人婚姻的困难，和别处男子一样。男大欲婚，须先纳聘礼于父母，村长给男子以铠甲（Bettsi），才定了婚。男子娶妻，常在百里以外，为接近女家，须于附近造一临时住屋，又同样风俗，亦见于堪察加地方的依突门族（Itulmens）。据史特莱（Steller）说，男子服役女家一年至四年，女悦便成婚，否则赶走。然则慧深的话，是确实的了。

（13）亲丧七日不食，祖父母丧，五日不食，兄弟伯叔姑姊妹三日不食，设灵为神像，朝夕拜奠，不制缞绖，嗣王立三年不亲国事。

---

① 案欧洲人初发现美洲时，亦无铁，当地土人除 La plata 近旁民族有铁造的箭头外，其余的人，绝不知铁为何物。中美的民族在青铜时期，异常强盛，而北美仍是纯铜时期的文化。见王进展编《史前文化概论》第七章美洲史前文化。又欧洲人发现美洲，其目的乃在金矿，此亦美洲多金之证，决不在桦太岛下也。

谢波德（von Siebold）所述虾夷的丧礼，似较为严重，父丧，子守制一年至三年不等。佘伯（Scheube）氏说虾夷丧期不等，可见慧深所说三日至三年，当系概括而言。至于灵位的设立，据《北虾夷图说》所载，在家旁用板起造祀堂，高二尺，置死者尸体，堂设神主，祭以鱼烟等物。

就中最可注意的，就是希勒格在以《梁书》为根据以外，更从《图书集成·方舆汇编·边裔典》卷四十一引梁四公记杰公所述"扶桑蚕"的一段故事，以证明桦太的出产。实则梁四公记支离附会，全然出于捏造，希勒格引此，转足以丧失其本文考证的价值。又最重要的，如关于罽宾国比丘五人游行其国流通佛法经像一节，竟轻轻放过，不加以一字的说明，这可以说是本文的最大缺点，也是我们现在应加以批评之批评的地方。

四

由上所述歧尼（De Guignes）与文宁（Vining）主张扶桑即墨西哥说，克拉卜洛特（Klaproth）与希勒格（Schlegel）主张扶桑即日本或桦太说，两说均能持之有故，言之成理。但有可注意的，就是两说的争论点，第一不在倭国，倭国为日本，两说均无问题。第二不在文身国，克拉卜洛特与歧尼均以文身国当虾夷所住的地方。（希勒格以千鸟群岛中之得抚岛 Ouroup，当文身国；歧尼则以为文身之文，仅北海道中有之。）第三不在大汉国，希勒格与歧尼所持之说相同，即认大汉国应在今之堪察加地方。（见希勒格:《大汉国考证》。《中国史乘中未详诸国考证》卷五，页六十五。）但可怪的，就是在反对说方面，既承认梁书所记由倭国至文身国，由文身国至大汉国的路程，而对于由大汉国至扶桑国的距离里数，则认为“过度的距离”“吾人切勿轻信”（《扶桑国考证》，页一），这是第一个不可解。复次克拉卜洛特将扶桑国置于日本之东南，希勒格则以扶桑为桦太，置之于北海道之北，两说必有一非。假定希勒格之说为是，则大汉国既在堪察加地方，扶桑即桦太岛，乃在大汉国之西南，与《梁书》及《三才图会》所说“扶桑在大汉国东”完全不合，这是第二个不可解。复次扶桑国与大汉国的里数距离，据梁书“在大汉国东二万余里”，此大汉国接承上文当然为在中国之东的大汉国，而非如希勒格所指在中国西北之大汉国。（按西北大汉国在西比利亚，见《扶桑国考证》，页三十九。）然而《梁书》《南史》与《文献通考》等书，既列有大汉国，则按里计算，扶桑自在美洲。因此希勒格乃不惜以指鹿为马的伎俩，以中国西北之大汉国，计算扶桑的路程，而置中国之东的大汉国于不加讨论之列，这是第三个不可解。最有趣的，就是希勒格认大汉国有二,一在中国之东，一在中国西北，以为慧深所说“扶桑在大汉国东二万余里”，乃指中国西北之大汉国，他引《新唐书》（卷二一七下“斛薛”条下）为证，不知《新唐书》分明说“大汉者处鞠之北……与鞠俱邻于黠戛斯，剑海之滨，皆古所未宾者。当贞观逮永徽（纪元六四九至六五〇年间），奉貂马入朝”。这从古所未宾的大汉国，到了纪元六四九至六五〇年才为中国人所知，慧深在纪元四九九年即已知道有此一国，并据之以计算其与扶桑的距离，可谓有先知之明，这是第四个不可解。复次据《文献通考》卷三百二十四,《四裔考》引杜氏《通典》边防总序李淳风注“历代史倭国一名日本，在中国直东，扶桑复在倭国之东，约去中国三万里，盖近于日出处”。此段叙述扶桑之地理位置，最为确实，使我们知道扶桑乃在倭国之东。但如希勒格以桦太当扶桑国，则扶桑乃在倭国直北。与李淳风所述历代史所记，不能相合，这是第五个不可解。复次希勒格认中国对于扶桑，人人皆知,《图书集成·边裔典》列于已详诸国之内，至东方未详诸国，有君子国、长人国、小人国、白民国、女人国等共三十八国，而无扶桑，可见扶桑不是待考之地。（页四）他不知道《图书集成·边裔典》第四十一卷已详诸国之内，所列有扶桑国（《扶桑部汇考》一之二至二之二）也有虾夷国（《虾夷部汇考》之一至二），扶桑国和虾夷国决非一国,《图书集成》编者认此两国，均可无待考证，然而扶桑之非即桦太岛与虾夷所住之地，也就很明白了，这是第六个不可解。因有此种种疑问，使我对这扶桑问题，发生了重新估定价值的勇气，我的结论，很明白地是倾向于主张扶桑即墨西哥说的。

现在试以文宁代表扶桑即墨西哥说，以希勒格代表扶桑即桦太说，试将两种不同的解释，综合比较一下：

（例一）扶桑木

文宁以扶桑木当墨西哥之龙舌兰（Maguey）说甚可通，希勒格以扶桑木当北海道所产之楮（Broussonetia papyrifera），说即不合，因产于北海道者，不必即产于桦太岛。我们知道虾夷人因为衣料的缺乏，所以利用鱼皮为衣服以外，还须购衣服于日本人呢！（见希勒格《考证》，页三四）。

（例二）居室

桦太岛现有板屋，如旅行家所记，当系事实，但在纪元五、六世纪时代有无板屋，则成为问题。希勒格曾据《日本文库》八册页二二引《日本记》所载，纪元六五九年（唐显庆四年），日本贡使同二虾夷人入朝，唐高宗与日本贡使的问答如下：（问）此虾夷人国在何处？（答）在日本西北。（问）种类有几？（答）种类有三：一为番夷，一为生夷，一为熟夷。这是熟夷，逐年入贡。（问）国有麦否？（答）无麦，国人食肉。（问）有居屋否？（答）居于山中树穴之内。问答毕，虾夷乃进献鹿皮一，弓一，箭八。据日本贡使所述番夷，盖指桦太的虾夷，生夷乃指北海道北部的虾夷，熟夷乃指南部的虾夷（希勒格原文，页三十七）。由这一段看来，则知在纪元五六世纪时代，虾夷中的熟夷，尚未有居屋，住于山中树穴之内，熟夷如此，番夷可知，番夷即桦太的虾夷，而谓其此时能作板屋，实系妄想之至。

（例三）文字

墨西哥古代文字发达，其图画文字，发展到很高的程度，在西班牙人发见此地时，这种文字已由表意法进到标音法的阶段，而且有很多书籍，如历书“Tonalamatt”（即择日的书）便是好例。至于桦太本无文字，其传说虾夷文字书籍，为日本英雄义经①（Yoshitsune）所偷

① “经”，原作“雄”，误，据福建本改。——编者

取，乃系十二世纪时事，距慧深时代已远，且系神话，不足为凭。即云现今刺于桦太女人臂上，及男子所用兵器家具上，所绘文字，如∧⊥－× ⊦ ‖ ＝（见希勒格原文，页二十五）亦不过一种几何式的花纹和原始艺术的图案而已，虽似可以罗马字拼音，实际此种记号或数目语，算不得文字之成熟状态，也就算不得文字，即从表面形态上观察，如∧⊥－×⊥‖∧＝∧＝S⊥＝a－＝u⊥＝○‖＝Yu－＝u∧＝Sス＝ts＝＝aa，案《海南岛志》“黎人无文字，……其契约方法，削竹一片，用刀或墨画纹其上，略如〔×≡×＝＝〕之类，画后剖而为二，各有其一”；桦太文字不过这海南岛黎人一类的数目记号罢了。

（例四）武器

《梁书》慧深所述“无兵甲，不攻战”，似与桦太民风相同，但据我研究的结果，古代桦太，不但有兵甲，而且为善战的民族。希勒格引一八五九年刊《虾夷漫画》一册，绘有毁夷酋长引弓插矢于发之图。又据《图书集成·边裔典》第三十三卷《日本部汇考》一之九，又第四十一卷《虾夷部汇考》之二，均载永徽初（纪元六五〇年）日本王天智立，明年使者与虾夷人来朝。据云“虾夷亦居海岛中，其使者须长四尺许，珥箭于首，令人载瓠立数十步，射无不中”。又据《边裔典》所录《日本传》，记虾夷来朝事有云：“虾夷海岛中小国也，其使须长四尺，尤善弓矢，插箭于首，令人载之而立，数十步无不中者。唐显庆四年（纪元六五九年）十月随倭国使至入朝。”（《太平御览》卷七百八十一《虾夷国》同此）。虾夷人有弓矢，善射击，史有明文，那么我们还能说他“无兵甲，不攻战”，这不是很大的矛盾。

（例五）刑罚

墨西哥古代确有两种监狱的区别，桦太则刑狱之制，今已不存，无从考据。又灰责的刑罚，亦为墨西哥所特有，他处所无。

（例六）官制

“对卢”一名，已见《后汉书》《三国志·高勾丽传》等，慧深不过借用此固有名词来对译扶桑国贵族“Teule”的称号而已。这种以固有名词音译外来语的方法，在佛经译书界实有前例可寻，即以传说中之“扶桑”译“前所未闻”之扶桑国，亦为同书先例，不足深怪，更不能因此便断定扶桑必为高丽所同化。又如高丽语中不能发现名“纳咄沙”之第三贵人，而在墨西哥则有“Tlatoca”一名相当。

（例七）动物

《梁书》所载“有牛角甚长……有马车牛车鹿车”，但就希勒格的考证，似只有鹿车，即以驯鹿驾橇，而牛车又即是鹿车，故云“慧深所说长角载重之牛，盖指驯鹿而言”（页二十六），如此则鹿车与牛车不辨，是一大疑点。马车之有无，更无一字提及。案《魏志·东夷传》载倭国无牛马，则在慧深时代，而谓桦太有马车牛车，当然很成问题，所以希勒格依据桦太的动物出产，实尚不足以证明其即为扶桑国也。

（例八）文化

最重要的一点，即是《梁书》所说“其俗旧无佛法，宋大明二年罽宾国尝有比丘五人，游行至其国，流通佛法经像，教令出家，风俗遂改”。这一段于桦太一地即中国名称之库页岛，实无足征，因此希勒格对此也一字不提，桦太岛的虾夷，至今榛榛狉狉，尚在石器时代，把它比拟慧深时代的文化可谓牛头不对马嘴。反之就墨西哥来说，则古代文化发达，所谓南北美洲，古皆荒土，独墨西哥在昔已自立国，有废城为数千年遗迹，时代邈远，莫可稽考（谢希傅:《墨西哥述略》,《通学斋丛书》，页三），其古代文化可参阅《大英百科全书》（*Encyclopaedia Britannica* 第十四版第五册“Central America”, pp. 128—130。“Ethnology”, pp. 130—132,“Archaeology”。又第十六册“North America”，pp. 507—508。又古迹可参阅十五册“Mexico”，pp. 382—384，第五册 p. 130、第十六册 p. 508 等所载）。可注意的，就是墨西哥的文化，实始于纪元五世纪以后。依（1）大英百科全书说：托尔泰克人（Toltec）在墨西哥中部所传的文化，是始于纪元七五二年所建王国，终于一〇七〇年，而后有阿斯泰克人（Aztec）与马耶人（Maya）继起。（见同上第五册，页一二九）（2）克拉维黑罗（Clavigero）说：托尔泰克人起于 Anahauc，是当纪元六四八年，终于一〇五一年。（见 Prescott: *The Conquest of Mexico*, Vol. Ⅰ, p. 51，万人丛书本）（3）因忒利荷契（Ixtlilxochitl）说：托尔泰克人的文化史，是始于纪元五一〇年，终于九五九年（见 Alexander: *Mythology of All Races*, Chap. Ⅱ, Mexico, p. 107）。要之各说虽有不同，但以时代考之，均在慧深所说纪元四五八年（宋大明二年）之后，托尔泰克文化为阿斯泰克文化与马耶文化之起源，这不是证明了美洲最早发生的墨西哥文化，无论从何点来看，均为从纪元五世纪中国僧人传播所得的成果吗？而且就其文化性质上说，实带着很浓厚的佛教色彩，这种确凿的证据，使我们不得不相信墨西哥与中国僧人的关系，因之扶桑国即墨西哥说，也就一点没有疑义的了。

墨西哥文化的重要性，愈到现在而愈为明了。斯宾格勒（Spengler）著《西欧之没落》（*Der Untergang des Abendlandes*, 2 Bde., 1918—1922）第二卷中，曾举出九个高等文化，即（1）埃及文化，（2）巴比仑文化，（3）印度文化，（4）中国文化，（5）希腊罗马文化，（6）阿拉伯文化，（7）墨西哥文化，（8）西欧文化，（9）俄罗斯文化。墨西哥文化即为九个高等文化之一。又汤俾（Toynbee）在《历史研究》（*A Study of History*）第一册（页一三一至一三二）分世界文化为二十一单位，其中如安达（Andean）文化，马耶（Mayan）文化，俞加达（Yucatic）文化，墨西哥（Mexico）文化四单位，皆为美洲原住民文化。而以墨西哥文化为中心，虽然这一系文化不久中绝，但溯其来源，实中国的文化所传播。希勒格在《泥离国考证》中，曾证明了中国在纪元前即已声望所致之地甚远。而叹息于今之考证学者“力持中国民族非古之说，务求所以排挤之法，此风现盛行也”（《中国史乘中未详诸国考证》卷十三，页一〇七至一〇八）；希勒格若使明白墨西哥文化和中国的关系，知道中国在纪元五世纪时，其影响已远至墨西哥者，那么何至于以桦太附会扶桑，而务求所以排挤中国文化发展的可能性呢！希勒格如在，请为我下一转语来！

五

但以上所述，都不过就《梁书》卷五十四《东夷传·扶桑国》的考证，拿来作比较的研究，我以为最彻底的解决方法，仍不得不从搜集和批评关于扶桑国史料的方法上着想。希勒格虽曾从事这种工作，但关于搜集扶桑一地的材料则有之，批评这些新异材料的能力，则尚欠缺乏，因此不能不说是他一大缺点，同时也是使他结论陷于错误的重大原因。为挽救这种缺陷起见，我主张须先将希勒格所搜集的材料，下一个史料的考订工夫。

第一就扶桑史料的系统来说，显然可以分为两种，其一是正史的系统，其二是野史的系统。歧尼（De Guignes）、文宁（Vining）等主张扶桑即墨西哥说，所根据的是正史的系统。希勒格（Schlegel）主张扶桑即桦太岛说，所根据的是野史的系统，试将这两种史料列表如下：

（1）正史

《梁　书》{ 卷五十四列传 / 第四十八《东夷传》

《南　史》{ 卷七十九列传 / 第六十九《夷貊传》下

《文献通考》卷三百二十七《四裔考》

（2）野史

《山海经》{ 卷九《海外东经》 / 卷十四《大荒东经》

《十洲记》　卷一百之十《汉魏丛书》内

《梁四公记》见《图书集成·边裔典》卷四十一

《酉阳杂俎》卷十四《诺皋记》上

就中如明人所著《三才图会》，述“扶桑在大汉国东，作板屋，无城郭。宋武帝时，罽宾有人至其国，其国人养鹿为牛，取乳”，完全依据正史所载。又《太平御览》卷七百八十四，四裔部五，东夷五“扶桑国”条，完全抄录南史，均可附之正史的系统。又《图书集成·方舆汇编·边裔典》第四十一卷《扶桑部汇考》所载《梁书东夷传》及《三才图会》外，有《山海经》《十洲记》《梁四公记》《鼠璞》（南宋末戴湨撰“扶桑”一条，见卷一，页八至九，《学津讨原》第十三集本）等书，均属野史的系统，为希勒格所取材。因为两种史料的系统不同，所以《梁书》[①]《南史》的扶桑国，竟可以说是“在昔未闻也”，以示与《山海经》《十洲记》所述不同。因此所以我们不能不承认根据正史系统所主张的扶桑即墨西哥说，为较为正确；而根据野史系统所主张扶桑即桦太岛说，未免有涉于附会之嫌。试举例如下：

（例一）希勒格引东方朔《海内十洲记》，以决定扶桑之地理位置（页一三，三八）。不知《十洲记》虽题为东方朔撰，实乃“方士窃虑失志，借以震眩流俗，且自解嘲之作”（鲁迅语，见《中国小说史略》，页四五至四六）。其书记祖洲、瀛洲、玄洲、炎洲、长洲、元洲、流洲、生洲、凤麟洲、聚窟洲等十洲所有物名，大旨不离神仙。如在扶桑之前一节，记方丈洲云“上专是群龙所居，有金玉琉璃之宫，三天司命所治之处，群仙不欲升天者，皆往来此洲”，又后一节记蓬莱山云“上有九老丈人，九天真玉宫，盖太上真人所居，唯飞仙有能到其处耳”（《汉魏丛书》第一百之十，页九至一〇）。如此诞妄

① “书”，原作“史”，误，据福建本与上下文改。——编者

不经之书，而可以决定扶桑的地理位置，则如明之神魔小说《西游记》，也可以拿来作为中亚地理的教科书了，岂有此理?

（例二）希勒格引《梁四公记》杰公语，以证明扶桑蚕的存在，原文如下：

> 梁天监中，有蜀闯，𪇆杰，䴇𪂹，仉𦜕四公，谓武帝……杰公尝与诸儒语及方域云，东至扶桑，扶桑之蚕长七尺围七寸，色如金，四时不死，五月八日呕黄丝，布于条枝而不为茧。脆如綖，烧扶桑木灰汁煮之，其丝坚韧，四丝为系，足胜一钧。蚕卵大如燕雀卵产于扶桑下，赍卵至勾丽，蚕变小如中国蚕耳。其王宫内有水精城，可方一里。天未晓而明如画，城忽不见，其月便蚀，俄而扶桑国使使贡方物，有黄丝三百斤，即扶桑蚕所吐，扶桑灰汁所煮之丝也。帝有金炉重五十斤，系六丝，以悬炉，丝有余力。又贡观日玉，大如镜，方圆尺余，明澈如玻璃，映日以观见中宫殿，皎然分明。帝令杰公与使者论其风俗、土地、物产、城邑、山川，并访往昔存亡。又识使者伯叔兄弟，使者流涕拜伏。

这完全是一派神话，为六朝鬼神志怪书的特色，而怪诞处，更有过于张华《博物志》，当然不足认为信史。布利侧耐德（E. Bretschneider）和希勒格同样反对扶桑在美洲说，但对于此段所载，亦以为纯为中国沙门所臆造（见其所著“Fusang, or Who discovered America?” p. 3）。《梁四公记》说女国更为诞妄，当时人认为只是邹衍九州，王嘉拾遗之谈，希勒格在女国考证，也不信其说，这就可见以上面不可靠的史料来证明扶桑出产，是毫无价值的了。

野史资料中尚有晋王嘉的《拾遗记》卷三（见《秘书》二十八种第八册卷三，页三）载“扶桑东五百里有磅磄山，上有桃树百围；其花青黑，万岁一实”，这当然也是神话。希勒格于考证泥离国，背明国，郁夷国，含明国，三神山等地，均以《拾遗记》为依据，此则绝未提及，似知其不可信，然而希勒格的考证价值，亦可于此见之。又晋葛洪《枕中书》(《汉魏丛书》一百之十，页五)：

> 扶桑大帝，住在碧海之中，宅地四而并方三百里，上有太真宫，碧玉城万里，多生林木，叶似桑。又有椹树长数千丈二十围，两相根偶生，更相依倚，名为扶桑宫第，象玉京也。众仙无量数，元洲方丈诸群仙未升天者在此，去会稽岸六万里，太清仙伯太上丈人所治。

此段神话，本于《海内十洲记》，其无价值相同。卢秉钧校刊此书云“洪此书自云得授上真，亦有元始四劫二劫，玉京扶桑之论，与道经相应”。知道野史的系统。纯为神仙家言，则此种资料，其不足证史，也不待详证而自明了。

第二就扶桑史料的演变来说，我们很可以利用民俗学的方法，来研究关于扶桑传说的演变，因为扶桑史料有两大系统，属于正史系统的如《梁书》《南史》《文献通考》等记载，均有确定的时间（齐永元元年），确定的人物（沙门慧深），确定的地方（来至荆州），所以可算文献学的史料。次之属于野史系统的如《山海经》《十洲记》《梁四公记》《酉阳杂俎》等记载，均不过出于寓言，属于传说的范围，所以可算民俗学的史料。文献学的史料应用文献学的方法来整理，民俗学的史料，即当应用民俗学的方法，即“层累地造成传说”的方法来整理。这种方法崔述《考信录释例》中曾应用之以研究战国的传说，马克思派的柯祖基（Kautsky）在《基督教之基础》中（页一五九至一六一）曾应用之以研究《福音书》中奇迹的演变；胡适之、顾颉刚氏曾应用此种方法来整理传说中的中国古史，均有相当成绩。我们现在也很可以利用它来研究一下关于扶桑传说的一切新奇史料。就我研究的结果，以为扶桑传说的演变，实可分为三大时期：

第一期　以扶桑为一种神木，日所拂的神木，可以《离骚》《山海经》为代表。案吴其浚《植物名实图考长编》卷二十二“扶桑”一条，知中国南部确有此木。《南方草木状》（朱槿花茎叶皆如桑，叶光而厚，树高止四五尺，而枝叶婆娑。自二月开花至中冬即歇，其花深红色，五出，大如蜀葵。有药一条，长于花叶，上缀金屑，日光所灿，疑若焰生一丛之上，日开数百朵，朝开暮落，插枝即活。出高凉郡，一名赤槿，一曰日及。）、《岭表录异》（朱槿花茎叶皆如桑树，叶光而厚，南人谓之佛桑，树身高者止于四五尺。）、《本草纲目》（李时珍曰，扶桑产南方，乃木槿别种，枝柯柔弱，叶深绿，微涩如桑，其花有红黄白三色，红者尤贵，号为朱槿。）、《岭南杂记》（扶桑花粤中处处有之，叶似桑而略小，有大红，浅红，黄三色。大者开泛如芍药，朝开暮落，落已复开，自三月至十月不绝。佛桑与扶桑正相似，而中心起楼，多一层花瓣。）、《南越笔记》（佛桑一名福桑，又名扶桑，枝叶类桑。花丹色者，名朱槿，白者曰白槿。有黄者，纷红者，皆千叶，婀娜如芍药而小。一曰花上花，花上复花者重台也。其朱者可食，白者尤清甜。）等书均有记载。又《图书集成·博物汇编·草木典》第二百九十五卷《扶桑部汇考》有扶桑图（图二），以《山海经》（《大荒东经》云，大荒之中有山，名曰孽摇郡羝，上有扶木柱三百里，其叶如芥，注扶木即扶桑。）、《淮南子》（扶木在扬州，日之所曊。）之扶木，嵇会《南方草木状》之“朱槿”，段成式《酉阳杂俎》之“桑槿”，《霏雪录》《荔枝谱》《瓶花谱》《瓶史》《清漳志》之“佛桑”当之，可见是一种实物，但这实物的扶桑木，传入诗人小说家手中，便变成神话了。许慎《说文》“扶，扶桑神木，日所出也”，又“叒日初出东方，汤谷所登扶桑，叒木也”。桂馥《义证》卷十八（页一至二）引王观国曰“扶桑即扶桑也”。这里以扶桑木为神木，实

图二 扶桑图

有所本。本于屈原的《离骚》。案楚音《离骚》云"饮余马于咸池兮，摠余辔乎扶桑，折若木以拂日兮，聊逍遥以相羊"，又《九歌》"照吾槛兮扶桑"，这已经带着神话的意味。朱子《集注》"咸池日浴处也，扶桑木名，日出其下也。若木亦木名，在昆仑西极，其华光照下地拂击也"（《古逸丛书》本，页一〇）。《离骚汇订》引王氏云"咸池日浴处也，扶桑日所拂木也。淮南子曰日出汤谷，浴乎咸池，拂于扶桑，是谓晨明；登于扶桑，爰始将行，是谓朏明，言我乃往至东极之野，饮马于咸池，与日俱浴，以洁己身，结我车辔于扶桑以留日行；得不老延年寿也"，引朱氏云"扶桑若木东西迢隔，大夫岂真有千百亿代身耶？盖此一章专叙早行暮宿耳，咸池扶桑非以地名，谓日浴咸池时便饮马，日出扶桑时便总辔也”。总之此处所云日初出东方，所登扶桑，尚为树木之名。《山海经》卷九《海外东经》云“下有汤谷（郭璞注，谷中水热也。郝懿行疏，今案《楚词·天问》亦云，出自汤谷也。），汤谷上有扶桑（郭注扶桑木也，郝疏《初学记》一卷引此经扶桑，下有木字盖并引郭注也。），十日所浴（郝疏案《楚词·招魂》云十日代出，流金铄石。王逸注云，铄销也。言东方有扶桑之木，十日并在其上，以次更行，其势酷烈，金石坚刚皆为销释也。淮南子坠形训云，若木在建木西，末有十日其势照下地。高诱注云若木端有十日，状如莲华，光照其下也。），在黑齿北，居水中，有大木，九日居下枝（郝疏《楚词·远游》云朝濯发于汤谷兮夕晞余身兮九阳，九阳即此九日也。），一日居上枝（郭注庄周云，昔日十日并出，草木焦枯。《淮南子》亦云，尧乃令羿射十日，中其九日，日中乌尽死。《离骚》所谓羿焉毕日乌将落羽者也。《归藏郑母经》昔者羿善射，毕十日，果毕之。《汲郡竹书》曰胤甲即位，居西河，有妖孽，十日并出，此明自然之异有自来矣。传曰天有十日，日之数十，此云九日居下枝，一日居上枝。《大荒经》又云一日方至一日方出，明天地虽有十日，自使以次弟迭出运照，而今俱见，为天下妖灾，故羿禀尧之命，洞其灵诚，仰天控弦，而九日潜遝也。以上见《龙溪精舍丛书》本，卷九，页三至四。）。又卷十四《大荒东经》云“有谷曰温源谷（郭注温源即温谷也。），汤谷上有扶木（注扶桑在上，郝疏枚乘《七乘》引此经云，汤谷上有扶木，扶木者扶桑也，盖亦并引郭注之文。），一日方至一日方出（言交会相代也。），皆载于乌”（中有三足乌，见同上卷十四，页六）。这两段和《楚辞》文可相参证，其中包含有十日并出的神话，日中有三足乌的神话。此书虽非本《楚辞》而造，而所载神话，乃较《楚辞》设想为高，或亦因秦汉人有所增入之故。然而无论如何，《楚辞》也好，《山海经》也好，均认扶桑为一种神木，日所拂之木。魏陈思王植《升天行》云：“扶桑之所出，乃在朝阳溪。中心凌苍昊，布叶盖天涯。日出登东干，既夕没西枝。愿得纡阳辔，回日使东驰。”晋陶潜《读山海经》云：“逍遥芜皋上，杳然望扶木。洪柯百万寻，森散覆旸谷。灵人侍丹池，朝朝为日浴。神景一登天，何幽不见烛。”所咏扶桑神木仍不出于《楚辞》《山海经》的思想范围。可见最初传说中的扶桑木，实为一种树木，不过是一种神木。秦汉以后小说家言如《汉武帝内传》云“神仙上药有扶桑丹葚”；《元中记》云“天下之高者，扶桑无枝木焉，上至天，盘蜿而下，曲通三泉”；《拾遗记》云“瀛洲有扶桑，万岁一枯，其人视之如旦暮也”。扶桑仍为一种神木，不过依照传说之层累地演化，而更增加了许多别的神话罢了。

第二期　以扶桑为日出之所，或即为日。可以东方朔《海内十洲记》与《梁四公记》为代表。按戴填《鼠璞》卷上“扶桑”一条“或谓日出扶桑，以日自东方出耳，犹倭自谓日出处天子耳。《山海经》多诞，不足为据。杨炯《浑天赋》谓扶桑临于大海，太白诗‘西海栽若木，东溟植扶桑’，竟以扶桑为日。《西京赋》复与濛记对说”（《学津讨原》本十三集第二百三十册，页八至九）。案《西京赋》“日月于是乎出入，象扶桑与濛记”；又《吴都赋》“经扶桑之中林，包旸谷之滂沛”。五臣注云“扶桑旸谷皆日出之所”；《后汉书·张衡传》“夕余宿乎扶桑，注云扶桑日所出，在阳谷中”。在汉魏六朝时代，扶桑已经不是一种树木，而为东方日出处的地名了。东方朔《十洲记》（《汉魏丛书》卷一百之十，页九至一〇）描写这个海外的仙山是：

扶桑在东海之东岸，岸直陆行，登岸一万里，东复有碧海，海广狭浩汗，与东海等。水既不咸苦，正作碧色，甘香味美。扶桑在碧海之中，地方万里，上有大帝宫，太真东王父所治处。地多林木，叶皆如桑。又有椹树，长者数千丈，大二千余围，树两两同根偶生，更相依倚，是以名为扶桑。仙人食其椹，而一体皆作金光色，飞翔空立。其树虽大，其叶椹故如中夏之桑也。但椹稀而色赤，九千岁一生实耳。味绝甘香美，地生紫金丸玉，如中夏之瓦石状，真仙灵官变化万端，盖无常形，亦有能分形为百身十丈者也。

在这里，扶桑已经转用为神人所居的仙境了，这里包含着仙人岛的神话，仙人飞升的神话，仙果异物的神话，大真东王父的神话（东王父恰好是西王母的对照），只有“紫金丸玉”之说，希勒格以此为桦太的出产，因而证明了扶桑之为桦太。不知紫金丸玉，均为神仙家言。铅可为丹，胆可浸铜。张读《宣室志》云“韦思玄求炼金之术，一日有居士辛锐来谒，病痈溃血日甚，方会食，居士溺于筵上，客怒皆起，锐亦告去，忽不见，因视其溺，乃紫金液，奇光灿然，真旷代之宝”，此即紫金之说。屈原《九章》云“登昆仑兮食玉英”其尤甚者，《十洲记》《抱朴子》《博物志》《神农本草》，均言食玉。“非曰令人长生，即曰其命不极；非曰神仙不老，即曰轻身长年”（章鸿钊：《石雅》上编，页七十二），此即丸玉之说。希勒格不明此理，很机械地将《十洲记》这段寓言，认为真正史料，以为虾夷的山民，也能如东方朔所说的“飞翔空立”，这真可谓滑天下之大稽了。

《十洲记》以外，更可举者有《梁四公记》，其中所描写的扶桑国，有扶桑蚕四时不死的神话，大蚕变为小蚕的神话，有蚕丝可悬金炉重五十斤的神话。在这扶桑国里面“其王宫内有水精城，方可一里，天未晓而明如昼，城忽不见，其月便蚀”，这是极力描写扶桑国为日出之所，而文章的技术，较之《十洲记》而更为拙劣罢了。

第三期　以扶桑为日出处的日本，可以唐段成式的《酉阳杂俎》为代表。在汉魏六朝时代，扶桑只为日出之所，尚不能决定于何处寻求扶桑，但在唐宋以后，扶桑便成倭国（即今日本）的代名词了。《酉阳杂俎》（《学津讨原》第十六集本《四部丛刊》本）是一部志怪书。“或录秘书，或叙异事，仙佛人鬼以至动植，弥不异载，虽源出于张华《博物志》，而在唐时犹为独创之作”（鲁迅《中国小说史略语》，第十一篇，页一一七），可是这独创之作，仍不过小说家言，不足认为真正史料，然而希勒格不明此理，竟引这小说的一段，认为扶桑即是长须国了。

大足初（纪元七〇一年）有士人随新罗使风吹至一处，人皆长须，语与唐言通，号长须国。人物茂盛，栋宇衣冠，稍异中国，地曰扶桑州。其署官品，有王长戢波目役岛逻等号。士人历谒数处，其国皆敬之，忽一日有车马数十，言大王召客，行两日方至一大城，甲士守门焉。使者导十人入伏谒，殿宇高敞，仪衙如王者，见士人拜伏，小起，乃拜士人为司风长，兼驸马。其王甚美，有须数十根，士人威势烜赫，富有珠玉，然每归见其妻则不悦，其王多月满夜则大会，后遇会，士人见姬[①]嫔悉有须。因赋诗曰花无蕊不妍，女无须亦丑。丈人试遣总无，未必不如总有。王大笑曰，驸马竟未能忘情于小女颐颔间乎。经十余年，士人有一儿二女，忽其日其君臣忧戚，士人怪问之，王泣曰吾国有难，祸在旦夕，非驸马不能救。士人惊曰，苟难可弭，性命不敢辞也。王乃令具舟，命两使随士人，谓曰烦驸马一谒海龙王，但言东海第三汊第七岛长须国有难求救，我国绝微，烦再三言之，因涕泣执手而别。士人登舟瞬息至岸，岸沙悉七宝，人皆衣冠长大，士人乃前求谒龙王，龙宫状如佛寺，所图天官，光明迭激，目不能视。龙王降阶迎士人，齐级升殿，访其来意。士人具说，龙王即令速勘，良久，一人自外白曰，境内并无此国，士人复哀

① “姬”，原作“娅”，疑误，据《酉阳杂俎》改。——编者

祈。言长须国在东海第三汉第七岛，龙王复叱使者，细寻勘，速报。经食顷，使者返曰，此岛虾，合供大王此月食料，前日已追到。龙王笑曰，客固为虾所魅耳。吾虽为王，所食皆禀天符，不得妄食，今为客减食。乃令引客视之，见铁镬数十如屋，满中是虾，有五六头色赤大如臂，见客跳跃，似求救状。引者曰，此虾王也。士人不觉悲泣。龙王命放虾王一镬，令二使送客归中国，一夕至登州，回顾二使，乃巨龙也。（《学津讨原》第十六集本卷十四《诺皋记》上，页九至十一）

在这里有女人生须的故事，中国士人充长须国驸马的故事，海龙王的故事，虾精的故事，这当然只是一种假托的神话。但希勒格所引（见《扶桑国考证》，页十六）删去海龙王和虾精一段，这在考证方法中，已经不算得诚实，却要依据于此，来说明“司风长亦扶桑古号之一种，即中国高丽之谏官”（同上，页三十三），这真是“像煞有介事”了。至于长须国在什么地方，《酉阳杂俎》作者，实亦有所本。《唐书·日本传》有虾夷人来朝的记载，“永徽初（纪元六五〇年）日本王天智立，明年使者与虾夷人皆朝，虾夷亦居海岛中，其使者须长四尺许，珥箭于首，令人载瓠立数十步，射无不中”。可见长须国即影射日本的虾夷岛。因为纪元七世纪时代，有此传说，故纪元九世纪《酉阳杂俎》的作者（段成式卒于咸通四年，即西纪八六三年）能够把他附会起来。自此以后，扶桑已经不是如李淳风所谓“在倭国之东”，扶桑简直就是日本国了。唐王维《送秘书晁监还日本国》诗“乡树扶桑外，主人孤岛中，别离方异域，音信若为通”（见《全唐诗》第二函第八册卷六，页六）；徐凝《送日本国使还》诗“绝国将无外，扶桑更有东”；明僧来复《送荣首座还日本》诗“扬帆八月挂长风，直溯扶桑碧海东”；僧妙声《送僧归日本》诗“碧海蓬莱外，扶桑日本东，居然成绝域，久矣染华风”。传说中的仙人岛的故事，居然就是日本了。

由上所述扶桑史料的演变，也就是关于扶桑故事的演变，只要我们根据于这些故事的材料，便自然而然会得到扶桑即日本或桦太岛的断案。所以希勒格（Schlegel）《扶桑国考证》所得的结论，只要看他所用的史料的系统，是不足为奇的。甚至可以说这是当然的结论。然而可惜的就是这种当然的结论，实乃成立于不甚可靠的野史材料上，只要由上应用民俗学的方法来研究一下，便能重新估定其无何价值了。

六

在我推翻了扶桑即桦太说以后，我们便可以更进一步，来积极证明扶桑即墨西哥说。歧尼（De Guignes）虽首先提出正面建议，文宁（Vining）氏更加以充分的说明，但在某方面看来，仍嫌证据不足。所以希勒格反面的批评，不得不认其有极大的意义。因为这么一来，便各方面新奇的材料，都可以搜集起来了。但是真理因愈辩论而愈加明白，我们的新的建议，实在就是综合文宁氏与希勒格氏两不相同的史料系统，而建立综合的学说的。这种综合的学说，其结论虽仍承认扶桑即墨西哥说，可是这种新的认定和旧的认定有很大的不同，即这新的认定乃从否定之否定得来。但我们现在怎样重新根据文献学的，民俗学的，考古学的各种史料，来证明纪元五世纪中国僧人发见美洲说呢？我在这里，提出三大证据，即第一证人，第二证地，第三证事，试以次说明之。

第一以人为证。《梁书·扶桑传》“宋大明二年（纪元四五八年）罽宾国尝有比丘五人，游行至其国，流通佛法经像”。罽宾国名，见《前汉书》卷九十六上，即唐玄奘《西域记》之迦湿弥罗，今之克什弥尔（Kashmir）发音为 Ki-p'in（参照张星烺：《中西交通史料汇篇》第六册《古代中国与印度之交通》，页三四至三五；羽溪了谛：《西域之佛教》第七章《迦湿弥罗国》）。因在北印度地方，所以罽宾国比丘之航行墨西哥，也可以说是印度人的贡献。一九二〇年印度人派梭兰卡（Panduranga S. S. Pissurlancar）曾发表一篇论文，名《关于古代印度人发见亚美利加之研究》（"Recherches sur la Découverte de l'Amérique par les anciens hommes de l'Inde"），法国伯希和（Pelliot）于一九二一年通报（*T'oung Pao*）里面，加以批评。我们知道罽宾国唐时实归中国版图，见《旧唐书》卷一百九十八，《新唐书》卷二百二十一册，因此所以歧尼所提出文史学院的报告，竟谓寻究中国古史，曾发现纪元后五世纪时，已有中国僧人至扶桑。将罽宾国比丘，认为中国僧人，是没有多大错误的。然而无论中国僧人也好，印度僧人也好，总之这一大发见，实为亚洲人的新贡献。我们现在的问题，乃在这几位无名的哥仑布，究竟是怎样人物，是有怎样本领，用怎样方法，居然能够到达了从未发见的新大陆呢。在未解释这个问题以前，须先注意一下罽宾国与中国的交通情形。据《前汉书》所载（卷九十六上）：

> 罽宾国治循鲜城，去长安万二千二百里，不属都护，户口胜兵多，大国也。……自武帝始通，罽宾自以绝远，汉兵不能至。……其王……数剽杀汉使。……成帝时，复遣使献谢罪，汉欲遣使者报送其使。杜钦说大将军王凤曰前罽宾王阴末赴本汉所立，复卒叛逆。夫德莫大于有子民，罪莫大于执杀使者，所以不报恩，不惧诛者，自知绝远，兵不至也。有求有卑辞，无欲则娇嫚，终不可怀服。凡中国所以为通厚蛮夷，惬快其求者，为攘比而为寇，今县度之阸，非罽宾所能越也。其乡慕不足以安西域，虽不附不能危城郭。前亲逆节，恶暴西域，故绝不通。今悔过来，而无亲属贵人奉献者，皆行贾贱人，欲通货市买，以献为名，故烦使者，送至县度，恐失实见欺。凡造遣送客者，欲为防护寇害也，起皮山南，更不属汉之国四五，斥候士百余人，五分夜击刁斗自守，尚时为所侵盗。驴畜负粮，

须诸国禀食，得以自赡。国或贫小不能食，或桀黠不肯给，拥强汉之节，馁山谷之间。乞丐无所得，离一二旬则人畜弃捐旷野而不返。又历大头痛小头痛之山，赤土身热之阪，令人身热无色，头痛呕吐，驴畜尽然。又有三池，盘石阪道。陿者尺六七寸，长者径三十里。临峥嵘不测之深，行者骑步相持，绳索相引，二千余里，乃至县度，畜队未半坑谷，尽靡碎。人坠势不能相收视，险阻危害，不可胜言。圣王分九州，制五服，务盛内，不求外，今遣使者承至尊之命，送蛮夷之贾，劳吏士之众，涉危难之路，罢弊所恃，以事无用，非久长计也。使者业已受节，可至皮山而还，于是凤白，从钦言。罽宾实利赏赐贾市，其使数年而一至云。

这一段可见汉时中国与罽宾国交通的困难，然而无论如何“险阻危害，不可胜言”，而罽宾国的僧人居然自汉而后，接踵而来，不可胜数。这不是奇迹，实只是罽宾国僧人“发愤忘食，履险若夷，轻万死以涉葱河，重一言而之柰苑”的宗教精神的表现。不信我们请看《高僧传》所载罽宾国高僧东来中国传播佛教的史实：

（一）**僧伽跋澄** 此云众现，罽宾人。毅然有渊懿之量，寻名师，备习三藏，博览众典，特善数经。暗诵阿毗昙毗婆沙，贯其妙旨，常浪志游方，观风弘化。苻坚建元十七年（西三八一年）来入关中，先是大乘之典未废，禅数之学甚盛，既至长安，咸称法匠焉。……关中僧众则而象之，后不知所终。(《高僧传初集》卷一)。

（二）**僧伽提婆** 此言众天，或云提和，音讹故也，本姓瞿昙氏，罽宾人。入道修学，远求明师，学道三藏，尤善阿毗昙心。洞其纤旨。……苻氏建元中（西三六五至三八五）来入长安，宣流法化……至隆安元年（西三九七）来游京师，晋朝王公，及风流名士，莫不造

席致敬。……提婆重译中阿含等，罽宾沙门僧伽罗叉执梵本，提婆翻为晋言。……后不知所终。（同上卷一）

（三）**昙摩耶舍** 此云法明，罽宾人。……孤行山泽，不避虎兕，独处思念，动移宵日，常于树下，每自克责，于是累日不寝不食，专精苦到，以悔先罪。乃梦见博叉天王语之曰沙门当观方弘化，旷济为怀，何守小节，独善而已。……觉自思维，欲游方授道，既而逾历名邦，履践郡国，以晋隆安中（西三九七至四〇一）初达广州。耶舍善诵毗婆沙律，徒众八十五人。至义熙中（西四〇五至四一八）来入长安，后南游江陵，大弘禅法，其有味静之宾，披榛而至者三百余人。至宋元嘉中，辞还西域，不知所终。（同上初集卷一）

（四）**弗若多罗** 此云功德华，罽宾人也。备通三藏，而专精十诵律部，为外国师宗。以伪秦弘始中（公历三九九至四一六）振锡入关。秦主姚兴待以上宾之礼。延请多罗诵出十诵梵本，罗什译为晋文，三分获二，多罗遘疾，奄然弃世。（同上初集卷二）

（五）**佛陀耶舍** 此云觉名，罽宾人。年十三常随师远行，于旷野逢虎，师欲走避，耶舍曰此虎已饱，必不侵人，俄而虎去，前去果见余殡。舍善解毗婆沙，以弘始十二年，译出四分律，凡四十四卷，并出长阿含等，后辞还外国，至罽宾，得虚空藏经一卷，寄贾客，传与凉州诸僧，后不知所终。（同上初集卷二）

（六）**卑摩罗叉** 此云无垢眼，罽宾人，沈静有志力，出家履道，苦节成务。先在龟兹，弘阐律藏，四方学者竞往师之。及龟兹陷落，又欲使毗尼胜品复洽东国；于是杖锡流沙，冒险东渡，以伪秦弘始八年（纪元四〇六年）达自关中，律藏大弘，叉之力也。（同上初集卷二）

（七）**佛驮什** 此云觉封，罽宾人。专精律品，兼达禅要。以宋景平元年（纪元四二三年）七月，届于扬州，译五分律，仍于大部抄

出戒心及羯磨文等并行于世，什后不知所终。（同上初集卷三）

（八）昙摩密多　此云法秀，罽宾人也。罽宾多出圣达，屡值明师，博贯群经，特深禅法。以宋元嘉元年（纪元四二四年）展转至蜀，自西徂东，望风成化。以元嘉十九年（纪元四四二年）七月六日卒于上寺。（同上初集卷三）

（九）求那跋摩　此言功德铠，本刹利种，累世为王，在罽宾国。……年三十罽宾王薨，……众咸请还俗，以绍国位，再三固请，不纳，乃辞师远众，林栖谷饮，孤行山野，遁迹人世。……以圣化宜广，不惮游方，以元嘉八年正月，达于建业，开讲法华及十地，法席之日，轩盖盈衢。观瞩往还，肩随踵接。……（同上初集卷三）

以上所列，均为纪元四世纪至五世纪间东来中国传教的罽宾国高僧，其在五世纪以后，如释佛陀多罗，释佛陀波利等（见《高僧传》三集卷二），尚不知其数，以与本题无关，不录。总而言之，在纪元五世纪及其前后罽宾国僧人之立志远方传教，实系事实，如上文所引，我们已可看出几要点，就是第一这些僧人，皆是宗教天才，均受有极严格的宗教训练与冒险的精神。第二，这些僧人均皆立誓远方传教，与十六世纪耶稣会士在洛耀拉（S. Ignatius of Loyola）领导之下所谓“地不分遐迩，人不论文蛮，万里长征，片时无缓”那种传教的精神，是一致的。第三，这些僧人，均为大游历家，其好游四方的嗜欲，决不在回教徒之下，罽宾国的僧人有不少无名的依宾拔都他（Ibn-Batuta），只可惜没有人去注意他罢了。而且从地理上来观察，罽宾国至中国的路程，和从中国至扶桑国的路程，在大游历家看来，都相差不多。罽宾至中国约万二千二百里，中国距扶桑国有二万余里。这些僧人可以从罽宾国到中国，也就可以从中国到北美洲了。再从时间来观察，据《梁书》所记宋大明二年，罽宾国尝有比丘五人，游行至扶桑，大明二年即纪元四五八年，正是上列各僧人来中国的时候，那么由中国起程，航行至墨西哥，也是很可能的，再次从事实上来观察，这些僧人据《高僧传》所载，许多是“不知所终”，虽然他们回国去的，史有明文，而他们不是回国去的，究竟是到了什么地方，这就不得不令人发生很大的疑问了。综合以上各点，我们不是很容易证明了《梁书》所载，罽宾国僧人一节，完全是适合于历史事实的吗？

七

第二以地为证。案《梁书·东夷传》所记与扶桑国有关的各国，有倭国、文身国、大汉国等。其原文如下：

倭国……倭者自云太伯之后，俗皆文身，去带方万二千余里，大抵在会稽之东，相去绝远。

文身国在倭国东北七千余里。人体有文如兽，其额上有三文，文直者贵，文小者贱。土俗欢乐，物丰而贱，行客不赍粮，有屋宇，无城郭。其王所居，饰以金银珍丽，绕屋为堑，广一丈，实以水银，雨则流于水银之上，市用珍宝，犯轻罪者则鞭杖，犯死罪则置猛兽食之，有枉则猛兽避而不食，经宿则赦之。

大汉国在文身国东五千余里，无兵戈，不攻战，风俗并与文身国同，而言语异。

在“扶桑国条”后，记有女国一段：

慧深说云，扶桑东千余里有女国，容貌端正，色甚洁白，身体有毛，发长委地。至二三月，竞入水则妊娠，六七月产子，女人胸前无乳，项后有毛生根，白毛中有汁以乳子，一百日能行，三四年则成人矣，见人惊避，偏畏丈夫。食咸草如禽兽，咸草叶似芗蒿而气香味咸。(《通考》缺食咸草如禽兽数字,芗蒿作邪蒿。)

在这里,倭国即今日本,《唐书·日本传》"咸亨元年,遣使贺平高丽,后稍习夏音,恶倭名,更号日本,使者自言国近日所出以为名"。《元史·日本传》"日本国在东海之东,古称倭奴国,或云更其旧名,故改名日本,以其国近日所出也"。《文献通考》三二五卷李淳风叙言云"倭国一名日本,在中国直东";《三才图会》云"日本国即倭国",由此可见日本国即《后汉书》《魏志》《晋书》《宋书》《南齐书》《梁书》《隋书》所载之倭奴国、倭国,可无待考证。现在的问题,乃在文身国、大汉国,与慧深所说女国的地理位置,知道这些关系,便扶桑国的地理位置,也就容易解决了。

先说文身国。歧尼(De Guignes)氏根据从前荷兰人的旅行游记,以为文身国在日本北海道地方。据云"荷兰人于其地(北海道)见有矿地,其色如银,其土如粉,投水即溶,此即中国人所谓水银也"(*Navigations des Chinois' etc. Mémoires de l'Académie des Inscriptions et Belles-Lettres*, Tome XXVIII, p. 506,此引《中国史乘中未详诸国考证》,页四十五)。但据希勒格的《文身国考证》,则此种类似水银的土,实在千岛群岛中的得抚岛(Ouroup),岛在日本东北,格林威至(Greenwich)线北纬四五度三九分至四六度一〇分及东经一四九度三四分至五〇度二二分之间,东印度公司的维力司船长曾名其岛为公司岛(Company Island),法人曾据其地称之为联盟岛(Alliance),似此确定文身国的所在,似较歧尼氏更为真确的了。不过我们要注意的,是此种文身的风俗,在原始民族,各地多有,而在日本海方面,倭国亦不出此例。《后汉书·东夷列传》"倭在韩东南中,依山岛为居,凡百余国……使译通于汉者三十许国。……男子皆黥面文身,以其文左右大小别尊卑之差"。《魏志·东夷传》"倭人依山岛为国邑,旧百余国，……男子无大小皆黥面文身。自古以来其使诣中国皆自称大夫夏后少康之子，封于会稽，断发文身，以避蛟龙之害。今倭水人好沉没捕鱼蛤，文身亦以厌大鱼水禽，后稍以为饰，诸国文身各异，或左或右或大或小，尊卑有差”。《晋书·东夷传》也有同样记载，可见文身国不过为日本海各国文身风俗的一种；或即倭人旧百余国中的一国，很难决定它的位置。歧尼氏泛指为北海道地方，这本没有错，希勒格氏却要更进一步，指实为千岛群岛中的得抚岛。不知得抚岛周围不过八十里，岛内山岳重迭，地极险阻，因为平地极少，住民不解农业，在东印度公司维力司船长发见此岛时，实无居民，在纪元五世纪，是否为无人岛，更不可知，安能断定其即为“土俗欢乐，物丰而贱，行客不赍粮”的文身国呢？而且根据栗原寅次郎《大日本地理精说》（大正十五年出版）所分，千岛群岛之得抚岛，本可属于北海道地方（第十章“北海道地方”，第七节“千岛群岛”，见页二五四至三七五），那么何必强为区分呢？总之，在北海道地方的虾夷土人，至今尚存文身的风俗，此系事实，如上书所述：（第十章第三节，页三一〇至三一一，“アイヌ土人の風俗”）

> 虾夷人固有的风俗习惯，因近年与内地人交际之频繁，而渐次消失，衣食住一切均与内地人同化，无何等差别。只有少数住在深山僻野的虾夷人，有时尚保守其固有的生活状况。虾夷人不问男女，均有黥面文身的习惯，尤其女子，幼时即刺墨于唇上，渐及口之周围，至为人妻时，则全部口边，均施以花纹。但虽如此，虾夷人文身及衣食住等固有特色。近年渐次减少，甚或全部消灭，与内地人无异。

那么我们根据事实，假定文身国为北海道及千岛列岛中之某一岛，为旧虾夷人所居地，当然是很可能的说法了。

次之为大汉国，在文身国东五千余里，岐尼与希勒格氏，均决定其为今之堪察加（Kamchatka）地方。堪察加人为平和不事攻战的种族，此其特性。又戈利亚客种（Koriaques）的语言，亦与北海道及千岛列岛原住的虾夷语有别。因此这种假定，当然比文宁以阿拉斯加（Alaska）地方当大汉国者或更易于解释。惟大汉之义仍不能明，希勒格以为大汉意即大川“戈利亚客人惟名堪察加为大地”云（见《大汉国考证》,《中国史乘中未详诸国考证》卷五，页六五至六六）。此说实似是而非，因大汉实指人，而非指地，此其一。中国人名堪察加人为流鬼不名大汉，此其二。又白鸟库志（《塞外史地论文译丛》第一辑，页一二三至一二四，见于《大秦传中的中国思想》），认“慧深所述的大汉国亦与《山海经》《淮南子》等所载大人国，含义相同，《淮南子》等书所载的大人国，用以表示‘居住此国的神仙’，体格极为长大的”。殊不知慧深所述大汉国风俗与文身国同，绝不带神话色彩，亦无神仙的意味，白鸟氏未免误会了。惟“大汉”二字，确有“大人”与“好汉”之含义。今案大汉国依《梁书·东夷传》所载“风俗并与文身国同而言语异”，那么以文身国的风俗生活状况推之，当系阿留地安（Alutian）群岛之埃斯基摩（Eskimo）种族的土地。以与北海道及千岛群岛之距离计之，亦相恰合。由此往东二万余里，也正是美洲之西墨西哥地方，《梁书》所称为“扶桑国”也。埃斯基摩人虽然系一群野蛮人，但因保持其原始的道德律，在己群内，实为和平不事攻战的民族。R. Lydekker 在《现代人种志》（*Living Races of Mankind*, p. 666）中述美洲之埃斯基摩“他们和平生活，可算是仁爱和慈善的民族（They are a kindly and hospitable people）”。因为他们对于“我族”（We-group）与“他族”（Others-group）的分别很明，他们为夸张其我族中心主义，故常自称为“因奴伊”（Innuit）

意即为“人”（Men）。这自称己族为人的习惯，原始民族如卡立勃人（Carib）、拉伯人（Lapps），又如奇奥哇族（Kiow）之称为“Kiowa”，皆为好例，而埃斯基摩人为尤甚。亚洲的埃斯基摩人自称为“Yuit”，格林兰的埃斯基摩人，自称为“真正的人”，阿留地安群岛的埃斯基摩人以“大汉”自称，当亦不出此例。“Innuit”即“大人”“好汉”之意，即是自认己族为真正身大力强的“大人”“好汉”，这就是大汉国一名所由来。为要证明这大汉国和阿留地安的埃斯基摩人的关系，最好是参考克鲁泡特金（Peter Kropotkin）一九〇二年所著《互助论》（*Mutual Aid: A Factor of Evolution*）第三章“野机人的互助”，其中“埃斯基摩人和阿留地安人”一节（“万有文库”本第一册，页一一〇至一一五），而更为了然了。

（第一）按文身国土俗欢乐，大汉国风俗与文身国同，当亦土俗欢乐无疑。今据《互助论》（第三章，pp. 111—112）：

> 埃斯基摩人的生活，乃以共产主义为基础，……当一个人变为富裕，他就招请他的氏族里的人开大宴会，在大吃之后，就把他的财产，分给他们。达文（Dale）在犹空（Yukon）河畔，看见一个阿留地安人的家族，用这个方法，分配十把铳，十件皮衣，两百串小珠，许多毡子，十张狼皮，两百张狐狸皮，五百张黑貂皮（Zibeline），此后这个家族，脱了自己的宴会衣，给与别人，而自己各换一袭褴褛的皮衣并对他们的族人说了几句话，以为他们虽比同族中任何人还要穷些，但是同族的友谊，已为他们所获得，和此相类之财富的分配，乃是埃斯基摩人的寻常习惯，在某一定的季节，把一年所得的一切东西，公开陈列，然后乃作分配。

这真是何等的快乐生活！

（第二）按文身国有屋宇，无城廓。大汉国即今埃斯基摩人的生活，亦同。

> 他们的寻常住所，乃是“长屋”（Long house），可容数家居住，用破兽皮分成小间，而留公路在前面，有时“长屋”的形式，乃作十字而中央置有公用的火。德人探险队曾在和一个“长屋”接近的地方，过了一个冬天，他们断言此等居民在长冬内，“始终没有吵闹，并不因使用这块窄狭面积，而起争论”，“舍合法之讽诗，而用骂詈或恶言，那是认为无状”。

（第三）按大汉国“无兵戈，不攻战”，与今之阿留地安人最为相合，埃斯基摩人生活的特质，即是尊敬团体利益，而阿留地安人，尤为特色。据《互助论》（页一一三至一一五），埃斯基摩人的部落道德之高尚的标准，在一般书籍中常有讲到的。下面是差不多和埃斯基摩人性质相同的，阿留地安人的风尚之记载，而把此等野蛮人的全部道德，做一个更好的说明。此为一个最有名的俄国传教师威尼阿米诺夫（Veniaminoff）在阿留地安人民间住了十年以后所记的，现在我用大部分是他自己的话，在下面作一个摘要：

> 坚耐是他们的主要特质，此简直可说是很伟大的。他们不但每日早上在冻海中洗澡，而裸体站在海滨吸入冷风，并且在甚至没有充分的食物以作苦工的时候，而有我们想象不到的坚忍能力。遇有长时的饥馑，他们首先注意的，就是小孩。他们把所有的一切粮食，给予小孩而自己去挨饿。他们不愿偷东西，就是最初日俄国移入的人民，也是这样说。他们不是决不行窃，无论那个阿

> 留地安人都自认有时曾偷过一点东西，惟常以细物为限，故他们的行为，是很天真烂漫……阿留地安人不轻与人订约，但是一旦订约，无论有多大的事情发生，他们都不失信的。(有一个阿留地安人以干鱼送给威尼阿米诺夫，威氏因起身匆匆，把鱼放在海滨忘记带去，此阿留地安人乃把鱼携归，等威氏次年一月回来的时候，再送去。在那一年的十一月和十二月间，阿留地安人的驻扎地内，发生大饥馑，但是此阿留地安人虽没有东西吃，然而决不拿已答允送人的礼物来裹腹。等到次年一月，威氏回来，他乃硬把这个礼物，送到威氏那里去。)他们的道德规则繁而且严，……尤以捏造功劳以轻蔑的话骂人等等，都是看作可羞耻的。……
>
> 这就是阿留地安人的道德，拿他们的故事和传说来看，我们可得更进一步的例证，让我现在加说一事，据威尼阿米诺夫在一八四〇年所纪，他们六万人口，在过去一世纪中，只有一个杀人犯，而在四十年中，在一千八百个人口中，违反习惯法的事，简直一回是没有。若我们知道骂詈，轻蔑，和出言不逊，在阿留地安人生活中，是绝对没有，那么，这就没有什么稀奇了！甚至他们的小孩子，也决不打架，决不互相乱骂，至多不过说“你的母亲不知缝纫”或“你的父亲瞎了一只眼睛”而已。

这是何等地和平过着“无兵戈，不攻战”的生活，今代阿留地安的人如此，古代的大汉国，更不消详说而自明了。

末了应该述及慧深所说的女国。依照扶桑即墨西哥说，则女国在扶桑东千余里，应该在今墨西哥之东，约当大安的列斯群岛（Great Antilles）或小安的列斯群岛（Lesser Antilles）所在地却是这些岛国，因最先被欧洲人发见，所以这区文化在美洲亦最早消灭。我们现在要想决定慧深所说女国的地理位置，实无文献可征，而且女国虽因慧深而传，然慧深未到此国，仅得自传闻，所以神话与史实相混，只好算作一种传说。希勒格据之以与《文献通考》及《南史》所载互相考证，其结论，竟谓此种女人“色甚洁白，身体有毛”，似为虾夷种，其所食咸草，即是海带。至于“二三月入水，六七月产子”则涉入动物学的范围，因北海道沿海动物，有耳海狗之属，如膃肭兽（Otaria，一名海狮），亦专以海带为食，希勒格历引各博物学者的观察，竟以此“形如妇人白肥无鳞”的海人鱼，来与慧深所说的长发，入水，项后生毛，见人惊避，偏畏丈夫等事考证（《女国考证》见《中国史乘中未详诸国考证》，页四七至五七），其说甚辩。不过我们应注意的，就是这女人国的传说，古代各地皆有，尤其在各岛国关于女人国的故事最多，为东西游历家所津津乐道者。亚美尼亚王的《海敦纪程》（“Journey of Hethum, the Pious King of the Armenians, to Batu and Mangu Khans, in 703 and 704 of the Armenian era, A. D. 1254—1255”）述其过弋台国“有女人国，女子[①]治理一切，而男子则皆身似大犬，丛毛出身”（《中西交通史料汇篇》第四册，页一七），高僧勃拉奴克劈尼（Plano Carpini）的纪行书（*The Voyage of Johannes De Plano Corpini*）也有同样记载。又西班牙克拉维局（de Clavijo）的《奉使东方记》，述及女人国（Amazons）云“其地风俗至今尚不许男子居留，每年中，仅一次得其王之允许，可偕其生女，至最近之处，与男子交会，择所悦者同居共饮食，会期过，则复归本国，至家后，若生女则留育之，生男则遣送于其父”（同上第二册《古代中国与欧洲交通》，页三六四至三六五）。艾儒略的《职方外纪》所绘的《舆地全图》，也有在北方的女人国。

这说的还是陆路上的女人国。至如《马哥波罗游记》所说的“男

① “女子”，原为“子女”，误倒，据福建本乙正。——编者

岛”“女岛”乃在今之阿剌伯海附近（Yule-Cordier: *Travels of Marco Polo*, Vol. Ⅱ, Chap. XXXI, pp. 404—406），《苏莱曼东游记》（*Voyage De Marchand Asabe Sulaymân*）所述被一个女人统的各岛，乃在今之孟加拉国海（卷一）。《依宾拔都他》（Ibn-Bututa）游记所述的女人国，乃在马尔底甫群岛（Maldive Islands）（《中西交通史料汇篇》第三册，页一三七至一三八）。若就中国的交献来说，则东西南北皆有女人国。正史所载女人国。如《后汉书》云“北沃沮人言，海中有女国，无男人，或传其国有神井，关之辄生子”。《梁书》卷五十四，记女国乃在扶桑东千里；《北史》卷九七女国在葱岭南，“其国世以女为王，国内丈夫唯以征伐为务。……王居九层之楼，侍女数百人，五日一朝，复有小女王共知国政，其俗妇人轻丈夫，而性不妒忌，男女皆以彩色涂面，而一日之中或数度变改之”。《隋书》卷八十三记女国文同，并云开皇六年遣使朝贡。《新唐书》卷二百二十一所记有东女与西女，东女原名实为苏伐剌拏瞿咀罗，即《北史》《隋书》所记之女国，西女为西洋之另一女国。所谓“拂菻西，有女国，种皆女子，附拂菻，拂菻君长定遣男子配焉，俗产男不举”。《文献通考》载“西女国在葱岭之西，其俗与东女同，附于梯菻。贞观八年朝贡始至”。又卷三二六“沃沮”条云“其俗常以七月取童女洗海。又言有一国亦在海中，纯女无男”。《新唐书》卷二百二十一上《疏勒传》云“朱俱波南三千里，女国也”。《元史·世祖本纪》“至元二十四年八月，女人国贡海人，二十六年，闰十月，辛丑，罗斛女人二国遣使来贡方物”。又玄奘《大唐西域记》卷四记东女国卷十一记西女国，又《山海经》卷七《海外西经》“女子国在巫咸北，而女子居水周之（郭注有黄池妇人入浴出即怀妊矣，如生男子三岁辄死，周犹绕也），一日居一门中”。张华《博物志》卷二“异人”条“有一国亦在海中纯女无男”（《秘书》二十八种第三册《博物志》卷二，页三）。赵汝适

《诸蕃志》亦云“南海中有女国”。《古今图书集成·边裔典》第四十卷《女国部汇考》引《梁四公记》云“西北无虑万里，有女国以蛇为夫，男则为蛇不噬人而穴藏，女为臣妾官长而居宫室”，并云“以今所知女国有六，北海之东有女国，天女下降为其君，西南夷板楯之西有女国，以贵男为夫，置男为妾媵，多者百人。昆明东南有女国，以猿为夫，南海东南有女国，举国惟以鬼为夫，勃律山之西有女国，方百里，山出台虺之水，女子浴之而有孕，其女举国无夫，并蛇六矣”。《三才图会》“女人国在东南海上，水东流，数年一泛莲开长尺许，桃核长二尺，昔有舶舟飘落其国，群女携以归，无不死者，有一智者夜盗船得去，遂传其事。女人遇南风裸形感风而生。又云有奚部小如者部抵界其国无男，照井而生”。总而言之，女人国的传说，东西各民族各地皆有，尤以群岛所在地，几于无处无之，则慧深所传西印度群岛附近女国故事，当亦不出此例。张星烺氏《中西交通史料汇篇》第二册第一百四十一节附注说得最好“女人国为古今东西人之幻想，遍查东西载籍，女人国究何在，无一定地点，大抵随人幻想而已”（页三六五）。知女人国的传说，为神话与史实之混合，便慧深所说，亦不足怪。原始民族以女性为中心，实行母系制及一妻多夫，故多以女子统治，以女为王，因加以附会，事或有之。如《魏志·倭人传》所载，倭人各国皆为女王卑弥呼所统治，即为好例。希勒格所说[①]“古时日本或有一国，以女子过多，乃以舟载过剩之女，弃之孤岛之中，而成女国，遇有海舟漂泊至岛，自为岛女所欢迎，特争嬲之，以致力竭而死”，此事亦非无可能，至如男女分岛，如《马哥波罗游记》所述，在情理中，亦不得谓为绝无。但不能因此而附会慧深所述女国，即为北海道之某岛某岛，因其所述，本不过当时的一种传说，即有其地，

① 希勒格《女人国考证》（《中国史乘未详诸国》卷二十）“日本实名倭，中国人训倭字之义曰从人，从禾，从女，此三者，倭国皆蕃盛”云。

亦当求之于墨西哥秘鲁，约当大安的列斯群岛，小安的列斯群岛附近，希勒格欲以北海道虾夷女子，证实其说，此种考证，可谓绝无根据的。

然则慧深所说的女国，究竟是在什么地方呢？依我研究的结果，当即今南美洲亚马孙河（R. Amazon）附近之某岛。案亚马孙（Amazon）本为东方女国之称。相传住于大月氏（Scythia）一带横行着的，有所谓亚马孙女兵团，曾妨碍着希腊人与中国之交通。一八八五年 Léon de Rosny 曾发表一篇论文“女国 Le Pays Amazones”（见 *Mém. Soc. et. Jap. et Chin.*, Ⅳ, pp. 234-245）。即系指此。至今 Amazonian 一学，有勇敢如男子或女丈夫之意。而美洲之亚马孙河，据字典亦即“由于西班牙人所见之女兵团而得名也（So called from the female warriors there seen by Spaniards）”。关于这一点，William H. Prescott 所著 *History of the Conquest of Peru*①，Issac Taylor 所著 *Words and Places*② 两书，均透露出一些消息，使我们知道亚马孙河

---

① “…It was a world of romance that was thrown open; for, whatever might be the luck of the adventurer, his reports on his return were tinged with a colouring of romance that stimulated still higher the sensitive fancies of his countryman, and nourished the chimerical sentiments of an age of chivalry. They listened with attentive ears to tales of Amazons, which seemed to realise the classic legends of antiquity, to stories of Patagonian giants, to flaming pictures of an *El Dorado*, where the sands sparkled with gems, and golden pebbles as large as birds' eggs were dragged in nets out of the rivers.” William H. Prescott: *History of the Conquest of Peru*, Book Ⅲ, Chap. 1, p. 116 (Everyman's Library), “Tates of the Amazons”.

② “We cannot complete the list of Spanish explorers without a mention of the name of Orellana, which, according to some maps, is borne by the largest river of the world. There are few more romantic narratives of adventure than the history of Orellana's voyage down the Amazons. In the company of Gonzales Pizarro he left Peru, and, having penetrated through the trackless Andes, he came upon the head waters of a great river. The provisions brought by the explorers having at length become exhausted, their shoes and their saddles were boiled and eaten,... and posterity has punished his untruthfulness by enshrining, in a memorial name, the story of the fabled Amazons, and letting the remembrace of the daring explorer fade away.” 见 Issac Taylor: *Words and Places*, Chap. Ⅱ, “Names of Recent Origin”, p. 39, Everyman's Library, 517。

与女人国之关系。尤以亚马孙河地当墨西哥秘鲁之东，与慧深所云“扶桑东千余里有女国”之说相合。又该河出产各种海豚及重至二百磅的红鱼（Pirarucu）与希勒格对于女人国之说明，亦甚相合也。又据 Lippincott's *Gazetteer of the World* 页五七至五八“Amazon”字下“Amazons 初名 Orellana，亚马孙河口是西班牙人 Vicent Yáñez Pinzón 在一五〇〇年发见，但最初从事探险者为一五四一年 Orellana 的贡献”。又“Amozoc”为墨西哥之一城市；“Amazonas”为秘鲁之一部分，在厄瓜多尔之东；由上可见墨西哥秘鲁地方，均有以 Amazon 名者，女人国和扶桑国的关系，也就很容易明白了。

但泛指女国在美洲亚马孙河附近，仍未确切，我现在可以更确实地指出，慧深所说女国当即墨西哥之东，为小安的列斯群岛中之马尔的尼加岛（Martinique），为法属之一岛。何以见得呢？我们假如承认扶桑即墨西哥，扶桑东千余里，约在大安的列斯群岛与小安的列斯群岛附近；这些岛国因最先被欧人发见，这区文化在美洲亦最早消灭，但很可幸的，就是在这些岛国中的马尔的尼加岛，当哥仑布第二次航行时，曾于此岛听到与慧深所述女国的同样的故事。[①] 这不是偶合的事实，而为较可信的历史事实无疑。马尔的尼加岛与亚马孙河口相距不远，西班牙人曾于亚马孙河附近发见女兵团，说不定就是马尔的尼

① 见 Yule-Cordier: *Travels of Marco Polo*, Vol. Ⅱ, Chap. XXXI, pp. 405–406, Note Ⅰ. “The Chinese accounts, dating from the 5th century, of a remote Eastern Land called Fusang, which Neumann fancied to have been Mexico, mention that to the east of that region again there was a Woman's Island, with the usual particulars. (*Lassen*, Ⅳ, 751.) [Cf. G. Schlegel, Niu Kouo, T'oung Pao, Ⅲ, pp. 495–510. —H. C.] Oddly enough, Columbus heard the same story of an island called Matityna or Matinino (apparently Martinique) which he sighted on his second voyage. The Indians on board “asserted that it had no inhabitants but woman, who at a certain time of the year were visited by the Cannibals (Caribs); if the children born were boys they were brought up and sent to their fathers, if girls they were retained by the mothers. They reported also that these woman had certain sub-terranean caverns in which they took refuge if any one went thither except at the established season.” (*P. Martyr in Ramusio*, Ⅲ, 3v. and see 85.)

加岛的岛人，而这也就是亚马孙一名之所由来罢！

总上所述，知道《梁书·东夷传》所载扶桑国的地理位置，以倭国，文身国大汉国等有关诸国为例，与今地的距离均能相合，惟女人国的传说，乃古今东西人的幻想，本无一定地点，但照慧深所说，研究结果，仍可断定为即今美洲亚马孙河附近之马尔的尼加岛。总结起来由上地理证明，扶桑国之即为墨西哥，也就更为明白的了。

八

第三以事为证。可分三点来说，其一民族起源，其二神话传说，其三古物遗留。

（1）先就民族起源说，又分三项：（a）美洲原住民之蒙古利亚同种说；（b）美洲史前人种之亚洲移植说；（c）美洲原始文化起源于中国说。

（a）美洲原住民之蒙古利亚同种说：

案亚洲大陆原为人类的发源地，从前学者探求人类的发源地于欧洲西部，近来学者探求人类最初发祥地于中央亚细亚至蒙古一带，如英国牛津大学的Iabca，美国人种学者Ball Roland Dixon，澳国地理学者Griffith Taylor，美国的Pumpelly，E. F. Williams，W. D. Mathew，俄国的沙发诺夫，均主张人类发生于中亚细亚；R. C. Andrew，H. F. Osborn主张人类发生于蒙古。但从这些地方变为干燥以后，人类乃分歧移动，东支入中国为蒙古利亚种人，西支入巴比仑为高加索人，南支入印度为达罗毗荼人（Dravidian）即尼革罗人之祖先。而美洲的原住民——印第安人和埃斯基摩人——从人类的系统来看，即为蒙古利亚种之向东移植，和中国人是有亲属的关系的。原来美洲这个地方，从古生物学上观察，连狭鼻猿类都没有，更不消说有类人猿。从人类学考古学上观察，美洲至今还没发现如克鲁马昂人（Cro-Magnon）、北京人（Peking man）所遗留的骨骼，在古石器时代末以

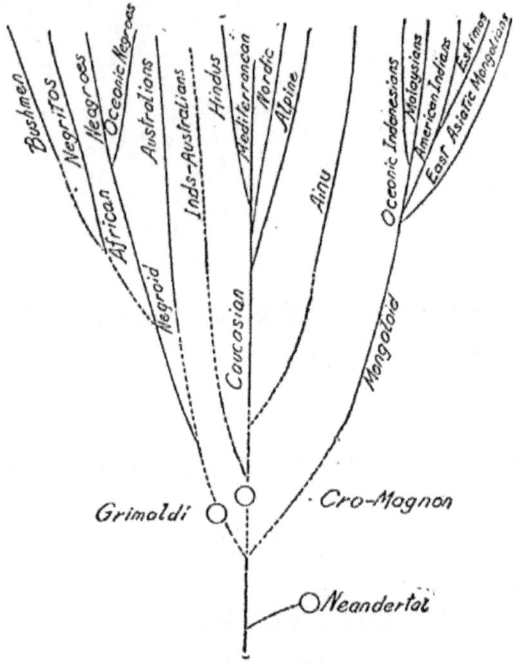

前，美洲是没有人类足迹的，所以美洲的原住民，决不是独立发生，而是由旧世界的亚洲移植而来。为要证明这一点，最好是参看一下克鲁伯的（A. L. Kroeber）的“人类系统树”（Family Tree of the Human Races），见 *Anthropology*，页四八），如上图。

美洲印第安人（American Indians）及埃斯基摩人（Eskimos）皆属蒙古利亚种（Mongoloid），以发形来分类均属直发种，与高加索种之波状发不同，以须毛、鼻形、颚状来说，均全相同，惟正蒙古利亚种皮肤为黄色的，美洲土人则为黄棕色的罢了。所以从体质人类学上观察，诚如海士、蒙（J. H. Hayes and P. T. Moon）所说“美洲印第安人，在躯体特质上面，和亚洲人民类似的地方，远过和欧非二洲人民的类似处，为了此等及其他理由，一般视之为蒙古人”（《上古世界史》第四章）。民国二十八年三月十七日上海《申报》载“北平协和医院医士范惠顿力，及国人某君，近在平西三十里周口店山上，掘出头颅一具，与现居美洲之印第安土人相似，若此乃人类祖先之头颅，可证人类发源于此”云云。由上可见美洲土人实和我们蒙古利亚同种。若就考古学上观察，就更容易明白了。鸟居龙藏在《南满远古人种考》中，曾经指出新石器时代之满洲所采掘的石器，多与北美一带之阿拉斯加埃斯基摩人的石器相似。尤以半月式及长方式石刀，安特生博士认此为“足可为亚洲民族及其血统相连之美洲民族的特征”。又陈志良氏在《中国人最初移植美洲说》（见《说文月刊》第一卷第四期）亦经证明“印第安妇女所制的陶器，用黄色红色棕色，画成各几何形式的图案（详见河北第一博物院画刊），极与安特生在我国甘肃等搜集的‘彩陶’一式无二”（见安特生《甘肃考古记》及地质调查所所藏彩陶）。又民国二十八年十月三十一日云南《中央日报》所载海通电“丹麦考古团顷在阿拉斯加西北部，发现一半古之爱斯基摩人居留地，据参加该团之丹麦考古家拉尔森云，该古老之爱斯基摩人居留地发现于阿拉斯加北部之伊卜塔克附近，现仍遗有房屋二百间，估计约在二千年以上”云。这埃斯基摩文化最古的遗迹，从地理上说，不是证明了美洲民族最初的居地，系于数千年前自亚洲越白令海峡移植而来吗？最可注意的，就是这移植美洲的蒙古利亚种，以后因与旧世界隔绝，渐渐向南分布，构成墨西哥与秘鲁两种文化。专就现代墨西哥的住民来说，依谢希傅所述：

> 民分黄白杂三种，白种皆西班牙意大利人流寓（意人皆宣教而来），黄种悉系土著，形貌绝类蒙古，男戴高顶宽边毡草笠，女发光黑编辫挽髻，出以大巾蒙首，或披肩项，杂种皆白黑人嫁娶所生（南洲各国皆有之）。土人或累土穴居，或支高梁秆作栅栖止，其称华人曰拔山拿，译犹同乡也。或谓美洲两土未辟

时，墨地先已立国，亚洲人或乘海风漂而来，或北渡墨岭峡迁，此者《万国史记》及《西事考略》多言之。(《墨西哥述略》，页四至五)

实际则亚洲人之移植墨西哥，当不止一次，史前之民族移动给墨西哥原住民以形质的基础，史后之民族移动，则更含有文化的意义，墨西哥的阿斯泰克（Aztec）文化，虽为期稍晚[①]，然阿斯泰克族文化，乃继承托尔泰克族（Toltec）者，托尔泰克文化起于纪元五一〇年，即在宋大明二年（纪元四五八年）之后，而终于阿斯泰克文化继起之时，此甚可注意也。然而无论如何，美洲原住民（包括墨西哥土人）实为蒙古利亚同种，实无疑义，不然则墨西哥人称华人为“拔山拿”——同乡之意——者，便无法可证明了。

至于此族与中国人体型之关系据戈尔逊（Cordier）《中国学书目》，第一册页三六二知有（G. Mendoza 所著“Ídolo Azteca de tipo Chino”，“Ídolo Azteca de tipo Japonés”）两篇，见墨西哥国立博物院年报（*Anales del Museo National de México*, t. Ⅱ, pp. 37 à 42 et p. 91）惜未及见，无从征引。

（b）美洲史前人种之亚洲移植说：

美洲原住民不是独立发生的，那么究竟是从那里来呢？据我们所知，新旧世界的原住民，均由亚洲移植而来，葛拉普（A. W. Grabau）说欧洲原人都是由亚洲移去的，事实也是如此，例如巴斯克族人（Basques）、拉勃族人（Tapps）、芬兰人（Finns）及瑞士的

---

① 阿斯泰克族之入墨西哥谷地，Francisco Clavijero 定为一三二五年，José de Acosta 氏定为一三二二年，Bernhardino de Sahagún 氏移至一三二三年，Kodex Ramírez 氏移至一三一八年，见 H. Cunow《经济通史》卷一第十章“古墨西哥之社会制度与经济组织”页三五一至三五二，吴觉先译。

湖居人，均为史前迁入者。美洲的印第安人（Indians）、埃斯基摩人（Eskimos）更不出此例，现为明了起见，请举现代人类学家，考古学家，历史学家地理学家的话为证。

（一）人类学家的说法，可以克鲁伯（A. L. Kroeber）为代表，依他意思，美洲的原住民，实属于原始蒙古利亚种（Proto-Mongoloids），约当旧石器末期，或新石器初期，由亚洲移植的。其移植的路径，他假定为（1）阿留地安群岛、（2）坡里内西亚（Polynesia）、（3）伯令海峡（Behring Strait），而以伯令海峡距离最短，为最可信。其移植的经过当不止一次，于一万年前最初移植后，数千年间，当有无数次的民族大迁徙。①

（二）考古学家的说法，可以劳斐（Berthold Laufer）为代表，见《东方杂志》二十八卷二十三号觉明译《科仑布发见美洲与契丹传说

---

① 见 Kroeber: *Anthropology* 第一八一节页三五〇至三五一 "The Route of Entry into the Western Hemisphere": "With such background man entered America at Behring Strait. He may have navigated; more likely, or more often, he crossed on the ice. The water distance is only about sixty miles; the Diomede islands lie near the middle of the gap; and the ice may have extended across pretty continuously, ten thousand years nearer the peak of the last glaciation. Long before, there had been land bridge from Siberia to Alaska, by which horses, camels, cattle, elephants, deer and many other species extended their range from one continent to another. But this was in geological antiquity, man's entry in geological recency—immediacy rather; and the divided configuration of the continents was probably already established. Horses had become extinct in the New World when man arrived, the elplant tribe probably also. Llamas, pumas, jagnars took the place of Old World camels, lions, tigers. The fauna of the Americas, their vegetation, their climate, were nearly as they are to-day.

The Abeutian islands have also been suggested as a migration route. But their chain is long, the gap at the western end one of hundreds of miles of open water, scarcely negatiable except to rather expert navigators. Still weaker would be any supposition of arrival from Polynesia. Here the distances between the nearest islands and the mainland run to thousands of miles. Only well-equipped voyagers could survive, and there is nothing to prove positively that even late Palaeolithic man had boats. Further, all Polynesian evidence points to a late settling of the eastern islands of the Pacific; a few thousand years ago at most. Exclusion therefore indicates the Behring route as the only one to be seriously considered. (p. 352)

之关系》。

“西半球有人类为最近之事，美洲至今尚未寻得如西欧所见之古石器时代人类遗迹，旧世界原为人类之摇篮，美洲之印第安人盖属亚洲移民之也。

“大约在公元前二万五千年左右，亚洲曾自白令海峡或亚鲁逊群岛数次向北美洲移民。至今美洲之印第安人其体格犹与亚洲北部人民极为相似。由此辈最初移民传至美洲者大率系极粗野之原始文明，此辈盖犹为衣皮之猎人，知摩石斧石镞，犬为唯一之家畜。知制粗陋之陶器、绳索、鱼网、篮，有独木舟，住于椿屋之中。

“诸凡亚洲文明上之基本事物，如犁，以牛耕田，各种家畜如牛马、骆驼、驯鹿、羊、山羊、豕鸡之属，以轮为主之车陶人用之埴输，弦乐器；烧制之炼瓦，镕冶铸铁之术等等，在古代原始之美洲人中，皆未之有，凡此皆足以充分证明在昧蒙的过去时代，美亚两洲之文化，各自分途发展，历时数千年于兹也。虽然，凡此未能即谓美洲常在孤立之境也，研究结果，反足以证明在有史时代，至少亦在一两千年内，两洲曾有密切之接触，亚洲思潮及其伏流，曾扫荡美洲，特别为美洲北部”云。

（三）历史学家的说法，可以威尔斯（Wells）为代表，见《世界史纲》第十二、十三、十四各章。

（1）路线与时代，“在冰河时代人类不得自由分布，盖当极北以至中欧，横亘俄罗斯，西伯利亚以达中亚之高原，皆冰天雪地，天气酷寒，最末冰河时代既过，寒冽之北方渐渐温和，然极为迟缓，经过长久时期，此地尚无居民，惟游牧民族由此向东分布，横渡白令海峡。中欧北欧及亚细亚之天气，至最近时间始适于耕种，此时期约在一万年或一万二千年之间”。

“霖雨时代之前后，白令海峡出现，印地安人遂隔阻于北美矣”

（第十三章）。

（2）文化的遗留，“北美有蒙古种民族，当时已与旧世界完全隔绝。彼辈渐渐向南分布，以猎取平原上之野牛为生，后渐自得种黍及南美洲驯服驼鸟法，摄成墨西哥与秘鲁两种文化，其性质与苏马连[①]文化相类，然不同之处甚多，且苏马连文化亦较早六七千年也”。

“古美洲居民亦有简陋之象形文字，然其发达不及古埃及象形文字，于加敦（Yucatan）地方有一种文字，即马亚人（Maya）文字，但仅用以纪日耳。秘鲁文字未发明时，有结绳法，以各色绳之形状为别，相传虽法律命令亦以绳纪之，旧日绳索，至今尚有存者，然多已失传。据谓中国史所载，当中国文字发明以前亦是结绳之方法”（第十四章）。

（3）人种的考察，“民族混合之障碍物甚多，其最要者如大西洋各处之高原，及已涸之中亚洲诸海等，曾将大群种族互相隔绝不知若干年。此隔绝之种族，自始即发达其大同大异之点。亚洲东部及美洲人，大多数有此相同之点，即色黄，发黑而直，颧骨较高”（第十二章）。

（四）地理学家的说法，可以泰罗氏（Griffith Taylor）为代表，见所著《人种地理学》（汉译本，页七、二五）。

> 被置于白令（Bering）地方，是第三纪末期，从亚细亚到亚美利加的大走廊，是人种移动上的重要地带，尤以亚美利加，不妨视为旧大陆东部的一大半岛。
>
> 人种自亚细亚出发，被地形及植物所统制，一面通过自然的走廊而前进。……向亚美利加移住者，则利用白令海的走廊。而亚美利加方面，最为特别，最后入境者，还是住在这走廊上，

① “苏马连”，又译“苏美尔”，姑存之，不作统一，余同。——编者

没有驱逐先入亚美利加既占领最好场所的先住者的余地。

还有奚尔恩（John J. Heerens）、张立志合著《远东史》（上册，页一〇）第二章“亚洲东南二部之人种”一节，也引“地质学家言，数万年前亚洲东北隅与美洲西北角壤地相接，现时亚洲沿岸之岛屿原为大陆之一部。是以向东北游荡之民族，得由陆路经冈札得加至阿拉斯加，后渐占领南北美，其向东移行者，亦无须舟楫而可至现时之日本群岛，马来群岛焉”。综合如上人类学家、考古学家、历史学家、地理学家、地质学家的说法，可见美洲民族的起源，出于亚洲，是决无可疑的事实了。

（c）美洲原始文化起源于中国说：

由上已知美洲民族的起源，我们就可更进一步来讨论美洲文化的起源了。关于这一层，虽有许多不同的学说，但仍以亚洲文化传播说，为最占势力。培顿（Jacob Harris Patton）在 *The History and Government of the United States*（New York，1903）中述到美洲史前民族（Vol. I, Chapter II, “American Prehistoric Races”，页一七至四二），以为关于这个问题，有三个答案。第一说依于流行的见解，以为最初的美洲人乃迷失了的以色列（Israel）民族的子孙。第二说依于古代希腊有名的传说——阿特兰提斯（Atlantis）的传说，西海的一个岛国，这是柏拉图（Plato）曾在动人的一段文章里描写给我们的。第三说认美洲原住民是在先史时代为气候险恶及暴风所迫，迁入美洲，白令海峡就是这民族移动上的重要走廊。最明显的证据，就是美洲土人与蒙古人相类似，沿太平洋国家的美洲民族，其特性亦与文化的亚洲各国有共通之点。许多学者都承认中国记载中的扶桑国，就是指阿斯泰克（Aztec）的文化，因此及其他根据，所以相信中国人就是最初的美洲住民。[1]虽然培顿对于美洲原始文化起源于中国说，不加赞同，然亦可见此说之如何值得注意的价值了。

依照文化传播派的说法，如德国格纳那氏（Graebner），主张美洲文化，系传自东南亚洲，其路线也是由伯令海峡。最奇特的，是一九一六年《科学》杂志八月号所载英国文化传播论派斯氏（G. Elliot Smith）的新说，他以为一切世界文化，均传自埃及，美洲也不是例外。埃及“日石”文化（Hebo-lithic culture）其中许多事物，先传播于旧世界，再从太平洋输入美洲，其路线一由阿留地安群岛（Aleutian Is.）一渡太平洋，经波里内西亚（Polynesia）而至秘鲁。兹录其说如下：（参照 *The New Larned History*, Vol. Ⅰ, “America” 一条，页二四九至二五一，“Theory of a Cultural Wave across Asia”）。

He holds that the distinguishing characteristics of American cultures, such as the mummifying of the dead, the use of irrigation canals and pyramidal structures, come from the ancient civilization of Egypt through a “great cultural wave” . He believes that this cultural

① 原书页一九：“We come now to the third and last theory of the peopling of America. The shipping of Asiatic coast dwellers was drawn from time to time by stress of wind and weather as far as the Alaskan Schrore. An involuntary migration was thus set up from a remote prehistorical period. A glance at the map shows this view of the case to be an extremely simple one. Nowhere do the continents of the Old World and the New come so closely together as in the Alaskan region. That slender arm known as Berling Strait forms the only division between these mighty areas. Transit from one to the other can have presented no insuperable difficulties even to the most primitive craft. The plansibility of the view is supported by certain resemblances between the American aborigines and Mongolian peoples. Some American races of the Pacific states have characteristics in common with the nations of civilized Asia. There are Chinese legends of a lat of Fu-schan [扶桑] which point unmistakably to Aztec civilization, in the opinion of many scientists. Upon these and other considerations is based the theory of a Chinese origin for the first inhabitants of America”。

wave passed from the valley of the Nile by way of Assyria into India, Korea, Siberia, the Pacific islands and America. He thinks it started about 900 B. C.. He says:

"...Originality is one of the rarest manifestations of human faculty...From Indonesia the whole eastern Asiatic littoral and all the neighboring islands were stirred by the new ideas; and civilizations bearing the distinctive marks of the culture-complex which I have traced from Egypt sprang up in Cochin-China, Corea, Japan and eventually in all the islands of the Pacific and the western coast of America."

"It is idle to deny the completeness of the demonstration which the existence of such a civilization in America supplies of the fact that it was derived from the late New Empire Egyptian civilization, modified by Ethiopian, Mediterranean, West Asiatic, Indian, Indonesian, East Asiatic and Polynesian influences."

"All that I claim, then, is that the influence of Egypt was handed on from place to place; that the links which all ethnologists recognize as genuine bonds of union can with equal certainty be joined up into a cultural chain uniting Egypt to America."

但这种文化的传播，是从何时开始呢？他说：

It must have begun some time after B. C. 900, because the initial equipment of the great wanderers included practises which were not invented in Egypt until that time.

斯密氏的新说，虽然许多人批评他，但至少给我们一种暗示，就是美洲文化的起源，乃从旧世界的亚洲输入的，其输入的路线和我们所见也相差不远。不过美洲文化是否为埃及日石文化派生，这当然还是未解决的问题，依我意思则以墨西哥为例，以为美洲文化谓其传自埃及，不如谓其传自中国。斯密氏谓纪元前九百年埃及文化传入美洲，但是曼斯（Philip Ainsworth Means，见 *Science*, Oct. 13, 1916）驳他：

> The date B. C. 900 is altogether too late for the beginning of the alleged migration of cultures. If this migration took place at all, it must have left Egypt much earlier than this, for we have the Tuxtla Statutte (dated about B. C. 100) to prove that even before the commencement of our era the Maya Calendar had already gone through its long preliminary stages and was already in existence in practically its final form. No doubt every one will admit that the period B. C. 900-100 is entirely too short for a "great cultural wave" to roll from Egypt to America. (*The New Larned History*, Vol. Ⅰ, p. 250)

但在中国方面，在颛顼时代（B. C. 4993—4915），似与美洲已有文化交通，《史记》卷一《五帝本纪》：

> 帝颛顼高阳者，黄帝之孙，而昌意之子也。静渊以有谋，疏通而知事，养材以任地，载时以象天，依鬼神以制义，治气以教化，絜诚以祭祀，北至于幽陵，南至于交阯，西至于流沙，东至于蟠木，动静之物，小大之神，日月所照，莫不砥属。

陈汉章氏以为蟠木，即古美洲（见民国九年四月《地学杂志》），此说虽不免附会，然而中国与美洲之文化交通，决不甚晚，则可以断言。而且依斯密所述文化东传路径，波里内西亚（Polynesia）一路，航线未免过长，此地在纪元后五百年尚无人类居住，当然不能为通美洲之路线，斯密氏虽有上古已有长途航海之说（见“Ships as Evidence of the Migrations of Early Culture”，登载在《埃及及东洋学杂志》）足以辩护，但亦不足置信。因其所说波里内西亚的小舟，为巴尔撒的改良，此亦不过证明波里内西亚文化为受秘鲁之影响，而非能倒果为因，谓为秘鲁之影响也。如是则埃及文化，必须先传入中国，方能传入美洲，中国文化出自埃及，法人鲍梯氏（Panthier）等虽早有此说，公历一八三四年（清道光十四年）英人威尔金生（G. Wilkinson）根据埃及古冢中发现中国瓷瓶，以为与鲍梯所说有关，后加详察，乃知瓶上诗文，系唐宋人所作，故此说亦不能成立。知道中国文化非从埃及而来，则美洲文化传自埃及之说，亦可不攻自破，而美洲文化实从中国得来，也不待详证而自明了。

九

（2[①]）就神话传说来说，可分三节：（a）扶桑木的传说；（b）Quetzalcoatl 的传说；（c）龙为雨神的传说，试以次述之。

（a）扶桑木的传说：

此图见 Alexander 所编 *Mythology of all Races*, Vol. Ⅺ, "Latin American", Chap. Ⅱ, "Mexico", pp. 70–71 之间 Plate Ⅺ。此图表示中间地方的树木，由大地女神身体上长出，倚靠着鳄鱼的脊柱，由此而大地创造出来。此树乃为世界大海所环绕，并由啄木鸟（Quetzal，按此鸟为 Anatemala 的国徽，古代马耶人视之为神，惟酋长始戴其羽）将他举起。其用为装饰的羽毛表示生长着植物，两边有玉蜀黍长在他的根株里。其守护的神是 Quetzalcoatl 与 Macuilxochitl，两人均为生力丰富的象征，在这图画里他是很明白地表示着在这大地的身体上，助长他们向上开花的血液或生命的动力。最可注意的，就是这个树木，就是我们所叫做"扶桑木"的。《山海经·大荒东经》"汤谷上有扶木，一日方至一日方出，皆载千乌（中有三足乌）"。此图大海，似即汤谷，大海中有日出其下，啄木鸟即三足乌的象征，这么一来，此图所绘岂不是与中国扶桑的传说，极相吻合吗？证以此图中之守护神 Quetzalcoatl，有"可尊敬的外来人"之意，又《金楼子·志怪篇》

① "2"，底本作"1"，误，据前文改。——编者

《神异经》等均云“扶桑树，长数千丈，树两根同生，更相依倚，是名扶桑”，又“有椹焉，长三尺五寸”与此图皆合，椹即长于树旁之玉蜀黍（Maize）也。此图原书录自 *Codex Borgin*，当有所本，可见中国关于扶桑木的传说，与美洲墨西哥神话，其表显于文化产物上的结果，实属相同。《山海经》《神异经》等书，虽不如正史之可靠，然 Schlegel 以之证明扶桑之为桦太岛，实不如此处以之证明扶桑传说之与墨西哥神话相合，为可靠多了。

图三

（b）Quetzalcoatl 的传说：

在 Alexander 所著 *Mythology of all Races* 中（Chap. Ⅱ, Mexico, pp. 66—71）所述甚详，今即依据于此，以研究 Quetzalcoatl 传说。又 W.

H. Prescott 所著 *The Conquest of Mexico*（Vol. Ⅰ, Book Ⅰ, "View of the Aztec Civilisation", p. 42）关于 Quetzalcoatl 一节，亦曾参照。

案历史人物的，Quetzalcoatl 据传说曾经做过 Anahuac 黄金时代的聪明的统治者、立法者、艺术的教师，并造出清净的宗教。他因为 Tlapallan 的阴谋，被逐出国。他说将再回来制定他仁爱的信条，在他死去的周年忌日的时候，而这也就是做成神话传说的张本。我们现在所知道的，就是 Quetzalcoatl 实为托尔泰克（Toltec）文化的建立者。托尔泰克的第一代王，起于纪元五一〇年，则此兴起托尔泰克文化，而扶助托尔泰克王朝之一人 Quetzalcoatl，以时考之，亦在宋大明二年（纪元四五八年），即中国僧人游行扶桑国之后，距第一代王，相差不过五十二年也。以人考之，据古代墨西哥语，Quetzalcoatl 意为"可尊敬的外来人"，因此解释为墨西哥人对于游行其国，流通佛法经像的五人比丘中之人名，也是很可能的。

从另一方面来看，神话传说中的 Quetzalcoatl，可算新世界神话中最有名而生动的人物，虽然最初他的名声和他所应得的尊敬不相称，一直等到白人来临相信他的时候。他被人描写为一老人，有白胡须的人，穿着一身长袍，恰似别的天神一样，在他的画像和神座上交叉着十字架。当西班牙人科泰斯（Cortez）登陆时，墨西哥人正在等候着神的回来，依萨阿工（Sahagun）所记，当最初看见西班牙船时，他们极其注意，并且报告看守者以神的来临。白种人（也许因为他灿烂的纹章，他戴着长袍似传教师的样子，增加了他们的想象）对这位神有无上的估价，尤其传教师们从原住民的传说里面找出一些基督教国的观念、标帜，与相似的仪式（如大洪水、十字架、洗体、圣餐、忏悔等）。这种看法，不但由于基督教师之外表的异样的宗教想像，并且也不是呆板地将他和使徒圣托马斯（St. Thomas）视为同一。差不多同样的故事，发现于中美 Andean 地方，并且实在广布于南美一带，都采用了同样的解释，即此漂泊的圣者，变成超出于想像中的 Marco Polo，与其他夸大的旅行家。当其奇迹的记忆，尚显明存在于这些地方，如古昔的墨西哥，如拉普拉塔（La Plata），这自然，这很有趣味的题目，在现时还未消失，因此我们对于 Quetzalcoatl 神话与欧洲观念之相似的联系，便成为较之新大陆的一切故事而更为有趣，稀奇的多方面的题目了。

但是我们如果细心研究一下，便易发觉此神话传说人物的 Quetzalcoatl，实为东方之神，而非西方之神。依萨阿工（Sahagun）所说，他是一位风神（Wind god），他为雨神扫除道路，然后雨神下雨，他和别的天神一样，载着一个蛇的形状，枪矛的投掷者，髭须（这在别的墨西哥神，有时也有）也许就是落下的雨点的象征，也许（或如 Navaho 的几个图像）是植物的花粉或授粉作用。最奇怪的 Quetzalcoatl 不似一般传说所引起我们想像似的他是代表白色的神，反之他是标准地带着一身黑色，这就是说这黑的形色，与故事中的法衣，都是云雨的象征。然而就其一身带着黑色的人种学的观点来看，已可明白此神决不是欧洲人，更不是基督教的传道者了。又以他为白色的传说，是从他的天上星群的传说而来，因为有时他曾被指为月或日的表征，更特别的是与早上的明星相同。依照 Quauhtitlan 纪年史，Quetzalcoatl 当从托兰（Tollan）逐出时，殉难于东海之滨，在灰烬中，有带着发光的羽毛之鸟上升（这是战士灵魂向日上升的象征），同时他的心灵变成早上的明星，在他尚未升腾其光辉以前，曾经在地狱作八天的漂泊。案此处以 Quetzalcoatl 为日、月、星之象征，与中国扶桑之传说有关。《山海经》卷九《海外东经》“汤谷上有扶桑，十日所浴”，卷十四《大荒东经》“汤谷上有扶木，一日方至，一日方出，皆载千乌（中有三足乌）”。许氏说文“博桑神木，日所出也”，Quetzalcoatl 为日月星之神，又为东方之神（*Mythology of all Races*,

页六九："Normally Quetzalcoatl is a god of the eastern heavens"。)，其为扶桑国之神是无疑了。又在许多的故事中，Quetzalcoatl 是和 Tezcatlipoca 并举而认为处于敌对地位的。假使我们相信一个故事，在 Mendieta 的详细记述中，Tezcatlipoca 在球戏中，为 Quetzalcoatl 所败（一个竞技直接象征天体的运动），把他抛在大地东边，在那里过着太阳，便燃烧着了。这个故事（见 Sahagun 所说的"Annals of Cuauhtitlan"）据 Seler 的解释，像是早晨的月亮为方升的太阳所迫退居于夜（即黑暗的 Tezcatlipoca）而归于消灭的神话。一个相反的故事，描写 Tezcatlipoca 为太阳之神，为 Quetzalcoatl 的棍子打下，好似负了伤地变成为虎，——夜之吃人的魔鬼。这时 Quetzalcoatl 变成太阳在那地方。通常 Quetzalcoatl，为东方之神，有时他是被绘为女像柱或天之所在的支持者。即因这个缘故，他常被人想象为生命的主人（Lord of life），很自然有力的一个意思，联想及于他的使大地回春的风和雨，这乃是生命的呼吸。这一位神又被人描绘为创造世界的人，有如 Sahagun 在史学院的稿本（*Sahagun manuscript in the Academia de la Historia*）所说，依照 Seler 的译文：

> And thus said our fathers, our grandfathers,
> They said that he made, created, and formed us
> Whose creatures we are, Topiltzin Quetzalcoatl;
> And he made the heavens, the sun, the earth.

总而言之，此神话传说人物的 Quetzalcoatl 实为东方之神，风神，日月星之神，生命之神，同时也就是建立 Toltec 文化之神。最可注意的，就是此传说的中心人物，实与佛教发生关系，到了西班牙人登陆时，便变成和基督教发生关系了。尤以基督教的传教师，以 Quetzalcoatl 为白色之神，而不注意其一身带着黑色之人种学的观点。又以 Quetzalcoatl 的画像和神座上交叉着十字架（Cross），以为此即基督教的标帜。却不知此种十字形，不过用以表明造化创造力的一种符号，和基督教是全然无关的，这只要注意到墨西哥拔伦可（Palenque）的发现物，便很容易明白了。[①]

知道 Quetzalcoatl 的传说和基督教无关，那么这一个“可尊敬的外来人”，当无疑乎为《梁书》“游行其国，流通佛法经像”的五人比丘中之名称了。而且以时代考之，亦甚相合。今案 Alexander 编 *Mythology of all Races* 第三章“墨西哥史”页一〇七所载之 Toltec 最后王 Topiltzin Quetzalcoatl 与神话传说中之 Quetzalcoatl 并非一人，阅同书页七〇至七一所说明可知。Toltec 之第一代王，起于纪元后五一〇年，距宋大明二年（纪元四五八年）即五人比丘游行扶桑国之后，约当五十二年，比神话传说之 Quetzalcoatl，即为兴起 Toltec 文化，而扶助 Toltec 王朝之一人无疑。至于 Toltec 之最后王 Topiltzin Quetzalcoatl，其灭亡时代虽不可考，而要之不过借用古代大神之名，于考证无关紧要，不过在这里以 historical element 与 nature elements 相混，不可不加以区别。神话中之 Quetzalcoatl 为东方之神，日出之神，告诉人们“Tree of nourishment and of life”之神，又为建立墨西哥古文化之神，由上种种均可证明其与扶桑传说完全相合，而为古代“可尊敬之外来人”之神话化也。

---

① 在墨西哥拔伦可附近，发见一座堂宇，中设有香坛，坛之上发见一装饰美丽之十字形小坛，坛之左右陈设奇妙人像各一，此小坛之作用，今尚不可知。此物现为北美探险家所得，保存于华盛顿博物馆中，厥后又在此堂宇的一部分中，发见石板一块，其上刻有十字形，于是一般学者都以为此装饰灿烂之建筑物，是基督教徒装的，并以为在史前已有基督教徒之流行，不仅起于有史以后呀。迨至近年以来，始知这种十字形，中部美洲土人，不过用以表明造化创造力的一种符号，而以前种种之推想，已完全失其根据了。（见泰伯斯著《佐藤传藏述考古原人史》第三章《史前时代之家室遗迹》，页一一六至一一九，周景濂译）

（c）龙为雨神的传说：

依照斯密氏（G. Elliot Smith）所著《龙之演进》（*The Evolution of the Dragon*, 1919）中“龙与雨神”一章（pp. 76—139），使我们知道，龙为中国雨神，而 Maya 人之“Chac”与 Aztec 人之“Tlaloc”亦为雨神。案中国记载以龙为雨神，水神者甚多。

（一）《易经》乾卦“水流湿，火就燥，云从龙，风从虎”。《正义》云“龙是水畜，云是水气，故龙吟则景云出”。

（二）《礼运》“麟凤龟龙，谓之四灵，故龙以为畜，故鱼鲔不淰”，鱼鲔从龙，亦龙为水神之一证。

（三）《周礼·冬官》“画绘之事水以龙”，“赵氏曰：龙水中神物，画水不画龙则无以见变化之神”。

（四）《管子·形势篇》“蛟龙水虫之神者也，乘于水则神之，失于水则神废，故曰蛟龙得水，而神可立也”。

（五）《山海经·大荒东经》“旱而为应龙之状，乃得大雨”。

（六）《山海经·大荒北经》“应龙已杀蚩尤，又杀夸父，乃去南方处之，放南方多雨”。

（七）《埤雅·释龙》引阴阳自然变化论云“龙能变水”。

（八）《孝经纬·援神契》“德至水泉，则黄龙见”。

（九）王充《论衡·龙虚篇》“龙之所居，常在水泽之中”。

（一〇）王充《论衡·乱龙篇》“董仲舒申春秋之雩，设土龙以招雨，其意以云龙相致”。

可见龙为中国雨神。以与美洲的“龙”比较（见 Smith: *The Evolution of the Dragon*, pp. 83—103, “The Dragon in America and Eastern Asia”），则 Maya 人之“Chac”典 Aztec 人之“Tlaloc”，亦以龙为雨神也。如下图。

图见斯密氏同书页八四至八五之间。上图转载 *Maya Codex*

Troano，描绘一个雨神“Chac”足踏大蛇头上，此神从饮器里面，倾出多量的水，另一雨神则站在蛇的尾部。下图描绘一个象首的雨神，正在大发雷电，做出好些手势。大蛇则变成囊状，里而满盛雨水。

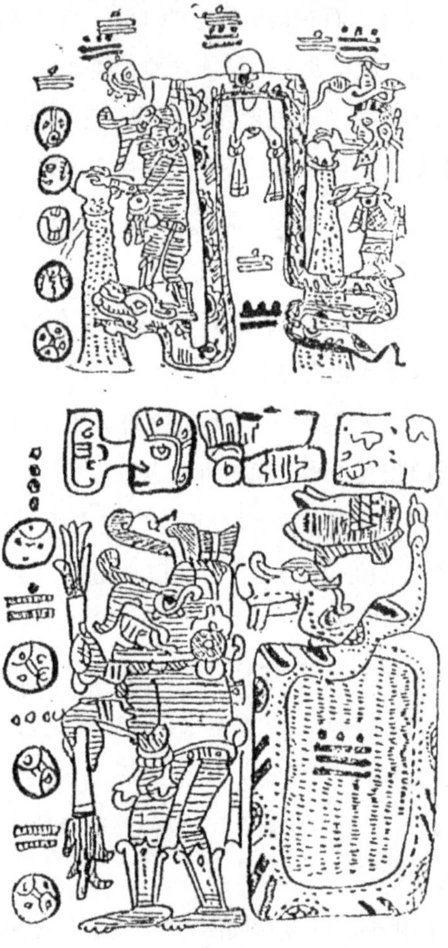

图四

由上图，我们知道，美洲的“龙”，乃为象首蛇尾者，与中国之龙，为马首蛇尾者，毕竟同出一源。案王符有九似之说，谓世俗画龙之状，马首蛇尾。又有三停九似之说，谓“自首至膊，膊至腰，腰至尾皆相停也。九似者角似鹿，头似驼，眼似鬼，项似蛇，腹似蜃，鳞似鲤，爪似鹰，掌似虎，耳似牛”。又王充《论衡·龙虚篇》“世俗画龙之象，马首蛇尾，由此言之马蛇之类也。慎子曰：蜚龙乘云，腾蛇游雾”。又《酉阳杂俎》“龙与蛇师为亲家”。可见古传说中，龙与蛇实有密切关系，美洲之龙，象首蛇尾，也是受中国传说的影响无疑了。

复次，美洲也有所谓“飞龙”（Flying Dragon）之说。斯密氏同书述及马贵特（Jacques Marquette）在美洲密苏里河奥尔吞（Alton）与伊里诺斯（Illionis）附近，发见了派亚萨奇石（Piasa Bluffs），印第安人曾经为它们画过两张像，这就是所谓飞龙，是表现密士失必河的精神的东西（pp. 92—94）。如下图。

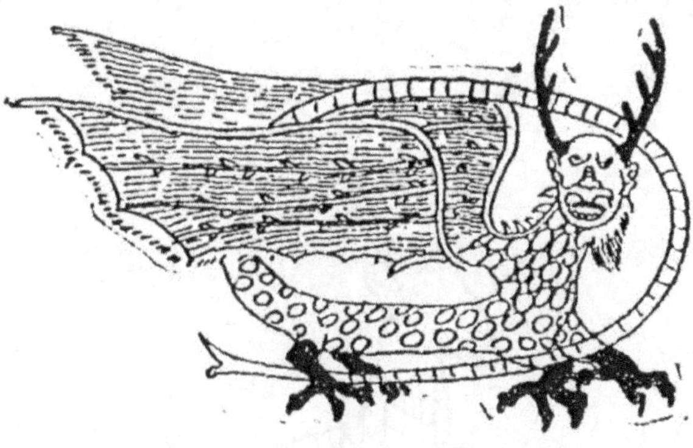

图五

案《古今图书集成·博物汇编·禽虫典》第一百二十七卷《龙部汇考》之三有“螭图”，亦有角，身段甚与此似，惟无翼。《易经》乾卦“九五曰飞龙在天”，《通鉴前编外纪》“太昊时有龙马负图出于河之瑞，因而名官，始以龙纪，号曰龙师，命朱襄为飞龙氏，造书契”。北齐萧悫有《飞龙引》“河曲衔图出，江上负舟归，欲因作雨去，还逐景云飞”，《淮南子》云“万物羽毛鳞介皆祖于龙，羽嘉生飞龙，飞龙生凤凰，而后鸾鸟庶鸟，凡羽者以次生焉”。则在中国传说之中，本有“飞龙”一物，为有羽翼之龙类无疑。若以《图书集成》所见之“螭图”，附以羽翼，当然此图“Flying Dragon”相差不远，此亦中国古传说传入美洲之一证。

但在斯密氏，则以龙之演进，证明美洲传说与埃及，巴比仑之关系，则实离题太远，与我所说不合。斯密氏以为埃及之“Osiris”，巴比仑之“Ea”，与印度之“Varuna”“Indra”，皆为美洲之龙“Chac”与“Tlaloc”之远祖，实则巴比仑之“Ea”神，乃系羚羊与鱼之混合物，所称为“Seagoat”是也，与中国、美洲之龙，实不相同（图见原书，页八八至八九之间）。辨此一点，即知美洲龙为雨神的传说，实非如斯密氏所说从埃及而来，龙本为中国人幻想的神物，故无宁谓为从中国之传说来也。

图六

一〇

（3）就古物遗留来说，可分三节：（a）象文雕刻；（b）佛像碑；（c）汉字碑及其他。试以次述之。

（a）象文雕刻

按照斯密氏（G. Elliot Smith）所著《象与民族学家》（*Elephants and Ethnologists*）中，研究"象文之传播"，以为古代墨西哥Maya族与Aztec族雕刻之象文，不是独立发生的，实为从旧世界移住而来，如以浑在剌斯的柯班（Copan）所发见的石雕的象文为例，即知其为印度马加拉（Makara）雕刻的传播物，是经由爪哇，太平洋移徙到美洲去的，如甲图为柯班的石板雕刻（参照西村真次：《人类学泛论》，页二三七至二三八，张我军译），有ABCD四种，都在隐约之间表现着象之耳、眼、鼻。这些雕刻是造于哥仑布发见美洲之前数世纪的。又如柯班的坚石之一，亦于处处表现着象文。又如法克斯的克的石匮，为马耶时代制作；在墨西哥发见的石匮，为阿斯泰克族所遗留，其雕刻均表现着马加拉。又在墨西哥发见的瓦器，于两人物之间有象鼻的表现（如乙图）。又在墨西哥的耶克斯希兰发见的石板雕刻：中央为天神，右方为日神，左方为月神，那些神们头上，戴着象鼻或圣鳄。又在圣·周安·德奥基法干之圣塔的雕刻，上段之右，表现马加拉，其左与其下，是将马加拉图案化的，带着蛇身、鸟翼。

图七（甲）

图七（乙）

斯密氏以为上列新世界之雕刻意匠，是从旧世界经过太平洋输入的，故其中间不能没有连络。如爪哇的象神、马加拉像，及柬埔寨的安克尔。多姆的象之雕刻，均为墨西哥雕刻的模范。固然柯班的石雕的动物，有人说那动物是鹦鹉，又有人说是蝙蝠，但是由眼、耳、鼻三点看去，显然可知其以象为主题。又墨西哥的马耶族的遗迹，和阿德克族的绘画，也都表现着说不清是什么动物状的雨神像，但是仔细一看，有长鼻子和牙，具着非认为象则无法说明的特征。马耶族的雕刻中，也有表现蛇鸟（Serpent-bird）的，但是斯密氏说那大约是变化自象之原型的。西村真次于《人类学泛论》中引此一大段话（页二三七至二三八），极力赞成此说，以为“斯密氏说中间的证据，虽似缺乏若干，但是马加拉雕刻之由印度传播到美洲，这是无可疑的”。

但是事实果然如此吗？我在这里有一个疑问，就是斯密氏以为印度的马加拉（Makara）雕刻，是经由爪哇，由太平洋移住到美洲去，这“中间的证据”，如西村真次的批评，不免“缺乏若干”，依我意思，如由爪哇，由太平洋移住美洲，则必须经过坡里内西亚线（Polynesia），航海路未免过长（参照 Kroeber: *Anthropology*, pp. 350—351, “The Route of Entry into the Western Hemisphere”）。又坡里内西亚诸岛在纪元后五百年，还没有人类（参照林惠祥：《文化人类学》，页一二三），均不合于文化传播的条件。为补救此中间的证据的缺憾，我仍主张此印度之 Makara 雕刻之传入美洲，是由印度爪哇，经由中国而传入新大陆的。依中国文献的记载，关于象，很早就有了。例如：

（一）《书经·禹贡》“扬州厥贡‘齿’革羽毛”。（传：齿，象牙。）

（二）《诗经·小雅·采薇》章：“‘象’弭鱼服。”（注：以象骨饰弓弰也。）

（三）《鲁颂·泮水》章：“憬彼淮夷，来献其琛，元龟‘象’齿，大赂南金”（正义：《禹贡》徐州淮夷蠙蛛暨鱼，其土不出龟象。），“僖公伐而克之，以其国宝来献，非淮夷之地出此物也”。

（四）《礼记·玉藻》笏：“诸侯以‘象’”，“士竹本，象可也”。

（五）《明堂位》：“尊用牺‘象’。”（注：以象骨饰尊，一说尊为象之形也。）

（六）《左传·襄公二十四年》“子产曰：‘象’有齿以焚其身，贿也”。

（七）“又定上曰：吴伐楚，鍼尹固与王同舟，王使执燧‘象’以奔吴师。”（杜预注：烧火燧系象尾，使赴吴师，惊却之。）

（八）《战国策》魏文侯曰：“白骨疑‘象’，碔砆类玉，皆似之而非也。”

（九）《韩非子·解老篇》“人希见生‘象’也，而得死‘象’之骨，案其图以想其生也，故诸人之所意想者，皆谓之象也”。

以上皆中国古代已有象之证。《太平御览》卷八百九十引《帝王世纪》云“舜葬苍梧，下有群象常为之耕”，又云“禹葬会稽祠下群象耕田”。这当然是一种传说。王充《论衡》驳道“象耕鸟耘，虚言五帝三王皆有功德，何独于舜禹也。苍梧之地多象，会稽众鸟所居，象自蹈土，鸟自食草，土蹶草尽，若耕耘也”。可见此时中国已有象之移殖。但话虽如此，象实为外国的产物，是从印度，南洋群岛各处，经过中国南部而输入来的，举例如下：

（一）《尔雅》:“南方之美者，有梁山之犀‘象’焉。”

（二）《说文》:“‘象’长鼻牙，南越之大兽，三岁一乳。”

（三）《汉书·大宛传》曰:“身毒国，其人乘‘象’以战。”

（四）《汉书·武纪》:“元狩二年，夏南越献驯‘象’。应劭曰：教能拜起周章，从人意也。”

（五）《后汉书·西南夷传》:“永元六年，永昌郡徼外莫延慕义遣使驿，献犀牛大‘象’。”

（六）《万岁历》曰:“成帝咸康六年，林邑王献‘象’一，知跪拜。”（《太平御览卷》八百九十引）

（七）《吴录地理经》曰:“九真郡庞县多‘象’，‘象’生山郡内及曰南饶之。”（同上）

（八）《格物总论》曰:“‘象’外国所产，身长丈余，高称之。”（《格致镜原》卷八十二引）

（九）《北户录》曰:“凡‘象’白者，西天有之，又供御陀国有青‘象’，皆中夏所无。”

（一〇）《桂海虞衡志》曰:“‘象’出交趾山谷，惟雄者有两长牙，佛书云白象，又云六牙，今无有。”

（一一）《晋书·穆帝本纪》:“升平元年，扶南天竺旃檀献驯‘象’。诏曰：昔先帝以殊方异兽，或为人患禁之，今及其未至，可令还本土。”

象一名伽耶（《北户录》），原为印度产物，所以斯密氏欲证明古代墨西哥之象文，为印度 Makara 雕刻之传播，是完全对的。不过斯密氏还没有注意到，印度的象文，也曾给中国古代艺术以一些影响，如《礼记·明堂位》“尊为象形”即为明证。又印度出产的象，因南方各国朝贡的关系，在先秦时代，楚越之国已多出产，而东方的淮夷且以象牙为国宝，可见传播得很远很远了。大概象之传入中国，第一为从象队使用的战法，案亚历山大王及其后继者，曾从由印度赍归的象队而得到多次的胜利，中国汉之王莽，于昆陵之战，也曾使用过许多的猛兽和象队（见坂口昂:《希腊文明之潮流》，页一二一至一二二，王璧如译）。第二为与佛教的关系。汉代以后，佛教传入中国，《尔雅翼》“象”字下云“象有进止威仪之象，浮屠取之”。又《山川纪异》“河南府有象庄，旧传汉时西域僧以象驮经，至洛阳，化为石，今石象犹存”。这都是有关于佛教输入与象的故事。即就佛教本身来说，《魏志·乌九鲜卑东夷传》注“临儿国浮屠经云：其国王生浮屠太子，母梦白象而孕，及生从母左胁出，生而有结，坠地，能行七步”。《因果经》云“太子年十岁，与兄弟角力，与万眷属，将欲出城，时有一大象，当城门住，诸人皆不敢前，太子以手执象，掷着城外，还以手接，不令伤损，象又还苏”。由上传说的象，本为佛教的象征神话，至今千佛洞所得之佛教书中，有一幅画佛故事的古绢幡，是“乔答摩的母亲摩耶夫人梦乔答摩降生之像，佛作一婴儿骑白象在云端状”（见斯坦因《西域考古记》页一五四至一五五，第九十三图，及页一五[1]五至一五六之说明，向达译）。这种用中国书法的佛本生故事（页一五七），不是证明了印度象的美术已经输入中国的吗？知道汉代以后中国与佛教的关系，即知印度的 Makara 艺术，

① “五”，原为“一”，误，据福建本改。——编者

经由中国以入古代美洲，是很可能的。而且以地理考之，汉时中国与印度诸国的海陆交通，均极发达。以人考之，从中国起程的罽宾国比丘五人，本为佛教的信徒，而古美洲的象文，也正始于哥仑布发见美洲之前数世纪，以时代考之，亦能相合。因此我决定推翻了斯密氏由太平洋移住美洲之旧说。而主张新世界的雕刻意匠，是从印度经由中国而输入美洲，这种新的说法，不消说是更有价值多了。

（b）佛像碑

如 Alexander 新编 *Mythology of all Races* 第十一册卷首第一图，即为好例。此大独石碑，叫做魁类纳的龙或大龟（“Dragon” or the “Great Turtle” of Quirigua）是在一群基石或祭坛之一种石柱，此石柱雕有很精致的凸出的花纹，为已经荒废了的马耶城的一种行礼的庭院

图八

的遗迹（参看第二十三图）。也许这不但是马耶人的特殊工作，实为美洲原住民的艺术。在这石碑顶上的图画，表示着一种高等旧式的幽灵，或龙的假面，环绕以各种装饰，在南北两面（即上面与下面）包含着神物的画像，南面是“神和他装饰的鼻子”的假面（也许就是死神 Ah Puch），北面坐着张着口的龙，它的上颚的牙齿，很清楚地刻着，现于此纪念碑的顶面。如第二十五图所指示，恰似佛教的神。马耶的年月，约略相当于纪元后五二五年，发现在雕刻上的题句，是在“龙”的肩角上面。这纪念碑之 W. H. Holmes 曾经为之充分说明，见《艺术与考古学》（*Art and Archaeology*）第四卷第六号。今案此独石碑可与同书第二十三图（页一六〇至一六一之间）参看，第二十三图为一照像，为 Quirigua 之行礼的区域或大广场，表示着旧马耶帝国式的一个祭坛，三个用作墓石的石柱，别的纪念碑，也坐落在这个地方，其中即有魁赖纳的龙（Quirigua Dragon）如本图。而这魁赖纳的龙，由我研究的结果，以为“龙”乃无稽之动物，本为中国人幻想中之神物，马耶人，甚至于美洲之原住民，以此神物，为纪念碑中之图案，实受中国之影响无疑，此其证一。独石碑的顶面，如二十五图似的，绘着似佛教的神。（第二十五图见页一七八至一七九之间，因过于精细，不易绘出，此图为 Piedras Negras 纪念碑的石柱，此宏壮的浮雕，指示一种神物，以啄木鸟的羽毛为顶饰，此图中之佛教徒，则代表一群所属的信仰者，如底面所指示，其照像藏于 Peabody 的博物院，而要之此图之神，实为佛教之神，则一览可知。）此佛教的神，究竟从何而来，参以《梁书》所云“有比丘五人，游行至其国，流通佛法经像，教令出家，风俗遂改”。便知此佛教之神，无疑乎乃受自中国起程之僧人感化的结果，此其证二。以年月考之，在此碑所绘“龙”的肩角上面，发现有 Maya 的年月记载，约当纪元后五二五年，今案《梁书》所载比丘五人游行至扶桑国之年月，为宋大明二年，即纪元后四五八年，相距只六十七年，比丘五人游扶桑国在先，此独石碑及其他在大广场之各纪念碑均在其后，无疑乎为受中国僧人之影响者，此其证三。合此三证，吾人不能不承认中国正史所载纪元五世纪亚洲僧人发见美洲说，为证据确凿，决无疑义的了。

图九

又如 Alexander 所编 *Mythology of all Races*, Chap. V, “Central America”，页一六八与一六九之间，第二十四图，为年青的神的雕刻，穿着很精致的衣服，坐在“Quirigua 的龙”的口上。关于“Quirigua 龙”的雕像，已见第一图，且已详为考证，此图之照像，藏于 Peabody 博物院，与第二十五图 Piedras Negras 之纪念碑的石柱（见同书，页一七八至一七九之间）同为表示似佛教之神像。不过第二十五图的纪念碑，已经毁破，所刻诸神像，虽精致已极，仍有模糊之感。其中一佛徒像，胸前有串珠一副，则甚为明了也。此图所绘年青之神，无论从何点来看，均可决定其为佛教之神像无疑，此其一证。又坐在“Quirigua 的龙”的口上，前已考证“龙”为中国人幻想中之神物，则坐在“龙”之口上的神，更可证其为受东方思想之影响者，此又一证也。物证确凿如此，可见纪元五世纪中国僧人发现美洲说，确为事实无疑了。

在上列各图外，在 Alexander 所编 *Mythology of all Races* 第十一册内，尚有颇多图像，可资参证，如第二章“Mexico”页六〇与六一间第七图之二，为快乐之神“Xochipilli”（花之主人）的雕像，顶饰已经失却，但就全体姿势和神情来看，完全与中国普通之雕像相同。又第三章页一〇六至一〇七间第十五图下所载石刻花纹中的神像，亦无疑乎为佛像的化身。第四章“Yucatan”论 Maya 一节，页一二六至一二七间第十八图，所载古庙之照像，其古庙形式，亦与中国普通之庙宇相似。第二十八章“Mother Goddess and Ceremonial Dish, Columbia”页二〇〇至二〇一间，第二十八图之一，其形状颇似中国的明器，亦甚可异也。总之，此等图像，虽不必即可证明美洲与中国文化之关系，然而至少亦可为以上各图（即第九图、第一图、第二十三图、第二十四图）之旁证，故并录之。

（c）汉字碑及其他

从考古学的史料上说，汉字碑当为更确切的证据，举例如下：

（一）墨西哥首都博物院，陈列该国境内新出土之汉文古碑古砖古钱古装雕刻甚多。又该国农人曾于耕田时，发现几只石匣，中有许多泥塑佛像，其面貌服饰，与中国古装相同。又有古钱一串，刻中国文字，其穿钱的麻绳，亦为中国式。

（二）秘鲁公园陈列该国境内掘得的一块汉文太岁碑，已经字迹模糊，惟太岁二字宛然可见，足为中国文化很早传播美洲之铁证。

（三）南美洲玻利维亚（Bolivia）发现汉文系统字件的雕刻。见民国二十四年一月十九日上海《中华日报》所载：“驻智利日本公使久野真，顷在玻利维亚发见被掘之原始人类遗品数件，其中有人形石像，并雕刻类似华文之文字，即拍成照像寄与外务省。闻外务省已再拍照数张寄赠中国学术界，并赠送东京东方文化学院等日本学界。日本学界虽加以研究，但不能获得解决，只能认明其为华字系统字样。但何时代何国之文字，尚未能解释。华字系统之字样，有埃及之象形文字，西夏女真契丹等文字，但其字样中有不属于此等文字之任何种类者，致未能究竟其详细。日本考古学者鸟居博士，认为系汉人曾于二千年前漂流于南美洲，后在该地作集团生活，此种字样，即其遗品云。"

（四）南美洲厄瓜多尔（Ecuador）博物院，陈列该国境内掘得的汉朝王莽所造的货币，此虽不足证明中国人在王莽时已至美洲之痕迹，却可证明为后人携往美洲当作古钱遗留者。

（五）索诺拉（Sonora）发现古城，见民国二十四年一月二十六日上海各报，原文如下："美国亚利桑那诸茄来士，人种学家海伊斯，顷在索诺拉地方，发现二万年前之古城，其地居地，当系来自亚洲或埃及之蒙古人"云。案此古城之发现，可以证明美洲原始文化实起源于中国。

（六）加拿大大西洋海岸于一九三〇年美人在该地掘得石柱，上有中国篆文[①]。

（七）梁启超《新大陆游记》云在墨西哥及中美一带，发现中国古物，其中有一古镜，背刻"沙镜"二字，为西班牙人侵入美洲以前之物。（案此书有中华书局节本，无此段，此据胡体乾先生所述。）

（八）胡汝霖（石青）游记中，曾记其拟访墨西哥"大齐田人之墓"，疑其与田横有关，以田横与五百壮士自杀，本系传闻，实则渡

---

① 参照陈志良《中国人最初移植美洲说》，见《说文月刊》第一卷第四期。

美去也。今案慧深传“扶桑国”事，乃在南齐东昏侯永久元年，虽《齐书》未载，而实在“齐”时。宋大明二年（纪元四五八年）既有人到扶桑，则继之者，当为南齐之人，所谓“大齐田人之墓”疑即指此，以墨西哥文化在纪元五世纪前，尚无所闻，则田横之说，可不攻自破也。（《胡汝霖游记》未见，此据康白情先生所述。）

（九）奥国音乐学者 Hornbostel，曾亲往南美考察，发现中国律管制度，早已流传该洲，最近且在秘鲁掘得一银笛，其笛孔距离远近，恰与中国笛孔计算之法相同，可为中国乐器传入南美之铁证。见王光祈《东方民族之音乐》页七。

由上实物证明，使我们越发知道中国文化之东传美洲，在文献学上，民俗学的史料以外，更有遗留的古物，作最好的证明。这种考古学的史料，无疑乎使纪元五世纪中国僧人发见美洲说，更成为有力的证据了。

一一

在我们所提出的纪元五世纪佛教徒发见美洲说以外，我们更可以附带来批评一下，关于这一个问题的其他异说，来作一篇的结论。

第一，法显发见西半球说，为章炳麟氏所提出，见《章氏丛书·别录三》，页百〇八至百十一，原文如下：

近法兰西蒙陀穆跌翰报言，始发见亚美利亚加洲者，非哥仑布，而为支那人。自来著历史者，皆见近不见远，徒以高名归哥氏。按纪元四百五十八年，支那有佛教僧五众，自东亚之海岸，直行六千五百海里而上陆，其主僧称法显。纪元五百二年，公共旅行于世，今已传译至欧洲。据其所述上陆地点，确即今墨西哥。今考墨西哥文化尚有支那文物制度之蜕形，见有婆罗门装饰，又有大佛像等，不知何年制造。今按所谓旅行记者，则法显佛国记，其发见美洲之迹，当在东归失路时，录其原文如左：

弘始二年，岁在己亥，与慧景、道整、慧应、慧嵬等同契，至天竺寻求戒律，初发［迹］长安，六年到中印国，停经六年到狮子国。同行分披，或留或亡，即载商人，大舶［船］上可有二百余人，得好［信］风东下，三［二］日后便值大风，舶船漏水入，商人［大］怖，命在须臾。如是大风书夜十三日，到一岛边，潮退之后，见船漏处，即补塞之。于是复前，大海弥漫无边，不识东西，惟望日月星宿而进，若阴雨时，为逐风去，亦无所［准］準。当夜暗时，但见大浪相搏，晃若［然］火色，鼋龟水性怪异之属，商人荒遽不知那向。海深无底，又无下石住处，至天晴已乃知东西，还复望正而进，若值伏石则无活路。如是九十许［口］日［许］，乃到一国，名耶婆提。其国外道婆罗门兴盛，佛法不足言。停此国五月日，复随佗［他］商人大舶［船］上，亦二百许人，赍五十日粮，以四月十六日发，东北行趣广州，一月余日，夜鼓二时，遇黑风暴雨，于是［时］天多连阴，海师相望僻误，遂经七十余日，即便西北行求岸，书夜十二日，到［口］长广郡界，牢山南岸，［便］得好水菜，知是汉地。或言未至广州，或言已过，莫知所定，即乘小舶［船］，入蒲，［不见］人……得两猎人，即将归，令法显译语问之，答言此青州长广郡界，统属晋［刘］家，……是岁甲寅晋义熙十二年［口］矣。（据《学津讨原》本第七集《佛国记》校）

案师子国即今锡兰，本欲自锡兰东归广州，乃反为风所播，东向耶婆提国。耶婆提者，以今对音拟之，即南美耶科陀尔国，寻审地望，值墨西哥南，而东滨太平洋，科音作婆者，六代人婆和两音，多相溷，如婆薮盘豆，一作译作和修盘头，是其证。耶婆提正音耶和提，明即耶科陀尔矣。世传墨西哥旧为大国，幅员至广，则耶科陀尔之在当时，为墨西哥属地无疑。所以知耶婆提必在美洲非南洋群岛者。自师子国还向广州，为期不过四十六日。据《唐书·地理志》言：

广州东南海行二百里至屯门山，乃帆风西行，二日至九州石，又南二日至象石，又西南三日行至占不劳山，山在环王国东，二百里海中，又南二日行至陵山，又一日行至门毒国，又一日行至古笪国，又东行至奔陀浪洲，又两日行至军突弄山，又五日行至海峡，蕃人谓之贸东、行四五日至诃陵国，又西出峡三日至葛葛僧祇国，四五日行至胜邓洲，又四五日行至婆露国，又六日行至婆国伽蓝洲，又北四日行至师子国。故法显失道以后，商舶亦赍五十日粮，盖仍依师子广州之水程为准，是则由师子国至广州，最迟不过五十日也。今据法显所述遭大风书夜十三日始至一岛，又九十日而至耶婆提国，合前三日计之，已得一百六日，是东行倍程可知。况南洋与师子国间，途次悉有洲岛，往往相属，当时帆船皆傍海岸而行，未有直放大洋者。今言海深无底，不可下石，而九十日中又不见驸海岛屿，明陷太平洋中，非南海群岛可知。逮至耶婆提国，犹不知为西半球地，复向东北，取道途中，又行百余日，始折而西。夫自美洲东行，又百许日，则环绕大西洋而归矣。当时海师不了地体浑圆，惟向东方求径，还绕泰西进行，既行而轶过青州海岸之东，始向西北折行，十二日方达牢山南岸，是显非特发见美洲，又旋绕地球一匝也。不然，由师子国至广州程途只五十日，而东行一百六日，乃至耶婆提国，复由耶婆提国东行一百余日，始达中国近海，时为期已二百余日，不应迂回至此。由此知蒙陀穆跌轮报所说可信。哥仑布以求印度妄而得此。法显以返自印度妄而得此，亦异世同情哉。然据《佛国记》言，耶婆提国已先有婆罗门，特无佛法，则法显以前，必有印度人遇风漂播至此者，故婆罗门教得传其地。特所谓大佛像者，或法显停留五月时所遗耳。又观美洲山脉横贯南北者，在北美曰落迦，落迦者界山也。在南美则曰昂底斯亦界山也。而落迦本印度俑山之语，如补陀落迦，咀落迦，弹多落迦，朅地落迦是也。落迦义本为见，引伸则为世界，彼富兰那言山尽落迦，落迦冈底斯为西藏大山，即葱岭所支分，以绵亘万里得名，美之山脉莫长于昂底斯，正与葱岭等，明昂底斯亦即冈底斯之音转，斯皆以梵语命山，益明婆罗门尝先至美洲，特以姓名不著，而尸其居者，独在法显，斯可为梵土前者悲，亦为汉土尊宿幸矣。

由上，章氏根据 *Le Monde Moderne* 月报，主张法显发见西半球说，以耶婆提当美洲的 Ecuador（耶科陀尔国[①]），其说甚辩，可备一说。不过这种新说，实在毫无根据，以耶婆提为南美洲之厄瓜多尔国，据 Legge 等考证认为完全支离附会。桑原鷲藏氏在《ヴィニングの『無名のコロンブス』》一篇论文里面，更加以极严格的批评（见页一六〇至一六四），指摘出以下数处弱点。

（一）法显之南海航行，在西纪四一三至四一四，与四百五十八年或五百二年无干。

（二）耶婆提为梵语 Yava-duopa 或讹为 Labadin 之音译，大体当今之爪哇，已成学界定论。（案《中西交通史料汇篇》第六册古代中国与印度之交通，页二八二“耶婆提国今人译作爪哇岛也。当然不能为耶科陀国”。）

（三）耶婆提即为耶科陀尔国，章氏之说明以“婆”与“和”均等于 Vasubandhu 之 Va 音，虽有证据，但以“婆”音代表 Cau 音，尚待证明，耶字虽可代表 E 音，提字代表 dor 音，则尚待证明。

（四）Ecaudor 地名乃西班牙人渡美后所产生的新名词，在西班牙人渡美之一千余年前，即法显时代，而谓已有 Ecuador 地名之存在，实为滑稽之极。

（五）从 Ecuador 如何能够利用东北风而以回航大西洋，这当然

① “耶科陀尔国”，又译“厄瓜多尔国”。——编者

是一大疑问。

（六）距今一千五百年前之航路时代，竟能于八十余日之疑期间，而航行世界一周，从耶科陀尔国而至中国之山东半岛，此不能不说对于当时航海状态完全[1]缺乏知识的结论。

知道法显发见西半球说，是完全出于误解，又知纪元四百五十八年或纪元五百二年之时，正慧深所传扶桑国记事的时代，那么就知道章氏所根据的 *Le Monde Moderne* 必为《梁书》所载扶桑国一段无疑，而章氏所提出的法显发见说，也可以说是毫无根据与自作聪明。

第二，十三世纪蒙古种族发见西半球说，为朗金（Ranking）所提出，一八二七年 Ranking 发表《西历十三世纪蒙古种族征服秘鲁及墨西哥诸国之史的研究》（*Historical Researches on the Conquest of Peru, Mexico, etc., in the Thirteeth Century, by the Mogols*），这当然是很奇特的论潮，就桑原氏的介绍此书内容，叙述公历一二八一年（日本弘安四年）远征日本，当蒙古舰队破灭之时，其一部漂泊至亚美利加之西海岸。此等漂泊之蒙古种族，在秘鲁及墨西哥地方，输入了东方文化，因此所以亚美利加的古代文化和亚细亚的文化相类似。以此解释亚美利加文化所受蒙古种之影响，当然是一大新的发见，但其证据如何，因未见原书，只好存而不论好了。

总结起来，在一四九二年哥仑布发见美洲以前，亚细亚人实已很早发见美洲，这都是真正的历史事实，十三世纪蒙古人征服秘鲁及墨西哥即使不甚可靠，纪元五世纪中国正史所载佛教徒发见美洲说，则各种证据具在，我们实已无法否认此事实之存在，而且在哥仑布以前欧洲北方民族（Norsemen）实已先开辟美洲，他们中间最初的航海家就是列夫（Leif the Lucky）与卡尔科夫列（Karlsefni）二人，他

① “全”，原作“出”，疑误，据上下文改。——编者

们的航海故事在《文兰德旅行记》（*The Voyages to Vinland, from Saga of Eric the Red*）有详细的记载，他们曾经在新大陆觅得葡萄树，此亦可为扶桑国所记“多蒲桃”一句话的积极证明（详见 John T. Faris: *The Stories of the Geography Makers*，汉译《地理创造家》第一编第七章“北方民族与美洲”，页四三至五八）。虽然这些北方民族，并没有在美洲建立永久的殖民地，然而欧洲在哥仑布以前十世纪时已经发见格林兰（Greenland）与美洲大陆，则确系事实。此事很普通的美国史教科书均有记载（如 D. H. Montgomery: *The Students American History*. pp. 1—3），所以无须为之证明，现在的问题即是将这北欧民族“Saga”的发见——他们将它取名文德（Vinland）来和亚洲民族佛教徒所发见——他们将它取名“扶桑”来比较一下，北欧民族是一个老海盗，所经新大陆的遗物是“甲胄中的枯骨”，其目的乃在取得高贵货物，这当然和亚洲民族以和平传教为目的，给新大陆以世界文化九大体系中之墨西哥文化者，意义大不相同了。而且即就发见美洲的时间来说，列夫开始航行在纪元九八一年，亚洲人之发见美洲，则在宋大明二年，即纪元四五八年，以时间考之，相差五二三年，这就是说无论如何，亚洲人之发见美洲，较欧洲人之发见美洲为先，只要历史事实不会错误的话，我们以为中国正史所载纪元五世纪佛教徒之发见美洲，应该算得美洲地理的创造家，是决无可疑的了。

附录　哥仑布前一千年中国僧人发现美洲说提要

——民国二十八年十二月二日学术演讲

朱谦之先生讲

陈翊湛笔记

一

自从一四九二年哥仑布（Christopher Columbus）发见了美洲，这一次在地理上空前的大发见，竟将所有以前历史的面目，为之显然改观。然就其此次远航之动机，据其所述，即已明言为寻求《马哥波罗游记》中所载之“契丹”（Cathay），此乃人尽皆知的事实。但可注意的，却是在哥仑布以前约一千年，即当五世纪中叶，从中国起程的僧人，已经航行到美洲之西而开辟了美洲的古文化，此事在各国学者，过去讨论得极为热烈，并且著成了许多专书和论文。依据戈尔逖（Henri Cordier）《中国书目》（*Bibliotheca Sinica*）第四册和第五册所录，已有八十余篇，其中篇幅有至八百页者，讨论的时间从一七六一年至一九二一年，参加讨论的人，有法、德、美、俄、英、意、印度、日本各国学者，只没有一个中国人。我因对于这个问题发生兴趣，近来研究结果，写成一本专书，并且肯定了这种说法。在此书尚未发表以前，承陈主任导师之约，特先在此简单向各位报告一下。

二

这个问题的提出，我不能不对一七五二年法国的汉学家歧尼（De Guignes）氏深表感谢。他从马端临的《文献通考》里而，发见了这个新的问题，即于一七六一年发表《中国之美洲海岸航行及关于居住亚洲远东的几个民族的研究》报告史学院，谓其寻究中国古史，曾发见纪元五世纪已有中国僧人至扶桑国，扶桑者，即今美洲的墨西哥云云。此说一经宣布后，随着发生了很大的影响，赞成的人也有，反对的人也有，但他们都是依据中国的纪载来作讨论该问题的核心的。我们既道中国古籍中关于扶桑国的纪载，《文献通考》是本于《南史》（七十九列传第六十九），《南史》又本于《梁书》（五十四列传第四十八）。依照《梁书》所载，倭国东北七十余里有文身国、文身国东五千余里有大汉国，大汉国东二万余里即扶桑国，歧尼的著作即根据此点，以为倭国即为日本，文身国为虾夷所住的地方，大汉国即堪察加（Camchatka），更向东二万余里的扶桑国，就地理和物产来说，不得不证明美洲的墨西哥了。而且美洲的古代文化，实从西海岸发起来。从日本北海道千岛堪察加半岛穿过阿留地安群岛（Aleutian）而到达北美洲的西北部，这是乘坐小船也可以到达的。因此歧尼所提出的问题，便惹起了一百六十年来世界学者不已的争论，现在试分两方面来观察。

在赞成说的方面，可以用一八八五年文宁（Edward P. Vining）所著《无名的哥仑布》（*An inglorious Columbus*）为代表，他极力证明扶桑国即墨西哥（Magney），以《梁书》所纪载，与墨西哥的古代文化互相比拟，发见其无不吻合。墨西哥的特产龙舌兰（Magney），即所谓扶桑木，古代的墨西哥人使用象形文字，有两种监狱，实行灰责的刑罚，还有贵族称号，与地方出产等等，均可作证明。最重要的是《梁书》所说“其俗旧无佛法，宋大明二年（纪元四五八年）罽宾国尝有比丘五人游行至其国，流通佛法经像”，证以墨西哥的古传说，谓曾从外来的伟大人物，传给他们以新的信仰，而这新信仰的旨趣，乃是独身主义、禁欲主义、素食主义，均带着很浓厚的佛教色彩。在这些外来人中最杰出，而为土人所最称道的是：Wixipecocha 与 Quetzalcoatl 二人，后者依古墨西哥语，即“可尊敬之外来人”，前者或即慧深比丘（Hwui Shin Bikshu）之音译。还有墨西哥东南海岸附近的地方，称宗教上最高位置的人为 Tay-Sacaa，Tay，土语为人，Sacaa 为外来语，或即“释迦”之音译，Taysacaa 与“释子”同义，这可以解释为古代佛教徒流行此地的遗迹。其他墨西哥和附近的地方所发见的古代雕刻，都非常类似佛像，由此事实，可见将扶桑国认为是墨西哥，是很有理由的了。

在反对说方面，可以希勒格（G. Schlegel）为代表，他在一八九二年发表许多的《扶桑国考证》，极力主张扶桑国即桦太（库页）岛说，此说亦曾风靡一时。依他的意见，扶桑国实为中国人已知之国，日本取扶桑以自名，《图书集成》列为已详诸国之内，他极力证明扶桑与日本之关系，以东方朔的《十洲记》为证。又将桦太岛的情形，与《梁书》所载相比拟，如“楮”即扶桑木，古代虾夷人亦有文字，其余监狱、官制、服制、婚姻，以及地方出产等等，无不相合。他的结论，否认了扶桑即墨西哥说，对于流通佛法一节，一字不提，这可以说是他的最大缺点。

三

由上所述，主张扶桑即墨西哥说，与主张扶桑即桦太说，两说均能言之成理，不过依照 Schlegel 的说法，则扶桑国乃在倭国东北，且地理的距离亦不相合。最有趣的就是大汉国有二,一见《梁书》，在中国之东；一见《新唐书》，在中国之西北，是到了纪元六四九至六五〇年才为中国所知的，却是 Schlegel 说明纪元四九九年的大汉国？据是而计算其与扶桑国之距离，甚为可疑。因有种种之疑问，使我对于扶桑问题，发生了重新估定价值的勇气。

我们试将赞否两说来综合比较一下，便知后说的缺点甚多，如以居室为例，Schlegel 说桦太岛现有板屋，但据日本文库八册所引唐高宗与日本贡使的问答，知道在纪元五六世纪，虾夷守之熟夷，尚未有居室，住于山中的树穴内，熟夷如此，则生夷可知。以文字来说，墨西哥有画图文字，桦太只有记号式数目语，以武器来说，虾夷人有弓矢，善射击，史有明文，与《梁书》"无兵甲，不攻战"之语不合。以刑罚言，墨西哥确有两种监狱，桦太则无可考，又灰责的刑罚，亦为[①]墨西哥所独有，他处所无。最主要的就是文化，墨西哥古代文化发达，桦太岛的虾夷，则至今榛榛狉狉，尚在石器时代，这不是证明了两说之中，以主张扶桑为墨西哥就更有可靠的理由吗？

不过最彻底的解决方法，仍不能不从搜集和批评关于扶桑的史料的方法上着想，第一就扶桑史料的系统来说，显然可以分为两种，一是正史的系统，如《梁书》《文献通考》《南史》；一是野史的系统，如《山海经》《十洲记》《梁四公记》，以证明桑蚕的存在，不知该书所述，完全是一种神话？这就可见反对说的价值了。

第二就[②]扶桑史料的演变来说，我们很可以利用民俗学的方法来研究关于扶桑传说的演变。第一期以扶桑为日所照拂的神木，可以《离骚》《山海经》为代表，其中包含十日并出的神话，日中有三尺乌的神话，然而传说中的扶桑，仍为一种树木一神木。第二期以扶

① "为"，原作"有"，疑误，据上下文改。——编者
② "就"，原作"说"，疑误，据上下文改。——编者

桑为日出之所，或即为日，可以《十洲记》《梁四公记》为代表，《十洲记》包含仙人岛之神话、仙人飞升的神话、仙果异物的神话；《梁四公记》包含扶桑蚕不死的神话、大蚕变小的神话、蚕丝可悬金炉重五十斤的神话。第三期以扶桑为日出处的日本，可以唐段成式的《酉阳杂俎》为代表，其所载有女人生须的故事，中国士人充虾精驸马的故事、海龙王的故事。因为这些野史的史料与扶桑国在昔未闻过的正史的史料系统不同，所以根据野史之自然演变，便自然而然会得到，扶桑即桦太岛的断案。这只要注意到 Schlegel 考证所用的史料的系统，便不足为奇的。

四

我们既推翻了扶桑即桦太说，我们便可以重新来积极证明扶桑即墨西哥说。我的证据有三，即第一证人，第二证地，第三证事。

第一以人为证。《梁书·扶桑传》“宋大明二年（纪元四五八）罽宾国比丘五人游行至其国，流通佛法经像”。今按罽宾国即今之克什米尔（Kashmir）在北印度地方，唐时归入中国版图，故可称为中国僧人，然而无论中国僧人也好，印度僧人也好，发现美洲的贡献，不能不说是亚洲人的贡献。我们的问题，乃在这几个无名的哥仑布究竟是怎样的人物，是有怎样的本领？在未解释以前，须先注意一下罽宾国与中国之交通情形，依《前汉书》卷九十六所载，须经过“大头痛之山，小头痛之山，赤土身热之阪[①]”，“险阻危害，不可胜言”，然而无论如何困难，而罽宾国的僧人，居然自汉以后，接踵而来，据《高僧传》[②] 所载，其东来诸僧从纪元四世纪至五世纪间，

① “阪”，原作“阸”，据《前汉书》改。——编者

② “传”，底本原脱，据上下文及福建本补。——编者

已有僧伽跋澄、僧伽提婆、昙摩耶舍、弗若多罗、佛陀耶舍、卑摩罗叉、佛驮什、昙摩密多、求那跋摩诸人，这些僧人皆有宗教天才，均受极严格的宗教训练与冒险精神，他们立誓远方传教，与明清间之耶稣会士相同，又均为大游历家，其好游四方的嗜欲，决不在回教徒之下。

然而从地理上来观察，罽宾国至中国的路程，约万二千二百里，从中国至扶桑国的路程，约二万余里，这些僧人既然可以从罽宾国到中国，也就可以从中国到美洲了。再从时间上观察，《梁书》大明二年，正是以上僧人来中国的时候，而这些僧人，又是《高僧传》所载是“不知所终”，他们究竟是到了什么地方，这就很可以值得我们注意的问题了。

第二以地为证。依照《梁书》倭国即今日本，文身国即北海道及千岛群岛中的某岛，为旧虾夷人所居地。次之大汉国，De Guignes 与 Schlegel 均认为即今之堪察加地方，但依我的意思，大汉国风俗既与文身国同，则以文身国的风俗生活的状况推之，当系阿留地安（Alutian）群岛的埃斯基摩（Eskimo）种族的土地，以与文身国之距离计之，亦刚相合。埃斯基摩人虽然像一个野蛮人，但实为和平不事攻战的种族，克鲁泡特金的《互助论》第三章其中“埃斯基摩人与阿留地安人”一节，有极详尽的说明，埃斯基摩人我族“We group”的观念甚强，故常自称为“Innuit”即“大人”“好汉”之意，此即大汉国一名之由来。还有就是扶桑国后所记的女国，因为神话与史实相混，最成问题。其实女人国的传说，古代各地皆有，亚美尼亚王的《海敦纪行》（Hethim），勃拉奴克劈尼（Plano Carpini）的《纪行书》，西班牙克拉维局（de Clavijo）的《奉使东方记》，《马哥波罗游记》，《苏莱曼东游记》，均有此种传说，中国文献如《后汉书》《梁书》《北史》《隋书》《新唐书》《元史》《山海经》《博物志》《梁四公记》《三才图会》，亦均有此种传说，慧深所传扶桑东之女国、当亦不出此例。但亦非无线索可寻，案其所说，当系今南美洲亚马孙河（R. Amazon）附近之一岛。Amazon本为东方女国之称，亚马孙河因西班牙人所见之女兵团而得名，墨西哥地方，至今尚有Amazon城，甚可注意也。总上所述，知道《梁书》所记扶桑国地理位置，以与倭国、文身国、大汉国、女国等距离考之，与今地均有可考，则扶桑国之为墨西哥，也因此很可明白了。

第三以事为证。可分三点来说，其一民族起源，其二神话传说，其三古物遗留。

（1）就照A. L. Kroeber的人类系统树，美洲埃斯基摩人（Eskimo）与印第安人（Indians）均属于蒙古利亚种（Mongoloid），与中国人为同种。此蒙古利亚种之移入美洲，大概是从白令海峡，踏冰渡过，或航过。其移入时期，约在一万年，此层文化人类学者间，几成定论，考古学者如Berthald Laufer，历史学家如Well, Hayes and Moon，无不采用此说，大概是不成问题的了。（出使秘鲁参赞谢希傅所著《墨西哥述略》云"墨西哥是印第安族，称华人为'拔山拿'，即同乡之意"。其言甚可玩味）。

（2）就神话传说。可举者如：（a）扶桑木的神话。图见Alekarder所编《世界各民族之神话》中（Vol. Ⅺ, Chap. Ⅱ, pp. 70—71），其中树木乃为世界大海所环绕，大海中有日出其下，树两根同生，更相依倚，树旁有玉蜀黍，其上有啄木鸟，似与三足乌之传说有关。（b）Quetzalcoatl的神话。案Quetzalcoatl为东方之神，又为日月星之象征，又为建立墨西哥古文化之神，由此种种，可证其与扶桑传说相合，而为古墨西哥"可尊敬之外来人"的神话化。（c）雨神的神话。详见Elliot Smith所著《龙之进化》（*The Evolution of the Dragon*）第二章，王符称世俗画龙之状，马首龙尾，龙为中国雨神，Maya人之

Chac 与 Aztec 之 Tláloc，亦为雨神，而为象首尾蛇者（阅见原书，页八四至八五之间）。惟 Smith 欲证明美洲传说，与埃及巴比伦之关系，则未免离题太远了。

（3）就古物遗留说。在墨西哥首都博物院境内发现许多汉人的古碑古钱古雕刻陈列于该国首都博物院。又秘鲁（Peru）发现的一块汉文古碑，有汉文“太岁”二字，现陈列于秘鲁公园内，又南美玻利维亚（Bolivia）发掘原始人的遗物，其中有汉文字样的雕刻，厄瓜多尔国（Ecuador）境内，曾掘出王莽时所造货币，现陈列于厄瓜多尔国博物院。由此种种，均为铁证。又在 Alexander 所编《世界民族神话》（*Mythology of all Races*）第十一册，卷首一图，为大独石碑，可算为美洲原住民的艺术。碑中的图案“龙”实受中国传说的影响，又该碑顶面，绘一似佛之神，在碑所绘龙之肩角上面，发现 Maya 年月，约当纪元后五二五年，与《梁书》所载年月相差后六十七年，无疑是受亚洲僧人之影响。又同书（页一六八至一六九间）年青神像，与第二十五图纪念碑的石柱雕刻，同为表示佛教之神像，上图一见即可决定其为佛像，下图精致已极，惜已毁破，其中一佛徒像，胸首有串珠一副，甚为明了，其余物证尚多，不胜枚举，而要之纪元五世纪中国僧人发现美洲的事实，则可以断言。

总结上面，人地事各方面证明，便可得到一大结论，就是在一四九二年哥仑布发见美洲以前，从中国起程的僧人，实已发见美洲，虽然在哥仑布以前十七世纪时北欧民族（Norseman）曾发见格林兰（Greenland）与美洲大陆，但若和亚洲僧人所发见的——他们将他取名“扶桑”来比较一下，则北欧民族是一个海盗，所给新大陆的遗物是“盔甲中的枯骨”，其目的乃在取得高贵的货物，即以发见的时间来说，亦较后五二三年，反之亚洲僧人以和平传教为目的，所给新大陆的是世界文化九大体系中之墨西哥文化，在时间来说，亦较北欧民族之发见为先，只要历史事实是不会错的话，我们以为中国历史所纪载纪元五世纪佛教徒之发见美洲，应该算得美洲地理的创造家，不特如此，在给予墨西哥古代文化的意义上是很大，是决无可疑的了。

文化社会学

本书于1948年11月由中国社会学社广东分社初版发行。2002年收入福建本第六卷。本次整理，以1948年中国社会学社本为底本，以福建本为校本，同时参以朱谦之“自存本”之校批文字。

——编者

目　　录

第一章　绪论

社会学史之四时期——综合的社会学与分析的社会学——自然社会学与文化社会学——美国文化社会学与德国文化社会学——文化学，文化哲学与文化社会学。

自从一八三八年社会学原祖孔德（Auguste Comte）在《实证哲学》卷四中创始“Sociologie”一名以至今日，此一百多年中，社会学之史的发展，实可分为四个时期。所谓“文化社会学”，即为此第四时期的产物，换言之即为代表现代社会学之新倾向。社会学之史的发展，是依照下列次序：

第一，生物学的社会学。（Comte社会学上的达尔文说，Spencer的社会有机体说，Lilienfeld, Schäffle, Fouillée, Worms）

第二，心理学的社会学。（Tonnies, Ward, Tarde, Small, Giddings, Ross, Baldwin, Cooley, Le Bon, Wundt, Ellwood, McDougall, Hobhouse, Wallas, W. I. Thomas）

第三，特殊科学的社会学，或经济学的统计学的社会学。（Simmel, Vierkandt, Wiese, Durkheim, Bouglé，数理及统计学派如Jevons, Cournot, Walras, Parato, Quetelet, Le Play, Mayo-Smith, Park, Burgess，马克思主义社会学如Marx, Engels, Plekhanov, Bukharin及其他）

第四，文化的社会学。（美国如Ogburn, Willey, Case, Walils, Herskovits，德国如Max Weber, Sombart, Max Scheler, Alfred Weber,

Troeltsch, Spengler）

（参照 P. Barth: *Die Philosophie der Geschichte als Soziologie,* 波多野鼎译：《社会学体系论》；孙本文：《世界社会学之派别及其现状》，见《新中华》第一卷第十二期；朱谦之：《文化哲学》序，页8—10，绪论，页9—10。）

试就社会学与历史哲学的关系来说，则社会学史的发展，依照"综合的"与"分析的"倾向的不同，可分为辩证之三阶段如下：

第一，综合的或历史哲学的社会学　这就是 Vierkandt 所认为旧型的社会学（见所著 *Gesellschaftslehre*，1923）。此派主张社会学内容为对于社会现象一般之考察，并特别注重于社会现象的发展，社会之历史的型态，社会型态之变迁的综合社会学。可以社会学的开创者 Comte, Spencer, Ward 等为代表。

第二，特殊科学的社会学　这派主张社会学有独特的研究对象，应该建立为一种独立的分析的科学。把这种倾向用最直截的方式表示出来的，可以法国 C. Bouglé 的话来说，即"社会学不自负能自成为历史哲学，社会学是更谦虚地（单单）只欲成一个社会科学"；像这种纯粹社会学的独立运动，很明显的是要使社会学与历史哲学分开。在法国这种独立运动的标语，是"基础的社会事实""真正的社会现象"等，而在德国则用比较纯化的形式，由 Vierkandt 来代表的。由 Vierkandt 的立场来看社会学史，则如 Tarde, Durkheim, Simmel, Wiese 等这一批学者的努力，都是想把社会学成为特殊科学，主张"论理地分离社会的形式与内容"，主张"历史只是断片的现象，没有法则可求"；因而社会学史的发展，也可说就是从"历史哲学的综合社会学"到特殊社会科学的形式社会学了。

第三，新的综合的或历史哲学的社会学　此派产生的背景，第一，由于社会学形式学派的转变，如 Simmel 自身，最后在《社会学的基础问题》里，也显然抛弃从前狭窄的见解，看出新的历史观或集团数量决定性研究的可能。第二，由于马克思社会学派之抬头，即社会学趋于新的历史哲学研究之一大倾向。然而最重要的，却是由于第三，文化社会学的建立。文化社会学换句话说，就是否定了旧形式社会学而复归于新综合社会学即新历史哲学。属于这一派的，德国如 Max Weber 和 Ernst Troeltsch 的宗教社会学，Oswald Spengler 的形象学或世界史的形态学，Alfred Weber 的历史社会学等，尤其如 Troeltsch、Spengler 很有名的提倡一种历史主义，即将一切世界观，宗教的及哲学的世界观，看做变化不居的现代历史及社会的生活状态之可变的表现形式。Alfred Weber 更不客气地，称文化社会学为历史哲学。不但如此，即在美国文化学派社会学的发展，表面上虽排斥历史哲学，高揭“反进化论”的旗帜，实际却极特别注意历史研究法，即从最广义的历史主义出发。新派人类学家如 F. Boas, A. A. Goldenweiser 等主张每种文化均有其独一无二的历史，应该利用历史法来分析文化。文化学派受其影响，如 W. F. Ogburn 即很明白地主张历史研究法，以为不明历史的根据，便不易分析社会现象之文化、心理、生理、气候诸要素。Herskovits 和 Willey 均极注重历史方法，以为文化是一民族生活之形式，而世界各民族文化之异同，全由于历史的背景。可见文化社会学的特色，实为摆脱旧综合的历史哲学的范围，而倾向于以文化事实为根据之新的历史主义的社会学。

（参照孙本文:《社会学上之文化论》; Sorokin : *Contemporary Sociological Theories* ；岩崎卯一:《社会学序说》；朱谦之:《历史哲学大纲》，页 28—36。）

次就社会学和文化哲学的关系来说，则社会学史的发展，亦可依照“自然”与“文化”之对立概念，分为辩证之三阶段如下：

第一，自然的社会学　最初期的社会学者常有尊重自然一元论的倾向，换言之即以社会的现象看做自然的现象，因而社会学也只是自然研究，也应该应用与自然科学共通的方法。如 Comte, Spencer, P. Lilienfeld, Schäffle, R. Worms 等，无论机械学派、地理学派、社会现象的生物学观、人类种族学者、生存竞争之社会学的解释，均以社会学与自然同视，以人类社会与动物的社会同视。所谓文化不过大自然之一片断而已。这就是 Sombart 所称为"自然社会学"。

第二，心理的社会学　在自然社会学的发展中，从物理的到有机的，从有机的到心理的，心理的社会学虽仍未完全脱却自然主义的色彩，但因其渐已承认自然与精神的二元论，遂使自然的倾向缓和许多。由此派看来，社会现象实即心理现象，社会学实为研究心理结合现象的一般法则之学。此派有的注重特殊的固有心理原素，如 J. S. Mackengie, Giddings, W. Bagehot, Tarde, W. McDougall, Le Bon, Ross, Trotter, Freud 等；有的注重个人社会化，如 Small, W. I. Thomas, Baldwin, Cooley, Bogardus, Watson 等；有的注重群众心理活动的产品，如 E. Durkheim, Wallas, Ellwood, Hobhouse, Ward, Wundt, Vierkandt, Summer 等。他们对于社会现象的解释，无论叫做"欲望"（Desires）也罢（Ward），"需要"（Wants）也罢，"兴趣"（Interests）也罢（Small），"本能"（Instinct）也罢（McDougall），"同类意识"（Consciousness of Kind）也罢（Giddings），乃至归于"食"与"性"所表现的各种方式也罢，总之社会现象总不外乎由人的心理现象的向前活动造成的。而所谓心理现象实不外于自然现象，因之心理学的社会学仍不能完全脱却自然主义社会学的范围，而只好叫做半自然半文化的社会学的过渡阶段。

第三，文化的社会学　现代社会学已经方向转换，即从自然的社会学进至文化的社会学，从自然的一元论进至文化的一元论；不但如此，即以纯粹形式的心理或以社会的心理为社会现象主因的心理社会学的倾向，也渐已过去。Durkheim 的主张谓其尊重社会的心理现象，不如谓其尊重社会的文化现象，（据 K. Soda 说）Simmel 乃至 Wiese 的关系学，均接近于文化的观点。（据新明正道说）最明显地就是德国 Max Weber 的“理解的社会学”，反对把社会当做一种复杂生物化学的反应去研究或分析他的心理生活之组成元素。依他意思则社会行为的历程，和心理学或生物学的事实或历程绝不相同。社会行为是包含着意义、意向或目的底主观元素，而这些元素是不能应用心理物理法则去研究的。Weber 以“理解”作基本的社会学的探究，因而提倡社会制度的研究、文化的研究，他主张社会学应该包含经济生活的社会学、宗教社会学、法律社会学、政治生活的社会学。这种文化尊重之社会学的倾向，在美国旗帜最显明者，可推乌格朋（W. F. Ogburn）、恺史（C. M. Case）、海史各费（Herskovits）等，乌氏的学说可以《社会变迁》(*Social Change*）一书为代表，依他意思社会行为固为生物遗传及文化二者所规定，但文化有较大的力量，能使人类行为繁变，换言之文化有选择与扶助某种生物的反应之能力。文化之发展，固赖个人之天才，但现存之文化基础，实为决定文化生长之性质与速率之主要因素，这是很明显地提出了社会变迁中的文化史观以代替生物史观或社会心理史观。Case 以文化为社会学的对象，并抉出文化传播、内部发展、文化丛及文化模式等问题，Willey 和 Herskovits 等更明白主张：“文化的研究即是社会学的研究。”这么一来，自然社会学乃至心理的社会学也自然而然一变而为文化社会学的时代了。

（参照 Sorokin：*Contemporary Sociological Theories*; Hankins：*History and Prospects of Sociology*（见 Parnes: *The History and Prospects of Social Sciences*, pp. 319–322）；Ogburn：*Social Change*; Abel：《德国系统的社会学》（黄凌霜译）；松元润一郎：《现代社会学说研究》。）

由上可见社会学史的研究，无论应用心理主义方法（四阶段说），或论理主义方法（辩证法之三阶段），均很明显地看出现代的社会学实为文化社会学的阶段。现代的社会学家也无疑乎实以文化的社会学家为代表。但一说到文化的社会学或文化的社会学家，却不能不注意到此一学派中是有两大派别，这就是前文所曾经称述而为孙本文氏在《世界社会学之派别及其现状》中所区分的两大派别：

A 人类学派 以美国 Ogburn, Willey, Case, Herskovits 等为代表。

B 历史学派 以德国 Max Weber, Sombart, Max Scheler, Alfred Weber 等为代表。

前者主张欲发现社会现象的原则及解决社会实际的问题非从文化上为历史的研究不可，因为他们在方法及材料方面受人类学的影响最大，故可称为人类学派。后者依孙氏所说“文化社会学为德国当代最盛的社会学，亦称为历史派社会学”，但无论人类学派也好，历史学派也好，要之均为文化社会学派，主张把社会现象当作文化现象或各种文化现象间的关系（relationship）和相互关系（correlations），现在为易于明了起见，试将此两大派别——美国文化社会学与德国文化社会学——比较研究之如下：

第一，就文化社会学的基础来说——这两派文化社会学均为一种历史主义，不过同在历史主义之中，德国的文化社会学以历史哲学为基础，美国的文化社会学则以文化人类学为基础。历史哲学和社会学的关系，只要我们注意到 Comte 在《实证哲学》中将社会学分为两大部门——社会静学与社会动学——而社会动学即历史哲学，这就可见历史哲学在社会学部门中是怎样重要的了。德国文化社会学实即继承此种思想，所以 Sombart 为“社会学体系”担任编辑的《社会学》一书，在他绪论里，特将社会学分为两类。可简括如下表：

社会学
- 哲学的社会学——
  1. 关于人类进化原则之各种研究
  2. 关于文化现象之本质的研究
  3. 关于决定历史诸要素的研究如唯物史观及其他史观
- 科学的社会学——心灵科学的……（或心理的社会学，自然主义社会学）法英美派的社会学者，即西方派。精神科学的社会学（或知识社会学）……德意志派

他说“哲学的社会学即同于历史哲学，故就哲学的社会学，Barth所倡社会学与历史哲学相同的话，是全然对的”。因为德国文化社会学即为历史哲学的产物，所以Alfred Weber称文化社会学为历史哲学，Oswald Spengler所著《西欧的没落》，其副题为“世界史形态学的轮廓”，即是一种历史哲学。Max Scheler的知识社会学虽反对Comte三阶段的法则，而从人类精神的本性里看出某种本质的持续的三种类型，实即一种历史认识论——历史哲学。不但如此，Max Weber所著《宗教社会学》三大书研究宗教因子对于经济现象和整部文化生活以及社会的组织之真正影响。这种对于文化现象之本质的研究，和关于决定历史诸要素的研究，也何尝脱出历史哲学的范围。至于Ernst Troeltsch所著有《依据实证主义历史哲学的历史哲学》（1919），其与历史哲学的关系更不消说了，所以归根及底可以说德国的文化社会学是以历史哲学为基础，依历史哲学而产生的。

次之，美国的文化社会学，其产生的背景和德国文化派之依据于历史哲学者完全不同，美国的文化社会学实为文化人类学的产物。此派社会学家系从分析文化入手，而分析文化原系人类学家的专业，美国人类学从初期搜集美洲的初民社会资料以推究文化的原始，进至研究现代民族，而注意及于现代文明社会。在这种新人类学的发展中，最可代表此派主张者，当推哥伦比亚大学教授鲍亚士

（Franz Boas），及其弟子路会（Lowie）、克乐盘（Kroeber）、戈登卫然（Goldenweiser）等，鲍氏应用科学方法以分析文化，因而发见社会进化的状况和原则，对于文化社会学影响很大。W. F. Ogburn, C. M. Case 均以心理要素不足以圆满解释社会现象，因而特别注意历史要素及文化原因，而与新派人类学家之学说极相接近。如文化社会学者最基本的主张"文化决定论"（Cultural Determinism）即为人类学家 Kroeber，Lowie 所主张，Eubank 在所著 *The Concepts of Sociology*（1932）中将社会学的文化概念分为四类，各注明其创用人，以见文化人类学对于社会学之影响。

（A）关于文化组织与文化内容

a. 文化特质（Cultural Trait）（Wissler）

b. 文化丛体（Cultural Complex）（Wissler）

c. 文化模式（Cultural Pattern）（Wissler）

d. 文化基础（Cultural Base）（Ogburn）

（B）关于文化构成的状态

a. 文化元素的社会遗传（Social Inheritance）

b. 文化元素的发明（Invention）

c. 文化元素的采借（Borrowing）

d. 变化（Modification）（Wissler）

1. 文化停滞（Culture Lag）（Ogburn）

2. 文化猛进（Culture Thrust）（Eubank）

3. 文化消失（Culture Lapse）（Eubank）

e. 育化（Acculturation）（Keller）

（C）关于文化的方法或位置

a. 文化区域（Culture Area）（Boas）

b. 文化地带（Culture Region）（Redfield）

c. 文化分段（Culture District）

d. 文化中心（Culture Center）（Wissler）

e. 文化边界（Culture Margin）（Kroeber）

（D）文化类型（Culture Type）（Wissler）

由上可见文化社会学的概念，取于文化人类学者 Boas, Wissler, Kroeber 者很多，即专取于 Wissler 者已有六项，现代美国文化社会学之由人类学脱胎而来，也不待详证而自明了。

第二，就文化社会学的方法来说——这两派文化社会学虽均应用历史的研究法，而在历史的研究法中所见不同，德国文化社会学应用了哲学的历史法，美国文化社会学则应用了科学的历史法。前者方法为说明的综合的，后者方法为分析的记述的；前者注重"理解"与"概念化"，后者注重实地调查与材料搜集。如以德国的文化社会学为例，Spengler 所谓历史的认识方法，即全然脱出自然科学悟性的范围，他甚至以为对于自然应该应用科学，关于历史则应该和艺术家一样，应该将一切的生成、一切内的体验，都融化于直观的凝视之中。依他意思，历史的世界和自然的世界根本不同，自然世界是"既成的"（gewordene）世界，因而以"延长"或"空间"占了优势，历史世界是"生成的"（werden）世界，因而以"方向"或"时间"占了优势。时间—生成，是很难捉摸之体验状态，"当我们生活着，我们自身就是时间"，空间—既成，是光学的物理的现象，由时间则构成有机的世界观，由空间则构成机械主义的世界，好比研究那一成不变之矿物植物可用科学的分析法，加以认识，是有法则的必然的，却是这种法则只是自然的法则而非历史的。反之理解历史则不说认识，而只用直觉，"完成直观时，其自身即已有历史的体验行为"。再明白说吧！自然的认识是依据超时间的，即非历史的、非有机的（无生命）必然的形式，所以是数学的、因果关系的。反之历史的认识是依据时间的，即不重复的，有生命的内面的感情，所以是生物学的、直观的。这是何等明白地否认科学的历史方法。又如 Mannheim 所著《历史主义》，将一般知识类型分为形式的知识与具体的知识，自然科学的知识为形式的知识，哲学的知识为具体的知识。依 Mannheim 则历史的精神诸科学皆属于哲学的知识，何则自然科学的知识其构成原理以“体系化”为中心，是静的、同一性的；哲学的知识其构成原理以“新体系之创造”为中心，是动的、异质性的。前者的知识为同唯一的体系唯一的正常的概念而发展，故为直线的，后者的知识则在其发展之中常有所创，常有所新，故对于自然科学之为累积的直线的知识，而哲学的知识更进言之即历史科学的知识之发达，却为辩证法的，螺旋式的。这不是很明白地主张历史科学的知识应为哲学的知识，而历史的研究法应该就是哲学的方法吗？反一面来说，美国的文化社会学因受了人类学的严格科学方法的影响，其所用历史法，便自与德国文化学派所见不同，此种不同之处，可追溯及人类学者对于历史与自然科学之见解。如 Kroeber 一九一八年在美国人类学杂志所作《社会心理学之可能性》（*The Possibility of a Social Psychology*）一文，会将科学分为四大类，又依研究法的不同，又各分为二类，如下表：

	分析的科学	叙述的科学
社会现象	社会心理学	文化史
心理现象	心理学	传记史
生命现象	生理学	自然史
物质现象	物理学，化学	天文学，地质学

在这里社会现象即是文化现象。如以无机界之物质现象，有机界之心理现象，初级有机界之生命现象为自然现象，则此超有机界之社会现象应为文化现象。前者为自然科学的对象，后者为社会科学的对象。然而文化现象毕竟为自然现象之延续状态，而社会现象的研究

法也终不能划在自然科学方法之外，而为自然科学方法之实证方法之最高层。因此所以文化社会学者受其影响，其所用的历史研究法，也不外于搜集事实以期解释社会现象的科学的历史的方法而已。Boas 谓每种文化团体，均有其独一无二之历史，Wissler 谓只有了解一事的历史以后，方能适当解释文化特性的起源，Goldenweiser 更说明如何应用历史方法以分析文化，然而这里所提倡的历史方法，均为科学的历史方法，而非哲学的历史方法。同样文化社会学者如 Ogburn、Case、Willey、Herskovits 所接受应用的历史方法，也均为科学的历史方法而非哲学的历史方法。不但如此，文化社会学者本依照于 Kroeber 意思，于应用叙述科学的历史方法以叙述具体事实以外，更采用了分析科学的分析法以求得原理原则。如 Case 即为好例，依他意思，文化社会学应兼有两种方法（历史法与分析法）即以分析法研究文化事实之种类、等级及其进程、变迁，这更不消说是自然科学的研究法了。

第三，就文化社会学的动机来说——这两派文化社会学均为反抗传统的文化观与社会学的学问，不过德国文化社会学为形式社会学的一个反动一个修正，在美国文化社会学则为心理的社会学的一个反动一个修正。然而形式社会学派本质也属于心理学派的，所以不能依此来分别两派文化社会学的动机，但有一点可以注意的，就是德国文化社会学的产生背景，是由于反动的，其结果便倾向于否定的、怀疑与革命的思想。美国文化社会学的产生是由于自动的，其结果是倾向于肯定的、觉醒的与建设的思想。今先论德国文化社会学的动机，关荣吉氏《社会学研究》（pp.231—262）曾有专篇论及，以为文化社会学在现代欧洲实为德国的学问，就其本身来说，尚无何等实践的动机，和马克思派所论理论与实践统一的学问不同。原来德国自欧洲大战失败以后，对于传统的 Hegel 式的日耳曼民族优越的信仰，发生动摇，因而对于号称传统思想的观念论的哲学，也根本怀疑起来。这种否定的感情实即 Spengler 大著《西欧的没落》的动机，也可以说就是德国文化社会学的动机。Spengler 的相对主义和他悲观的论潮，均为战败德国社会的反映。由他看来，人类每种文化的产生，均有其童年期、壮年期和老年期，以至不可避免的死亡，每种文化之标准生命都不过一千年之久，经过这个期间，即不因外面的灾厄而绝灭，亦必因内面力之消耗，而自归于尽，这是没有什么例外的，因此西欧的文化即所谓“浮士德的文化”，由他看来，自千八百年以来，也已发展到最后阶段，即入于无生产力的老年时代了。欧洲现已不是什么文化支持者，只不过为文明支持者，照千年的标准说，早已入于运命的绝境而没落了。这是何等悲观的文化论！还有就是 Max Scheler 文化社会学的动机，和 Spengler 没有两样，他放弃了哲学的相对论而采集文化形态的交互作用说，他以为现代欧洲的知识文化可以实证科学为代表，却是现代实证科学实已陷入于过剩的自然主义而将人类文化机械化了，为根绝这种现代知识文化的危机，需要一种新的形而上学，这种形而上学不是古代教会的启示，而为与东方佛教之解脱知识相类似的东西，而这就是西欧文化发展之史的必然性。他以为欧洲文化和亚洲文化不同，现代亚洲文化是由形而上学时代走向实证的科学的自然技术的时代，所以应该采纳欧洲实证主义的文化，反之欧洲的形而上学时代的出现，则非有待于亚洲文化（尤其印度）的影响不可，因为东西文化的根本动向不同，所以应该互相采纳而达到东西文化综合的阶段而实现全人类文化的世界王国。当然 Scheler 这种文化社会学的结论，也是由于欧洲物质文明背景之自己怀疑的产物，尤其对于印度佛教的偏爱，更可见德国文化社会学的动机是如何由于反动的与自己怀疑的了。反之美国的文化社会学则完全是自发的，由于美国社会学者的自己意识而产生。如 Ogburn 的文化社会学，即很明显地带着实践的动机，据他意思，社会问题无非文化与本性调整的问题，因此而他所注重的，乃在了解人类心理行为与文化之交互关系，及文化对于行为，行为对于文化之交互影响，他所研究的乃是关于人类适应文化或文化适应人类的问题，文化各部分的调整问题。还有如 Herskovits 和 Willey 二氏所注重文化区域的概念，将文化区域和政治区域分开，这都是当前何等实际的问题，这也可见美国文化社会学的特色。在德国文化社会学原为观照的科学，与现代的改造问题无关，而在美国文化社会则因认文化支配社会生活，所以改造文化即是改造社会了。

综上所述，可见现代文化社会学的主潮——德国的文化社会学与美国的文化社会学——无论从基础上说，方法上说，动机上说，虽绝不相同，而从本质上说则无疑乎为现代文化社会学之一体两面，是相反而相成的。我们应该承认文化的真象是哲学的对象，同时也是科学的对象，我们不应该以德国文化社会学与哲学形而上学发生密切的关系，便加以排斥，或是说“文化社会学实无创立的必要”，我们也不应以美国文化社会学尚未脱出人种学的窠臼，而认为无甚创见，或不能成为一种特殊科学。我们应该明了文化社会学在社会学史中的重要地位。我们更应该明了德国文化社会学和美国文化社会学在文化社会学中的特殊地位。实际来说，德国文化社会学和美国文化社会学的关系，就好比是文化哲学和文化社会学的关系，我们将德国文化社会学称之为文化社会学中之历史学派，原无问题，若严格来说，则如美国人类学派才是真正文化社会学，而在德国如 Max Weber 及 Troeltsch 的宗教社会学，Spengler 之世界史形态学，及 Max Scheler 的知识社会学，谓为文化社会学均不如老老实实叫他做“文化哲学”。然而这种“文化哲学”的“文化社会学”，以较之“文化社会学”的“文化社会学”实毫无逊色，而且有相反相成之妙。据作者个人的企图，以为最有价值的文化社会学乃在综合此历史学派与人类学派的两种方法的所长，而努力创造一种新型的文化社会学。

（参照朱谦之:《历史哲学大纲》《文化哲学》；孙本文:《社会学上之文化论》《文化与社会》；黄文山:《文化学方法论》《德国系统的社会学译序》；许士廉:《文化与政治》；关荣吉:《社会学研究》，页231—232，《文化社会学的动机》；Fubank：*The Concept of Sociology*；马松玲:《德国文化社会学与美国文化社会学》，见《新社会科学》季刊第一卷第一期；社会学研究所编:《知识社会学》，页129—154，《マンハイムの历史主义》。）

什么是新的文化社会学呢？说来话长，最好是参看拙著《文化哲学》的绪论，固然许多人很易误会这新的文化社会学即所谓“文化学”或即“文化哲学”，实则此种名称虽可相通，而涵义不同，不可不辨。考“文化学”（Science of Culture, Culturology）一名为吾友黄文山先生所采用，其意与Vierkandt相同，乃在于社会学之外，另立文化学为一种独立的科学。依他意思，“现代人类学既是研究人类文化的科学，则文化社会学实无创立之必要”（《德国系统的社会学》译者序，页9），“文化乃自成一类的现象本身，但具有独特之历程，变动与机构，而特质上也有相互的关系，故主张这种现象要由文化学者（culturalist）来研究”（《文化学方法论》），“所以数年来我觉得综合文化人类学、文化社会学、文化史学来建立‘文化学’用以窥探文化现象的发生、历程、机构形态、变象和法则，在学术界上似有急迫的要求”（《文化学建立论》）。这是何等伟大的学术企图，但不能因此而否定了文化社会学的存在，反之我们更应该承认文化社会学和文化哲学同属于文化学之一部门，Muller-Lyer在《社会进化史》中认社会学为文化的科学，文化社会学者如Willey和Herskovits称“文化的研究即社会学的研究”，这种全称肯定的定义，固未免抹煞文化哲学之一种学问，然而人类文明和文化为社会学的合理的部门，且为最重要的部门，却是绝无可疑的。若再从社会学史看，文化社会学正是社会学发展之必然的产物，和从哲学史看，文化哲学正是哲学发展之必然的产物一样。我曾经说过“同在文化之中，因为研究的对象不同，自然而然可以分文化学为两大部门，一个研究 Kultur 即知识的文化生活者为文化哲学，一个研究 Civilization 即社会的文化生活者为文化社会学”（《文化哲学》，页 9），这就是我承认文化学的明证。但同时在文化学中，又很明白地包括着文化哲学和文化社会学。若以德国文化社会学和美国文化社会学相比较，则德国如 Spengler 等所研究的文化接近 Kultur 即知识生活的文化，而美国如 Ogburn 等所研究的文化接近 Civilization 即社会生活的文化，所以同属于所谓文化学之中，亦可见德国的研究和美国的研究不同，我们如果要从根本上将文化为哲学的研究，则不能不舍却国家的市民的文化概念，即所谓文化社会学，而专探讨文化概念之精神的意义，这就是我以前所完成的《文化哲学》一书。但是文化的范围是从知识生活而进至社会生活的，因而文化的研究，也是于哲学以外，更必然地牵涉到文化之科学的研究，而且只有科学研究，才能完全发现社会的文化基础，因此而“文化社会学”的建立，更成为现在最急迫的要求了。总而言之，文化学、文化哲学或文化社会学虽然名词不同，本质上却同为研究文化的历程、类型、法则和集团生活的产品的学问，不过合言之为文化学，分言之即为文化哲学和文化社会学，而我们现在所要着手的新的文化社会学，也就可说就是在“文化哲学”研究范围以外的“文化学”罢了。

（参照朱谦之:《文化哲学》；黄文山:《文化学论文集》。）

第二章　文化社会学的概念

（一）

一九一八年我们近代文化的哲学者 G. Simmel 在所著《生命观》（*Lebensanschauung*，页 49）中给文化下一个崭新的定义："文化一般乃依于'生'，为'生'而产成各种范畴，当'生'构成客观固有价值之独立形象之时，便产生文化。"这就是说，文化乃是生命之流必然的产物，为生命必然的发展阶段，由于它的客观而与"生"对立，但同时为"生"而有辩证法的统一——绝对的"生"，这就是文化之本质的样相。由 Simmel 看来，"生"就是历史的与社会的中心，无论社会组织与艺术作品，宗教与科学认识，经济与道德，技术与民法，要之所有文化和文明均不过为"生"之过程之产物，"生"之无限多样性的表征而已。这种"生"的文化观，无疑乎为 Simmel 之一大贡献，因此而使他从形式社会学者的地位一变而为文化社会学者，我们现在不说文化则已，一说文化则应该如 Simmel 似的，承认构成文化本质的东西，乃是根源于人类生活深处那永远创造永远进化的"生命之流"。

但是关于文化之本质的研究，是属于"文化哲学"讨论的范围，这里不能详加叙述，这里所能说的乃只限于从文化与人类发生的关系上着想，如另几位文化学者所下的文化定义，如 Wissler 说"文化就是人类发明的伟大社会丛体"或如 Storck 说"文化就是一个社会所表现一切生活活动的总名”这种种通俗的文化定义，也可以适用。依我的解释则：

第一，文化就是人类生活的表现——在这里很明显地指出只有人类才能支配环境创造文化，人类有言语来传达文化而动物没有，所以文化实在是人类的特殊产物，只有人类才有文化。

第二，文化就是人类生活各方面的表现——许多学者要分别“文化”（culture）与“文明”（civilization），有的以为文化是精神的，文明是物质的；有的倒转过来以为文化是物质的，文明是精神的，在英法人谈文化问题的，大多数常把两字混用，但在德国则重视“文化”，以为文化是人类内面之灵的精神的修养及其事业，是统一切宗教的艺术的最完善之人类生活的状态，反之文明则关于外面的教育与秩序、现代的工业及机械等，换言之，即前者为灵魂之活泼泼的肉体，后者乃其木乃伊。所以欧战后德国历史哲学家 Spengler 即极力攻击文明，以为文明为文化之最后时期，即文化所不可避免之运命的危机，文化一发展到老年时代，便入于文明的境地而没落了。虽然 Spengler 的说法，许多不能使我们满意，却是“文化”与“文明”的确有些区别，也是事实。这就是德人所倡导之“文化”概念，实为精神的文化概念（即宗教、哲学、科学、艺术等知识生活），英美所倡导之“文明”则实为社会的文化概念（如政治、法律、经济、教育等社会生活），含混起来固然可如一般学者把两者区别置而不论，若精细考察起来，则实即代表人类生活之两方面的表现。即一方面表示为人类之知识生活的文化，一方面表现为人类之社会生活的文化，而所谓文化的内容，本包括此两大部分，照用语习惯，是可以将那种专指社会组织发达的“文明”附入其中的。这就是说，文化不是人类生活一方面的表现，乃是人类生活各方面的表现，我们不但要将宗教、哲学、科学、艺术属于文化学与文化史的领域以内，就是政治生活、法律生活、经济生活，以及教育生活都该属于文化领域以内去研究的。

但文化的内容虽甚复杂，而此人类生活各方面的表现，其发现于文化史上，却是很有条理的，很有法则的。法国 Comte 曾提倡人类知识的三阶段法则，他很明白地将人类进化分三个时代即：

知识的进化：

神学时代　形而上学时代　实证的或科学的时代

物质的进化：

军事时代　法律时代　产业时代

这就是说，文化不但有知识生活之三种表现、三种类型，还有社会生活之三种表现、三种类型。在知识生活上说，文化本质应分为宗教（神学）、哲学（形而上学）、科学；在社会生活上说，文化本质亦应分为政治（军事）、法律、经济（产业），换言之，即从文化之历史性上说，文化史之第一时代为宗教时代，同时即政治时代；文化史之第二时代为哲学时代同时即法律时代；又文化史第三时代为科学时代同时即经济时代。从文化之社会性上说，在宗教时代是以教会宗派团体为中心，同时即以军事政治团体为中心，在哲学时代是以学派为中心，同时即以法律团体为中心，单就现代来说，现代是以科学团体为中心，即为经济支配一切的时代。所以构成现代社会文化之基础的，不是宗教，不是哲学，也不是政治，不是法律，实是那使人类现生活成为可能之科学团体与经济组织，因而现代史的解释，当然只有由科学与经济之文化类型与社会形态才能解释，不过由文化史之全体观察，人类不是到了第三时期便完结了。

孔德（Comte）站在史的心理主义的立场，提出“三阶段法则”解释文化，而在德国方面，则有黑格尔（Hegel）站在史的论理主义的立场，提出“三分辩证法”，也是可以解释文化的。我们只要将此两家学说，互相补充，互相发明，即可建立一种最真确可靠的文化类型学，试比较两家学说如下：

	孔德	黑格尔
第一阶段	神学阶段	（没自的）
第二阶段	形而上学阶段	即自的（an-sich）
第三阶段	实证的或科学的阶段	对自的（für-sich）
第四阶段	（艺术的阶段）	即自且对自的（an-und-für-sich）

黑格尔之三个论理名词，应用在文化学上实可代表三种不同之文化类型。假如在“即自的”之前添上“没自的”一阶段，便很容易明白了，这就是：

（一）没自的——宗教的观念形态

（二）即自的——哲学的观念形态

（三）对自的——科学的观念形态

（四）即自且对自的——艺术的观念形态

再明白解说，就是哲学以“即自的”为其观念形态，而归结于直接认识自身之认识论问题，乃至于伦理学的问题。科学以“对自的”为观念形态，归结于研究各种自然乃至社会的各种事实之真相。艺术以即自且对自的为观念形态，故归结于欣赏主客观融合状态之艺术的理想境。只有宗教即以“没自的”为观念形态一节，黑格尔没有说到，因为黑格尔本身是站在第一阶段即哲学阶段，故以即自的阶段为起点。同一样的道理，因为孔德本身是站在第三阶段，故以实证的或科学的阶段为终点，实际由文化的历史观看来，实证的或科学的阶段之后，应加上艺术的阶段，以与黑格尔三分辩法里“即自且对自的”状态相当，此艺术阶段在社会生活上即为教育阶段。同理黑格尔辩法则以“即自的”为起点，“即自”即是“有”，而“有”出于“无”，故在“即自的”阶段以前，原应加入没自的一个阶段，以与孔德三阶段法则中“神学阶段”相当。这么一来，不但三分辩证法变成了四分辩证法，而三阶段的法则也变成功四阶段的法则了。依此研究的结果，则人类文化的类型，实包含下列八种，即是：

知识生活上为：

1. 宗教　2. 哲学　3. 科学　4. 艺术

社会生活上为：

5. 政治　6. 法律　7. 经济　8. 教育

所谓文化即此人类生活各方面的表现，所谓"文化学"即对于此人类生活各方面所表现的总成绩而加以适当的研究，不过"文化学"的范围非常广大，区分起来，则前者属于知识生活者，是所谓"文化"，后者属于社会生活者，是所谓"文明"，前者为"文化哲学"研究的范围，后者为"文化社会学"研究的范围。

（二）

文化社会学（Kultursoziologie），或称为文化类型学（Kulturtypologie），如关荣吉氏在《文化社会学》序论（页三）中所说：

> 文化社会学是依照社会的规定来理解文化的学问。文化社会的规定，可举社会性的主要者，如国民性、阶段性、时代性等。文化形态不是简单的是复杂的。事实上从民族阶级时代等各产生不同类型的文化。文化社会学即按此等类型以理解文化，故可称文化类型学。

这可见文化社会学和文化类型学的关系，不过所谓文化类型却不限于所谓社会型的主要者，如国民性阶级性时代性等。Max Scheler 在《社会学与世界观》中所分认识之三种形式，即文化本质之三类型；E.

Spranger 在《人生之型式》中所分生活之六种形式，即文化本质之六类型，他们很明显地都不是依据于国民性阶级性或时代性而依据于认识型式和心理型式来区分。实在说吧：文化社会学和文化哲学一样，均和文化类型学有密切的关系，所不同者在文化哲学为知识的文化类型学，说明知识文化的本质及其类型，对于宗教、哲学、科学、艺术等各种知识生活均加以根本研究。社会的文化类型学即文化社会学，则说明社会文化的本质及其类型，对于政治、法律、经济、教育等各种社会生活均加以根本研究。我们甚至可以说“文化学”所以成为文化学，即在其应用了类型学的方法，因此从方法论的观点来看，也可以说文化社会学即是文化类型学了。

但是什么是类型学的方法呢？我以为就此一点历史学派的德国文化社会学和人类学派的美国文化社会学，对于此种方法均极重视，不过对于方法的解释有些不同罢了。试以德国文化社会学者 Spranger 在《人生之型式》中所采用类型的方法为例，他为英译本作序说：

> 本书谋采用一区别人类型式（human types）尤其心灵形式（types of the soul）之新方法。此新方法分为四步，每步皆出于人为之假定，一如对于一有机物为完全之精神分析，必须出以人为之假定者然。第一吾人自心灵全体中，将“心灵之价值倾向”（psychic value tendency）析而离之。第二吾人思索此价值倾向之纯粹形式（pure form），换言之即吾人化此倾向为理想（idealist），于此吾人即建立诸种理想型式（ideal types）。此等型式虽为人为之轮廓，吾人固用之为纲维此抽象工作，与吾人之第三步相抵触。第三观察片面之型式对于全体型式之关系（全体化方法）。第四亦以各别描写之手段，完成吾人手创之方法。此种各别描写注重历史的、地理的与全属本身的等等环境，如此吾

> 人即表现一与盖利略（Galileo）相同之科学方法，首置思想于抽象之纯粹境界，继始多参以诸种具体情形。
>
> 于此方法中一切“超个人之文化形式”愈能经由其对于个人精神生活之反应而了解。“较高心灵现象之心理学”愈能成为一合适于一切科学之基础之科学。即使此全体方法似过于抽象，而抽象固为科学之第一要着。纵解析几何，亦不即自二次曲线（second order）开始，而以有规则之线条如直线、球形线或圆形线等为入手处，后始进于诸种极复杂之形式。（假使此等形式解释为彼等所引申之原则。）……倘以为吾人所假定之任何型式确系存在，一如吾人全属片面之方法所叙述者，实为大误。此类型式之存在，实与吾人欲睹一正六面体（a perfect cube）或硬质物下落于真空之中，同其难绝。是等“人类性质之理想的基本型式”其所以构立，纯在就一切繁复之现实形式之融混状态，理其绪，驭其繁，而使之纲举目张，欲使其纲举目张不可不深知此等现实，欲深知此等现实，不可不有其方。（汉译本，页 3—5）

这种类型学的方法即是文化哲学的方法，同时也就是文化社会学的方法。尤其 Max Weber 可算是把这种方法试验成功的罕有的文化社会学者。舒马赫尔（H. Schumacher）在《50 年来的德国经济学》一文曾特别介绍 Max Weber 曾经用到全部社会科学上的类型学的方法，他说：

> 马克思·韦伯提出底下的一个问题，就是在如何场合之下经济学之历史方法为有益，为何许多的考证是有价值的，而有许多则无所裨益呢？他的结论，是历史的考证对于经济学是否有用是以概念是否严正为断，他以为应常用简单的、范畴严明的一般

概念，去辨识历史资料，唯独这样才能完全把握到各个事实之特状及其重要性。这些一般概念不是仅只从经验的现实中摹画下来的，而应当是思维着去帮助把经验的史实分出条理——故只应作为“边际概念”看待，用去和现实互相印证，这样的一般概念，马克斯·韦伯师法法学家耶力奈克（Jelinek）称之为“理想模型”。这种模式化（或类型化）的方法，算不得新颖的。人既不欲使观察到的各个事实散漫无绪，那么只有用这个方法去加以整理了。这一层前人已经有见到的……不过韦伯有意地把这个方法推广应用到全部社会科学上边去。（见《五十年来的德国学术》第一册，页355—356）

Max Weber以社会学为一种法则的科学，因而便采用抽象的方法，研究类型而不注重个体或单一，他说“社会学为建立类型概念（Typenbegriffe）和行为规律”然而此种行为规律和类型之形成，本身不是一种目的，他们都是用作说明具体事变的工具，它虽只是代表一种方法，我们可以拿来和现实的状况比较，可以拿来测量具体事实的真性，这就是它实际的方法论的意义所在了。Max Weber的“宗教社会学”证明经济组织的类型和宗教伦理的类型间之确实的相互关系，可以说就是应用此种“类型学方法”获得的结果。

但话虽如此，德国文化社会学所取类型的方法，似偏于抽象的哲学的方法，于是更有从具体的科学的方面提倡“文化类型”之说，美国文化人类学者如Wissler就是好例。Wissler更影响于文化社会学派，遂产生M. J. Herskovits与M. M. Willey“文化模型”（culture pattern）的新概念。这里应用人类学上之模式概念，以研究文化社会，当然和德国学派所用的抽象方法不同，此派以为“模型”概念之应用于社会学以表现事实，仿佛生理学家之解剖身体以表现其筋肉。而现代社会的主要模型，即是“机械模型”（mechanistic pattern）及“物质模型”（materialistic pattern），这当然是非常具体的看法了。文化社会学者对于文化的分析，从简单而至复杂，文化的最简单的单位为“文化特质”（cultural trait），他是组成文化的基本要素，也可称为文化原素。但是文化特质是不能独立自存，它必定是与其特质相互联结，这就叫做“文化丛体”（cultural complex），而“文化丛体”互相结合而成比较有系统的全体，即所谓“文化模型”，文化丛体是指文化的内容言，文化模型是指文化丛体互相结合的形式言。再明白来说“一个社会的思想、习惯、技术，在各方面互相适合，形成一致的体系，谓之文化模型。例如初民部落有以战争为生活者，其文化模型建立在战争的理想之上，做首领的自然都是英雄与战士，乃至青年的训练，魔术的型式，皆离不开战争的动机”（黄文山:《文化学方法论》，页69）。而这种文化模型的形成，不外于地理、历史及民族特性的关系。由上可见文化模型的概念和文化类型学的方法完全相同，所不同者，只在德国文化学派应用此种方法是从普通的到特殊的，从抽象的到具体的；美国文化学派应用此种方法则从特殊的到普通的，从具体的到抽象的。前者偏于超验主义方法，后者偏于经验主义方法。但是平心而论，文化社会学如果不要有完整的方法学的根据便罢，如要以类型学的方法为根据，则不但必须注意抽象的形式，更须注意于具体的事实；不但必须从特殊的到普遍的，更须从普遍的到特殊的，因此所以两大派的文化社会学的方法，都应该互相说明，互相解释，乃至互相补充，这一点是我们应该特别注意的。

（三）

文化社会学有横的方面之研究，同时又有纵的方面之研究，前者为文化社会静力学，后者为文化社会动力学。前者就文化社会而普遍地研究其构成组织方面，发见文化社会的类型；后者就文化社会而普遍地研究其历史的变迁方面，发见文化社会的法则。前者应用类型学的方法，这在前节里已经有一个圆满的解决了，后者则依作者的见解，必须兼用历史学的方法与人类学的方法。如以类型学的方法为文化社会静力学的方法，则此历史学与人类学的方法即可称为文化社会动力学的方法，而此文化社会动力学的方法不消说是兼有德国历史学派文化社会学与美国人类学派文化社会学两派的所长。换言之，即以历史学方法研究文化进化的法则，以人类学方法研究文化关系的法则，合此两种动的法则学才成功我们新的文化社会学的方法论。

试先就历史的方法而论，依照 W. Wundt《精神科学的论理学》（1908）中所述，社会的法则和历史的法则实没有根本区别，社会的法则其法则实密接于历史法则，和历史法则似的实包含着二类法则，即进化的法则和关系的法则；就中社会进化的法则，事实上只好算作历史的进化法则之一分科，这是一点没有错的，尤其是文化社会学原来就是历史社会学，不消说更应该采用历史进化的方法以研究文化进化的法则。但什么是历史的方法呢？说到这里，就不能不涉及历史哲学研究的范围——历史哲学是和自然科学一样，要在历史事实的混沌当中寻出一种社会现象的根本法则，即文化进化的阶段法则。近百年来此种方法之建设不得不归功于两派学者：黑格尔与孔德。黑格尔代表史的论理主义方法，孔德代表史的心理主义方法，黑格尔的三分辩证法为轮化论，近于消极论，孔德的三阶段法则为进化论，近于积极论。前者适用于研究社会进化的病理方面，后者适用于研究社会进化的生理方面，但真正现代的历史方法则应该综合两者，包括消极与积极，病理与生理，纵的进化与圆的循环而成一大综合的“生”之历史哲学，生之历史方法一方面以“文化心理学”为历史建立一个确实的科学基础，一方面又以“生”之辩证法研究历史过程中的循环、反复、节奏。（详见拙著《文化历史学》与《黑格尔主义与孔德主义》各书）固然这种综合的历史进化方法和德国文化社会学者所用方法显然不同，然而就我们注意历史哲学和文化现象的每部门之阶段法则一点，却是很接近的。

但从另一方面来看，历史有进化的方法，同时又有构成的方法，即前者为社会科学所共同采用的历史方法，后者为历史科学所特别采用以建设历史的方法，前者方法要在历史事实的混沌当中，寻出社会现象的根本法则即文化进化的阶段法则，后者方法要用求实的态度，去搜寻历史上的事实，去解释历史上的因果法则，这种要解释因果以寻出社会变迁的历史方法，实为美国文化社会学者所采用。美国文化社会学亦极注重历史方法，他们以为研究文化发展如非从该社会之历史背景探究，便无从得正确的解释，然而这种历史的研究注重因果律的原则（Causality），不知人类历史在因果关系以外，实支配于动的内在的目的，如 Stammler（见所著《依据唯物史观的经济与法律》）所说似的，社会现象一面基于自然必然性的因果关系，同时他面有手段与目的底关系，即目的论的考察。德国文化社会学者应用的历史方法，注重目的的关系——目的的必然，而美国文化学者所用的历史方法只注重于因果关系——因果的必然。前者可以说是真正历史进化的方法，而后者却不过凡百自然科学所用的研究法，在性质上是非历史的。然而这种从人类学接殖而来的历史方法，无疑乎也是历史方法中所不可少的补助方法，是应该重视的。因此所以合此两种历史方法——阶段法则与因果法则——才是真正成功文化社会学的历史方法。

次述人类学的方法，在人类学中如进化论派（the evolutionary school）是一个人类学者同时即一历史进化论者，如 Spencer 发见社会进化的阶段是从军事型社会进至产业型社会，Morgan 发见文化进化的阶段是从蒙昧而半开化，由半开化而文明。又社会组织的阶段，是第一杂交，第二血族结婚，第三亚血族结婚（群婚），第四数家同居，第五父权家庭，然后才有现代社会的偶婚制。又财产进化的阶段，是从共产制进至私有制。经济进化的阶段，是从渔猎到牧畜，进至农业。Letourneau 发现政治进化的阶段，是从无政府到共产的氏族部落（从共和到贵族）君主政治（从选举制到世袭制）进至共和制度。如上文化发展的阶段虽不必在同一时代，但必须依照同一的途径，这种早期进化论派所用以比较进化阶段的方法，实际即是历史进化的方法，虽然这一派学者所收集的材料尚不能看做进化的凭证，因而它所说历史的方法，也就贡献不大，然而采用历史的方法以分析文化的发展，却和我们的主张相同。所以依我们的意思文化社会学者所用人类学的方法，应该眼光远大，超出文化人类学者所争论范围以外，广包并容。我们不但有取于进化论派的“文化并行论”（culture parallelism），更应该接受播化派的“文化传播论”（culture diffusionism）和批评派（critical school of ethnology）的“文化辐合论”（culture convergence），为什么呢？原来晚近文化人类学者对于文化发展的研究，显然是有三派，一派如前所述 Spencer、Morgan、Tylor、Frazer、Westermarck、Letourneau 等研究文化历程，而注意其独立发明的事实，这就是古典进化论派。一派则如德之葛莱勃奈（F. Gaebner）、傅伊（W. Foy）、许密德（W. Schmidt），英之黎佛士（W. H. R. Rivers）、史密士（G. F. Smith）、潘里（W. J. Perry）等研究文化历程而注意其“传播”与各民族历史上之接触，这就是播化派。一派则如美国之鲍曷史（Boas）、戈登卫然（Goldenweiser）、克鲁伯（Kroeber）、魏斯拉（Wissler）等集中注意初民社会，而应用文化区域（Culture Area）之概念，这就是批评派。在这三派的争论中究竟是哪一说更接近真理呢？依进化论派则各种文化的历程应该都是内在生长的现象，是各自独立发展的，在发展中虽有采借或传播，但都只是适然的特性，是无足重轻的；反之依播化派则各种文化的历程，其散布与汇合，于产生文化之类同很关重要，所以文化变迁并不依据什么内在的法则，而应该用“采借”“传播”或“民族接触”的概念，来研究这些文化之联合、互结与类化。但是由我们看来，这两派说话都对的，却都只看得一面的真理。何则，就事实来说，文化关系法则一面有独立发展的现象，同时也有采借与传播的现象。就文化之独立发明言，如印度代表宗教文化，中国代表哲学文化，西洋代表科学文化，这种事实证明了文化的产生是独立发明而不互相了解的。但如历史上印度佛教之输入中国，十八世纪欧洲思想所受中国之影响，现代中国之全盘科学化，这也是一种事实，证明文化的历程是由于采借或传播。因为文化原有独立发明与传播之两种矛盾现象，所以东西文化既能互相接触，互相影响，而仍不失其独立自存之文化类型。在这一点似乎批评派的观点更为接近我们，因为进化论派与传播论派均各走极端，进化论派误以达尔文生物进化的法则应用于文化的观察，而不知文化进化和生物进化实不相同，哪有一种放诸四海而皆准的文化法则？传播论派以传播因子解释文化，以“历史接触”“共同源始”解释各地文化的类型，他们以为“文化发明是极其罕有的，但文化传播则无可限量”，这是完全对的，然而走到极端，便变为 Graebner 一流不问地理距离的远近，而只问双方文化的类同，甚至于如 Smith、Perry 之武断的泛埃及学说也出来了。批评派 Goldenweiser 认为 Smith 和 Perry 极端的文化传播论，简直是一种神话，也就可以见这一派方法上的弱点。但话虽如此，我们并不因此否定播化派的真价值。历史告诉我们确有许多文化特点是以民族接触与交通发展后传播而来，所以批评派亦受其影响，而注重于文化之地理分布。如美国文化人类学者 Wissler 即为好例。他提倡“文化区域”的新概念，实亦不外文化传播说之生理的说明，文化社会学者更扩大之而创立“文化地带”“文化分段”“文化中心”与“文化边界”等概念，这种从地理分布的观点来讨论文化关系，很可以纠正传播派不问地理距离远近而只注意比较文化类同的谬处。固然如 Graebner 也曾经实际研究各地文化，而提出“文化区学”（Kulturkreislehre），似乎并不忽视地理因子，然而事实乃正相反，故有人批评 Graebner 自称为“文化历史派”而不知历史与地理密切相关，竟将地理因子抹煞，忽视了历史上的可能性。反之批评派以人类学家分析文明，从文化特质的地理上分布来观察各社会文化的历史的关系，这种文化辐合论的新倾向，一方面划出文化区域为研究的起点，一方面又注意及于文化不同原始而终于类似的状态，这么一来既不偏于进化论派的文化并行论，也不偏于传播派的文化传播论，换言之实兼有前两派方法论的长处而没有他的短处，这可以说就是文化人类学方法之最折衷的学说，应用之于文化社会学上面也就对于发现文化关系的法则将更有贡献，无疑乎可以算做文化社会动力学之一种最重要的方法了。

总结起来，文化社会学即是社会文化的类型学。这新的社会文化类型学实应包括三种方法：类型学的方法、历史学的方法与人类学的方法。合此三种方法组成一种特别的学问体系，借以说明社会文化的本质及其类型，对于政治、法律、经济、教育等均加以根本研究；又分析社会文化之地理上分布，求得其变迁进化的原则，以比较中外社会生活历史，并据以改造现在预测未来，以建设未来之文化社会，这就是我们文化社会学这一门学问建立的真正目的。

（参照朱谦之:《历史哲学大纲》《文化哲学》；吴文晖:《文化传播论之研究》；孙本文:《社会学上之文化论》；Smith 等著:《文化传播辩论集》；Spranger :《人生之型式》；孙本文:《文化与社会》《社会的文化基础》；黄文山:《社会进化》《文化学论文集》；关荣吉:《文化社会学概论》；新明正道:《现代知识社会学论》。）

第三章　社会文化的基本类型

（一）

“文化哲学”应用类型学的方法，将文化的本质分为八个类型，诸文化类型从本质上各有其独特的性质，这八个类型就是：

知识生活上分为：宗教　哲学　科学　艺术

社会生活上分为：政治　法律　经济　教育

次应用历史学的方法注意此各种文化类型在历史的发展中，如何发生连锁关系的形式，如专就知识文化来说，即可分析表之如下：

	第一时期	第二时期	第三时期	第四时期
宗教	宗教的宗教	哲学的宗教	科学的宗教	艺术的宗教
哲学	宗教的哲学	哲学的哲学	科学的哲学	艺术的哲学
科学	宗教的科学	哲学的科学	科学的科学	艺术的科学
艺术	宗教的艺术	哲学的艺术	科学的艺术	艺术的艺术

复次应用人类学的方法，先注意文化类型之地理上分布，发见旧世界人口最多之三个文化区域，实即代表知识文化之三个类型，约言之即印度代表宗教的文化，中国代表哲学的文化，西洋代表科学的文化，而这三个文化区域又常有其互相接触和传播的关系，如西洋文化史的宗教时代实受印度宗教文化的影响，十八世纪哲学时代实受中国哲学文化的影响。又以中国为例，中国的宗教时代实受印度宗教文化

的影响，中国文化史上的科学时代实受西洋科学文化的影响。

由上文化哲学研究的结果，均只限于知识的文化类型，而在知识文化以外的社会文化，乃属于文化社会学的范围，尚有待于文化社会学，才能给予适当的解答。然而文化社会学一门学问，实在也谈何容易。文化社会学要说明社会文化的本质类型，对于政治、法律、经济、教育等各种社会生活均加以根本研究，那么对于此各种社会文化在历史的发展中如何发生连锁关系的形式，当然也要注意及之；如要懂得政治与法律、经济、教育的关系，先须懂得政治本身在历史进程中，是怎样经过了“政治的政治时期”“法律的政治时期”“经济的政治时期”和“教育的政治时期”，同样要懂得法律与政治、经济、教育的关系，亦须先懂得法律本身在历史进程中是怎样经过了“政治的法律时期”“法律的法律时期”“经济的法律时期”和“教育的法律时期”；推之经济、教育与各社会文化学的互相关系，亦莫不如是。为说明的便利起见，可将这些连锁的关系分析表之如下：

	第一时期	第二时期	第三时期	第四时期
政治	政治的政治	法律的政治	经济的政治	教育的政治
法律	政治的法律	法律的法律	经济的法律	教育的法律
经济	政治的经济	法律的经济	经济的经济	教育的经济
教育	政治的教育	法律的教育	经济的教育	教育的教育

因为在社会学的文化领域里，问题是如此复杂，所以要完全明了文化社会学，须先懂得三种学问以为预备：

第一种学问，即讲政治的政治之“政治学概论”，讲法律的法律之“法律学概论”，讲经济的经济之“经济学概论”，讲教育的教育之“教育学概论”。

第二种学问，即讲政治本身发达阶段的“政治史”，讲法律本身发达阶段的“法律史”，讲经济本身发达阶段的“经济史”，与讲教育本身发达阶段的“教育史”。

第三种学问，即从综合方面来讲人类文化的发展进程的“历史哲学”，与从综合方面说明知识文化类型及其互相关系的“文化哲学”。

因为文化社会学乃是研究社会文化的一般的科学，所以涉论范围很广，需要有许多预备学问。我们不要以为文化哲学和文化社会学是各文化学的入门，要知道这乃是各知识文化学与社会文化学的综合。文化社会学叙述并说明各社会文化类型之历史的发展，恰似不折不扣的“综合社会文化史”，所以很不好讲；但话虽如此，只要我们肯采用历史进化的方法，便一切困难的问题都容易解决。现在第一步试先说明各社会文化类型和知识文化类型之论理上关系，第二步才进论社会文化四类型之相互关系。

（二）

社会文化类型的分析，一面是将各种文化不[①]同的类型加以区别，一面更将各种文化进化的阶段明白显示。换言之，即一面将社会文化分为四个类型，即政治、法律、经济、教育，一面即表示此四个类型的发展，即为历史之四个阶段。这种把握纵横两方面之类型学的方法，当然和一般文化学者对于文化之堆积式的分类不同。堆积式的文化分类（如 Wissler 之九种普遍的文化模型说，Folsom 之六种主要元素说，孙本文之十四种文化特质说，均不出此例）可以分得极其详细周密，却不能表示社会文化各部分之发生的关系，当然更不足以表示社会文化类型和知识文化类型之论理的关系。“文化哲学”主张文化全体原应作二重的分类，即一是关于知识文化，即人类社会思想的

① 原文漫漶，据上下文补。——编者

渊源，一是关于社会文化即从这些社会思想的渊源表现而为客观的各种社会制度，社会制度原来就是人类用以支配与实现社会思想及满足人类知识生活的手段。参照 Summer 的意思，则一种社会制度实包括一个概念（concept）与一种结构（structure）；用我们的话来说，则如政治制度，就其概念来说，可依照政治概念之史的发展，而有“宗教的政治概念”“哲学的政治概念”“科学的政治概念”“艺术的政治概念”，但就其结构来说，则政治具有一种特别的权力，它是一种有特定的土地、人口与统治机关的一种社会组织生活。又如法律制度就其概念来说，也可依照法律概念之史的发展，而有“宗教的法律概念”“哲学的法律概念”“科学的法律概念”与“艺术的法律概念”，但就其结构来说，则法律乃是社会控制个人或团体行为的规范力，它是一种应用惩罚与奖励来满足人类正义与安全愿望的社会秩序生活。推之经济制度亦然，就其概念来说，可依照其史的发展分为“宗教的经济概念”“哲学的经济概念”“科学的经济概念”“艺术的经济概念”；就其结构来说，则经济包括工业组织，财产与实物的特质如衣、食、住、行、用具、武器、职业等，这是社会生存的制度集中于饮食及谋生的兴趣而代表社会的生产力的。次之教育制度，就其概念之史的发展来说，有“宗教的教育概念”“哲学的教育概念”“科学的教育概念”和“艺术的教育概念”，但就其结构言，则教育实具一种特殊的人类的爱力，它是一种社会文化制度，包括许多不相关联的文化形式，知识的与物质的，此种制度集中于文化的兴趣。由此所述可见社会文化的四类型，就其文化结构来说，政治、法律、经济、教育均为独立之一种特殊社会文化，与别的不同；若从其文化概念的形式上说，则此四类型的文化均按着历史的发展，而依次不断抽取知识文化以构成其各自的文化概念。这就可见社会文化类型对于知识文化类型实有其依存的关系，不是社会文化类型决定知识文化类型乃是知识文化类型决定社会文化类型。现在试再将这种相互关系与文化特质的地理观配合表出之如下：

（一）宗教的政治概念

（印度式政治＝解脱的政治＝无治＝神权政治）

（二）哲学的政治概念

（中国式政治＝本质的或教养的政治＝自治＝人权政治）

（三）科学的政治概念

（西洋式政治＝实用的政治＝物治＝物权政治）

（四）宗教的法律概念

（印度式法律＝解脱的法律＝法律是神力的代表）

（五）哲学的法律概念

（中国式法律＝本质的或教养的法律＝法律是抽象力的代表）

（六）科学的法律概念

（西洋式法律＝实用的法律＝法律是货币力的代表）

（七）宗教的经济概念

（印度式经济＝解脱的经济＝绝欲论）

（八）哲学的经济概念

（中国式经济＝本质的或教养的经济＝节欲论）

（九）科学的经济概念

（西洋式经济＝实用的经济＝利欲论）

（十）宗教的教育概念

（印度式教育＝解脱的教育＝神之爱）

（十一）哲学的教育概念

（中国式教育＝本质的或教养的教育＝人的爱）

（十二）科学的教育概念

（西洋式教育＝实用的教育＝物的爱）

但在这里还没有注意到社会文化类型与知识文化概念之对应的关系，若从文化心理学（文化概念学）的观点来看，则各社会文化之本质的类型实各与知识文化之某类型的概念相当，其关系如下即：

（一）政治的宗教概念化

（二）法律的哲学概念化

（三）经济的科学概念化

（四）教育的艺术概念化

这就是说社会文化之四类型，从其为社会生活上说，四者均建筑于物质势力的基础上，但从其与知识生活之关系上说，则四者实各受知识文化之四类型所影响所支配，换句话说，就是作为人类社会思想渊源的知识文化，实影响于这些客观的物质的社会结构、社会制度。如以经济为例，相信唯物史观的人，大都以为经济为文化基础，而宗教乃文化的上层结构，由经济因子的变动而变动，可是文化社会学者 Max Weber 就拿宗教因子为一种变数来研究宗教对于经济现象所发生的影响。他分析六种世界宗教，孔教、印度教、佛教、耶教、回教、犹太教的“经济伦理”，发现每种这些世界宗教的经济和日常生活的伦理，都可以在其他民族中形成相应的经济和社会的组织。然而这种宗教决定经济现象的学说，还不过一个知识文化类型决定社会文化类型的一个例子。而且也只限于充分说明“宗教的经济概念”，即经济史的第一阶段，至于 Weber 所提倡的“近代资本主义起源于新教”的学说，则已坠于“哲学的经济概念”，即经济史的第二阶段，这时宗教对经济现象所发生的影响已嫌疏远，而应该另让“哲学”因子去说明了。同样“科学的经济概念”即经济史之第三阶段，科学因子实决定经济组织的形式；乃至将来“艺术的经济概念”，即经济史之第四阶段，艺术因子实为决定将来经济组织的形式，似均无可讳言。但话虽如此，经济之本质的类型即经济之所以成为经济者，无论何时均与科学的文化概念相当，所谓“宗教的经济概念”“哲学的经济概念”“艺术的经济概念”，其本质均非经济的，这只是概念之形式上关系而非本质的关系。从本质的关系上说，经济本质的生命是有独立自存的超时间的论理性质，而这作为独立自存超时间性质的经济文化类型，实只能与知识文化类型中之科学文化相当。换言之，社会文化的经济类型和知识文化的科学类型，原只为一物之两面，在知识生活上叫做科学，在社会生活上，则表现而为社会文化类型的经济[①]生活；知识生活上的哲学文化表现而为社会文化类型的法律生活；知识生活上的艺术文化表现而为社会文化类型的教育生活；这都是论理的必然，没有法子改变的。因此从文化概念学的观点看，政治本质为宗教概念化，法律本质为哲学概念化，经济本质为科学概念化，教育本质为艺术概念化，而社会文化类型和知识文化类型的密切关系，也就很容易明白了。

但即在这一些的贡献上，我们似乎都应归功到Comte所提倡底三阶段的法则，孔德很明白地主张人类进化可从两方面观察，即知识进化为第一阶段神学时代，第二阶段形而上学时代，第三阶段实证的或科学的时代。但他不但证明了人类知识进化的“知识史观”，更且证明了与知识进化并行之社会进化的“社会史观”；他以为人类社会的进化是第一阶段军事时代，第二阶段法律时代，第三阶段产业时代，在这里为明了起见，用“文化哲学”的术语，把他改头换面起来，这就是：

知识生活上：宗教时代　哲学时代　科学时代

社会生活上：政治时代　法律时代　经济时代

但我们要问一下，孔德所说的知识的进化和他所说社会的进化，究竟有怎样的相互关系呢？孔德似乎不曾有很明了地去解释他，施亨利（Henri See）在《历史之科学与哲学》（*Science et Philosophie de*

---

① “经济”，原作“政治”，疑误，据上下文改。——编者

l'Histoire. 1928）中论“实证派的概念：孔德”一章，有一段最简括的解释（汉译本，页四〇），即是：“这三者都各有一固定的社会状况，神学期有军事的精神及军事的制度，实证期有工业的精神不断地在前进，过渡期的玄学期，可说是法律家时代。”然而仍不曾说明此知识的进化和社会进化如何发生了密切的关系，在这里我们可以参照波格达斯（Bogardus）《社会思想史》一书中的解释：

> 孔德对于社会思想的第二个主要贡献，即是这三种形式的思想，都是各各决定了和适应了一种社会组织。从他自己的宗教契约观点来说，他宣称神学思想产生军事的和君主专制的社会组织，上帝是站在阶层之顶点，他是王中之王，并且是一位有权力的战士，而一般人民则分置于军事组织中，神圣意旨支配一切；这种神圣意旨借领袖人物而表达出来，是不允许疑问的，大家必须忍受独断主义，否则可怕的刑罚将临到软弱干犯者的身上，神圣权利支配一切。
>
> 玄学思想产生抽象权利说所统治的政治，过去的神权代之以天赋权利，社会组织成为法制的、形式的、结构的，然而并不满人之意。
>
> 实证思想产生工业制度，而在到工业时代，他研究自然以及利用自然，它开发地球上的物质原料，并产生物质发明。（*A History of Social Thought* Chap. XIII “Comte and positive social thought”. pp. 226–227. 钟兆麟译第十三章第三节，页一七六）

由上可见社会进化实和知识进化完全相应，而社会文化三类型之政治（军事）、法律、经济（产业），实附属于知识文化三类型宗教（神学）、哲学（形而上学）、科学（实证学）之下；由宗教产生政治生活，哲学产生法律生活，科学产生经济生活，推之艺术产生教育生活，如是知识文化之四类型派生社会文化之四类型，知识文化之四阶段不断地影响社会文化之四阶段。不但如此，从整个的人类文化体系上看，有目的的方面，又有手段的方面，而社会文化和知识文化实形成了目的和手段的关系。即就社会文化类型言，是以知识文化为目的；以知识文化类型言，是以社会文化类型为手段；人类社会生活即在于依据各种社会制度而无意识中却为知识生活而工作，即为达到人类文化目的而工作。所以由文化哲学看来，所有社会文化类型，都不过文化生命为实现自己目的底一种手段工具，却是各社会文化本身是不自觉这个大责任的。

（三）

现在试再将社会文化类型按其与其他社会类型或与知识文化类型之相互关系，详细研究一番。先从文化社会静态上列举起来，有如下之各社会文化类型：

（A）社会生活四类型

政治型　法律型　经济型　教育型

（B）社会四类型的互相配合成为社会文化十六类型

（政治）政治的政治型　法律的政治型

经济的政治型　教育的政治型

（法律）政治的法律型　法律的法律型

经济的法律型　教育的法律型

（经济）政治的经济型　法律的经济型

经济的经济型　教育的经济型

（教育）政治的教育型　法律的教育型

经济的教育型　教育的教育型

就中政治的政治型为政治文化之原型，法律的法律型为法律文化的原型，经济的经济型为经济文化之原型，教育的教育型为教育文化的原型。

（C）社会文化十六类型与知识文化四类型互相配合为六十四种社会类型：

（一）政治型

宗教政治的政治型（印度政治之第一期）

宗教法律的政治型（印度政治之第二期）

宗教经济的政治型（印度政治之第三期）

宗教教育的政治型（印度政治之第四期）

哲学政治的政治型（中国政治之第一时期）

哲学法律的政治型（中国政治之第二时期）

哲学经济的政治型（中国政治之第三时期）

哲学教育的政治型（中国政治之第四时期）

科学政治的政治型（西洋政治之第一时期）

科学法律的政治型（西洋政治之第二时期）

科学经济的政治型（西洋政治之第三时期）

科学教育的政治型（西洋政治之第四时期）

艺术政治的政治型（印中欧政治第一时期之理想境）

艺术法律的政治型（印中欧政治第二时期之理想境）

艺术经济的政治型（印中欧政治第三时期之理想境）

艺术教育的政治型（印中欧政治第四时期之理想境）

（二）法律型

宗教政治的法律型（印度法律之第一时期）

宗教法律的法律型（印度法律之第二时期）

宗教经济的法律型（印度法律之第三时期）

宗教教育的法律型（印度法律之第四时期）

哲学政治的法律型（中国法律之第一时期）

哲学法律的法律型（中国法律之第二时期）

哲学经济的法律型（中国法律之第三时期）

哲学教育的法律型（中国法律之第四时期）

科学政治的法律型（西洋法律之第一时期）

科学法律的法律型（西洋法律之第二时期）

科学经济的法律型（西洋法律之第三时期）

科学教育的法律型（西洋法律之第四时期）

艺术政治的法律型（印中欧法律第一时期之理想境）

艺术法律的法律型（印中欧法律第二时期之理想境）

艺术经济的法律型（印中欧法律第三时期之理想境）

艺术教育的法律型（印中欧法律第四时期之理想境）

（三）经济型

宗教政治的经济型（印度经济之第一时期）

宗教法律的经济型（印度经济之第二时期）

宗教经济的经济型（印度经济之第三时期）

宗教教育的经济型（印度经济之第四时期）

哲学政治的经济型（中国经济之第一时期）

哲学法律的经济型（中国经济之第二时期）

哲学经济的经济型（中国经济之第三时期）

哲学教育的经济型（中国经济之第四时期）

科学政治的经济型（西洋经济之第一时期）

科学法律的经济型（西洋经济之第二时期）

科学经济的经济型（西洋经济之第三时期）

科学教育的经济型（西洋经济之第四时期）

艺术政治的经济型（印中欧经济第一时期之理想境）

艺术法律的经济型（印中欧经济第二时期之理想境）

艺术经济的经济型（印中欧经济第三时期之理想境）

艺术教育的经济型（印中欧经济第四时期之理想境）

（四）教育型

宗教政治的教育型（印度教育之第一时期）

宗教法律的教育型（印度教育之第二时期）

宗教经济的教育型（印度教育之第三时期）

宗教教育的教育型（印度教育之第四时期）

哲学政治的教育型（中国教育之第一时期）

哲学法律的教育型（中国教育之第二时期）

哲学经济的教育型（中国教育之第三时期）

哲学教育的教育型（中国教育之第四时期）

科学政治的教育型（西洋教育之第一时期）

科学法律的教育型（西洋教育之第二时期）

科学经济的教育型（西洋教育之第三时期）

科学教育的教育型（西洋教育之第四时期）

艺术政治的教育型（印中欧教育第一时期之理想境）

艺术法律的教育型（印中欧教育第二时期之理想境）

艺术经济的教育型（印中欧教育第三时期之理想境）

艺术教育的教育型（印中欧教育第四时期之理想境）

由上六十四种社会文化类型又可分类如下：

第一，依于文化区域而分的社会类型共四十八种

（一）印度社会型共十六种

（二）中国社会型共十六种

（三）西洋社会型共十六种

第二，依于社会类型之历史发展而分的共六十四种

（一）过去社会型共二十四种（宗教）

（二）现在社会型共十二种（科学）

（三）将来社会型共二十八种（艺术）内共同十二种，特殊十六种

第三，依于文化特质而区分的共六十四种

（一）宗教社会型共十六种

（二）哲学社会型共十六种

（三）科学社会型共十六种

（四）艺术社会型共十六种

第四，依于社会类型之现实与理想而分的共四十八种

（一）现实社会型共三十二种

（二）理想社会型共十六种

就中理想社会型，如艺术政治的政治，为印中欧政治第一时期之共同理想目标；又如艺术法律的法律，为印中欧法律第二时期之共同理想，余类推。此种社会实际并不存在，而为一切存在社会的理想目标。

总之每一种社会类型必须受时（过、现、未）空（印、中、欧）与事（宗、哲、科、艺）的限制，而决定社会类型之所属。而这些社会类型，每一特殊的类型实即构成一种特殊的社会团体，所以六十四种社会文化类型实即包括六十四种不相同的社会文化团体。

次就文化社会动态列举起来，有如下之各社会阶段：

A. 社会发展的四阶段

（一）政治阶段 （二）法律阶段 （三）经济阶段 （四）教育阶段

B. 社会文化四阶段之互相配合即形成十六阶段

（一）政治的政治阶段　　（二）法律的政治阶段

（三）经济的政治阶段　　（四）教育的政治阶段

（五）政治的法律阶段　　（六）法律的法律阶段

（七）经济的法律阶段　　（八）教育的法律阶段

（九）政治的经济阶段　　（十）法律的经济阶段

（十一）经济的经济阶段　　（十二）教育的经济阶段

（十三）政治的教育阶段　　（十四）法律的教育阶段

（十五）经济的教育阶段　　（十六）教育的教育阶段

（C）社会文化十六阶段与知识文化十六阶段功用相关，其互相关系如下表：

宗教的宗教阶段←——→政治的政治阶段

哲学的宗教阶段←——→法律的政治阶段

科学的宗教阶段←——→经济的政治阶段

艺术的宗教阶段←——→教育的政治阶段

宗教的哲学阶段←——→政治的法律阶段

哲学的哲学阶段←——→法律的法律阶段

科学的哲学阶段←——→经济的法律阶段

艺术的哲学阶段←——→教育的法律阶段

宗教的科学阶段←——→政治的经济阶段

哲学的科学阶段←——→法律的经济阶段

科学的科学阶段←——→经济的经济阶段

艺术的科学阶段←——→教育的经济阶段

宗教的艺术阶段←——→政治的教育阶段

哲学的艺术阶段←——→法律的教育阶段

科学的艺术阶段←——→经济的教育阶段

艺术的艺术阶段←——→教育的教育阶段

就中可注意的，是科学的科学阶段，即经济的经济阶段，为我们现代的社会生活；而艺术的艺术阶段，即教育的教育阶段，为我们文化社会生活的最后目标。

（四）

由上知识文化类型和社会文化类型之交互关系，不但造成社会之种种文化形态（所谓文化之社会性），更造成历史之种种文化时代（所谓文化之历史性）；然而穷本究原则社会之种种形态，虽有如上所述六十四种社会类型，造成六十四种社会团体，而这些复杂的社会团体根本上实为人类精神本质中原有的倾向，而为知识系统结合的表现物。人类的知识系统可归纳为四大部门，即宗教、哲学、科学、艺术；或以知识社会学者 Max Scheler 的用语表之，即解脱的知识，教养的知识，实用的或征服的知识，再加上我所谓欣赏的知识，这就是人类精神中元有之四种不同的认识形式，即是知识本质之四大类型。而这四大类型，在认识精神的行动里实为全然各别的四种部类、四种目标、四种动机，乃至全然各别的四种人格型、四种社会团体，由此各异基础而成为宗教、哲学、科学与艺术。现为明了起见，试将 Max Scheler《社会学与世界观》第一册中所述认识之三形式，补充之为认识的四形式，并各就其重要之点列表如下：

认识形式	（一）宗教的认识形式（解脱的知识）	（二）哲学的认识形式（本质的或教养的知识）	（三）科学的认识形式（实用的或征服的知识）	（四）艺术的认识形式（欣赏的知识）
动机	济度	惊叹	支配	爱美
目标	救人及其团体	完成最高人格	认识现象的关系	表现
方法	希望、恐怖、爱意欲、认识等	内省本性	观察、实验、归纳等	抒情的直觉

续表

指导者	圣者	贤者	学者	艺术家
社会团体	教会宗派，信仰团体	学派	科学的共和国及其组织如大学专门学校学士会等	艺术团体

因为凡在人类知识的一切活动，也一定活动于人类的社会团体，所以我们说：社会制度发源于知识系统，而所谓人类的四大制度，即政治、法律、经济、教育这一串的社会活动，无论何时何地一定和知识系统相结合，而形成各种社会团体。在论理上我们对于社会纯粹类型，固然可以假定有所谓社会文化之十六类型（如政治的法律型、经济的政治型等），实际则此单纯的社会文化类型哪里能够解释社会团体之实际的存在？人类社会制度无论如何分析，均可发见其必有某种知识文化的概念存在。不但如此，人类社会团体无论何时何地必定为某种知识文化类型所决定，如在文化史上的宗教时代则所有社会制度均宗教化，即政治为宗教的政治，法律为宗教的法律，经济为宗教的经济，教育为宗教的教育；在文化史上的哲学时代，则所有社会制度均哲学化，即政治为哲学的政治，法律为哲学的法律，经济为哲学的经济，教育为哲学的教育；推之社会团体，同样地在宗教时代形成为宗教的政治团体、宗教的法律团体、宗教的经济团体、宗教的教育团体；在哲学时代形成为哲学的政治团体、哲学的法律团体、哲学的经济团体、哲学的教育团体，以此类推；由于社会类型与知识类型之复杂的交互关系，乃形成六十四种之社会基本类型，即六十四种之社会团体。此六十四种社会团体一方面是为社会类型的社会团体，一方面又是知识类型的社会团体；即就每一普通的个人来看，因为满足其个人的种种兴趣，常可同时参加几种社会团体，然当其集中兴趣于某一

社会类型，而不断从事此一社会团体活动时，这就构成了 Spranger 所谓个性之理想上的基本类型，即所谓人格型了。

人类文化的创造，谓为由于组成社会团体的众人，不如谓为由于此无数的人格型与社会类型交互错综的结果；但此人格型依 Spranger 在《人生之型式》中所分为理论型、经济型、审美型、社会型、政治型、宗教型，而以技术、法律、教育三者为复合型式。这种堆积式的分类，除社会型乃关于社会生活全体无须另设外，依 Spranger 意思，经济型可造成企业家同商人，政治型可造成权力的人同活动者，然而此二种基型发现于文化史上究竟谁为先后，Spranger 是不知道的。所以在这一点，我们不得不提出我们所主张发生的分类，即将个性之理想的基本型式，分为知识生活上的宗教型、哲学型、科学型、艺术型，社会生活上的政治型、法律型、经济型、教育型；所谓社会文化的建设，即由此八种人格型为其创造者、改变者、保存者及模仿者，所谓六十四种社会团体的建立，也不消说是由于此无数社会中的人格型与人格型交互活动的结果，由于他们的接触与互动、暗示与模仿、竞争与冲突、顺应与同化，由于他们合作的精神，因而造成人类一切共同团体，这共同团体即所谓文化社会。然而文化社会是有其历史性的，所以每一时代的文化社会，即造成每一时代的文化历史。

例如文化史的第一时代在知识生活上为宗教时代，同时在社会生活上即为政治（军事）时代；文化史的第二时代在知识生活上为哲学时代，同时在社会生活上即为法律时代；文化史的第三时代在知识生活上为科学时代，同时在社会生活上即为经济时代。如果照 Bougle 所说，各文化时代是依社会形态的变化而变化，那么我们简直可以说，文化史之第一时代是以教会、宗教信仰团体为中心所成之宗教时代，同时也是以政治和军事团体为中心所成之政治时代。文化史之第二时代是以各学派为中心所成之哲学时代，同时也是以法律家团体为中心所成之法律时代。文化史之第三时代是以科学团体如大学专门学校学士会等为中心之科学时代，同时也是以银行产业各经济团体为中心所成的经济时代。同样文化史之第四时代不消说是由于音乐和跳舞这些美的动机而结合之艺术团体为中心的艺术时代，同时也就是教育家同人道家团体所成的教育时代了。但只就现代来说，文化哲学曾经确定现代乃是科学时代与经济时代，换言之即以科学因子与经济因子支配一切的时代，所以构成现社会文化之根柢者不是宗教不是哲学，也不是政治不是法律，实是那使人类现生活成为可能之科学团体与经济组织，因而现阶段的历史解释，当然只有由科学团体与经济组织之社会形态才能解释。一九三四年文化社会学者 Sombart 著《德意志社会主义》，其第一卷为“经济时代”，他说明这一个文化阶段的物质是“在这个时代中，‘经济’和‘经济的’，以及与其有联系关系所谓‘物质的’重要，实已征服一切其他价值而取得霸权的地位，并且经济的特质已经在社会和文化的一切其他疆域上盖上了它的标记”。在这里所谓经济时代实和科学时代两者功用相关，现代文化实由于科学文化而产生经济文化，所谓经济史观实际仍不过为科学史观的真正认识作一说明。假使我们把现代文化与自然科学的关系置诸度外，哪里能够知道经济时代是什么呢？然而文化史上的理想目标，并不是到了科学时代便完事的，科学的文化类型恰好落在必然的世界，而我们社会文化的理想类型即艺术时代，却为自由的世界；那时候艺术和教育的特质，当在社会和文化的一切其他疆域上盖上了它的标记，在知识生活上宗教为艺术的宗教，哲学为艺术的哲学，科学为艺术的科学，在社会生活上政治为艺术的政治，法律为艺术的法律，经济为艺术的经济，教育为艺术的教育，这就是我们理想的大同世界，即所谓“艺术时代”或“教育时代”。

第四章　政治的文化概念

（一）

试就政治文化的类型言，政治之所以成为政治，是依据社会权威而存在，这就是所谓“权力”；Spranger 以权力人为政治型式，说“我们已为那建立一切统治关系之基础的精神现象，定一普遍的名词，叫做权力”（《人生之型式》第五章）。固然这种政治权力的产生，有种种不同学说，如在政治思想之第一时期，深信上帝为权力的渊源，如旧约中，梵文马哈巴拉泰中，乃至基督教教父，依据圣保罗在《罗马人》书第十三章第一、二两节中所说：“人民应服从权力，一切权力皆出于上帝，凡掌权者皆上帝所命，反抗有权者即反抗上帝命令，反抗者必受罚。”这么一来政治权力即是上帝的权力，上帝创设国家，治者君主不过上帝的代理人罢了。政治思想之第二时期，则以为权力乃社会契约或政治契约的结果，如霍布士、洛克、卢梭均主张契约为政治社会的起源，因而根据契约，人民将放弃其一部的自然权利，而成立国家，这么一来，所谓政治权力，又便是人民同意的权力了。但到了政治思想之第三时期，权力之科学的解释，有的由生物学的观点，以武力说明权力的起源。如 Gumplowicz、Ratzenhofer 等均以武力为进化的工具，国家的权力组织，即是由于强者对于弱者征服的结果。有的由经济学的观点，以阶级斗争为权力的起源。如马克思的

《共产党宣言》，说“所谓固有意义的政治权力，即是一阶级压迫别一阶级的一种组织”。恩格斯说：“然而使这种对立，这些具有对抗的经济的利害关系的阶级，不致在无益的斗争中，消灭自己及社会，所以表面上立于社会上的权力——用来控制那些冲突，而使那些冲突保持于秩序的范围之权力，便成为必要了。”（《家族私有财产及国家的起源》）这就是说，权力只是经济关系的表现。还有从社会学的观点，如奥本海末尔在《国家论》中，主张原始权力的产生，是由于一种族对他种族的征服，而其目的则除了战胜者，对于战败者经济的剥削而外，没有别的。这么一来，便权力不但是政治的斗争，同时也是经济的斗争了。由上权力说的种种，虽所见不同，而要之以“权力”说明政治的基型，却是很一致的。我们由此所得的结论，即是政治乃是有组织的“权力”的表现。但是我们不以为得到这个综合结论便完事的，我们还要更进一步，以历史的方法，批评这些权力说的历史。依我意思，则第一期之权力的神意起源说，只适合于古代中世“宗教的政治”之政治史形态；第二期之权力的契约说，也只适合于十八世纪“哲学的政治”之政治史形态；第三期之权力的武力说及其他，也只适合于十九世纪迄今“科学的政治”之政治史形态。然而政治之所以成为政治，即权力之所以成为权力，在他这些历史的型式，和他的解释以外，更有其本质的型式及其解释，这就是我们主张的政治之文化概念，换言之，即权力之文化学的概念。

我们固然完全否认政治权力之神意起源说，但在事实上却承认所有从来政治权力，均具有宗教的性质，而且起源于宗教。这并不是矛盾。依我们意思，政治生命——权力——在其发展进化途中，必定和某种相当的知识文化结合；而最初的政治，则无不与宗教文化结合，假使没有初民对于宗教地位的迷信，便原始的政治权力也无从产生。我们现代因为政教分离，似乎很难想象政治和宗教有什么关系。实则依文化人类学者研究的结果，知道初民社会生活，无处不带着宗教的色彩。J. G. Frazer 在所著《金枝》《灵之劳役》及《君位最初之历史》的讲词中，曾述及宗教（或迷信）对于形成政治社会的影响。他举许多例证，证明在国家形式上的宗教期中，实有君主国的存在，这就是“教士君王”，“教士君王”之先则为“术士神人”的世界。兹试略举其说如下：

> 教士君王掌教仪之监察，及人事之管理，在有史期中，此类君王尚有存者，不过有时仅有君主之虚名，而其重要职务则仅管理宗教仪式，此种君主或成立于君主国废后，以处理向时集于“教士君王”一人之宗教职务。夫累则教授又引以弗所之伊盎利亚王后裔为例。彼等之职务虽大半属于宗教，然仍享有一二君主之特权，如游戏时之荣座，及执代替王节之尺与着紫服等。夫氏又以斯巴达君王为“教士君王”之例。盖斯巴达之两君，皆目为修士后裔，故即可目为修士之祭司。至于夫氏所举之现代例证，则为南非洲之马塔贝勒人，其君主同时亦为最高之教士，每年君主皆有一定之司祭节目，并于是日向其先祖及其自身之灵魂求福，此夫氏所谓初期社会中之君主，真有神性，非徒为喻言而已也。(《政治学原理》，页 120—122)

由 Frazer 之说，则原始的宗教政治实由巫医或术士发展而成。术士为部落社会的首领，其后部落中之智民以宗教代替巫术，术士乃让位于教士君主，这就是最初政治社会的形式。固然详细的批评不是这里的事，但从大体来说，Frazer 以原始的共同崇拜为初期政治的原动力，谓初期社会乃受治于宗教法的专制权力之下，这是确无可疑的。甚至古代希腊元首的性质仍然是教权、政权、军权集于一身，他是宗教团体兼政治团体的代表，他掌管占卜、礼节、祷辞、神的保佑。Coulanges曾告诉我们“古代王位的宗教性质，在古人著作中极为明显，爱西勒书中达那欧斯的女儿，对阿尔沟斯王说：你是无上的掌火，你看守着此地的火。俄里庇德书中欧赖斯特对麦内拉斯说：我是阿加美农的儿子，我统治阿尔沟斯甚为正当。麦内拉斯回答说：你这个凶手，你能拿洗水盘行礼么？你能扼杀牲么？因此可知王的主要职责在于主祭。西西庸一位王杀人不能再主祭，因此被逐，因为不能做主教，亦不能做国王。荷马及韦意勒所述的王，皆不断地理祭祀。由德谟斯丹而知阿弟哥古王自己主持邦宗教应行的一切祭祀。由克塞欧风而知斯巴达王是斯巴达宗教首领。爱特利的部落长，同时是官员、军官、主教。罗马王亦复如是，传说总表现他们似教士。最初王即罗莫卢斯，他对于占术颇有研究，曾照宗教礼节建罗马城。第二位是奴马，狄特里夫说：他说会尽宗教的各种职务，但他预料其继承者当遇战争，不能常顾祭祀，于是设立专任教士，凡王不在罗马时，代行祭祀，罗马教士不过古代王位的分体”（《希腊罗马古代社会研究》卷三第九章，页143—144）。不但如此，政治权力起源于宗教，是历史的同时也是本质的。没有一种政治没有宗教的背景，宗教无疑实在政治的文化特质之中发生作用。如前所述，“政治”和“宗教”同带着社会权威的倾向，同带着神秘性，同以“服从”与“命令”为基本元素，同为不受任何拘束的最高权力。如都干（Durkheim）[①] 所下宗教的定义为“与神圣事物相关的信仰与习惯之统一的体系”。这个定义，同样地可以适用于政治的定义。可见宗教乃是“政治”在知识生活中之原始型。

但在知识生活上，政治之原始基型，为宗教型；而在社会生活上，政治之原始基型，却为军事型。因之我们在理论上，虽完全否认政治权力之武力说，在事实上却也承认所有从来政治权力，均具有

① “Durk heim”，又译“涂尔干”。——编者

“武力”或“斗争”的性质。原来人类社会的历史，就是社会互助以求生存的历史。人类制度自始表现互助的精神，但是一方面的互助，即是一方面的斗争，最初人同兽争，不是用权，是用气力。次之是人同天争，是用神权。次之人同人争，国同国争，这个民族同那个民族争，是用君权，这就是“权力”的起源（孙中山先生语）。所以权力确不是由于战争的本能，乃是初民社会由义务的互助而发达起来；初民社会因要人与天争，人与人争，必须把社会的本身团结于严格的有力的神权与君权之下，因而产生了那从现实生活解放出来，而处理那些宗教和战争事情的特殊阶级：僧侣与武人领袖，这就是政治权力的起源。所以不说权力的原始基型则已，一说权力的原始基型，即不能不先承认原始军事的权力（武力），甚至于历史上一阶级压迫别一阶级的一种权力。普鲁士历史家 Treitschke 推到极端，以为“国家者乃攻守之公共武力，其第一要务，即在战争”。在强权即公理的原则下，国家即武力，武力即国家，颂扬国家即是颂扬武力，颂扬武力即是颂扬国家。孙中山先生说：“国家是用武力造成的”，“武力就是霸道，用霸道造成的团体，便是国家。”可见权力组织——国家——和武力，并不是偶然的关系，武力和政治，政府和剥削，似乎是不可分离的了。但历史又告诉我们：即在政治权力之社会原型：军事（武力），也有它一段长的演进的历史的，孔德的历史哲学将人类社会发达分军事时代、法律时代、产业时代。又专就军事的生活又分为三期，即侵掠的军事时代、防御的军事时代、和平时代。这就是第一军事时代，为“侵掠的军事时代”，即军事的军事时代；第二法律时代，为防御的军事时代，即法律的军事时代；第三产业时代，为消弭战争之和平时代，亦即产业的军事时代。又斯宾塞在一八七六年所著《社会学原理》，更明了地认社会发达，为从军事型的社会团体，变到产业型的社会团体。在军事型社会里，社会相互间不断地战争，个人完全没有自由；但到产业型社会，人民习于和平，以产业为重要活动的对象，所以社会之强制渐减，同时个人之自由活动渐增，而战争也就成为不必要或无用了。于是战争一经消灭，而政治制的主要凭借，也便逐渐消灭，而至于化为乌有了。由此孔德与斯宾塞对于社会制度之进化的研究，实际即是告诉我们：政治之社会原型；军事型社会也不过在社会史上占得一时的重要地位，时候过去了，军事型的社会一定变为产业型的社会；以文化类型学的术语表之，即是从"政治的政治型"一定变为"经济的政治型"，"政治的政治型"为侵掠的军事时代，而"经济的政治型"则为他们所认为"和平时代"。然而和平时代毕竟是如斯宾塞所谓无政治时代，毕竟是在政治史上为一张空白的纸。可见政治之所以为政治，是有他的本质的原型存在，政治形式可以转变，可以消灭，而政治之所以为政治的本质，推到最低的一层，仍是以军事的权力为底子的。所以孔德社会三阶段说中的军事时代，在我文化哲学称之为政治时代。

政治与文化的关系，从其与知识文化的本质联系上看，宗教乃其知识生活上之原始基型，从其与知识文化的历史联系上看，则此政治类型实有其独特的文化历史；即第一时期为"宗教的政治"，第二时期为"哲学的政治"，第三时期为"科学的政治"，第四时期为"艺术的政治"，而以"艺术的政治"为政治文化的最高目标。又从其与社会文化的本质联系上看，则军事乃其社会生活上之原始基型；从其与社会文化的历史联系上看，则此政治类型也有其独特的文明历史；即第一时期为"政治的政治"，第二时期为"法律的政治"，第三时期为"经济的政治"，第四时期为"教育的政治"，而以"教育的政治"为政治文明的最高目标。所以我们研究政治的文化概念，不但要注意于政治文化按着知识文化的发达，而不停地向着一定方向前进，我们更要注意于政治文化按着社会文明的发达，而永远不断地进化的；合此两种看法，才可以明了政治和文化之整个联系，而现在为要使在社会类型之中，特别明了纯粹之政治形式，便不得不将政治文化概念和法律、经济、教育各社会文化作一个初步之比较研究。

第一，我们应当确认之事，就是政治文化实为一切社会文化的基础，无论法律、经济、教育，均不能和政治绝对分开，即不能和政治生活的过程绝对分开，不但如一般唯物史观论者所说："一切经济的斗争，总是政治的斗争。"实际所有从来法律的斗争、教育的斗争，也总是政治的斗争。罗素（Russell）在《权力》一书告诉我们"人人愿为上帝为一切社会科学基础""自然科学讲能力，社会科学讲权力，古今历史即应注意权力关系的发展"，这是不错的，人们如果承认我在《文化哲学》所说文化内包之原理（页二六）认宗教为一切知识文化的底子，那么同一样的道理，政治实为一切社会文化的底子，Spengler 在《西欧的没落》第二部中所云"世界史就是国家史"的话，也未始不是对的。例如社会文化从最高阶段一直到最低阶段，政治为最低之一阶段，所以从政治阶段进至法律阶段，法律阶段实以政治阶段为底子。从法律阶段进至经济阶段，经济阶段实以政治、法律两阶段为底子。又从经济阶段进至教育阶段，教育阶段实以政治、法律、经济之三阶段为底子。因为政治对于法律、经济、教育之内包的关系如此，所以我们简直可以承认政治就是社会生活的基础，而权力就是社会科学的基础了。最明显的说法，有如黑格尔（Hegel）对于"国家"所下的定义，"国家是其他具体的方面——法律、艺术、礼俗生活之安慰的中心点""国家就是民族生活之其他的具体的方面。如艺术、法律、风俗、宗教、科学的基础与中心点"。人类只有在国家之中才得到文化的生活。所以说："人类之所以为人类之一切的事情，他都要感谢国家，他只有在国家之中，才得到他的本体，人类所有的一切价值、一切精神的现实，他只有由国家才能取得……所以只有人类是生存于风俗，生存于法律与道德的国家生活之中。……”（《历史哲学》）。固然这种文化的国家观，未免近于笼统，然而确认国家即权力组织，为社会文化的基础与中心点，却与我在《文化哲学》所说文化之内包原理相近。但文化有内包之一现象，同时也有上属之一现象。即社会文化从前一阶段进至后一阶段，后一阶段虽以前一阶段为底子，前一阶段却不能左右其后一阶段，而后一阶段反足以支配前一阶段。例如政治之上一阶段：法律，法律之上一阶段：经济，经济之上一阶段：教育。依上属的原理，则法律并不为政治所支配，反而支配其下阶段的政治，使为“法律的政治”；经济也并不为政治、法律所支配，反而支配其下阶段的政治、法律，使为“经济的政治”“经济的法律”；同理社会文化的第四阶段教育，并不为政治、法律、经济所支配，反而支配其下阶段的政治、法律、经济，使为“教育的政治”“教育的法律”“教育的经济”。这种讲法恰好是和社会文化之内包相反，却正好将政治文化和其他社会文化的关系，加以说明。

次之我们进而研究政治文化和法律的关系。固然许多学者直到现在，还不知道政治的文化概念和法律有分别，还不知何以政治生活应服从法律的羁束。甚至有人误会以为法律学之和政治学分离独立，大半由于法学院与政治学院之分立（Barnes《新史学与社会科学》中语），这真未免好笑极了。实际则法律和政治的关系，恰似在知识文化上，哲学和宗教的关系最容易混淆不清，而本质上极有分别。政治为宗教文化的产物，法律则为哲学文化的产物；宗教是全体的、权威的，政治本质也是绝对性的、普遍性的，为“不受法律约束的加于公民及人民的最高权力”（Bodin 的国家定义），哲学是个人的、批评的，法律本质也是保障个人自由，与具有价值判断的作用。孔德说明人类生活发达的第二时期，是形而上学的法律的时期，在这个时期，军事的精神仍然存在，但已逐渐为工业状况的进步所减削；在这个时期，奴隶已为农奴或自由工人所代替，而经济的竞争成为战争的主因，这是人类为自由而奋斗的过渡的与革命的时期，社会契约说和天赋权利说，便是这时期的特性（R. G. Gettell《近代政治思想史》，页二八一）。这说明人类史上为哲学和法律时期的，同时也可说明文化类型上哲学和法律的真正型式及其相互关系。知道政治之本质上的宗教的，就也很容易明了法律之本质上为哲学的了。固然在政治文化史中第二时期，有“法律的政治时期”，在法律文化史中第一时期，有“政治的法律时期”，然而这两类型的历史的联系，毕竟不能说明法律与政治之本质相同。如以国家为例，政治的国家观和法律的国家观，即显出很大区别。政治国家观是把国家看做一个有机体，视国家本身就是一个目的，法律的国家规则认国家存在的目的，是在为其所属的各分子；政治的国家观注重其本身的统一，把国家看作自然的结构，法律的国家观注重个人分子的利益，把国家看做人为的结构；所以严格来说，有机体说是“政治型”的文化概念，契约说则为“法律型”的文化概念。“权威”“服从”为“政治型”的文化概念，“自由”“民主”“自己意志”则为“法律型”的文化概念。再明白说吧！政治以国家为权力的渊源，法律则以人民为权力的渊源，政治以权力为结论，所以Spengler说战争是“根本政治”，法律则以“权力”赖乎同意为其结论，所以我说“公理”是根本法律。总之政治为封建社会的战术，法律则为资本主义社会的战术。政治的行动，实际上无非那些握权者的行动，是有无限绝对的权力可以超出法律，如厄提奥克利所说：“假使必须违背法律以便治人，则破坏法律正是一件光荣的好事。”不但如此，政治且可超出法律之知识原型：哲学。Spranger曾举一例，以政治和普遍的与预先规定的一切规范不同，如在一个哲学家如康德，一个政治家如俾斯麦对于生活之全部态度中，便有一根本的不同。“余从未能自康德得何好处，凡彼关于道德，特别范畴命令之说，美则美矣，但余宁生活于无命令之感觉中，余从未依箴规而生，当余不得不有所作为时，余从未自问曰汝将依何箴规而行乎？但余实已把握且已实行任何余所认为似极适宜之事，余常因无箴规而遭非难，但倘余终不得不准一切箴规而行，余必常觉余若口啣长竿经过一狭林之中。”这是何等巧妙的例证，看出一个伟大政治家的态度，怎样和哲学的乃至法律的一切规范不能兼容，而政治之所以为政治，也就很容易明白了。

次之就政治文化和经济的关系言。我们知道马克思在《政治经济学批判序文》中曾将物质生产[①]关系（生产手段、生产方式），即狭义的物质生活（包括阶级关系）和社会生活过程，包括政治的及法律的生活严格分开，前者构成经济的“基础”，后者为“上部的建筑物”之一部，换言之，即前者为经济生活，后者为发生于一定的经济基础上的社会的政治的组织，这是何等明白地分别“政治”和“经济”的范畴。我们若把唯物史观的问题置于度外，则我们不得不认定马克思所认和“政治”分开之极端概念孤立的“经济”的型式，在本质上是正确的。固然经济常为一种政治的手段，“权力是随着富的”，但经济终与政治的文化概念不同，而且实为非常重要的相反的现象，这便是 Oppenheimer 在《国家论》（第二编第一章）中所曾指出的两个根本上相反的手段，这便是工作与掠夺，一己的劳动与别人劳动的强制收取，前者为经济的，而后者则为政治的。所以他如下提议“把个人自己的劳动，及个人自己劳动与别人劳动之等价的交换，叫做满足需要的经济手段，把别人劳动的无代价收夺，叫做政治手段”。Spranger 在《人生之型式》（第二编第五章）中也曾指出“吾人必不可将政治型式与经济型式相混，因政治型式获得财富之态度，常非纯粹的经济态度而为政治的态度。用外交与条约之手段，用征服或势力，任何人

① “产”，原作“理”，疑误，据上下文改。——编者

皆能获得财富而毋须遵守经济学之永久法则，换言之，即无须遵守储蓄与劳动之永久法则”。固然在政治文化史之第三时期有“经济的政治时期”，在经济文化史之第一时期有“政治的经济时期”，然而这两类型的历史联系，毕竟不能掩蔽经济与政治之本质的不同。政治本质上为军事的，即使达到一纯粹经济的政治时期，国家表现于多数人民中成为经济生活之超个人组织，为一种较高之生产社会，然而此种经济的政治生活，从其文化的功用来看，仍然只是通过经济文化范畴之军事的政治制度而已。我们承认政治□的发达趋势，是经济手段向于政治手段的坚决的胜利的战争。所谓经济的政治时期，乃是孔德所谓军事的和平时代，乃是 Oppenheimer 所认识的今后国家与社会将结合而成不可分离的“自由市民团体”。Oppenheimer 要分别“国家”与“社会”两概念，以为“国家”是充分发达的政治手段，“社会”是充分发达的经济手段，而在“自由市民团体”中，将无“国家”而有“社会”。他所理想人类受苦与得救的大路，是从战斗到和平，从人群的分裂到人类的和平相结，从兽性到人道，从强盗国家的剥削到自由市民团体，这种完全以经济代政治的时代，事实上即是“经济的政治时期”。苏联就是最好的例。恩格斯在《家族私有财产及国家的起源》中说：“国家不是永久性的东西，曾有没有国家而不知国权是什么的社会。”……“我们现正以急速步骤，走近一个经济发展阶段……于此，不但阶级存在非一必然性，且为生产之积极障碍。”“阶级尝由不可避免的发生，同时将不可避免的消灭，国家也要和阶级一样，不可避免的没落。”在这里国家的消灭实以阶级的消灭为前提，而阶级的消灭须以经济社会的消灭为前提，这一点 Engels 和 Oppenheimer 似乎均未注意到。实际来说，则政治和经济都是文化的类型之一，无论哪一个都不能替代哪一个。所以国家可以消灭，而成为纯粹社会，而政治的文化功用并未消灭，因为经济的阶级（经济上的不平等）即使消灭，而教育的阶级（知识上的不平等）仍然存在。同理若要根本取消国家，则国家仍不被取消，而必变为更高的形式而表现，即以纯粹“文化的”国家代替“经济的”国家，这正是第四期孕育新文化社会的一种政治力量，即“教育的政治”的说法。到了那时才算人类阶级真正消灭，那表明社会自身不能解决之错综的矛盾的权力组织，也自然归于消灭，这时经济的政治时期也一变而入于教育的政治时期，即政治文化之理想境了。

次之就政治文化和教育的关系言。这两种文化类型的不同，较之政治与经济的不同，更为重要。虽然教育史之第一时期是政治的教育时期，乃至政治史之第四时期，实以教育的政治为最大的理想，然而这种过去的和将来的历史联系，并不能改变两种文化类型之根本矛盾的现象。政府本质借着“权力”，教育本质则借着“爱”的力量，换言之，即为“非政治的”。所以将“政治”和“教育”对比，则一个是政治的，一个非政治的；一个是权力的，一个非权力的，这其间矛盾的距离，将无法计算。固然在教育史上“政治的教育时期”表现为“权力的爱”，在政治史上“教育的政治时期”，也将发生“爱的权力”，然而“爱”和“权力”实为社会生活之两极端的现象，殆无可讳言。Spranger 谓此两种权力“即爱之权力与权力之爱，皆为族长政治的社会形式之大支柱”（《人生之型式》第一卷第四章）。因而宣言“社会型式实质上仅同情于族长政治制度”（同上第二章第五章），当然只好算得 Spranger 个人的谬见，实际则族长政治的社会形式，由血缘关系上说，应该是爱的权力了，然而据梅因所说（见所著《古代法》及《古代制度史》二书）从历史表面上所得，最老的男亲——最老的直系亲属——在家中居最尊的地位，操生杀之权，其无条件地管辖其子孙和他们的住所，正如管辖其奴隶一般。这在权力上，可以说是“权力的爱”，却算不得爱的权力。爱的权力乃是爱之征服世界的权力，其本身乃高于一切其他之力，我们对于一种发生于爱力之完全自由之“社会”之信仰，实际即是对于理想的教育时代的信仰。一个纯粹教育的社会，即是爱的社会，这不但和过去的政治无关，甚至于和过去的法律经济无关；爱之无权力主义乃是教育之真正类型，教师之真正理想，它不是一政治的组织原理，也不是一经济的生存条件，而乃是从人类精神深处之“美”的体验而来。恰如权力之征服为劫掠、战争，相反地爱力行为为和平、人道、博爱。两种行为在人类历史上自始互相冲突，在冲突中依照于“权力递减”和“爱力递增”的法则，教育生活的范围，乃逐渐扩大，于是政治家乃让位于教育家，这时只有“教育的政治”，而人类理想的政治完全实现了。

由上所述政治和社会文化各类型的关系，便知政治和法律、经济、教育实不相同。政治以权力为本质，此种权力在其历史发展之中，最初表现赤裸裸的军事的权力，这是“政治的政治”；次之藏于法律的面具之下，表现为法律的权力，这是“法律的政治”；再次隐于经济的烟幕之内，再表现为经济的权力，这是“经济的政治”。然而“经济的政治”实为政治的最后的堡垒，而经济的发达又必然地达到其理论为目的：排除政治手段及其一切工作，于是由此更进一步，权力组织乃脱离发达政治手段和经济手段，而成为一个完全自由的文化组织；换句话说，其外壳在本质上仍保留政治组织的形式，即“教育的政治”形式，而实际上“教育的政治”即是非政治的爱的世界。这就是一切政治类型自己的历史，同时也是权力从形成而到消灭之辩证法的历史。

（二）

我们若更就政治和知识文化类型的关系来看，并特别注重政治文化地理的分布。我们很容易发现一个新事实，就是政治文化类型，依照于权力组织的不同，实可区分为三种政治基型，而这三种政治基型，实即分布于三个特殊的文化区域，形成三种特殊的政治形态，这就是：

（一）宗教的政治型——印度——神权政体

（二）哲学的政治型——中国——人权政体

（三）科学的政治型——西洋——物权政体

在这里政体的分类是建筑在文化基础之上的，和柏拉图、亚里士多德乃至麦克维利、布丹、洛克、孟德斯鸠（Montesquieu）、卢梭等的分类，均完全不同。因为这些过去政治哲学者的政体分类，均纯以国家主权的人数为根据，而不知凭文化的本质为根据，故其分类实无一定标准。伯伦智理虽于亚里士多德所举三种政体以外，加上“神治政体”，其实“神治政体”即这里所指“宗教的政治型”是应和哲学的、科学的政治型对立，而不应拿来和亚里士多德的分类相提并论的。还有孟德斯鸠将君主政体和专制政体分为二类，以不依法律而一人独裁者为专制政体，依法律而统治者为君主政体，前者重权威，后者重荣宠，这显然采纳希腊先哲的分类为基础，而有意立异，实不足取。若依我们意思，则历史上的政体区分，根本有三：神权政体、人权政体、物权政体，也可以说就是专制、共和与民主政体。孟德斯鸠的分类在“共和政体”中包括民主政体，然而共和政体，依孟氏所说实以“礼让”为特质，此甚似柏拉图所称“理念政体”或可称之为“尚贤民主政体”，即为民主政体而以贤能掌握政权之“中国式”的政治型式，我称之为人权政体，或人权的民主政体，即是共和政体。和“西洋式”的“物权”民主政体，虽同为人民享有政权的政体，而文化类型不同，应别为一类。再加上“印度式”的专制政体，即成为政治组织之三分类，试以次说明之如下：

第一，宗教的政治型——神权政体，以印度为代表。案神权政体即是专制政体即是君主政体，专制君主以一人为立法行政及司法之最高主权者，这种政体本质上和神权相当。君主的地位即等于上帝，或上帝的代理人，此种政体可联想及人类最初的政治生活，几无一不与宗教有关，几无一而不为君主专制，尤其是东方各国，如犹太，如印度，如波斯，如阿拉伯，所有古代宗教发达的国家，同时即为专制君主的政体。如以印度的政治为例，印度政治向在婆罗门阶级的神权统治之下，极端专制，个人出生之时，即隶属于一种阶级，因此而人民自由的希望便完全打消了。Hegel 在《历史哲学》中讲到印度政治，以为“在印度可得而称为政治生活之遗迹者，是一种专制政治，那种最专横的邪恶的堕落的专制政治是横行着，印度以虐政为经常之事，因为这地方没有可与专制政治相比较的个人独立之意识以引起心灵之反抗，不用说反抗，便是公愤与不平之鸣，也根本没有”（汉译本，页 254—255）。至今印度在英属印度以外，尚有五百六十二个王公国，都是专制政体，印度人对于这些国王亦尚存宗教上的敬畏，至于回教各国王，如伊朗之礼查，伯勒维王，“沙地阿拉伯”之伊本，沙地王，均可算现代的凯撒，带着很浓厚的专制色彩，可见这种宗教的政治型，实在根深蒂固。孟德斯鸠论及专制法典以为“神圣经典，垂自太初，而永为政法所折中者，此如回教大食则必主哥澜，火教波斯则里诸咀罗斯特，婆罗门法典大抵原于四韦陀”（《法意》第十二卷第二十九章），这又可见在这种宗教型下的社会，宗教就是一切，而君主之神圣不可侵犯性，即为此种政治的典型。

第二，哲学的政治型——人权政体，以中国为代表。孙中山先生《民族主义》第六讲有一段话说：“中国古时有很好的政治哲学，我们以为欧美的国家，近来很进步，但是说到他们的新文化，还不如我们政治哲学的完全。中国有一段最有系统的政治哲学，在外国的大政治家还没有见到，还没有说到那样清楚的，就是《大学》中所说的格物致知诚意正心修身齐家治国平天下那一段的话，把一个人从内部发扬到外，由一个人的内部做起，推到平天下止，像这样精微开展的理论，无论外国什么政治哲学家都没有见到都没有说出，就是我们政治哲学的智识中独有的宝贝，是应该要保存的。”这里虽没有涉及政体的问题，但已可见中国的传统政治哲学，实和外国任何大政治家所说不同。中国的政治乃是《大学》中所说的格物致知诚意正心修身齐家治国平天下那一套“哲学的政治”，以术语表之即“哲学的政治型”。《论语·为政篇》“或问孔子曰子奚不为政，子曰书云孝乎，惟孝友于兄弟，施于有政，是以为政，奚其为为政”，又《颜渊篇》“季康子问政于孔子，孔子对曰政者正也，子帅以正，孰敢不正”，又《礼记·仲尼燕居篇》“子张问政，子曰君子明乎礼乐举而错之而已”，《中庸》“君子笃恭而天下平”，这种把政治原理基础于“哲学”文化类型，实和西洋政治之基础于科学者绝不相同。虽然政治本质为权力，两方均无例外，但在西方则基于科学而提倡“霸权”，中国则基于哲学而倾向“王权”，西方政治发展至极端，好的如苏联之无产阶级专政，坏的如意之法西斯、德之纳粹，都是代表霸权的。中国则反之倾向王权，中西政治哲学的不同，实如下式：

欧洲性的政治——霸权——功利强权的文化
亚洲性的政治——王权——仁义道德的文化　（孙中山先生说）

前者为科学的政治型，后者为哲学的政治型。即以政体言，许多人误会中国为专制君主政体，其实依《民权主义》第一讲，“中国人对于民权的见解，二千多年以前已经早想到了”。“孔子说大道之行也天下为公，便是主张民权的大同世界，又言必称尧舜，就是因为尧舜不是家天下，尧舜的政治名义上虽然是用君权，实际上是行民权，所以孔子总是宗仰他们。孟子说民为贵，社稷次之，君为轻，又说：天视自我民视，天听自我民听。又说：闻诛一夫纣矣，未闻弑君也。他在那个时代，已经知道君主不必一定是要的。”即就实际来看，中国历朝人民所受专制的痛苦，也没有印度人民长久期间所受那种极残酷专制的痛苦。Hegel 在《历史哲学》中曾将中国的政治和印度对比，以为在印度，专制政治为经常的事，在中国则被目为有背于常理，为各个人之道德意识所诛责的虐政，激起人民之公愤，对于他们虐政是一种意外偶然之事，是不寻常的，是没有这个必要的，它不当存在的。在这里印度和中国的区别也最为清楚最见得显著，即在印度人民没有自由意识，在那专制政治的横行之下，简直没有历史。反之中国具有一种最详细的国史，凡有所举措，都预备给历史上登载一个仔细明白，这真是哲学的政治和宗教的政治绝不相同的地方。“中国自秦朝专制，直接对于人民诽谤者族，偶语者弃市，遂至促亡，以后历朝政治，大都对于人民取宽大态度，人民纳了粮之外，几乎与官吏没有关系。”（《民权主义》第二讲）近人钱穆氏曾慨乎其言，谓“历来治史者妄疑中国历来政制，惟有专制黑暗，不悟政制后面，别自有一种理性精神为之指导”，“当于此等政制后面推寻其意义，此即礼运所谓天下为公选贤与能者之旨，而秦、汉以下政制，即向此演进”（《国史大纲引论》中语）。这里所云在中国政制后面的理性精神，即是一种哲学的政治精神，中国历史上所由表达民权的方式和机构，虽云和近代欧人所演出物权的民主政体不同，而实为“哲学的”民主政体，就是共和政体。共和政体选贤举能，以礼让为国，从个人的正心诚意以至于大同世界，实为具有最高道德原素的“哲学的”最优良的民主政体，同时也是中国传统的政治精神。国父孙先生更为发扬光大，三民主义的政治哲学，其中民权主义，分开“权”与“能”，即为此哲学的政治型的最高的表示。

第三，科学的政治型——物权政体，以西洋为代表。按物权政体即是以物权为主的民主政体，又分直接民主与间接民主，后者为代议民主政体，又依国会制及非国会制之不同，分为内阁制与总统制，此种物权民主政治型式，其缺点在于重量而不重质，重权而不重民，重法而不重人，故与人权的民主共和政体实不相同。因为所重在“量”在“权”在“法”，其结果倾向于征服的知识，倾向于武力压迫人的文化，倾向于狭义的国家主义、帝国主义、法西斯主义，依政体循环的道理，竟走向反民主政治的路上去了。现在西洋政治，严格言，对于成文宪法和代议制度的信任，已在动摇之中，只有苏联是例外。然而即在这混沌民主政治思想当中，我们仍可依照政治类型学的原理，分别如下：

科学政治的政治型——德、意——独裁政治

科学法律的政治型——英、美、法——立宪政治

科学经济的政治型——苏联——一党专政

就中“科学政治的政治型”，以军国为本位，最为原始，近似民族主义。“科学法律的政治型”以英、美为例，以资产阶级民主为本位，近于民权主义。“科学经济的政治型”以产业民主政体为本位，近于民生主义，然要之皆为一民主义，或二民主义，缺乏哲学的大综合，所以没有一个足以圆满解决现代政治文化之复杂而多方面的问题。

由上所述政治文化之三类型，拿来和文化社会学者 Max Weber 在“经济社会的秩序及其权力”（《社会经济学概论》第三部）中所述统治的三类型相比一下也不无相同之处。按 Weber 说法，将适法的统治分为三种：（一）合理的特性。以对于法规的合法性与统治者的合法性的信仰为基础之统治（合法的统治）。（二）传统的特性。以对于神圣传统及依于传统权威之统治者人格之一般信仰为基础的统治（传统的统治）。（三）信仰的特性。对于某一神圣人格之伟大，仪表，或由彼启示而制定之秩序的信仰为基础之统治（信仰的统治）。在此信

仰的统治即是宗教的政治型，合法的统治即是科学的政治型，只有传统的统治，注重于传统的精神与统治者的人格，也可以说很接近于哲学的政治型。最明显的例证，如十八世纪哲学的政治时代，将过去理想化，以自然状态为黄金时代，这即是浸润于传统政治思潮的结果，这也可见哲学的政治和传统的精神是有如何密切的关系了。

（三）

现在试以西洋政治为例，说明政治历史，即权力的历史观。罗素在其《权力》一书，曾将权力分为种种，僧侣的权力、国王的权力、赤裸的权力、革命的权力、经济的权力、支配舆论的权力等；以这些权力作为构成政治的因素，是很对的。由我们看来，社会所由存在，便是靠组织，组织的成功，即由于权力；舍权力就无所谓组织，舍组织也无所谓力，所以权力即是一切组织的总因。只要有组织便不能没有连结组织的权力，以支配各分子的行为，假使能把一切组织都推翻，那就可以根本废去权力，否则即是无政府主义者所主张的自由协合的社会，都不能没有用权力来控制个人的事实；不过这种权力，从本质上看去，已经不是宗教的政治权力，而为艺术的教育的权力罢了。换言之，即以精神的权力来代替物质的权力罢了。现在试就这个观点来看一下政治，将政治权力元素，举要如下：

武力——军事（赤裸的权力）

统治力——政府（僧侣的权力、国王的权力）

群力——政党（革命的权力、支配舆论的权力）

在西洋政治史上，政治这个东西，在各时代都不过是代表一阶级的一种有组织的统治权，不过这统治权的变迁是从一人手里（第一期）移到少数人手里（第二期），由少数人手里又逐渐移到多数人手里（第三期），到了全人手里便所谓权力的绝对性完全消灭，以至于无，这就是我们理想的目标。不但如此，一切统治权都是专政手段，当一阶级是代表那时代统治阶级的时候，那专政的责任就在消灭旧制度的遗形物，和防御反动阶级破坏新制度，这种专政是有革命的重大意义；但当这统治阶级自身变成反革命的时候，那专政便变成滥用权力的代名词了，那更革命的阶级便要运用他的革命的新专政来代替他了。然而这新专政反对旧专政，也不是没有社会的基础，他必须是代表一新阶级的意识，这在过去的历史上确是如此发展的。如下表：

第一时期	第二时期	第三时期	第四时期
宗教革命	政治革命	社会革命	将来社会
僧侣专政⟷君主贵族军阀专政	君主贵族军阀专政⟷资产阶级专政	资产阶级专政⟷无产阶级专政	无阶级的社会（权力与专政问题之消灭）

如在宗教革命时代，这时君主、贵族、军阀都算是最有觉悟而最积极的革命阶级，他们大着胆子宣言，教皇没有干涉政治的权力，国王除掉上帝没有再比他高些。他们的权力是直接从上帝来的，是来替上帝做事的，所以国王应该有强制的权力，教会只能受国家的管束；这种打倒教皇专政的革命，在我们现在看起来，似乎不成问题，而在十一世纪后半期至十二世纪后半期，日耳曼王亨利第四（Henry Ⅳ）同法兰西肥立布四世（Philip Ⅳ）时代，却是一阶级里最激烈最革命的思潮。他们不怕教王“革除”的大罚，他们主张用国王的新专政来代替教王的旧专政。因为国王的专政，是比教王专政还能够谋公共利益的，所以这种专政是革命的专政，在专政历史里，可算是第一次执行革命专政的大责任的了。不过这种专政，是把国家所有的统治权都集中在一个人支配，结果那首出庶物的君主，自然而然倾向专制主义走，于是前边所说的专政腐败下来，君主革命专政竟变了昏天黑地的

“朕即国家”的暴君专政。有了暴君专政，便自然有反抗方面的资产阶级革命发生；于是革命阶级的政治意识，又换了一新局面，就是所谓资产阶级专政的时期来了。资产阶级专政的时机，是表示资本主义发展的需要，是为着资产阶级的利益，努力扫除一切封建君主贵族军阀的反动的。这种革命专政的实现，就是确立资产阶级不受限制的统治权，不过表面上却明明标着超出阶级的自由的旗帜罢了。他们为的要拥护议会和宪法，为的资产阶级的私有财产神圣、贸易竞争自由，所以不惜倚靠雇佣军人所施行之刺刀的暴力、警察的暴力和金钱的暴力，用少数人的专政来代替一个人的专政，这在专政学说史上不能不算是一大进步。但历史告诉我们，资产阶级专政从工业资产阶级的专政以至于财政资产阶级的专政，再至于军火资产阶级的专政，到了现在已经走到末运了。于是代替他的，便是俄国革命所主张的无产阶级专政。列宁在《专政问题的历史观》里说：“专政有二种不同，一是少数人对多数人的专政，少数警察对民众的专政，一是多数民众对少数暴徒劫盗僭窃者的专政。”那么第三期的革命专政究竟倚靠了什么呢？倚靠在民众。“旧的是少数人政权机关统治民众，统治工业群众；新的是民众政权工农政权机关统治少数人，统治少数警察暴徒，统治少数特权贵族和官僚。统治民众的专政，和民众革命的专政二者中间之区别便是如此。”所以无产阶级专政只是大多数人的专政。这些大多数的革命民众，当革命发生时候“直接迅速破坏了压迫民众的机关，夺取了政权，索回了一切侵略者从民众取去的财产时候”，便是开始实现无产阶级国家的形式的时候。所以苏俄的无产阶级专政，在革命专政的学说史上，不能不算是最后出最有历史进化的意义的了。但是我们却要注意，苏俄的无产阶级专政，只是欧洲性的政治模型，由亚洲性的政治立场看来，便有许多缺点，然而苏俄之对外的政治形态，乃在反对德、意之纳粹法西斯的政治，所以以暴力代替暴力，以霸道取消霸道的革命形式，乃是绝对必须的，而在同时期的“亚洲性”的国民革命，则却可以避免。因为国民革命也是倾向于民众革命的专政的，也是依靠广大民众创造新的政权的，可是这种专政之实现，并不由于这个那个无产阶级参加政权，而只由于整个的民族的无产阶级或半无产阶级参加政权。因为是整个民族的，所以是最有力量的最有计划的民族的革命运动。因为这革命运动是以国际帝国主义为对象的民族运动，是资本主义国家主义末期的民族运动，所以他的性质，无条件断定是民族的无产阶级或半无产阶级握得政权。这么一来，可是第三期的革命，一个是帝国主义国内的无产阶级专政，一个是被压迫民族的无产阶级或半无产阶级专政。一个是阶级性质的无产阶级专政，一个是民族性质的无产或半无产阶级专政，两者途径虽然大大不同，而要完成其第三期革命历史的工作则一。可见国民革命实本世界革命的一大部分，他是依照世界两种革命途径共同存在的原则而存在的。他一方面是处在不可调和的敌对状态中，和帝国主义及与帝国主义相勾结妥协的军阀官僚买办土豪劣绅宣战，一方面可与全世界无产阶级合作，以形成一个整个的世界革命运动。但我们要问：谁是世界被压迫民族的国民革命之领导者呢？当然该由中国的革命民众起来，只用仁义道德做基础，来领导“被压迫民族国际”去完成特殊形式的国民革命，以达到世界大同。到了世界成一个大同之治，那时阶级及阶级的一切痕迹，完全消灭，不但我们四万万人的大志愿可以达到，并且这时“西方之功利强权的文化，便服从东方之仁义道德的文化，这便是霸道要服从王道，这便是世界的文化日趋于光明”（《中山丛书》三，页三八二）的新历史的开端了。

由上政治权力的历史观，使我们明了权力之辩证法的过程与世界革命之两大路线。于是我们乃更进一步，应用历史进化的方法，略把政治的权力要素拿来分析比较一番，如下图：

权力的历史观		1. 武力（军事）	2. 统治力（权政）	3. 群力（政党）	时代的区分
第一时期	宗教革命	奴隶的军队：为封建势力而战	君主贵族军阀寡头政治	保皇党	十一世纪后半期至十二世纪后半期
第二时期	政治革命	雇佣的军队：为扩张殖民地而战	资产阶级民主政治	自由党	在十六十七十八世纪
第三时期	A. 社会革命	工人的军队：为劳动者的利益而战	无产阶级民主政治	共产党	一九一七年俄国革命起
	B. 国民革命	国民的军队：为打倒帝国主义打倒军阀而战	全民政治	国民党	在中国是现代
第四时期	大同世界	完全废兵	全人政治	废党，全世界尽是大同主义者	最多百年必然实现

（一）现在先分析政治权力中军事的性质。克劳塞维兹所著《大战原理》中（第一章第八节结论）曾为战争下一定义，“战争不是独立的行为，而是政治的继续”。我却以为“战争就是政治的开端”，换言之即是一切权力均从战争开始，而武力就是政治的最初形态，这话和克劳塞维兹说法相反，而同样认识军事（武力）和政治的关系。初民社会人与兽争这就是武力的起源，到了人同天争，人同人争，而后才发生权力的问题。可见武力简直就是政治的渊源了。至于军事的历史，在上面表中很明显地可以看出。试以欧洲中世的历史为例，最初的军队便是贵族的军队，当第十一世纪至第十三世纪，欧洲的中部变成了一个军营，每一个封建制的单位，都成了一战争的单位，那些公爵、伯爵、男爵都立誓效忠于他们的国王，都愿意忠心做他国王的仆人，为王家的利益而战。并且在他们密切的组织内，还产生了一种武士制；这种制度使当时的野蛮风俗变而为尚侠好义的。房龙在《人

类的故事》中，描写这种军队说："他们都注重在服务和他的本分这点上。他们不以做仆人为羞，只要你能够做一个好的仆人，做事不要怠惰：至于论到忠心，这是做军人最重要一个德性，有一个时候，虽然有许多困难的事情，但是因为生命的关系，不得不忠心去做。"（上册，页一百七十四）其实贵族的军队就是奴隶的军队，所可异者就是奴隶的军队，也能够"鼓励一切勇敢的心，表示他们高贵的模范"罢了。若从坏的方面去观察，则这种军队不过是一种牢狱的世界——焚杀、残暴、压制和脚镣手铐，不消说是专拿来满足皇帝贵族诸侯的淫欲和野心的。他们不过为君主贵族诸侯欲战而战，他们战争的意义，和那街上的两狗相打的真意义完全相同，那么这种可笑的奴隶军队，在历史稍为进步的时候，还要他做什么呢？所以欧洲在城市手工业制度发生的时候，这种封建旧支配阶级的武装，立刻便灭亡了。房龙又告诉我们，这时"城市的居民都成了富翁，雇了许多的学校教员，不久他们便与武士并立了，火药的发明，夺去了笨重的武士制的军器以前的利益，佣兵制的成立，便使柔和的象棋式的战争失去功用，武士成为多余的东西了"（页一七六）。自城市手工业社会发展到手工工场社会，中间为着商业资本的需要，发生过许多征掠殖民地的战争，差不多都是由资本阶级的雇佣军队打出来的。我们要知道这种雇佣的军队和奴隶的军队有怎样不同，最好是看法国的《人权宣言》在那第十二条说过："人类同公民权利的担保，不能不需公共的军队，所以这种军队应该为公众的利益，不应该为管理军队的个人利益而设立。"从前奴隶的军队是忠心做他国王的仆人，是专门为拥护君主贵族军阀的个人利益，所以君主贵族军阀只要兵强力足，便可以横行一时，现在呢？雇佣的军队已成为资产阶级政治之一机械，所有维持军队的经费，完全由资本阶级的"荷包"供给（看第十三条便知），那不算资产阶级自卫的一种工具是什么呢？所以第二期的军队在普通形势之下，自然是资产阶级性的。他们不但服从资本家，去扩充资本主义的掠夺范围，强辟商场，垄断原料，并且同样拿来镇压工人阶级，做直接的残暴的工具。他们宣言：他们是为国家主义而战，是为人类同公民权利而战，是为德谟克拉西而战。但是事实上，只不过为那少数资产阶级的一种强盗的劫夺而战罢了。于是有一雄壮的国际的无产阶级的声音突然出来，反对这帝国主义的战争，反对军国主义，反对殖民地的扩充，这就是第二国际党防止战争的运动。国际党说明战争是资本性质上的一种要素，所以对于一九一四——一九一八年的帝国主义大战，极力设法消弭，并且要求武装全国国民代替常备军。这种新军论，以后影响到始终反对战争的苏俄，便变成功与雇佣军队的编练抗衡的志愿的赤军。赤军就是工人的军队，是带有阶级结合的军队，社会主义色彩的军队，自然比那资产阶级的佣兵制好得多了。所以他的军事训练，处处和资产阶级不同：资产阶级军队不知道为什么而战争，红军则在军事知识以外，还很注意于政治学识之发展，在军队中建设政治部，建设共产党的机关，使他能够为本身的利益奋斗，能够变成反对压迫和虐待的战斗员。据 John Gunther 的报告，“红军是世界上最有力量的陆军之一，它的人力很强，充满着兴致和精神，配备既好，领导又好，它的机械化程度，比欧洲各国的陆军都高。在一九二九年每名兵士平均得机械化马力为 2.6 匹，一九三〇年为 3.7 匹，至一九三三年已为 7.74 匹。这数目胜过英、法两国的数目，有人相信甚至可胜过德国。而且据红军总司令伏洛希洛夫说红军中的人数有百分之七十是技术家”（《欧洲内幕》下册，页六四五）。这实在是全世界无可比拟的了。但和国民革命军比较，则两者各有优越之点，如赤军的教育，是军人的物质教育，是教他为物质的利益而战，国民革命军的教育是军人的精神教育，是教他为极端的情感而战。前者代表阶级的军队，后者代表民族的军队，而殊途同归，均倾向于大同的世界。“大同世界即所谓天下为公，孔子之理想世界真能实现，然后不见可欲则民不争，甲兵亦可以不用矣”（《中山丛书》三，页四九一九七）。依孙中山先生的意思，“中国人才是世界上最爱和平的人，我从前总劝世界人要跟上我们中国人，现在俄国斯拉夫族也是主张和平的，这就是斯拉夫人已经跟上了我们中国人”（《民族主义》，页七一）。这么一来，可见苏俄的赤军，确已脱离了讲打的野蛮习气，不讲功利强权，他们的军队现在正为着毁灭世界军备之残酷而战，为大同世界而战，而我们的国民革命军更是基于全人类极强的仁爱冲动，无论怎样逢着了迫害，总不肯取消我们中国人爱好和平的信念的。依照孙中山主义的高尚理想，不做到消灭任何可能的战争，是不肯罢休的。所以从今以后，国民军的大责任，就是“做东方王道的干城”（《中山丛书》三，页三八四），直到大同世界实现的时候，那时候才是完全废兵的目的达到了。

（二）次分析政治权力中普通政权的性质。第一时期是君主贵族军阀政治成熟的时代，贵族阶级革僧侣的命，所谓“宗教革命”。这种革命是从中世纪的末期才起的，那时各国出了几个能干的君主，提出一个与教皇对抗的革命运动，如那时候日耳曼的皇帝亨利第四宣布教皇格利高里第七的罪状，革了他的职权，法兰西王肥立布第四得了人民的帮助，宣言教皇在法兰西没有干涉的权力，因为这时教皇与国王的冲突，那贵族教徒平民都不赞成教皇，所以结果是宗教革命成功，王权高出教权之上。第二时期是资产阶级政治成熟时代，资产阶级革贵族的命，所谓“政治革命”或民主革命，如法兰西革命便是为全世界政治革命开辟一个新纪元。这个革命反对“君主诸侯及军阀”，是为资产阶级的利益而斗争的。所以革命的胜利就是资产阶级革命的胜利，他们的口号是“自然权利”和“主权在民”“在自然法下一切人类生而自由”，他们的目的是以平等的制度，去代替特权的制度，以自由的国家去代替专制的政府，以民主主义去代替神授的君权。我们读当时法国国民议会发表那篇《革命的性质范围和利益的宣言》以后，便知道这回革命是完全要确立资产阶级的民主政治的。《宣言书》第二条“所有政治集合的目的，在于保存人类天然的同一不变的权利，这种权利就是自由，财产和抵抗压迫”。第十七条“既然财产是一种不可侵犯的而且神圣的权利，那么除非法律上决定显然有公共必要时，无论何人的财产，不得被人剥夺，即使有必要时，还以事先应该给产主一种相当的赔偿为条件”。可见这一次革命本来是拥护资产阶级的，所以第十三条说到政费及军费的供给，应该依照公民财力平均分配，这不是分明告诉我们政治的组织和权力，是应该在资产阶级的手里吗？固然资产阶级的国家，表面上也标着普通的民主政治，但是事实上，却只有资产阶级民主主义是存在的。这就是说，所有资产阶级的国家，都不过是资本主义制度所表示的形式，都不过是那一班资本家、地主、工厂主、银行家和拥护他们产业的官僚政客议员的联合会罢了。这种资产阶级民主政治的形式可分三种：

（1）工业资本主义时代——政治的民主政治（工业资产阶级民主政治）

（2）金融资本主义时代——经济的民主政治（财政资产阶级民主政治）

（3）军火资本主义时代——独裁政治（军火资产阶级民主政治）

最初所表现的形式，是工业资产阶级民主政治，就是由自由的资产阶级，拥护宪法、自由贸易等等，这就是自由主义的时期，是有产阶级和君主专政争斗的时期；但到了后来工业的资产阶级乃为银行的资产阶级所代替，这个时期就成为财政资产阶级民主政治，把所有全国的工业都归少数银行资产阶级管理，而表现为一种银行的新提嘉，银行的托辣斯和银行团。他们不肯拥护旧日的自由权利，却要拥护掠夺的侵略政策，这就是资本的帝国主义的时期，是要引起世界大战的时期，然自欧战以后，这种进一步的资产阶级民主政治，事实上已经宣告末运，代替它的，一方面为列宁和托罗兹基派所主张的“无产阶级民主政治”，一方面即为军火资产阶级的统治；原来的金融资产阶级政治一变而为拥护军火资本主义的政治机构，所谓独裁政治，如法西斯纳粹的政权，便是实现的例，因而又引起了第二次的世界大战。在另一方面苏俄共产党直率地要组织无产阶级一阶级的政治，所以直率地主张无产阶级民主政体，以为只有无产阶级民主主义才能实现真实的“普遍民主主义”。他们在《共产党党纲》中说得好：“资产阶级民主政治仅仅在形式上公布了集会、结社、印刷种种的自由，和人民一律平等诸政治权利，而在实际上那行政经验的所得，更加之劳动界上经济的奴隶地位，始终使劳动群众在这个资产阶级民主政治之下，丝毫不能利用这些权利和自由。反之无产阶级的民主政治，不但正式宣布各种权利和自由，第一要着就是把这些权利和自由，实际地赋予民间那些受资本主义所压制的阶级。明了地说，就是赋予于无产阶级和农民。劳农政府因此就由资本阶级手中夺去他们的屋产、印刷所、贮纸库等，公诸劳动帮伙和他们所组织的各团体完全支配之下。”（页一二）这样看来，可见无产阶级的民主主义，实际上就不过是拥护无产阶级一阶级的民主政治，不过这种民主政治是为多数被剥削者底利益，和资产阶级民主政治，仅为少数剥削者底利益大大不同罢了。虽然如此，共产党的根本观念，最后还是主张实现普遍民主主义为理想的。所以列宁在《旧秩序与新秩序》中告诉我们：要实现真民主主义，须要废止国家的权力，然而这个目的不是由劳农会的民主主义还是不能达到的，只有实行无产阶级民主主义，才能具备了完全废止一切国家底途径。虽然这种无产阶级的民主政治，只算得社会主义的革命，还不是真共产主义的革命，苏俄要达到真共产社会还须不少的时间，然而无疑地必须社会主义革命成功后，共产社会才能建立。真共产社会是没有阶级而一切生产又是有组织的社会，是一种“各尽所能各取所需”的社会，到了那时“也就无所谓国家的组织，也就没有特别组织的统治阶级，用强硬手段压迫仇敌阶级，一个人对于别的人，没有权力，没有管理。所有管理，只是对于机械的管理，所有的权力只有对于自然的权力，人民之间没有仇敌的界限，国际的疆界亦除去了，亦没有所谓你我各人的祖国了。全人类之间，没有什么国界的分别，各部分都联合起来，组织一个无可分离的大团体，一个协同的劳动大家庭”（布哈林:《共产党底计划》，页一六）。最妙的就是这个时候“人们照统计局计划去做工，亦如乐员随着队长的指挥杖去奏乐一样”（布哈林:《共产主义 ABC》，页六七）。这种理想中最愉快最自由的无统治社会不是和我们孔子所理想的大同世界是一样庄严华丽的吗？孙中山先生说：“大同世界，俄国新政府之计划，庶几近之。”（《中山丛书》三，页九六）可见无产阶级革命的途径虽然和中国国民革命的途径绝不相同，而他们理想的目标，却也是向着大同世界的路上走的。中国国民革命主张推翻帝国主义即推翻了最后阶段资本主义的政治，而建设人民全体的政治，为人民全体的政治，由人民全体的政治，这就是所谓“全民政治”，全民政治和资产阶级民主政治不同，他也是主张以实现“普遍的民主主义”——“全人政治”作为目标的，是要完成真正民有、民治、民享的大同世界的。所以在这一派的学者中，很多都已知道“三民主义之终结的目的，在以全人类之共同努力，建设新共产社会，完成真正民有、民治、民享的大同世界，就是要造成‘均无贫和无寡安无倾’的世界”（戴季陶:《孙文主义之哲学的基础》，页六六）。到了这个大同世界的实现，就是那真正无性别、无宗教别、无人种别、无国民性别的全人政治的完全实现，到了那时人人都能享受他生命上的幸福，人人都有最圆满的自由，这是何等一个欢天喜地的无强力的世界啊！

（三）次分析政治权力中政党的性质。原来革命的第一要义，即在于政治社会的权力，从一阶级的手里，移到别一阶级的手里，而政党就是代表这一阶级中之最积极最有远见的一部分，因为自己阶级的利益联合起来的。所以政党就他的本身的意义说，就是全阶级组织的锁钥，他的目的就是有意要用种种方法来造就本阶级的中心思想和领袖人物的。好比保皇党（或保守党）由现在看起来，不过是反动派守旧派罢了，但当革命的第一时期，却是最勇敢的革命的支柱。如文艺复兴的先驱者但丁，就是赞助皇帝的保皇党，是属于以君主贵族为中心的阶级组织。那时政党有两大派，一派是归尔富的教王党，一派是吉柏林的保皇党，但丁的“君政论”就是保皇党对于教王党的革命宣言。他们拥护皇帝的统治，拥护封建制度，拥护贵族地主的优越权，实实在在很明显地在历史上第一回演了光荣的革命了。然而我们不要忘记，这中世纪的革命政党，在现代已经成了极右的守旧党——从经济上说，就是地主的政党。地主的政党本来是封建社会的遗孽，在近世资本主义底社会成立以后，早已处于劣势的位置了。新兴的资产阶级为要和将亡的封建贵族与地主阶级来争夺利益的原故，在他底对面建设了“自由党”，自由党对抗封建君主社会，在法国大革命的时期里——一八四八年的时期中，已经做了些重要的事情：即至于亨利乔治提倡“单税论”的时代，资产阶级的政党（所谓自由党、立宪民主党、共和党、国家主义党等）还是打倒封建贵族地主阶级的革命势力，但到了无产阶级政党开始要实现本阶级的利益，而反对资产阶级的时候，自由党又变成了反革命的黑暗势力了。无产阶级的政党是各国的工党、社会民主党、独立劳动党等等，但却没有一个比得上苏俄的共产党更能奋斗更能指导阶级的意识的。他们常常夸口“工人阶级是资本主义社会中最前进的阶级，所以工人阶级的政党，是所有政党中最前进的最革命的政党”。不错！他们实在是“有组织性和有一个有力的团结的坚决的政党”，而且在推翻资产阶级和破坏资产阶级的革命中，也只有他们的党，可以作其他的共产党的模型。但话虽如此，共产党只是阶级性质的无产阶级的政党，并不是民族性质的无产阶级的政党，列宁虽然说过，世界多数的民族十二万万五千万人，为少数民族二万万五千万人所压迫，虽然主张帮助被压迫的民族去自决，为世界上被压迫的人打不平，却是历史事实告诉我们：亚洲被压迫民族的历史经验，已经铸成了亚洲民族性格，他的分量是很重的；他的观念感情信仰及生存方法，都和“欧洲性”的无产阶级性质不同，所以“共产国际”只是共产国际，没有力量兼办“被压迫民族国际”，共产党只是共产党，没有力量领导青天白日旗帜之下的国民党。而且共产党是认工人为革命基础，所以说“我们确是工人党，而不是工农党”，“我们赞助工农联合，在这联合里，领导权是属于工人阶级”（布哈林:《农民问题》，页三十一）。反之国民党则确是农民党，和拥护农工政策的农工党，所以说“农民是我们中国人民之中的最大多数，如果农民不参加革命，就是我们革命没有基础”（《中山丛书》三，页三三四），“国民党现正从事于反抗不利于农民工人之特殊阶级，以谋农夫工人之解放”（第一次代表大会宣言）。孙中山先生因看到这层，所以老实告诉我们:“像俄国的一万万五千万人是欧洲世界主义的基础，中国四万万人是亚洲世界主义的基础。”（《民族主义》，页七十三）这分明指示我们，俄国的共产党是欧洲无产阶级的政党，中国国民党才是亚洲民族的无产阶级的政党。民族的无产阶级的政党，不但要唤起民众，联合本国一切被压迫的民族，还且主张联合世界上一切被压迫的民族，联合帝国主义者本国内大多数被压迫的人民，不但不主张功利强权来压迫弱小民族，还且主张用固有的道德和平做基础，去济弱扶倾，成一个大同之治。不但如此，共产党在俄国和在欧洲各处都是一样的，他达到最后胜利以后，必然更进一步，走到“无政府党”的一段。固然无政府党在由资本主义达到社会主义的过渡时期，他不能担任社会革命中的最要任务，但在自由社会主义达到共产主义的过渡时期，他实在是一个最好的向着真共产社会的“和平革命”的主要动力。（大同社会在欧洲方面，不能像飞将军似的从天而下，必须经过共产党革命之后，无政府党才能渐渐地出来领导全人类的解放事业，并且这种革命所要实现的是理想的和平生活，所以无政府党的革命，也是一种和平的革命。）所以共产党是第一步，无政府党是第二步，这不是说无政府党是共产党的更进一步吗？所以共产党在历史进程中，将来必代之以无政府党，反之国民党的最后目标，是“天下为公”四个大字，当然连无政府党都要超过。因为国民党的主义就是天下为公的大同主义。所以即到将来大同社会实现的时候，国民党仍然是一个做媒摆渡的主要动力。不过到了那时，全人类都组织在一个极大的乐园之内，全人类都是大同共产主义者，那时没有什么宗教种族国籍的区别，也用不着有什么政党的区别了。

总上所述，应用了历史进化的方法，将政治权力的几个要素——军事、政治、政党——加以分析的研究，还且在分析中应用比较的方法，把中国现实的政治形态拿来比较研究，我很相信，只要我这种文化社会学没有错误，便是我的政治理论和革命理论，也就可靠极了。我总觉着中国的政治是有历史的文化的基础的，中国历史的传统，使我们信仰三民主义的政治哲学，使我们负起领导世界被压迫民族的历史使命，只要我们分析政治的文化类型愈详愈切，便对于革命的三民主义的信仰，也自然愈挚愈坚。我们应该有胆量承认中国的革命路线，是从国民革命到世界革命，并且在政治哲学上也应该依国父孙先生的遗教，从中国数千年已经开辟的东西中，选择那有真正文化价值的“大同”两字（即教育的政治型），做我们政治理想的最后目标。

第五章　法律的文化概念

（一）

社会文化之第一类型：政治，第二类型即为法律，如以政治的本质为“权力”，则法律的本质，亦当为“力”之一种。依 Berolzheimer 意思，“一切文化现象，皆为力之发现，一切人类当其为文化人类时，其生存不可少之力之要素，即是文化的力之要素（Kulturelle Kraftfaktoren）”。法律文化无疑为一种力：人为的力，又为理念论的力。然而即在这里仍没有将法律和其他文化区别出来，因此 Berolzheimer 特别指出建立法律秩序之两种根本方向，即是赋予力（即法律上之威力）及拘束力（即法律上之制限力），然而这种法律之强制的性质，也不是绝对的。“法律是由自主的支配，于文化状态（Kulturzustand）之下而建立秩序之谓”。这就是文化派 Berolzheimer 对于法律所下的定义。（详见所著《法理学及经济哲学体系》第三卷）简单来说，法律即是文化社会控制个人及团体行为的规范力罢了。这种规范力，最初发生时是一种强制力，W. Oswald 在所著《文化学之能学的基础》（第十讲）中，曾有一段说及（汉译本，页一九一）：

法为行为之方，处世之道，人群社会之平，其产生，以吾所知，由于强力。法与强力之关系，取譬喻之，犹花之于果，足之于迹，花谢果生，足去迹留，法之存在，正如是耳。然此非谓强力即法，乃谓强力为法之端始，法乃强力之后继。强力表现其作用，经时之后，即归消灭，于是法起而代之，执行其职权。故法之为物，实具强力之作用。举例言之，凡判词之执行，必有赖于强力，即须有强力为之拥护，然后其施行始可顺利，否则不过具文而已，所异者强力之表现属于一时，法之存在堪永久耳。

然而这一段也只好拿来说明法律始原，即“政治的法律时期”，却不足以说明法律的本质，即“法律的法律时期”。法律之所以成为法律，谓其依于强力（权力）而存在，不如谓其依于“规范力”而存在，法律决定邪正，与道德是一样的任务，所不同者，道德为人生的规范，法律则为社会的规范，前者属于知识生活（哲学）的范围，后者属于社会生活的范围。然而知识生活足以决定社会生活，所以道德规范常常构成法律的内容，人类关于良心的无上命令，常常构成外部行为的法律秩序。可见法律的本质，是哲学的不是政治的。文化的进步使法律本身突破“政治的法律时期”，而走上“法律的法律时期”，即法律之所以成为法律的时期，于是法律与政治分科，那由政治关系所产生之法律定义（强制力说），也就不再适用于今日了。

我们知道法律是文化社会控制个人或团体的规范力，还要知道这种规范力是跟文化的进化而变迁的。在法律史之第一时期：宗教时期，法律是“神力”的规范力；法律史之第二时期：哲学时期，法律是“抽象力”的规范力；法律史之第三时期：科学时期，法律是“社会力”的规范力；法律史之第四时期：艺术时期，法律便是“文化力”的规范力了。然而无论何时，法律始终以规范为特质，而一部法律思想史，也就可以说就是关于法律规范力之观念发展史了。现在试应用历史进化方法，将法律的变迁线索分做几个时期：

第一，宗教的法律时期——在原始时代，法律与宗教文化领域实无分别，法律即是宗教的法律，法律家即是宗教家。游牧时代人同兽争，故在宗教概念为图腾主义（totemism），法律亦基于一种宗教忌讳之行为规范，所谓“达波”（tabu）。农业时代，达波之宗教概念，乃由动物崇拜移至祖先祭祀，“达波”遂用为维持族长权力之宗教的法律制度，族长神圣不可侵犯，与之接触或亲近者必受神罚，此即宗教的政治权力的起源，同时也是宗教法律的根据。所以原始法律自始是与宗教混同，法律规范实即等于神的命令，违法行为即视为获罪于神——宗教的罪恶，而且处罚亦甚严酷。有史之初，人类乃受习惯法的支配，习惯法甚少伸缩余地，故对于习惯法的服从，仍不免带半宗教的性质，且为期极长。我们现在研究古代法律的发达史，从巴比伦、埃及以至中世，可以说均为宗教的法律时期。一九〇一年发现巴比伦之《罕穆剌俾（Hammurabi）法典》，实为世界法律文化之甚古者。（一九一五年发见较早之《岫默法典》）碑文中称“今余有名之王，神畏之罕穆剌俾，确立公道于浊世，毁灭卑劣邪恶，抑止以强凌弱，照彻世人，光耀大地，犹如日神”。而其石柱上部浮雕之像，有太阳神沙马斯（Samas）传授法典于罕穆剌俾之图，可见此最古法典之威权，实寓于神的威权，法典中常有“声明于上帝之前”之用语（第九条）。其裁判采用水神裁判法与宣誓，水神裁判法是将嫌疑犯置于“圣河”水面，若浮而生者无罪，沉而溺毙者有罪，这么一来，河神便将此种案件，用超自然的方法解决了。（第二条、第一三二条，参看 C. Edwards 著《罕穆剌俾法典》）巴比伦法典之影响为《摩西法律》，《摩西法律》在立法史上正如在宗教史上一样划出一个新纪元，它乃是典型的宗教法律，是以万能之上帝命令为根据的。“Thus saith the Lord God”这句话常为《摩西五经》中所习用，作者首先所举的十诫，据说是上帝自己在西乃山雷声震动中赐给他们的，殊不知此西乃山立法的渊源，乃在于五百年前之《罕穆剌俾法典》，殆为现代学者定论。书中指示如何崇拜耶和华开端，继以法条，而以劝勉遵守此类法律作结，其程序与法典实同。惟水神裁判法因在巴力斯坦河流甚少，不如巴比伦之有圣河，故以“苦水”代之罢了。至于埃及法律，其本文虽不可得见，但因其以国王为宗教的神圣的最高神的后裔，故其宗教的法律思想特别发达，人民不但生前要受宗教法律裁判（如杀害崇拜对象之物者被处极刑之类），即在死后，亦须经过审判。依美黎卡拉训言，可知当时人深信，如在现世有不正直之行为，则“死后之灵魂必受仙官审判，审判之时，甚为严肃，执法如山，毫不假借”。至今在古埃及墓碑刻文上，常发见有“审判后宣告正直无讹”之字样，可见对于死者所受神圣裁判之如何重视了。（见 Moret：《尼罗河与埃及之文明》第二编第四章）。印度法律则在马鲁（Manu）法典之下，严守四姓阶级，为绝对神圣之物，例如杀死一个婆罗门教徒，便认为是一切犯罪中最残忍，在时间上永远不能获到赦免。裁判制度则因印度为神的裁判法之最古国，自吠陀时代已早通行，约计之，此种祷审神裁法有下列八种：（一）秤审，（二）火审，（三）水审，（四）毒审，（五）圣水审，（六）米审，（七）热油审，（八）签裁。以火审为例，其方式载于法典，即置赤热铁丸于七枚无果树叶上，使当事者捧之，步行于一定距离之圆圈上，然后检验掌中，视伤之有无，以判真伪。婆罗门僧始唱祈祷之词。辞曰：“呜呼，汝火为净祓之具，即神之尊口，缘汝住于一切物之心中，故得知此事件，真实即由汝舌而出。”（参照穗积陈重：《法律进化史》第一册，页二四—二九）这不消说是极严肃的宗教的法律了。而古来盛行于欧洲之神的裁判法，依 Lee 氏研究的结果，都是从印度来的，这点值得我们注意。还有波斯法律，因为拜火教和其同源的印度之吠陀法制一样，人为法和神法都极混杂不分，他的刑法是以极端残忍的刑罚见称，这也可见宗教的法律和专制主义政治之如何关系了。固然在基督教世界之前，希腊罗马可谓极进步的国家，然于农业战争，海日等犹皆谓有专神管理，因之希腊罗马的法律，也不能和宗教没有关系。吉朗士（Fustel de Coulanges）在《希腊罗马古代社会研究》（卷三第十一章，页一五三）中，曾经指出“古人自谓法律出于神，克莱特人不说是米欧斯（Minos）制法，而说水星，斯巴达人不信里古尔哥（Lycurgue）是他们的立法者，而信是阿普伦（Apollon），罗马说奴马（Numa）系记载爱克利（Egerie）所口授，她在意大利是最古最有威望。爱特利（Etrurie）谓其法授自达盖斯，这些传说中皆存有真理，古代真正立法家并非人，而是人类本身自有的宗教信仰。经过长时期法律被认为神圣。后来虽然承认一人的力量，或人民多数可以创法，但仍须请示于神，而得到他的同意，罗马不信只由人民同意可以制法，制法尚须由大主教批准，再用占卜证明神的赞成。一天，平民特别欲通过一条法律于部落会议，一个贵族说：‘你们有何权可以创新法或改旧法，你们既无占人，又在会议不行祭祀，法律是一件神物，你们与宗教及神物有何关系？’由此可见古人对法律，直至晚近时期，何等尊敬与拥护。他们不视做人类产品，他出自神。”柏拉图说“服从法律就是服从神，并非废话。……古代法律永远是神圣，王政时代他是王的后，民主时代他是人民的后，违反他就是慢神”。我们知道，在雅典最著名的亚略巴古山法院（Court of Areopagus），它的创始即带有一种宗教的神话。相传马斯（Mars）曾一度因密纳发女神（Goddess Minerva）的请求在那里受审，该法院也曾以二百八十票判决苏格拉底犯渎神罪，至于露天开庭审判的习惯，据说也是由于某种宗教上的理由罢了。罗马法律的发达可算是一切国家在各时代中最杰出的了，但据历史家 Livy 所说，最初的立法家即第二代国王奴马（Numa）是因为和女山神爱克利谈话而受着她的影响。帝政时代利用历代宗教尊重帝王为神的思想，说皇帝的身体和权力都是神圣的，自受基督教感化之后，皇帝的身体虽不是神的部分，皇帝的权力却是从神意降下来的。中世时期，教权兴盛，法律只是教会用以传达上帝的意志的工具，这时政权竞争，教王和皇帝各自认为受上帝的托付。教会学者依据《圣经》上说，“惟他是精神的，故能判决万事，他自己并不被人判决”（《达哥林多书》第二章），所以极力主张把皇帝的权力纳在教会之中，把国法附属于神法之下，如莎里斯堡约翰（John of Salisbury）甚至以为“君王不过教士的仆人”。为什么？“因为神意法中的职务，虽然都是宗教的，神圣的，但处分罪犯的职务，比较下流，与刽子手所做的相似”；这是挖苦皇帝不过神意法的执行人罢了。所以君主应该服从教士，而教士的法律，即是这以公道为主的永久的神意法。圣汤姆斯·阿奎那（St. Thomas Aquinas）可算经院学派的巨擘，他对于法律曾下一个定义：“法律是统治社会者为共同的幸福而发布的真理的命令。”这定义包含下列四种法律：（一）永久法（eternal law），（二）自然法（natural law），（三）人为法（human law），（四）神意法（divine law）。永久法是支配宇宙的计划，存于上帝心中。自然法是人类固有理智而分有永久法的一部，是人类用以分别善恶追求真理的目的。人为法是人类理智将自然法应用于某特殊世事的实用。神意法狭义的是人类理智的限制，又是人类理智不完备处的补充，这种法将人类万无一失地引到天上的目的——永久的幸福；这种法就是上帝默示的法律（law of revelation）（参照 Dunning《政治学史》汉译本，页一五八）。在这里无疑乎永久法和神意法特别可以说就是基督教徒的法律观了。在法律史之第一时期，从拜物教的法律（以巴比伦、埃及为代表）到多神教的法律（以希腊、罗马为代表），再进至一神教的法律时代（以中古时代为代表），于是一切法律均为上帝所宣布，在上帝的强制规范之下，人人必须服从，必须遵守。至于自然法亦是出于上帝的意旨，因为自然权利乃生于上帝的意旨的原故。但是到了宗教的改革时代，人心趋向自由，哲学家乃将自然法与上帝分离出来，自然法即是哲学的法律，遂起而代替了永久法和神意法之宗教的法律了。

第二，哲学的法律时期——法律史之第二时期，胚胎于文艺复兴，形成于十八世纪之法国革命。这时法律文化的特色，在以抽象力代替神力，以自由规范代替强制规范。原来自文艺复兴以后，学者才渐渐从《圣经》及上帝所启示的法律以外，另找法律的源泉，这就是与神法有别的“自然法”。近世自然法论的始祖格罗德（Grotius）对于自然法所下定义：“自然法是真正理性的命令，是一切行为的善恶的指示。”自然法是绝对不变的，就是上帝自己也不能变更他，这样把自然法独立于神法之外，甚至以为上帝自己也不得不受自然法的支配，这实在是法律思想史上之一大革命。凡是人类都有理性，理性之中就有自然法存在，这种学说实在就是十八世纪英、美、法各国革命的法理根源，洛克（Locke）如是说，孟德斯鸠（Montesquieu）如是说，卢梭（Rousseau）如是说，伏尔泰（Voltaire）如是说，乃至美国革命政纲的倡导者，如James Otis、Partrick Henry和John Adams、James Wilson、Stephen Hopkins、Richard Bland等的著作里，皆作如是说。他们主张天赋权利说，主张人类平等，个人自由，主张法律必须关于人民的利益，必须由人民产出。他们的原理，许多实用于英国革命、美国革命及法国革命的政治试验上，而且明载于英国的《大宪章》（*Magna Carta*）、《权利请愿书》（*Petition of Rights*）、《权利法案》（*Bill of Rights*）、《人身保险律》（*Habeas Corpus Act*），美国的《独立宣言》、一七八七年的《联邦会议文典》，法国一七八九年《人权及公民权宣言书》（*Declaration of the Rights of Man and of the Citizen*）、一七九一年《成文宪法》，尤其是《独立宣言》和《人权宣言》，对于这一时期的法律思潮影响最大，当时公认之为公民自由与革命权利的法律经典。却是这种法律经典是根据着什么呢？用英国一个反对派白克（Burk）的话来说，就是根据于“白纸黑字的人权”，我们叫做“自然法哲学”。这种法律所遗留下来的最重要的思想，是对于成文宪法和代议制度的信任。一八四八年人民主权的学说在法国新宪法里更以明白规定，所有由此产生的理智主权论，非主权所得破灭的个人权利论，或抽象正义论均为尊重法律的“抽象力”的表现，以基佐（F. P. Guizot）为例，他主张“只有理智与正义才能给绝对权力以基础，他以为政治的威权系出自抽象的真理，不出于人类的意志，他确信凡把绝对主权归诸人类的政府都是专制的，只有那些把每个机关的权力，加以广大的抑制和均衡的政府，才能达到正义。代议政府是最适宜于维持真正自由的政体，因为在代护政府里面，那些代表社会最高理智的人们，是被选为治者的”（参照 Gettell《近代政治思想史》第一章、第四章、第八章）。这种法律的政治观，实际即是将政治服从法律的规范。这么一来，那广大威权的“新巨灵”（new leviathan）便自然让位于抽象的“理性之力”了。然而此抽象的“理性之力”，在法、美革命国家，成为“尊重个人理性”之自我哲学的产物，在日耳曼国家则为“尊重普遍理性”之国家哲学的产物，前者代表小我理性的权威，故主张个人自由，后者代表大我理性的权威，故主张国家自由。对于法律的认识，康德（Kant）曾说法律就是“自由的规范”，他的法理学的基本法则是“汝之行为须使汝之自由与全体及各个人之自由相合致”。黑格尔更进一步，他为法律下定义：“法的根据为自由意志，自由的存在就是法，自由构成了法的本体及规定，法律组织就是具体化的自由帝国，物质的本体为重量，同样意志自由，即为法的本体。”但自由意志怎样才能实现呢？他说“国家有客观的实在自由，较之主观自由有更高的自由，个人加入国家不但没有因此限制自由，相反地得到更高的自由”，这么一来国家便是自由实现的形态，法之最高理性的实现，而所谓个人之天赋权利和自由，也终归乌有了。所以就这一点来看，哲学史到了 Hegel 而登峰造极，同样地法律史之第二时期即哲学的法律时期，也是到了 Hegel 而告一结束，过此便是排斥自然法派之 Savigny 等历史学派继起时代，即入于所谓法律史之科学时期了。

第三，科学的法律时期——自从十八世纪法律家采用了人的权利，法律就渐趋向到个人主义，法律乃是保护“人”的天赋权利的法律，尤其保护那班有产者，而轻视社会利益。他们以理性为万能，以尊重个人的人格为标帜，试看一七八九年的《人权宣言》及《拿破仑法典》，及所有为这二名著所感化的法律，都是以纯粹个人主义的法律观念为基础的，如所谓国家（人格化之团体）的主权权利，与个人的主权权利，这个“权利”（Right）的形而上概念，实在把第二期的法律精神完全代表了。并且这一期的法典，可以说就是财产权的法典，“中等阶级”的法典，所以十九世纪如圣西门（Saint-Simon）、孔德（Comte）、傅立叶（Fourier）、蒲鲁东（Proudhon）都蔑视这种法律，提出“社会”的自由，以反对个人的自由。孔德反对“法律预想着个人之绝对自主”，蒲鲁东以人类尊严的观念来代替法律，此外如民主主义派、社会主义派，都有把社会观念来改造法律的计划。即在法典的研究方面，许多学者也改变注疏式的方法，而应用自然科学的方法，所以第三期的法律可以说是社会的科学的。人是社会中一分子，就不能有所谓主权权利，只应尽有一种职务，行一种事业，因此社会职务（social function）就代替了权利这个字，而财产权的法典也渐渐变成功以社会全体组织为基础的劳动法典了。这是法律史之第三时期，我们叫做“科学的法律时期”。但即就此科学的法律时期言，也是有很多派别，略举起来有（一）生物学的法律观，如韦加罗（Vaccaro）等注重法律之社会竞争的基础。（二）心理学的法律观，如华德（Ward）、达尔德（Tarde）、麦开佛（MacIver）等尊重法律之心理的与传统的基础。（三）历史学的法律观，如梅因（Maine）、柏哲士（Burgess）等注重法律之历史的经验的基础。（四）经济学的法律观，如 Marx、Engels 等注重法律之经济的基础。（五）社会学的法律观，有如社会实利派之耶凌（Ihering），社会正义派之斯丹蒙拉（Stammler），社会连带派之杜基（Duguit），社会法学派之 Ehrlich、Pound 等，此派对于法律之社会的性质、社会的目的特加注意。总而言之，第三时期的法律思想史对于法律之抽象的内容，而更重视法律的实践。尤其第一次世界大战给予社会主义的法律思想以一种发展的机会。苏俄新法律，即在民法亦带有公法的色彩，依一九二三年新民法第一条规定"对于财产所有权，尽量使之公有化"，又第二十二条规定"土地为国家所有，不得为私交易之目的"，第四百六十一条则限制继承财产的数额，还有可注意的，即在法律的解释与判断上面，也可以适用社会主义之法律感，这可以说就是现代社会主义法律的新倾向。

第四，艺术的法律时期——但是法律史告诉我们，如果要实现人类的真正社会法则——正义，最后实在不需要法律，蒲鲁东（Proudhon）曾依于正义，主张废除法律与政府，以基于契约的社会，代替基于法律的社会。克鲁泡特金（Kropotkin）也以为在自由组织的社会，法律可以不要，"我们不见得自由协合的契约，必要借强力去施行他。我们从来没有听过那救生艇的船员，要以刑罚加诸同伴，我们也没有闻过那投寄论文给巫利先生的字典的人，因为延迟了就要受罚，也未闻过加里波的义勇队，要用警察队驱赶他，才肯上战场去，自由契约是用不着强力催迫的"（见 *Anarchist Communism: Its Basis and Principles* 末段）。可是依我们看来，自由协合可不用法律却不能没有道德，罗素曾经批评克氏的话，依他说"我们断不便预先断定无政府主义的社会里没有疯人，而且疯人欲杀人也是不必疑的，那么，这种疯人总不能仍旧任他自由了。况且疯人杀人和不疯人因一时的恶性杀人，这中间的界线，很难分别，极文明的社会里，其男女也往往因妒忌而致残杀”。罗素因此决定法律应该存在，这自不免因噎废食，其实在将来文化社会，疯人杀人和有祖先遗传的犯罪的旧病，也只须在医院诊治便好，至于强迫的法律，因为将来人类道德进步，即可以道德代法律，所以克鲁泡特金“法律和强权”中的理想，正是法律发达到了第四时期之艺术的法律思想，将来人们都摆脱了拘束自己的法律，而为一种最友爱最愉快的自由组织，那时人类只管尽量快活，到了“从心所欲不逾矩”的艺术地步，还要什么人为的法律来拘束他。

但是这种自由社会主义者的消极的法律观，尚不足以尽将来艺术底法律的意义，所谓艺术的法律时期，应该有其积极底意义的；这时法律在知识生活上说是哲学的法律（道德的法律），而在社会生活上说，则为教育的法律（文化的法律），并不是根本取消法律的。文化学派的 Josef Kohler 曾提议一个名词，叫做“文化法”（Kulturecht）依他意思，法律以维持文化价值之发展为目的，故“依文化的变动而不断地变动，以适合新文化之要求，并以促进文化助其发展”，故在不同文化状态之下，即有不同之法律的要求，这法律的要求之总体，即所谓文化法，也就是近代意义之自然法（Naturrecht im modernen Sinne），这自然法律并非永远不变的法律，只是适合于一定文化时代（Kulturperiode）的指导的原则，Kohler 曾用“文化现象及文化要素之法律”一语，来道破法律之文化的任务，而此处所谓“文化法”，则更有国际法的新意义，他以为国家间之无政府状态是和人类之伟大的文化任务相矛盾的，所以古代巴比伦、埃及、中国，均曾发生国际的思想，现在我们也应有世界人类法之国际法的存在，这国际法的性质，Kohler 以为不外于自然法，但为“适应于时代文化含有文化法意味之自然法，这就是‘从社会学的状态’（soziologische Zustande）之变动而生之文化法”，才是国际法的基础。在这里Kohler将法律文化的对象，从国家而移于世界团体，以说明文化法的优越性，和第四时期的法律思潮，再相合也没有了。

由上所述，我们知道法律是一种文化社会的规范力，法律史的发展，更证明了法律的文化观的真确；这种文化社会的规范力，如何从“神”的规范力（宗教的法律时期）进至“人”的规范力（哲学的法律时期），“社会”的规范力（科学的法律时期）乃至最后进至“世界”的规范力（艺术的法律时期），这一部规范力的历史，即是充分说明了法律之文化史的使命，与法律之所以为法律的文化现象。但在这里仍有一个问题存在，这就是法律与其他文化之本质的联系与历史的联系的问题，以上所述，均可说明法律与宗教、哲学、科学、艺术之历史的联系，现在却要进一步特别注意法律与哲学之本质的联系。

关于这点，我觉着新黑格尔派Kohler的文化观是可以尊重的。他以文化为人类的最高目标，“人类的使命在创造文化，获得永久之文化价值（Kulturwerte）”，但是文化是什么？他说：“文化是依于知识、艺术的创造及物质的支配各方法，以克服一切之人类的收获之总体。”这就是说Kohler的文化观是包含认识（Erkenntnis）、创造（Schöpfung），及支配自然（Naturherrschaft）之三种要素，换言之即“真和美的文化，与力的文化（Kultur des Mächtigen）”，用我文化哲学的术语表之，即是哲学（认识真）、艺术（创造美）、科学（支配自然力）；但依他意思，这三种文化的根本要素，只是第一次的文化价值（primäre Kulturwerte），对此尚有第二次的补助的价值（unterstützende Werte），这就是道德和法律。人类社会以智的、艺术的与技术的活动为目的，而道德与法律则为实现此种活动的手段，这是何等重要的贡献，不过依我“文化哲学”，道德实属于哲学的范围，（哲学的三分法已将道德学包括在内），不应和法律并列，所谓第一次的文化价值，应即为知识生活之宗教、哲学、科学、艺术，所谓第二次补助的文化价值，应即为社会生活之政治、法律、经济、教育；而人类文化的发展，实以知识生活之文化价值为目标，而以社会生活之政治、法律、经济、教育为实现此种第一次文化价值的手段。不但如此，就第一次的文化价值和第二次补助的文化价值两部门来看，其关系也是对称的，这就是说：宗教为政治文化的原型，政治为实现宗教文化的手段；哲学为法律文化的原型，法律为实现哲学文化的手段；同理科学为经济文化的原型，经济为实现科学文化的手段；艺术为教育文化的原型，教育为实现艺术文化的手段。若专就法律来说，则法律和哲学的关系，尤其是哲学中之道德的关系，可以说只是“内部的”和“外部的”底关系，两者同属规范的世界，不过前者为人生的规范，后者为社会的规范，前者诉之内的良心，后者诉之外的秩序罢了。若从根本来看，则法律文化实如孟德斯鸠《法意》所云：“自其最大之义而言之，出于万物自然之理”，有理即有法，“法度之立必有其莫之立而立者，盖物无论灵否，必先有其所以存，有所以存斯有其所以存之法，是故必有所以存之理立于其先而后法存焉，此不易之序”。所以先有是非而后有法律，不是先有法律而后有是非，所以法律是什么？孟德斯鸠说：“广而言之，人心之理也，为国法，为民法，皆人心之理见于专端者耳。”由此可见法律实为哲学的产物，每一人心之理即是人类精神中固有之本质的法律认识，所谓“正义”。文化史每一时期法律现象的变动，即因此人心之理——各个人的法律感情（正义感）的变动而变动，此法律感情和社会成法的评价底一致和冲突，尤其一个社会新的较高级的法律感情和社会成法相一致的要求，常常可用以说明法律之进化原动力的。换言之，即一切法律实为哲学文化之上部建筑物，而哲学（道德）却为法律的基础，法律不但是法规、法令而已，它的原型实归于一种更高意义的文化规范：哲学（人心之理）。M. E. Mayer 曾在《法律规范与文化规范》一篇中，为法律下一定义，“法律规范就是文化规范之精确的表现”，虽然他所谓文化规范范围很广，和我意思不同，但以“文化规范”为法律的根本原理，和我以“哲学的文化规范”为法律的原型，实无不合。知道法律和哲学的关系如此，便知道为什么社会生活上的法律时代，同时就是知识生活上的哲学时代了。

再进一步来讨论法律和其他社会文化的关系，在比较的研究中，格外容易明白法律的文化概念。先就法律和政治文化的关系言，法律和政治同为社会的文化现象，同具人群的行动形式，因此有些学者便将法律和政治混为一谈，甚至于 Kohler 在《法理学》中所倡之“文化国家论”，Berolzheimer 在《新黑格尔主义》中所倡之“法律，国家和文化之三重关系论”，对于法律和政治的文化概念，均无严格的分别。实则法律和政治实有本质上的不同，政治的基础在权力，与法律的正义无关，法律的基础在“规范”，也决不仅为权力的表现。如 Machiavelli 所说“你有了良好的军队以后，就可以有完善的法律”（《横霸政治论》第十二章）这句话在现在实不适用，法律不是所谓对于权力者尊敬之谓，如据此见解，则自律的正义理想便不存在，而法律之所以为法律的本质，也埋没不见了。而且从法律的效力上看，法律所包含的规范，不一定都可以用强制力来执行，所以法律之强制规范说不能成立，而法律和政治的区别，也大可明白了。不但如此，法律文化和政治文化比较，也实有社会凝结和个人之本质上不同。人类精神的发展，依 W. Jerusalem《认识社会学》的理论，是依照三个阶段而发展，即（一）社会的凝结，（二）个人化，（三）人类性。第一阶段为原始人的精神生活，信仰万物有神与恶魔之普遍的存在；第二阶段人类始从社会的凝结里解放出来，而表现其一个独立的自主人格，这时代的特征是个人化、社会的分化（分业），对于传统思想的批评与纯粹理论之建立；第三阶段个人又有复归于集团生活的倾向，因分业的结果，强化了个人对于社会的依存底关系，这时代的特征是普遍主义与世界主义。由上 Jerusalem 社会学的认识论，注意于认识的发展与社会的发展之相互关系，很可以拿来作为我们认识社会类型的方法，何则？这种所谓人类认识的第一阶段，实际即是在知识生活上的宗教时代与在社会生活上的政治时代，这里所谓人类认识的第二阶段，实际即是在知识生活上的哲学时代与在社会生活上的法律时代，这里所谓人类认识的第三阶段，实际即是在知识生活上的科学时代与在社会生活上的经济时代。尤其是认识社会学是从“社会的凝结”一个阶段开始，这一个带着社会权威倾向的社会型式，实即代表宗教的与政治的文化类型，而与第二阶段“个人化”的社会型式之代表哲学的与法律的文化类型者不同。固然在法律史之第一时期：政治的法律阶段，法律本身也在“社会的凝结”型式之中，但在政治史之第二时期：法律的政治阶段，政治本身也在“个人化”型式之中，然而二者相互之错综的关系，不过越发证明了法律和政治的文化概念之绝不相同罢了。

次之，就法律文化和经济的关系言，我们很承认经济元素对于法律上的影响，十九世纪经济时代确然在私法上发生很大的效果。如智利阿尔哇列兹（Alvarez）在其名著中所说：

> 十九世纪经济的大发展震动了而且差不多推翻了过去政治的经济的全部组织，又引起了许多大问题，这些问题影响到全部的政治范围（国内的或国外的），国外或国内实业竞争的问题，劳动力团结的问题，阶级战争的问题，总而言之，就是最广义的社会问题。
>
> 国际法国内立法、政治、哲学、道德、文学——通同感受了这些现象的影响，结果并感受了这些现象的科学的影响，因此

政治科学成了社会科学，已不像以前专从政治方面观察，而以社会方面为观察点了。于是社会问题之重要，今日超过那些纯粹政治的问题，而政治的本身，无论在何处，都带着社会的性质。

我们要指出这个运动的最显然的情形及其在私法上的影响。

经济的变迁已在民事立法上产出三层效力，第一，扩张私法的有效范围，就是脱出现存的立法形式而依赖新原则以建设一个新法律系统。第二，毁去法律之统一，而罗括许多题目创造许多性质特别的法律，专为劳动者的大社会阶级设想，最末播了些种子，这些种子一到发芽的时候，就要在最近的将来产生更深远更激烈的变化。（详见方孝岳译：《大陆近代法律思想小史》上编，页 91—102）

我们知道十九世纪的经济时代，不但使政治成为“经济的政治”，而且使法律也成为“经济的法律”，如 Alvarez 所举的三点：民法的扩张、劳动立法，和别种将来的效力。实际则劳动契约在经济时代的影响之下，已经从私法中抽出，居于独立的地位，这个在“法律的法律”时代所认为乌托邦的空想，居然实现了。但因此便如马克思派一样，竟谓法律为经济基础之上部建筑物，或谓法律只是根据生产关系以使之固定化的形式，那又异常陷于错误！马克思说：“政治的……市民的……立法，都不过是把经济关系之意欲记录出来，布告出来”（《哲学之贫困》）；“不问是否在法律上发达的东西，以契约为形式的这个法律关系，即是反映其中经济关系的意志关系。此种权利关系，即意志关系的内容，是由经济关系所赋予”（《资本论》卷一）；“生产的各种形态，产生特有的法律关系，统治形态”（《经济学批判》）；这么一来，法律的文化概念便和经济的文化概念相混了。实际说来，经济固然可以产生法律，法律也可以产生经济，马克思派的经济的法律观可以成立，L. I. Petrajitzsky 的法律的经济观，也一样可以成立。依 Petrajitzsky 所说法律之分配的社会功用，是“把人类中的权利和义务加以分配，所以能够决定人类关系的一切主要形式，规定各得其所应得的范围，分配一个集团内的分子所应有的权利和义务。这种法律上的分配即是指一切社会价值在一个社会的分子中之分配，它是形成整个的社会组织、政治构造、经济制度、社会阶级等的力量”（见 Sorokin《当代社会学说》第十二章汉译本，页 1122—1123）。然而这种法律决定经济的历史观，可以拿来说明“法律的经济”社会，却不足以说明“经济的经济”社会，可以适用于“法律的经济”时代，却不可以适用于“经济的经济”时代，因之也就不能有绝对的价值了。同一样道理，马克思派以经济决定法律的历史观，可以拿来说明“经济的法律”社会，却不足以说明“政治的法律”社会和“法律的法律”社会，可以适用于“经济的法律”时代，却不足以说明“政治的法律”时代和“法律的法律”时代，也就不能算得绝对的真理了。老实说罢！法律的文化概念和经济的文化概念，本质上是不相同的，德国社会学者 Barth 在所著《黑格尔乃至黑格尔派之历史哲学和马克思及哈特曼》书中曾经指出“法律”和“经济”的不同，以为“马克思所谓‘经济为法律之单一机能’一见即可知其错误，何故？因马克思自己也说过有没有奴隶的共产主义的农业，和有私有财产及与相伴之奴隶制的农业：这即是同生产阶段有两个不同的法律形态的事实，因此可以想见同一的生产关系，可以存在于极相异的法律形态之下”这一段话，很可以打破将法律附属于经济文化的错误。其实依孔德社会进化的三阶段法则来说，现在正是产业时代，即构成现社会生活的根柢而决定历史者，不是政治（军事），不是法律，实是那使人类生活成为可能的经济文化，这就是现代历史过程，惟有经济文化的型式才能解释，这不就是说明现代社会就是经济史观的时代吗？然而经济史观横着考察社会时固可说明现在，若纵的考察社会时，则又为一个一贯的社会文化史观所支配，当然不能承认经济的法律解释，就是法律文化史之唯一解释了。不但如此，马克思派不认历史上之社会成法系建于人类精神之上，而只认其为生活之经济的要件，即不过为财产之生产及分配方法的结果，这分明是否认了法律之正义观念，否认了在人类精神更高领域中“良心自由”的权利，换言之，即使能以经济元素说明一个时代之若干法律现象，而终不能说明一切时代法律的文化现象，法律终竟是哲学文化的产物，而经济则终竟是科学文化的产物；在文化史之第三时期，法律虽与经济混成一起，但在文化史之第四时期，法律已进为道德的法律、教育的法律，自要与经济分开而为更高阶段的表现了。固然在文化学派中尤其是Berolzheimer很注意经济和法律的关系，他主张在法理学中应该以经济的内容来充实法律的形式，法律和经济的关系即是形式和内容的关系，一切法律都不过秩序之形式方面，但是法律之实质内容是什么？他说：“这不是社会，而是经济，经济是国家形式的构造之全部内容，国家之实质内容，即在于一定文化时期之经济。”这种以法律为形式，经济为内容的法律文化观，虽较之经济决定论者缓和许多，可是仍然陷于只认识经济不看见法律的毛病。实际法律和经济本质上为两个不同之社会文化类型，前者代表社会规范力，后者代表社会生产力。就内容言，前者以适合于一定文化时期之哲学（正义）为内容，后者以适合于一定文化时期之科学（技术）为内容；就形式言，法律史之第三时期可以经济为形式：经济的法律（如权利之证券化即为好例），经济史之第二时期也可以法律为形式，所谓法律的经济。由此看来，法律和经济之两文化类型，毕竟不能强同，而法律之文化本质，因之相较之下更为明白了。

次之就法律文化和教育的关系言。虽然教育史之第二时期表现为法律的教育时期，乃至法律史之第四时期，实以教育的法律为法律之最大的理想。然而这种过去的和将来的历史联系，并不能改变两种文化类型之根本矛盾的现象，法律比较政治文化不使用权力，然而法律终竟是一种以身分、契约或阶级力担保执行的社会规范，它是支配人与人利益的关系，这自和教育完全以“爱力”为出发点之文化型式不同。但话虽如此，在教育史中却有一个时期，表现“规范的爱”，而在法律史中也有一个目标，就是“爱的规范”，前者为法律的教育时期，同时即是在知识生活上之哲学的教育时期，这个时代“理性”“自由”和“自然法”的观念风动一时，教育界马上达到一种境界，主张自然的与合理性的教育生活。但在法律史中也有一个未来时代的展望，这就是将法律的规范力，完全倾向于“爱”的规范力，因为人类法律文化的进展，可能地将法律规范之强迫的成分减至最低限度。如以刑法言，报复主义的原则已不适用，保护主义的原则，仍嫌消极，消弭犯罪的根本方法，当完全置之于教育主义的统制之下，将来的刑罚可以不用，而完全用教育的感化，将来只有学校而无监狱，在国际间也只有文化而无战争，这种纯粹“教育的法律”时代，同时在知识生活上即是艺术的法律时代，到了那时所有犯罪、监狱、战争这些恶劣的名词，也只有向历史上去找寻的了。

这就是法律文化怎样在其他文化类型之关系里，从最初宗教的政治的法律，进至哲学的法律的法律，再进至科学的经济的法律，而终之完全实现其本身目的：全人类社会的最高规范之“艺术的教育的法律”之一部法律文化的理念型史。

（二）

现在试将法律文化，依文化的内容而分类，这在中古时代汤姆斯·阿奎那（Thomas Aquinas）底《君治论》（*Rule of Princes*）已有很重大的贡献。他把法律分为四类：（一）永久法；（二）自然法；（三）人类法；（四）神圣法；而这四种法律都有从属的关系。永久法存于上帝心中，为一切法律的大源，神圣法不过是上帝判定而垂示人类的永久法，就是基督教中的“天示法”（the law of Revelation），所以这两种可以归成一类，自然法是在永久法中为有理性的动物所专有，这可看作判定善恶与求善避恶的普通规则，人类又是应用自然法来支配尘世间的实际生活，它是维持社会生存所必不可少的东西（参照高一涵：《欧洲政治思想史》上卷，页49—51），在这里汤姆斯的法律分类，虽不过“宗教的法律时代”的产物，但拿来和我们文化类型学对比一下，便可看出它的精彩。在此四种法律，第一种永久法和第四种神圣法就是宗教的法律，如印度法系即代表此类型。第二种自然法就是哲学的法律，如中国法系即代表此类型。第三种人类法就是科学的法律，如西洋法系即代表此类型，尤其人类法正是现代所谓“法”之意义，法律在此变成命令，而且必定是公布出来的了。现在依照这三种法律类型，特别注意于此三种法律类型，如何分布于三个特殊的文化区域，形成为三种特殊的法律形态，这三种类型即是：

（一）宗教的法律型——印度——法律是“神力”的代表

（二）哲学的法律型——中国——法律是“抽象力”的代表

（三）科学的法律型——西洋——法律是“货币力”的代表

法律只是一种文化现象，各民族因文化不同即有特殊的法律生活，这就是所谓“法系”之说。穗积陈重曾将世界诸法系分为五族，即印度法族、中国法族、回回法族、英国法族、罗马法族，后又增加日耳曼法族、斯拉夫法族成为七族，论者谓其五大族之说尚较七大族之说为优。Kohler和Wenger两氏在《综合法制史》中，也有很详细的分系，除以民族为区别的标准外尚参酌于文化程度的高低，然已稍嫌烦琐，美国 J. H. Wigmore 在一九二三年发表《世界诸法系之发生消灭及传播》一论文中，分世界法系为十六种，即埃及法系、巴比伦法系、中国法系、塞尔特克（Celtic 即古爱尔兰人）法系、斯拉夫法系，亚剌伯摩色尔曼（Arab-Musulman，即穆罕默德）法系、海法系、欧大陆法系、寺院法系、英美法系等，论者谓其大而无当，烦琐至极（参照《中国法律在东亚诸国之影响》，页 11—14）。实际来说，世界的法系，详细说则在 Wigmore 所分十六法系之外，尚应增入岫默（Sumer）法系、波斯法系、墨西哥法系、马耶法系，实不胜枚举，简单来说，则上述之三大文化法系，即宗教法系或印度法系，哲学法系或中国法系，科学法系或西洋法系，便可包括得尽。所谓埃及法系、巴比伦法系、希伯来法系、印度法系、波斯法系、亚剌伯摩色尔曼法系、寺院法系，皆属于宗教法系，而以印度法系为代表。所谓中国法系、日本法系乃至东亚诸国如朝鲜法系、安南法系，皆属于哲学法系，而以中国法系为代表。所谓希腊法系、罗马法系、日耳曼法系、斯拉夫法系、海法系、欧大陆法系、英美法系，皆属于科学法系，而以西洋法系为代表。归结起来，所谓十六法系，仍只有印度、中国、西洋成为世界法律文化之三大法系，而且此三大系在世界法系中历史较长影响较大，而且独立自成文化系统，乃一般学者公认的事实，不然则在世界上没有一个民族没有法律，乃至生活程度极低的民族如爱斯基摩人、印第安人、波利尼西亚人、伊佛高人、非洲的尼格罗人，他们也有法典（如伊佛高人），也有法庭，也有规规矩矩的诉讼法（如尼格罗人）。R. H. Lowie 曾谓“一般地说来，初民遵守不著文字的习惯法，远胜于我辈之于成文法典”（《初民社会》第十四章），那么我们还能说世界法系只限于若干种？不过就那代表高等文化类型的法系只有这三种罢了。现在试先分讲如下：

第一，宗教的法律型——以印度为代表。印度之固有的法律体系，应远溯于第一次侵入之雅利安人种以前，即是达罗毗荼（Dravida）人所开创的文化，近在哈拉拔及麻呐舟打洛二地发现古代遗物，证明此先雅利安民族，以浴场为中心的文化，已包含瑜伽（Yoga）及其他关联之礼俗，即印度最初的律法（Kshitimohan Sen 著《印度宗教与中印沟通》，见《印度新志》）。可注意的就是这达罗毗荼人实和古代埃及人有种族的联系，布兰特（W. S. Blumt）谓“赫胥黎曾致疑于埃及人与印度达罗毗荼之或同肇一源，盖自上古，由印度至西班牙已有一带之棕色人也”（Wells《世界史纲》第十二章“人类之种族”）。这证明了什么呢？证明古代埃及人的宗教文化，疑与印度达罗毗荼人同源，或即原始达罗毗荼人所传播，而在法律体系上，所谓埃及法系，竟可包括之于达罗毗荼法系的名称之下来讲了。然而印度法系贡献最大的，自不得不推雅利安人种所成就的法律体系，即婆罗门法与佛教法。婆罗门法的基础，即以梵语所书之“达磨”（Dharma）或称律法，在达磨中更可以《摩拏法典》（*Manava Dhaimassartra*）为代表。此法典严守宗教仪式的阶级制，刑罚依“身分”的高下，以定轻重。原来法律这个东西的神髓，在各时代各地方都不过是代表一种阶级社会的，宗教的法律型代表宗教阶级社会，哲学的法律型代表哲学的阶级社会，科学的法律型代表经济阶级社会；而印度之“身分”阶级，即所谓四姓阶级，四姓中以婆罗门为支配的阶级，握宗教上之实权，刹帝利（武士）、吠舍（平民）、首陀罗（奴隶）为被支配阶级，两者之间实行阶级的隔绝，不许一阶级和他阶级相会食或通婚，在《摩拏法典》中有一条说“如有人敢于教训婆罗门，国王应下令将沸油注入此人两耳与口中”。再如一个首陀罗敢在婆罗门椅子里休息，其刑罚为以炽红烙铁刺入背部，这是何等严厉地以法律来拥护神官阶级的。婆罗门法现有各种宗派，此辈法律家一方解释《摩拏法典》，一方又批评别人的解释，结果产生一部编纂法学者学说的汇集，至今印度人的日常生活的大部分，尚在此婆罗门法支配之下，是很值得注意的。此外还有佛教法，即纪元前三世纪阿育王所发布三十或四十道的敕令，其中即包含宗教的法律。而影响于缅甸、锡兰、暹罗的法律体系，现佛教法的势力虽不在印度，但由佛教法和婆罗门法融合而成的缅甸、暹罗法系，尚可作佛教法之代表型式；不但如此，在文化交通史上证明印度佛教对于原始基督教有很大影响，所以即在中古时代，罗马僧正所制定的寺院法即迦仑法系中，尚不少蛛丝马迹可看出为印度法系之文化传播，此基督教徒法又影响于回回法系（《谟罕默德法典》），以《可兰经》为根据，竟使法律与宗教为不可分之一体，然回回法至十三世纪以后已停止发达，而那超国界的基督教徒法，到了十四世纪以后，因教皇对于世俗的裁判权限缩小，也终告一结束。现在世界法系之中，只有印度，除了五分之一适用回教信徒的法律以外，其余尚以婆罗门法为现存印度各地所通行，这可以说是宗教的法律型之稀有的代表者了。

第二，哲学的法律型——以中国为代表。中国古代虽有天子一语，以天子执行天意，似乎也很注意“神力”了，却是中国的“天子”实含有哲学的意味，所谓“作之君，作之师”，君师合一的“天子”仍然只是士大夫阶级即哲学阶级社会的最高领袖。中国社会向来分为士农工商，以士大夫为支配阶级，农工商为被支配阶级，法律即为被支配阶级而设，所谓“礼不下庶人，刑不上大夫”（《曲礼》），凡为士大夫者即不受刑律制裁，而以礼治之；所谓礼，即是贵贱尊卑之理，在这里法律又可以说是“抽象力”的代表了。关于礼，孟德斯鸠《法意》第十九卷第十六、十七章曾提及此中国特别的治术，他说：

> 支那之圣贤人，其立一王之法度也，所最重之祈响曰惟吾国安且治而已，夫如是，故欲其民之相敬，知其身之倚于社会，而交于国人者，有不容已之义务也，则礼仪三百威仪三千，从而起矣。（第十六章）
>
> 而支那政家所为，尚不止此，彼方合宗教法典仪文习俗四者于一炉而冶之，凡此皆民之行谊也，皆民之道德也，总是四者之科条，而一言以括之曰礼。使上下由礼而无违，斯政府之治定，斯政府之功成矣，此其大经也，幼而学之，学于是也，壮而行之，行于是也，教之以一国之师儒，督之以一国之官宰，举民生所日用常行一切不外于是道，使为上者能得此于其民，期支那之治为极盛。（第十七章，严又陵译）

孟氏所谓“融合宗法典仪文习俗而为一”的“礼”，即是我们所谓“哲学的法律”这种哲学的法律观念，是孔家之一大提倡，也是中国文化的精华所萃。《礼运篇》说“禹汤文武成王周公……未有不谨于礼”，“礼之所兴与天地并，如有不由礼而在位者，则以为殃”；这是何等明白说出中国文化的传统精神。《论语·里仁篇》“能以礼让。为国乎何有，不能以礼让为国，如礼何”；又《礼记·哀公问篇》“古之为政爱人为大，所以治，爱人礼为大，所以治，……故为政先乎礼，礼其政之本欤”。《周礼·春官》“三曰礼典，以和邦国，以谐万民”。王昭禹《周礼详解》（卷一）注云“不乖之谓和，合而和之之谓谐，礼典颁之于邦国，灿然有文以相接，欢然有恩以相爱，即不乖而和矣，故曰以和邦国；施之于万民，则非特和之，又合而谐之，故曰以谐万民”。孔家就是认人性根柢的谐和的管理——哲学法律的管理，但即在这里仍应注意的，就是这哲学法律的管理是由“礼”之阶段进至“法”之阶段的，所谓中国法系虽以古代的“礼”为第一的法源，礼里边就有了哲学的法律，然而只好算得哲学的法律。梁漱溟氏曾有一段很好的解释，他说："凡是人类社会都有礼，并且人类社会大概是先有礼，礼里边就有了法律制度，与礼分异不同的法律制度，是社会又演进一阶段至近代才有的东西，换句话说，现在的法律制度是跳出宗教的魔圈打破封建的枷锁而后有的，而古代一般所谓礼，则正是宗教的玩艺、封建的产物。"（《中国民族自救运动之最后觉悟》，页一五一）这里所谓与礼分别不同的法律制度，当指近代西洋的科学的法律，当然和中国哲学的法律——礼——不能相同，但中国哲学的法律，也有一段演进的历史，这就是从宗教时期哲学的法律而进至哲学时期"哲学的法律"；宗教时期哲学的法律可以《礼经》为代表，而哲学时期哲学的法律，则以《唐律》为代表。Jean Escarra 著《中国法律之西方研究法》以为"中国自有唐律，而后有法理学与法律准则及解释，方开始发展"，这是很不错的，所谓中国法系实有四千余年的历史，其最大特色，则在主张自然法，使法律与道德合一，这种独立的法律体系，当其在第一时期即所谓宗教的哲学法律阶段时，似曾以自然法的观念影响及于希腊罗马法系，但当其在第二时期，即哲学的哲学法律阶段时，则其影响所及，实东至日本、朝鲜，南至安南，西至西域，北至契丹、蒙古，直到第三时期，即科学的哲学法律阶段，中国法系本身始发生空前所未有的变局，即为欧美法系征入时代。现在先就第一时期即以自然法——礼——为中心的法律来讲，许多人都绝无注意到中国这时期的自然法和希腊罗马法系的关系，其实在文化交通史上看，希腊罗马自始即与中国交通，而且就希腊来说，实受中国文化的影响，这从文献学上、民俗学上、考古学上均可证明，希腊法律史上曾有为克罗托那共和国（Crotona）立法的哲学家彼塔哥拉斯（Pythagoras）[①]（参看 M. F. Morris《法律发达史》第五章"古希

① "彼塔哥拉斯"，又译"毕太哥拉"。——编者

腊法”），他的哲学、音乐理论都和中国相同，他的生平事略据耶稣会士钱德明（M. Amiot）在一七八〇年著《中国音乐考》一书中谓其曾经到过印度，或者亦到过中国。这可见希腊法系所受中国的影响。然又不但希腊，罗马的法律思想，也是根据哲学，直接受希腊影响，间接即受中国影响。罗马以武力征服希腊，希腊反以文化征服罗马，所以罗马著名学者或产生于，或从师于希腊，其思想中不少“希腊化”，法律学也不是例外。我们知道罗马法律本有“市民法”（jus civile）和“万民法”（jus gentium）两大分别，市民法原有阶级差别，限制极严，故称为严格法，万民法则打破种族界限，为全世界以前所未见过的最完备的法制，是以自然法（jus naturale）为依据的，或即自然法。这乃是国际间的法律，为外事裁判官所行使于罗马人与外侨间以及外侨们相互间的法律，所以平心而论，“万民法”的创立乃是外来异族文化接触的结果，罗马因为版图扩大，使这种自然法律逐渐及于世界各国，造成罗马以法律征服世界之新纪元，可是追溯其第一法源，实无疑从中国来的。所谓自然法，所谓自然之理（naturalis ratio）、公平善良（l’equità）这些罗马法的优点，同时即是中国哲学的法律的优点，中国所谓“恕道”“己所不欲勿施于人”“我不欲人之加诸我也，吾亦欲无加诸人”这种自然理法以后成为远西之金科玉律。中国法律影响希腊因而间接影响罗马，而且在直接影响方面来说，这时丝绢贸易，罗马实即为中国丝绢贸易之一大销场。诗人之所歌咏，史家之所记述，无不称道此赛里斯国，即“丝国”（land of silk）。罗马人嗜好中国丝有如今代中国人之好衣洋服好用洋货，以致风俗奢侈，罗马帝国随之灭亡，所以要说罗马法系没有中国法律的来源，事实上实不可能。最有趣地就是罗马法律在欧洲各国即在今日尚有很大势力，尤其是十八世纪法国自人革命后，一八〇四年之《拿破仑法典》（*Code of Napoleon*）

根本上即以罗马法为依据，此为法国之第一次民法法典，又影响于比利时、荷兰、意大利及西属南美诸国。德国则自中古时代以至一九〇〇年的民法均以罗马法为基础，这又可见大陆法律直接受罗马法的影响，而间接又间接地实受中国法系的影响了。不但如此，我们追溯十八世纪时代的大陆法律，甚至可以说这时代自然法的观念，实受中国之重大影响。只要读者细心注意我所著《中国思想对于欧洲文化之影响》一书，便知西洋文化史上第二时期不但在知识生活上哲学文化受中国影响，即在社会生活上的法律文化也是受中国的影响。中国的理性说自然主义甚至于自然法的观念，这从十七世纪开始已经对于 Leibniz，Wolff 等发生反响，至于法国革命时代它的自然法的观念，怎样站在中国哲学的旗帜之下，这是非常明显的史实。Montesquieu《法意》虽然看到中国的坏处，却特别看到中国哲学的法律的好处，Voltaire 赞美中国政治，以为“人类智慧不能想出比中国政治还要优美的政治组织”，至于中国法律，他说：“只要听到这种法律，我已不得不主张只有中国是世界中最公正最仁爱的民族了。”Diderot 赞美儒家只须以“理性”或“真理”便可以治国平天下，至于重农学派不消说了，欧洲的孔子——Quesnay 主张“自然法”不但为中国伦理道德的基础，且为中国政治制度与社会制度的基础，他说：“中国文化均依据于天理天则，天理天则即不外乎自然法，因为中国在天理天则的名称下，遵守了自然法，所以中国政治社会制度即为万古不易之自然法象征。”由上所述可见十八世纪自然法的观念直接为中国法律所传播，间接又受罗马法系的影响，现在我们研究自然法的历史的，都只注意罗马法律，却没有注意及中国法律，不知罗马法系中之最优越的成分——自然法，还是以中国为第一法源的。中国法律之第一时期影响所及有希腊法系、罗马法系，乃至于大陆法系，也可以说是源远而流长了，不但如此中国法律之第二时期又实以另一姿态而影响于东亚诸国，如泷川政次郎在《日本法制史》中所说“高勾丽及百济于东晋时，新罗于梁时，渤海、日本于隋唐时输入中国法律，从事摹仿制法事业”，详细的叙述，请看《中国法律在东亚诸国之影响》一书，这里也就表过不提了。

第三，科学的法律型——以西洋为代表。西洋为科学的经济的阶级社会，它的历史自始即为经济的阶级斗争的历史，它们社会阶级是由经济力即货币所有额之多少而决定的，所谓资产阶级与无产阶级之分，已不是什么贵贱尊卑之理，而是贫富之差别。因此所以西洋的法律正是所以拥护资产阶级的，他们利用法律来巩固其经济势力，并拿来镇压无产阶级，在这里法律又可以说就是货币力的代表了。但说到西洋法律在现在也实有两大法系的对立，即大陆法系与英美法系，大陆法系即罗马法系之继承者又可分为法、意、德、瑞四系，英美法系则独树一帜，以习惯与判例法为基础，大陆法系如前所云直接间接会受哲学的法律文化的影响，反之英美法律则完全脱离哲学法系而以科学文化为法律的基础，这是现代两大法系很大不同之处，所以不说科学的法律型则已，一说到科学的法律型实应以英美法系为代表，英美的现行法是否如 M. F. Morris 所说“是世界上最良好的法律”确是问题，但我们不能不承认其为世界上最接近科学文化的法律，它的特点是在实行的不是理论的，是应用常识的不是哲学的，还有一个特点，即注重法律之历史的因素，如在英国法律、卷宗、记录、学者名著以及法院判例等均为构成法律的要素，这当然可以说就是科学的法律的模型。所以历史学派 Pollock 曾以英国之判例法比之科学，大意谓“科学之所以为科学者，以其因既往之试验，推来者之结果，盖天下之事事物物，莫不依照一定的轨道，于同一的原因发生同一的结果，若月晕而风础润而雨也，判例亦然，于同一之事实，有同一之判决”（见王宠惠《比较民法导言》所引）。但在这里我们不得不特别注意于新兴的社会主义的法律体系，以苏俄为例，在新革命成功之后废止从来一切法规，苏维埃联邦宪法中规定土地国有、实业国有、银行国有、教育机关国有，这种社会主义的法律文化较之英美法系当更为彻底，更为科学化，因之新斯拉夫法系，也不能不算是最进步的科学的法律型了。

由上所述法律文化之三类型，实即包括世界历史上之各法系，以圣汤姆斯（St. Thomas）之术语表之，则宗教的法律即印度法律为神圣法，哲学的法律即中国法律为自然法，科学的法律即西洋法律为人类法，现代正是人类法的时代，即是以西洋法律为代表的时代，因之印度法律也不得不在“英印法典”制定之下，对于商业交易方面接受了英国法律的支配，这可以说就是宗教的法律之科学化。中国法律几千年来均以“哲学的法律”为根本原理，但自鸦片战争以来，英美各国在华的领事裁判权确立，于是中国法律根本动摇，法律的思想也自然而然地倾向于西洋法律，要“探取各国法理之长，而同时保持我国固有的良好习惯”，这可以说就是“哲学的法律”之科学化了。但即在这里，我们仍应紧记勿忘中国固有法律的特质，因为中国法律本为世界所有法律的原型，所谓社会生活上的法律文化实即知识生活上的哲学文化的产物，为哲学文化所反映。中国在知识文化之分布上既为哲学文化代表，那么在社会文化之分布上也自然是法律文化的代表，真正的法律应该是道德与法律合一，应该以哲学为最高的规范，中国法系的特点即在于以哲学（道德）为内容以法律为形式，同时这就是所有最优良的法律的特点。中国法系的历史形式乃至世界法系的历史形式，都可以跟着时间上的变迁与发达而表现各时代的特殊性，却是法律之为法律的本质是不变的，法律之为法律必须是哲学的，且必须是倾向于中国型的，过去如此，将来如此。现在“哲学的法律”之科学化乃时间上必经之过渡，然而人类将来还须倾向于“艺术的法律”“教育的法律”，换言之即是道德与法律之完全综合时代，社会法学派的Pound曾将法律进化分为原始法律时代、严格法时代、自然法或衡平法时代、法律成熟时代和十九世纪末叶以来法律哲学思想勃兴时代，而这最后法律哲学思想的勃兴，他认为这就是法律和道德的结合时代。新黑格尔派的Berolzheimer更明白地将法律进化分为三个时期，即宗教的法律时代、非伦理的法律时代、道德法律的综合时代，而以道德法律的综合时代（sittlich-rechtliche Synthese）为法律制度的最后目标，由此可见法律的文化阶段实为法律之文化本质的复归，换言之即以中国法律为自然的归宿。中国法律的完成即从中国独特之哲学法律达到艺术的文化法律，我们坚信这就是未来法律文化的途径，一切法律最后均归于“法律道德的综合型式”，即是“艺术的法律型式”。

（三）

本来法律的进化观念，为法律哲学上历史派、社会法学派及文化学派之共通见解，历史派如德国Savigny谓“法律的发展，常随国民的发展而发展，法律的进步常随国民的进步而进步”；因此法律乃由社会所推动之随时变化随时进步之程序的结果。英国梅因（H. Maine）为研究法制史及法制的专家，他以为法律史是从身分到契约的进化（progress from status to contract）这种学说曾经得到英美各大法学家之普遍的接受，他又将法律形式之进化过程分为判决时代、习惯法时代、古代法典时代。社会法学派以滂德（Pound）为代表，在所著《法律史观》中，将法律思想的进化分为三个阶段：权威时代、哲学时代和历史时代，至于文化学派如J. Kohler, Berolzheimer

更不消说了，Berolzheimr 和 Pound 均注意于将来法律之法律道德的综合时代，说已见前，Kohler 力主法律为文化进化的产物，法律和文化的关系是永久的不是一时的，过去的法律为文化之所产，现在的法律为维持文化的手段，将来的法律为促进文化的手段，他在这文化为法律之前的理论之下，将法律的进化分为三个时期即风俗习惯时代、个人主义时代、团体的倾向时代，虽然各派对于法律的进化观念所见不同，却是法律之为历史的进化的产物却是毫无疑义的。现在即本这个见地配合各派见解，将过去法律文化的进化线索，作一总表如下：

		法律的分类	法律的基础	法律的制度	法律的方向	法律的内容	法律的性质	时代的区分
第一阶段	宗教的法律时期	神圣法	家庭本位	身分	权威	服从本位	惩罚本位	古代及中世
第二阶段	哲学的法律时期	自然法	个人本位	契约	哲学	权利本位	自由本位	十八世纪
第三阶段	科学的法律时期	人类法	社会本位	财产	历史	社会职务本位	平等本位	十九世纪迄今

其一，从法律的分类上来说，法律的进化从神圣法到自然法，再进至人类法。原始社会的法律思想均为神圣法，最初存于记忆，以后编成法典，如《摩拏法典》《谟罕默德法典》之类，但这种神意即法的观念，实本于古代民族之风俗习惯而生共同之信仰，可以说是风俗习惯时代，而这种依于社会潜势力之风俗习惯的规范，也可以说就是“习惯法”，而“人类法”如英美法中之判例法则为“新习惯法”，所以从神圣法到自然法，到人类法，也可以说是从各民族特殊的习惯法到一本自然理由通各民族的自然法，再到以判例为根据的“新习惯法”，自然法包含“自然衡平”（natural equity）和“自然理性”之二义（参照梅因:《古代法》第三章），它是中国法律的原素同时也是罗

马法两种原素中之一原素，但这里应特别注意的，是十八世纪的自然法派，这就是自然法之近代史，梅因说（《古代法》第四章）“有人谓过去百年中法国所散播于西方世界之一切法律上政治上社会上之特别思想，大抵皆以自然法之理论为渊源，法律家在法国历史中所造之部分及法律观念，在法国思想中之地盘向为极大，但近代欧洲之法律科学实非源于法国，而实源起于意大利”，这句话当然对的，然而我们不妨谓自然法已成为法国之普通法，或无论如何承认自然法之尊贵及其功用，虽然这时也有如卢梭一流，以“自然状态”为自然法者，但一般来说，自然法的假设，在当时影响极大，因本此假设，才有人类自由、平等、博爱的信条，梅因将此种信条归源于罗马法律大师，我则简直认为中国法律的文化传播。从自然法而至人类法，尤以英美法系可为代表，此系以判例为法规，视为一般的原则，所以称为“判例法”即新裁判者法，近代德国的自由法运动和瑞士民法也有这种倾向，但是法律的进化，又有走向于新自然法的趋势，Kohler所谓“文化法即新自然法”，梅因所谓“自然法已经人指定其最大功能乃在引出近代国际法与近代战事法”，这又可以说是从人类法而再倾向于第四阶段之文化法的运动了。

其二，从法律的基础上说，法律进化是从家庭本位到个人本位，再进至社会本位。历史派梅因深信“由家族制度之崩坏，家族成员之依赖性之消失，以进于个人义务之产生，殆为社会进化所必由的正轨，是以循此正轨以推进，而结果则民法必将弃家族之本位，而采取个人为本位”。文化派Kohler也说“历史的法律秩序是从风俗习惯时代，渐次发生个人主义的倾向，法律注重个人的权利、个人的所有权，但人类一方面个人主义化，一方面即协同化，结果个人权利和团体的权利并立，这就是现代文化和古代生活关系的不同，但无论如何文化国家也没有将个人的权利完全抛弃之理，因为个人权利的成立和人类之个人主义化，乃为促进人类文化之有力方法的原故”。在这里两氏都站在“法理学上的个人主义”的基础上，甚至于 Kohler 都不过给我们暗示有那一个团体的倾向时代罢了。实际法律的进化无疑地是从家庭本位起点，家庭为古代宗教社会的单位，个人则为近代哲学社会的单位，而“社会”本身才真正是十九世纪迄今科学社会的单位，现代法律都有“社会化”的趋势，如苏俄新宪法中第三条的各项规定，德国一九一九年宪法各章的规定，均为好例。

其三，从法律的制度上来说，法律进化是从身分关系到契约关系，再从契约关系进至财产关系。梅因在《古代法》第五章中说及进步社会是从身分到契约，兹节录原文如下：

> 凡进步的社会之进行，在一点上，一律相同，在其全部进程中，使其所以卓然自异者，乃在渐次消灭家属倚赖制，而增长个人义务以代之，……吾人又不难见个人与个人间之系束逐渐替代家属制度下种种权利义务交互关联之状态者之为何物，此个人间之系束，即契约（contract）是也，吾人于此遂发轫于历史过程之一段落，发轫于一种社会情形，在此情形中，以前人与人之关系一切归纳于家属关系中者，遂不觉退让一别种社会状态即一切人中之关系乃由个人与个人之自由契约而生之状态也。在西部欧洲所有依此方向而成之进步已大有可言，奴隶身分（status of slaves）已消归乌有……此身分已为主仆间之契约关系所代替，妇人被监护之身分已不存，妇人自成年至结婚，凡其所可造成之一切关系皆为契约的关系，于是“父权下之子”之身分，在近代欧洲各社会之法律中，亦无真确之位置。若有任何法律羁束加诸家父与成年男子间者，则此羁束乃为一种但由契约而生法律效力之羁束……

> 身分（status）一字大可用以构造一句公式以表示法律之此种进程……一切身分之形式见于今日“人法”中者，皆自古时家庭范围内一切权利上所抽取而来，且在某限度内仍带有此等权利之色彩。……吾人可言进步的社会之进行，自来乃由身分而趋至契约（from status to contract）（见《古代法》汉译本第二册，页四五—四六）

这一段话 Pound 认为是对于法律制度的一种解释，很能道破法律发达至十九世纪末叶之实在情形，直到现在，在美国宪法上，此种学说尚占有相当的地位。（《法律史观》第三讲）事实也是如此，法律制度的进化乃从身分到契约，又从契约的关系而让步于财产的关系，现在不但不是身分时代，也不是契约时代，乃是财产关系的时代。自由契约已不是人与人间所造成的一切的关系，而财产之交互关联的状态，乃居然代替了契约的地位，换言之，现代社会已不是家庭本位，也不是个人本位，乃是社会本位。在家庭本位的法律，以身分关系为主；在个人本位的法律，以契约关系为主；在社会本位的法律，却要以财产的关系为主。我们依照梅因的名论而更进一步：社会之进行自来乃由身分而趋至契约，更由契约而趋至财产的关系，然而人类社会之最后进步也不是到了财产的关系便完事的。

其四，从法律的方向上说，法律进化的方向，依 Pound 在《法律史观》第一讲中所论述，是从权威（authority）时代到哲学（philosophy）时代，再进至历史（history）时代，就希腊及罗马来说，最初根据权威，后来依据哲学，近代则完全依据于权威、哲学、历史之三阶段而发展，概言之即十二世纪到十六世纪为依据权威时代，十七、十八两世纪间为依据哲学时代，十九世纪为依据历史时代；然而这三种思想，在其思想极发达的时候便告没落，在哲学的发达时代虽也有固有意味的权威，然而在这里却有比较优势的“哲学的权威”的存在。在历史的发达时代，也有固有意味的权威和“历史的哲学”的存在。所谓权威思想是一种最古形态，对于神所制定神所命令之法规的信仰。原始法典也不过把作为国家或人民之政治神（political god）来代替自然神或宗教神罢了，所谓哲学思想即表现于十七八世纪自然法理论中之哲学思想，这时候所有新的权威，是“事物的本质”（nature of things）或“人类的本性”之哲学的权威，新的法律神，叫做“理性”，是和权威相对抗的；到了十九世纪法律进至历史思想的发达时代，所有十八世纪的判例、著作的判定法均可作为法律哲学的前提，因为有意无意地对于已往的法制史的重视，又以制定法视为历史的发展的极点，因而有意无意地含着一种法律史观。在十九世纪的法律及法律文献之中充满着历史及历史的思想，然而到了十九世纪的末叶，历史派已无可观，到了现世纪的初头，竟全然没落了。一八八八年 Stammler 所著《历史法学方法论》中已对历史派加以猛烈的哲学的攻击，于是历史派中人有的走向实证主义，有的走向经济的法律史观或变成史的唯物论者，又有的对于历史法学断念，专从事于纯记述的法律史及法律，依 Pound 意思，以为现在乃是动的哲学创造的哲学的时代，从前政治的定命主义和法律的消极主义是过去了，代替他的应该是实验主义柏格森（Bergson）、克洛采（Croce）在这些影响之下底动的创造的法律思想，这也就可说就是第四时期的法律的新倾向了。

其五，从法律的性质上说，法律进化是从惩罚本位到自由本位再进至平等本位，又从服从本位到权利本位再进至社会职务本位，前者就法律观念的发展说，后者就法律内容的发展说。法律的第一观念为惩罚，初民法律极严刻又多条举罚则，如 Ostwald 所说“惩罚二字与法律二字有同一的意义，然惩罚系由古代奴主之关系相沿而来，今日世界文明，远迈古初，人之相与率属平等，既无奴主之分，则由奴主关系所产生之恶劣名词（惩罚）似不当再应用于今日”（《文化学之能学的基础》第十讲“法与罚”）。次之第二观念为自由，Berolzheimer 谓“自由在法理学上消极的意义为非奴隶化”。但在积极的意义，自由即是指主体权利的形而上概念，所谓“人类[①]生来是自由的”，万事委于个人的自由思想。这就是契约制的法律精神。第三观念为平等，则为财产制的法律精神，例如德国新宪法第一〇九条“凡德意志人在法律之前平等”，第二项谓男女平等，这种主体平等即是以社会为标准限制个人自由，可以说是社会正义的原则。由此可见这法律三观念的发展，即惩罚为家族本位时代的法律观念，自由为个人主义时代的法律观念，平等为社会本位时代的法律观念，而将来的法律观念，才是真正以“人道”为最高理念。次就法律内容的发展来说，我们同样地可以承认服从为家族本位时代的法律内容，权利为个人本位时代的法律内容，社会职务的观念为社会本位时代的法律内容，古代法律利用神意裁判的信仰，使人服从，立法者往往依托神意，使人怕惧，这乃是族长制度下的产物。是法律史上之服从主义时代。十八世纪《人权宣言》与《拿破仑法典》及所有为此二名著所感化的近代法典，则纯粹以个人主义为本位，这种法律带着很浓厚的哲学色彩，和十九世纪以后发达的法律根据纯粹社会本位者不同，如以前者为法律史上之自然权利主义时代，则后者即为社会职务主义时代。关于这一点，法国 Duguit 所著《自由契约责任及财产上原则的变迁》一文，有很详细的说明，依他意思“《人权宣言》与《拿破仑法典》所设立之法律制度，是根据于本体权利之形而上的观念，但什么是主体权利呢？这乃是一种施行意志的权力或责他人顺从一人之意志之权力，这

---

① “类”，底本漫漶，据福建本补。——编者

种形而上的概念，孔德很早即反对他，以为权利这一种概念是不道德的无政府的，就它在消极方面的效能来说，立刻现出反对社会的性质，但是近代立法之大部分，仍然以这主体权利之不自然的旧式的概念为他们法律制度的根据，如人类是生来自由的、永远自由的、权利平等的，这些权利，就是自由；财产是一种权利，使人在最绝对的状态中享用一种物件，等等。这都是常见的辞句，因此在同一且有同样文化的欧美国家中，更发展一个别种前提的新法律制度，这个新制度是根据一个纯粹唯实主义的观念，即社会职务（social function）的观念，个人无权利，一团体的众个人亦无权利，但是社会中之分子人人有应尽的职务，应履行的事业，法律的基础明明是这个职务或事业”（见汉译《大陆近代法律思想小史》下编，页一一二六）。由上Duguit社会的法律进化观，也就可见法律之新的倾向，是从服从本位到权利本位又从权利本位进至社会职务本位的了。

总上所述，可见无论从法律的分类上说，从法律的基础上说，从法律的制度上说，从法律的方向上说，乃至从法律的性质上说，都可以看出法律是一种历史的文化进化的产物，而现代法律的倾向，是从自然法到人类法，从个人本位到社会本位，从契约本位到财产本位，从自由本位到平等本位，从权利本位到社会职务本位，这是一种法律文化的史实，是决无可疑的。于是我们乃更进一步，应用同样历史进化的方法，把过去法律中之一二特例，拿来分析比较一下：

（一）公法——试以选举法为例，原来最初的选举制度是有宗教性质的。“古人心目中的选举似乎不足以立邦首领，古代王位时代，宗教既有父子相承教权的条规，首领因出生而定，是自然的方法，出生颇足为神意的表现，后来到处革命，废除王位，为替代出生方法，人想用一种选举使神亦不至不赞同，雅典及其他许多希腊人以为莫宜于抽签拈阄，古人不以拈阄为偶然，他们以为神的表示，同于圣庙中冀获上天秘密的显灵，人民亦至庙中求官员的选举，他们深信神使名出自瓶中者即最合宜的人。柏拉图说，拈出的人为神所喜，由他执邦政亦系当然，有关神事的官员，听神自选所喜，以为官员之授自神，罗马亦有意同形异的选举制度，这无疑的对于罗马贵族有莫大利益”（见吉朗士:《希腊罗马古代社会研究》第三卷，页一四八——五〇）。罗马末期有所谓“贵族会议”这个机构，其职权是选定新国王，赋予国王最高权力，中世纪封建国家这种特别权利完全为地主所特有，因为那国家都是“地产的国家”（estates state），所以只有地主即贵族阶级才有选举的资格，这就是选举制的第一时期。但自十八世纪有许多学者如卢梭（Rousseau）、孟德斯鸠（Montesquieu）都出来提倡人权学说，主张选举是人民的一种天然权利，君主不能侵夺，由于卢梭的学说，便发生法国革命，这次革命决定将人类天然的固有的和神圣的选举权利，在郑重的《人权宣言》里面条列出来，不过这种选举制度还是资产阶级性质的，所以宣言第一条一方面说“权利上平等”，一方面又说“社会的阶级，只能以公善为根据”，他们要分别主动公民和被动公民，被动公民就是纳税不多的人，所谓以公善为根据，就是限制那无力纳税和纳税不多的阶级，不能有参与政府的选举权罢了。所以这一时期的选举，是把选举看作资产阶级的特别权利，他们规定的法律，也不过为少数资产者的利益，由少数资产者的利益所制定的法律罢了，复次这种选举是地方性质的，是把公民按着地理关系分成选举区选出来的，基尔特社会主义者泰罗（Tylor）批评这种选举制度道“由规定区域的选举，出来办国家大事的人，显然不会有好成绩，不是没有做事，便是做得很坏，你想一个人自己承认能代表他的政治本区中一二万选举者的党见，这样该是怎样一等人？就算他始终实心任事，他这付脑筋的容量，也显然受不下这等烦重的工作。国会里政治冒险者之中，一半不能代表他们的分子的人，都是情有可原的，当他们被人选到威士敏士达的时候，他们自己还以为是被选到一个野鹅竞走场中去哩”（基尔特的《国家》，页三十二）；地方选举制的笨拙不灵，到了这个地步，即号称新制度的，叫做什么比例代表制度，和少数代表制度，实在说来，他们的目的都不过想使各政党利用议会，为“那利用来取媚大商人和银行家，骗得若大肥羊肉吃的事业”罢了。即因地方选举制是资产阶级式的代议制，所以不能代表真正大多数工农阶级的要求，工农阶级的要求不在于依据选举区而选举，乃是依据产业而选举。这种“产业的选举制”实在就是第三时期选举制度的根本思想，从涡文、路易布朗、蒲鲁东以至基尔特社会主义者，都提议过这种制度，不过完全把他实现起来，却只有俄国的劳农制度罢了。《共产党党纲》第五条说“本党保证劳动群众，比较在中产民主政治和议院制度之下，更能使工人和农民用着极轻易的极普遍的手续，去选举和去取一班代议士，并且当那要废除那议院制度的矛盾方面，如立法和行政之分离，与夫各代表机关和人民的隔阂等，尤当一律铲除”，又说“劳农政府因使国家的机关和人民接近起见，并且使选举的单位和国家根本的区域，不在于地方的范围，而为生产的单位（工厂、制造厂）”，依此弃却地理面积的方法而改用了产业职能的方法，实在在选举制度的演进史上，能够开辟一个新生面的。虽然如此，因为这种产业选举制度还是根据阶级对立的事实，而非站在撤废阶级的胜利上的，并且城市中工人阶级的代表，显然更多于乡村最大多数农民的代表，这种畸形的发展，只好算做过渡的办法，我们意思以为不要包罗一切职业的自治则已，若犹主张职业自治，使人人“分业操作，各得其所”（孙中山《社会主义谈》），则一定要找那个直接立法制度，使劳动平民，都能够行使其选举权，行使其罢免权，行使其创制权，行使其复决权，那时“人人既不存尊卑贵贱之见，则尊卑贵贱之阶级自无形而归于消灭，农以生之，工以成之，商以通之，士以治之，各尽其事，各执其业，幸福不平而自平，权利不等而自等，自此演进，不难致大同之世”（《社会主义谈》）。这种天下为公的普选制是最适用于到将来大同的社会的，将来大同的社会，就是根据“分艺论”出来的社会，将来的选举制度，也是以“艺术”为单位所举的代表做基础的，依第二期的选举是以地方的代表为基础，依第三期的选举制是以产业的单位所举的代表为基础，但是地方的代表所代表的，只是数目的观念，产业的代表也不过代表冷酷无情的经济世界的观念罢了，我们的意思，社会乃是由许多艺术事业所组织而成，所以我们将来的选举也应该以艺术事业作单位，这种把艺术的单位代替地方的与产业的单位而组织的选举制度，就是孔子所谓“大道之行也天下为公”，民权完全实现的大同世界。

（二）私法——试以财产法为例。原始财产权的发生及其所取的形式，这在法制史上是一个久经争论的问题，依我意思则梅因（Maine）在《古代法》第八章“财产权之早期史”中所说，至今尚包含很大真理。他以为“早期的财产权即联合的所有权而非各别的所有权。乃真正之古制度。又可以供我们研究之财产权形式，是那些与家族权亲属权相联合的形式”，他以为这种形式，不能求之于罗马的法律制度，因为“罗马法律制度被自然法的理论所转变，它只给近代人以一种印象，以为个人所有权乃所有权之常例状态，而团体公共所有权乃一特例”。事实刚刚相反，以印度为例，我们即可看出一种财产所有权的最初形式“印度的村社（village community）乃一有组织的宗法社会，为合体所有人之一集会，构成此社会之人众，其各个相互之人格的关系，乃与彼等之所有权相混难分”，此村社实为极端古董之物，无论对于印度历史作任何方面的探求，皆可发见村社一物在其进程中远古就有了。在村社中共同的产业，普通由宗属中之最长者管理之，“此种合体所有人的集会——亲属之群体有一公共所有业——乃印度村社之最简单的形式，但村社实非仅一团亲属之结谊，非仅一团股员之联合，村社乃一有组织的社会，除设备公共基产之管理外，且自来设有完备的职官组织以处理内政，处理警务，执行司法，公派纳税，分派公共义务”。这种典型的财产所有形式，实可代表财产权的第一时期，但又不要误会以为这就是古代共产社会，法律的共产制，在古代大概仅行之范围较小之私人团体之中，并不是普遍的事实。R. H. Lowis 在其名著《初民社会》中分别“集体所有权”（collective ownership）和“公众所有权”（communal ownership），他以为“虽然排除一切私人所有权的全盛的共产制，或许从未发现过，不一定为全社会所有而只为某种团体所有的集体所有权则很普通。正如婚姻一事，在某方面看是两个亲属群间的一种协定、财产也常常与团体相联系，而不与个人相联系”。Lowis 根据考察所得，很表同意于梅因的学说，不过以为所谓共同所有权并不是公众所有权，他举许多例证，证明初民财产只有集体制，而无名实相符的共产制，即以土地制度为例，亦可证明所谓普遍的初民共产制的信条，成为显然的谬论，不但如此，依我意思则财产史之第一时期，谓之为共同所有制还不如谓之为共同占有制，这就是说初民取得财产的方式，实由于占有行为，所谓“先占”（occupatus）。先占确为初民取得财产之自然方式，布拉克斯登（Blackstone）对于先占权的理论和 Savigny 谓“一切财产权根据于因时效（prescription）而成熟之强占（adverse possession）”的格言，虽然均为梅因所反驳，但先占确为一国早期的产物，这只要注意到初民社会对于物权甚至于“无形物权”重视的情形（参照 Lowis 一书），只要注意到即在印度村社中之联合所有人，虽其财产混在一处，而其财产权利乃各自分明这一点（Maine 语），我们很容易明白，初民不是缺乏所有权的观念，它的共同所有制实即是“共同占有制”，财产最初的所有人应为一有力的家族团体以武力自保其先占的所有物，使之由暂时所有权因时效而成熟为永久的所有权。这不是什么理论，我们只要注意到《摩拏法典》对于家庭为社会基础的单位一点，特加注意，显然即因家庭为此共同占有制的社会形式，梅因也证明早期罗马法中的“宗姓”乃由各样的拟制所推广而成之家。所以“我们有极强的理由，可以竟谓会有一时财产不属于个人，亦不属于各别之家族，但属于较大之社团根据家法模型而构成者”（《古代法》第八章）。而且这种共同占有制，显然带着宗教的色彩，所以“古代法所知之契约与让渡，乃非以个人为当事人，乃以有组织之团体为当事人，故此等契约与让渡，乃极端为仪式的性质，需要各种象征的举动，与言辞以表示此事件，而令一切当事人永志不忘；又需要一无定数的证人，因此等奇点及其他相联之奇点，遂令古代之财产权成为一律不可伸缩之固性”（同上）。这种怪诞的仪式即是宗教的仪式，可以说就是财产法之第一时期。次之即为个人私有制时代，这时法律从原始式之家族本位进至近代式之个人本位，十八世纪的法学家，他们费尽心计，草就各种个人主义的立法，其中财产法方面，尤其表现尊重私有财产的特权，百科全书派和卢梭所着重的天赋权利和人生自由的思想，布拉克斯登（Blackstone）和泼徕斯（R. Price）所拥护人民的自由或财产的思想，《人权宣言》《拿破仑法典》及所有为这二名著所感化的近代法典都表示着一个新的法理，就是私人财产之不可侵犯性，法律这时成为一个严确的制度，而财产权尤其是解释为一种个人意志的权力。这时代法典中常见的语句，如一七八九年《人权宣言》第十七条“财产是一种神圣不可侵犯的权利”；《拿破仑法典》第五四四条所下定义“财产是绝对的，享受一种物件的权利”；还有如阿根廷《宪法》第十七条“财产是不可侵犯的……”；说得最明白的是《民法典》第二五〇六条“财产是物件上的权利，因为这权利所以一个物件服从一个人的意志”；又说“财产权是绝对的，两人不能在同一个物件之全体上各有所有权”（参照大陆《近代法律思想小史》下编，页118—119，Duguit论文），因为人生来就是那不可推让或遗失的固有权利的主人，所以立法的权力也不许制定任何法律有损害个人财产权的施行，财产权即是绝对有效绝对耐久的私权。在家庭本位的财产法时代，财产权的“属有”（possession）状态为一家人，故其遗产的继承，在古代法典均规定或由子女间平均分派（《摩拏法典》《古希腊法》）或由长子获得双份（《摩西法》）或将所有财产平均分配于其合法而又承认之子（《罕穆剌俾法典》第一六五条、一六七条、一七〇条），或不传于女（《巴比伦法典》第一八三条），甚或传之女子较男为多（《埃及法》），但对于所有者的意志则不甚尊重（如《巴比伦法典》规定死者无立遗嘱之权，《摩拏法典》也没有提及遗嘱，希腊《梭伦法典》只在没有子女场合才许有关于不动产的遗嘱）。反之个人本位时代的法律，财产权是绝对的耐久的，所以一个绝对权利的所有者，按逻辑生前或死后都有处置财产权，因而可用遗嘱移转财产，并且这财产的用途，有人解释以为“物主可以在所有物上履行各种动作，而不问这种履行有否可指明的利益，倘若这样做事伤及别人，他是不负责的，因为他不过是做他的权利以内的事”（见Duguit论文），这真是个人主义之极端的了。于是对于此第二期“以财产为投机”的倾向和以保障私产阶级利益的法律，乃产生财产的新观念，即以财产为一种社会职务之新观念，这可以说是进于社会本位的财产法时代，即社会公有制的时代，财产已不是财产主的主权权利而变成财产所有者的一种社会职务，这种学说从一八五〇年孔德倡之于前，而Duguit等倡之于后，影响所及，使现代财产法特别成为社会化。法律对于财产主已不保护所谓“物主的主体权”而保护物主的履行社会职务的自由权。“以财产为投机”变成“以财产为职务”，一九一〇年以后英、德两国设立对于自然增价值的地产税，民生主义中平均地权的方案，都可以拿来代表新财产法之社会公有制的精神了。至于一九一四至一九一八年世界大战期中之“战时经济”，战后苏俄新《宪法》和德国一九一九年《宪法》所规定对于财产私有权的限制，公共财产的设立，民国十四年国民政府所制定许多名贵的法典，即彻底表现革命主义的立法——将法的基础置于全民族之上，尤其《民法》债权篇、物权篇的精神宣言以社会利益为重，在这种新的革命的财产法之下，所谓个人私有制，自然要告一结束，代替它的，无疑的是那以整个社会为本位的社会公有制的时代了。

总而言之，无论从公法上说（以选举法为例），从私法上说（以财产法为例），均可见法律制度之进化的例证。而现代法律之所以为维持现代文化和促进将来文化的手段，也不消详说而自明了。要之法律一物实如 Kohler 所说，其任务不但在于现存文化价值之维持，尤其在于新的文化价值的创造，将来的文化社会，法律生活应该完全基础于和平的文化秩序上，即是基础于“教育的法律”上，这时人们一切都本着文化的道德规范成为一种快活自在的人生，就是完全实现最高规范的人生，这并不是什么理想，这是法律进化之历史的必然的趋势。

第六章　经济的文化概念

（一）

次就经济文化的类型言，经济之所以成为经济，是依据社会福利而存在，如政治之依于社会权威，法律之依于社会正义似的，经济这个东西，是以一种“生产力”而向着社会福利的倾向走的。社会权威以宗教为内容，政治为形式；社会正义以哲学为内容，以法律为形式；同样地社会福利也是以科学为内容，经济为形式；而这种内容和形式底关系，实际即是目的和手段底关系。政治、法律、经济在其本身内只见到手段，而不见到目的，换言之即政治以一种“权力”达到宗教化之社会权威为目的。法律以一种“规范力”达到哲学化之社会正义为目的，同样地经济以一种“生产力”达到科学化之社会福利为目的，因此所以在整个的文化体系上，我说：知识生活的宗教、哲学、科学、艺术是目的底体系，而政治、法律、经济、教育，都只是手段底体系；在手段的体系中反映着社会生活的目的，这就是社会权威、社会正义、社会福利、乃至于整个的社会文化（教育的目的）；社会生活的根本条件，需要“权威”，需要“正义”，尤其需要“福利”，因此经济类型乃成绝对必要。固然这种注重“福利经济”（welfare economics）和西洋正统派的经济学说不合，却正是我们中国经济学的正统思想。Sorokin（《当代社会学说》第十章）曾告诉我们“在东方圣人如孔子孟子早就或隐或显地侧重经济制约的重要，孔孟都曾指示人民的不安、社会的不宁，起于贫困，故经济状况的满足，乃社会秩序的一个必要条件，他们也指出经济因子决定宗教和政治的现象，这便可见为什么他们以食物及其他经济需要的获得，乃是好政府的一种首要任务”。又不但中国学说注重经济之社会福利，即在西方近代体系如历史学派（Sismondi）、制度学派（如 Veblen，Mitchell），乃至有被称为福利经济之霍勃生（J. A. Hobson）均无不注重经济之社会效用（当然我们更可举及 Pigou，Webb，Gide，Ely，Douglas，Peixotto，Small, Commons，Patten，Pevine，Segger，T. S. Adams，Fetter，L. C. Marshall 等名字，只要我们愿意），可见现代经济的新观念，已经趋向于以充分生产力谋社会福利为目的，换言之，经济文化不是什么致富的技术，乃是运用生产力达到社会福利之手段的一个体系。

晓得经济之特殊的目的，便很容易明白经济和其他社会文化的关系，许多人过重经济，以为经济本身即是整个的社会，整个的文化。Barth 曾指摘马克思常常误用“社会的”一语作“经济的”一语解（见所著《Hegel 及 Hegel 派之历史哲学，迄于 Marx，Hartmann》），却不知经济只是文化类型中之一个社会文化类型，不但本身为社会的文化史观所支配，且本质上即为知识的文化史观所支配；如 Marx 所谓生产关系，实际也不过为社会的存在之一，即经济形态为社会文化形态之一，经济文化在消极方面，反映着人类社会的病理形态，所谓“生产关系”（阶级斗争形态）在积极方面却反映着社会文化之生理形态，所谓“生产力”，由此可见经济文化实在为历史的社会的产物，不是经济进化产生文化进化，而是文化进化产生经济进化，在这里我最好征引两位文化社会学者对于经济之文化的解释，以代说明。Sombart 在其名著《现代资本主义》（汉译本第一卷第一分册，页

15—17）的“绪论”中，以为经济的文化条件和文化的表现一样复杂，然而当我们谈及一定时期的文化时，心目中就映出经济和文化之历史的关系。“我们在自己的精神中联成统一，并予以特殊标志的一切文化现象的总括，人们可以称它为‘一个时期一个地方的’文化体裁，此项体裁虽不过在这个时期或这个地方客观与主观文化千重不同的说明中表现出来，但我们毫无疑义地感觉它是一种统一，当我们说到‘文艺复兴’以与‘现代文化’相对峙时，心目中就是指那种特殊的‘文化体裁’。这种特殊的文化体裁对于经济生活可以发生影响，一经考虑即可明白，即历史的教训也是如此。”又 Max Weber 论到经济史和文化史的关系时，也说“经济史（特别是阶级斗争的历史）并不如唯物史观所要使人相信的那样，简直与一般文化的历史完全相同。一般文化的历史既不是从经济史所产生，亦不仅仅为其函数”（《社会经济史绪言》汉译本，页二一）。认识了经济只是整个文化生活和整个社会生活的一个类型，为历史的文化所支配，那就不至误会经济即是社会，经济史即是全部的文化史了。其实经济之文化类型是无论哪个时期都结合于一定的文化社会的体系之中，无论哪个时期都渗透于其他各文化类型之内，因此倘若不懂经济，即无法理解一个社会之生产力形式，不懂经济史即无法研究一个广大的文化部门，然而不能因此便谓经济即是整个的文化，Othmar Spann 的话，也有可取之处，他说：“把经济的本质，认作是目的关系的关系，经济反映着文化的全部富裕，它是历史的社会之一种反映，经济诚然有其自己的生命，但这生命却是一种引申得来的，就如同镜子，虽然有其自己的定律，也永不能把独自的人照出来两眼睛是一样。”（《经济之四种基本形态》，页三三）实在经济就本质讲，他总是文化之一个类型，不是一切类型，那些专以一种经济因子为独立的变数，而企图说明所有社会所有文化的经济决定论，可以说是根本错了。

但是经济制约虽不足以说明人类过去所有的历史，却可以说明现代历史之一阶段。为什么？因为现代即是“经济时代”，好似社会史之政治时期，政治属于社会文化体系中之优先地位，政治为“政治的政治”，法律为“政治的法律”，经济为“政治的经济”，教育为“政治的教育”。又如社会史之法律时期，法律属于社会文化体系中之优先地位，政治为“法律的政治”，法律为“法律的法律”，经济为“法律的经济”，教育为“法律的教育”。同样地在现代社会史之经济时期，经济在相互依倚的关系中，也自然进于优先地位，因之现代的社会文化体系，政治为“经济的政治”，法律为“经济的法律”，经济为“经济的经济”，教育为“经济的教育”；当然在经济时代，来讲经济决定论、经济史观实有充分理由，然而不要忘却这只是经济时代的一种生活方式，并不是所有文化史上、社会史上之生活方式。Sombart 在其著书（《德意志社会主义》第一卷）中曾经表示了一种信征。“唯物或更准确些之经济史论，那个以经济为唯一现实的人类社会，一切其他只是经济作用的理论，对于这个时代，但仅对于这时代，是对的。”这个时代就是经济时代。“我把我在这时期中所要指出的特征，归纳成一个总概念：‘经济时代’（ökonomisches Zeitalter），为的要把这一个文化阶段的特质归心结核地表示出来。而在我看来事实上这也确乎能表现其本质。在这个时代中，经济和经济的以及与其有联系关系所谓‘物质的’重要，实已征服一切其他价值而取得霸权的地位，并且经济的特质，已经在社会和文化的一切其他疆域上盖上了它的标记。”（页七）在这经济文化统制的时代之下，我们生活方式的改变“使我们的生活方式和我们祖先的完全是两样”，我们可以称之为“失神化”“实物化”和“等一化”。“失神化即是说停止心灵作用，因而也停止了创造精神、自由和自决，褫夺各个工作的个人性质，那个人之所以为人的文化发展，至此宣告终结。”“实物化即在于那有名的机械化、机器化、器械化，每一器械的增加都不啻是说又有一种原来个人多少可以自由活动的工作被推到机声扰攘下的强迫工作和多半不可忍受的工作条件下的大企业地狱里去了。”“等一化用它指那形式化同和统一我们一切生活方式的倾向，只要它们是近代的、‘摩登的’，在全球各部到处相同，在这儿明白证明了经济的直接影响。”至于公共生活的变化，“首先就是这样一个事实，只有一种通行的基础与尺度之金钱财富，只有一种等序，按照金钱所有或金钱收入而估计。在从前时代，财富也曾受过重视，其重要在经济时代则完全另具特质，财产成了羡慕的对象，而一切其余的价值都失去它们的效用，或者只剩做求达到财产的一种工具”。说到精神生活，Sombart简直以为这个时代没有文化。“因为缺乏对于一种高超意旨的敬仰，因为没有共同的客观精神来代文化工作定方向定内容，因此到处都是语言混乱，各按其自己的意见而言而行，人类错综扰攘，一若市集上的人群，叫卖的人儿一定要赛嗓子，才能使人听见，买他的货。这时代缺乏风格，缺乏任何文化的条件，根本就没有文化。”这时代的“精神文化是以一个特殊的物质文化为基础，而这种精神文化考其究竟，只是经济的一种作用而已”。这一幅 Sombart 代经济时代所描写的肖像，已经很充分可以拿来说明现代文化和经济的关系。当然这种经济时代有正当的和不正当的文化现象之分，不正当的如上所述：占有的追求、享乐的争逐，使人的生活支配于物的生活。正当的是创立了新的文化方式——观学的唯物的经济文化，使我们更容易走向社会福利的目标，因为这个时代的特征，是唯物主义，因而唯物史科遂成为这个时代的真正婴儿。

但是经济的文化史，不是只有经济时代的。从前的经济也曾统制于政治文化和法律文化之下，那时代生产力只是造成政治生活和法律生活底重要手段，为经济而经济，为财富而财富，是到了十九世纪经济时代开始以后才有的。再就将来的经济文化来说，将来决不是经济时代，却是经济时代的反面，即教育时代。经济时代根本没有文化，而教育时代根本即是文化，经济时代人变成“非人”，教育时代使“非人”变成人。老实说罢！文化现象是有如 Bergson 所谓“绵延”（Duration）现象，也有如 Hegel 所谓“扬弃”（Aufheben）现象，故在社会文化的发展变化之中，如政治时代为肯定阶级，则法律时代即政治时代之一否定，而经济时代则为法律时代之否定，即政治时代否定之否定，然而不是到了经济时代便完结的，所以经济时代之后，便继之以教育时代，为经济时代之否定，即法律时代否定之否定，政治时代否定之否定之否定。到了这个新的文化时期，不但以经济为中心的唯物史观不能适用，就是以政治为中心的政治史观，以法律为中心的法律史观也一样地不能适用，因此我们可以说所谓政治史观、法律史观，乃至于经济史观都只有真理的相对性，都只能解释一个文化时代，而且都受着广大意义的文化史观所支配。现在为彻底明了起见，试更进一步，分析研究经济文化现象和其他社会文化现象的关系如下：

先试就经济和政治文化的关系言，很早就有人注意到这个问题，亚里士多德（Aristotle）承认政治学和经济学之不可分离，国家的形式是依财产的种类和财产的分配而决定；Machiavelli 看重“武力”，以为“一切武装的传道者总是成功，一切非武装的传道者总是失败”（《横霸政治论》第五章），但他也没有忘却经济团体的重要性，他教导君主怎样利用一个阶级来拒别一阶级。然而这些政治经济的交互关系论，无疑乎是有它的时代限制性的，即使国家如奥本海末尔（Oppenheimer）所云历史上每个国家都是阶级国家，即至现代立宪国家“其形式仍然是统治，其内容仍然是经济手段的剥削”。但在这里政治和经济仍有分别，这就是 Spengler 在《西欧的没落》第二卷中所说，阶级之对立关系乃国家之内部政治的关系（inner-politisch）和外部的政治关系（ausser-politisch）绝不相同，外部的政治关系其形式为民族为战争，这是政治的战术，内部的政治关系其形式为阶级为革命，这是社会的战术。在现实的国家里面，“政治”和“社会”斗争，“国家”和“阶级”斗争，都只是告诉我们政治的和经济的不同，一个统治的政治型式和一个剥削的经济型式，从本质的关系上说是可合可分的；而且从斗争的性质而言，政治的战术，如果它保持权威，须要一种暴力，它一定不要迟疑，尽量干去就是，因为它统治全局的事情，觉得如果跟了和平一条道路，它的权威不能稳固，如跟着暴力跑，他反能巩固他的势力，那么毫无疑义地，他最好跟着暴力走。反之经济则如 Max Weber 所说：“就此字之本来意义而言，则所谓经济者，仅为处分力之和平的施用，此项处分力原以经济为目标。……和平性之特征，亦是必要而不可少的，因为各种事实上的暴力（如掠夺战争革命之类）虽亦有以经济为目标者，但须受其他法则之支配，与用和平手段之营求不同，不过征诸历史的经验，每种经济背后，必得有强制而后可，——其在今日，为国家的强制，在古时则有身分阶级的强制，将来的社会主义或共产主义经济制度实现时，对于其计划之实行，仍须用强制亦未可知，然而这种暴力，我们不能称之为‘经济的事’，只是经济的经营之手段而已。”又以交换为例，“一切的交换，均基于人与人间之和平的斗争上，此即基于价格的斗争，机巧（对于交换之对方者）以及竞争（对于处在同一交换企图下之人者）上，而向一种协调进行，此种协调使参与中之一方面或数方面有利，而斗争乃终结”（《社会经济史》，页 1—2、4），由此可见政治的本质以暴力为主，经济的本质实以和平为主。Comte 社会发达的三阶段说，谓军事的生活逐渐化为产业的生活，产业的和平社会，才是欧洲政治之永久目标；Spencer 更明了地分军事型社会与产业型社会，前者为封建社会，后者为资本社会，前者为战争社会，后者为和平社会；我们固然不能承认产业社会都是和平社会，但是我们却可承认经济时代的社会，已渐以社会的战术来代替政治的战术，即以和平的斗争为本位，不以军事的战争为本位，而这也可以说就是经济和政治之根本不同了。若就历史的关系上看，更明白了，文化史观告诉我们在经济文化之第一时期为“政治的经济时代”，政治文化之第三时期为“经济的政治时代”，在“政治的经济时代”一切经济的斗争总是政治的斗争，在“经济的政治时代”一切政治的斗争总是经济的斗争之集中的表现；在“政治的经济时代”，经济不过国家致富的技术，在“经济的政治时代”如 Spranger 所说“国家表现于多数人民中实不过为经济生活之超个人组织，为一种较高之生产社会，一种组合或一股分公司”（《人生之型式》第二卷第二章）；在“政治的经济时代”那种由柜台出身的财富，只算一种污点，在经济的政治时代则“经济的领袖以及营业要人正因为他们是这一类人，甚至在乡里中享受重视，于国家掌握大权”。Sombart 指出最明显的特征“从前一切财产发源于政治，由权力而达到财富，今日则是由财富而达于权力，而其来源则在于经济”（《德意志社会主义》第一卷，页三二），不但如此，“这经济时代携了一切与之俱来，它先捧出了无产阶级，接着在政治生活上又是弄出了阶级的政党。我们的时代，经济利益特别重视的标帜，再没有明显过这个事实！——一切政党都日益进于经济政党，最后更进而为阶级斗争的阶级互相对立……只有在经济时代经济利害对于人群的分组才特别重要；只有在这个时代人们才超越一切其他利害关系，如宗教的、政治的、血族的等等，而结成阶级，即是对于经济生活的基本结构有利害关系的组合。”Sombart 很概乎其言地说“在经济时代民治就等于贩牛交易的法律化”，可见今日政治虽未消灭，而政治的意义却早已完全丧失了。

次就经济和法律文化的关系上说，“经济”和“法律”实不相同，所以在法律有重要贡献的古代罗马，在经济乃劣于政治上不能独立的东方，以商务言，劣于迦太基（Carthage）；以农业与几种制造业言，劣于高卢（Gaul）；可见长于法律文化类型者，未必即长于经济之文化类型，但到了社会史之第三时期，经济时代，法律为“经济的法律”，因之同时产生了好些经济的法律史观。Pound在其名著《法律史观》第五讲中，曾举及这时代注意经济和法律发生关系之三大思潮：（一）史的唯物论（historical materialism）；（二）实证主义（positivism）；（三）经济的实在论（economic realism）。即就经济的法律观及经济的法律史观来说，也可看出有三种类型：（一）理想主义的类型（idealistic form）；（二）机械的社会学的类型（mechanical-sociological type）；（三）机械的分析的类型（mechanical-analytical type）。社会主义者通常提倡第一、第二类型的法律史观，美国法律学教授如Brooks Adams等提倡第二类型的法律史观，理想主义的经济史观依Croce意思是属于黑格尔左派，他们以为法律史无非经济的事，那就是“欲望与劳动的历史”（a history of wants and labor）。机械的或实证的社会学史观主张“法律为人类生存竞争的诸力之合成”，因此法律偏于强者方面，为胜利者所利用。依分析派的理论，则法律为主权者的命令，B. Adams以为“主权者不管它的形式如何名称如何，其实都不过一种代办者”；“支配阶级为着自身的利益而制定法律，而且为支配阶级而制的最完全的法律，是和各时代的正义理想最相一致的”；所以法律只依于经济的必然法则为支配阶级的利益所作纪录，所谓法律道德合致论，都不过它的一种伪装罢了。这种机械的实证主义的法律学，当然只能代表法律史第三时期，即经济的法律思潮，如Pound批评似的，他的贡献在能从人类欲望和生活效果的观点上打倒法律学的消极主义，但其贡献也不过如此，法律之为法律，毕竟不是但在于按照经济利益而分裂的社会影响之下，法律是在 B. Adams 所打倒的消极主义以外，而更有其积极主义的，那么我们也只有从法律的立场出发，才能获得法律之本质的概念，不然则在“法律的经济时代”的经济家如亚当·斯密（Adam Smith）尚承认“法律之四大目的，在于正义、行政、岁入及军备”“正义之目的是对于毁害的保护”的话（见 *Lectures on Justice*，*Police Revenu and Arms*），“经济的法律时代”的法律家 B. Adams 反而把法律和正义分开了，这无非反映着在 Adam Smith 时代经济学原来不过法律学之一部门（《原富》一书即从这个死后经过百余年后发见之讲义录发展成的），而在 Brooks Adams 时代，则法律学也不过经济学之一应声虫罢了。然而从文化类型学来看，这都不过历史的关系如此，从本质上法律总是于政治经济以外成为独立的文化类型，详细的说明，只看前一章的讨论，已很容易明白了。

次就经济和教育的关系上说，这个问题好像即在讨论物质生产之生产关系和精神生活的关系，又好像在讨论物质文化和精神文化的关系。教育无论何时，都是代表人类的精神文化事业，虽然在这经济独裁的时代，一切文化机关文化事业都受经济力的直接支配，但这也不过暂时的现象如此；其实教育和经济的不同，即如精神事业和物质事业的不同，从历史的关系上说，在经济时代资本家可以利用资本以支配精神文化，收买舆论，以强迫的方式灌注资本主义教育；但在本质的关系上说，即在经济时代，资本家可有支配物质生产的权力，却没有充分支配精神文化的能力。一切社会设施如学校、图书馆、博物院、美术馆、电影院乃至新闻出版机关，只要可称为文化的同时即是教育的，它虽然集合在资本阶级各种事业的周围，依经济的存在而存在，但其本质却无疑为经济时代之一种矛盾一个否定。在社会史之第三时期“经济的教育时代”有如 Sombart 所描写的怪现象“这时代缺乏任何文化的条件，根本就没有文化，有些时代至少在下层价值世界的范围里，还能造成一种嗜好（风味），如封建时代在经济时代开始之前的时候；而经济时代则连嗜好文化都没有，因为它即是这种文化的前提也都缺乏：一个团结的有教育的社会层如一七八九年以前的贵族自结成的团体”（《德意志社会主义》第一卷，页三六）。这就可见教育是文化的，经济却是反文化的了；然而在反文化时代，却也有它的文化，这种文化的特质在“量”不在“质”，在这个时代精神文化的各种出品有了极大的增加，如 Sombart 所云“文化作品的增加，唤起一种印象，我们的时代有很大的活动性，而这个印象尤其深厚的，则是因为教育资料传播的方法已经特别完满地改良了；新创出一种教育集合传播的方法，和我们分配煤气、自来水、电力或是交通事业的方法一样。国民学校，高等国民学校，通俗班，国民图书馆，公共观演的机关如博物院、音乐会、剧场、电影院、展览会等：一切都是经济时代的东西”（同上，页三七），这是何等矛盾的现象！固然一方面文化工作者，在生产力增加的原则下，沦落为单纯的大都市营业的一行，但从另一方面来看，科学教育的普及、人民知识的增进，它也引起完全新的革命方式：知识阶级的革命运动。所有经济时代的社会主义革命家如 Marx，Engels，Lenin，Proudhon，Kropotkin，哪一个不是从这时代的文化孕育出来的知识分子？第一次世界大战中全欧的知识线上的代表，在那样发狂热的时候，他们也曾不辞劳瘁不避艰难不畏强御地，为精神为真理为人类全体来反对他，到了战后还发表一篇《精神独立宣言》载在巴黎的 *Humanite* 的报上，这告诉我们什么呢？告诉我们以一个历史事实，就是文化阶级即教育阶级和侵略阶级即经济阶级之不断斗争，乃是这经济时代真正的文化阶级斗争；“经济”和“教育”自始即是矛盾的、对立的，恰似“科学”和“艺术”一样自始即是矛盾的对立的。前者代表必然的世界而后者代表自由的世界，前者为物质的文化型式，后者为生命的文化型式。Spranger 曾经说过“一彻底之经济系统，无仁爱立足之地，经济人之用心于他人，纯本于功利主义，彼纯从经济之见地，观察人类，换言之，彼视人类为生产者消费者或一购买者，彼承受扶助，但即此相互关系亦包括于经济见地之中；在彼之恩施中，必常有积极之利害较量，纯粹经济开拓愈广，此种态度实行愈远，此种开拓自严格的经济获利力之立场观之，将全为逻辑上之开拓”（《人生之型式》，页一五三）；反之教育的文化本质，实为纯粹的爱。如“裴斯塔洛齐（Pestalozzi）注意于一为生活压迫所磨折之儿童，而唯思有以扶助提拔之，此型式即为教师真正之型式”（同上，页二〇三）。即因这些以爱为基础的知识阶级，其思度太少，预算太少，在所谓直觉的认识上更加以知识的热望与努力，因此才能脱尽经济的功利观念，而走上革命牺牲的路上。因此所以我说经济时代引起了完全新的革命方式，而经济和教育两个文化类型的不同，也不待详证而自明了。

由上所述，只限于经济和其他社会文化类型的关系，使我们知道经济实和政治、法律、教育不同，现在却更进一步，讨论经济和知识文化各类型的关系，这就是经济文化和宗教、哲学、科学、艺术各文化的关系。但即在这里也有本质的关系和历史的关系的不同，经济以“科学”为知识上的原始基型，在知识生活上的科学时代同时即社会生活上的经济时代，因此经济和科学的关系实为本质上的关系，而与宗教、哲学、艺术之各文化类型，则不过历史上的关系，为要彻底明了这两种文化关系，我们最好是研究一下经济思想史，因为经济思想史不但能够告诉我们以经济文化之历史上关系，是怎样从宗教的经济时代进至第二时期哲学的经济时代，第三时期科学的经济时代，乃至第四时期艺术的经济时代，而且更能在第三时期之中，看出经济和科学文化之本质的关系，现在试依次叙述并先作一表解如下：

时期		学派	重要学者	重要著作	根本概念	方法	时代之区分
第一时期	宗教的经济学时期	基督教派	Thomas Aquinas, Thomas More	科学集成 乌托邦	（一）数、衡、度乃上帝用以分配万物之工具 （二）慈善与恤贫	想象的方法	中古世纪
第二时期	哲学的经济学时期	英国古典学派重农学派	Quesnay, Turgot, Adam Smith, Malthus, Ricardo, John Stuart Mill	经济表 富国论 人口论 经济学及课税原理 经济学原理	（一）自由竞争 （二）以个人利己心为出发点 （三）普遍绝对的经济法则	抽象的演绎法	十八世纪
第三时期	科学的经济学时期	历史学派	List, Rescher, Hildebrand, Knies, Schmoller, Brentano, Bücher, Wagner	政治经济学之国民的体系 根据历史方法的国家经济学讲义要纲 现在及将来的国民经济学 站在历史方法立场上的经济学 国民经济学概论 社会政策研究 国民经济学的成立 社会主义社会民主主义 讲坛及国家社会主义	（一）经济生活之历史的统一的形成观 （二）经济法则的相对性 （三）社会诸现象相互关系的认识	（心理主义）归纳的历史法	十九世纪

续表

时期		学派	重要学者	重要著作	根本概念	方法	时代之区分
第三时期	科学的经济学时期	唯物史观派	Marx, Engels, Rosa Luxembarg, Hilferding, Lenin, Bukharin	资本论、经济学批判、共产党宣言 家族私有财产及国家之起源 经济学入门 金融资本论 资本主义最后阶段的帝国主义论 转形期经济学 有闲阶级的经济理论	(一)资本主义社会之发生运动没落法则之理论的说明 (二)从商品生产的分析建立理论经济学	(论理主义)辩证历史法	十九世纪
第四时期	艺术的经济学时期	(一)无政府主义派;(二)工团主义派;(三)基尔特社会主义派;(四)合作主义派;(五)信用经济学派	Kropotkin, Sorel, Tylor, Cole Penty, C. H. Douglas	面包掠取 农村工厂与手工场 基尔特社会主义与劳动 基尔特社会主义 基尔特的国家 信用机关之社会化	(一)大同共产社会 (二)世界极公平与有效率的合作制度与信用制度	文化科学方法	现代

我们知道各时代的经济思想，都是特定的文化阶段发达的结果，而由此产生的各时代的经济思想，又实为左右历史上经济制度之变迁的基本事实。依我们研究的结果，从中古经院学派的经济思想，即经济学的发萌期，以至现在，经济学的进化阶段，实在和人类社会其他文化诸现象的历史进化法则，是有不可离的关系，可分为四个时期：

第一，宗教的经济学时期——在 Max Weber 的《宗教社会学》中，曾将六种世界宗教：孔教、印度教、佛教、耶教、回教、犹太教的“经济伦理”研究每种的特性，及其对于隶属这些宗教的每个民族之经济组织和生活的影响。这样他企图把宗教与经济学的相互关系找寻出来（见 Sorokin《当代社会学学说》汉译本，页 1083—1095），这种提出宗教因子对于一个社会的经济组织和现象之影响的学说，无疑是可以适用来说明经济史之第一时期即宗教的经济思想时代的。在宗教的经济思想时代并无所谓经济学，经济思想是在宗教范围以内的，甚至于希腊时代，对于经济生活都只看做管理家庭的技术；在 Aristotle 书中只有家庭经济与奴隶经济，如匪徒的掳掠行为，可认为正当的经济活动，这也可见政治的经济时代和宗教的经济时代是出于一个模型罢了。罗马人从来没有懂得商务工业和财政的性质和意义，直到中古时期，经济思想本身才有新的发展，基督教与教堂实为中古经济思想的渊源，我们只要稍稍注意到当时最卓越的圣徒 Aquinas 的经济学说，他们高唱劳动的庄严，反对奴隶制度，以收取利息为不当的见解，和正当价值的规定，都是根据于基督教的观念的，这就是宗教的经济理论时期。（案此期 More 的乌托邦，实为后世空想社会主义所本，依我意思则奥文（Owen）、圣西门（Saint-Simon）、傅立叶（Fourier）等经济学说，都只是希望憧憬着这个中古的黄金时代，而提倡新宗教下的新社会，这可算是这个思想阶段的遗形物，所以表解里，也把他忽略了。）

第二，哲学的经济学时期——经济学是直到十八世纪中叶才进入成立时期，所谓正统学派实为重商学派与重农学正反派学说的综合。在十六世纪以后，因国民的自觉，看重富国强兵，造成如柯尔贝（Colbert）的经济政策，即所谓重商学派；这一派对于生产要素之发明，实为亚当·斯密生产要素之说所本，其著述又为后来物值说发明的基础，至此派哲学论人类行为以自利为主，也影响于古典学派的悲观主义（见韩纳:《经济思想史》，页13、125、185）。于是接着起而反抗重商学派的，是以魁斯奈（Quesnay）为中心起于法国一群的“重农学派”，这都是应着第二期个人底经济理论而产生的，重农学派主张自由放任的哲学，对于制限或干涉个人经济活动的，都极端反对。他们主张经济行为目的和动机，全在个人，所以也可唤做自由主义派，或个人主义派。十八世纪末所谓古典经济学派，如亚当·斯密（Adam Smith）、马尔萨斯（Malthus）、李加图（Ricardo）、约翰·穆勒（John Stuart Mill）等，即发展于此自由学派底思想之内。自从亚当·斯密《富国论》确立了个人经济学的基础以后，大计划的资本式的企业就出来了，分工论的结果，使无数的工人分工而作，在好的方面讲起来，实使我们经济生活，发生完全的变化，造成了一种新的经济时代，——资本制度。在坏的方面，因为资本制度发展的结果，贫富两种阶级产生不能再容忍的不平等的状态，那没有生产工具的人，不得不为极低微的工银，每天做工十五六小时，这种不公道的分配制度，遂引起第三期的经济思潮。不但如此，资本主义世界经济是将经济的全领域陷于完全无组织无秩序的状态，即通全体为无何等计划何等组织何等规定之存在，完全由于那不能受统御的势力——“看不见的手”之盲目的支配，把人类经济的运命，随意播弄着，这种无秩序的资本统治当然要发生第三时期对于资本主义经济的反抗。再就社会哲学的基础来说，第二时期的经济理论都是从人类之自然——人类性——里寻出永远的自然法则；斯密以个人活动的根本动机归于自爱心（self-love）、利己心（private interests and passions），有时又说是“要改善自己状态之各个人之自然的努力”。依他意思，各个人因为追求各自的娱乐（comfort）、快乐（pleasure）和享乐（enjoyment）而追求其作为手段的富，这就是社会最大多数的最大幸福的根源，各个人虽然只管听任个人本身的利益，便自然地或毋宁说是必然地使彼选出对于社会最有利益之使用法，这就是自然的法则；只要听任自然法则而行，政府不加以任何干涉就好了，所以他们的经济学体系，即存于这种人类之自然秩序和理性的原则上，因即存于资本主义永久性之肯认的原则上；然而这种反伦理反社会反历史的第二期经济理论，在历史发展的过程中，是只能和资本制度同其运命的。最可注意的就是这一派所用的方法，全系抽象的演绎法，其所主张的个人主义也是从根本上没有的抽象的个人出发，而且如一般的批评，还是一种反本质的抽象，W. C. Mitchell 称这派的方法论为“特种逻辑”，如李加图所表示一种意见，假如现代经济生活中的事实和慎重考虑的理论不相符合，则咎在事实方面，这是何等公开地藐视经济之科学的研究法，当然也只好称之为经济之形而上学的理论了。

第三，科学的经济学时期——哲学的经济思想是反伦理的反社会的和反历史的，其结果乃不得不走向自己批判即资本主义的批判路上，如英国约翰穆勒就是好例。他本是个人主义，到了晚年竟自认是社会主义的共鸣者了；李加图可称达于个人经济学理论的顶点，但他却成了英国社会主义者汤姆生（Thompson）、格雷（Gray）、布列（Bray）全学派之直接的母胎。在法国则有最初将古典经济学派通俗化了的史霭耶昂（J. B. Say）和接着而起的西斯孟迪（Sismondi），在德国则最初于雷峨（Rau）看出社会主义的萌芽，相继出现了屠能（Thunen）、罗贝尔图（Rodbertus），以至于马克思及恩格斯，完成了对于古典经济学的转换期；可见由经济理论的第二级，跨到经济理论的第三级，这正是特定的历史发达的结果了。但在反对古典经济学的经济理论当中，实可举出三种类，第一是空想的社会主义如奥文（Owen）、傅立叶（Fourier）、圣西门（Saint-Simon）等，那是因反对第二期的经济理论而憧憬于第一期的乌托邦的，所以依我意思，这只是第一期经济理论的遗形物，这里可以表过不提。就中最可注意的是以历史的归纳的方法为依据的历史学派，即伦理学派，与那以历史的辩证方法为依据的所谓科学社会主义派，如马克思、恩格斯等都是代表第三期的。历史学派是十九世纪一群重要经济学者应用历史精神和方法到社会科学上的一个运动，通常以李士特（List）看做这派的创始者，其实真正历史学派的勃兴，最有贡献的却是所称为三个德意志青年的罗协儿（Wilhelm Roscher）、克尼斯（Karl Knies）、希德布兰（Bruno Hildebrand），有这三个人，历史学派才算确立。他们极端反抗古典经济学，要推翻他而从事于经济生活之历史的研究，其结论只认经济政策的真价，不是绝对的而存于相对的一点。而且否定了古典学派主张在经济学里发见那有普遍妥当性的经济法则。经济现象不是如古典学派所想象的超越时间空间的普遍东西，它终竟是限制于时间空间之个别的具体的现象，是具有随时代之推移而发生，随时代之转移而消灭底性质的。至于经济学的方法，则主张依于归纳法而搜集许多资料，从事于详细事实的研究，把握着经济生活法则、习惯、伦理的关系，在那里便把道德的要素看重起来。因此便排击以古典学派之利己心与自由放任为基调的世界主义，而提倡以国民生活为中心的经济思想，为所谓国民经济学的建设而努力。历史学派的发展是从一八六〇年以来以德国很光荣的经济学者石慕勒（G. von Schmoller）为中心，由布伦坦诺（Lujo Brentano）、赫尔德（Adolf Held）、克纳蒲（Knapp）、毕喜儿（Bücher）、哥哈母（Gotham）开头，可以数到那瑟（Erwin Nasse）、谢富勒（Albert Schäffle）、松贝耳（Gustav Schönberg）、席尔（Hans von Scheel）、罗斯伦（H. Rosler）、华格涅（Adolf Wagner）等，即所称为“新历史学派”，或“伦理学派”的一派。还有在历史思潮中，以各自独得的方法，在最新人间占重要特殊地位的，有韦伯（Max Weber）、桑巴特（Werner Sombart）这些较晚出的经济学者，很显著地展开旧历史派的学说，将历史方法更彻底地适用于具体的研究方面，也可称之为文化学派，新历史学派的根本贡献在建立方法于严格的历史的统计的经验主义之上，而排斥一切抽象的方法，他们和唯物史观派抽象经济学的真正区别，即在一个能埋头于准备的工作及材料的搜集，一个则迅速地想将他们抽象的财产辩证法的结论，应用于各种不同的民族。专就唯物史观派的经济学来说，则自马克思的《资本论》确立了社会主义的经济学以后，于是跟着对于资本主义的扬弃，经济学的目的遂成功为解剖资本主义社会，而发见其经过发生发展及其没落之经济的运动法则的经济学，而资本主义经济的特质，就是“商品生产”，所以这种理论经济学，也是从商品生产的分析，因而解明了剩余价值的出处——地租、利子和赁银，其全理论经济学的基本概念，即是建筑于这种商品价值价格的诸概念上。所以据实来说，这一派经济学只好算得对于古典学派之“经济学批判”，即限定于资本主义之经济学的批评，若真正讲到人类社会底经济学，则不应这样地偏重消极，而应积极地阐明人类全社会之经济的运动法则，即对于将来社会的经济计划，亦决不见得不是经济学本来的目的。然而马克思的理论经济学实根本反对这种理想的未来国，因为《资本论》的经济学体系，本建立于黑格尔的辩证[①]法上，而黑格尔的辩证法，就其本质又天然只是消极分析批评的东西，所以由此

① “证”字原缺，据下文补。——编者

形成的马克思新理论经济学，其所有心得，即在对于资本主义生产方法之分析解剖，这就是说，他的贡献为辩证法所限制，即限于消极与破坏方面，所以只成功了经济社会的病理学，不能成功经济社会的生理学。复次这种新理论经济学是从商品生产出发的，然而商品生产乃为产业革命后所发达之产物，所以代表这商品生产的古典学派，固然只算生产经济学即从事分析商品生产的新理论经济学，仍不过于生产经济学没落过程中尽它的职务。但是我们现代经济学的新倾向，已由生产经济学进步到信用经济学，我们时代已经由马克思所说的社会生产的经济观而代替之以社会的信用的经济观，如现代银行的职能，就是扬弃了生产概念，而以社会全体之富为基础，而任意创造发行所谓信用货币；这种信用经济学的理论的观点，实在是对马克思以商品生产概念为中介概念组成的生产经济学，以致命的打击，使我们知道马克思派经济学，只是说明产业革命后的经济社会，而不足说明由信用概念统一构成的现经济社会。然而马克思以后，那以马克思经济的观念为出发点的信用经济理论，如喜乎丁（Hilferding）的金融资本论，和列宁（Lenin）的资本主义最后阶段的帝国主义论：似乎学说进步多了，但很可惜的就是他们的金融资本论仍和马克思一样把社会经济生活的特色看作商品生产，即其所谓金融的观点，还是商品生产而非信用本身。依喜乎丁的见解则银行不过为转化货币的机关，将所谓“休息货币资本”，转化为“作用货币资本”罢了。所以这种见解仍然没有看到信用经济自动创造的新机能，因而对于扬弃生产经济学的信用经济学，也全然没有理会到。至于列宁所著《资本主义最后阶段的帝国主义论》对于帝国主义的特色，非产业资本乃为金融资本的发见，实在是一大贡献，可是很可惜地他也不过将“独占的支配”底概念和信用制度的理论结合，至于银行以独自机能任意发行着所集中的信用货币，则仍没有理会到；因为他始终是以生产及资本的集中，作为银行集中的原因，所以他也只好算做生产经济学最后的变相产物罢了。总而言之，第三时期经济思潮的代表，是所谓科学社会主义派和历史的-伦理的学派，科学社会主义派他们："所著的书和所发明的学说，可说是集几千年来人类思想的大成"，但是经济思想并不是到了第三期便算止境，即在第三期之中，在这两种科学的经济学派以外，还有以奥国学派为中心的抽象学派，这一派主张经济学根本上是一种抽象的独立的科学，如门格尔（Karl Menger）、贲巴卫（Böhm-Bawerk）、威塞耳（Wieser）、高申（Gossem）等为代表人物，还有以美国学派为中心的制度学派，这一派主张经济学应以经济制度为其研究的对象，如韦布伦（T. Veblen）、韩密顿（H. Hamilton）、密切尔（W. C. Mitchell）等为代表人物，前者为古典正统派的新继承，后者为历史学派的新发展，这也可以看出第三时期的经济思想之大观了。

第四，艺术的经济学时期——现代的经济思想，其主要学派的理论颇带着艺术色彩，如蒲鲁东（P. J. Proudhon）、克鲁泡特金（Kropotkin）等的无政府共产主义，普氏于一八四〇年著《何谓财产》，以为欲改革经济社会，当以经济之相互扶助为本。克鲁泡特金的《面包掠取》一书说者谓颇有诗的色彩，他告诉我们"万人都是生产者，同时也一定都是艺术家，或为嗜好艺术者"，"因为万人都要劳动，于是劳动成了快乐的东西，好比著作家和印刷工人这时合为一人，著作家自已跑到印刷局，把作品印刷出来看一看，多么快乐呀！"可见只有心手一致的劳动是神圣的，因为人们的自由劳动是一种创造的愉快，所以自由劳动即生命，断不是为着什么而劳动的。克氏因此首先反对（一）工钱制度、（二）分工，他说自由劳动是不能用金钱估量价值的，只有一件事可以存在，就是不要估量价值；他又反对分工，以为分工的劳动家，生涯纯为机械的动作，失灭了个性的才能和发明力，一定是干燥无味，一方面是磨针的单调生活，他一方面是文学美术的专门家，似此单调的劳动，失掉了人人爱劳动的心理，所以他说“工作劳动是生理的必要，这个必要所以使用身体贮蓄的能力，这种必要是健康的和生命的”；他最痛心的就是“做了一个劳动工人，就是那科学与美术给人类一切的那些高尚的快乐，他们都不能享”。这种艺术的经济思想，□见于 William Morris, Morris 以身作则，大声疾呼，世界应速恢复所失却的人性，重登那至高生活的劳动，因此极力主张艺术和劳动相结合。还有就是革命的工团主义的经济家苏鲁（Sorel），他受哲学家柏格森的影响，柏格森所说理知与直观，表面的自我与内的自我的对立，Sorel 应用之于经济上成为交换和生产的对立，而以生产为一切社会之真实根本，至其所谓社会的神话论和艺术的思想更相接近。又如新进的经济学者柯尔（Cole）、潘悌（Penty）、泰罗（Tylor）等的《基尔特社会主义》，尤以泰罗的地方基尔特的主张带着很浓厚的第四时期的艺术底经济观。还有和此派相近的如霍勃生（J. A. Hobson）主张精神效用说也是最适用于艺术经济学，因为普遍言之，只有艺术作品之精神代价甚低而对于艺术家之精神效用乃甚高也。由上所述各派都是根本改造第三时期极端的经济理论，使倾向于更新的方面走的，在此我们也不要忘却可看作第四时期新经济学萌芽的，即那主张消灭售卖者与购买者、债权者与借贷者、工业主与工资劳动者间底斗争的“合作主义派”，复次就是以英国陶格勒（C. H. Douglas），A. R. Orage, N. Allen Young, Haltorsley, Hugh, P. V. Owles, Marten Cumberland 为中心而起的陶格勒主义（Douglasism），即信用经济学的一派。这两派都把经济生活安置于道德原理的基础上，主张虽不免分歧，从大体看，却均接近于第四时期艺术的经济思潮的；艺术的经济思潮在其注重心手一致的劳动以外更须建立一种统一全世界极公平与有效率的信用制度和合作制度，但是这种新经济学的抬头，责任恐怕还在我们身上哩！

由上所述经济思想史的四时期，从宗教的经济学到哲学的经济学，进至科学的经济学再进至艺术的经济学，每一时期经济的思想都加入于一个文化的全体系中，取得那时期的一个文化类型的特质，这就是在文化的手段综合体中，每一时期的经济都有其所趋向的以"社会福利"为目的底经济目的。在宗教的经济学时代，经济是和宗教结合，经济为取得宗教社会的社会福利的手段；在哲学的经济学时代，经济是和哲学结合，经济为取得哲学社会的社会福利的手段；科学的经济学时代，经济和科学结合，经济为取得科学社会的社会福利的手段；同样在艺术的经济学时代，经济和艺术结合，经济也不消说是为取得艺术社会的社会福利的一种手段了。但即在这里我们仍可看出经济和宗教、哲学、艺术之相对的历史的关系，和经济与科学之绝对的本质的关系不同。经济的文化概念，在本质上终竟是与知识生活上的科学的文化概念相当，经济是属于知识文化的，是为着知识文化的变动而变动的，因此宗教的知识造成宗教的经济文化，哲学的知识造成哲学的经济文化，艺术的知识造成艺术的经济文化，然而这里所造成的经济文化，都还不算得真正的经济文化体系，而真正的经济文化体系，只有表现于社会史之第三时期：经济时代。然而经济时代即是知识文化上的科学时代，换言之即经济文化乃为科学文化的产物。Marx在《哲学的贫困》中说"用手推的磨子产生了封建主义的社会，用蒸汽机的磨子则产生了工业资本主义的社会"，这一段平常所认为唯物史观的名言，实际即是证明经济社会乃不过科学的文化体系的产物而已。固然科学也许如Spranger所云"纯粹之科学训练，皆特意拒绝一切直接之实际应用与功利兴趣"（《人生之型式》第二卷第一章），然而这种科学乃是一种属于完全抽象的科学存在方式。违反科学的本质，科学的本质是如Max Scheler所谓"实用的知识"或"征服的知识"，是和经济一样，"其一切思维"实与"各种特殊之实际状态及必需之目的手段之考究”相合，所以科学的理论家，实际均为功利主义者，实证或实验主义者乃至唯物史观论家，彼或对于任何维持个人生计之形式加以鄙视，抱着和哲学家一样的人生态度，但就其集中注意力于某一物质科学之对象时，彼之以物质的因果观察与诠释事实的习惯，实即是实用的知识的例证。所以科学不必要求实用而结果不期然而然走向实用，于是由科学发明的智能，加以现存的文化基础，合此智能因子与文化因子便自然产生技术的进步；技术进步即是生产的方法和工具的进步，因之技术进步必然对于一个社会的“文化丛体”（culture cluster）发生很大的影响。如唯物史观派所假想的一个社会的经济组织，只是生产技术的一种功用，用我们的术语来说，也不过证明了经济文化是怎样依存于科学文化的发明和传播而已。发明确是科学知识的结果，科学的发明若能增加，生产的方法和工具也自然进步，生产的方法和工具若能进步，则他们所有的社会关系，也自然随之改变；这种科学和经济文化的相互关系是很密切的，不是很疏远的，固然在文化社会学者之中，也有如 Sombart 在《技术与文化》书中（页三一七以后）很明显地反对这种思想，他以为技术或生产的方法和工具，不会确定地决定社会和经济组织的形式，他发问“为什么文化有时日就没落，而生产技术在当时反不会发生任何变更呢？我们现在采用的有些发明，乃是中国人在几千年前所创造的，然而这种发明不会驱使他们放弃原有的迟滞的种植方法，然则技术如何能决定世界上一切的文化呢？”（见《当代社会学说》第十章，页 890—893）这个疑问是应该的，然而我们的答案也很简单，只因生产技术和一个社会的确定的经济制度间有密切的和必要的相互关系，所以以哲学文化代表的中国，虽在几千年前已有四大发明（造纸、印刷术、火药、指南针）而终为哲学文化所限制；哲学文化之在中国是有历史底基础的，一旦造成便难以改变了，因此而科学发明的力量，终被更有力的哲学文化型式所限制，其结果使[①]中国科学只成为哲学的科学，而中国的社会和经济组织也只成为哲学的社会和经济组织了。这种文化滞留的例子很多，然而不能因此否定技术和经济制度的关系，在同样经济制度施行之下其所根据的生产技术，可以往往不同，然而决定那时代的经济制度的必为新的生产技术，旧的生产技术至多不过作为遗形物而使用罢了。同理，一样的技术也可以应用到不同的经济制度，然而我们仍可以分别出哪一种经济制度更适合于此种生产技术，而其余都不过一种新瓶和旧酒的关系罢了。固然这种社会技术史观推到极端也可以如马克思派，变成许多幼稚的说明和相互关系，但从我们文化社会学的立场来看，则如奥格邦（Ogburn）在《社会变迁》（*Social Change*）一书所阐明的文化延滞说，当然更是真理。我们可以说从本质上说，“科学”和“经济”是有很密切的关系，尤其是在科学的科学时代，同时即是经济的经济时代，这两个类型的联系，有如 Sombart 在别处所说似的，“新近科学的意义，是求认知宇宙内部的联系，不过实际上并不在此，而且是在于把自然分折成一篇清账，使人可以控制它，即是说使人晓得如何取空气制造淡[②]气，如何造飞机，此外没有什么”（《德意志社会主义》，页四一）；依 Sombart 意思，在这两个文化类型里都同有事业失神化与物质化的倾向，这完全真的。科学已经走上在物质生活上的经济时代，经济也是已经走上在知识生活上的科学时代，这时代两个文化类型已不但为本质的关系，同时更加上历史的关系，所有在这时代产生的经济思想，当然也染上了这种唯物的唯事实是问的机器工业所支配的科学文化的影响。Spengler《西欧的没落》第二卷，称这时代为“机械工业的经济世界”西欧机械工业异常发展的结果，机械自身成为一个小宇宙，和人类分

① “使”，底本漫漶，据福建本补。——编者
② “淡”，现作“氮”。——编者

离，而有其自己的神秘发展，从前制造机器的人，现在反而变成机械的奴隶了。Veblen 也曾叹息于在这机器的标准化及唯物的支配之下，一切工业劳动者，包括工程师技术专家，物质科学的研究者——事实上包括一切贯串物质现象的因果连续法则的管理人，这般人的活动和能力，足使工业技术进步至一种境界，致使商业策略不得不诈骗或妨碍货物的产额的地步。（见 Homan《现代经济思想》，页一三六）然而到了这种经济文化和科学文化携手并进而同陷于不可收拾的时代，经济思想史的钟声响了，告诉我们又有一个新的艺术的或教育的经济时代即“美”与“爱”的经济时代的来临！

（二）

我们若从经济和知识文化类型的关系，更进而注意到经济文化之地理的分布，我们便很容易发现东西经济文化体系的不同。经济文化体系依于财力组织的不同，实可区分为三种经济类型，而这三种经济类型实即分布于东西三个特殊的文化区域，形成三种特殊的经济形态。这经济三类型即是：

（1）宗教的经济型——以印度为代表；

（2）哲学的经济型——以中国为代表；

（3）科学的经济型——以西洋为代表。

以主要之生产形态言之：

印度——农业社会；

中国——农工业社会；

西洋——工业社会。

以生产力之标准言之：

印度——自然力（土地生产力）；

中国——人力（劳动生产力）；

西洋——物力（机械生产力）。

以重要生产要素言之：

印度——自然；

中国——劳力；

西洋——资本。

以经济体之大小言之：

印度——农村经济；

中国——都市、农村对立经济；

西洋——大都市经济。

以经济之心理状态言之：

印度——绝欲论；

中国——节欲论；

西洋——唯欲论。

第一，宗教的经济型——以印度为代表。这是人类经济文化的原始形态，是消费的经济，家族共同体的农村的经济，原始农业的经济，以自然与自然力为本位的经济。在这时代，富的思想实未发生。古代各民族，在宗教的理由之下，普遍地禁止向同胞取利及高利贷，如《希伯来法典》、古埃及的《宗教法典》、摩西的《申命记》，乃至初期的婆罗门教，均为此种先资本的经济观念所支配。尤其是在印度，宗教的经济观念特别发达，印度经济"外表上表现共有的农业制，在共有村落园地（Wurt）之中，凡手工业者、寺院僧侣（对于婆罗门教徒而言，其地位较低）、理发匠、洗衣铺，及其他村落中之手艺的劳力者都住于此。他们根据于一种‘神意的’基础，对于他们的工作，不支付工资，除受土地或收获分额外，无其他报酬”（Max Weber《社会经济史》汉译本，页 44）。这种经济制度当然是很保守的，尤其印度那样的种姓阶级对于这种宗教的经济型式更有决定的作用。“印度的种姓秩序，因固着在仪式上，因而在宗教制度之中。所以对于整个社会秩序，有巨大的影响，它将一切手工业嵌入于一定的模型中，因而使具有资本主义基础的产业，无由成立。新发明亦不能采用，如采用某种技术的发明时，即将被视为一个新的种姓，被列入原有各种姓阶级之最末级。印度之每一种姓阶级，均有其传统的固定的生产程序，凡放弃其种姓所传下的生产过程者，不独被放逐出种姓成为流浪无依之人，且失去其达到彼岸之机会，即失去其轮回至更高种族之希望，因此印度之种姓阶级秩序，成了最可能的保守的制度，在受英国的统治之下，它始渐崩溃，但即在今日，资本主义之进行，亦殊迟慢。”（同上，页 149）不但如此，“印度曾有过高度发达的工业技术，但因种姓阶级之障阻，不能发达出如西方所有的工场。因为种姓阶级不能互相协调，凡与种姓阶级以外之人共同劳动的工场，即视为非常变态者。在十九世纪以前一切想采用工场经营的努力，即在黄麻工业方面，还是十分困难，就是种姓阶级之严峻的束缚和缓以后，印度人之缺乏劳动训练，仍为一类大障碍”（同上，页 23）。工业如此，商业亦然。“在印度，商业为固定的世袭阶级所独占，即在礼仪的封锁之下，为商贾种姓阶级所独占，除此基于异族基础上经营的商业而外，尚有为宗派礼仪所封锁的商业，即魔术的礼仪的限制。事实上将该宗派之所属者，驱出于其他一切的职业之外。此可于印度之耆那教中见其事例。耆那教禁止杀伤任何生物，特别是禁杀弱小生物，因之耆那宗徒不能经营许多工业，例如用火的工业，因恐虫类有死灭之虞。又如下雨时，因在水中恐踏死虫蛆，故不能旅行，因此耆那教徒除定住的商业外，不能经营其他业务。”（同上，页 222）还有就是“印度之种姓阶级不能形成为一个仪式团体，因而也就不能形成为一个城市，因为它们在礼仪上是互相疏远的”（同上，页 387）。既然这种宗教的经济不能使工商业发达，又不能形成城市，那么所成就的当然只在农业方面。事实上，在印度也是如此。梅因（Maine）在《古代法》中曾经注意到印度的“村社”，“一亲属之群体有一公共所有业，乃印度村社之最简单的形式”。马克思在《资本论》（第一卷）中，也曾述及印度的农村公社，认为可以“解答一个神秘之谜的钥匙，这谜就是亚洲社会的经久不变的状态”。因为印度的农村公社实即宗教的经济型的社会形态，它是最明显地和自然农业相联系和家庭工业相联合的标准化的社会状态，所以马克思会很用力地描写它。（参照杜布洛夫斯基:《亚细亚生产方法、封建制度、农奴制度，及商业资本之本质问题》第三章汉译本，页 40—55）

例如到现时部分地还继续存在的印度的原始的小农村公社，它是根据公社土地的占有，有固定分工的农业和工业间的直接联系，在产生每一新的农村公社时，它供作公社创始者现成的设计和模型。这些农村公社中，每一个都构成一个生产整体，完全满足它自己的需要和需求，同时在这些农村公社的生产领域里，约在一百至几千亩土地之间。生产物的主要部分，直接是为满足公社自己的需要，而不是商品。而且这种生产本身不依系于被全印度社会分工的商品交换所制约。只有生产品的多余部分才变成商品。但甚至于这种变成商品的多余生产品，只有一部分在政府手里，而且从远古的时候起，生产物的某部分采取自然地租的形式。

这些农村公社的形式，在印度各个地方不同。公社的最简单的形式是共同耕种它自己的土地以后，将所得的生产品在它社

> 员间分配，至说到每个家庭的纺纱和织布等，那是家庭的附带职业。我们在这些操同一劳动的群众中，可以找到一种兼理审判、警察及收税人的“村长”，簿记计算一切和农业有某种关系的账目；第三种法人须负责追究犯罪者，保护外地的来客并护送他们出境到邻近的地方去；边界上的站岗，防御公社的境界被邻近的公社强盗所侵占；蓄水池的看守人，依耕种的土地，分配蓄水池中的水量；婆罗门教的僧侣执行宗教上奉祀的职务；学校的教师在沙土上教授乡村的儿童写和读；婆罗门教的星象学家指示播种及收获的期日，并指示执行每个农业工作的吉凶日子；铁匠和木匠制造并修理农业上需要的一切工具；陶器匠制造农村中应用的一切器皿；理发师；洗衣者（男人）洗濯衣裳；打银匠，末了，在有些农村公社中还可以遇到代替打银匠，或者在另一地方当教师的诗人……。上列的十二种人，皆仰给于农村公社。当移植的人口很快地增加到某种程度的时候，一部分居民就移到未垦殖的土地上去，在那里按照旧农村公社的模型创立新的农村公社。

马克思这种农村公社的描写，据其《论印度的信札》中说是从英国国会关于农村公社事情的一个旧的官场档案中采取来的。他又告诉我们这种标本式的宗教的经济型，现在已被破坏，印度在表面上已把此种小小的半野蛮半文明的形式消灭了。“这不仅因为不列颠收税人及不列颠兵士的强暴干涉，而且也因为英国蒸汽机及英国自由贸易的作用。”而且马克思更注意到这带有闭塞的自然经济性质并建立在农业与家庭工业联合上的农村公社是如何为东方专制政治制度的基础：

> 我们不应该完全忘记这些寂静的农村公社，不管它没有表现出怎样的卑鄙，但，它永远是东方专制制度的巩固基础，它们

以最狭窄的范围限制了人类的理智，从它那里造成信仰的顺从工具，使人服从它传统的规则，剥夺了人们的伟大，剥夺了人们对历史行动的一切兴奋。我们不应该忘记集中在小块土地上的野蛮人的利己主义。冷静地去观察伟大的帝国如何地被破坏，如何地去进行说不出的残酷，如何大批地去宰割大城市的居民——冷静地观察了这一切之后，如果对此种现象比对自然界的现象不加以更大的注意，那么自己就成为给予此种现象以注意的任何暴力者以孤立无助的战利品。我们不应该忘记此种无视的停滞的和植物式的生活，此种生存的消极形式，在另一方面，它引起和它自己的野蛮相并列的盲目的放荡不羁的破坏力量，造成印度的宗教仪式的自杀。我们不应当忘记这些渺小的农村公社是被各种等级的奴隶制度所玷污，而它不把人们提到为这些环境主人的作用，又反使人们去服从这些外部的环境，它把自己发展的社会状态变为不变的，预先被自然界决定的命运，因此造成对自然界愚笨的崇拜，这种卑辱性在下面的一件事实上表现出来：为自然界主人的人类虔诚地屈服于猿类的古奴曼及牛类的沙巴洛的跟前。(《马克思主义札记》第二册)

由上苏俄杜布洛夫斯基（S. Dubrovsky）在《亚细亚生产方法、封建制度、农奴制度及商业资本主义本质问题》中于搜集马克思论印度农村公社的资料以后，曾作一个有力的结论，认为这种闭塞于农村公社框中的半自然的农业和家庭工业的联合，这就是所谓“亚细亚的”生产方法之基础。马克思在《政治经济学批评序文》中所谓“亚细亚的”生产方法的基础，不在于土地的国有化，不在于灌溉的制度，而物质福利的生产基础，是在于和家庭工业相联合的、渺小的、半自然的农业里面（页四八）。这大概是真的。印度文化以政治言，为宗教的政治型——专制政体，以法律言，为宗教的法律型——神意法，以经济言，当然不应忘却那宗教的经济型——农村公社。印度的农村公社还可以和俄国的米尔（Mir）制度、德国马克（Mark）制度、古秘鲁的马加（Marca）制度对比，因为如马克一方面为共同自给的经济团体，一方面又为以马克神为中心的宗教团体，又为共同防御的军事团体，这自然也是属于所谓宗教的经济型的，不过从经济文化史上看，均在印度的村社之后，所以这种“亚细亚的”生产方法的国际化，都可以在印度的经济型中包括住了。不过应该注意的，就是这种标准化的农村公社，并不是什么原始共产制度，只好算做原始的共同占有制度，这只要注意到马克思所说“它永远是东方专制制度的巩固基础”一句话，便很容易明白这种制度和初民所取先占财产的方式是如何相符合，而原始共产的社会形态的理论，也只有一部分的真理罢了。

第二，哲学的经济型——以中国为代表。这是人类经济文化的第二形态，是交换（或交通）的经济，是城市与农村对立的经济，农工业的经济，以人力（劳动生产力）为本位的经济，在这个时候，富的思想已经发生，但有限制，即为生活而求富，仍和西洋为富而求富的第三形态不同。拿来和印度之宗教的经济型比较，在印度经济社会之生产要素——自然，所以靠天吃饭，天生近于怠惰。中国则重“劳力”，孟德斯鸠（Montesquieu）《法意》第十四卷第五章曾经指出“中国圣人为民立法，极意使之为勤”，又第八章称道中国善政，说及“历代帝王皆有籍田亲耕之礼，时节既至，有司奏仪，帝躬执耒而三推之。其所为隆重若此者，示食为民天，谷为食主，所以勖通国男子，知力田也”；这种以“劳力”为生产要素实即中国经济文化和印度经济文化的绝大不同，然而许多西方经济学者，甚至于马克思，似乎都没注意这种分别，很笼统地将中国和印度都安置之于“亚细亚的”生产方式一个名称之下，又如马礼亚尔（L. Madjar）、瓦尔加（E. Varga）、柏林（D. Belin）、柯金（M. Kokin）与巴巴燕（G. Papayan）。在苏俄这一批特殊亚细亚生产方法的中国革命论，乃至于德国的威特夫格尔（K. A. Wittfogel）所著《中国经济与社会》在中国确曾发生很大影响，但总没有一个能够辨别在亚细亚的生产方法中中国和印度怎样不同，他们不知道印度社会结构的基础，不就是中国社会结构的基础，因此视“中国的”生产方法和“印度的”生产方法为同一的人，结果也只有在土地国有化中、在水的供给中、在国家政体的特殊的状态中，去尽其附会的能事了。一九三二年在列宁格勒曾经召集“亚细亚生产方式”讨论会，对此问题的解决，似已倾向于哥德斯（Godes）一派之东洋封建社会发展的独自历程说，与雷哈德（V. Reichardt）之原始共同体之东方停滞说，然而无论哪种说法，均不曾看出中国经济社会的特质，实在说来，中国的经济社会乃是哲学的经济社会，不但和印度之宗教的经济社会不同，且与西洋之科学的经济社会不同。如 Max Weber 以印度为种姓阶级经济，以中国为共同的氏族经济（《社会经济史》，页 203），谓“中国的经济制度至今尚为半共产的氏族经济”（同上，页 70），似乎已注意中国和印度经济的分别了，却是所谓“半共产的氏族经济”，实际上均没有脱却宗教的经济型，如果这就是中国经济社会的特点，那又和印度经济社会何异？我们只要注意到印度人劳动训练之缺乏、工商业的停滞性、城市之不能形成，都和中国的经济文化体系不同。中国自古即物富民勤，人民习于劳动，工商业亦极发达。至于都市的自由空气，更为欧洲文艺复兴时代许多游历家所称赞不置。我们知道从纪元前中国与西方各国开始丝绢贸易以来，直至鸦片战争，中国人在对外商业上是常占优势的。在一八三〇年以前，外国银子尚不断地由印度、英国、美国流入中国，就这中国的经济情况，哪里和印度有一点相同，中国早已超过所谓共同的氏族经济的阶段了。都市和手工业的发达，使这个特殊的哲学的经济文化，曾于长久期间的哲学时期支配了全世界。中国虽然常被人误会为重农国，实则传统的经济思想，如《易经》《周礼》，均兼重农工，中国远古时代即有与工业关系的官吏，叫做“共工”（《尧典》），《左传》中常提及一种管理工业的官吏，叫做“工正”“工师”“工尹”之类，这都可见中国自古经济注意百工，因此而中国美术工艺如陶瓷、雕漆、丝织品、建筑均不落人后，盖哲学的经济文化，其妙处即在不着一边，将农工两项并行发展——辩证法的发展，而中国社会福利基础，即于此树立也。《尚书·洪范》有“食”“货”两项最可代表中国之经济社会，一方面重“食”，一方面重“货”；即一方面重“农”，一方面重“工”；一方面提倡“足食足兵”的重农政策，要做到《孟子·尽心下》所谓“使有菽粟如水火”，一方面又提倡“货恶其弃于地”的重工政策，所以《系辞》历举诸卦，如庖牺氏作结绳而为罔罟，神农氏斫木为耜，揉木为耒，黄帝尧舜刳木为舟，剡木为楫，又断木为杵，掘地为臼，凡能够制造器具和发明物品的，都认为有圣人的资格，所谓“备物致用，立成器以为利，莫大乎圣人”便是。《中庸》“来百工则财用足”“日省月试，既廪称事，所以劝百工也”；孟子重农，在《尽心》篇中力赞文王之设施农政，西伯之善养老，但也不会忘却论及接近轮舆的功效。至于《周礼·考工记》所谓“知者创物，巧者述之，百工之事皆圣人之作也，烁金以为刃，凝土以为器，作车以行陆，作舟以行水，此皆圣人之所作也”，其所列攻木之工七，攻金之工六，攻皮之工六，设色之工五，刮摩之工搏填之工二，大抵都是美术的工艺，这种美术的生产品，必须认为优美的东西，才可以拿得出来。《礼记·王制》“用器不中度不粥于市，布帛精粗不中度，广狭不中量，不粥于市”；《考工记》“凡陶旊之事，髻垦薜暴不入市”。陶工如此，所以后世“陶成雅器，有素肌玉骨之象”（明宋应星《陶埏说》）。至于英文 China

之义等于porcelain（瓷器），可见这种美的工艺的真价值，和中国经济兼重农工的意义了。即因中国兼重农工，所以自古倾向于交换或交通经济。纪元前八世纪已有丝绢西传，十三世纪以后中国财富的充裕、物产的丰富、工商业的发达、交通的便利、纸币的通行，还有四大发明的传播，都给欧洲文艺复兴以很大的物质影响。十六世纪特别发生美术的物质接触，便中国的生丝、缎子、锦绣、漆器，尤其美术工艺品风行全欧，其结果酝酿成为十七世纪、十八世纪间德、法、英各国的罗柯柯（Rococo）运动与十八世纪欧洲之中国园林运动，所以不说中国的经济社会则已，一说中国的经济社会则从历史以来都只见得交换经济领域底扩充，交换经济底推广，而中国的社会基础即建筑于此交换的利益，即生产者与消费者的共同利益而成立的。即专就农业来说，中国农业也是以自然法为基础，和印度的村社以神意法为基础者不同。重农学派魁斯奈（Quesnay）无条件地承认中国文化，即因中国交通经济所标榜的自然法的观念。有自然法，人们才有更大的自由，享受更大的自然权利，这种在中国为“内在的”哲学的经济概念，直接影响于重农学派，间接影响于英国古典学派，形成他们的“外在的”哲学的经济概念，这是经济文化交通史上最有兴味的事实，很值得我们去注意的。还有因为中国之哲学的经济注重自然交通的方式，所以城市特别发达，古语“市朝”连举，或“市井”连举，和历代郡县设置的情形，都可见城市在很早时候便成为交换社会的中心，同时也是政治社会的中心。而在这些重要城市之中，极可注意的是各业行会，即基尔特的组织。中国工业的行会，从唐代即极发达，《梦华录》“穿马行街，东西两巷，谓之大小货行，皆百工技巧所居”（卷二）；这里工业的行，由工业的区域，更进为同业组织，例如《梦粱录》之“方梳行、销金行、冠子行、做靴鞋者名双线行，钻珠子者名散儿行”；西湖老人《繁盛录》之“金漆桌凳行、青器行、处布行、纸扇行、麻线行”。此外在“行”名以外，尚有名为“作”的工业组织，《梦粱录》所举甚详。唐长安的行数，据《长安志》东市有二百二十行，《入唐求法巡礼行记》东市十二行已四千余家，则每行已将及四百家。唐代以后，行业的组织更有发展，据西湖老人《繁盛录》杭州行数已至四一四行（鞠清远:《唐宋官私工业》，页188—190；加藤繁:《唐宋以后商人组织之行》）。而且中国行会比较西洋的行会有许多优点。据Max Weber所说，第一点是“中国之行会对其国内货币本位之发展，有重要之意义。如元代蒙古君主滥发劣币，结果使全货币制度趋于崩溃，纸币经济之结果，使银子成为趸卖商人所用的现金，基尔特则取得盖印于其上之权，于是它不啻成了货币本位政策之中心，获得决定度量衡及刑罚之权。……西方的情形与中国颇相异致，其货币及度量衡之制定权，常属诸最高政权者，此最高权力者，将此委诸其他政治权力者则有之，然未尝让与基尔特”（《社会经济史》，页256—257）。第二点是“从形式观察之，基尔特或为外来商人以对抗定付者谋得法律保护为目的而组织的团体，或为国内土著商人之团体内侵者如中国之从部落工业部落商业蜕演而来的团体是。在西方先有秉有地方色彩的纯粹外来商人之基尔特，如直迄十三四世纪旅居伦敦的德国商人之基尔特是”（同上）。由上从经济观点来看，可见中国的基尔特实较欧洲中世的基尔特制度，更为原始的。中国基尔特无论对内的如勤勉和工资、产品的优良程度，对外的如交通的联系，均有其自由处置的力量，所以可算哲学的经济型之标准化的社会形态。而所谓“都市的空气使一切自由”这一个原则，也可以拿来说明中国的城市经济，中国都市的繁荣，很早就有了。隋唐时代的扬州，王建诗“夜市千灯照碧云，高楼红袖客纷纷”；李绅诗“夜桥灯火连星汉，水郭帆墙近斗牛”；可见其热闹繁荣气象。五代时虽北方都市残破，而淮河以南仍是商业繁荣，继续中唐以来景象。宋代都市的文明达于极点，尤以东京（汴都）与杭州（临安行在）均有空前的发展，元代依《马哥波罗游记》（第七十六章）所描写京都大城（即杭州）的情形，"在此处所经营的手艺中，有十二种视为较高于其余各种，每种手艺有一千个工场，而每一工场能供给十个、十五个或二十个工人以工作，在少数场所且能供四十个工人以工作"；各城市工商业的发达，使当时以至自十八世纪的欧洲人都不能不赞叹"地球万族中国最富"的话。实在，我们越知道中国都市经济发达的情形，就越相信劳动所得的繁盛和尊荣，从没有像中国更接近于理想的经济型；然而这种情形，到了亚当·斯密《原富》的时代，中国哲学的经济，实已发展到了哲学的法律制度所允许的极限，从此以后，便一落千丈，以较之西方经济即以机器方法为中心的科学的经济型，便不免现出停滞于[①]静止的状态。话虽如此，这外在于科学的经济时代的这种哲学的经济型式，也有它特点所在的，只要它能牢牢守住它的经济文化传统：由哲学的经济型，迎头赶上科学的经济型，则 William Morris 所理想的艺术的经济世界，便涌现眼前了，这就是我们正在开辟中的"美"与"爱"的经济世界。

第三，科学的经济型——以西洋为代表。这时人类经济的第三形态，是生产的经济，都市支配农村之大都市经济，农工商业的经济，以资本与机械生产力为本位的经济。在这个时候，"富"的思想变成本身的目的，即为富而求富，经济的直接目的已不复为一个生存的人的满足需要，而专在于获取利润和增殖货币的数额了。Max Weber 描写这种西方的经济型颇为精致。他说"如将西方资本主义之特性及其起源简单说明起来，则下述因素为最有决定的意义，只有西方的资本主义，产生了一种在他处从未有过的合理的劳动组织。在各时代，在各地方均曾有过商业，同样在各种时代各种文化中，我们均可发现军

---

① "于"，底本原脱，据福建本补。——编者

事金融、国营分配、承办租税、承办官职等，但从来没有过合理的劳动组织。此外撤废国内经济与国外经济，国内道德与国外道德之差别。将商人的原则引入于国内经济与劳动组织中，此实为西方资本主义之第二特征。最后原始经济的束缚之弛废，虽他处亦有之（如巴比伦），然而西方之企业的劳动组织，则我们在各处均未见过”。“如果此种发达过程只见于西方，则其根据应该在西方所特有的一般文化发达之特征中求之。只在西方，始有具备法治、专门官吏及国家市民权之近代国家。这个制度的萌芽，在古代与东方均未能有完全的发展。只在西方有为法律家所制定，经合理的解释，与运用合理的法典；只在西方有市民之概念，盖也因只有西方才有真正的按照原意的城市之存在。此外只在西方始有现代意义的科学，如神学或哲学及关于人生最后问题之思想，中国与印度亦有之，或且较欧洲人所有者更为深远，然合理的玄学与合理的技术，则为他们文化中所缺乏。最后西方之文化有合理的人生哲学之人类，此点亦与其他一切文化不同。魔术或宗教亦随处有之，但人生之宗教的基础，其结果必归于明显的合理主义，这也是只有西方所有的特色。”（《社会经济史》，页329—330）他又指出市民阶级包含三种不同的概念：经济的、政治的与身分的。经济的政治的市民阶级概念，愈往东方其痕迹愈微，“最后把市民作为一种阶级指有财产与教养之人，或有财产之人，或有教养之人，亦完全与资产阶级之概念相同，为近世西方独特之概念”（同上，页330—331）。虽然Weber的话还有应加检讨的地方，却是就文化经济学的立场来判别东西经济文化的不同，却是再对也没有了。这里所谓合理的劳动组织、合理的法典、合理的技术，和合理的人生态度，摸言之即是西方的科学精神。经济本质上是属于科学的，因之由科学的精神所产生的经济型式，自然就是西洋所特有的科学的经济型了。所以不说西洋的经济特质则已，要讲西洋的经济特质，当即指近代的资本主义的经济制度而言。它不是印度式的寂静的农村经济，也不是爱安逸和习于安乐的中国式的城市经济，乃是一种不安静不疲倦的精神，由于最初对黄金与货币的贪欲而发生出来的世界都市经济。Sombart 在《现代资本主义》中（第一卷第一分册，页 248）也有一段很好的描写，道出这科学的经济型之文化源泉。他说“资本主义是由欧洲精神的深处发生出来的”，“产生新国家新宗教新科学和新技术的同一精神，又产生新的经济生活。我们知道，这是一种人间的和现世的精神；这种精神具有破坏旧的自然状态、旧的束缚和旧的限制的巨大力量，但也具有重建新的生活状态，富于美术的和巧妙的目的形态的巨大力量。这种精神同中古时代的末叶以来，即将人们从静悄的、有机发育的慈爱和共同关系中拖出来，并促他们向孜孜不息的自私自利及自决自治一途迅速前进”。这种新的企业精神，在经济的合理主义之下，于“文化需要”中创造一个新的需要时代——经济时代，用 Spengler（《西欧的没落》第二卷）的话来说，就是货币的独裁时代了。

由上经济之三种基本形态，印度代表宗教的经济型，以饱食无事为社会福利，为消费社会型。中国代表哲学的经济型，以有无相通为社会福利，为交换社会型。西洋代表科学的经济型，以增加生产为社会福利，为生产社会型。但这三种基型之外，更应该加上综合生产、交换、消费各社会型之艺术的社会型，成为经济之四种基本形态。此种艺术的经济型实为印度、中国、西洋三方公共经济的理想型。印度由宗教的经济型到艺术的经济型，中国由哲学的经济型到艺术的经济型，西洋由科学的经济型到艺术的经济型，但无论印度、中国在其经济发展的路途中，都必须经过现阶段的科学的经济型式的。所谓艺术的经济型是分配的经济、世界大同的经济、综合形态的经济、以生命与艺术生产力为本位的经济，这时候合作代替了商人企业家，世界的生产者和消费者提高美感标准，那时一切制品受美的评价的支配，自格外精良，格外美丽，机械运转的声音一变而为和谐婉脆的音乐的节奏，并且这时科学应用最高的生产法，“用化学可以从土壤空气水诸原素中，造出综合的食品”，那么还怕人们的享受有穷尽的时候吗？这真不是从前经济型式所能梦想得到了。

（三）

经济文化从横的方面来观察，是经济文化的四种基型，从纵的方面来观察，就是经济文化的四个阶段了。这就是说经济文化的发展，是从第一时期宗教的经济阶段，进至第二时期哲学的经济阶段，第三时期科学的经济阶段，再进至第四时期艺术的经济阶段，若以世界经济文化而言，则第一时期以印度的宗教的经济史为代表，第二时期以中国的哲学的经济史为代表，第三时期则以西洋的科学的经济史为代表。严格来说，西洋的经济文化是应从中世纪文艺复兴宗教改革以后起始，以迄现在，才有很神速的进步，才可真正代表所谓“经济时代”的；用孙中山先生的术详表之，人类经济文化的进化，是从需要时代进至安适时代，再进至繁华时代；印度之宗教的经济型代表需要时代，中国之哲学的经济型代表安适时代，西洋之科学的经济型代表繁华时代。然而不说经济的原型的进化则已，要讲经济文化的原型，则此代表繁华时代的西洋经济，才是真正的经济原型，西洋经济的进化史才是真正本质的经济进化史，现在试以西洋经济发例来对于经济文化的演进作一般的考察。

在未讲到经济文化的演进以前，似乎应该先注意一下所有关于经济进化之阶段的理论，即使这每一种经济进化的阶段说所提的标准，其本身不足以表现经济文化的全部特性与全部历史，但若把这些所提互异的经济标准，依经济文化的休系使之交互错综起来，则对于我们观察与分析经济阶段的特性，不消说是有相当的助力的了。现在为简单明了起见，试将各家经济进化的阶段说列表如下：

文化阶段 \ 经济发达阶段	第一时期 宗教的经济时期 需要时代	第二时期 哲学的经济时期 安适时代	第三时期 科学的经济时期 繁华时代
生产形态 List	渔猎状态 牧畜状态 农业状态	农工业状态	农工商业状态
生产要素 Roscher	自然	劳力	资本
交换 Hildebrand	自然经济	货币经济	信用经济
生产至消费所成距离 Bücher	封锁的家内经济	都市经济	国民经济
社会化 Sombart	个人的自给经济时代	过渡的经济时代（经济单位的合力活动）	社会经济时代
经济体之大小 Schmoller	村落或市场经济	都市经济 领地经济	国民经济到世界经济
工作组织 Müller-Lyer	家族制度	工业组织	资本组织到社会主义组织
私人生产比较社会生产 Engels	自己经济 交换经济 （A）偶然的	（B）经常的 交换经济 （C）必然的	资本主义经济
物、货币之动态 Spengler	田园经济	货币都市经济	货币独裁时代
生产技术 Veblen	草莽时代 野蛮时代	手工业时代	机器方法时代
职业与技术之进步 Ely	渔猎阶段 畜牧阶段 农业阶段	手工阶段	工业阶段 1. 普遍竞争 2. 集中 3. 综合

续表

文化阶段 经济发达阶段	第一时期	第二时期	第三时期
	宗教的经济时期	哲学的经济时期	科学的经济时期
	需要时代	安适时代	繁华时代
经济体之进步 Gras	采集经济 农村流动经济 定住村落经济	都市经济	大都市经济

关于这些经济进化各阶段说的评价，详见拙著《历史学派经济学》第四章（页 163—313），只好表过不提，这里所特别注意的，乃是经济进化和文化的关系，这就是制度派经济学者樊勃伦（Veblen）所曾特加讨论的问题了。依 Veblen 以为经济学应该是一种演进的科学，应该从经济制度的展开进程作发生（genetic）的研究，他以为经济现象经济制度乃社会文化发育的进程之一幕，这完全对的。但另一方面来看，他以为经济制度可以包括一切社会制度，“任何社会的经济生活史即该社会的生活史，因为社会生活史为人类物质生活资料的利益所形成也，这个经济的利益在社会文化的发育形成中，关系甚为重要。在社会生活和其文化发育的某几种地方，其构成的性质或与经济无主要直接的关系，然即在这些地方亦尝为经济利益所渗透。经济利益透过人的一生，透过一种族的文化发展的全部过程，它从各方面影响文化的结构，所以一切制度在某种限度内都可说是经济制度”（参照 Homan：《现代经济思想》第三章；《新社会科学季刊》第一卷第一期，《制度派经济学》）。这种广泛的经济制度的说法，颇有使人难以捉摸之感，然而谓经济制度从各方面影响文化的结构，却也是真的。老实说罢，所有社会制度在其互相影响来看，都可以说是政治制度，或说是法律制度，乃至于说是经济制度，这都不过观点不同罢了，现在的问题乃在于一切文化现象中划出一个经济的文化领域，乃在于一切文化的进化中划出一个经济进化的阶段。任何社会都有一个

经济或实业的机构，并不是任何社会都可视为只是一个经济的或实业的机构，所以经济的文化发展史并不就是社会的文化发展史。至于专就经济的文化发展言。Veblen 所陈述的一种发展程序的学说，实和文化社会学的观点最相一致。Veblen 的经济发达阶段说，以两种制度为中心，一方面为关于财政权或金钱关系的制度，另一方面为关于技术的方法或生活的物质工具的制度。他将文化史分为四个时代如下（参照《现代经济思想》，页一二三）：

（一）草莽时代（the savage）　约一万年或一万二千年，自后期石器时代至中古期以前，略当有史以前时代。

（二）野蛮时代　为中古期（middle ages）及前此之若干年。

（三）手工业时代　大约在英国自中古期至十八世纪末叶，在美国及欧陆至十九世纪中叶。

（四）机器方法时代　这一时代与机器工业史所包括的时期相同。

这里经济发展的阶段，注意于生产的方法和工具，换言之即注意于科学文化的影响，和我们意思根本相同。诚然，人类的经济制度是完全由于不断地要求生存的结果，而技术如 Spengler 所云“技术就是生存的策略”（《人与技术》）。所谓草莽时代实即人同兽争的经济阶段，此时当为渔猎状态、牧畜状态，野蛮时代实即人同天争的经济阶段，这时“人同兽斗终止，便是文化初生”（孙中山语）当为农业状态。手工业时代以至机器方法时代则为人同人争的经济阶段，此时人同人争国同国争，这个民族同那个民族争，这时当为农工状态和农工商状态，因此所以 Veblen 的经济发展的程序的学说，尚可适用，不过依我意思，专依于生产方法和工具的发展言，应将历史上经济文化的进化分为三个阶段即是（一）原始的或自然技术经济，（二）手工技术经济，（三）机械技术经济，而以原始技术经济包括所谓“草莽时代”和“野蛮时代”，从人类使用天然的木枝石块，以草木及果实等为食物的生活起，至于经营高级的定住农村的经济生活止，其中发明用火、新石器的使用、熔铁术的发明、田野农业的开发、奴隶制的形成、以农奴和庄园为中心的封建制，都可属于这一个大时代，现在试简单说明之如下：

（一）原始的或自然技术经济——在经济文化史上看，"自然"的要素实在是经济发达底长连锁中的最初一环。人类文化自从曙石器时代（eolithic age or the age of dawn-stones）进至旧石器时代（palaeolithic age or the old stone age），在旧石器时代之末，已知用火煮物，穿衣，盖屋居住，彼时物资生活必要的文化条件已经略备，不过农业文化的发生，却直到新石器时代（neolithic age or the new stone age）才陆续出现，据 J. M. Tylor 说（见 *The New Stone Age in Northern Europe*，此引西村真次:《世界文化史》第二章），"欧洲自亲多拉成森林时，居民大抵从事渔捞，但在沃地却也采集植物性的食物，在波斯，也能看到差不多同样的生活样式。男子从事狩猎和渔捞，女子及小孩采集小动物和植物性的食物，如莓子浆以及其他坚果等类，草根、球根及其他地下茎类，为最丰富的食料，荚果及谷类等成熟时，用棒打它们下来拿回小舍去……在途中落下来的，在丰沃的土地上便生长起来，待那些在小舍周围结果起来，妇人们看见了，便用掘穴棒穿通土地，开始栽培那些东西了"。在掘穴棍以后又有锹子的发明，遂使农业文化有急速的进步，对于旧石器时代的食料采集时代，此时代可称为食物生产时代，这就是人类经济文化真正的开始。这时陶器、纺织均渐发明，而且驯养家畜，能知用牛犁耕田，在以拦（Elam）或埃及更有"轮"之发明，于是农业经济遂从采集经济游牧经济中分别出来，这时交通的范围，似乎已渐发达，就商业言，在后期瑞士湖村中尝发见琥珀小珠乃波罗的海所产，克里特与埃及及塞浦路斯岛之间有船舶往来，以通贸易，这时还在新石器时代终了之前，即公元前三千年以前。新石器时代末期，人知使用金属，可称为金石器时代或金石并用时代（参照 Thorndike《世界文化史》第一卷，西村真次：同上书第二章），这时男子间的分工开始，使用自然货币经济，已入于高级农业时期（参照 Müller-Lyer《社会进化史》，页 198—199），过此便是完全金属器时代了。总之在自然技术之第一时期，工具的演进实以使用制器较易之自然产物如木石黏土等为主，此时的经济制度，大概可认为完全为氏族共同占有制，由氏族所成之村落共同体；主要地是自己生产的封锁经济，就文化的意义言，则为拜物教的宗教的经济，这就是经济史之第一时期之第一分期。

经济史第一时期之第二分期实从人类知道熔化金属开始，有了金属物便注意于战争工具的制造，最初所用的金属为铜，铜到处皆是，易于提取，铜可不用热锤薄，易于加工，所以在新石器时代末期，便已金石并用，青铜可以制造武器，如匕首、枪尖、斧剑等，但较铁软而且钝，铁虽难于熔化与加工制造却可专用以制武器，因此所以铁器时代，同时即是铁武器时代。此类铁器如斧、剑、匕首、枪、刀及臂盾之类，近来多有发现（参照 Seignobos《古代文化史》第一章）。铁武器造成古代经济之劫掠的阶段，同时造成奴隶制度；奴隶制度倡之者为埃及人，当埃及人用铁时，希腊尚处于青铜时代，但其后铁器发达，神圣竞技中必以掷铁饼掷标枪为戏，斯巴达人兵士论防御则胸铠遮胸，首铠护首，进攻则各执短剑与长枪，号为甲兵（hoplites）。罗马时代更大宗制造武器，当时那不勒斯湾上繁盛商港坡促奥利（Puteoli）即为制铁业大中心，因此铁武器的发达，遂产生古代的战争组织，而开始从事以他群为牺牲之劫掠式的财产之获得；在战争中首领享受夺来财产的大部分，战士亦可分得一份奴隶、饰品牲畜之类，这就是私有财产制的起源；自由人即掠夺阶级，这时只知对外征掠，以劫夺意外的财产，因之渐与一切生产的劳动无关，各种劳动均由奴隶负担，奴隶又多半就是战争的俘虏，希腊如此，罗马亦然。其结果确因奴隶的生产力，有显著的经济进步，并造出有闲阶级文化。然即因有闲阶级“坐享奴隶的收益权，而奴隶的技能，多被用于生产无益的消费物品如战争工具及僧侣之设备”，如 Veblen 所批评似的“在劫掠式的阶级分明的组织之下，结果工艺与技术流为供给许多俗物之资，所谓俗物者徒借以炫耀对于财产之控制及可以不作有益之工作，此相竞相趋于炫耀的消费之结果，不足以增进大群之物质福利，只见耗费精力于生产于人无益的物品，社会全体技术知识之收获，专供特殊阶级有特权者之享用而已”（见《现代经济思想》，页 125—126）。就这时的文化底意义言则为多神教的宗教的经济。关于多神教和奴隶制度的关系，J. K. Ingram 在《奴隶制度史》（第一章，页 6）中曾经证明“孔德明白所示，多神教的勃兴是和定住生活同时，或随后就起的，所以我们可以推知那种宗教组织和奴隶制度在时间上是互相一致的事实。严密的说来，拜物教乃是一局部的宗教，所以有鏖伤俘虏的倾向，因为足以抑制扑灭冲动的任何精神的纽带，都不能在胜者和败者之间成立，但是多神教的形势，具有容纳性和和蔼的性质，并不绝对的排他，所以征服者和被征服者之间，虽还有一种差别足以保持他们之间的相当的隔阂，但他方面也有宗教的各种观念的共通性，足以容认某种程度之习惯的调和。败者的屈服，就是承认他们的守护神是居于劣位的意思，而且这种承认，足可以使他们永久的服从”。似此多神教的宗教经济与奴隶制度的结合，可以说这就是经济史第一时期之第二分期。

经济史第一时期之第三分期，以中古基督教时代为代表。这时最重要的是进攻用的抛掷式武器与防御用的堡垒及甲胄，同有进步（参照 Thorndike《世界文化史》第六卷，页三三七），至今据第十一世纪后期遗物之巴于克斯绣幕（Bayeux Tapestry）所绘战争人物，尚可想象当时铁武器技术的发达，武士自首至踵全蒙在铠甲之中，这正好象征了封建时代的特殊经济编制，封建时代铁器制造极其发达，在有冶铁石的地方地主在自己的土地上常建设一个小的铁工厂，农民供给铁以为一种租税的义务（史实说及这一点的很多，参看 Sombart《现代资本主义》第一卷第一分册，页六一）。我们简直可以说铁工术的发达实产生了封建主义的社会，当日耳曼人侵入罗马时，在罗马内部已发生了大土地所有的现象，这就是封建制度的萌芽；日耳曼人继承这个现象，在其所建各国版图内，大加发展，遂形成为庄园制度（Grundherrschaft）。Max Weber 在一九二三年所著《农业史》（*Wirtschaftsgeschichte*）中曾论及此庄园制度中领主成立有六种原因，其中最重要的是由于战争技术的发达，发生职业的军人阶级与由于村落的代表者利用魔术之力（magisches Charisma）作“达波”（tabu）以保护自己的财产，这两种由于军事的和宗教的理由所造成的领主权，再加上血族团体代表者的世袭形态和征服贵族（erobern Adel），于是遂发生了所有大土地的君主、贵族领主、武士僧侣等特殊阶级，和束缚在其所有土地的农奴或隶农。封建主义社会的基本特点即在自足的经济中，由农奴生产物品去满足领主们的需要，这是一种创造富有土地和贫农农奴化的阶级对立的经济编制，但从根源上说，则这种庄园经济仍是自足经济，和第一分期的农民经济一样，然它和后者不同之点，据 Sombart 说：“就在这种经济中所结合的人含有无数外来（并且恰为外来的）元素，因此可称这种经济类型为扩大的自足经济。”（见《现代资本主义》第一编，页五一）这扩大的自足经济就文化的意义上说，已经完全是基督教的世界，所以可以说是一神教的宗教的经济时代，这就是经济史第一时期之第三分期。

由上经济史之第一时期，以宗教的经济言，从拜物教的宗教经济，到多神教的宗教经济再进至一神教的宗教经济；以农村之大小言，从村落共同体经济进至领地经济再进至庄园经济；以生产的关系言，从原始的共同经济进至古代奴隶经济再进至中古农奴经济。但专就生产的技术言，在这长时期中，依照每一分期所用的工具，从新石器技术经济进至青铜器及低级铁器技术经济再进至高级铁器技术经济，因此依于技术演进之重要文化的结果，我称这个长时期的经济阶段为原始的或自然的技术经济时代。

（二）手工技术经济——一部经济文化史好比一根很长的铁链，若以"自然"元素为这经济发达中底长锁中的第一环，则"劳力"原素即为其第二环，虽然前一环和后一环有互相衔接的关系，但每一环却有每一环的独立特质。在原始技术经济时代，生产品多属自然所得，可以予取予携，甚至中古铁器时代农民之供给铁，仍多用原始的方法制成，故可称之为自然技术时代；但中古以后便有许多手工技术的发明，略举起来：第一为风磨，第二为航海罗盘针，第三为眼镜及放大镜为后来望远镜和显微镜的张本，第四为火药及炮，第五为炼丹家的改良仪器，发明染料及药品，第六为人知用煤，第七为颜色玻璃、玻璃镜，第八为机械钟为后来各种机械的张本，第九为造纸，第十为活字印刷术（参照 Thorndike《世界文化史》，页三五九）。就中四大发明即造纸、印刷术、火药和罗盘针实为中国文化所传播，印刷术和造纸同为欧洲文艺复兴宗教改革及民众教育的基础；火药的贡献在于消灭封建社会的堡垒，因而铲除封建制度建立民众自卫军的基础；罗盘针使欧洲人放开眼界，领导它发现新世界；所以实在来说，经济史上之手工技术经济原应以中国之"哲学的经济"来代表时代，不过专就西方来讲，则无论手工技术为传播的或发明的，对于经济生活实发生很大的影响。改良的铁工业造成了封建主义社会，这时代手工技术的发明，也造成了文艺复兴时代的社会。从文艺复兴以至十八世纪末叶在知识文化史上属于哲学时代，在经济文化上也是属于"哲学的经济时代”，Veblen 称这个时代为“手工业时代”我们且看他怎样来描写它（见 Homan 前书第三章，页 127—129）。

> 手工业时代樊氏以为起于有安居的近乎和平的局势之日，邻近中古期之末叶，其时封建制度崩溃，此过渡时代之特点为“无主人的人”（a masterless man）之出现，贸易之滋长及工商企业中个人创造力之发扬。阶级分别之严紧界线既被如此撼毁，其情势遂有利于作工的本能之较充分的表现。在手工业纪律下，此一本性与金钱获得之动机相骈合，身居此一时代之人，俱不免以财产之累积与实物之生产并为一事，所谓“财产”的制度，源起于欺骗与武力，然后受法律与习惯之保障者，至此乃与生产的努力发生联带之关系（中略）。
>
> 在和平情形与金钱的刺激之下，技术知识之进展广而且速，因此产生对于物质现象切实注意之习惯，及对于物质的因果关系之日益注意，故技术知识之迈进，对于生活之物质需要，应付更为充分，且连带有各种文化上之结果。技术知识之迈进，又足以摧毁神学的信仰，促进自然科学之迅速进展，阴损对于朝代的忠心而有助于趋向宪法政府之动机，引起对于自然法则之哲学的及科学的信仰，与之骈联者，则有“天赋人权”及“天赋自由”之学说，此两说尤为手工业时代习俗之特点，尤以天赋所有权因生产的劳动与财产之累积两者间之关系，遂渗入当时之法律、习惯与常识；然此时代之最重要的方面，乃为其所予作工的本能以出路。“创造的作工的天才，因有益于人类的概念之维护，渐跻于当时思想理论之中心地位，故至此期之末叶，能在思想界中左右一切理智的事业焉”，日后在新的民事与法律关系之学说势力下，所有一切制度组织之修革，诚即为此种局面之反响。“差别

的权利义务及利益，为此中古的民事关系制度下之分歧点，而在手工业庇护下所形成之制度中，对于无论阶级的或个人的差别的利益之否认，实为智慧之开始及常识之主旨”，手工业时代所产生之天赋人权与天赋自由的制度，其精神固如是也。

我们知道手工业时代的经济乃是都市的经济模型，“都市之空气使一切自由”（Stadtluft macht frei），而都市之独立自治主义，更助成此种自由的发展。如 Sombart 所说“就城市的本质讲，人类是第一次不依靠土地，却要生活；而满足这些人对经济物的需要的同一根本思想所演出的方法，必定大不同于规定乡村同人或庄园同人的经济的方法，所以同一适应需要的根本思想中发生一种完全新的经济政策的体系”（《现代资本主义》第一卷第一分册，页 133）。这新的经济政策，使在城市中人“举凡俗界的人和宗教界的人，王公和乞丐，富人和贫民，贵族和平民，自由人和不自由人，农民和手工业者，都团结在一种内在的体验的统一感情及共同感情之中。这种感情已经形成了第一次人类的集团，并已经给予家庭和乡村以生命，有一大批人从新感觉自己是一种有机的统一体，许多人感觉自己是一个家庭中的一员，团结的意识十分强固，能使一切解体的分散的势力结合起来，一切人都趋于共同行动，并一致对外”（同上，页 132）。克鲁泡特金在《互助论》里因羡慕中古末叶都市的自由劳动和那时的手工业，他很老实地说“实在我们越知中世都市底事，就相信劳动所得的繁盛和尊敬，从没有像自由都市繁华的时代这样甚的”。

固然在这个时代的确有些城市，工业生产经济的形态已经从手工业开始发展到资本主义，然而实际来说，还是手工业的组织形态。手工业将它[1]的固有的特征印在工业生活的全部结构上，手工业不仅是

① “它”，底本原脱，据福建本补。——编者

占优势的经济形态，并且几乎是唯一支配的经济形态。Sombart 曾举出这时代的确切标志，是第一是有机的职业分化，第二是营业的微小，第三是为地方消费而工作，第四是老板也是工业工人，他在工场中是共同工作的，第五社会的结构仍然完全是行会的结构（《现代资本主义》第一卷第一分册，页 201—209）。但由我们看来，手工业时代和资本主义时代的根本不同，还在于技术方法的问题，直到技术方法变迁，即动力机器（power machinery）出世而后手工业为机器征服，资本的企业从此猛进，才完全成了一个新的经济时代——资本主义时代。

（三）机械技术经济——一七五四年后科学和工艺革命把人类经济生活推演于较高的新的阶段——工业资本制度。工业资本制度给与农业社会及自由手工业以一大打击，把封建领主的经济基础完全推翻。因为他们绝对仇视封建制度，如地主政权、军阀割据等等，所以结果在政治方面，便发生了资产阶级的民主革命。这回革命不过是告诉我们：农业的地主阶级处了劣势，工业的资产阶级占了优势底位置罢了。可是资产阶级虽然消灭了农业的地主阶级，建立了工业资本的社会，然而经济的阶级性质，并没有因此而消灭。资本主义社会的好处，在他增高劳动的生产力，如“机器的使用，化学的应用于手工业和农业上，蒸汽航海的实施，铁路和电报的创设，全大陆的开凿”，这些在经济领域内的一些积极的建设的事业，哪一样不使我们信服？再就他的生产和管理方法来论，如采用最好的计算和管理制度等等，也可见科学上的造诣，是为从前各时代所没有的，但我们难道就此可以完全赞美资本制度吗？不对！资本制度的显著的弊端，即就社会主义者所弹劾的来看，已经条款很多，内中主要的两条，一条是生产的无政府状态，一条是社会的阶级分化。当他们利用机器从工人身上尽量榨取利润的时候，社会便造成两个对敌的阶级斗争，资产阶级在这一边，无产阶级在那一边，这种阶级不断的冲突，等到资本主义发展到帝国主义时代即财政资本阶级时代，便越发显明了。然而资本主义的发展并不限于财政资本阶级时代便定结的，以现代来说，现代乃为资本主义之第三时期即军火资本阶级时代。固然从苏联无产阶级的共产革命以后，似已告诉我们经济的演化，已经有新意义的新时代发生，然而现代苏联尚非共产主义的国家，苏联的经济是“在资本主义所已成就的基础上，实现那高度的劳动生产力”（Lenin），是“无产阶级的特殊政策，允许资本主义存在而操最高权于无产阶级国家手中，预计资本主义原素和社会主义原素的斗争，预计社会主义原素的作用日益长大起来制服资本主义原素，预计社会主义原素克服资本主义原素，预计消灭阶级，建立社会主义经济的基础”（Stalin）。所以严格来说，只算得资本主义经济之内在的矛盾，就社会主义经济的性质来说，只是过渡期的军事社会主义经济，对于资本主义经济时代，虽发生反作用，而其本身仍生长于国家资本主义的母胎当中，所以我的答案，仍可以说现代就是资本主义经济的时代。但现代是什么资本主义经济时代呢？我以为现代即是军火资本主义经济时代，原来资本主义的发展是可分为三大时期，即第一时期工业资本主义，第二时期金融资本主义，第三时期军火资本主义。工业资本主义的特征，在资本政策上说是工业资本主义，在生产性质上说是自由竞争、生产力之澎涨、物价低平，在政治性质上说是民主政治，在银行性质上说是借贷经营期，在产业性质上说，是纺织业。金融资本主义的特征在资本政策上说是财政资本政策即银行资本融合工业资本政策，在生产性质上说是垄断，生产力的发达停止，物价的低减停止；在政治性质上说是新民主政治（经济的民主主义），在银行性质上说是工商经营期，在产业性质上说，是银行业。军火资本主义的特征，在资本政策上说是军火资本政策融合金融资本主义政策（现代每一个大军火商人都有他自己的军火银行），在生产性质上说，是垄断与竞争之新综合，在政治性质上说，是独裁政治，在银行性质上说是军事工业经营期，在产业性质上说是军火业。若专就生产关系而言，工业资本时代发生经济阶级斗争，其矛盾为资产阶级与无产阶级对立，其结果为阶级争取自由，即剥削之反面；金融资本时代发生民族阶级斗争，其矛盾为国际资本阶级（帝国主义）与国际无产阶级（殖民地半殖民地民族）对立，其结果为民族争取独立，即垄断之反面；军火资本时代发生世界文化斗争，其矛盾为征略阶级（法西斯阵线）与反侵略阶级（民主阵线）对立，其结果为人类争取和平，即战争之反面。马克思的《资本论》，虽看到工业资本主义经济时代，关于信用经济则存而不论，论而不详；列宁的《帝国主义论》，虽看到金融资本主义经济时代，和 1914—1918 年欧洲大战的经济原因，却无从看到 1939 年的第二次世界大战，是由于资本主义发展到军火资本主义时代，所以他所提出资本主义最后阶段的帝国主义论，未免时代太早。实际来说，金融资本主义拥护掠夺的侵略政策，而为稳定国际金融和贸易，保持某限度的和平是必要的，反之军火资本主义，则必须挑拨国际最大的战争来发展军火工业，他们拥护造成战争的政治机构，他们为希特勒、墨索里尼、日本军阀造成政权，因而造成世界大战；所以就现代来说，现代已经不是唯一经济力量所能决定一切，现代乃是经济力量通过军事力量，才可以决定一切，换言之，现代已经是将一切集中为战争力量（消极方面为防御力量，积极方面为进攻力量），这就是所谓军火资本主义的经济时代。

但就知识生活上说，现代是什么时代呢？我简单的答案第一现代是经济时代，同时即是科学时代；第二现代是资本主义经济时代，同时即是工业科学时代；第三现代是军火资本主义时代同时即是军事工业的科学时代。一九三三年和一九三九年间所生军事技术上最大的革命，使我们知道知识生活史的发达，已经达到军事工业科学的新阶段，从科学史上观察，工业资本主义时代以自然科学为研究中心，金融资本主义时代以社会科学为研究中心，军火资本主义时代则以军事科学（国防科学）为研究中心了；如以自然科学为“正”的阶段，社会科学为“反”的阶段，则军事科学正是综合两者的新阶段。从军事史上观察，金融资本时代只须经济雄厚，便能雇用军队来击败他的敌人，军火资本主义则必须有大量的现代进攻武器，飞机和坦克车，才能取得胜利；金融资本时代以经济封锁和金融力为战争武器，军火资本时代则以集中军力和闪击战为战争武器，换句话说，就是金融资本主义时代的胜利，取决于社会科学的研究，军火资本主义时代的胜利，则更有待于军事科学的研究；总而言之现代的世界文化已经走上军火资本主义经济和军事科学的大时代了，这大时代的生产方法和工具是以钢铁工业、化学工业、电力工业和煤油提炼工业为必需的基础，如以钢铁工业言，它是煤与铁在熔铁炉中联合起来产生的，当然和手工技术时代的铁工业不同，而且从工业革命时代开始，机械技术的发展从动力上看，也可分为三时期，即（一）煤力时代、（二）油力时代、（三）电力时代，蒸汽力产生了工业资本主义社会，油力时代产生了金融资本主义社会，电力产生了军火资本主义社会，现代已经是电力支配我们的时代了，陆上与空中战争的机械化已经强度插入电力的元素，这是很值得我们注意的。电力不但已经造成苏联的高度文明，且在各方面支配全人类的经济生活（如无线电即为明例），而在消极方面也可应用于为战争的武器，美国富勒少将（J. F. C. Fuller）有一个预测“电力不可免地他必被应用为战争的武器，结果使战场上的危险日渐减少，而后方的危险则日渐增加，危险之从战士转移到平民身上，大概将引起对于战争的强烈的反动，结果终于会建立世界上普遍的和平”（《未来的战术》，页一〇二），我们也希望是如此。

由上从技术观点所见之经济文化史的三时期，从自然技术经济到手工技术经济再进至机械技术经济，机械技术经济中又分三个时期，现代就是经济史第三时期之第三分期，即军火资本主义时代，即相当于机械技术之电力时代，如果这个观察不错，则我们对于这个时代，应该怎样急起直追，联合世界上反侵略国家以改造现代经济而达到世界大同？我们不要忘却在这科学的经济时代之后，还有我们理想的艺术的经济时代，真正的人的经济生活应该基于“人生自己向上创造之正当劳动”，是要摆脱任何强迫的奴隶的资本主义的机械技术的。大规模的机械生产必须和劳动者心灵的愉快相结合，未来的人们将不为着获得多量之生产物而劳动，而为着自由创造的愉快而劳动，诚然，机械技术可以得到物质进化，但这种进化不过以加速度去制造畸形怪状的战争的工具罢了。我们相信将来的科学文化决不在少数的资本家手里，将来的科学应该万人都能享有他的好处，并且这时科学一定由电力时代再进至可惊的程度，现在的机械，也许在那时都被看作最为粗劣的物品了，用房龙在《人类的故事》中的话来说：“那时候将最末的一架汽机，送到自然博物馆去，与恐龙羽龙的骨头，以及已经灭绝的古代的生物陈列在一处了。”机械的必然世界应该早日扬弃，新的机械当为一种很美的自由世界的艺术，还是非常确实的新历史的展望。

在我们把经济的发达阶段，作一个全面的观察以后，我们还可以将经济文化之重要概念，作一个简单的历史考察，因为这对于现代经济现象的认识，是更有他的用处的。我所拿来作补充考察的对象是下面之三个经济本质的概念，这就是生产、消费和交换。依我们研究的结果，以为这三个经济概念是有其相互的历史底关系的，经济史之第一时期实即消费经济时期，消费是这时代的中心问题；经济史之第二时期实即交换经济时期，交换论是这时代的中心问题；同样经济史之第三时期实即生产经济时期，生产论是这时代的中心问题。如以文化的地理类型来说，则印度之宗教的经济为消费型，中国之哲学的经济为交换型，西洋之科学的经济为生产型，若再就此三经济型的相互错综的历史关系来说，则此三者之发展进化，均可分为三时期，试列表如下：

消费	消费的消费经济（为消费而消费）	交换的消费经济（为交换而消费）	生产的消费经济（为生产而消费）
交换	消费的交换经济（为消费而交换）	交换的交换经济（为交换而交换）	生产的交换经济（为生产而交换）
生产	消费的生产经济（为消费而生产）	交换的生产经济（为交换而生产）	生产的生产经济（为生产而生产）

在这里"为消费而消费"是消费论的原型，"为交换而交换"是交换论的原型，"为生产而生产"是生产论的原型，所谓现代的经济时代都是"为生产而生产"的"生产时代"。这个时代可予以不同的意义的名称，如以消费经济之大小言，为"为生产而消费"时代，即世界都市经济时代；以交换的性质言为"为生产而交换"时代，即信用经济时代；以生产的形态言，为"为生产而生产"时代，即大规模之农工商业时代，即大企业时代。而无疑从技术上言，就是上面所述机械技术时代的总称了。现在为明了起见，试为分节说明之。

第一，就消费形态言，人类在采集经济时代只有消费没有生产，农业经济时代虽亦有生产而只知为消费而生产，可见消费的经济概念，原则上是与需要时代自然技术经济相联系，有如生产的经济概念是与繁华时代机械技术经济相联系一样。人类自发明农业以后，即知依自行生产的途径由自己生产的产物去满足需要，这种消费经济的开始，最初是只消费于所生产的同一的经济圈内，只有纯粹自己生产消费即"为消费而生产"；但并不是绝无交换经济，不过这时交换只是偶然的现象，还不占重要的地位，是“为消费而交换”罢了。这从消费经济的领域而言，可称之为个人的自给经济（Sombart）、家内经济（Bücher）或田园经济（Spengler）、定住村落经济（Gras），但到了手工技术时代，这时货财已从生产经济直接移向消费经济，在这时代已经不是纯粹的自己生产而生出为他人的顾客生产，就是“为交换而生产”“为交换而消费”的时代，不过这种交换乃在生产者与消费者间所成直接的交换，可以说就是“为交换而交换”，故可称之为直接交换时代。这时从消费经济的领域而言，可称之为都市经济（Bücher）或货币都市经济（Spengler）。因为到了中世后半期都市发达，这种经济现象才盛行之故；于是再进至机械技术经济时代，这时货物从生产而至消费，须经过许多的经济阶段，即财之生产已不是如第二时期似的为着消费者的交换而生产，是为着预备应一般市场的需要，作为商品而生产，即是“为生产而生产”，不但如此，消费者也不能直接从生产者手里取用所需物品，而必须经过市场的间接交换，所以这时的交换也不是“为交换而交换”而是“为生产而交换”；消费者也到达了繁华时代的心理，依于市场的时髦的出产品而消费，故从各个消费者看，可说不是为消费而生产，简直成为生产者营利目的底手段，成为“为生产而消费”了。从经济的领域言，这时乃为商品生产货物流通的阶段，可称之为国民经济（Bücher）或社会经济（Sombart）或大都市经济（Gras）乃至于世界经济（Spengler）。总而言之，人类经济生活从财之消费一点来看，从第一阶段狭窄的个人自给经济或家内经济、田园经济或定住村落经济进至同一领域同一都市的都市经济，领域经济发展至社会关系的国民经济、社会经济、大都市经济乃至世界经济，于是人与人的经济关系更为复杂，更为密切，固然在坏的方面产生了资本主义经济、营利经济乃至于军火资本主义经济，但从好的方面看，消费生产之社会化世界化，使人类互相扶助，而倾向于社会的合作范围更扩大的方面走去。

第二，就交换形态来讲经济文化的发达，这在一八四八年Hildebrand所著《现在及将来的国民经济学》已给我们提出一种很好的三阶段说，这就是从自然经济进至货币经济再进至信用经济，在自然技术经济时代，原则上只是物与物的交换即“为消费而交换”，即至中世封建社会，那时生产交换的现象，尚不能脱出土地和劳力的关系以外，对于国家的租税贡物亦受这关系的束缚。因为交通没有发达，资本的集积不大，一度从事的产业，便固执经营的方法，一般生活并经济形态都呈沉滞固定状态，各种关系都是世世相传，带着很浓厚的保守的色彩，这时期在经济体上说是自足经济、家内经济、田园经济，而在交换形态上说，就是自然经济时代（参照拙著《历史学派经济学》，页二〇一）。但当手工技术时代这时渐于应用自然物品以外，出现货币商品的经济编制，于是在领地的组织范围以内，租税的征纳改用货币，劳动工资的支付不是消费品而是货币，关税的征收也不是商品而是货币，这么一来自然经济便一转而过渡到货币经济。货币经济和交换经济站在某种彼此互相依倚的关系上，所以货币经济的状况可以影响或促进自足经济的解体，并产生或巩固交换经济的关系（本Sombart语）。所以对于“为消费而交换”，这时期可称为“为交换而交换”。这时代土地所有是自由了，同时农民也从土地解放出来成为自由劳动者，如Sombart所说“城市的确是交换经济及建筑在此经济上面的手工业的经济生活秩序的母亲”（《现代资本主义》第一编，页七九）。故这时期在经济体之大小上说，是都市经济，在交换形态上说，就是货币经济或交换经济；货币经济的影响使社会的面目全然一新，但到了机械技术时代，甚至于使用货币都觉着麻烦的时候，于是为着省约使用时间和劳力，连货币这个东西也可以不用了，这就是依于信用制度，没有货币实际的媒介而可得“为生产而交换”的效果，于是经济界的活动更敏捷了，更比前大大的发达了。这时代从经济体上说是国民经济或社会经济、大都市经济乃至世界经济，从交换形态上说就是所谓信用经济（Hildebrand）、资本主义经济（Engels）或货币的独裁时代（Spengler）。孙中山先生曾从经济心理的观点论到这三个时期，他说“需要时代以日中为市为金钱，安适时代以金钱为金钱，繁华时代以契券为金钱”，这所谓“日中为市为金钱”即自然经济，“以金钱为金钱”即货币经济，“以契券为金钱”即信用经济（《孙文学说》第二章）。孙先生是更彻底地主张“钱币革命”的，所以说“纸票者；将必尽夺金钱之用，而为未来之钱币，如金银之夺往昔之布帛刀贝之用而为货币也，此天然之进化，势所必然”；因而主张“国家收支市廛交易悉用纸币，严禁金银”；现代经济的新倾向已由生产经济学进而为信用经济学了，所以孙先生即依据此经济阶段的原理，来建立他实践政策之唯一目标，就是“钱币革命”。只有钱币革命才能解决民生问题，才能真正消灭帝国主义（《金融资本阶级统治》）。孙先生这种按着经济发达理论所得最有深刻意义的政治纲领，当然又比 Hildebrand 学说进步多了。

第三，就生产形态来讲。经济文化的发达，在亚里士多德时就有了，最著名的是一八四一年李士特（F. List）在他名著《政治经济之国民的体系》中分经济文化为五阶段：（一）原始野蛮状态，（二）牧畜状态，（三）农业状态，（四）农工业状态，（五）农工商业状态。在这里所分前三阶段即狩猎、牧畜及农业，Max Weber 认为是不可用的（《社会经济史》第一章），因为“纯粹的狩猎民族或游牧民族彼此间没有交换且不与经营农耕的种族相交换而生活者，即使有之，亦不能说是原始的，反之耨耕和狩猎相结合而游牧化的农耕，才是原始，所谓耨耕即没有家畜的农耕，尤其是没有力兽的农耕”。因此所以我们主张只从农业状态讲起，将生产形态分为三大时期，在自然技术时代即在经济体上为自足经济、家内经济、田园经济，在生产形态上即为农业状态，这时人类的共同关系是基于血族关系，只知自给自足。就劳动言，是为自己而劳动，或强制使用为自己所有财的奴隶劳动；就资本言，差不多没有资本只有消费财；就工业言，在农业（其他原始生产业）的余暇工作以外还没有独立的工业，所以这时生产也只是“为消费而生产”罢了。但到手工技术时代，这时在经济体上已进为都市经济、货币都市经济，故在生产状态上也进为农工业状态，即手工业时代，这时自足经济业已解体，人类从狭窄的血族关系进至都市领域关系。就劳动言，生产者已经知道都市结合的一切方法，就资本言，劳动用具虽有事业资本的性质，但原料尚不成其为资本；就工业言，虽有特殊职人的工业，还没有营利的工业，最可注意的是这时因交换媒介物的货币的发明、货币贮藏的增加，使生产也转变为“为交换而生产”了。于是更进至机械技术时代，这在经济体上为国民经济或社会经济、大都市经济乃至世界经济，在生产形态上即为农工商业状态，这时财力从生产者手里移入于消费者手里，要通过许多的经济路径，这就是大规模的企业时代。就劳动言，是以受报酬的目的而为他人劳动即基于契约法而劳动，就资本言，这时一切财都取营利资本的性质，即所谓资本主义经济，就工业言，完全为营利工业，实行工场制度；最可注意的这时生产非为最大数量的有用的物品交换而生产，而为财富的累积变成生产力之过度的生产，即“为生产而生产”。在手工技术时代商业为工业而经营，在机械技术时代，因为机械方法使工业制度成为高度复杂的机体，不得不与商业分离，结果即是如 Veblen《企业经营的理论》中所说，“工业乃为商业而经营”，商业成为工业中高度之诈骗的控制，所有大公司，托辣斯的贸易契约以及各种独裁的企业，在民心目中都只是一种普遍的诈欺的事业，商人对于工业的关系，就其关于实物产额一点而言，可以说简直是“侵占”（sabotage）或“有意的减少效率”（conscientious withdrawal of efficiency）。然而不幸得很，这种生产状态的畸形现象，竟就是我们的“现代”。

最后我们对于现代经济文化的研究，已得到一个结果，现代乃是资本主义经济时代，从消费方面说是“为生产而消费”的大都市经济、国民经济、社会经济乃至世界经济；从交换方面说是“为生产而交换”的信用经济、货币独裁经济；从生产方面说是“为生产而生产”的大规模企业经济。商业和工业之尖锐的区别，使我们充分认识这个时代的经济的“病态制度”（imbecile institution）。如我在本章开端时所说经济本身没有目的，他是以一种生产力达到科学化之社会福利为目的，现代的资本主义经济乃至军火资本主义经济，只知关心于少数企业家军火商人本身的经济目的，遂使全社会的消费者不得享受现代工业制度之高效率所应予的社会福利，这种错误究竟是在什么地方呢？民生史观告诉我们社会进化是由于社会上消费者底利益相调和，资本制度所侵占的是社会全体的剩余价值，因此商人分配的赢余应该取消（参看《民生主义》与William《社会史观》二书），而企业家的赢利当然不能算做就是社会的福利了。不但如此，从经济文化的全体系来看，如Spengler在《西欧的没落》第二卷中所分三个经济本体，即生产的经济本体：农民；制作的经济本体：工人；媒介的经济本体：商人。在这里只有农民为经济的最根本的唯一阶级，农民和土地相联，工业也必有土地及其所产出的原料为基础，故都可算生产经济，和商人之为侵略经济者相对立。再就经济的客体来说，农民以自然物为财，工人则以贵金属的货币为财，商人则对此笨重的静的铸币而以轻便的机能的动的信用为财，现代乃是货币独裁的世界经济时代，换言之即是信用经济的独裁时代，依Spengler意思，这乃是工业和金融的对立，即是生产经济和侵略经济的对立。高度发展的金融完全从生产经济的土地脱离关系，信用经济支配世界经济，这即是侵略经济压倒生产经济，其结果便是技术的思想与货币的思想大斗争，也就是生产经济和侵略经济的大斗争了。在这里我实在无意于介绍Spengler经济史的形态学，不过借以讲明现代经济文化的特质是在于信用经济独裁，用现代术语表之，即是资本主义的最后阶段之帝国主义时代，即是金融资本主义时代；由于金融资本与战争工业的相互依赖性，又产生了一种突然的急速的残忍的军火资本主义社会，为经济史前例所未有，于是经济文化的矛盾性完全暴露，使我们为着拥护人类拥护文化不得不发生新的经济世界的要求——这就是：实现民生主义，实现民生主义所希望到达的大同世界！

第七章　教育的文化概念

（一）

如以人体作譬喻，社会文化之第一类型：政治，可比形貌；社会文化之第二类型：法律，可比筋骨；社会文化之第三类型：经济，可比肌肉；那么社会文化之第四类型：教育，就可比精神了。所以就社会文化的类型学言，教育文化的类型，实居最重要的地位。固然教育也和政治、法律、经济一样，都只是文化中手段的体系，而非目的底体系；但在手段的体系中，政治反映着社会权威，法律反映着社会正义，经济反映着社会福利，却是教育反映的，就是社会文化。社会生活的根本条件，需要权威，需要正义，需要福利，更需要文化，四者实在相反相成，一个也不得缺。就其与知识类型的关系说，权威为宗教之社会产物，正义为哲学之社会的产物，福利为科学之社会的产物，文化为艺术之社会的产物。就各社会类型之相互关系说，权威产生正义，正义常依存于权威；正义产生福利，福利常依存于正义；福利产生文化，文化常依存于福利。若就其层套的关系说，则正义为主时代亦有权威，但为正义的权威；福利为主时代，亦有权威和[①]正义，但为福利的权威与福利的正义；在文化为主时代，亦有权威、正义、

① “和”，原作“的”，疑误，据下文改。——编者

福利，但为文化的权威、文化的正义、文化的福利，而这就是所谓教育的时代了，所以就教育文化的类型言，教育之成为教育，即依据于社会文化而存在，是以文化为基础的；因为教育是以文化为基础，故和文化的关系最为密切，但教育本身却不就是文化，他是以一种“爱力”来达到艺术之社会文化为目的。这种“爱力”，就其本质上说，即是一种“生命力”。

我现在试用下面的几句话来包括教育的真意义，我说：“生命是教育的本质，文化是教育的基础，爱是教育的方法，美是教育的目的。”在这里不是很明显地把教育和文化的关系说尽了吗？生命是教育主体，文化是教育客体，然而教育之所以为教育者，乃是一种方法，即是“爱力”。教育本身只见得方法，而见不到目的，社会生活上“教育”底目的即是知识生活上“艺术”底目的，即以“美”为教育底目的；所以归结起来教育也是一种力，如政治之为“权力”，法律之为“规范力”，经济之为“生产力”，教育乃为一种“爱力”。教育的本质就是生命，就是爱，爱必有对象，文化即是教育爱的对象。即因如此，所以一切文化在某限度内都可说是教育研究的范围。如就知识文化言，有宗教、哲学、科学、艺术，即有宗教教育、哲学教育、科学教育、艺术教育；就社会文化言，有政治、法律、经济、教育，即有政治教育、法律教育、经济教育、师范教育；可见教育范围实即包括一切文化范围。我们要想在一切文化现象中，划出截然的教育的界限，似乎很难，然而教育本身毕竟不是文化，他只是文化的爱；在文化的全体系中，虽与文化有直接的关系，却也只算得文化之一个制度一个类型而已；不过可注意的，就是这种类型，本质上是和文化相同，如 Simmel 所下“文化”的定义，则文化实以生命为本质，同样地教育也是以生命为本质，生命的爱乃是根本教育。而生命的爱，其核心即具有美的特质，所以爱美是到达生命的门路，所谓体德智群诸育实际无不渗透于美育之中为美育之一部分，在这里社会类型的教育便和知识类型的艺术结成不可解的因缘，而教育的文化价值，也可说是和艺术一样为表现人类生命活动之一重要类型。

因为教育是以生命为中心而营其文化繁殖和文化创造的作用，所以从教育的本质上看，教育即是生命，即是生活。如杜威认教育为“生长发育”或“生之更新”，迪尔泰（Dilthey）以具体的全生命的活动为教育背景，利脱（Lit）认教育的活动是全人格的生命全体的活动，这种生命教育的思潮，都是从生命的关系上来认识教育底本质的。但从教育的基础上看，教育即是文化，所谓教育的任务应该在于传达文化、创造文化、提高文化，并使文化社会全体向上发达，这如史普兰格（Spranger）、斯腾（Erich Stern）、利脱、福温开尔（Vowinckel）等精神科学派乃至于价值哲学派、现象学派等这些文化教育的思潮，都是从文化的关系上来认识教育的基础的。但从教育的方法上看，教育又是“爱”，泛爱主义（Philanthropist）的巴西多（Basedow）、沙尔紫曼（Salzmann）怎样要养成“健康快乐善良，富于理解力，且令自己与人类同臻于幸福的人”，斐斯塔罗齐（Pestalozzi）与菲希特（Fichte）均重视爱为教育方法，以为人自有生以来即禀受爱的活动，对于事物之认知爱的，引起学习的生活；对于社会之行动的爱，产生道德的生活。Spranger 所揭的教育定义是“所谓教育是将一人的爱移渡于他人的心中的思想，而这思想是在使人之价值受纳性与价值创造性的全体从其内部而发展之”，这些注意于教师对于被教育者底人格的真挚的爱，和被教育者的认知的爱和行动的爱，这种爱的教育思潮可以说都是从爱的关系上来认识教育的方法的。但从教育的目标上看，则教育又即是美，如 Herbart 说“若是文人所不描写的，诗人所不歌咏的都与教育无关”；韦柏（Ernst Weber）谓教育为一种艺术，教育的活动非依据美学的指示不可。塞费尔特（H. R. Seyfert）以教学视为造形艺术，教师视为诗人与音乐家；吾师蔡孑民提倡“以美育代宗教”；这些主张自教师的态度以至于教授的方法上都不得不加入艺术要素的美的教育思潮，都是从美的关系上来认识教育底目的。总之上述现代的教育思潮为：生命的教育、文化的教育、爱的教育、美的教育，把他综合起来，便是我们现在所认识的教育的文化概念。教育没有别的，它即是生命，即是文化，即是爱，即是美，它是一个巨大的像，举凡宗教、哲学、科学、艺术、政治、法律、经济、教育一切知识的社会的文化型式，都有完成这个巨大的像底使命。所以我们现在来说教育和文化的关系，恰似等于说文化和他本身的关系了，然而这只是共相上的现象如此，从别相上看，教育仍然只是教育，他不就是文化，只是文化全体中之一员，是随着各时代的文化基础的变动而变动的。

教育文化的构成，依着文化史发达的顺序，在知识生活上依时代表现为宗教的教育、哲学的教育、科学的教育和艺术的教育；在社会生活上表现为政治的教育、法律的教育、经济的教育和教育的教育；各个时代都有各种不同的教育的文化特质，表现为各种不同的教育的文化形态。我们只要细心研究一下这些不同的教育底文化特质和文化形态，便很容易发现教育和知识文化及社会文化之历史的关系及其与艺术文化之特殊的本质的关系。

先从教育的思想史上观察，古代希腊教育，雅典与斯巴达均重视贵族教育，重视军事训练，其所用训育法，均偏于“硬教育”的方式。罗马更为实际的民族，一般注重军事的、政治的、辩论的教育内容，然而真正教育思想的发生，实始于中世纪的基督教教育发达以后。基督教教育以养成宗教的人格为主，在教育史上中世纪的大学运动，实际即是宗教教育运动，从九世纪以至十二世纪大学教育勃兴，一方面有军事式的武士教育，一方面又有宗教式的“各种教团的教育”与“经院学派的教育”，当时盛行的新教授法即经院哲学方法，盛行的神、法、医之三学院制，实际上以神学为最重要，以其能养成宗教家之故。至于这时期的教育，虽无一人可认为正式的教育学者，但就其以宗教家或神学家的资格来说出教育思想，发挥其宗教色彩最浓厚的教育思想，真正可以算做神学的教育家。而且这时就教育权来说，也是完全操于教徒之手，教育方针也是极端受着基督教的教义所束缚，即大学亦须经教皇认可，用一句话来说尽，这就是教育史之第一时期即宗教的教育时期。这个时期延长很久，其主要人物可追溯到第二世纪以至十二世纪如 Clemens 说“教育是使人体认神之正义与爱”，Adamantius 说“教育目的在使人为神的人”，Augustinus 主张用新旧《圣经》以涵养宗教精神，Maurus 主张以七艺为了解圣经的预备。直到文艺复兴与宗教的改革时代，教育史上才显出第二时代，即所谓“近代的教育”，近代教育对于中世纪教育之要完全达到宗教式的教育，而主张人本主义的教育。中世纪的教育方法——记诵——已不足使人满意，对于中世纪之看重权威、看重信仰、看重来世，而特别提出看重个性、看重理性、看重现世的生活；国家主义代替了教会主义，神的中心变成功了人的中心，教育在这个时代开始要求人类本性的权利，所以在 John Milton 时代，他所写的一篇教育论文（一六四四）虽然仍不脱于清教徒的“书本式教育”的学风，然而已经可算是讲这广义的人文主义的先导者，虽然他也是一个好古文家，他却反对强迫的注入的教育，Comenius 也和 Milton 一样，他的“大教授法”，虽主张现世生活不过为升天之预备，未免受宗教教育的束缚，然而他始终认“教育是养成一个人的方法”，他并不把教育来当作一个去人的天性的方法，而是使人养成道德习惯，使人信天，他可以说是近代教育的前驱，同时也可说是宗教教育的归结。“人只有向真向善的可能的倾向，要经过自己的努力，才能达到目的，这便是教育的功用”；他主张改良课程，改良教授法，以教育为国家事务，此外更主张平民教育；他在教育史上所占的地位非常重要，对于中世纪强迫的阶级的教育，而主张自然的平民的教育，他给影响于近代初等教育与中等教育运动的全部，从这几点来看，他实在又是教育史第二时期的先驱人物了。十八世纪卢梭（Rousseau）主张“教育单在造就人，别无目的”，这分明正是教育史第二期的代表人物。所著《爱弥儿》（*Émile*）一书开宗明义说“无论何物是出于自然的创造都是善的，然一入人的手中，就变成为恶了”；这样尊重人类的天性或本能，是很彻底的一个哲学的教育思想，虽然他有泛神主义的主张，然而泛神论只是有礼貌的无神论，而且卢梭最反对的就是那种“宗教式的教育”，以为这只不过把人们快乐的时代白白送掉罢了，他说“快乐可喜的时代，送于眼泪惩戒威吓，奴隶的生活中，这种样子仍以为是要使儿童好，实则于不知不觉之间，招进死神，来捉儿童于此可哀的准备中”。

可怜悯的“宗教教育”！我不知你除了束缚人们以外，还有什么好处呢？固然中世教育也能零零碎碎地给人们的文字上的知识，但卢梭又告诉我们：

> 呀！人呀！请尽各自底真情，此为诸君第一个义务，不管阶级不问年龄，凡对于称为人的，都当尽你们的真情，离开真情还有什么知识可言呢！

卢梭的话是对的，“离开真情还有什么知识可言呢”。十八世纪以后教育思想没有一人不受卢梭的影响，他主张归于自然的教育，主张自由发展的教育，主张自我实现的教育，主张注重情感的教育，主张自己指导的教育，可以说只有他才是完全教育史第二时期即哲学的教育时代底代表人物，没有卢梭的《爱弥儿》，便没有斐斯塔罗齐

（Pestalozzi），没有巴西杜（Basedow），没有佛洛贝尔（Froebel）。巴西杜着了《爱弥儿》的迷，注全力于教育的改革，他的泛爱学校，可算第一次把卢梭的自然主义尝试的人，他和卢梭一样，主张人性皆善，所以教育方针即在博爱主义，管理上本友爱之情，训育上采宽恕主义，他那种自由游戏的教学法，和爱的教育精神，都可看出博爱派的教育家的特色。斐斯塔罗齐也是受《爱弥儿》影响的，他的教育目的，也是继承卢梭的自然主义。他说教育是以发展为目的——在人类一切能力自然的进步的与均衡的发展，他反对当时单教人读书及古文学的教育，以为和发展的教育无关。他以为"凡内心能力不能发展的，不是完全的个人"，而教育则要造就完全的个人。他的"心理化"教育的主张，影响于海巴脱（Herbart），为第三期科学的教育学的胚胎，他的自然发展说则影响于佛洛贝尔，成为第二期最重要的"自由活动"的教育哲学。海巴脱是以建设"科学的教育学"为己任的，应归入教育史之第三时期，佛洛贝尔则不折不扣地是第二期哲学的教育思想之代表人物。杜威（Dewey）曾这样赞美他"佛洛贝尔承认儿童自然能力的重要，他对于儿童的爱心，与他的引起旁人研究儿童，恐怕是近代教育思想上着重生长观念的最得力的力量"；他实在是一个纯正的自由教育的先导者，他的教育重生长，重发展，他的上帝乃是大自然中的飞禽、走兽、花卉、草木，而不是什么可认为有人格的上帝。因为他教育哲学的出发点，是一种唯心论，所以主张人性皆善，在教育上主张发展，不断地自我发展，不要压迫他、抑制他；教育的方法应该是自由的、自觉的与自发的自动，换言之即是以儿童本性为依据，而启示他、引导他，他的理想实现就是所谓幼儿园的运动了。在这些位受卢梭影响以外，还有就是德国的康德（Kant）也不是例外，康德虽在许多点和卢梭不同，但他也是以自由为主义，自律为中心；依他意思，教育的最后理想是在完成至善的世界，善就是教育的目的。“个人不可不使其本性发展而臻于善”；这种以善为教育使命的教育学说偏于训育主义，可以称之为道德的教育，其目的在于养成“完全的人”而已。继之菲希特（Fichte）主张教育目的在养成“具有自由意志，肯为国家服务，促成宇宙之道德的秩序的人”。黑格尔（Hegel）主张教育以“自己发展”为目的，这些都可以说是代表第二时期自我本位、人生本位、自由本位的哲学教育思潮的。过此就入于教育思想史上之第三时期了，第三时期即科学的教育时代，可从海巴脱（Herbart）算起，海巴脱采用了“科学的教育学”一个名称，他应用了他自己所组织的伦理学与心理学，以组成其整部有系统之教育学的著作，他可以称为第三期科学的教育学之鼻祖，然而还和现在所谓“根据实证科学所获得的成果而建设之教育科学和用科学方法去研究而成之所谓教育之科学的研究”不同。他的教育学大纲，首先主张科学的教育学有建设的可能性，而且他是近代教育心理学之祖，不过从另一方面看，他实在只是第二时期至第三时期之过渡人物，他根本上是以道德为教育底目的，这一点也带着第二时期之哲学底精神的。海巴脱以后可认为科学的教育学的有许多派别，有主张实证主义的教育学，如英国的斯宾塞（Spencer），他有名的《教育论，智德体》主张科学在教育上的重要性；有主张社会本位主义的教育如白尔格曼（Bergemann）根据历史与生物学及社会去建设“科学的社会的教育学”；有主张实验的教育学如蒙伊曼（Meumann）、拉伊（Lay）及桑戴克（Edward Lee Thorndike）、着特（Judd）等根据心理学与科学方法去建设“实验教育学”；还有主张民本主义的教育如杜威（Dewey）、波特（Bode）、克伯屈（Kilpatrick）等根据生物学与社会学去建设一种“科学的教育哲学”。最后更有社会主义的教育学，如苏俄一派之卢那卡尔斯基（Lunacharsky）、品格微支（Pinkevitch）、布隆斯基（Blonsky）、沙兹基（Shatsky）等倾向于共产主义、唯物主义、社会化主义、自治主义、劳动主义、自学主义、男女共学主义是其特点。我们可以说现代无论任何代表国家，他们都已达到真正意味的“科学的教育学”之一个阶段，可见教育之研究，确是随着各时代宗教哲学科学之文化基础底变迁而变迁了。但是我们现在接着要问，就是教育学之史的发展，是不是到了“科学的教育学”就算没有发展的余地？难道教育学的历史到了第三时期，就已经登峰造极达了极点吗？

要解答这一个问题，我们应该对教育思想史作一个回顾，依我们意思，以为一切教育都只是文化底教育，换言之即每一个时期之代表的教育学说，无非为某一个时期之代表的文化教育学说。如就前所述，在教育史之第一时期，即“神学的教育学”时期，所谓教育即为宗教的文化教育，所以说“教育是使人体认神之正义与爱”“教育目的是使人为神的人”。这所谓宗教的文化教育到了第二时期又变成哲学的文化教育了，前者为中世纪的教育，后者则为支配十八世纪的教育如 Rousseau，Pestalozzi，Froebel，Kant，Hegel，有的以“教育单在造就人别无目的”，有的以为“教育只是以自我发展为目的”，有的以自由活动为主义，有的要造成完全的人，而要之都是将教育来完成其“哲学文化”或“自我本位底文化”的。然而到了十九世纪，这种哲学的文化教育又一转而变成科学的文化教育，虽然有的以生物学为依据，有的以心理学或社会学为依据，有的主张实验，有的看重经验，有的提倡民本主义，有的提倡社会主义，而要之第三时期的教育，无疑乎是在完成所谓“科学文化”与所谓“经济文化”的。这样看来，则自古以来的教育学，都可以说是文化教育学了；然而自古以来的教育学都只算得“一部分”底文化教育，不过有的以宗教为主，有的以哲学为主，有的以科学为主，有这些不同罢了；却是从教育学之根本意义上看，教育是以人类之一切全体文化（包括宗教、哲学、科学、艺术等文化在内）为其发展内容的，所以教育学应以全体文化即综合文化为其对象。过去教育史之任何时期，实在都未曾完成了教育这个根本意义，都只能反映教育文化全体中之片影而已，那么真正以文化全体为其对象的"文化教育学"，在这一个地方，便有他的成立和存在的理由；所以依我主张，以为教育思想史在第三时期之后，便应继之以第四时期之艺术的教育学或文化教育学。依现代的教育思潮，文化教育学似乎只有德国之精神科学派如迪尔泰（Dilthey）、斯普兰格（Spranger）、利脱（Litt）等，然如新康德派中马堡学派之 Natorp、西南学派之 Cohn。精神生活派如 Euken，生命主义派如 Bergson，从根本意义上说，都可称之为第四时期之艺术教育思想而与精神科学派同属于一个时期的。话虽如此，过去德国所谓"文化教育学派"和现象学派如 Max Scheler 等虽有许多很透辟很新颖的议论，但已都不能代表时代，我们不讲文化教育学则已，要讲文化教育学或艺术的教育学即不能不承认他们先路的功绩，不过我们所认识底文化教育学，当然要比他们进步得多了。现在为明了起见，试将前面所述教育思想的四时期列表如下：

第一时期	宗教的教育学	Clemens，Adamantius， Hugo de Saint Vitor，Augustinus， Maurus	中世纪
第二时期	哲学的教育学	Commies， Rousseau，Pestalozzi，Basedow， Froebel，Kant，Fichte，Hegel	十八世纪
第三时期	科学的教育学	Spencer，Borgemann，Meumann， Lay Dewey，Judd，Thorndike， Herbart，Lunacharsky，Pinkevitch	十九世纪
第四时期	（艺术的教育学） 文化的教育学	Dilthey，Spranger，E. Stern， Litt，Kreschensteiner， Eucken，Bergson， Max Scheler，	二十世纪

由上表所列，可以证明两件事，即一过去的教育学都是文化教育学的一个部分，二现在教育学倾向于成立真正底文化的教育学。如我所说过的，教育代表一种“爱力”，则第一时期宗教的文化教育代表神的爱力，第二时期哲学的文化教育代表自我的爱力，第三时期科学的文化教育代表社会的物质的爱力，而这第四时期艺术的文化教育，即真正文化的教育学，应该就是代表宇宙的生命的爱力了。

在教育思想史上我们更可特别注意的，就是每一文化教育时代都有其各种不同的教育文化的类型说，而这各种不同的教育文化的类型说，实即代表了各种不同的教育时代的文化形态。无疑 Spranger 在“人生之型式”中所提出的六种类型为最有名，但在教育学提出此种相似的类型说者，依我所见，在他以前很早就有了，现在试依照历史时代的顺序列表如下：

第一时期	Comenius 永生之预备三阶段说
第二时期	Pestalozzi 三种能力说
第三时期	Herbart 多方面兴趣说 Spencer 五种活动说
第四时期	Dilthey 的类型说，Vowinckel 五种类型说 Frischeisen-Köhler 三种教育类型说 Spranger, Stern 六种价值说

第一时期：以宗教文化为中心的类型说——如 Comenius 所著《大教育学》中主张永生的预备有三个阶段，他说“人要无所不知，要有制物并自治的能力，要将一切和自己献给上帝。用平常的话来说就是（一）知识，（二）道德，（三）宗教”（参照瞿世英：《西洋教育思想史》，页二四一）。这里知识道德的两类型，又不过为宗教类型的预备罢了。

第二时期：以哲学文化——人生——为中心的类型说——如 Pestalozzi 主张正当的教育是内心能力之自然发展，但这所谓内心能力是哪几类呢？他虽没有很明白的说明，但根据一八二五年他最重要的“挽歌”的话来看，可以分为（一）知识的能力，（二）实际的能力，（三）道德的能力三类。这就是教育上所谓（一）智育，（二）实际教育与（三）德育，他特别注重的还是道德教育，即以人道或人性的实现为教育底最大目的。

第三时期：以科学文化为中心的类型说——如 Herbart《教育学大纲》中，主张教学方法应注意“多方面的兴趣”，我们必须给学生以广阔的科学教育，使他增广知识而发生多方面的兴趣，但这些兴趣是些什么呢？他告诉我们：（一）是从自然界的知识发生的，又分为：1. 经验的兴趣，2. 思考的兴趣，3. 美感的兴趣。（二）是从社交发生的，又分为：1. 同情的兴趣，2. 社会的兴趣，3. 宗教的兴趣，在此他特别注重的是科学的和社会的两类型。

又如一八六〇年 Spranger 所著论文集《教育论，智德体》中，也主张以科学为中心的类型说，他认教育的作用是预备我们的完全生活、完全活动，人类的活动照重要的次序的区分有如下五种：（一）自存之直接的活动，（二）和自存有间接关系的活动（如工业等），（三）种族保存的活动，（四）社会政治的活动，（五）艺术的活动。对于这五种活动他觉得科学是在各种生活活动中最有用处，每种活动均须依靠科学，如生理卫生学是第一活动必需的知识，物理学、化学、生物学及社会学是第二活动必需的知识，生理心理及伦理是第三活动必需的知识，历史上政治、经济及社会情形为第四活动的知识，即第五活动亦须以生理力学及心理学为基础，所以斯宾塞的五种活动说仍只是以科学为中心的类型说。

第四时期：以文化为中心的类型说——在 Spranger 以前即有 Dilthey 的类型说，他在《精神科学序论》中主张将各种精神现象中具体地取其主要底性质间的共通性；不过 Dilthey 虽举出经济、法律、宗教、艺术、学问等文化之诸体系，却没有很明确的说明，但他影响在教育上却很不少，如他弟子 Spranger 在《人生之型式》中所说六种精神个性的类型说，即为好例。案 Spranger 主张生活型式是有以下六种，而生命所追求的价值方向也有以下六项如图：

生活基型	价值方向	活动中心	性格
（一）理论型	学问的	要求普遍真理的认识活动	学者
（二）经济型	经济的	利用物质的经济活动	企业家同商人
（三）审美型	艺术的	构成美感的艺术活动	艺术家
（四）宗教型	宗教的	敬虔信念的宗教活动	信仰的人
（五）政治型	权力的	支配他人的权力活动	权力的人同活动的人
（六）社会型	社会的	融和他人的社会活动	慈善家同人道家

还有 Vowinkel 的五种教育类型说即：（一）权威的历史的类型，（二）经验的心理的类型，（三）社会的心理的类型，（四）审美的类型，（五）社会的批判的类型。Frischeison-Köhler 的三种教育类型说即：（一）经验的教育学——实用的自然的类型，（二）批判的教育学——唯理的类型，（三）思索的教育学——文艺的理想的类型。当然比之这些类型说而 Spranger 底“精神个性的类型说”似乎精密多了，他的弟子 E. Stern 继之和 Spranger 同样地主张教育的六种个性类型说，即（一）理论的，（二）经济的，（三）艺术的，（四）社会的，（五）政治的（权力的），（六）宗教的。Stern 以外在文化教育学派中还有 Julius Wagner 在《教育价值论》中，以教育为文化价值的传达，而文化价值则分为六项即：（一）宗教的（圣），（二）伦理的（善），（三）论理的（真），（四）美学的（美），（五）实际的（用），（六）幸福的（快乐）。我在《文化哲学》中提议把文化类型分为八项，这文化的八类型在教育方面即表现为八种人格型即是：

宗教　哲学　科学　艺术

政治　法律　经济　教育

详细的说明当在《文化教育学》一书。总而言之，教育思想史中每一个时代都有其不同的教育文化的类型说，就中第四时期文化教育学者以“文化价值”为中心的类型，如 Spranger 所分，似最值得我们注意，不过他完全不知道文化类型是可以交织形成社会之种种形态与种种之文化时代，结果只将六种基型并列，而没有看到这几种基型之历史的辩证法的发展趋势，这就很值得我们去批评了。

由上教育思想史的研究使我们知道教育文化在其历史发展的途中怎样和知识文化类型之宗教、哲学、科学、艺术发生了历史的关系，但在这里更可注意的乃是于此历史的关系以外，教育和艺术文化更特别发生了本质的关系。如我前面所说，艺术为第一次的文化价值，教育却为第二次的补助文化价值，艺术为教育文化的知识原型，教育则为实现艺术文化底手段。艺术和教育底关系可以说只是“内部的”和“外部的”底关系，两者同样代表文化底世界，照普通标准对于文化所下底定义大概是如此：“由野蛮进而为有艺术有学识的情况”，这就是说文化即是艺术的文化，艺术时代即是文化之所以成为文化底“文化时代”。但再就社会生活来说，则教育就是文化，文化就是一个团体学习的过程，因为文化本身是含有艺术性和教育性的，所以在知识生活上表现为艺术，在社会生活上表现为教育；在知识生活上，艺术文化为宗教、哲学、科学各文化类型底中心类型，在社会生活上教育文化亦为政治、法律、经济各文化类型底中心类型。在知识生活上宗教哲学科学各类型均以艺术的文化为止境，在社会生活上政治、法律、经济各类型则以教育的文化为止境。由此可见艺术和教育乃是文化生活一物之两面，而艺术文化无疑即是教育文化的原型了。因为教育本质乃为艺术的，所以新的文化教育学者应该提倡艺术的教育，以完成教育之第四时期底任务；教育时代即是艺术时代，教育不但含有艺术的内容，应用艺术教学的形式，实际在历史上每一时代的教育均以每一时代的艺术底目的为目的，不消说文化史上的第四时期教育更具有艺术的意义，而以艺术的美为教育的理想境了。

但在现代来说，文化教育之现代的意义乃是科学教育与经济教育，因为教育是为适应时代底环境的，文化是永远创新不断的，所以从纵的历史来看，一个时代即有一个时代的文化，即一个时代即有一个时代之标准的文化教育，现在无疑乎即是文化史之第三时代即科学时代和经济时代，所以现代的文化教育应该不是宗教教育、哲学教育，而应该就是科学教育，从社会的生活方面着眼，又可说就是经济教育即生产教育了。但是科学教育和经济教育很明显地都只是适应现在之现有文化教育，而文化教育的真正意义乃在以历史的社会的实在为对象，即将已有（传承）、现有（现实）、将有（理想）三方面为其研究对象的；所以文化教育也应该包括三方面，即是传承过去之已有文化，适应现在之现有文化与创造未来之将有文化，一方面仰倚着过去为文化之传达，一方面俯视着将来为文化之创造，当然要不止于科学教育和经济教育，只要适应现在之现有文化就完事的。因此所以科学教育和经济教育必须自乐自进于将来之文化理想，即是由单纯的科学教育进为艺术的科学教育，由单纯的经济教育进至艺术的经济教育，科学和经济的新教育都不当以功利为中心而应以审美为目的，这并不是什么理想，事实上现代科学的倾向已经是艺术的科学，现代经济的倾向已经是艺术的经济了。杜威说“教育就是生活”，又说“生计就是生活”“广义的教育乃是使得社会生活继续不断的方法”，因此而第三时期的教育可以经济化，而第四时期的经济也可以教育化了；第三时期的文化教育可以是生产教育，而第四时期的经济文化教育，应该就是美育的生产教育了。至于其他社会文化类型如政治法律和教育文化的关系，在前数章已有详说，这里也就可以表过不提了。

（二）

现在我们再从教育和各文化类型的关系，更进而注意到教育文化之地理的分布：我们便容易发现在教育文化的全体系中，依照于教育本质的不同，实可分为三种教育类型，而这三种教育类型实即分布于三个特殊的文化区域，形成三种特殊的教育形态。这教育三类型即是：

（一）宗教的教育型——以印度为代表（解脱的教育）

（二）哲学的教育型——以中国为代表（本质的教育）

（三）科学的教育型——以西洋为代表（实用的教育）

如以教育为一种爱力，则宗教的教育型为对于神的爱力，其教育社会是以教会或[①]宗教团体为中心；哲学的教育型为对于自我的爱力，其教育社会是以学派为中心；科学的教育型为对于社会的物质的爱力，其教育社会是以大学校学士院为中心。现试以次述之：

第一，宗教的教育型——以印度为代表。印度古代学艺在一切方面都达到高度的发达，只要我们注意到婆罗门圣典《百步祭书》里所举当时所有学艺名目，便可窥其大概，这些学艺古代印度人称之为“论”（Shastra）或“明”（Vidya），如所谓四明乃至三十二明，即是四种学艺乃至三十二种学艺的意思。这些学艺由印度人看来，都只是到达宗教生活的知识学问，所以教育的最高权从来操之婆罗门手里，《华严经·普贤行愿品》云“婆罗门种多修口业……修智慧，图书印记，纬候阴阳，身相吉凶，围吠经典”。又律法中有婆罗门生而有三种负债说，第一种即对于先圣有学习吠陀之负债，婆罗门人读书生活

---

① “或”，底本漫漶，据福建本补。——编者

须从师十二年，夜则席地而寝，日则乞食拾柴，供奉其师，可见偿还这种宗教教育的债，原为婆罗门一生的义务。至于这种宗教教育宗旨，则无非力说那解脱的教义和实践，印度《圣训》所谓“大海水波有同一之味，即咸味是也，一切教学有唯一之的，即解脱是也”。印度任何宗派均以解脱的知识为教育第一义，解脱的实现方法则所谓“禅定”，所谓“瑜伽”（以上参考武田丰四郎:《印度古代文化》第四章、第五章），甚至于苦行外道修行苦行，如赴火投渊等外道执此苦行以为得果之因，惟瑜伽或禅定则为任何宗派所修，其方法见《奥义书》与《瑜伽经方法品》各书，此处无详述必要。但可注意的，就是任何一种宗教的教育型都把人生看作罪恶的象征，他告诉我们“现在的生活是为将来赎过去的罪恶而生活，并不是为现世而生活，我们应该抛弃现世的快乐，而克己绝欲，把自身的一切贡献于神的面前”，这种教育，实无异于教育上的自杀主义。如以习瑜伽者为例，黑格尔在《历史哲学》中曾举一位英吉利人所遭遇之事如下:“这位习瑜伽者已经修到婆罗门尊敬的第二级里，他不坐不卧，日夜站立了一十二年，才修毕了第一级，起初他把自己缚于树身上，后来他便习惯了立着睡眠，第二级规定他须将两手深握于头顶一十二年，不得中辍，他的指甲差不多已经长入手里去了，第三级之及格通过并无一定的方式，习瑜伽者通常须在五火之间度过一日，五火即太阳与天堂四角的四火，这时他必须在火上摇来摇去，这一种仪式须持续三时三刻，据目睹这种仪式的英国人言半小时内该苦行人即遍体流血，于是他便被搬下来，当场气绝身死。假使这场磨难竟亦渡过，这位有志者终被活活埋葬，即以直立的姿势，站在土中，四周覆以泥壤，三小时三刻点之后，他被移出，假如一息犹存，便算是终于得到了婆罗门之精神的权力。”这又不但婆罗门教如此，在佛教里也流行着烧身供养的教育，中国佛教史中南北朝此风极流行，详见《高僧传忘身篇》《续高僧传遗身篇》中，尤以传大士拟自烧身为众生除罪事为最有名。此外如宋僧瑜在匡山坐薪龛中合掌平坐，诵药王品火焰交至犹合掌不散，宋慧益以吉贝自缠，灌油烧之，北周最有名之僧崖菩萨以布裹左右五指绕之，如是经日左手指尽，油沸将灭火，乃以右手残指挟竹挑之，以日继夕，并烧二手，眉目不动，后复烧身，身面焦坼尚在火中礼拜（详见汤用彤:《汉魏南北朝佛教史》第十九章，页八二四）。中国如此，印度更不消说。案烧身乃所以表示禅定威力即以此见宗教教育的功效，传大士之为众生除罪，和耶稣之钉死十字架其宗教的意义相同，这也可见印度之宗教教育型同时就代表一切宗教的教育型了。现在印度的教育机关如在沙巴马梯（Sabarmati）、甘地所设的真理学院，其信条尚有容忍、无畏、不私有或清贫各条，甘地底信徒不论贫富贵贱，莫不自纺自织自着，这完全和宗教的精神相合，所谓“不合作运动”“文明反抗运动”都是从这种宗教的教育型造出来的。泰戈尔（Tagore）在加尔各答创办的国际大学（初为 Brahma Vidyalaya）即从婆罗门学术机关发展而来，该校以宗教艺术的教育著名，泰戈尔要以艺术的教育来实现未来的世界和平，当然也是这种宗教的教育之最热烈的表现。

第二，哲学的教育型——以中国为代表。中国教育以人性为基础，以人格之实现为前提，对于印度之注重解脱的知识此则注重教养的知识，或本质的知识，因此教育文化特被重视。孔子以一布衣养徒三千，这种“有教无类”的精神，即是哲学的教育精神。《大学》格物致知诚意正心修身齐家治国平天下那一段话，是最有系统的教育哲学，同时也是最有系统的社会哲学。《中庸》“惟天下至诚为能尽其性，能尽其性则能尽人之性……”人性本来善的，只要自强不息发挥它底本性即所谓“能人之性”，能尽人之性便能尽物之性，凡与我同类之人无不为我人格所融化，自有一天成为大同的世界了。所谓

“弦歌之声”，所谓“移风易俗美善相乐”，无不以此哲学的教育为出发点。因为认人初生时善原是同的，所以看重自然和自由的教育，“天何言哉，四时行焉，百物生焉，天何言哉”“逝者如斯夫不舍昼夜”，这种取法自然的教育结果实含有至广至大的精神，宇宙即我我即宇宙，鸢飞鱼跃，山峙川流，教育的广阔的全景涌现眼前了。“仁远乎哉，我欲仁斯仁至矣”；学问上何等自由！“仁者乐山，知者乐水”“仁者不忧，智者不惑，勇者不惧”；精神上何等自由！“用之则行，舍之则藏”“富贵不能淫，贫贱不能移，威武不能屈”，生活上何等自由！孟子说“我固有之也，非由外铄我也”；会得这个本来自有的真我，便就是顶大的学问了。陆象山说“吾目能视，耳能听，鼻能知香臭，口能味，心能思，手足能运动，要甚存诚持诚”；杨慈湖说“吾目视耳听鼻嗅口尝，手执足运无非大道之用”；王阳明说“那能视听言动底便是性”；王东崖说“才提起一个学字，却是便要起几层意思，不知原无一物，原自见成，顺明觉自然之应而已，自朝至暮动作施为，何者非道，更要如何，便是与蛇画足”。只要认得我，认得这本性自然性便万感万应莫不是自然，依着他做去，自然是不会错了，这种教育上的自由主义，用一个简单的话来说，只是一个乐字，只是要复我自然的和畅求我本心的快活罢了。我们常闻宋明人说“寻孔颜乐处”，究竟什么是孔颜乐处呢？罗近溪说得好：

> 问孔颜乐处，罗子曰所谓乐者窃意只是快活而已，岂快活之外，复有所谓乐哉？生意活泼了无滞碍，即是圣贤之所谓乐，却是圣贤之所谓仁。……盖人之出世，本由造物之生机，故人之为生，自有天然之乐趣，故曰仁者人也。

人生本来快活，只要人们能够处处发挥本性，天机活泼无人而不自得，这便是最完满的哲学教育了。所以《论语·述而》“君子坦荡荡，小人长戚戚”；坦荡荡地何等逍遥自在，所以叫做君子，长戚戚地患得患失，只得叫做小人。又“子曰饭疏食饮水，曲肱而枕之，乐亦在其中矣，不义而富且贵，于我如浮云”。富贵只算天上的浮云，而孔子所求者乃在自我的中心和畅，乃在于“乐以忘忧”。孔子所最赞许的两个弟子也都是传这个自由主义教育的，如《雍也篇》“子曰贤哉回也，一箪食一瓢饮，在陋巷人不堪其忧，回也不改其乐”，又《先进篇》叙诸弟子侍坐言志：“点尔何如？鼓瑟希，铿尔，舍瑟而作，对曰异乎二三子者之撰，子曰何伤乎亦各言其志也。曰暮春者春服既成，冠者五六人，童子六七人，浴乎沂风乎舞雩，咏而归，夫子喟然叹曰吾与点也。”这种自由自乐的教育学说传到孟子手中更越发挥得透彻了。《尽心上》说“万物皆备于我矣，反身而诚，乐莫大焉”。这个乐不用外求，只须反省默识便得，他又想“得天下英才而教育之”，而教育的旨趣，也不过使天下自由人都能够自得。所以《离娄下》说：“君子深造之以道，欲其自得之也，自得之则居之安，居之安则资之深，资之深则取之左右逢其原，故君子欲其自得之。”这种自得的教育，以后影响于宋明儒很大，周濂溪尝教人寻孔颜乐处，所乐何事？邵康节《观物外篇》也说“学不至于乐不可谓之学”。程明道自言“自见周茂叔后，吟风弄月以归，有吾与点也之意”。陆象山也告诉我们要“内无所累，外无所累，自然自在”。他这番话不消说也是“读孟子而自得之”的了。然自我快活主义在宋代虽不失其传，而实在到了明代才能特别发挥光大，而成功了明代的教育理想。最初提倡这种思想的是陈白沙，他说“自然之乐乃真乐也，宇宙间复有何事”，“山林朝夕一也，死生常变一也，富贵贫贱威武一也，而无以动其心，是名曰自得；自得者不累于外物，不累于造次颠沛，鸢飞鱼跃其机在我”。白沙门人是胸怀洒落的，可以见他们的学风了。

然明代的教育思想虽发端于陈白沙，而实大成于王阳明，自他出来而中国式的教育型才大告成立。他在《传习录》里说："乐是心之本体，……虽则圣人别有真乐，而亦常人之所固有，但常人有之而不自知，反自求许多忧苦，自加迷弃，虽在迷弃之中而此乐又未尝不存，但一念开明，反身而诚，则即此而在矣。"这话何等明白，认这个快活是人人有的，真正的教育只要"反身而诚"就对了。龙溪心齐继之，发挥得再透彻也没有了。王龙溪说"吾人欲寻求仲尼颜子之乐，惟在求吾心之乐，欲求吾心之乐，惟以去其意必之私，荡邪消滓，复还和畅之体，便是寻乐真血脉路"，"反身而求，万物皆备，自成自道乃为大乐"。王心斋说"须见得自家一个真乐，直与天地万物为一体，然后能宰万物而主经纶，所谓乐则大，天则神"，"学者不见真乐，则安能超脱而入圣人之道"。又有《乐学歌》一首云"人心本自乐，自将私欲缚，私欲一萌时，良知还自觉，一觉便消除，人心依旧乐，乐是乐此学，学是学此乐，不乐不是学，不学不是乐，乐便然后学，学便然后乐，乐是学，学是乐，于乎！天下之乐何如此学，天下之学何如此乐"。心斋的儿子东崖把这种教育主义更发挥得穷微尽致，由此可见自然主义自由主义的乐育生活，实在就是中国传统的教育主义，中国教育的目的在乎要实现哲学的人生，中国教育的方法在实现乐的生活，这是何等家风何等滋味！这自和那仅仅提倡功利主义的科学的教育大不同了。

第三，科学的教育型——以西洋为代表。西洋近代教育兴盛，如火如荼，论其性质则皆属科学的教育型，大约按其教育制度可分为大陆派与英美派，大陆派以德法为领袖，其特点是整齐划一，英美派盛行于英美两国属地，其特点是适应各地需要，看重实验（参照钟鲁齐:《比较教育》，页三九六）。试以现代各国为例，德国国社党的教育政策，实即德国传统文化与军火资本主义混合的产物，此种教育注重体育卫生，及精神的振作，注重优生学原理，注重历史教学，如希特勒在《我的奋斗》中所说“传授德意志以处理国民之政治的事件上所必要之历史的知识”。意大利的教育注重精神训练，以提高民族的精神，注重党化教育、民族主义教育，其实即是鼓动人民与人作战。意大利所用的课本例如“一个法西斯蒂党人，不特要武装他的身手，还要武装他的头脑”；墨梭里尼说“一本书和一杆枪等于一个完全法西斯蒂的党员”；其教育制度“小学生左手执书，右手执枪”，这当然也是军火资本主义教育的反映。法国教育受社会学者涂尔干（Durkheim）的影响，倾向于社会的国家的教育。英国缺乏教育的理论家，但其实际的教育底努力，和对于教育实际问题的解决，正好算做科学的教育型的代表。美国教育的特点，在于应用科学教育方法的趋势，如一九一一年迄今各省各地的教育行政人员皆从事学校调查改良教育的方法，此外如测量法的应用、实验学校的兴起、课程编制的研究，均极发达，而其实利的教育精神尤可算作科学的教育型之一特色。最后更不能不数到苏俄的新教育，苏俄在革命前是一个教育落后的国家，但在现在则其普及教育，党化教育、生产教育、幼稚教育乃至于青年团的组织、一般文化教育的设施、高等学术的研究，教育效率之大竟出其他资本主义国家之上，而且苏俄新教育绝对平等，注重无产阶级文化，廓清文盲，绝对废除宗教教育，即在现代科学的教育型式之中，也不得不首屈一指了。

在这里教育的三类型却没有艺术的教育型，也没有一个地方来代表艺术的教育型，这不是由于忘却，实在由上所述的教育三类型都已经从各特殊的教育类型而走向艺术的教育型的。这就是说，各教育文化尽管起点不同而殊途同归，都是以艺术的教育型为其理想。试表之如下：

印度——由宗教的教育型到艺术的教育型

中国——由哲学的教育型到艺术的教育型

西洋——由科学的教育型到艺术的教育型

艺术文化是有世界性的普遍性的，同理以艺术文化为基础的艺术教育更应有其世界性的普遍性的；艺术文化之世界的特质。据十七世纪德国哲学家来布尼兹（Leibniz）在《新中国》中所云：他以中国欧洲代表东西文化，以为“比较起来各有优点，却是在工艺美术上则彼此无所轩轾”。法国路易十四对于中国的艺术深致爱慕，康熙则喜欢西洋艺术；又如黑格尔反对中国哲学而对于中国文学及艺术则赞美不置。我们现在研究东西文化交通史的，都知道十八世纪欧洲有所谓“洛可可运动”“中国园林运动”。再看清初郎世宁（Giuseppe Castiglione）等以西洋画人而能供职中国，这又可见西洋艺术对于中国之影响。至于印度艺术，因佛教东渐而移植中国，造成南北朝隋唐中国佛教美术的全盛期，这可见印度艺术对于中国的影响了。所以专就世界文化之三元来说，已可明白看出，艺术文化是互相影响的，是有世界性的。同样道理那以艺术文化为基础的艺术教育，原则上也是东方西方互相影响的，是有世界性的特质无可疑。但话虽如此，艺术文化是世界性的，同时又是特殊性的、个别性的；世界文化之三元，实即代表了三种不同的艺术文化，即印度为宗教的艺术，中国为哲学的艺术，西洋为科学的艺术。

印度文化是宗教的文化，印度的艺术，亦为雕刻那神圣的佛体或纪念宗教的灵迹，在艺术中寄寓着解脱的意味，例如“塔婆成为佛涅槃的象征，法轮表示其说教，菩提树用以代表佛之苦行成道，无忧树则表示降诞”（史岩:《东洋美术史》上卷，页一二二）等。中国文化为哲学的文化，中国的艺术，也是哲学的艺术，以表现情绪为主，结果倾于写意一方面，苏东坡诗“论画贵形似，见与儿童邻”。倪云林论画所谓“逸笔草草，聊以自娱”。这种不求形似的画境，正是哲学的艺术之最高境界，正是中国艺术所以带有文人性质的特征。西洋文化是科学的文化，西洋艺术多系由摹仿自然而来，是眼的艺术，光与色的艺术，换言之即是科学的艺术，结果是倾于写实一方面的。

印度艺术以雕刻为代表，中国艺术以文人之水墨画为代表，西洋艺术则以建筑为代表。雕刻为宗教文化的象征，图画为哲学文化的象征，建筑则为现代科学文化的象征。而人类之最伟大底综合艺术，则以音乐为理想境。然又不但艺术如此，艺术教育亦然，印度为宗教的教育型，故形成为宗教的艺术教育；中国为哲学的教育型，故形成为哲学的艺术教育；西洋为科学的教育型，故形成为科学的艺术教育。由此可见艺术教育是世界性的，同时也是特殊性的了。于是由此各特殊性的艺术教育的阶段，各走向综合的艺术的阶段，因而形成了艺术的教育型，这乃是教育史上趋势所必至；如以印度为例，在印度宗教的教育型中，实即内含着艺术的教育型。泰戈尔论《印度需要之教育》其中有云：

> 昔在印度，吾人确实据有如此宝物，以供应吾人之心态。其为物也，有生命，有思想，有感情，且能表现其本身，一面容纳外力，一面产生新力。此种心灵，在吾人之教育过程，或其目的上，能大有效用，竟为吾人近时教育制度所鄙弃。……
>
> 印度所信智慧之神，名曰辩才天（Saraswati），余知西方之人必乐闻其皮肤为白色，但更有意义之事实，则在此神有生命，属于女性，且其实坐在一莲花之上。此中之象征意义，即为神居于人生之中央与一切存在之核心，放开其本身之美丽，朝向上天之辉光。
>
> 西式教育之神，就吾人所偶然知悉者言，为缺乏人性；其皮肤亦为白色，但其白也不过教堂墙壁上粉刷之白耳；其居住之

> 所在课程之冷藏室内，与冰寒之教师心中。当余在童年，常被强而入学校，此等教育对余心之影响，余曾有文述之，余之所感者，正如树之感觉，盖树不得遂其充分之本身生活，常被砍伐戕贼，以为制作箱箧之用。

这里对于印度教育的叙述，乃是对于印度宗教教育型中接近艺术的精神而言，不然则印度的解脱的知识，亦为缺乏人性的，有何现代的价值？泰戈尔的国际大学，乃是泰戈尔艺术生命所寄托，同是也就是印度艺术教育生命所寄托，这是值得我们大书特书的。次以西洋为例，在西洋科学的教育型中，也可以看出艺术教育的模型。苏俄革命时有保护艺术的宣言，他要“一般无智无识的人民，也要赶快觉悟起来，要知道艺术是这样可爱的东西，和一切智慧的源泉”。苏俄现在全国的教育行政机关中设有艺术部，要使艺术变为社会化和民众化，要促进民众艺术的勃兴，要推广民众艺术的教育，要培养创造艺术的才能，现在实在说来，现代的音乐文学当以苏联为最有生命的价值了，这不是证明了艺术教育文化是有世界性同时又是特殊性的吗？若专就中国哲学的教育型所倾向的艺术教育而论，更不出此例。中国艺术教育固有它的特殊性，亦有它的世界性。就特殊性说，中国艺术教育为哲学型，和印度之为宗教型西洋之为科学型不同；就世界性说，中国教育是由哲学型到艺术型，和印度之由宗教型到艺术型，西洋之由科学型到艺术型，其倾向于艺术教育，可说是殊途而同归的。因为艺术文化的特质为有普遍性的、综合性的、理想性的，所以世界教育文化之三元，均可于艺术教育的文化时代凝结为一。

然则我们要问中国教育为哲学型，怎样能由哲学型到达艺术的教育时代呢？如果哲学的教育型可以到达艺术的教育型，即在此哲学的教育型中，一定孕育着艺术的教育型的母胎；而将来底艺术教育的文化时代，也一定有我们哲学的教育型之特殊的地位的。试说明之如下：

其一，中国哲学的教育型是以艺术为理想的——世界上还没有纯粹艺术本位的教育，但也没有一个教育不是以艺术型为理想的，尤其中国从哲学教育起点而倾向艺术教育。中国正统的教育家一向看重礼乐，礼是外面行为的一种节奏，乐便是内心生活的一种和谐，礼乐都有艺术的意味。礼之为礼有三说，一充实之美（《礼记·礼器》“君子之于礼也有所竭情尽慎，致其敬而诚若，有美而文而诚若”），二均衡之美（程子说“天下无一物无礼乐，且置两只椅子，方不正便乖，乖便失和”），三谐和之美（《论语》“有子曰礼之用和为贵，先王之道斯为美”）。中国社会印基础于此艺术的教育上面，子游所谓“人喜则斯陶，陶斯咏，咏斯犹，犹斯舞；愠斯戚，戚斯叹，叹斯辟，辟斯踊矣，品节斯斯之为体”（《檀弓》）。大家欢欣鼓舞，生趣盎然，这是何等一个伟大的艺术教育的理想境。所以讲到中国教育，终究含有艺术教育的意义，这个道理宋陈旸，明李之藻、朱载堉，清俞理初等根据《周礼》《礼记》等书，讲得很详尽，试举其说为证：

【陈旸《乐书》】卷八曰夔教胄子，必始于乐，孔子语乐之序，则成于乐，述志道之序则终于游艺，岂非乐与艺固学者之终始欤，又卷四十曰古者教人之法，未尝不始终以乐，文王世子曰三王之教世子必以礼乐，孔子曰成于乐，则乐者同教之始终欤。又卷六曰乐以声音为始，以舞为成，教人必期成人而后已，此所以必先舞也，夔教胄子，大司乐教国子必先乐者，仁言不如仁声之入人深故也，始学者必由乐以立乎礼。

【李之藻《頖宫礼乐疏》】卷八曰嗟乎！先王之教所以必从事于舞者何也？人生而成童，血气筋骨渐以充实而愤盈，其嬉笑跳跃动于手足舞蹈之间，如熊经鹤舞，狮获猿腾，机自有所不容遏，禁之郁，纵之荡，圣人因而导之曰来！吾教尔舞，进而示之以盘躄顾盼之容，束之以俯仰进退之节，而又钟鼓悦其耳，羽旌快其目，而习之者亦相率而以为便，不自知其困于节，范于正，而幼志之潜消也。故曰听雅颂之声，志意得广焉，执其干戚，习其俯仰诎信，容貌得庄焉，行其缀兆，要其节奏，行列得正焉，进退得齐焉。古者之教，洒扫应对以禁傲，诗书羽籥以致和，若夫动而有节则莫舞若矣，固以动阳气导万物，由瞽宗之礼乐，而成之以东序之舞，则圣人之教可想也！

【李光地《古乐经传》】卷五曰诗书礼乐即四术四教也，春秋寒燠之中宜于歌舞，冬夏寒暑之极可以咏诵而已。

【俞正燮《癸巳存稿》】卷四曰虞命教胄子，止属典乐，周成均之教，大司成小司成乐胥皆主乐，周官大司乐乐师大胥小胥皆主学……古人背文为诵，冬读书为春诵夏弦地，亦读乐书。《周语·召穆公》云瞍赋矇诵，瞽史教诲，《檀弓》云大功废学，大功诵。……通检三代以上，书乐以外无所谓学，内则学义，亦止如此。汉人所作王制学记，亦止如此。

【龚元玠《周礼客难》】成均之法以大司乐掌之何也？曰古者师之教，弟子之学，惟乐之功用最神，故师保二氏所养，大比所宾，邦国所贡，必受学于大司乐，其所以优游涵养，鼓舞动荡，深入人心，有非人力所能兴者矣。舜教胄子以夔，周教国子以大司成，其揆一也。西汉博士隶太常，有成周遗意，而先王之乐已亡，后世更分大司成太常为二职，学与乐全不相关，教学遂俱不如舌，此又古今学政人材升降一大限也。

【朱载堉《律吕精义》】卷十八曰孔门礼乐之教，自兴于诗始。《论语》曰取瑟而歌，又曰子于是日哭则不歌，其非病非哭之日，盖无日不弦不歌，由是观之，弦歌乃素日常事，所谓不可斯须去身信矣。至若子游子路曾皙之强，皆以弦歌相尚，伯鱼未为周南召南，则以面墙之喻规之，其谆谆诱以诗乐而无间也。又卷十九曰咏歌之不足，不知手之舞之足之蹈之，盖乐心内发，感物而动，不觉手足自运，欢之至也，此舞之所由起也。……有乐而无舞，似瞽者知音而不能见，有舞而无乐，如痖者会意而不能言；乐舞分节谓之中和，致中和天地位焉万物育焉，必使观者听者感发其善心，惩创其逸志，而各得其性情之正，至于不取雏禽，不杀孕兽，是以胎生者不殰，卵生者不殈，夫然后凤凰来仪而百兽率舞，斯则学之效也。

因为注重哲学的艺术教育，所以主张人生也是艺术的人生。

【《论语·述而》】依于仁，游于艺。程石开注云游者终身涵泳于艺中，如鱼之在水而不可斯须离也。

【又《宪问》】冉求之艺，文之以礼乐，亦可以成人矣。

又《祭统》燕处则听雅颂之音，行步则有环佩之声，升车则有鸾和之音，把全部的人生都涵泳于艺术的环境当中，真是何等滋味！科学是艺术的科学。

【《史记·律书》】制事立法，物度轨则，一禀于六律，六律为万事根本焉。索隐曰夫推历生律，制器，规圆矩方，权重衡平，准绳嘉量，探赜索隐，钩深致远莫不用焉，是万事之根本也。甚至于政治也是艺术的政治。

【《周礼》】春官大司乐以六律六同五声八音六舞，大合乐以和邦国以谐万民。地官大司徒以乐礼教和则民不乖，《礼记·乐记》曰声音之道与政通，又曰审乐以知政而治道备矣。

经济也是艺术的经济。

汉河间献王著《乐元语》，是一部音乐书，但其目的，却在于市无二贾。其言曰："立五均则市无二贾，四民常均，强者不得困弱，富者不得要贫。"这就可见中国文化虽以哲学的教育为本位，而这种哲学的教育，却是以艺术的教育型为其最大理想的。

其二，中国哲学的教育型是以和谐的艺术为理想的——世界没有一种艺术教育不具有他的特殊性的，此种特殊性即附属于其特殊文化的本身。中国文化为哲学的文化，即是谐和的文化，辩证法底对立融合法则的文化。据清代一位汉学家的考据，《易经》中讲中之数有六十二次，中庸则专言中（钱辛楣《潜研室集·中庸说》），中即“谐和”，实即中国文化的特质，这种特质表现在教育上面也就形成了中国艺术教育的特殊性。以音乐为例，《国语·周语下伶州鸠》云“古之神瞽考中声而量之以制”（谓合中和之声而量度之以制乐也），《左传·昭元年秦医和》云“先王之乐所以节百事也，故有五节（五声之节）迟速本末以相及，中声以降，五降之后，不容弹矣，于是有烦手淫声，慆堙心耳乃忘中和，君子弗听也”，《说苑·修文篇》孔子说“先王之制音也，奏中声，为中节，流入于南，不归于北”，《吕氏春秋·适音篇》说“太巨太清，太小太浊，皆非适也，何谓适？衷音之适也，何谓衷？大不出钧重不过石，小大轻重之衷，黄钟之宫，音之本也，清浊之衷也”。把谐和的中声看作音乐的根本，这种思想，从古代以至近代，如宋陈旸（《乐书》卷一百五十一）、朱子蔡元定（《律吕新书》）、明李之藻（《頖宫礼乐疏》卷七）、朱载堉（《律吕精义》）、葛中选（《泰律》卷六中声分）、清应撝谦（《古乐书》十二）、李光地（《古乐经传》卷四）、乾隆（《律吕正义后编》卷一百十八中声）、江永（《律吕阐微》卷七）、胡彦昇（《乐律表征》卷三）、徐养源（《律吕臆说·相生说上》）、程瑶田（《琴音记续编》）、方成培（《词尘》卷三论中声）、陈沣（《声律通考》卷九），虽然他们对于中声的解释不同，却都认音乐为谐和的性质拿来美教化移风俗的。知道中国的音乐是一种谐和静定的“德音”，便可推知中国所有的艺术，都只是哲学的艺术，所有术艺的教育，都只是哲学的艺术教育。哲学的艺术教育在哲学文化的中国，造成了艺术的或文化的人生理想，由于哲学的艺术教育使人情感调和得中，能够“乐而不淫，哀而不伤”（《论语·八佾》）；使人们的内心生活，更能温柔敦厚，没有斯须不和不乐的地步。不但如此，哲学的艺术教育即在第四时期艺术的世纪，它更能涵养人心，使大同社会充满歌咏欢乐的声音，如暴慢粗鄙，邪秽渣滓，都全然冰解冻释，使全社会的男男女女都如腾空飞鸟一样地快活。

总结起来，艺术的文化型是世界性的，所以世界教育文化之三元，如印度、欧洲、中国均以艺术的教育文化为其理想。复次艺术的教育型是有特殊性的，所以世界教育文化的三元，实即代表了三种特殊的艺术的教育文化：印度代表宗教的艺术教育，西洋代表科学的艺术教育，而中国则为哲学的艺术教育之适例，现在我们所能作的即是从独特之哲学的教育通过科学教育，而走向艺术底教育的阶段，即以艺术教育的文化时代为各独特教育文化的理想境；这艺术教育的文化时代，不是和我们孔子所理想的大同世界，是一样庄严华丽吗？

以上述教育文化之四类型竟。

（三）

教育文化从横的方面观察，是教育文化的四类型，从纵的方面来观察，就是教育文化的四个阶段了。这就是说，教育文化的发展，是从第一时期宗教的教育阶段，进至第二时期哲学的教育阶段，第三时期科学的教育阶段，再进至第四时期艺术的教育阶段。这种一部人类教育文化的发展史，我以为最好是就世界教育而言，因为在社会生活上只有教育（也仅只有教育）才是世界文化全体的事业，而印度、中国、西洋均为世界文化全体的一部分，换言之即为教育文化发展史的一部分；真正“教育的教育”，无疑即为各一部分教育文化的综合体，同样而真正教育的教育史，也无疑即为此各一部分的教育文化史的综合体。因此所以在我讲到教育文化史的发展史时，乃不得不别开生面，以综合世界各部分的教育文化史为其对象，换言之即以综合那印度、中国、西洋各一部分的教育文化史，以成为整个的教育文化的通史，由于这种特殊的研究法，所以这里所述教育文化的发展史，乃呈异样的色彩。我将全部教育通史分为四个时期。第一时期以印度代表宗教的教育时期，第二时期以中国代表哲学的教育时期，第三时期以西洋代表科学的教育时期，这么一来，印度、中国、西洋从古到今，人类所以承承代代底教育文化现象，便合拢来成一条直线，使我们可以见得教育文化在各时代各地方所发生的一种继续不断的发展状况。我以为这种应用去说明社会文化之第四类型之教育史，实在再恰当也没有了，依这样研究所得的结果，则人类过去教育文化的发展，可以分做三个时期，即：神庙教育时代，书院教育时代，学校教育时代，试以次述之。

第一，神庙教育时代　古代神庙和教育的关系，Wells《世界史纲》中述之甚详（第十七章“神庙星僧侣与国王”汉译本，页147—155），兹节录其说，以代说明。“当吾人注意埃及美索不达米亚诸地，人类开始集合时，则见所有诸城，皆有一庙或数庙。有时王家宫殿往往建筑于庙宇之旁，而庙宇之塔顶尚高出于宫殿之上，腓尼基希腊罗马诸城亦然，诺萨斯王宫建筑极华丽，城中亦有庙宇，爱琴沿海诸地皆设神龛，但在克利地庙宇，亦有远离宫殿而独立者。古代开化世界，盖皆有神庙者，远古文化所至之地，如非欧或西亚诸地皆有庙宇，文明最古之区，如埃及苏马连者庙宇更多，汉诺至其所谓非洲极西地时，建庙以供赫邱利（Hercules），历史上文明与神庙同时发生，二物相属，城市之开始为历史上之神庙时代。”可注意的就是这神庙时代，同时即是宗教的教育时代。神庙中居住有多数男女僧侣仆役，这些僧侣职司供祭，同时亦为当时唯一的智识阶级，兼有教育权，因为这时庙寺实为一切知识中心，所有记载文件，俱存庙中，文字也在这里开始，这就是造成庙宇教育的原因。Wells述及僧侣及学问初期，谓如巴比伦埃及庙寺皆有一个普通特征，即方向有定，神像不向日即向星，僧侣以事神为生涯，大概均持诸大星的运行和神座的势力有关之说，因此颇知潜心于星象之学探讨天文，可见古代庙寺，实有知识活动的证据。他以为“近代著者，每蔑视僧侣以为若辈利用人民心思之简单而欺弄之，实则当时能书能读能学能思者，惟僧侣而已。其人一身兼各种职务，若无僧侣将无知识之生活，将无法可以接近文字与知识矣。古代庙宇，不独为观象台、图书馆、病院、亦且为博物院藏珍库也，汉诺之游船悬于迦太基一庙中。其收获人猿之皮，则又藏别一庙中，盖社会上有永久价值之物，皆储藏于此。古希腊史家希罗多德其史料大率取诸旅次所遇之僧侣口中，且彼显然受若辈之优遇，而得丰富之材料。庙宇以外之普通人民，仍不识字，生活安于故常，未尝思索，且常人并不疑僧侣之相欺，其信仰及倚赖之心理未尝稍减，即如后世之霸主，亦多左袒僧侣，足见其势力之大也”。知道古代教育史上僧侣所占地位的重要，便知第一时期的教育文化，为什么就是以僧侣为中心底神庙教育时代了。就中尤以印度的庙宇教育，最为特色，印度为世界无比的宗教国，有特殊的僧侣阶级，即婆罗门，专司天启的祭典，兼教育权，由于《梨俱吠陀》及《夜柔吠陀》中所载天启底祭典的发达，便知庙宇制度的发达。庙宇便是印度各宗教教育的场所。Hegel《历史哲学》（页二三八）中记在孟加拉湾上的奥理萨（Olissa）地方，著名的扎格尔那特（Juggernaut）庙中，一次宗教胜会，来集的印度人为数亿万，“毗湿纽之像高供于一辆车里，约五百人推车而行，有许多人自杀于车轮之前，碾成片段”；这里描写毗湿纽派的神庙情形，亦可见其一斑。印度无论何宗派均建造神庙，至今尚存许多婆罗门神庙、佛庙、耆那庙、伊斯兰寺庙不少，尤以佛教的庙宇教育，如以极盛时代的那兰陀寺为例“僧徒主客，常有万人，寺内讲座，日百余所”，真是闻所未有的了。据玄奘法师《大唐西域记》上所载：

……那兰陀寺，主客万僧，那兰陀寺者，此云施无厌寺……是如来昔行菩萨道时为大国王建都此地，怜愍孤穷，常行惠舍，物念其恩，故号其处为施无厌地也。……佛于此三月说法，商人多有证果，佛涅槃后，此国先王铄迦罗阿迭，多敬恋佛，故造此伽蓝……如是六帝相承，各加营造，又以砖叠其外，合为一寺，都建一门，庭序别门，中分八院，宝台星列，琼楼岳峙，观竦烟中，飞霞上，生风云于户牖，交明月于轩檐；加以漾水逶迤，青莲菡萏，羯尼华树，晖焕其间，淹没罗林森疏其外，诸院僧室皆有四，重重阁，虬栋虹梁，绿栌朱柱，雕楹镂槛，玉础文棍，甍接摇晖，榱连绳彩，印度伽蓝，数乃千万，壮丽崇高，此为其极。僧徒主客，常有万人，并学大乘，兼十八部，爰至《俗典》《吠陀》等书，因明声明医方术数，亦诸研集。凡解经论二十部者一千余人，三十部者五百余人，五十部者并法师十人，惟戒贤法师一切穷览，德秀年耆，为众宗匠。寺内讲座，日百余所，学徒修习，无弃寸阴，德众所居，自然严肃，建立以来七百余载，未有一人犯讥过者，国王钦重，舍百余邑，充其供养，邑二百户，日进粳米酥乳数百石，由是学人端拱无求，而四事自足，艺业成就，斯其力矣。

我们知道这那兰陀寺为玄奘大师求法之处，他曾留此十五年从戒贤法师，精究佛法，这寺近来才从土中掘出一个遗址，可是已经埋没土中几百年了。（见谭云山:《印度周游记》，页72—73）印度古代类此讲学的处所一定很多，《西域记》云“至室伐罗悉底国，周六十余里，伽蓝数百，僧徒数千，并学正量部……城南有逝多林即给孤独园也，昔为伽蓝，今已颓毁，东门左右，各建石柱，高七十余尺，无忧王所立……伽蓝东七十余步有精舍，伽蓝高大，中有佛像东面坐，如来昔共外道论处”。这还可以看“一时佛在舍卫国只树给孤独园与大比丘众千二百五人俱”长住说法的情况。又佛初转法轮处，据《西域记》云“鹿野伽蓝，台观连云，长廊四合，僧长一千五百人，学小乘正量部，大院内有精舍，高百余尺，石阶砖龛，层级百数，皆隐起黄金佛像”；现今撒纳兹（Sarnath）地方虽已不见古迹，而当时佛寺之教育发达，却于此窥其大概。这种庙宇教育以后也影响到中国，南北朝时奉佛者常喜造像立寺，于寺中常开法会，因之僧人寺庙数目，代有增加，《魏书·释老志·任城王澄奏疏》中云“今之僧寺无处不有，或比满城邑之中，或连溢屠沽之肆，或三五少僧共为一寺，梵唱屠音，连檐接响”。唐杜牧诗云“南朝四百八十寺”，在这庙宇兴盛的时候，庙宇即是佛法的传播机关，《高僧传》“释道安住受都寺，徒众数百”“释法遇止江宁长沙寺，讲说众经，受业者四百余人”“支遁于沃州小岭，立寺行道，僧众百余常随禀学”，如是等例可见庙宇的教育原来就是宗教的教育，就西洋而论，中世纪初期圣本泥狄克特（St. Benedict）和卡息奥多利（Cassiodorus）的僧院组织，对于教育和研究均有极大贡献，这一派显然为当时教育衰败、学问及古书丧亡之普遍现象所感动，因而努力传播文化，于黑暗世界之中而有庙宇教育之一线光明，这都不能不说是可以代表教育文化之第一时期底宗教的教育思潮了。

第二，书院教育时代　如以庙宇代表宗教的教育时期，则书院当可代表哲学的教育时期。书院制度创自中国，其时间恰在庙宇教育盛极而衰的时候，案《益闻总录》（卷中）“书院之始，起于唐玄宗，时有丽正书院集贤书院”（页四〇，青照堂本），《唐六典》“开元十三年改集贤殿修书所为集贤殿书院”；此即书院一名所自始。宋元以后乃大发达，成为中国特殊的教育制度，因为人类教育文化的第二时期，本以哲学的教育为主，而中国正是此种教育型的代表。中国教育自古注重自由讲学，唐虞之学名庠，以耆老和宿学所在，转成为最高学府。周代王朝掌教育之官，如师氏保氏乐师乃至大司乐，大胥小胥诸子，观其所教，均不出德行道艺一类。《周官·太宰》“师以贤得民，儒以道得民”，所讲所学，也都是圣贤之道（柳诒征:《中国文化史》页八八、一九二、二四七）。及至官师学术分裂成为私家之学，九流十家可见先秦之言论自由。汉代特重学术，于天下郡国皆立学校，而个人私家传授更为古所未有，家居教授者，其弟子之多，常有千余数千人，乃至于一万六千人（同上，页三九七—三九八）。魏晋虽清谈之风，一唱百和，然而聚徒讲经的，南北史所载，听者常数百人，千余人不等（同上，页四六八—四六九）。至讲学方法，亦有可考。唐代创立书院，于是哲学一线学脉，乃有更大的发展，宋代在濂洛未出之时，“睢阳戚氏在宋，泰山孙氏在齐，安定胡氏在吴，相与讲明正学，自拔于尘俗之中”（全祖望:《庆历五先生书院记》）；然则他们在书院里所讲何学，据全祖望说，知道“其教多以明心为言，盖有见于当时学者，陷溺功利，沉锢词章，极重难返之势，必以提醒为主”（《城南书院记》），这实在就是宋代理学的渊源（参看陈钟凡:《两宋思想述评》，页18—37）。宋初四大书院是白鹿、岳麓、应天、嵩阳，此外则衡州石鼓书院，南宋时书院更为发达，绩通考所举不计“其他名贤戾止士大夫讲学之所自为建置者”已有二十一所。宋时书院有官立的如白鹿、岳麓等是，有私立的如泰山书院、浮沚书院等是，有由私立改为官立的如应天书院是，这些书院规模大小不必相同，如白鹿书院不过小屋五间，杜洲书院则有礼殿，有讲堂，学生膏火有由于田租者，有由于官费者，讲学的方法或官吏延师，或主者自教，或别请大儒，或代以高弟弟子，原无一定的规则。元代书院比前更发达了，《元史·选举志·至元二十八年令》凡“先儒过化之地，名贤经行之所，与好事之家出钱粟赡学者，并立为书院”。书院有名的据《续通考》有一百之数，观其书院之多，可见社会自由讲学的风气是如何之发达。明代书院初颇衰颓，但从士大夫提倡讲学之后，书院又大兴盛，王阳明讲学地方有龙岗书院、贵阳书院、濂溪书院、稽山书院、敷文书院；邹守益之复古书院，湛甘泉之白沙书院，均含有学派的色彩。嘉靖时许赞、游居敬先后请毁书院，然方一面撤毁，而一方仍然建设，可见哲学的教育风气，已形成为社会势力（柳诒徵:《中国文化史》，页249）。至于阳明弟子如王龙溪钱绪山等之提倡讲会，虽似脱离书院性质，而近于社会演讲，简直可说就是哲学教育的普及化了。清代学校代兴，而清初各地书院，仍在讲学，如李二曲在关中书院、颜习斋在漳南书院等是。雍正中直省皆建书院，已不主讲学，以考试帖括为事。其后如阮元创诂经精舍及学海堂，黄体芳建南菁书院，以及俞樾、刘熙载、朱一新等之掌教各书院，所注重的虽渐倾向于经史词章，而哲学一线学脉，尚未断绝。及至李鸿章时，就上海敬业书院地址建广方言馆，一方面则有马建忠提议设立翻译书院，未见实行，于是书院的教育制度乃告一结束，而书院的教育时代也自然而然为学校的教育时代所代替，这就是教育文化发展之第三时期：科学的教育时期了。

第三，学校教育时代　近代意义之学校教育实以西洋的教育史为代表。但即就西洋的学校教育史言，也可以分为三个时期，即：宗教的学校教育，哲学的学校教育，科学的学校教育。从古代以至第十五世纪中叶可算宗教的学校教育时代，从文艺复兴以迄十八世纪末叶可算哲学的学校教育时代，十九世纪以后可算科学的学校教育时代。在宗教的学校教育时代所注重的是宗教的、军事的和形式的教育，如希腊在古典时代重视军事训练，设立体操学校和高等体操学校，崇奉武神赫尔美司（Hermes），又设音乐学校为广义的文化教育所，斯巴达这时向无正式学校，但其教育理想则在造成军国主义式的战士，希腊民族时代设立修辞学校以教授文法修辞，设哲学学校以教哲学，以后雅典大学即这些学校集为一所而成的，还有亚历山大利亚所设大学，简直和现代大学相似，这可算大学的起源了（《西洋教育通史》，页三一）。罗马在纪元前四五〇年间似已有私立学校，以为家庭教育补助的机关，纪元前三世纪设立文法学校，高等学校则于文法及修辞外更增入哲学法律（页五六）。中世纪前半期设立僧庵学校（Monastic Schools）兼收俗人，实施宗教教育，又设问答学校，也是以宗教生活之准备为目的。此外尚有监督学校，为主教驻在地所设的学校，村落学校设于教会所属各牧师驻在的村落（页七一—七四）。中世纪后半期学校勃兴，有所谓拉丁学校公众学校者为上流子弟而设，又基尔特学校等为手工业子弟而设。此时最可注意的是大学的兴起，最古者为意大利萨拉尔诺大学（Salerno University）、波隆那大学（Bologna University），尤以法国巴黎大学为中世纪神学最著名的大学，十二世纪以后，英国始有牛津（Oxford）、剑桥（Cambridge）大学，十四世纪德国有普拉额（Flag）、哈德堡（Heidelberg）、哥伦（Koln）、欧佛（Erfurt）等大学，至十六世纪有大学约八十所，这大学教育的发达，实即哲学的学校教育的发达，于是而宗教学校教育也一转而入于第二分期之哲学的学校教育时期了。第二分期开始于文艺复兴，最初受文艺复兴的影响的，就是大学教育，从前中世纪大学特重神学，今则此种学科，已不被重视，而特重诗歌与雄辩；意大利大学最初根本轻视哲学，其后一变，竟至学习柏拉图的哲学，其在中等学校方面，有所谓王侯学校等，亦一转而具反中世纪主义的人文教育的色彩（页116—117）。宗教改革时期，许多僧庵学校停办，其财产拨归大学，因此大学教育方针更变为人文主义的，“大学既经改革，其结果是哲学的正教授多至十人以上，人文主义的学科非常扩张”（页一五五）；当时学科规定文科生以辩证法与哲学为主，可见其倾向所在了（页一五六）。夸美纽司（Comenius）也在此时规定学校为四段制：保姆学校——国语学校——拉丁学校——大学，其思想大概是属于近代的进步的。十八世纪教育思想发达，在实际方面则有如国民教育的勃兴，和教育制度的发达（页222—226），当时法国中等教育全部在耶稣会一派教育家手里，此派视新教育为敌，颇带反动色彩，因此大学方面群起反对，无论教授学生均不收受此派中人（页168），这也可见此时教育底自由革命的精神（页208）。还有巴西多（Basedow）在德国所设的泛爱学校，也是值得我们纪念的，过此就是第三分期了。第三分期为科学的学校教育时期，即当十九世纪时期，就德国言，初等教育中等教育乃至大学制度，均已全部规定改正，其教育更成为现代的、国民的，实业教育也逐渐发达，经凯欣斯泰奈（Kerschensteiner）等的提倡，实业补习学校非常发达，女子教育方面也有女子高等预备校的设立，以为大学入学资格的准备，这是很值得注意的。就法国言，也于此时确立了小学中学及大学的大学基础。就英国言，中学和大学从前注重古典的，此时始注重近世语与自然科学，此外尚有女子大学的兴起。就美国言，公立学校主义，普及于大中小学校方面，大学制度颇为完备，如以私立哥仑比亚（Columbia U.）为例，即有大学本部与专门部在College上，设有哲学科大学、政治科大学、理科大学、法科大学、医科大学、矿科大学、工科大学、新闻科大学、工艺科大学、教育科大学等，这可以说是十九世纪科学教育之极端的发达了（同上，页 345—350）。二十世纪法、英、美的学校教育均有显著的进步，尤以美国对于小学教育之实验的研究，与种种新教学法的改良，很值得注意；然我们尤不应忘却苏俄的新教育，乃为学校教育的最高峰，苏俄教育乃是革命教育，苏俄的学校乃是革命的学校，其教育部曾宣布其教育宗旨，是“吾人的学校所欲养成之目的的人物，是为快活、健康、耐于劳动且有团体生活的习惯，了解自己在自然与社会上的地位，并知如何始适于时势的推进，为社会所需的成员，为劳动阶级的理想之坚决的拥护者，及共产社会之有力的建设者”（页 446—448）。根据这个原理，苏俄所设立的新学校系统，乃从资本主义国家的学校系统里分离出来，苏俄教育从托儿所幼稚园，废除文盲学校，统一劳工学校、职业学校、艺徒学校、青年农民学校、工艺学校、政治学校、共党大学，乃至大学及高等学校研究所及其他专科，这种完整的革命的科学的教育体系，完整的儿童、青年及成人教育制度，在第三时期科学的教育史里面，可算是最新颖的了。

由上所述人类教育文化发展史的三时期，即从神庙教育时代进至书院教育时代，更进至学校教育时代，这不但足以表明人类教育文化的进化，实在更可表明人类社会文化乃至知识文化之全部的进化过程，如“神庙”不但为教育史第一时期的标帜，且为人类文化之宗教期的标帜；“书院”不但为教育史第二时期的标帜，且为人类文化之哲学时期的标帜；“学校”不但为教育史第三时期的标帜，且为人类文化之科学时期的标帜。但是我们将来教育之第四时期，也就是人类文化之艺术时期，应该是用什么来做这个时代底新标帜呢？将来教育的世界即是艺术的世界，也就是爱的世界，我以为将来“爱的世界”，就是我们理想底文化时期的标帜。

第八章　未来之文化社会

（一）

知识文化类型学，把知识文化分为宗教、哲学、科学、艺术，上述的顺序同时说明了知识文化价值的上升。同样社会文化类型学，把社会文化分为政治、法律、经济、教育，上述的顺序，同时也说明了社会文化价值的上升。如专就社会文化价值而言，一种社会文化总是一种力学的机构，然而政治所代表的是“权力”，法律所代表的是“规范力”，经济所代表的是“生产力”，教育所代表的是“爱力”，这其间已可看出在文化类型的进展中，权力性格的减少和爱力性格的增加。如果我们相信社会进化的话，则这种文化类型的进化，便是社会进化的根本原因。如就政治言，老式的政治完全基础于“权力”的“权力”上面（这是和现代基础于“生产力”的“权力”有些不同），其原理总不外乎“命令”“强制”和“威吓”三种，因此政治的自由，多数流为治者虐待的自由，所谓帝国也好，军国也好，论到任务只是保护统治阶级维持专政手段，察他发达历史，也不过是从霸道结合而成；若从政治发生下来的罪恶讲，最明显地如战争制度，不管是胜是败，结果总是弄得百姓受束缚，负重税，所以老式底政治的组织，在将来社会必须完全推翻，而代替以自由协合的社会，即艺术的教育的政治。然亦可见政治之本质类型，在社会文化中实为原始的或较“野蛮”的社会状态了。进之法律的文化类型，则已渐从权力的体系解放出来，它是一种习俗的生活秩序的成文文化，它代表一种外的规范精神，它固须依靠权力，但这种权力，实依据于契约上的同意，这是法律和政治的分歧点，同时也可见法律之本质的类型在社会文化中实为权力性格减少，和爱力性格增加之第一例子，也就可说就是“半文明”的社会形态了。再进至经济的文化类型，如 Max Weber 所说“就此字之本来意义而言，则所谓经济者仅为处分力之和平的施用，此项处分力原以经济为目标”，Comte 分别军事生活与产业生活，Spencer 分军事型社会与产业型社会，皆承认经济社会为和平社会，固然经济社会也不免剥削的型式，如 Russell 把私有财产制度和工佣制度，认为一对吃人的怪物，然经济乃是社会的战术，如孙中山先生所云帝国主义者的经济侵略，非有知识人是看不到的，而且经济社会在另一方面来看，实足造成工农群众的力量，使社会中个人及团体均享有一切自由和权利，这就可见经济之本质类型，在社会文化中实为权力性格再减少和爱力性格再增加之第二例子，也就可说就是“文明”的社会形态了。再进为教育的文化类型，它的本身就是“爱力”，就是生命，如文化教育学者所云教育的活动，乃是全人格的生命全体的活动，这可算最高最好的理想社会型，如以经济为文明的社会形态，则此教育正是从文明再进新文化的阶段。社会文化的累积，到经济时代虽未登峰造极，实际已为文化最高价值的艺术世界、教育世界开出一条路径；我们可以说，真正的社会文化价值，不是政治，不是法律，不是经济，而在于将来之教育文化价值的完全实现。

教育的文化价值，就是“爱”，而其知识原型：艺术的文化价值就是“美”。爱与美的交织，造成未来的文化社会，未来的文化社会是艺术家的时代，同时也是教育家的时代。这种文化社会实现之下是什么景象呢？我最好引《礼运·大同》为证：

大道之行也，天下为公，选贤与能，讲信修睦。故人不独亲其亲，不独子其子，使老有所终，壮有所用，幼有所长，鳏寡孤独废疾者皆有所养，男有分，女有归。货恶其弃于地也不必藏诸己，力恶其不出于身也不必为己。是故谋闭而不兴，盗窃乱贼而不作，故外户而不闭，是谓大同。

未来社会的美善，在我们心目中已经有一个缩影了，在这艺术美世界之下，天下如一，阶级是没有了，种界也没有了，全人类之间欢欣鼓舞，生趣盎然，各尽所能各取所需，全世界的人类都联合起来，组织一个亲爱真诚的大团体，一个广大平和的劳动大家庭。所谓“人不独亲其亲，不独子其子”，这是何等的一个爱的世界。然而这爱的世界并不是没有政治、法律、经济的，这时政治是爱和美的政治，法律是爱和美的法律，经济是爱和美的经济，社会全体文化都要以万人的安乐为宗旨，而且是为着人类生命的根本精神，而要求万人的安乐的，这是何等的一个“美善相乐”的文化社会呀！问题所在，我们怎样实现这理想的社会，依我意思，这理想社会乃是艺术的社会、教育的社会，然而艺术的社会只有用艺术的方法得到，教育的社会只有用教育的方法得到。因此一切政治的暴力，总要避免才好，不要战争，不要流血革命，我们只要不断地为爱而追求文化价值，为爱而争取文化生命，这就是真正的教育。因为教育就是爱，爱的本身便有无穷的感动一切的力量，爱是美的工夫，美是爱的本体，理想的艺术世界只有爱可以达到的，因此而未来的文化社会的建设，总括一句，只有听凭艺术教育的功效了。

（二）

固然，现在还未达到光明的时代，还是经济支配一切的时代，然而如雪莱（Shelley）所说“冬天到了，春天还会远吗？”我们未来的文化社会，乃是自由的世界、艺术的世界，我们现实的文化社会乃是必然的世界、科学的世界；然而人类社会所向的目标，即是脱离必然的世界走向自由的世界。只有到了自由的世界，我们才能够说，到达了文化之所以成为文化的“文化时代”，我们才能够说真正文化的生活代替了野蛮的生活，诗人们艺术家们乃至社会主义的信徒们，几乎同声一致地歌唱着一个自由的世界：

> ……自觉的和系统的组织代替了社会生产的无政府状态，个人的生存斗争停止了，只有到那时候，才能够说，在某种意义之下人类才确定地脱离兽性的生活。只有到那时候，真正人的生活才代替兽的生活。生活条件以前是支配人类的，那时候将受人类的支配，人类成为支配自己社会组织的主人，同时也就第一次成为支配自然界的真正的和自觉的主人。人类社会行为的规律，以前像外来的，无情的自然界规律一样支配人类，以后，人类将完全认识这些规律的因果而使用这些规律，因此就支配这些规律。人类组织成社会的形式，以前是受自然界和历史决定的，那时将是人类自由创意的行为，以前支配历史的客观力量，那时就受人类的支配。只有从那时起，人类才完全自觉地自己创造自己的历史，而人类所种的社会因，才能逐渐正确地产生人类所期望的社会果，人类终能脱离必然的世界，而进入自由的世界。（《宗教、哲学、社会主义》汉译本，页136—137）

好个“真正的人的生活”！不就是大同世界吗？所以大同世界不是什么理想，乃是基于文化社会的历史的经验，证明为自然不可避免的事实，是必能实现的。而且这个自由的世界，无疑即是艺术的世界，这时人们的劳动就是艺术，如 Bukharin 所说似的："人们照统计局计制去做工，亦如乐员随着队长的指挥杖去奏乐一样。"这不是和孔子所理想的大同世界，是一样庄严华丽的吗？社会主义者因为"在积极方面，他却是建设于互助情义共同生活和四海皆兄弟的原理上面"（这是 Penty 的评语），所以很能看到这一个未来的文化社会，然而未来的文化社会的到达，在西方也许多少消极革命的方法是必要的，在东方则必须完全应用积极的方法，只有教育革命才能到达教育的世界。教育的爱可以创造一切，可以感动一切，一切的矛盾一切的斗争，都在"爱"里面融化为一了。人类历史的最新世纪，应该是爱的美的世纪；就是教育爱和艺术美完全充分发挥的新世纪。我们不相信这个未来的文化社会，不能从人类生命深处得其共鸣共感的行为方法，尤其是东方人恬淡好静的精神，更无须乎相争相杀，只要用教育方法相信相爱，就可以到达大同的世界了。

（三）

但在这里我们便须给予自己以一个新的社会信仰，我们知道凡是参加各种文化运动的人们，在他们心目中，对于行动都有着确保其主义胜利底形象的描出，这就是工团主义哲学家苏鲁（Sorel）所称为"社会的神话（les mythes）"。如工团主义的总罢工、克鲁泡特金的面包掠取都是神话。神话不但存在于原始社会，依 Sorel 看来，世界历史之一切革命时代，例如原始基督教、宗教改革、法国革命、马志尼主义者的行动，在那里都可看出各自的神话；这些时代里，我们很容易看出他们常常依于种种的社会的神话。他说"旧教徒虽在极端困难的锻炼之下，还没有丧失其勇气，这是因为他们想象着教会的历史，乃是恶魔与基督教所支持着的阶级制度之间所行的不断战争，虽发生如何困难，这个战争乃一个插话，其结果旧教是终归胜利的”。因此他们就把生命牺牲了。又如罗马人“忍受着可怕的不平等，且为着征服世界，愿意受着多大的劳苦”。不消说这些神话各个时代是不相同的，“基督教各共和国的市民、罗马的军团兵、自由战争的兵士、文艺复兴期的艺术家们，他们并不是诉之于同一形象的体系的光荣”。神话是按着历史而以不同的形态出现的，由他看来，现时的神话就是工团主义的总盟工，但这样神话，却不得和空想混同。Sorel受着Bergson影响，不相信未来的命运可以预测，因此对于未来的斗争及废止资本主义的手段的种种过程，都不是空想所可预知的，但为着准备突入于决定的斗争起见，不得不唤起人民大众的活动、感情及思想，所以社会的新神话，决不是未来社会构图之死的事物的描写，这乃是意志的表现，使所有集团的信念归于一致，以运动的口号作他们信念的表现罢了。神话引导我们以一个理想，使我们能够去做一种超过寻常的事情，所以它是不能分析的、超理性的，它是历史的一种力量、行为的指南针；它并不管在现实能够实现与否，如Sorel所举例证：“初期的基督教徒，期待着在第一世纪完结时基督复活，异教世界全部毁灭，而圣者的王国建设起来，但结果是没有的，然而基督教的思想却从《默示录》的神话里得到很多的利益。”“路德（Martin Luther）及喀尔文（John Calvin）对于欧洲宗教底热情的希望。一点没有实现，但我们不能不说基督教的变革，乃是由于他们梦想所生的巨大结果。人人都容易看出法国革命的真的发展，和当时革命的老兵们心目中兴奋而有力的画图不相符合，但是没有那种画图，法国革命能够取得胜利吗？神话多半带着空想，然而空想是完全空的，但是法国革命在十八世纪时，比较那些纯粹的社会的空想，不是更能够发生深刻的变化吗？”神话的真价值，不在于能否于现实中实现的问题，只要神话存在，便能支持革命的信仰，使革命者的意志格外坚强，平常防止我们勇气的，都失了他的能力，这就是神话的功效。Sorel 以为现代的神话，即是工团主义的世界总罢工，工团主义在总罢工之中，看出资本主义之全部的毁灭与以工团为中心之自由社会的出现，Sorel 这种“总罢工的神话”就是他主张工团主义直接行动的原动力，人类毕竟是有热情的有想象的，理性不能引导我们，引导我们的乃是直觉，所以伟大的思想家，伟大的革命家，都只是具有创造的想象的大诗人、真实之神话的创造者。因此 Sorel 之社会的神话论，从某一方面来说，很使我们赞美不尽，然而文化史告诉我们：Sorel 总同盟罢工的新神话是已经过去了，我们现在代替它的，却是更深刻的社会的神话，这就是我们在这里所提倡的“教育爱”的新神话。我们以为“教育爱”乃为未来文化社会的桥梁，只有这种爱的力量，才能征服世界，改造世界，使世界各不同的文化，表示着强烈的文化相互融化作用。也只有教育爱，才能深刻地唤起人类生命的共鸣共感，使人类的善性完全实现。我们当知宇宙万有均以“爱”引动了全部历程，人类由爱而生，为爱所维持，因此所以未来的文化社会，也一定要基于人类的爱，而返于艺术的世界。这就是我们现代革命的福音，这就是我们对于未来文化社会的新信仰、新神话。

（四）

《文化形态学》的著者 Spranger，曾将文化原来的精神方面分为四类：（一）客观化的精神，他理解为实际的意义构造，这就是客观的文化产物，如一种工具、一部书、一幅画；（二）共同精神，他理解为精神一致和精神内容的结合，这就是综合的文化团体，如一个国家、一个家族、一个职份；（三）规范精神，他现解为乃被要求的秩序系统之本质，这就是规范的文化秩序，如风俗、道德、法律和政治的权力秩序;（四）主观精神，他理解为有意识能力和经验能力的个人主体，这就是主观的文化负担者。这种分类是依据 Hegel 底精神哲学而来，可是研究方法则采完全另外的途径，是很值得注意的。但是 Spranger 告诉我们，在这里“客观化的精神、共同精神及规范精神，他们同时是哑的和死的，如果不在各个人类内燃起意识的火炬，把他们的内容引入光明，还是文化组织内之基本矛盾，即所有它的伟大内容，那些长期经营的物质财产、真理以及艺术总是同时在那里等候个人，以便他为他的生活而吸入那些机构”（《文化形态学研究》，页 64）。又说“因为没有意识和经验的个人，则文化将要灭亡，这当然不关乎这个人或那个人，然而却关乎所有现在在那里生活着的个人。因为在这个狭隘的肩上放着他们文化的前途之宽度和高度的责任，生人说得更好些，所有的生人对于文化，因之有穷的价值，因为他把握了决定性和责任，由现在到将来的关头上的决定性和责任”（同上，页 64—65）。这一段话使我们知道主观精神的重要性，使我们知道文化不单是人类活动的总成绩，“如果它不由任何一种主观精神使之再生，了解，亦即在一种被明了的流动形式内变回来，则那胶着的精神，仍然是死的”（同上，页 61）。这就可见真的文化乃是现代的文化，是有生命性的，所以正在生活着的个人，才是文化的真主人，而怎样使生活着的个人能够了解一切文化，使之在一种被明了的流动形式内变回来，这却是教育的大问题。教育“它是有意地适合文化之发展助力”（同上页 60）；它使每个精神个人都能够适合于他的文化环境，而未来的文化教育，不消说便是创造未来的文化社会之前提条件，因此我们的结论：未来的文化社会的建设，必须从每个正在生活着的个人底文化教育做起。固然说到文化都是一个超个人意识的，然而文化的个人，却就是各文化的负担者，没有文化的个人，也就没有文化的社会；没有把全社会的个人都造成文化社会主义者，便文化社会即不能创造，亦无从创造。在这里我们不得不把未来文化社会建设的责任，完全让给真正代表最高文化价值底教育家和艺术家去完成这个责任了。

（五）

最后，我在《文化哲学》中曾经陈述我们对于文化复兴的信条，我曾说及我们第一步骤，在先提倡文化教育运动；然而文化教育实为文化社会学中之一个部门。我们在写到本书将要结束的时候，我们才发觉着我们中华民族对于文化教育所负的重大的历史使命。我们才发觉《三民主义》中民生主义未经讲完的“乐”（艺术）、“育”（教育）两讲，正是我们文化社会主义者所向的目标。因为一切文化都不能不以主观精神为其中心，一切文化都是以生活着的人为其活动的原动力，甚至于未来的文化社会的建设都不能不从个人的文化教育出发。因此我们代表哲学文化的中国人，更应该本其原有文化的精神痛下决心，负起重责。我们须知道，未来的文化社会是不会没有中国人和中国文化而可以产生的。剑桥大学教授尼德汉氏讲演中国文明（见卅一年八月卅一日《大公报》），他说：

> 此次大战终极目标，乃为追寻人类共同合作之理想，反对德国任何种族优越感及军事帝国主义一类隔离主义学说。吾人现方以社会进化之前趋日近于互相合作之大同世界，如中国古代经籍所明白昭示者，然凡企图阻遏或逆转社会进化者，殆将自趋消灭一途，历史之潮流实与吾人同其方向。
>
> 当余发现十八世纪西洋思潮多系溯源于中国之事实，余极

> 感欣忭，彼十八世纪西洋思潮潜流滋长，固为推动西方进步思想之根据，十七世纪中叶耶稣会教友，群将中国经籍译成西文，而中国儒家人性本善之哲学，乃得输入欧洲。吾人皆知彼启蒙时期之哲学家，为法国大革命及其后诸种进步运动导其先河者，固皆深有感于孔子之学说，而曾三复致意焉。不论个人表现与人类真正性格距离至何种程度，吾人对于社会进步之理想，唯有依赖人性本善之学说，方有实现之望，而此种信心，吾人固会自中国获得也。

这一段话很可代表现代西方学者对于我们中国和中国文化底最大希望。未来的文化社会全景已经涌现眼前了！我们应该怎样去努力完成我们伟大的文化使命呢？过去法西斯的信徒，主张性恶，其人生观的根据，可溯及马基雅弗利《霸术》一书，此书主张王权高于一切，王者只要有权在手，便可为所欲为。影响所及，在十六、十七世纪为马基雅弗利派之君主专制（如查理第五、路易第四、菲特烈大帝，见《世界史纲》第三十五章第三节），在十九世纪以后则为马基雅弗利式帝国的外交政策，形成近代的帝国主义（同上，第二十九章第四节）。在现代则以法西斯主义的形态而出现。《霸术》第五章告诉执政者“必须心中存着人性本恶的念头，遇适当的倾向，就发挥他们恶的本质”。第十七章更把人性本恶的思想，发挥得很透彻。马基雅弗利影响于墨索里尼，墨氏所著《马基雅弗利论》，即是肯定马基雅弗利的性恶论，这在今日，更较四百年以前，来得有生气的。（《日本内幕》第十五章中语）墨氏为《霸术》作序，公开地说：“人完全是败德的动物……任何统治的方法都是合理的。……因为假如没有一个暴君，一个国家就要陷入无政府，无政府比暴君还要坏得多。”因为人性皆恶，所以残酷的战争是必要的。法西斯教育“小学生左手执书，右手执枪”，正是马基雅弗利的信徒。而墨索里尼的衣钵，又传至希特勒，再传与日本的军阀，使日本发明侵略中国的“不宣而战”，这即是中国古语所谓行霸道。然而霸道必亡，王道必兴，因此纳粹法西斯的人生态度，得不到好结果。反之，盟军方面以真正民主的互助的精神联合起来，以王道胜过一切的霸道，这就叫做以善胜恶。以恶胜善，须凭黑暗势力，以阴谋暗杀威吓恐怖为手段。以善胜恶，则自然天下一家，“彼此平等相处，如良好邻居”。这正是中国儒家人性本善哲学之实现。我们对于未来文化社会远景，惟有依赖此种学说，方有实现的希望。我们预祝着未来文化社会的降临！我们更同时预祝着未来中国新历史的开端！

（完）

后　序

本书和前著《文化哲学》（商务印书馆）为姊妹篇，也可以说是续篇。两书在同一态度同一方法同一体系之下做成，所不同者，《文化哲学》分析研究的是知识的类型，《文化社会学》分析研究的是社会的类型。继此更有一部重要的书:《文化教育学》，则专分析研究人格的类型。

我二十年来从事大学教育，只是希望在静肃地所做学术探讨的工作中，冀图给文化世界给后代人类以一点光。如上几种的文化科学工作，虽不必自我创始，自信却有一些新的哲学体系和文化原理，为前人所未见未闻的。还有读我书的人可注意我在《奋斗二十年》中所叙本书写作情形，是怎样经过长期艰辛的努力（页三二），在坪石、梧州两地失陷时，我在避难途中，一路上是怎样地与此书相依为命，不使原稿散失。尤其可悲痛的，是赣州失陷，使正在中华正气出版社印成而未出版的全部纸板，顿时化为乌有。蹉跎复蹉跎，战乱的环境，好似一种不可知的力量支配着我，使此书几乎永无问世之一日。

本书原稿副题为“文化社会之比观”，内容有“世界史上之文化区域”各章，所占篇幅较多，这次决计重编，将此部分，另扩大成为《比较文化学》。《比较文化学》包含比较文化史之历史考证，如《印度佛教对于原始基督教之影响》等皆可单独成篇，合起来却是一个完整的有严密体系的“文化史观”。因其接近历史哲学，与本书范围只限于文化类型学之一部门者不同，而可互相发明，无碍其为两部独立的著作。

最后，我所久经从事的“文化教育学”，即为此后我继续研究文化科学之一目标。尤其是《文化社会学》的结论和“文化教育学”极为密切。我们理想的社会，乃是文化主义的社会。然而文化主义社会毕竟乃是人格的社会。文化人格之新类型造成文化社会之新类型；因此文化意志之养成，便成为人格教育的目的。文化意志乃从人之自然意志摆脱出来的东西，人必须战胜自然意志（如低级之情欲），而后始能创造“文化意志”。将来的社会并非如原始自然主义者之社会，乃为文化主义者之社会。“文化意志”使人向上，使人发展，使人养成如火如荼之文化热情，以参加于文化世界之伟大事业。这就是所谓人格。现代教育名为陶冶人格，实则摧残人格，侮辱人格，人格之真义乃在“感情”之提高中，“自我”之完全实现中，尤其是“文化意志”之建立中；文化意志愈能建立，则文化教育的理想社会，愈易达到。因此所以文化教育学的目的，也就是文化社会学的目的。文化社会学研究的终点，也就是我们文化教育学研究的起点了。

一九四八年九月十四日

作于广州石牌国立中山大学文学院

比较文化论集

《比较文化论集》是朱谦之先生建构其“比较文化学体系”的重要著作，是他对清末民国以来中国所经历的社会文化现代转型的学术回应。1949年，谦之先生曾将《论集》六篇文稿汇编为一册，自题书名并编制目录，且于封面特标以“孤本勿失”四字。

本书在先生生前未曾出版，2002年收入福建本第七卷，并将其他有关文化交通的七篇论著补于其后。此次整理，以中山大学哲学系藏1949年朱谦之先生自编书稿为底本，遵谦之先生所订目录原貌，唯收录自定六篇论著，每篇之整理说明，详见各篇标题之下。

——编者

目　　录

比较文化论集序*

"比较文化学"（Comparative Culturology）这一个名词，在我提出以前，尚未见有一部真正可称有体系的著作。梁漱溟氏的《东西文化及其哲学》（商务印书馆）、唐君毅氏的《东西哲学思想之比较研究集》（民国三十二年正中书局）都是体大思精，提出自己的假设，由此假设以比较东西文化，指出中国文化的根本精神。另一面，如加藤玄智氏《東西思想の比較研究》（大正十五年京文社）、高楠顺次郎氏《東西思潮と日本》（昭和十七年第一书房）对于东西文化之分歧及合流点，虽有一番解释，却是那种解释，实毫无价值可言，不能说是科学的。近于科学的比较方法，可以法人 Masson-Oursel 所著 *Comparative Philosophy*（London，1926。 见 Ogden 编 *International Library of Psychology Philosophy and Scientific Method* 中）为例，此书日译本（大岛丰译，昭和十七年第一书房）名《東西哲学の比較研究》，分两部，第一部提出哲学之实证性及比较方法；第二部分四章：一哲学之比较年代学，二比较论理学，三比较形而上学，四比较心理学，可算新实证主义者对于东西思想比较之代表著作，但仍嫌其比较只限于哲学之一部门，且就内容而论，亦甚少精彩之处。一九四七年美国耶鲁大学教授 F. S. C. Northrop 所著 *The Meeting of East and West*，以注意各东西哲学系统乃至世界思想主流之协调与综合，而享

* 本篇整理，以中山大学哲学系藏朱谦之先生 1949 年手稿为底本。——编者

盛名。本书分十三章分论[①]，虽不失为比较研究范围之一代表作品，但仍嫌过于通俗，非我们理想的比较文化学之真正的对象。

真正比较文化学虽迄今尚未成立，但如1918—1929年德国斯宾格勒（Oswald Spengler）所著《西欧之没落》（*Der Untergang des Abendlandes*, 2Bde）和1934—1937年英国陶因贝（A. J. Toynbee）所著《历史研究》（*A Study of History*. Oxfords. Vols. Ⅰ, Ⅱ & Ⅲ, 1934. Vols. Ⅳ, Ⅴ & Ⅰ, 1937）二书，都是鸿篇巨制，可称比较文化学中不可多得之名著。陶因贝氏"实质上是应用文化个案的方法，来研究文明之发生、长成、衰老与律动的原因，并根据所获得的原则，来判断当代西方文化的前途"。吾友黄文山氏称之，以为"汤氏对于文化的哲学的洞见，颇与斯宾格勒一书的见解相同，不过汤氏有独特的天才、广博的学问，能够利用多种语言，采取比较方法，对于文化材料作广博的搜究，这点似又超出斯宾格勒的能力以外"（《文化学的建立》，页二五，见《社会科学论丛》新一卷）。实则依我所见，陶因贝氏的书《历史研究》，前两册实最精彩，但其根本观点，虽有科学的基础，却甚平庸，以较斯宾格勒世界史形态学之历史哲学的构想，则未免逊色。斯宾格勒氏断定一文化之理想的存续期间为一千年，虽近武断，但分别"文化"与"文明"，分别历史世界与自然世界，乃至于"为预见而知"之社会学的方法，都不能不说是他思想的伟大。至于世界史形态学之展开，应用来比较研究希腊罗马文化、西欧文化与阿剌伯[②]文化，在数观念、自然组织、心理研究、艺术、道德、宗教、政治、经济及哲学各方面，其见解之新颖，只要注意所制"关于世界史'同时代的'时期之概观表"，纵使瑕疵屡见，如Kurt Sternberg,

---

① 墨西哥、英、美、德、俄、罗马天主教与希腊科学，以及东方之传统文化及现代之印度、日本与中国。

② "阿剌伯"，又译"阿拉伯"。——编者

Edmund Megger，Karl Joll，Eduard Schwartz 等所批评，然以“比较文化学”而论，至今中西著作，尚无出其右。《西欧的没落》一书出版后，曾引起世人一种普遍的同情和热烈的欢迎，第一版一九一八到一九二二年已销售五万三千部以上，第二册第一次即印五万部，即使此书不算“比较文化学”的完成，也不能不算是科学的“比较文化学”的元祖。

我几年来很想应用历史哲学和文化哲学研究的总成绩，来从事“比较文化学”的著作，曾拟定目录，分七章：（一）世界史上之文化区域，（二）文化区域之形态学，（三）比较宗教，（四）比较哲学，（五）比较科学，（六）比较艺术，（七）世界文化主流之协调与综合。我的根本方法，可说和斯宾格勒世界史形态学的方法有一些相同，而根本主张和 Northrop 从事文化系统思想之大综合者，亦相接近，而观点不同。大概说来，依我在《文化哲学》（商务印书馆）、《文化社会学》（中国社会学社广东分社）二书对于文化类型的分析，以为文化的根本类型，在知识生活上表现为四种，即宗教、哲学、科学、艺术，这四种类型，一方面为本质的存在，另一方面又为历史的存在。就中除艺术为世界文化之协调与综合，其余三种知识文化，实即分布于世界人口最多之三个区域。这就是印度、中国和西欧，可列简表如下：

	第一时期	第二时期	第三时期
	宗教阶段	哲学阶段	科学阶段
印（宗教）	宗教的宗教	哲学的宗教	科学的宗教
中（哲学）	宗教的哲学	哲学的哲学	科学的哲学
欧（科学）	宗教的科学	哲学的科学	科学的科学

详细的研究，即我所拟著的《比较文化学》。依此《比较文化学》，世界文化的体系不属于宗教型，即属于哲学型或科学型。或就

文化的传播言，不是为印度文化所传播，即为中国文化或西洋文化所传播。所以世界史上的文化区域，虽有二十四个单位，综结起来，仍然只有中、印、欧三个文化单位，而这三个文化单位：

（一）从文化的类型上来说：印度文化为宗教文化，中国文化为哲学文化，西洋文化为科学文化。印度文化史为一部宗教文化的发展史，中国文化史为一部哲学文化的发展史，西洋文化史为一部科学文化的发展史。

（二）从文化的结构上来说：印度文化中也有哲学和科学，然皆以宗教为中心，而形成为“宗教的哲学”和“宗教的科学”。中国文化中也有宗教和科学，然皆以哲学文化为中心，而形成为“哲学的宗教”或“哲学的科学”。西洋文化中也有宗教和哲学，然皆以科学为中心，而形成为“科学的宗教”和“科学的哲学”。

（三）从文化的接触上来说：印度文化史上之“科学时代”，实受西洋科学文化的影响。中国文化史上之“宗教时代”，实受印度宗教文化的影响，而其“科学时代”，实受西洋科学文化的影响。就西洋文化言，西洋文化史上之“宗教时代”，实受印度宗教文化的影响，而其“哲学时代”，实受中国哲学文化的影响。

这几年来我的著作，属于这一方面最重要的，只有《中国思想对于欧洲文化之影响》（商务印书馆）一书，次重要的有《扶桑国考证》（商务印书馆），前者讨论中国哲学文化对于十八世纪欧洲哲学时代的影响，后者讨论哥仑布前一千年中国僧人发现美洲说。其余零星著作未经发表者，则不免有散失的危险，因此在几经考虑之后，决定先行发表《比较文化论集》，以为将来撰述《比较文化学》的预备。《论集》包含内容六篇：《世界史上之文化区域》曾载《时代中国》第八卷第三期、第四期；《中国人性论史》曾载《民族文化》第二卷第五、六期；《中国文化之本质、体系及其发展》乃《中国文化之命运》之改题，有中山大学训导丛书本、广东文化事业公司本两种；《中国文化之地理三周期》曾载《现代史学》第五卷第三期，原名《中国文化新时代》；又《印度佛教对于原始基督教之影响》载《珠海学报》第二期；惟《希腊与中国音乐之交流》曾编入《中大文科研究所集刊》第二期，以付印后坪石失陷，无法出版。由上六篇虽均单独成篇，不足代表《比较文化学》之全体，但合拢起来，却包含一种近于完整体系的文化形态学在内，如能与前著《文化哲学》《文化社会学》合看，更可以略窥见一种根据严密之论理所形成之比较文化学体系。然而将此严密的比较文化学体系形成一种科学，则不能不待今后最大的努力。如果环境稍为安定，在最近将来，我愿竭力贡献一部完整可观的《比较文化学》，以求与 Spengler，Toynbee 之著作并驾齐驱。

一九四九年一月廿九日（旧历元旦）

朱谦之序于国立中山大学

一、世界史上之文化区域 *

一

人类文化为一切知识的社会的生活样法（life mode）的总名，这种生活样法，依着历史的和地理的不同，表现为各种不同的特殊的历史、特殊的体系、特殊的内容，乃至特殊的形式，以与他种文化特质的历史、体系、内容，乃至形式相区别，而这种自成一个文化特质的文化单位，究竟应该用什么来做区别的标准呢？美国人类学家卫史莱（Wissler：*Man and Culture*，pp. 47—50，参照孙本文：《社会的文化基础》，页 43—44）主张仍用普通人类学上所用的“部落”（The Tribe）来做研究的单位，他以为不但初民社会有部落，其实凡是有政治上的独立，语言上的一致和疆界上的统一的都是部落，即使如近代国家也是由部落发展而来，所以最初的单位，仍是部落。然而文化的发展，是传播的，孤立的文化部落，即在初民社会，也决不会有。德国的人类学家葛腊纳（F. Graebner）主张愈古的文化，一定传播愈远，他根据这种假设，去实际研究各地的文化，结果他研究出六个文化区，或文化模式，他以为全世界的文化都是由这些文化区或文化模型分播出来的。这六个文化区或文化模型的名字如下（参照：吴文晖

* 本文原连载于《时代中国》第八卷第三、四两期，本次整理以此为底本。——编者

《文化传播论之研究》，见《新社会科学》第一卷第二期）：

（1）塔斯马尼亚的或考古的变化（the Tasmanian or archaic culture）

（2）掷箭的文化（the boomerang culture）

（3）巴布亚西部的或非洲东部的或图腾的文化（the west Papuan，east African or totemic culture）

（4）巴布亚东部的或非洲西部的或两级的文化（the east Papuan，west African or two-class culture）

（5）美拉尼西亚的或弓的文化（the Melanesian or bow culture）

（6）坡里尼西亚的或苏丹的文化（Polynesian or Sudan culture）

依葛腊纳意见：这些文化区在原始时期都是独立的，但从旧石器时代各种文化便互相传播，经过海洋地带而分布出去，一直继续下去成为近代混合的各地的文化。这种文化区的说法，当然很值得批评。第一，这里所谓文化区，并不是地理上严格的区别。第二，这里物质文化的比较，如所谓掷箭的文化、弓的文化，各人的观点不同。第三，这种原始时期的原始民族，在人类文化发展途中，还没有达到文化民族的地位，不足拿来作文化区别的标准。不但德国的人类学家有如此错误，即如英国的人类学家史密司（G. E. Smith）、潘里（W. J. Perry）所主张的泛埃及说或太阳石器说，也极其牵强附会，我们固然承认史密司所说“继续原理（Principle of Continuity）和文化传播，是说明人类行为的主要工具”，但我们不承认这种继续原理和文化传播，乃只在于物质文化之中。物质文化如弓箭、衣服、房屋、舟车、器具之类，大概都是人类适应于自然环境，引用环境所供给的材料而造作的产物，只要自然环境相同，所供给的材料相同，便文化大致相同，然而这绝不足以为文化传播的证据。好比海洋洲有弓箭的文化，南美洲的部落中也有弓箭的文化，因此德国人类学者很相信美洲文化是由热带的南亚洲和海洋洲向北移行时携带来的，但是狄克松（Dixon）告诉我们南美洲的弓箭和海洋洲的弓箭并不相同，海洋洲文化所有弓箭的四种主要特质，在南美洲有两种缺乏，一种缺了一半，第四种则大部分地方都缺乏，可见以物质文化为文化传播的证据，是何等地薄弱，然又不但德国人类学者如此，英国史密司所主张的泛埃及说，即以巨石建筑、木乃伊、石像为文化核心的太阳石器说，这些他所认为逻辑的“质素丛”（a logical trait-complex）由我们看来，也都只是偶然因地发生的，所谓巨石建筑起源于马斯泰巴墓（Mastaba tomb）更是无稽之谈，木乃伊和石像据狄克松的研究，亦无一个是单独起源于埃及，或由埃及传到全世界。然而在这里我并非决意排斥文化的传播说，我不过反对这种武断的泛埃及文化学说，我以为文化传播是一种事实，然而只注重物质文化的传播论者，则实在太肤浅了。人类文化之所以成为人类文化，不单是物质的文化，而兼有最高心理的即是知识的文化，许多生物学者告诉我们人类和动物的分别，在人类所具的能力有两件是动物所缺乏的，（A）信人类死后存在之宗教的能力，（B）识别善恶的道德上能力，以前言之即宗教的文化，以后言之即哲学的文化，这不但是人类和动物的分别，同时也就是文化民族和原始民族之等级的分别。原始民族在曙石器时代即有物质的文化，但知识的文化的产生，则在有史时代，故如专就物质的文化而论，则初民社会，在某种意义上说，是和初民文化范围一样大小，我们当然可以应用历史的恢复法（historical reconstruction）去研究初民文化。但是初民文化中实没有文字（有文字的已经进到文化民族了），虽已能作一种画像，用来传达心意，具有文字的功用，可是如路威（R. H. Lowie）所举例“倘若你知道他们的象形制度和当地的情况，你便读得出这一类的画像，但是图画不能表达‘上帝’就是‘爱’，或‘诚实是最佳的政策’，这一类语句，图画不能容易而且清楚地表现事变之先后”（《文明与野蛮》第十八章，页266）。这是确实的情形，证明了初民社会还没有充分的知识文化，我们研究初民的文化传播，即使有极丰富的物质例证，也没有文字的证据为凭，然而传播论的坚强根据，无疑乎是要依靠文字的丰富的例证，如印度宗教文化对于中国中古文化，中国哲学文化对于欧洲十八世纪文化，欧洲科学文化对于世界现代文化，这些文化的影响都有文字的真凭实据，而物质文化则在于此文献的史料以外，更加以遗物的史料，使此知识文化的传播更无怀疑的余地罢了。实在说罢！一切只依据物质文化的文化传播论者，无论是Graebner、Schmidt等为文化移动之证据的弓箭文化，Smith、Perry等为文化移动的巨石文化，与Smith为文化水线移动的船舶文化，乃至Clark Wissler为文化陆线移动的马匹文化，要之这些物质文化传播的例子，实在都只能证明文化传播之一方面，其确实与否，尚须待文字的有力证明。初民社会既然没有文字，则自不足拿来作为文化传播的铁证，也不待详证而自明了。因此所以我们坚决主张，文化之为独立演化抑为传播，都应该从有文字的时代算起，至于新石器时代如Smith氏所称为太阳石器文化，似可解释为各地自行发展，不然则如Wells（《世界史纲》第十二章）既承认此种奇异文化的传播，又说中国文化必不自此种文化发展而来（第十四章），岂不是自相矛盾，不能自完其说。反之文化社会学者虽也注意先史时代（prehistoric age）的物质文化，但更注意于历史时代（historic age）的知识文化，因此我们新的文化传播论，乃和旧的文化传播论性质绝不相同，我们所注意的文化特质，乃是知识文化的特质，我们意思文化之每种特质，必可自成一文化单位，但这种文化单位，必须是知识的文化单位，如弓箭、衣服、房屋、舟车、器具这些物质文化，虽也有它各自特殊的历史、特殊的体系、特殊的内容，乃至特殊的形式，因之也可自成一个文化特质的文化单位，然而这种文化单位究竟属于第二次的物质文化单位，而非第一次的知识文化单位。我们也主张用文化区域来作文化单位的区别标准，但我们所谓文化区域，乃是专指知识文化的区域而言，反之物质文化的地理分布，甚至如 Smith 氏所云逻辑的“质素丛”，也都只是偶然因地发生的。Smith 曾证明埃及民族在巨石建筑、木乃伊、石像发生之后，加进的新质素是太阳与蛇的崇拜、按摩术、阳皮切开等，其后又加进一些琐细风俗，如穿耳、纹身等，这些在太阳石器文化尚未向世界各处传播以前，竟偶然又偶然地增加了许多质素，这不是证明物质的文化区域，实属无定形的偶然产物，决不是作为文化单位的区别标准吗？还有德国弗诺本纽丝（Frobenius）在一九二一年所著 *Paideuma* 一书中，以动植物之培养方法区别文化类型，他寻出大西洋的、北非的、艾提阿本的（Äthiopen）和哈米盾族的（Hamiten）文化类型，这也是要从外表上寻求文化区域的好例，结果使所有文化只是维持生活的物质条件，缺乏了提高生活的知识条件。还有美国人类学者鲍亚士（Boas）、卫史莱（Wissler）等注意文化特质之地理上分布，创立文化区域的概念，也还未免限于物质文化，如 Wissler 在他《美洲的印第安人》一书中，分北美土人为六种食物区域、六种运输区域、三种纺织区域、六种住屋区域，再将这些特质区域互相比较，发现北美土人有九种文化区域，每一文化区域可以代表一种特殊的文化方式，这种关于北美文化区域的研究，当然极有价值，但也只限于物质的文化，只限于初民的物质的文化，因此而所得关于文化区域的结论，也就只限于初民社会罢了。若于初民社会以外，更进而考察人类历史时代的文化特质，和为此文化特质所分布的文化区域，那么我们的结论，便要和美国的人类学者不同，我们以为历史时代的文化特质，乃是人类的知识文化和社会文化，乃是在知识生活上的宗教、哲学、科学、艺术，和在社会生活上的政治、法律、经济、教育。不但如此，即为此文化特质所分布的文化区域，也决不是单纯初民的文化区域，而为人类历史时代的文化区域。

二

人类历史时代的文化区域，是从文字的发明开始。人类因有文字的发明，才能另成为一个时代，另辟出一个境界，其结果人类的共同行为就能用文字来表达出来，所有伟大的新思想和新发明，也能够古今中外，从一个区域传播到另一个区域，因为只有文字才能传播知识文化和社会文明，只有文字才是文化进化的基础，所以我们说文化社会学上所有的文化特质，应该是自有文字发明以后的文化特质，所有文化特质所分布的文化区域，应该是那有文字发明以后的文化区域，我们以为文字实为文化社会的一个最重要的表现方式，这就是文化社会学和文化人类学的分界线。文化人类学以研究文字发明以前的初民文化为主体，文化社会学则以研究文字发明以后的历史文化为主体，即专就文化区域而论，文化人类学应该以初民社会的文化区域为对象，文化社会学则应该以有文字发明的文化社会为文化区域的对象，但是从古今中外的历史来看，哪几个地方才算是有文字发明和文化社会的文化区域呢？这倒是一个大问题。

世界史上的文化区域，据人类学家、历史学家、考古学家，均公认有五个地方：一、印度，二、埃及，三、美索不达米亚，四、中国，五、中亚美利加（墨西哥与秘鲁），但这种分法似乎太简略了。于是有 1853—1855 年法国高宾奴（Arthir de Gobineau）在所著《人种不平等论》（*Essai sur l'inéqualité des races humaines*）第一卷中，将人类历史上著名的文化分为十种，即①印度文化；②埃及文化；③叙利亚文化；④希腊文化；⑤罗马文化；⑥条顿文化；⑦中国文化；⑧墨西哥文化；⑨秘鲁文化；⑩马耶文化。次之1918—1922年德国斯宾格勒（Oswald Spengler）在所著《西欧的没落》（*Der Untergang des Abendlandes*）第二卷中，举出八个高等的文化区域，即①埃及文化；②巴比仑文化；③印度文化；④中国文化；⑤希腊罗马文化；⑥亚剌伯文化；⑦墨西哥文化；⑧西欧文化（或浮士德文化）。还有就是1934—1937年英国陶因贝（A. J. Toynbee）在所著《历史研究》（*A Study of History.* Oxfords. Vols. Ⅰ, Ⅱ & Ⅲ, 1934. Vols. Ⅳ, Ⅴ & Ⅵ, 1937）中，举出21个文化区域（Vol. Ⅰ., pp. 131—132）即：①希腊（Hellenic）文化；②巴比仑（Babylonic）文化；③埃及（Egyptic）文化；④苏马连（Sumeric）文化；⑤米诺（Minoan）文化；⑥印度（Indic）文化；⑦赫梯（Hittite）文化；⑧中国（Sinic）文化；⑨耶教正宗（Orthodon Christian，main body）文化；⑩希腊耶教（Orthodox Christian in Russia）文化；⑪伊兰（Iranic）文化；⑫叙利亚（Syriac）文化；⑬阿剌伯（Arabic）文化；⑭印度教（Hindu）文化；⑮远东之日本高丽；⑯西欧（Western）文化（英法德等）；⑰远东兼亚洲南；⑱安达（Andean）文化；⑲马耶（Mayan）文化；⑳俞加达（Yucatic）文化；㉑墨西哥（Mexic）文化。由上Gobineau的十个文化区域，Spengler的八个文化区域，和Toynbee的二十一个文化区域，虽然所见不同，但很明显地都是以有文化发明的文化社会为文化区域的标准。就中Gobineau的分区注重文化之八种型，以为每种文化的类型，都只是种族性质的表现，Spengler的分区则较为简洁，Toynbee的分区则较为详细，均有其长处和短处，而要之文化区域除以地理为区别之标准外，更须参酌于文化民族之文化单位。又如伊特剌斯坎（Etruscans）文化，虽其碑文尚无人能译出，但亦有文字，应加入于文化民族之列。所以依我分区的结果，世界史上之文化区域，有如下之二十四个单位，其名称如下：

（1）印度达罗毗荼文化；
（2）印度雅利安文化；
（3）埃及文化；
（4）巴比仑苏马连文化；
（5）巴比仑闪族文化；
（6）赫族文化；
（7）希伯来文化；
（8）腓尼基文化；
（9）中国文化；
（10）日本文化；
（11）印度支那文化；
（12）匈族文化；
（13）克利特文化；
（14）希腊文化；
（15）伊特剌斯坎文化；
（16）罗马文化；
（17）波斯文化；
（18）阿剌伯文化；
（19）墨西哥文化；
（20）马耶文化；
（21）印加文化；
（22）日耳曼文化；
（23）斯拉夫文化；
（24）欧西文化（如法英美）。

（1）先说印度达罗毗荼文化——印度新石器时代开化最早的民族，为达罗毗荼族（Dravidian）。此族原住于印度南北各处，后为雅利安族所迫，渐渐南徙，至今遂聚居于南印度一带，此族在最古时文明程度颇高，雅利安族多受其影响，其人身体矮小，肤色黝黑，近来移居南洋一带的不少。案此印度的黑人种，是属于尼格罗系统（参照葛绥成:《世界文化地理》，页 137），实为印度文化的源泉。印度阶级制度，一婆罗门，二刹帝利，三毗舍，四首陀罗，古代印度语称此阶级为瓦那（Varna），瓦那是颜色的意思，发源于雅利安族征服印度时，将此被征服的黑人种，列为最下层阶级，和自己民族区别出来，甚至于不许和这黑人种有任何接触，但我们研究印度考古学的，依据于 Mohenjodaro 各地发掘的成绩，知道此原住黑人种即所谓先雅利安民族，很早就有一种独立的文化。他们有伟大的城市、道路、宫殿、蓄水池等遗迹，有高尚的珠玉手艺雕刻图案和山水人物的绘画，如克禔马汉・沈（Kshitimohan Sen）所云“先吠陀之文化若无存在而滋影响，则印度雅利安民族之文物，绝不能达到吾人所见于有史时代之一种独特发展”。兹录其说如下：

> 印度文化之构成，大有先雅利安民族之因素在内，迩来在哈拉拔及麻呐舟打洛二地（在旁遮普省）所有之发现，更予吾人之假说以强大证据。考古学家中之专家者流，断定吾人发现瑜伽（Yoga）及其他关联之仪俗，至少在耶稣纪元前三千年前。由此欲保持吾人之旧观念，以为印度文化之来源，纯属印度雅利安民族，实已渐不可能。吠陀时代之最初期，代表一种比较纯粹之印度阿利安文化，但其后印度精神理想之最盛发达，有为吾人所不见于彼时者。吾人日常生活与习惯所熟悉之认识——如灵魂、轮回、超度、涅槃、约戒、非武、牺牲等认识，在最初之吠陀文学中，

并无存在，世人知此事实者甚少。当时之所谓和爱，忠诚与慈悲，亦为非常平庸之名称，与见于优婆尼杀昙（Upanishad）及吠陀后部中之同样名称，可以视为全不相类。此或因此等后来之发展，不全由于雅利安民族之影响，而为此二文化间争持与综合之结果，如此则以印度文化为绝对印度雅利安性之要求，不复存在。

在印度文化进化中，吾人竭力认识先雅利安文化之为其适当成份，但非谓只有优良之点，出于是项来源。大部分对于宗教之俗见，及吾人所谓各种迷信，皆可追源于先雅利安民族之文化，例如神妃（Sakti）及其他女神之敬奉，各种癖好之仪式，动物、树木、河流及浴场之崇祀，显然出于是源及其他外来势力，结合形化融会于印度宗教生活之中。

祭祀为吠陀宗教之重心，故其祭坛附近，为吠陀文化与教育之发荣胜地。反之先雅利安民族之部落，则以浴场为其文化与宗教之中心，此因远在雅利安人到临以前，印度常感雨水缺乏，故其信仰即托于此。近在麻呐舟打洛所发现之古代遗物，足为此事之一证。(《印度新志》，页 58—59)

据克褆马汉·沈的见解，释迦牟尼及摩诃维拉（Mahavira）等宗教生活也和浴场崇祀相关之特尔漆克（Tairthika）主张接近，故在印度，佛教实非一种偶然的现象。又耆那教徒称其教师为迪尔山克那斯（Tirthankaras），即浴场创造者之意，并以其浴场最高的精神理论混为一谈。由此可见印度原住黑人种之达罗毗荼文化对后来印度宗教的文化亦有影响。至于此种文化所用文字。说者疑其与北塞姆族的文字相同，印度在纪元前八世纪，因以北塞姆族的文字表现自己的言语，其后雅利安族所用梵字（Brahmi）就是从这种文字整理出来组成字母的组织而已。可见以印度文化的源泉为雅利安文化的旧说，也可以不攻自破了。

（2）印度雅利安文化——但印度文化史的开展，实由于雅利安民族，雅利安民族即日耳曼民族，和西洋上古的希腊罗马、中古的诺尔曼（Norman）、法兰克（Frank）同族，这样的白人种的一团，从中央亚细亚越兴都库什山脉，侵入印度，驱逐其原住黑人种，占有印度河流域，逐渐入于农业时代，这就是印度宗教史上的吠陀时代（Vedic-Age），其后生齿日繁，又开拓土地，直达恒河流域，由于婆罗门姓给与吠陀以神学底发展，逐渐进至以婆罗门为宗教社会中心的婆罗门时代（Brahmanic Age）。吠陀时代考为1200—1000年B. C.，继此的吠陀结集时代为1000—800年B. C.，婆罗门时代普通是指纪元800—600年B. C.，当此时代末了，婆罗门教的思想分歧，发生种种派别，所谓正统六派、异流三派，和那代弹摩那（Vardhamana）所开创的耆那教（Jainism）等，这二百年间，都可以说是婆罗门教的全盛时代，过此就是佛教时代了。在印度的四姓制度中，婆罗门姓为僧侣阶级，刹帝利姓为武士阶级。婆罗门姓常为机械的宗教仪式所拘，将僧侣制度神圣化了，反之刹帝利姓却出了不少宗教的哲学家，极力主张平等。克褆马·汉沈告诉我们：

哲人如罗摩（Rama）、讫里史那（Krishna）、释迦牟尼及摩诃维拉诸贤，其使命常在消除人为之低劣界限，而调协众生于均一。印度之所长久敬信者，只在如此贤哲，而不在战场上之胜利者。此等贤哲，大多为刹帝利级（战士）之人，因此级与婆罗门级（教士）共同享有教育生活。欲接近新真理而承受之，必须有质量之智育生活，故婆罗门与刹帝利二级，与他级之人相较，其地位更为顺便。不过即在二级之间，刹帝利之机会尤佳，因不若婆罗门级之人心，常为机械之宗教仪习所拘执而狭隘，刹帝利级之人心，较为宽广而自由，故刹帝利级之有哲学家，常占印度古史上之前茅，或职是故耳。

最可注意的释迦牟尼，不但为刹帝利姓的哲学家，且为黄种人，据西村真次考证的结果（《世界文化史》第七章），释迦族实即中国史之所谓塞族（Sek or Se），乃大月氏族（Scythians）在纪元前八〇〇年代半移入于今日尼泊尔附近，雅利安化而成为释迦族。（根据 Rapson：*The Scythian and Parthian Invaders* 一书）“假使承认这样的事，则出佛陀的释迦族，就可看作离开大集团而早入印度之一部队，再大月氏族、释迦族和塞族如果是一致的，那些就都是近于土耳其系的，有着由雅利安种区别出来的人种底地位，结果，佛陀属于类蒙古种（Mongoloid）的种族出来，所以佛教文化的创设者是黄人种，这样结论当也可以，许多佛陀的雕像，尤其柏林博物馆所藏之可信为初期的佛像的颜面表情，在骨相学上是类蒙古的这一点上，觉得更深的疑惑”这么一说，我们竟可以假定佛教文化就是类蒙古种的释迦族在印度所创的宗教的哲学了，佛教只算印度后起的产物，只算做一个反对婆罗门教徒的新运动，佛教初期所用文字均为巴利（Pali）文，至今印度锡兰的小乘佛典都用巴利文，直到小乘诸派分裂以后，由迦腻色迦王结集的佛典，才用梵文，但从历史上看，只有小乘是真佛教，大乘实继起于婆罗门教再兴之后，而受它的影响，于印度本土并无势力，降至纪元第十二三世纪早已陷于全然绝灭的悲运里了。继起的是有名的吠檀多派婆陀罗衍（Badarayana）、商羯罗阿阇梨（Sankaracharya），这就已入于新印度教的时代了。

（3）埃及文化——古代埃及人（Ancient Egyptians）是否即属于地中海种的含族（Hamites）[①]，这确是一个问题，摩赖（A. Moret）在

① “含族”，即后“含米特族”。——编者

《近东古代史》(页 213—214)和《尼罗河与埃及之文明》(页 23)二书,均主张“最初住居埃及之人民并非属于一种民族,就现存骷髅及石刻中考察,可分为三种,一为长头胪身材适中之塞姆种,一塞姆利比亚种,短头胪钩鼻,一为地中海种,短头胪直鼻,古代之埃及人,则由此三种人逐渐会合而成为一种民族”。其实这种说法,虽于含族以外更承认非洲、闪族(塞姆族)的三原素,然仍不足以说明古埃及人的真相。许多学者主张“埃及的最早住民是像黑种人的民族,而且是很矮小的,如刚果的矮氏一样,其后在一万五千年前,代之以地中海中的人民,最后乃有含米特(Hamite)的征入”(参照林惠祥:《世界人种志》,页 123)。此说与摩赖所说组成古埃及人之成份略相同而分出时代前后大概可信,但是这种最早住民是从哪里来呢?我以为是从亚欧民族征入来的。“有人提出证据,以证明侵入之民族系由迦勒底而来,所谓证据即用砖,用圆筒于土上印名字,某种武器之相似,齿状墙之建筑,及燧石刀、象牙柄与史前之调色板上镌有身披苏美尔(Sumerian type)长羊袍之人及卷蛇,及长头怪物一类动物,依据亚洲一种极古之形式纹章相反者。”(《近东古代史》,页 210)虽然这种以亚洲民族的征入为埃及有史文化发达的原因的学说,不为摩赖所采取,实则摩赖的反对理由未免太简单了。他以为“一种民族而能将一种较高之文化输入他国,则必侵入者先有一种较完密之组织,世界上于数百年间必先有一种较高文化之中心,而此中心距埃及不甚远,今则埃及近处以及其他各地当第四千年中叶皆无一种东方民族其文化达此程度者”(页 211),但我们依据印度考古学的新发现,知道在远古时代距埃及不远的地方已发生达罗毗荼文化中心。布兰特(Wilfred Scawen Blunt)谓赫胥黎“曾致疑于埃及人与印度达罗毗荼人之间或同出一源,盖自上古由印度至西班牙已有一带之棕色人也”。我们研究埃及古言语,知道其数种原素乃由柏柏尔(Berber)及黑族方言借来（Maxence de Rochemonteix 与 Rheinisch 说），可见埃及古文化，实含有黑人种的原素，即使假定埃及人为地中海种，而其先亦显然和黑人种不能分别出来。（Wells 谓地中海族其先支脉必大，其与南方黑人之分界难于划清云。见《史纲》第十二章，页 89。）许多学者把埃及的年代推得太早，因此遂认“埃及文化及发明上实着各国之先鞭”（《近东古代史》，页 212）。其实埃及年代，至今尚无定论，埃及和苏马连（Sumerians）人的关系，两民族间的陶器、武器、建筑术及装饰等之相类似，皆足证明其曾相接触，而苏马连人发明车，用马引之远在埃及人知有车之先，据考古学家说，苏撒（Susa）的遗迹，亦绵长于二二・〇〇〇[①]年间。可见埃及文化还是为苏马连文化所传播，乃在巴比仑文化形成以后，苏马连人为“类蒙古式”，与中国人为同种，那么可见埃及古文化实为黑人种文化与黄人种文化的混合型式，我们以为文化是传播的、民族是移动的，人类起源地中央亚细亚自从地理变化和气候干燥关系，不适于居住的时候，便向四方分散出去。中国人自西向东迁移，欧洲人自东向西迁移，印度的原住黑人种则突破喜马拉耶山向南迁移，非洲土人亦大抵自北向南迁移，就原始民族移动之地理上看，无疑古埃及人及其文化乃为此黑人种从中亚→印度→埃及，经无数次移植又移植的结果。即缘于此南下移植的原始黑人种的宗教天才和尼罗河流域所具的特殊状况，及苏马连人闪族人各民族的文化渗透，于是才产生埃及的象形文字及其宗教的文化。

（4）巴比仑苏马连文化——近来考古学的发掘使我们的眼界开辟出来，知道美索不达米亚（Mesopotamia）文化比埃及的文化更古（参照：A. Michaelis ：《美术考古学发现史》，页 360），如楔形文字的发明乃在纪元前五千年乃至六千年，较埃及约早一千年。惟此美索不达米亚文化，实以二个不同的人种为分界线，即苏马连人

---

① “二二・〇〇〇”，底本如此，姑存之。——编者

（Sumerians）和闪族人（Semitic）。就中苏马连人为巴比仑的原住民，文化发达最早，其后才有由阿剌伯移住的闪族人，把先住民文化吸收起来，于纪元前三八〇〇年建设一大国家，这便是巴比仑王国。由此可见巴比仑文化虽从闪族时代发展，而其文化源泉，实从苏马连文化而来，苏马连人的故乡乃至此族人活动年代上的界限虽不易明了，但据研究结果，知道这一族言语实与雅利安族语不同，使用胶着语，其容貌为"类蒙古式"（西村真次:《世界文化史》，页 41—42）。就其雕像言，在正面及左侧面很有些地方和中国人类似，又苏马连人所造的布劳纪念碑（Blau Monument），也类似古代中国人所有的珪（同上，页 141）。此族人在巴比仑自由发展它的文化，用易得的泥土，制砖以造房屋、城市、堡垒、庙宇，最可惊异的，是发明一种文字文化，书写此文字时，以木条一枝捺于胶泥板上，使成楔形的笔画，这就是所谓"楔形文字"。现在遗留下来成千成万的楔形文字都是苏马连人的产物，此族文化历四千年之久，虽后为闪族所征服，然闪族实不过继承苏马连文化者，闪族人学习苏马连文字和苏马连言语，即其最著名的罕穆剌俾法典，也是以较早之苏马连法典为根据，这就是一九一五年于耶鲁收集物和菲列得尔菲亚博物馆所发见之古苏马连法典之二重要片断，这就可见此族人之为巴比仑文化之先导者的价值了。

（5）巴比仑闪族文化——巴比仑文化的全盛期，实以闪族（Semitic）文化为代表。闪族和叙利亚人、希伯来人及阿剌伯人同属一系，其多数人民有我们称为"犹太人的"之特别相貌（C. Edwards 语，见《罕穆剌俾法典注释本》）。此族征服苏马连各城以建立巴比仑国，就其可以象征闪族文化的进步的东西，最重要的就是罕穆剌俾法典。一八九七年法国公众美术部发掘波斯有名之古城所在地苏萨，开掘的结果，获得最可注意的发现，即一块载有规定古巴比仑尼亚人民生活行为之"法典"的石碑，以后续有发现，经学者考据结果，认为巴比仑王罕穆剌俾的布告，罕穆剌俾为纪元前2123—2080年间的统治者，曾以此永久的方式公布其法律典律。然而最重要的是这罕穆剌俾法典实为摩西五经中立法的渊源，因此而巴比仑文化和希伯来文化的关系乃更为明白，而摩西法律之由巴比仑闪族文化所传播，也成为不可掩的事实了。

（6）赫族文化——赫族（Hittite）即埃及人所称之克塔（Kheta），闪族及其本国人称为赫得（Heth）或赫梯（Hatti）。此族在纪元前一九二六年曾侵掠巴比仑，极盛时代为纪元前一二七二年，其国王（即大祭师）和埃及王拉美斯第二世（Ramesses Ⅱ）订两不相犯条约。此族所建帝国和都城之所在、帝王的系统，向极不明了，直到一九〇七年在卡帕多西亚比部之波加兹副伊（Boghagkeui）境内发现楔形文字案卷，始知这一国的真相。此族面貌颇似今亚美尼亚人，然其雕像，也有类似希腊人或蒙古人的。其美术和宗教，似和爱琴区域文化关系很深；其所著法典，注重偷窃及伤天害理之罪，此类条文较罕穆剌俾法典为多，由此法典，可见赫族家庭生活的优良程度（见Thorndike :《世界文化史》第二卷第七章，页89—90）。至于此族文字，据A. Moret和G. Davy（《近东古代史》第三编，页327—328）所述，知有两种，“其中有用巴比仑楔形符号以表赫族语者，有用一种简陋而与埃及及苏马连之象形截然不同之象形文字者，此种象形文字撰成之书尚未加以辨认，其用巴比仑文字者，今已能确实解释而知其意义之所在，但尚不十分明了”，然而此不易辨认的赫族文字，却已足保证此族实有较高的文化无疑了。

（7）希伯来文化——希伯来人（Hebrews）原为闪族（Semites）中一个部族，即所称为以色列人（Israelites）是也。这一族的宗教文化，可以《旧约·圣经》为代表。从前人以为那种宗教文化为希伯来所独有，或真由上帝把此族看做特别选民，而亲自传授，但现在研究宗教史的，已知道希伯来的宗教，乃为巴比仑文化所传播，希伯来人最初曾住在巴比仑，那时巴比仑正是研究学问的繁盛时代。Wells谓“犹太人以野蛮至巴比仑，以文明归国”；去时无一共同漏习的文学，归时却挟了《旧约》原料的大部分而来，如摩西律法实从罕穆剌俾法典发展出来，而苏马连人所传创世及洪水故事，也变成《旧约》中的历史，不过旧约虽在宗教文化中并不占居第一，而影响极大，希伯来民族如何由阿剌伯沙漠中奋斗出来，如何失去和恢复他们的自由，如何创造一个自有的宗教，如何谋得安身所在的奋斗，如何使希伯来部落成为一个国家，不久又成为一个帝国，又如何因内战而分裂为以色列王国和犹太王国，随又为各邻国所并吞，这五世纪的巴力斯坦的历史，都载在《旧约》中，此不具述。可注意的就是希伯来人在这五世纪中，有一种要素，使他们的文化值得讲述的，就是先知。因有先知才能由旧式的寺庙宗教，一变而为新式之先知创造的宗教，此诸先知相袭不绝，其后乃出空前未有的大先知，就是耶稣（Jesus），于是才产生伟大的普遍的基督教文化。耶稣实为犹太的先知的继承者（参照：L. Browne：《犹太民族史》；Wells：《世界史纲》第十九章），此新先知从犹太人心中所特具的贪得排外偏狭性质上作一解放，代替它的乃是上帝的普遍的爱，其教训中更反对经济制度中一切阶级、一切私有财产及个人的优先权利。耶稣以后更有第二大师继起即扫罗或保罗（Saul of Tarsus）对于基督教的传布，贡献很大（《世界史纲》第二十九章），然而这种初期的原始基督教，在某一点上实受印度佛教的影响，关于这我在下面另有考证。

（8）腓尼基文化——古代闪族的腓尼基人（Phoenicians）实为西洋文明的宣传者和文化的传播者，他们的言语、法律、文学艺术和科学以及他们伟大的航海事业、贸易事业都给当时和以后各时代以很大的影响。虽然腓尼基人没有著作传世，但他们却因当时商业上的必要，而发明了标音文字，创造新字母。这些字母是用二十二符号，表示字音和舒气发音（Aspirate），但没有母音，后来新闪族和印度欧罗巴人即用腓尼基人的文字，作为一切文字的基础，在西方则希腊人因和腓尼基人通商，传其字母，乃改取数字，表示母音，这可以说就是近代欧洲文字的源泉。还有腓尼基人以算学见长。因为商业簿记的需要，发明今世数目字，即阿剌伯数字，现在的算学代数，也是这一族的新贡献，还有腓尼基的法律，虽不大可考，但可推测其为上古最进化的法典，据亚里士多德政治学中所述，关于迦太基的制度，在某方面比希腊各城市国家还要优美，近人考据谓我们所谓海上法或海商法，也是从腓尼基文化脱胎出来，这就可见他对于世界文化史上的价值了。

（9）中国文化——中华民族的起源，如旧巴比仑说为法国拉克伯里（Terrien de Lacouperie）在一八五〇年所主张，谓中国太古民族乃从西亚细亚、巴比仑地方移住者（见白河次郎、国府种德：《支那文明史》，页 20—52）。其证据可分四类：一、学术及技术，如太阳历之年，有闰月之一年十二分法，一年二十四节小别法，五日累积法（木火土金水），七曜日之采用，关于吉日凶日之迷信，卜筮之实用，阴及阳之概念及太古技术如因摩擦得火之方法外，知旋转得火之术，为石材之代用而为黏土炼瓦建筑之技术，造沟渠运河之事，筑堤防于河及灌溉之事，小麦之开种，车战之使用等等。二、文字及文法，如今日之易，即巴比仑文字之变形，易经说明太古文字，笺注楔形意义，实为古代字典，卦之形体亦断自巴比仑楔形文字传来。三、制度及信仰，如帝王独裁之政治，四表及四海之概念，四岳十二牧，对于自国“中国”之通称，对于人民用“黔首”之名称，统治者之名用神圣文字之习惯，置天文之司，座位尊右之习惯等。四、历史上之传说及传奇，如就姓名言如 Urbau、Urbagash 即伏羲（Hot Bak-ket），Dungi 即苍颉（Dun-kih），Sargon 即神农（Shen-nung），Nakhunte 即黄帝（Nak-kuhu-te）。因之拉氏的结论，便断定中国文化之起源在巴比仑，而断定汉族即为巴克族（Bak），这种说法虽然对中国学者曾发生很大影响（如蒋观云、刘师培、黄节、丁谦等），却有许多与历史事实不符，尤其是巴比仑之 Urbau，Sargon 均为闪族，Nakhunte 为霭南人，和中国之为黄种人者绝不相合，可以说是不攻自破了。但新巴比仑说，主张中国文化与巴比仑苏马连同源，则立论新颖。证据确凿，实可置信。依此说汉族的起源当在中央亚细亚或西亚细亚一带之地，Pumpelly 在西亚细亚发掘地层，知道其地在纪元前约八千二百五十年间，土质膏腴为古代文化的发源地。后因地质变异骤成沙漠，住民乃相率迁散，其迁徙于阿付腊府河流域者为苏马连族，而汉族或亦同出一源，自中央亚细亚移植于东南。美国人类学协会远东部主任 Edward T. William 曾于讨论中国民族的起源时力赞此说，且引牛津大学 J. Ball 之说为证（参照章鸿钊:《汉族起源说》，见《地学杂志》）。今案 Ball 在一九一三年著《中国人与苏马连人》（*Chinese and Sumerians*）曾将汉字与苏马连字之音义相近者，集得千余以相比较，以明中国人与苏马连人在纪元前四千年以前为同居住于中央亚细亚之高地邻近，此二民族实出于同一源云，试举例如下（参照李长傅《中国文化起源于世界移动之研究》）:

一、言语

中国语	苏马连语	中国语	苏马连语
Mu（木）	Mu (tree)	Ts’un（全）	Zun (all)
Kin（金）	Gurkin (gold)	Nga（瓦）	Gar’mar (flat brisks)
Kou（口）	Ka (mout)	Ngu（牛）	Gu’gud (ox)
Kung（贡）	Gun (Tribute)	Shou（手）	Shu (hand)
Ming（名）	Mun, Mu (name)	Shu（书）	nys (writing)

二、文字

Ball甚至以为汉字构成的象形、指事、会意、谐声、转注、假借之所谓六书和苏马连文字同出一源。例如会意之明字，自日月两字而成，而苏马连文字[illegible]，自[illegible]（日）[illegible]（月）之意而成，这当然可算很重大之文献学上证据的新发现。还有郭沫若氏在《甲骨文字研究》中《释干支》一篇也证明了甲骨文字中十二辰文字恰与巴比仑之十二星辰暗合，可见其真确性了。更有西村真次氏从民俗字的立场证明中国古代传说所现帝王之蛇首人身和苏马连之圆埇印章所现之蛇首人身男神同出一源，炎帝神农氏之人身牛首与美索不达米亚之圆埇印章之牛首人身相同。Hayes and Moon则从骨相学上证明“苏马连人和中国人同有斜而深的眼睛，因此中国人至少系苏马连人远亲”（《上古世界史》第一编，页七五），加以1920—1921年瑞典人安特生（J. G. Anderson）从考古发掘所得的证据，他和哈同（Haddon）、巴克斯东

（L. H. D. Buxton）等根据于中国出土的彩色土器来和西亚细亚地方的这些土器比较而提倡汉族的新西来说，合此各方面的论据，那么我们便断定中央亚细亚为苏马连人与中国人的文化共同策源地，而中国文化和巴比仑苏马连文化的关系也就很容易明白了。所以孙中山先生在“民族主义”第三讲中也承认此说，以为“中国文化是由西北方来的”，又在“民权主义”第一讲中，特别指出“中国古代文化所以发生于黄河流域，因为沿河两岸的人类，是由别处搬来的。北方美索不达米亚（Mesopotamia）的文化便早过中国万多年，到了中国的三皇五帝以前，便由美索不达米亚搬到黄河流域发生中国的文明”。中国文化原与马斯波他米亚文化为一民族文化之两分支，苏马连人的故乡同时也就是原始中国人的故乡。我们共同的祖先，大概在极古时代曾同在一个地方（中央亚细亚）创造了人类最古的文化，其后苏马连人向西方迁移，中国人向东方迁移，因此便发生巴比仑文化与中国文化之不同，而我们竟可疑为中国文化是从美索不达米亚搬到黄河流域才产生的了。

（10）日本文化——日本为混血民族，其人种要素有黑肤、反唇、鬈毛的存在，可证明其有黑人种，尼格里托（Negrits）的要素，附近四周又没有类缘的虾夷族，可证明其有野蛮的白人种的要素，然而这些可称为矮奴人或虾夷人的基本人种，实在没有文化，日本文化的发生，实始于中华民族移住该土以后。关于日本人种的来源，虽有种种说法，但有两种值得注意。（A）日本人是吴越人的后裔说，这是日本人林罗山等说法，此说又可分为二，一根据《魏志》认为是吴太伯的后裔说，一根据《晋书》认为是夏后少康的后裔说。（B）日本人是汉民族的后裔说，《史记》卷六“秦始皇本纪”载秦始皇二十八年，遣徐市（福）发男女数千，入海求仙人，又于纪州、牟婁郡、新宫町，有徐福及其从者七人的坟墓和祠碑，都证明徐福确带着数千个青年男女，东渡日本，他们不但传播了中国文化，而且传播了中华民族的种族，现在日本通行的姓氏属于中国后裔的，略举起来，有如下列：

秦氏	惟宗氏	朝原氏	时原氏	河胜氏	岛津氏
宗氏	己智氏	西文氏	净野氏	武氏	樱野氏
古老氏	栗楼氏	板上氏	桧前氏	桧源氏	山口氏
中原氏	高尚氏	丹波氏	东文氏	调氏	内藏氏
大藏氏	樱井氏	平田氏	池边氏	长尾氏	井上氏
林氏	忍坂氏	当宇氏	老贺氏	大友氏	锦部氏
台氏	高村氏	太原氏	交野氏	赤染氏	当世氏
大岗氏	河源氏	上氏	广阶氏	河内氏	御林氏
牟佐氏	茨田氏	深根氏	药师氏	杨侯氏	

上举的姓氏都是中国人到日本的后裔，如日本融通王（即弓月君）据日本史的记载，乃秦公子扶苏的后裔，追后他的子孙赐姓秦氏，分布到各地去。当雄略天皇时（中国六朝）姓秦的计有一万八千六百余人。举此一例，可见中华民族对于日本民族的影响。至于日本文字的发生，虽有平安时代遗留下来的所谓“肥人书”“萨人书”，但前者是苗字，后者是马来字，而真正汉字的输入则在纪元四书纪应神天皇的时代，这时因百济阿直歧之言，征召王仁至日本，手献《论语》十卷、《千字文》一卷，可算汉字传播之始。以后以汉字笔画多，乃参用那省略笔画的两种假名（字母），其一为吉备真备研究出来的片假名（正写字母），其另一就是弘法大师所发明的平假名（草写字母），然而这些字母仍是从汉字的草书脱胎而来。日本法律据穗积陈重在《日本新民法》所云“有一千六百年属于中国法系”，

虽在大化改革以后，经历极多重大的变化，而日本法制的基础仍不出于中国道德哲学的范围，这就可见日本文化原为中国文化的产物，为中国文化所传播，至于朝鲜，原为箕子后裔，现刻虽归入日本版图，而中韩一家，朝鲜的文化完全学自中华，如日本今西龙所云“朝鲜享受中国之文化，故其国之思想，全然受中国文化之支配”（朝鲜之文化），朝鲜本有小中华之称，这就更可见其与中华文化的关系了。

（11）印度支那文化——这是指安南、暹罗、缅甸兼及南洋群岛而言。这区域的文化仍为中国文化所传播。（A）安南人，安南全为越族的分布地，据安南古代的传说，第一王朝鸿庞氏是炎帝神农氏的后裔，于纪元前二八〇年开国的，这虽不过臆说，以安南民族的起源，据河畹史记译本（四册，页 418 ；五册，页 7 注二）曾提出了一种假定，以为安南种族同建国于浙江北部而亡于纪元前四世纪的越国应有关系。鄂卢梭（L. Aurousseau）更根据中国文献，对此假定发挥，著成《安南民族之起源》一篇（见《秦代初平南越考·附录》，页 112—130），以为“我敢断言今日的安南人直接系出纪元前三三三年灭亡的越国之遗民，其祖先在纪元前六世纪时，立国于今日浙水流域之浙江省”（页 123）。虽然马司帛洛（Maspero）在一九二四年通报批评其说，以为无批评的价值，实则河畹和鄂卢梭的假说是很可以成立的。现在的安南人原为中国人的分支是应该归于中华民族的系统来说明的。（B）暹罗人，暹罗是和汉人同化最厉害的国家，一七六六年暹王郑昭（佛昭达信 Rhra Tao Tak）就是暹史上称为盘谷王朝的开创者，根本就是中国人，潮州澄海华富里人，至今该地尚有其祖墓和遗族，因为中暹通婚的结果，暹罗人多含有华人的血统，在言语方面，暹京盘谷潮洲语几成为该处的普通话，所以麦克奈尔（MacNair）氏谈到暹罗以为由于中国的智慧和血统的输入才能够造成今日暹罗的繁荣。照现在的情形来说，暹罗全国的人口总数是一千三百万，纯粹华侨占一百万，华暹混血种八百万，纯泰族的人数是很少的，所以暹罗虽自称为泰国，但从人种学说来观察，很早就汉化了。（C）缅甸人，缅甸是属于西藏系的人种，也是中华民族一干的分歧，可无疑义。又就印度支那文化而言，安南文化，受中国的影响最大，如以法律为例，安南实为中国的法系国，安南所施行的李朝及嘉隆的二部法典即脱胎于中国之唐律及大明律，P. L. F. Philastre 在法文《安南律之新译本》里甚至谓安南几于一字不改采用中国法典的大部分，至于暹罗、缅甸的法律则属于印度佛教的法系，这是很值得注意的。（D）南洋群岛人，案近几百年来由于华侨在南洋筚路蓝缕披荆斩棘的劳绩，开辟了海外的新领土，然而早在千余年以前——汉朝的时候，南洋已经成为中华民族的分布地，不仅如此，就是南洋的原住民——马来亚族，也是由于中华民族或蒙古利亚种一干分歧出去的。马来亚民族于什么时候迁到南洋，虽没有历史文献可考，但据体质人类学研究的结果，确定了马来亚人的骨盘和海南岛或中国南部的苗黎人很为接近。法国汉学家费瑯（Ferrand）认为马来亚人是与中国人、越南半岛人同出一源，是由亚洲高原慢慢地向南移去的。我们也以为中国南部的黎人、疍民、番族安南人与马来亚人同属于越族，同为越王勾践的后裔，不过前者为向南分布而中途停下的一支，后者却为继续南下直到南洋才定居了的一支，不过这种民族的大迁徙是经过无数次的，这可说是史前移植的一般情形。至于有史以后的移植，如薛福成《庸庵笔记》卷四所载“爪哇南境的刘庄，共民约数千家，聚族而居，皆前汉惠帝的后裔”，又一八六〇年在爪哇某地发掘出宋代古钱三十枚，这也可见中国很早便和爪哇发生了关系。又从马来亚以至吕宋一带，从明郑和下西洋以后，继之有梁道明、王连、林道乾辈，都曾到达南洋，称王一时。单就吕宋来说，据《明史·吕宋传》“先是闽人以其地近而饶富，商贩至者数万人，往往久居不返，至长子孙”，明清之际，很多有血性的汉人，眼见着明社鼎革，不甘做清朝的顺民，都移到吕宋去了，所以现在美领菲律宾群岛，也很早即为中华民族的分布地。而且在这里中华民族的分布同时就是中华文化的分布，这也可见中华文化对于印度支那文化和南洋文化之如何关系了。

（12）匈族文化——欧洲第三四世纪间有所谓匈族（Huns），初居于窝瓦河的东岸，至三百七十四年，乃转战而西入罗马，直至西班牙半岛，其影响所及使欧洲民族为之转移，罗马帝国因之崩溃，我们依据于 Priscus《出使匈王阿鞮拉汗庭纪行》和 Gibbon《罗马帝国之衰亡史》、L. SchmiDt《剑桥中古史》第 1 册第 12 章、Wells《世界史纲》第 28 章对于此匈族酋长阿鞮拉（Attila）设汗庭于多脑河时很生动的描写，便可见其文化之一斑。案此匈族来源，据 De Guignes（《匈奴突厥蒙古与西方鞑靼通史》）、F. Hirth（《窝耳迦河之匈人与匈奴》）、De Groot（《纪元前之匈人》）各人研究的结果，知道此族即为中国史籍中所载之北匈奴族之西徙。《魏书·西域传》北匈奴单于被窦宪大败以后，乃离开蒙古迁于俄属巴尔塔什湖附近，而西纪一百四十七年后，复离此而西，至三百七十四年据有里海以北之地，建立昏国，昏与匈音相近，是匈奴人乃渐渐侵入多脑河一带，到了四三五年阿鞮拉兵临君士坦丁，西逼西罗马，当时自中央亚细亚至莱茵河，都受匈人的指挥与统辖，至八九六年阿鞮拉曾孙阿巴鞮，始正式成立匈牙利国（Hungary）。今姑不论此匈奴或匈人的种族，是属于土耳其种、蒙古种、斯拉夫种，抑如中国古书所述系出汉族（《史记·匈奴列传》云“匈奴先世夏后氏之苗裔也日淳维”），要之匈奴或匈人的文化实受汉族文化所传播，则绝无可疑。《史记·匈奴传》“毋文字，以言语为约束”，似尚未有文字，而传中所载单于遗汉书牍，及今所见之匈奴印章均为汉字之借用，惟匈奴自西迁欧洲后，实别创一种文字，洪钧《元史译文证补》（卷 27）云：“匈王阿鞮拉与西国使命往来，坛坫称盛，有诗词歌咏，皆古时匈奴文字。”如果我们注意于匈奴民族原为中古时代与汉族混杂之华化民族（参考姚从吾《欧洲学者对于匈奴的研究》；何震亚《匈奴与匈牙利》；冯家升《匈奴民族及其文化》），则匈族的文字也无疑乎当为华化的文字，Yelts 曾就匈奴文化而为《古代中国与西方之联系》一文，我们研究现今匈牙利语言与匈奴相同之处甚多，但匈奴和中国文化相同的地方更多，这就可见匈奴文化事实上就是中国文化所传播，为中国文化一干之分支。

（13）克利特文化——克利特文化就是以爱琴海（Aegean）为中心的爱琴区域文化，又称米诺（Minoan）文化，但米诺文化实不足以尽克利特文化的特质，克利特（Crete）新石器时代的遗迹，实和最古的埃及同时或更古，其住民男的腰衣与女的袴，恰像苏马连人的样子，此族在克利特岛外，并居塞浦路斯岛（Cyprus）、希腊、小亚细亚、西西里及南意大利，分布很广，但在克利特岛之诺萨斯（Cnossus）古城，所发现可惊异的遗迹，尤为著名。此处所掘出的宫室，万门千户，令入者目眩神迷，考据家认为和希腊神话中之克利特迷园（即米诺 Minos 王养其人首牛身怪物之地）有关，因有此神话，又因爱琴区域中多有名为米诺阿（Minoa）地方，故此部文化，常称为米诺文化（Thorndike《世界文化史》第六章）。此种文化又可分为三时期，初期文化中心似在弥罗嘉（Melos），如所发见丹埒形式三菱形的印章上面雕着绘画文字。中期文化中心在诺萨斯及非斯兹（Phaesus），这时文字已进至表意文字，后期克利特文化已达绝顶，诺萨斯王支配全岛，其宫殿的壮丽、技术的发达、美术轮廓的优美、壁画着色的鲜明，都可看出此种文化实能自由发挥其美感的天才，为后来希腊文化所本。又此种海岛文化，实以最初航海术见长，而最初航海人民皆以劫掠为生，因此米诺的神话和诺萨斯的遗迹中，均可看出克利特人往往掠夺青年男女以为奴隶。这可以说是古代希腊奴隶制的起源，同时也可以说就是西洋征略的文化的起源了（参看 Wells《世界史纲》第 15 章，页 129—134）。

（14）希腊文化——希腊（Greece，其本名为 Hellas）住民称 Hellenes，乃印度欧罗巴民族的支派，和其同种的印度人及波斯人一样，都来自亚洲诸山或里海外的大草原，然而希腊文化的中心及其文化的源泉，却在爱琴区域，为克利特文化所传播，据 Thorndike 的见解，以为此种文化的发展，似由爱琴区域文化与印度欧罗巴文化的精神，融合而成。即以前者之美术，合于后者之文学，再加同时波斯、印度、中国各国关于宇宙人生的哲理，故得成此奇观（《世界文化史》第三卷第九章，页 112）。实在希腊文化不止于希腊半岛，希腊民族南下之时所到的地方已为一种有旧文化的世界，一切航海、农业、城墙、文字，无不具备，希腊人实未曾自创一新文明，不过摧残一个固有文化，于其遗址之上更建立一新文化罢了（Wells：《世界史纲》第二十一章，页 209—210）。即就文化而言，其美术为克利特文化所传播，其文字为腓尼基文化所传播，其文学为印度欧罗巴族文化所传播，其哲学则更明显地为中国文化所传播。专就哲学来说，从前人以为那种哲学文化为希腊人所独有，但由现在研究的结果，知道希腊和中国古代很早即有交通，十八世纪欧洲已有许多学者主张希腊文化导源于中国，如毕太哥拉（Pythgaoras）的哲学和乐律学即为明证。中国在纪元前八世纪已有丝绢西传，从考古学上，依柏利（Bury）所著《希腊史》，知道中国古代的斧头白玉器在希腊已有发现，固然在中国和希腊的文化接触中一定互相影响，然而中国哲学文化之传播希腊，实较希腊为先，这也可见希腊文化和古代东方文化的关系了。

（15）伊特剌斯坎文化——如以克利特文化为希腊文化的源泉，则伊特剌斯坎文化实为罗马文化的母胎。据 Thorndike《世界文化史》第三卷第十四章所述，则此种文化乃在伊特拉里亚即近千年来称为多斯加纳（Tuscany）之地，位于亚平宁（Apennines）山、台伯（Tiber）河及地中海之间，和罗马城极相接近，罗马城居台伯河滨，即在伊特剌斯坎边界上，这就可见两者之关系。“古代之伊特剌斯坎人（Etruscans）有不少遗物及碑刻，惟碑文尚无人能译出，即此一点，可证其言语决非印度欧罗巴语，其风俗有种种特异之处，例如每八日有一休息日，计日从正午起与希腊人计日从日出起及罗马人并吾人计日从夜半起者不同。学者考其种族及起源，众说纷纭，谓其与亚美尼亚人、巴斯克人（Basques）或鞑靼人有关，而迄无定论。”（同上，页183—184）但无论其为亚美尼亚人或巴斯克人或鞑靼人均为东方民族，且与中华民族为同种。巴斯克人现分布于法国与西班牙间比利尼斯山脉和比斯开湾一带地方，此族无疑为在史前时代从亚洲搬到欧洲的，亚美尼亚人据该地的历史家摩西（Moses of Chorene）的考证，也有一部分含有中华民族的血统，如奥配亮族（Orpelians）、马密哥尼族（Mamigonians），这两族都是亚美尼亚的世家大族。其祖先由中国搬迁去的，伊特剌斯坎文化若为鞑靼人所建立，则更无待考证，若为亚美尼亚人、巴斯克人，则至少和东方民族的文化有关。伊特剌斯坎人擅长各种工程，所造水管、桥梁、道路，乃至雄壮城门为罗马城直至恺撒帝时所未曾有，据说这一族人曾经许多时候统治罗马城，后来罗马史家虽不欲承认，无奈罗马人最古传说实在隐然足为此说旁证的地方很多。“罗马故家大族之姓，多似属于伊特剌斯坎人，罗马文化大部分源于伊特剌斯坎人，罗马政治犹沿袭伊特剌斯坎人之制度，如官椅，如随从长官之力克托（Lictor）皆其例证。罗马人之军队组织，以及筑城、造屋、泄水、灌溉、铺路等法，俱仿效伊特剌斯坎人之所为。其最古神庙，咸属伊特剌斯坎式，而其字母及方阵，似俱经伊特剌斯坎人传授，而后得袭用希腊旧法也。伊特剌斯坎人于建城市、安球门、调查国势及日常生活，均行占卜，并撰专书，述其仪式，罗马人俱袭用之，此种心理习惯，影响于文化者至深远。”（同上，页185—186）由上伊特剌斯坎文化对于罗马文化之影响，也就可见其文化史上的价值了。

（16）罗马文化——罗马民族实为各种民族揉杂而成。他的文字拉丁文固多，但沙拜达文亦不甚少，而希腊字根，亦比较中央意大利任何言语为多（见 Coulanges《希腊罗马古代社会研究》，页302）。不过普通所谓罗马文化都是以拉丁民族为中心而言。罗马君主最初为拉丁人，后似为伊特剌斯坎人，然到纪元前六世纪因伊特剌斯坎人施行虐政被逐，罗马乃成为一个拉丁语共和国。这时在中国正当孔子周游列国，以自然法的原理教授门徒，其后纪元前451—450年罗马乃有十二铜表法的公布，以成罗马法的基础。罗马文化无疑乎即为此法律文化的发展。Hegel 在《历史哲学》中以希腊代表艺术的文化，以罗马代表法律的文化，“罗马和希腊不同，他不是和平的美的生活，乃为一种以威力为目的联合起来的战争国家，所以罗马所成就的乃是法律的文化，罗马民族乃是法律的民族。罗马文化在艺术方面不过希腊的模仿者，但在法律文化上面，它却超过了希腊而设立了所谓‘罗马帝国’，这个时代，国家始而抽象地烘托出来，形成一个目的。”所以罗马在文化史上比较希腊为高出一阶级了。但我们要注意的就是这里所设罗马法律，尤其是关于自然法方面，疑其受中国哲学的法律的影响。当时中国和罗马可算世界上版图最大，在同一世界同一时代同时繁荣的国家，但这两国家并不是彼此不相知悉的。Wells（《世界文化史》第三十四章“罗马与中国”，页220）曾经指出“它们却互相在一种特殊情形下间接地发生了影响，对于在它们中间的中央亚细亚和印度影响极大，例如骆驼队横过波斯，航船路过印度及红海，而经营商业，纪元前六十六年庞培大帝率罗马军循亚历山大的旧径进军里海东岸，西历一〇二年班超率中国远征军抵里海，遣使探听罗马军势”。而最大的惹起文化接触的原因，则出于丝绢的贸易，丝绢使罗马帝国末年之财政，陷于崩溃的境界，但从另一方面来看丝绢实给罗马人以地上的乐园。希腊著作家科斯麻士（Cosmas）曾著一书描写得极好，“世界上若真有天堂，则世间好奇好学者，正不乏人，岂能阻彼辈往探寻乎。吾尝见世间有不避艰苦，远往天涯地角，以取丝绸者，盖凡人类皆贪图肉体淫乐，吾不知尚有何物，可以阻其不往天堂一观也。”（见《中西交通史料汇篇》第三册，页9）这种不避艰险以觅取丝绸的唯美的神统，也可以说是一种以肉为本位之艺术的精神，由于这种好奇的爱好装饰的心理，结果使中国一向秘传的桑蚕的种子传入欧洲，给欧洲人生活以一大刺激，在罗马奥利连皇帝（Marcus Aurelius，即 Aurelian）时代（161—180 A. D.），中国丝绢的价值每磅值黄金十二两，这种对于中国文物的憧憬也是自然法从中国流入的原因，不过罗马并非一日的罗马，罗马文化也不是一日的文化，它是由于许多旧文化积世积年逐渐累积成功的，屈指一计，罗马的艺术文学完全受希腊文化的影响，罗马的军队组织以及战争技术，完全是伊特剌斯坎的影响，罗马的法律，其自然法的观念，也不能不求之于中国，直接受希腊文化的影响，直接或间接为中国文化所传播，罗马文化是累积成的，同时一部西洋的科学文化史，也都是文化累积的结果。

（17）波斯文化——古波斯人为从亚细亚向伊兰高原（Iran Plateau）移住的雅利安族的一分派，原极简陋无文，甚至其本族历史也无甚记载，此族不惯于城市生活，也未曾习于高等文化，据文化史家的研究，知道波斯的雕刻模仿亚述，波斯的列柱，学自希腊，波斯后代诸王的岩墓，效法埃及，波斯人于其奥马兹德（Ormuzd）神的表记，径用亚述人所奉亚述神的表记（Thorndike《世界文化史》第二卷第八章，页102）。然而波斯人却有一个大贡献，就是它的宗教的文化，不过这种宗教文化，其实也是学自印度罢了。波斯有琐罗斯德教（Zoroastrianism），其圣书名《味斯塔》(*Avesta*)，圣书的注释名《缯达味斯塔》(*Zendavesta*)，此教的中心思想为善恶二元论。还有摩尼教、马兹德教，这些已受印度文化元素搀杂的伊兰文化，以后又影响于回教方面，尤其回教穆阿台及勒派对于“意志自由”“宿命论”等问题的解释及苏斐派对于人性等级的问题，都是受琐罗斯德教的影响，至于波斯文字，则从古代美索不达米亚文明，承袭了楔形文字的体系，这一点简直可说就是巴比仑和亚述文化的继承者了。

（18）阿剌伯文化——“近世之光明与能力，实受阿剌伯人之赐，非由拉丁途径而来”。这是 Wells 的话（《世界史纲》第三十一章，页571），但是这种阿剌伯的文化从哪里来呢？ Wells 分析研究的结果，以为比萨拉森文化实有三个根源，一、从景教徒得到希腊人的知识，二、犹太的元素，三、即印度，在这里特别使我注意的乃是印度的元素。他说“阿剌伯人所受之激动，更有第三源泉，即印度是。算学尤特受其赐，惟在今日吾人殊以不能公平估量其厚薄为恨耳。总之阿剌伯人之心思在最佳时期中实与梵文文学及印度观念相接触，而大受其影响也”（页531—532）。实在说，我们要追溯萨拉森人文化的源泉，则在印度以外，更可溯及波斯、中国，萨拉森人从印度、犹太、波斯得到宗教文化的源泉，却从中国得到从破布造纸的智识，因而传之欧洲。穆罕默德创始回教即伊斯兰教，其经典《古兰经》至今传诵于回教世界，其实穆罕默德生平崇拜耶稣及亚伯拉罕，这种在沙漠间所创的神学系统，实不过摭拾各种文化的余波而已，彼或曾在叙利亚见基督教教堂，彼或曾与犹太人、波斯人往来而知其宗教，然而就其所创的宗教文化言，乃为团结好掳掠的民族的宗教，乃为不近于宗教的宗教，加之以回教中有名医有良师，有博学的宣道家而没有僧侣，所以影响极大。“嗟汝有众，当知从回教徒皆为兄弟，尔等皆立于平等之地位。”这是何等光明的原始回教文化，所以在纪元八世纪这种来自沙漠的萨拉森文化，正如旭日初升，一方面做了古今文化的继承人，一方面又做了东西文化的运输者，阿剌伯在文化史中所占之地位，可以说是重要极了。

（19）墨西哥文化——亚美利加土人是蒙古人种之一的亚种，以发形来分类均属直发种，与高加索种之波状发不同，以须毛、鼻形、颚状来说，均与蒙古利亚种全同，惟正蒙古利亚种皮肤为黄色的，美洲土人则为黄棕色的罢了。这种人种的来源，据人类学家（如 A. L. Kroeber）、考古学家（如 B. Laufer）、历史学家（如 Wells）、地理学家（如 G. Taylor）等研究的结果，知道是由亚洲移去的，其移植的路径，可假定为（1）阿留地安群岛；（2）坡里内西亚；（3）伯令海峡；而以伯令海峡距离最短，为最可信。其移植的经过当不止一次，于一万年前最初移植后，数千年间当有无数次的移植，但就美洲的古文化来说，则在这移植之中，当以中国人向东所传播的民族和文化为最古，这就是所谓墨西哥文化或阿兹泰克（Aztec）文化、俞加达文化或马耶（Maya）文化、秘鲁文化或印加（Inca）文化之三单位。尤其墨西哥土人称华人为“拔山拿”，译即同乡之意（出使秘鲁参赞谢希傅:《墨西哥述略》中语），就可见其与中国文化的关系了。法国的汉学家歧尼（De Guignes）于一七六一年曾发表《中国人之美洲海岸航行及关于居住亚洲远东的几个民族的研究》，谓其寻研中国古史，曾发现纪元五世纪已有中国僧人至扶桑国，扶桑国即今墨西哥云云。一八八五年文宁（Edward P. Vining）著《无名的哥仑布》，他也极力证明扶桑国即墨西哥，以《梁书》所记载与墨西哥的古代文化互相比拟，发现其无不吻合。墨西哥的特产龙舌兰即所谓扶桑木，古代的墨西哥人使用象形文字，有两种监狱，实行灰责的刑罚，还有贵族称号，与地方出产等等，均可证明，最重要的是《梁书》所说，“其俗旧无佛法，宋大明二年（纪元四五八年）罽宾国尝有比丘五人行至其国，流通佛法经像"，证以墨西哥的古传说，谓曾从外来的伟大人物传给他们以新的信仰，而这新信仰的旨趣，乃是独身主义、禁欲主义、素食主义、习行主义、平和主义、隐退主义，均带着很浓厚的佛教色彩，在这些外来人中最杰出而为土人所最称道的是 Wixipecocha 和 Quetzalcoatl 二人，后者依古墨西哥语即"可尊敬之外来人"，前者或即慧琛比丘（Hwui Shin Bikshu）之音译，还有墨西哥东南海岸附近的地方，称宗教上最高位置的人为 Tay Sacaa，Tay 土语为人，Sacaa 为外来语，或即释迦之音译，Tay Sacaa 与释子同义，这可以解释为古代佛教徒流行此地的遗迹，其他墨西哥和附近的地方所发见的古代雕刻，都非常类似佛像，由此事实，可见将扶桑国认为墨西哥，是很有理由的了。我近著《哥仑布前一千年中国僧人发见美洲说》(《现代史学》第四卷第四期及第五卷第二期）更从各种证据上重新证明了扶桑即墨西哥说，第一以人为证，第二以地为证，第三以事为证，又分三点，其一民族起源，其二神话传说，其三古物遗留，总结各方面证明，得到一大结果，就是在一四九二年哥仑布发见美洲以前，从中国赴墨西哥的僧人，实已发见美洲，而墨西哥的古文化实为中国佛教文化所传播，这就可见这种文化和中国文化、印度文化是发生如何密切的关系了。

（20）马耶文化——美洲的古代文化实以墨西哥为中心而伸展于南和北的，所以在墨西哥文化烂熟以后，在中美洲便产生了马耶文化，马耶文化以中美洲为中心尤其是俞加达半岛（Yucatán Pen.），在那儿还保存着许多可说是世界所惊异的遗物，所以可称为俞加达文化。这种文化和墨西哥文化一样，也为中国文化所传播，其象形文字和中国的象形文字很相似，至今马耶人的书籍尚存有写本三种，皆饰有美丽图画，其所用历术表现着渐次进步的东西，那种各数配列组织，也像中国的干支由十和十二的配列而成一样的（西村真次《世界文化史》第九章第五节）。马耶人建筑物依罗盘针四点定其方向，罗盘针也是从中国人才开始发明的，最重要的是马耶人纪岁月的佛像碑，例如 Alexander 所编 *Mythology of All Races* 第十一册卷百第一图之大独石碑，其第二十四图之青年佛像的雕刻均为好例。在第一图叫做魁软纳的龙（Dragon of Quirigua），龙的肩角发见马耶的年月，约当纪元五二五年。案龙乃无稽之动物名，本为中国人幻想中之神物，马耶人以此为纪念碑中之图案，乃受中国的影响。以年月考之亦后于《梁书》所载宋大明二年，相距约六十七年，无疑为受中国文化传播以后的产物。最重要的是这独石碑的顶面，绘着似佛教的神，与第二十四图佛教之神像相同，此佛教的神从何而来，参以《梁书》所云“有比丘五人游行至其国，流通佛法经像，教会出家风俗遂改”一段话，我们不能不说马耶文化也为中国文化所传播，详考见拙著前书。

（21）印加文化——这就是指秘鲁的文化而言。我们研究美洲古代文化的，必不会忘却在南美的秘鲁文化即印加（Inca）文化。印加帝国的兴起，在纪元二、三世纪，比前秘鲁更前一、二世纪已有灿烂的古代文化，无疑也是中国文化所传播的。秘鲁文字未发明时，有结绳法，以各色绳及结绳的形状为别，相传就是法律命令，也用结绳来代表，这种绳索现在尚有保存，但读法却已失传。Thorndike 谓此“秘鲁古民之结绳，北亚美利加洲印第安人之穿珠，若与中国史家所言，未有文字时之结绳记事齐观，颇觉其间不无关系”（《世界文化史》第七卷第三十二章，页 429），这大概是事实。至今秘鲁境内发现中国古物很多。曾经掘得一块破烂石碑，字迹模糊，惟中文“太岁”二字还很清楚，所以称为“太岁碑”，现在陈列在秘鲁公园内。奥国音乐学者 Hornbostel 曾亲往南美考察，发现中国律管制度，早已流传该处，最近在秘鲁掘得一银笛，其笛孔距离远近，恰与中国笛孔计算的方法相同。凡此发现均可见秘鲁文化和中国文化的关系，因之把前面两节所述合拢来看，我们简直可以承认美洲古文化的三单位，即墨西哥文化、俞加达文化、秘鲁文化都是以我们中国的文化为其源泉，然而阿斯泰克文化竟为西班牙人科德司（Cortez）所率之探险队所毁灭，印加文化则为比撒罗（Pizarro）所毁灭，这一部悲惨的西方文化的侵略史，以较之中国历史所记载纪元五世纪佛教徒之发现美洲，完全以和平传播文化为目的，真可见东西文化根本之不同。

（22）日耳曼文化——什么是西洋文化？什么是自具显明特色的西洋文化？我们以为都是从中古时代日耳曼文化开始。我们现代的文化，不问其为欧罗巴的文化，抑为亚美利加的文化，虽变化万千而实皆直接由此日耳曼文化和拉丁文化混合而产生。欧洲在第十世纪时代，在查理曼帝建立法兰克国（Frankish Empire）之时，已经发生农民运动树立改造社会的基础，还有在这时近代欧洲言语也渐已发达，拉俾奥（Notker Labeo）氏为圣加尔（St. Gall）修道院的修道士，曾取亚里士多德氏波伊悉阿斯氏，及马细阿那斯·卡珀拉（Martianus Capella）氏等之书，由拉丁文译为日耳曼文，因此假定这一个时代即为西方文化的产生，大概是不会错的（Thorndike《世界文化史》第六卷第二十五章）。尤其是日耳曼文化，以北方蛮族的文化征服欧洲，如日耳曼神话中所记载，他们都是好勇冒险为从事于劫掠征服的民族。他们的格言："因武力而取得，就是我们的权利。"这就使我们猛忆及 Spengler 在《西欧的没落》中（第二卷）所分的两种经济学的体系，一个是海贼的贸易业的精神，一个是骑士的行政吏的精神，前者以英国为代表，后者以德国为代表，日耳曼民族自从移住于现今之德意志、法兰西、荷兰、比利时、英吉利、苏格兰、西班牙、葡萄牙、意大利各处之后，他们所表现的文化，不是海贼的文化，就是骑士的文化，实即均为霸道的文化。日耳曼人曾经与罗马的革特人通婚姻，一方吸收罗马文化，同时则排除罗马帝国的支配，而构成其独特的法律体系，即所谓“日耳曼法系”。更竭力吸收古代希腊的文化，而取其斯巴达军队的纪律，取其雅典爱美的观念，这两种精神，都反映在德意志的文化上。Hegel 在《历史哲学》中述及日耳曼文化的特点，第一是以爱好自由见著，迄至最近的时期，“自由”尚为日耳曼人民的口号，便是各君主在腓特烈二世（Frederick Ⅱ）下的同盟，也是从爱好自由而起。第二点即社会的核心，系自由动的团结与自动服从军事领袖与君主而成立的，这里的要素，就是“义”（Fidelity），“义”就是日耳曼人第二个口号，各个人凭着自由的选择，自动服从某一个人，更无须外出的强迫，自愿使这种关系，成为永久不变的关系，以上两重关系——社会中的个人自由，与集团中含蓄的约束——之结合，Hegel 以为这便是国家形成的主要点，在这里各项义务与权利，不复听凭于任意的选择，而是规定为一定的关系了（页 561—562）。Hegel 这里所说的日耳曼人的国家观，尚可适用于现今的德国。德国至今尚是接近原始状态，至今尚具有这种两重精神，宗教改革，普鲁士的形成，日耳曼民族的优越感、铁的意志与纪律乃至于俾斯麦、威廉第二、希脱拉之领导德国，这些都正是这种象征着日耳曼文化之西方文化的色彩。至于一向被称为德国文化中心的观念论哲学，从 Kant 到 Fichte，Schelling，Hegel，Schopenhauer，从某一方面看，他们以哲学的宗教代替正宗的教义，却不能不说是受中国哲学的影响，为中国哲学的文化所传播，其详可参照拙著《中国思想对于欧洲文化之影响》（页 302—323），这里也只好表过不提了。

（23）斯拉夫文化——黑格尔在《历史哲学》中曾有一段说及斯拉夫民族，以为“斯拉夫人曾多少沾染了‘西方理性’的影响，然而这全部民族在‘理性’之世界历程的各阶段中，一向没有出现为独立的因素，所以始终不在考虑之列。至于它今后是否将成为独立的因素，乃是与我们现在不相干的问题，须知历史所关涉者只是过去而非未来”（页 557）；诚然在过去斯拉夫文化的历史太短，原始斯拉夫人据拜占庭、阿剌伯及日耳曼典籍中所告诉我们的乃是有生气的坚忍的民族（见 L. Léger《古代斯拉夫文化》，页 9），然而并没有成就什么特殊文化，即作为斯拉夫文化标帜的“斯拉夫法系”，也始终不曾成为纯粹的东西。但斯拉夫文化自从以现代新兴的苏俄民族为代表以后，便一日千丈，不但成为独立文化的因素，抑且为西洋文化的中心。斯拉夫民族在西方有波斯米亚的支族，在北方有波兰的支族，在南方有塞尔维亚的支族，然都不如在东方的俄罗斯支族，在历史上得有政治的和文化的统一，这种历史上的俄罗斯民族实为“欧亚”的民族，历史上的俄罗斯的文化，亦实为“欧亚”的文化，俄罗斯在中世纪以后，曾一度给蒙古族突厥族占领过，元成吉斯汗曾于其地建立钦察台汗国，统治俄境达三百年，因此在俄罗斯族里面，也混合了东方文化的色彩。尤其可注意的，这“欧亚”的民族精神，一方为东方式的服从，如托尔斯泰的无抵抗主义，一方又为西方式的反抗，如虚无党的革命，这就是能够忍耐时一切服从，不能忍耐时便起革命，这种斯拉夫文化之两重关系，其文化特质和其民族之地理分布一样，介在欧亚之间，具有优良的内省的天赋的根性，由于这种特质，曾发生许多伟大的思想家、文学家、音乐家，由于这种特质，遂使他们对于理想作不断的斗争，结果爆发起来，就是合有国际性的一九一七年的新式革命，新式革命使苏俄的物质建设、国际建设更带上西方文化的色彩，然而根本理想则仍不脱于东方文化，所以孙中山先生赞美它“大同世界俄国新政府之计画，庶几近之”（《中山丛书》第三册，页 96）。可见斯拉夫文化虽和中国文化的途径不同，而殊途同归在将来的文化世界里，实有表现为文化辐合的新倾向。

（24）欧西文化——西洋文化乃“海”的文化，海引起的活动为一个完全特有的科学活动，海形成了一个完全独特的文化精神，如柏拉图说：“海可养成商人。”Hegel 说：“欧洲和海的关系，简直非常重要，这是欧亚两洲之间一个永久的区别。欧罗巴的国家只有在它与海发生关系的时候，才能成为真实欧罗巴的国家。亚细亚的生活所缺乏的对于全部特有性的超越，即对于自己之生活的超越，即在海，个别的人身之自由的原理，因此就变成了欧罗巴的国家生活。”因为欧洲的文化就是对于海的关系所生的文化，地理上天南地北的人，都能使之通航无碍，因而工业发达，商业广布于地球各部，这最好的代表，就是英国的文化了。英国海岸线甚长。其文化实即海的文化，其民族性特立独行、不屈不挠的精神，如爱麦生（Emerson）所说“正像是一座孤岛”，Wells（《世界史纲》第三十五章）批评英国的东印度贸易公司“方公司之初创也原为买卖，迨后竟变为有大力的海盗，无敢过问其行径者”。十五世纪法国军旅司令纪录内称“英国为北海之星，本该转运贸易，以有易无，谁知却剽劫商船使各国不得宁静”（此引阎宗临：《近代欧洲文化之研究》，页 46），这都可见英国文化的特质，在好的方面唤起经济革命、科学发明，坏的方面则造成帝国主义。于是以英国为此种文化中心，再向东西两方发展，在东方表现为法兰西文化，在西方表现为美利坚合众文化，这两个民主共和国，其科学文化均无疑受英国的影响。以法国言，法国十八世纪的启明运动其哲学思潮乃至经济思想均受中国文化之刺激传播（详见拙著《中国思想对于欧洲文化之影响》，页 156—186、236—295），但其科学思想则实受英国的影响。孟德斯鸠（Montesquieu）曾居英格兰两三年，极力赞美英国政府，伏尔德（Voltaire）的议论，也见于《论英吉利人尺牍集》（*Letters upon the English*），这都是很好的例。美国的文化更不消说了，美国民族原为英国人所移植，美国文化原来就是英国的文化所传播，但自大革命爆发以后，美国宣言独立，宣言“吾人必须努力忘却前此之爱护英人……吾人自能成一自由而伟大之民族”（此系哲斐孙 Jefferson 起草原文，后经删去）。这么一来，美国文化才脱欧洲旧文化的束缚，而趋于有意改造环境，适应其需要与目的路上。Wells 曾称道此种交化，以为“自十三州独立以来，世界上遂有一新社会之出现，此新社会有似雏鸡之破卵而去，不啻一种西欧文化之脱尽帝国与基督教国之最后痕迹者，既无王政之遗迹，亦无国教，无任何受爵之人要求优势或尊荣为其权利，即其统一亦仅系一种为自卫与自由起见之统一而已。就此各方面言之，此新社会实于世界政治组织上，开一新局面为前此所未者”（《世界史纲》第三十六章，页 760—761）。这就可见这种新的科学文化的真价值了。

总上所述，世界史上之文化区域，共计二十四个单位：印度达罗毗荼文化，雅利安文化，埃及文化，巴比仑苏马连文化，闪族文化，赫族文化，希伯来文化，腓尼基文化，中国文化，日本文化，印度支那文化，匈族文化，克利特文化，希腊文化，伊特剌斯坎文化，罗马文化，波斯文化，阿剌伯文化，墨西哥文化，马耶文化，印加文化以至日耳曼文化，斯拉夫文化，欧西文化。这其间就文化的独立言，有属于宗教文化的体系，有属于哲学文化的体系，有属于科学文化的体系。就文化的传播言，有为印度文化所传播，有为中国文化所传播，有为西洋文化所传播。然无论如何均以民族的文化为本位，换言之即以有文字发明的文化民族为文化区域之区分的标准。我们意思，以为文化区域是活动的不是静止的，是传播的不是孤立的，如功能派马林诺夫斯基（B. Malinowski）对于文化生命的认识，以为“文化原是人类的一种必需品，用以克服环境，保卫个人，繁殖种族”（《文化传播论集》，页 23），这完全对的，他又以为“埃及的文化不比中国的、美索不达米亚的，或印度的为老”（页 26），这也是完全对的，但他以为文化“从来没有播化这样一回事”（页 26），这就完全错了。戈登卫然（A. Goldenweiser）批评他，以为他倡言“文化不是传染的”“它既非发明亦非传播”，我们便不敢附和了（同上，页 75）。这是真的，我们分析文化史中已知的事实和过程，确知人类有创造力和发明力，文化传播、适应和发明同样存在于各处，同样重要（页 76）。不但如此，在我们主张以文化之独立和传播两个概念说明文化区域的时候，我们也主张文化区域之动态的说法。如以文化的地理言，巴比仑的苏马连文化和闪族文化，实居同一文化区域，而文化的特质却不相同。赫族的文化地理一向不明了，凡此各例均可见静的文化区域不足以说明动的文化区域的真相。如斯宾敦（H. J. Spinden）在《人类学上的平凡派和浪漫派》一文中，他说“美国人种学家却认为文化区域是静止的，有固定地理或历史的地方，主要的技术才能发达，这就是文化区域”（同上，页 43）。却不知人类文化是活动的，不是静止的，如 Spinden 要“由确定的食物供给”，以为文化分区的标准，如所分（1）麦类的文明;（2）玉蜀黍的文明;（3）米类的文明;（4）曼纽克（Manioc）的文明（见页 46—49）；似这样以固定的物质的供给，说明人类所产生的基本文明，当然所见无非静止的文化，当然不能看出文化的传播，而主张其自成一家的美洲文明说了（页 41）。却是文化史的事实并不如此，文化史告诉我们：历史时代的文化特质乃是人类的知识文化和社会文化，即为此文化特质所分布的文化区域，也都是活动的不是静止的，因此所以作为旧世界麦类、米类的文化区域也可以和新世界曼纽克的文明发生连带关系。史密氏（Eliot Smith）虽然是一个泛埃及论者，但有时也说“至于文明的先驱究竟是埃及或美索不达米亚，现代的学者的意见还不一致，不过，一般的趋向都主张，不论埃及受美索不达米亚之惠，或美索不达米亚受埃及之惠，两者之间必有密切的关系，此一文明的要素，必从彼一文明取得”（同上，页 5）。如果这话是单指文化的动态及其传播性而言，我以为再对也没有了。

二、希腊与中国音乐之交流*

序论——中国文化与希腊文化之交流

一、丝绢贸易与文化交通

二、周穆王与中国文化西传

三、亚历山大王与希腊文化东传

本论——中国古代乐律与希腊乐律之交流

一、东西二大乐系之比较

二、毕太哥拉与中国之关系

三、毕太哥拉乐律所受中国之影响

四、京房六十律所受毕太哥拉的影响

简单的结论

---

* 朱谦之先生为《比较文化论集》开列目录时，第二篇题为《希腊与中国音乐之交流》。1957 年 8 月，音乐出版社正式出版，改题为《中国古代乐律对于希腊之影响》。本次整理，以音乐出版社本为底本，校以中山大学哲学系藏朱谦之先生手稿本。——编者

序论

问题之提出

中国古代与希腊的文化交通，有一个须待解决的问题，就是中国文化是受希腊影响，还是希腊古代文化是受中国的影响呢？如果中国古代文化不过希腊文化的残余，为希腊文化所传播，那么中国的古代文化便没有何等独立的价值，反之希腊亦然。实际依我研究结果，则中国与希腊的文化接触，乃立于对等的关系，中国固能影响希腊，但亦受希腊文化的影响，其证明中国文化是受希腊影响者，有英国汉学家翟尔斯（H. A. Giles）所著《中国与中国人》[①] 述中国文物风尚与古代希腊有关系者二十余项，专就物质来说，已有如下各项：

1. 中国建筑，门常朝南，屋中男女分隔，门扇多分为二，且开门时为推进，希腊之住宅亦然。

2. 中国演戏，自晨至晚，连演不息，戏台常搭于露天旷地，与希腊同。戏文有曲有白，戏子或带假面，或涂面脸，彼此皆同，至于戏台上设神象，更是无独有偶的风俗。

3. 中国之骰子戏，系于第二世纪前后自西方传入者。

4. 中国古代用以记时辰之“壶漏”，在古代希腊也曾用过，情形是否完全相同，则未确定。

5. 中国橄榄之来源，或系传自希腊，传播时期约在纪元前第二世纪即西汉时代。

6. 中国之有葡萄，系始源于张骞使西域之后，张骞曾在巴蜀等

---

① Giles：*China and Chinese*, Chap. Ⅳ，页 120—136，薛澄清译。

处，而当时该处已与西方交通，葡萄一类果子，即由彼处入中国，故此后中国始有葡萄酒之酿制，秦汉以前未有。

7. 古时中国铜镜，常有各种花鸟装饰，与古希腊所有者相似。

最有趣的，就是中国乐律亦与希腊相同。他说："中国音乐宫调法制与希腊毕太哥拉乐律有类似之点，故或彼此有所关系也说不定，惟以产生时期之先后观察，则似中国所有者，当系受希腊影响。希腊乐律据研究所得，实较中国乐律先发明。"推到极端，甚至以为文天祥《正气歌》的杀身成仁的精神，都不过荷马史诗《伊利亚得》（*Iliad*）中萨彼同（Sarpedon）鼓励格劳卡斯（Glaucus）慷慨赴义的缩影，[①] 他因此便主张中国古代文化导源于希腊，可谓尽附会的能事了。

但一方面也有人主张希腊文化导源于中国的，以18世纪欧洲学者为例，号称"欧洲之孔子"的魁斯奈（Quesnay）崇拜中国，以为一部《论语》即可以打倒希腊之七贤。因为尊重中国文化的结果，所以即在一七七一年一方面有迈纳斯（Christoph Meiners）主张中国文化仿自希腊，然而不久在法国学者哈革（Joseph Hager）于一八〇六年尚主张希腊的宗教实受中国的影响[②]。究竟是中国文化导源于希腊，还是希腊文化导源于中国呢？这当然不是容易解决的问题，而要之从当时经济发展的事实来看，两方之互相接触互相影响，则为确定的事实。

试以艺术言，古代乐律就是最好的例，中国固然受了希腊的影响，希腊亦受中国的影响。而且依我研究的结果，中国乐律对于希腊的影响，似较希腊对于中国的影响为先。现在即就此一点加以详细说明，同时亦即说明了中国文化和希腊文化的关系。

---

① 见前书，页112—116。

② 参照Cordier：*Bibliotheca Sinica*，第一册，页697。

中国文化与希腊文化之交流

一、丝绢贸易与文化交通

原来有史以前的中西交通，由于民族迁徙，有史以后的中西交通，则常由于通商往来，而此通商往来的中西文化接触，实包括三个时期，即第一为“丝国”（Seres）名称时代，约当有史以来经过春秋、战国、汉、魏时期，以希腊、罗马为对象。第二为“Jenasdan”名称时代，约当隋唐两朝，以波斯为对象。第三为“契丹”（Cathay）名称时代，约当宋、元两朝，以阿剌伯及文艺复兴期之意大利为对象。现在专就本题来探究一下“丝国”名称时代之中国与希腊的文化交通。

有史以来，中西之通商往来，最重要的商品，即是中国出产品的“丝”。中国丝的发明很早，依一九二六年山西西阴村所得遗品及殷墟甲骨文字的片段，知道在新石器时代，已经发达，所以古代传说，说到养蚕治丝的起源，必远推伏羲、神农，或黄帝元妃西陵氏，其源远流长是不消说了，即因这个原故，所以蚕丝西传，其时代亦极久远，在《旧约》全书中，《以赛亚书》作于纪元前七四〇至七〇一年，即有“丝人”（Sinim）一名即指中国人，作于纪元前七六〇至七四六年之《亚么士书》，与作于纪元前五九二至五七〇年之《以西结书》，亦有关于丝的字件，这不是证明了在纪元前八世纪的时代中西已有丝绢的贸易发生吗[①]？因为很早已有蚕丝之往来交通，所以在这一个长时期，西方人士对于蚕丝的原产地——中国——即以“丝国”称之。如“赛里斯”（Seres）、“赛里克”（Serice）或“赛里亚”（Seria）、

---

① 参照 Yule：*Cathay and the Way Thither*；张星烺：《中西交通史料汇篇》，第二册。

“赛拉斯”（Seras）或“赛里可斯”（Sericus）等均有“丝国”之意；又称产丝地的住民或贩丝商人为“赛里斯”，往来交通之路为“赛里斯之路”。这时诗人之所歌咏、史家之所记述，无不称道此赛里斯国[①]。不过在中国文献方面，关于丝绢贩卖，尚缺乏明显的记载。但就《后汉书·西域传》所载汉代西域交通有“立屯田于膏腴之野，列邮置于要塞之路；驰命走驿，不绝于时月，商胡贩客，日款于塞下”；这一段虽未明言丝绢贸易，以当时国际贸易之情形推测，无疑是以丝绢为最重要的商品，而史称“张骞凿空”（《史记·大宛传》）。依斯坦因（M. Aurel Stein）的推论，[②]也是和丝绢的贸易有关。他说：

> 为着中国国内出产发达的利益起见，最要紧的是利用这新开的道路，以为中国的制造品，特别贵重的是丝织物，求得新市场。汉武帝所发动的向西发展大运动，于政治的目的而外，还有与贸易有关的经济的价值在内，这在中国史籍上有很多的事实足以证明。
>
> 在历史上为着贸易的利益和文化交通的和平侵略，而需要政治的力量和军事的行动以为维护，那是数见不鲜的；用国旗来保护贸易并不是希见的事。中国经营中亚政策的开始，即决定了他们为着贸易的利益起见……为着保持中国的声威起见……不能不……倾全国的物力，……战胜了一切天然的困难。

但话虽如此，中国希腊之文化交通，实在张骞通西域以前，很早就有了。这就是一方面在中国有周穆王之西征，形成了中国文化之西

---

① 参照 W. E. Soothill：*China and West*, Chap. Ⅱ，页 8；G. F. Hudson：*Europe and China*, Chap. Ⅲ。

② 参照向达译：《西域考古记》，页 13—15。

传，一方面在希腊有亚历山大王之东征，形成了希腊文化之东传，而东西艺术文化的接触，也就是渊源于此。

二、周穆王与中国文化西传

中西的文化交通，甚至可追溯到西方的丝国的记载以前，这即是周穆王的一段故事。周穆王以天子之尊，游行往返亚欧两洲，惟据汉学家夏德（F. Hirth）的研究，以为于中西文化之接触，尚无大影响[①]。依他说："即使周穆王曾至和阗等远邦，而我们现在也不能断定他在此处附近所见的，是何种人，印度人、波斯人，还是鞑靼人？穆王也许从中央亚细亚不知名之处，带回若干奇异观念，但从周代的中国文明发达史上看，我们实不能看出外国文化输入的显明证据，有如九百年后汉武帝时代一样。"但事实果然如此吗？周穆王所受外国文化输入的影响，虽不大明显，而周穆王西游对于外国文化的影响，却为明显的事实。为要证明这一点，最好是从各方面讨究一下周穆王西游这一个事实的确实性。

（甲）从文献学上观察　现今流传的《穆天子传》，原名《周王游行记》，记述周穆王游行天下，见西王母，并附以美人盛姬死事。此书出汲冢。《晋书·束皙传》："太康二年汲县人不准盗发魏襄王墓，得竹书《穆天子传》五篇，又杂书十九篇，内周穆王美人盛姬事一篇，今载《穆天子传》第六卷。"此书新、旧《唐书》均入起居注类，《宋史》列入别史类，惟《四库全书总目》，入小说家类，考据家如孙星衍等，都不承认这种分法，仍把它列入传记类或古史类。此书有晋郭璞注，清末笺注家有檀萃、徐文靖、陈逢衡、洪颐煊等，近人有丁谦《穆天子传地理考证》、顾实《西征讲疏》各书，外国人如爱台尔

---

① Hirth：*The Ancient History of China*，页 151—152。

（E. J. Eitel）、福尔克（A. Forke）、沙畹（É. Chavannes）、伯希和（P. Pelliot）、邵修尔（Léopold de Saussure）、夏德（Hirth）等，均对此书作详细之研究，虽然各家的看法不同，而要之以《穆天子传》为一部很可靠的研究古史的资料，则均无异议。现在试从各方面观察一下。

1. 从文字上说——汲冢书实为中国学问上的大发见，其价值决不在于今日殷虚甲骨文字，敦煌写本等之下。“竹书数十车，皆漆书科斗字，武帝以其书付秘阁，校缀次第，以今文写之。”（《晋书·束皙传》）今文《穆天子传》以字多，不冠以“汲冢”或“竹书”字件，而其文字来源则甚古。洪颐煊《校序》谓其“文字古雅，信非周秦以下人所能作，如《聘礼》云‘管人布幕于寝门外’，郑君注云‘管犹馆也’。古文管为官，此云官人陈牲，官人设几，乃古文之仅存者”。可见从文字上说，这一部书是可信的。

2. 从内容上说——《四库全书提要》云：“此书所记，虽多夸言寡实，然所谓西王母者，不过西方一国君。所谓县圃者，不过飞鸟百兽之所饮食，为大荒之圃泽，无所谓神仙怪异之事。所谓河宗氏者，亦仅国名，无所谓鱼龙变见之说，较之《山海经》《淮南子》犹为近实。”又顾实《穆天子传西征讲疏》中[①]指出“八不类”，以明《穆传》非战国时人所作。例如穆王以天子之尊，而赐赤乌氏者不过黄金四十镒。战国时《孟子·公孙丑》篇载齐馈孟子兼金百镒，宋馈七十镒，薛馈五十；《秦策》称黄金万镒，奢侈十倍于周穆王。可见此书非战国时作，而确为穆王十三年及十四年西征往返时候的起居注。

3. 从史事上说——洪颐煊《序》云：“《史记·周本纪》云‘穆王崩，子共王繄扈立’；司马贞《索隐》引《世本》作‘伊扈’；此书云‘丧主伊扈’，伊扈即共王也，尤足与经史相证据。”又此书述见西

---

① 顾实：《穆天子传西征讲疏》，《读穆十论》，页1—10。

王母事，亦见于《史记》卷五《秦本纪》，卷四十三《赵世家》。《竹书纪年》卷下《周穆王》篇，亦有记载。惟《列子》中《汤问》篇、《周穆王》篇所述西王母故事，颇多怪异之谈，则根据传说。(《四库全书总目》云,《列子·周穆王》篇所载与此传相出入，盖当时流俗有此载记，如后世小说野乘之类，故列御寇得据采其文耳。)至于《春秋左氏传》所载“穆王欲肆其心，周行于天下，将皆使有车辙马迹焉”，这一段话当然更可靠了。

4. 从年代上说——丁谦《穆天子传地理考证》末附有干支表，顾实《西征讲疏》中有《穆传西征日历》，又张星烺《中西交通史料汇篇》第一册[①]也制表说明，因为此书的最大特点，即干支日期，记载明白，使我们由干支日期，可以计算路程的远近，及所经行路线。可见《穆传》实为古代的旅行日记，为比较可靠的古文献史料无疑。

5. 从地理上说——虽然《穆传》地理，各家的解释不同，实则此书所述古代地名，现多不可考。夏德谓周穆王所到最远之国，未出今长城边关，至如今新疆省西部各处，皆为后人窜入者，此自可备一说。其实西王母国，究在何处，实有不同的各种说法。

（1）阿拉伯说——福尔克谓西王母即设巴尔女王（Queen of Sheba），设巴尔即今阿拉伯。

（2）和阗南之某山说——爱台尔据中国记载，谓和阗南喀剌科陇山（Karakorum）之外，尚有名叫昆仑之山，即周穆王见西王母处。

（3）里海之东说——丁谦谓自西王母国北至旷原之野，在里海东，今俄罗斯新喀斯比斯省（Transcaspian province）地。

---

① 张星烺:《中西交通史料汇篇》，第一册《上古时代中外交通》，页 78—103。

（4）伊朗之德黑兰说——顾实《西征讲疏》[1]谓西王母之邦，当在今伊朗之德黑兰（第希兰）（Teheran）附近。

（5）阿拉尔海东北说——张星烺谓此旷野，即今阿拉尔东北之吉尔思旷野。

实则西王母不过西方之一国君，郭璞注《尔雅》，于“西至西王母”句，不过认为“西方昏荒之国”，以今地考之，当不出于中央亚细亚附近。中亚在古代纪元前八世纪，即为中国与希腊之丝绢贸易要道，同样在纪元前第十世纪，据文献，也可推定为已经开辟。而周穆王这一次大旅行，在政治的意义上，应该还带着经济上的意义，翦伯赞《中国史纲》[2]指出在“这一时代，从周穆王西征的传说看来，则当时中国与西亚，似乎有着某种的商业关系”；这论断我以为是正确的。在《穆传》所述当时昆仑之虚如赤鸟氏、容成氏……及至西王母之邦，他们对穆天子的贡物，多是马、牛、羊、犬等家畜及麦、稷等农产物，这证明那时西域诸种族达到农业牧畜的阶段。所谓西王母，也只和东西旅行家所乐道的女人国故事一样，证明了初民社会曾实行以女性为中心的母系制及一妻多夫制，故能以女子统治，以女为王，并不是什么神话。西王母国可能是西方极远地之女人国，为西征所能到达的一大国。周穆王的经济上目的除与这些氏族国家交通之外，还有两个比较明显的经济事实，即（一）采玉——玉在古代用处极大，如祭祀礼仪用圭璧，丧葬用含玉，装饰用各种佩玉，而这些玉的来源，则出自中国西部，尤其以昆仑山脉和阗一带为产玉的根源地。《穆传》卷二在县圃“天子于是得玉策枝斯之英”又“舂山是天下之良山也，宝玉之所在”；又“休群玉之山，乃命邢侯待攻玉者”，又至于鹳韩

① 顾实：《穆天子传西征讲疏》，页 130。
② 翦伯赞：《中国史纲》第一卷，页 266。

氏“爰有乐野，……宝玉之所聚”。卷四至于重䣢氏“爰有采石之山曰枝斯璿瑰、瑶琚、琅玕、玪瓃、㻬琈、玗琪、徽尾，凡好石之器于是出”。“五日丁酉天子升于采石之山，于是取采石焉。天子使重䣢之民铸以成器”，又“游于文山，于是取采石”，这里所云“采石”即是文采之石，即玉名。（二）丝绢——古代由于丝的发明很早，所以西周之初纺织的手工业已经发达，《穆传》卷三称：“吉日甲子，天子宾于西王母，乃执白圭玄璧以见西王母，好献锦组白纯圜组三百纯，西王母再拜受之”，郭璞注：“纯疋端名也。”这一段话在《山海经》所引传文稍不同，作“献锦组百缕，金玉百斤，西王母再拜受之”。可注意的就是“锦组百缕”，分明是丝织物，《穆传》中只此与盛姬故事中“赠用文锦”一节，说到丝绢，可见其为贵重的礼物；而丝绢西传，对于东西经济文化的沟通，一定贡献不少了。

（乙）从民俗学上观察　洛乌弗尔（Berthold Laufer）在《金刚石记》[1]中曾从民俗学的观点上，论及关于金刚石的传说，中国与希腊相同。他举出几种证据：

1. 飞鸟衔宝说——《梁四公记》称“拂菻国西北，有坑盘坳，深千余尺，以肉投之，鸟衔宝出，大者重五斤，彼云是色界天王之宝藏”（《图书集成·食货典》第三百二十一卷）。以后宋周密《齐东野语》说：“金刚钻相传出西域，及回纥高山顶上，鹰隼粘带食入腹中，遗粪于河北砂碛间。”元时刘郁《西使记》说“金刚钻出印度国，以肉投大涧底。飞鸟食其肉，粪中得之”。案哀比发纽司（Epiphanius，约纪元三一五至四〇三）曾说斯希第亚（Scythia，大月氏）有深不见底的峪谷，要得宝石，则投之以羊肉，宝石粘带入肉中，鹰下攫肉，因衔之而出，这和《梁四公记》相合，而时代也略相同。

---

① Laufer：*The Diamond, A Study in Chinese and Hellenistic Folklore*，1915，页8—9，23—27，40—41。章鸿钊：《石雅》上编，页46—51。

2. 羚羊血破金刚说——洛氏又举《抱朴子》说“扶南有金刚，可以刻玉，体似紫石英，生水底石上，人没水取之，虽铁锤击之，亦不能伤，以羚羊角扣之，则漼然冰泮”。印度古代也有金刚出于海底之说，若谓锤击不伤，只用羚羊血扣它，便涣然冰释，则颇和希腊普利尼所说为近。（普氏又说置金刚砧上，用铁锤击它，锤反跳跃，砧亦破裂。又说：金刚不忌铁与火，但遇羚羊血则破。）但普氏说的是羚羊血，而中国却换上了角。洛氏自注谓中国以角换血，大概是角坚于血的意思。

3. 紫背铅破金刚说——洛氏又说：独孤滔《丹房鉴源》称紫背铅能碎金刚钻（见《本草纲目》），此说亦出于希腊。西元一世纪时，棣奥司苦黎提氏（Dioscorides）谓金刚能碎一切石，不忌火铁，只有铅能破它，以后叙利亚及阿剌伯记载中，均持此说，而十七世纪的亚美尼亚《石谱》，所论尤为详尽。

4. 金刚取金为义说——晋《起居注》以为“生金中，百淘不消”是金刚一名所本，《山海经》郭璞注谓“石而似金”洛氏举此谓与普利尼《民俗学》（Plinian: *Folklore*）相同。普利尼氏曾说：金刚（Adamas）就是金块的意思，也偶然发见于金坑中。亚历士多德《石谱》（Aristotle's *Lapidarium*）和喀芝维尼氏（Qazwini）说也略同，由此知金刚一名取金为义，而其渊源则出于古代希腊。

但可注意的，就是金刚一物，中国与希腊的传说相同，足证其为从西方传来，但金刚究竟从何时传入中国呢？我的答案，以为也是在周穆王的时代。传说中如《十洲记》言“周穆王时，西胡献昆吾割玉刀，刀长一尺，切玉如切泥”。又《列子·汤问》篇“周穆王大征西戎，西戎献锟铻之剑，火浣之布，其剑长尺有咫，切玉如切泥”；并见《孔丛子》。即谓《列子》一书不足据，然如《竹书纪年》载“穆王十三年春，祭公帅师从王西征，秋七月西戎来宾。”又《山海经·中山经》“昆吾之山”，郭璞注：“此山出名铜，色赤如火，以之作刀，切玉如割泥也。周穆王时西戎献之，《尸子》所谓昆吾之剑也。”又张华《博物志》引《周书》说：“西域献火浣布，昆吾氏献切玉刀，切玉如蜡。”据此则郭璞、张华均认为切玉刀是从古代西域传入中国。切玉刀依洛乌弗尔考据，即是金刚钻，则是金刚钻之传入中国，是在周穆王时代无疑。证之以中国与希腊关于金刚传说的相同，可见即在纪元前十世纪周穆王时代，中国与希腊之文化交通，很早便已发达了。

而且一方面有希腊之金刚传入中国说，一方面也有“切玉如切泥”之“玉”，从中国传入希腊之实物证据。历史家柏利（J. B. Bury）在他所著《希腊史》一九〇四年版中[①]曾以斧头白玉器在希腊的发见，证明了古代中国与地中海的交通问题，这不是再真确也没有的历史事实吗？

（丙）从音乐史上观察 周穆王时代的中国、希腊交通，在文化史上究竟有什么贡献，这当然是很值得我们讨论的问题。但如夏德在《中国古代史》上所说，认为绝无贡献，确非事实。至少在《穆天子传》中所述关于音乐各节，使我们知道，周穆王西征对中国音乐文化之西传，是有不少贡献的。例如：

〔卷一〕天子乃奏广乐。

〔卷二〕天子五日休于□山之下，乃奏广乐。

天子休于玄池之上，乃奏广乐，三日而终，是曰乐池。

〔卷三〕西王母为天子谣曰……天子答之曰“予归东土，和治诸夏，万民平均，吾顾见汝，比及三年，将复而野。”西王母又为天子吟曰……吹笙鼓簧，中心翔翔，世民之子，惟天之望。

乃奏广乐，六师之人，翔畋于旷原。

---

① Bury：*A History of Greece to the Death of Alexander the Great*，1904，页10。又1927年版，同页只提及地中海与远东的交通问题，不提中国了。

〔卷四〕至𠧧山之上，乃奏广乐，三日而终。

〔卷五〕祭公饮天子酒，乃歌𨶛天之诗，天子乃命歌南山有𧄒，乃绍宴乐。

甲辰浮于荥水，乃奏广乐。

天子东游于留祈……乃奏广乐。天子遗其灵鼓，乃化为黄蛇。是日天子鼓道其下而鸣，乃树之桐，以为鼓则神且鸣，则利于戎，以为琴则利□于黄泽。

宿于曲洛，废□使宫乐谣曰……。

〔卷六〕天子祭白鹿于漯口，……大奏广乐，是曰乐人。

乐□人陈琴、瑟、□、竽、籥、䇲、筦，而哭。鼓钟以葬，龙旗以□，鸟以建鼓，兽以建钟，龙以建旗。……击鼓以行丧，举旗以劝之，击钟以止哭，弥旗以节之。

壬戌葬史录繇，鼓钟以赤。

全书所录乐器，计有十种：钟、鼓、笙、簧、琴、瑟、竽、籥、䇲、筦。

由上西征路上所演奏用的十种乐器，均为纯粹的中国古乐。案《明堂月令》，据蔡邕《章句》云，为周公所作，[①] 其第五卷第五《中

① 中国乐律书当以《月令》为最古，《汲冢周书》中《月令解》第五十三已亡。《周书序》："周公制十二月赋政之法，作《月令》。"汉蔡邕《明堂月令论》云："《周书》七十一篇，而《月令》第五十三，古者诸侯朝正于天子，受月令以归，而藏诸庙中，天子藏之于明堂。……秦相吕不韦著书取'月令'为纪号，淮南王安亦取以为第四篇，改名曰《时则》。故偏见之徒，或云《月令》吕不韦作，或云淮南，皆非也。"蔡氏《章句》释篇题云："明堂者天子太庙也，所以宗祀而配上帝，明天气统万物也。《月令》周公所作。"案《月令》以十二律配十二月，以角、徵、商、羽配四季，并以一岁中央戊已之日，为黄钟之宫，实为中国最古的旋宫法，可见周公时代中国乐律已有相当成绩，至穆王时，乃传入西方。至此种古代旋宫法所以最早发明，且能流传至今，盖因此种十二月赋政之法，本具宗教性质，且与农业社会的要求相符合。

夏之月》云“天子居明堂大庙，均琴、瑟、管、箫、笙、竽、埙、篪、饬钟、磬”，所述乐器十种与此略同；又《国语·周语》下，伶州鸠答周景王问，所述乐器有琴、瑟、钟、石（磬）、匏（笙）、竹（箫管）、革（鼗鼓）、木（木柷），与此也略同。依《明堂》《月令》则只有五声，依《周语》则周武王时已有七声。《明堂》《月令》，周公乃本于《夏小正》，为古乐，故只有五声。《国语·周语》述周武王创作，为今乐，故有七声，此亦可见当时乐律情形。就乐器来说，早期的编磬，在安阳殷墟，曾有发现，故宫博物院藏殷代编磬三个，有文字，一为“永启”，一为“永余”，一为“夭余”，考据家谓“永”即歌唱，这里所说是指歌唱初开发时，唱歌舒缓时，与舞蹈时的三种节奏。又洛阳金村古墓出土的周代编磬三个，也有文字，一为“古先右六”，一为“古先齐厔左七”，一为“介钟右八”，考据家谓“古先即姑洗，介钟即夹钟，都是古乐十二律的名称”[①]。由此可见中国古代音乐无论乐歌、乐器、乐律，都发明得很早，从音乐史上观察，则周穆王西征，无疑是有很大可能给中国古代音乐西传，创造了历史条件的。

三、亚历山大王与希腊文化东传

（甲）亚历山大王东征之文化史的意义 在希腊方面，亚历山大王（Alexander the Great）的东征给东方各民族带来了许多灾难，但另一方面说，又实为希腊文化之东方传播的开始。他是亚历士多德（Aristotle）的门生，受过很严格的希腊教育，在他十三年的统治中，于纪元前三三四年，统率他的军队，沿途征服重要城市。他远征的路线，几乎包括西纪前四世纪时代的地图。他的军队，伴随着各种

① 参照常任侠：《中国古典艺术》，页29—30。

学者、诗人、优伶、歌妓、奴隶、音乐师等，军行所至，屡屡举行希腊化的祭礼竞技，并设立七十余处的希腊化都市——亚历山大城（Alexandria）。因此他的东征，实无异于希腊化都市与希腊火的东移，从他以后，希腊文化乃随着各地亚历山大城的繁荣，而飞跃于东方，乃至于印度及中央亚细亚。①

（乙）**希腊化的西域各国**　试看中央亚细亚即西域各国直接所受亚历山大王时代希腊文化东传的影响，也就间接证明了中国文化和希腊文化古代的接触。当时曾经和中国接触底“希腊化”的中亚，即西域几个国家如：②

1. 康居——即康国。一名萨末鞬、飒秣建、悉万斤、寻思干、薛迷思干、萨马儿罕，实皆 Samarkand 之译音。《阿利安（Arrian）史记》，谓亚历山大王曾至马拉康达（Maracanda），后世学者考据，谓马拉康达，即是萨马儿罕。③

2. 大宛——大宛国都贵山城，桑原骘藏谓即今日之科真德（Khodjend），也就是亚历山大王在中亚，于牙史沙尔特河上，新建立的亚历山大利亚耶司克塔，意为极东的亚历山大城。④

3. 大夏——即唐时吐火罗，希腊人称此地为拔克脱利亚（Bactria），张骞第一次奉使至大夏时，希腊王朝尚未灭亡。《史记·大宛列传》“大夏”条云：“大夏居民可百余万，其都曰蓝市城”；考据家谓蓝市城即亚历山大之转讹，可见中国人与希腊化都市之接触。

---

① 参照 Flavius Arrianus：《亚历山大远征史》；坂口昂：《世界的希腊文明之潮流》，页 62—64。

② 详见《史记·大宛列传》，《前汉书》卷六十一《张骞传》，卷九十六上《西域传》，卷七十《张汤传》，《后汉书》卷一百十八《西域传》，斯坦因《西域考古记》第二章《中国之经营中亚以及各种文明之接触》。

③ 张星烺：《中西交通史料汇篇》第五册，《古代中国与西土耳其斯坦之交通》，页 7。

④ 坂口昂：《世界的希腊文明之潮流》，页 63。

4. 大月氏——拔克脱利亚希腊王朝，后为大月氏击破而亡。西汉末贵霜王朝，建都犍陀罗，为西域大国。迦腻色迦立，提倡佛教，大月氏一时成为中亚最文明的国家，东西南三方文化，均荟萃于此；尤其犍陀罗的佛教艺术，受希腊艺术的影响很大，为希腊文化所传播。[①]

5. 安息——《史记·大宛列传》“安息”二字即 Parthia 之译音。纪元前 330 年波斯为亚历山大所灭，安息朝则起于纪元前 248 年，张骞使西域时，正当帕提亚人在位，国势强盛，就当时文明说，皆为希腊人所遗留。希腊的医士、美术家及技师等，皆受安息王的优待，希腊剧曲常在宫中演唱，盛极一时，此亦可见安息所受希腊人思想生活的影响。[②]

6. 黎靬——即大秦，旧说谓即 Rome 译音，近人考据则谓黎靬即在埃及尼罗河口之亚历山大城。此地原为东西洋交通之要枢，较之叙利亚尤为重要，而黎靬即系埃及之亚历山大城之音讹。Alexandria 一名甚大，外国人常称其略文，汉文中黎靬，当即 (A)-Lek (s) an (dria) 之讹。[③]

由上康居、大宛、大夏、大月氏、安息及至犁靬，均为马其顿亚历山大王兵威所及，或文化所至地方，所谓古代中国与希腊之交通，实即以此中亚各国为其媒介，而此各地，实均深受希腊文化的洗礼，其艺术作品均极明显地露出希腊的影响，由此东传中国。而在中国方面，在纪元前十世纪乃至八世纪，丝绢贸易之路大开，因之中国的文物，甚至庄重古雅的音乐艺术，也以中亚各国为媒介，而西传希腊，虽然两方艺术文化的接触，其时间不尽可考，而要之有此艺术接触的

---

① 张星烺：《中西交通史料汇篇》第六册，页 17；矢吹庆辉：《西人回观十二年印度》，页 14—19。

② 张星烺：《中西交通史料汇篇》，第四册《古代中国与伊兰之交通》，页 15。

③ 白鸟库吉：《大秦国及拂菻国考》，见《塞外史地论文译丛》第一篇；伯希和：《黎靬为埃及亚历山大城说》，见《史地丛考》，页 84—85。

历史事实，则决无可疑的了。

（丙）犍陀罗音乐之东传 犍陀罗艺术是在纪元前后以至纪元后四百年左右，在印度西北有名“犍陀罗”的一个地方所发生的新艺术作风，其中“犍陀罗”音乐的东传，尤与本论有关。“犍陀罗”一名，在中国古代载籍所用名称种种不同，如“乾陀罗”“健陀罗”等为 Gandhāra 或 Gāndhara 之音译；“犍陀卫”“乾陀卫”“乾陀越”等为 Gandhavat 之音译；当时此地实为东西文化辐凑融合之处，尤以都城名“丈夫城”（Puruṣapura）即《魏书·西域传》之富楼沙城，迦腻色迦王曾建都于此，所谓犍陀罗艺术即发源于此。犍陀罗艺术有种种不同名称。

（1）犍陀罗艺术（Gandhāra Art），这是就产生地得名的，此地从古即为交通要路，亚历山大王之征入印度，即利用此通路。

（2）希腊佛教艺术（Greece-Buddhist Art），这是就作风来说，是希腊作风；就内容来说，是佛教艺术，合成此名。

（3）贵霜艺术（Kusana Art）这是就当时统治犍陀罗地方的大月氏贵霜朝而得名。不过贵霜朝的艺术，其地理的范围较广，普通常包括同期之摩菟罗（Mathura）等美术而言。[①]

此犍陀罗艺术，在世界艺术史上实为古代希腊罗马艺术之一支流，曾给佛教艺术，以极大的影响。就其极盛时代来说，虽时代稍晚，而其起源，则可追溯到纪元前四世纪亚历山大王之东征。中经阿育王之传播佛教与希腊人的接触，而大成于大月氏国之贵霜王朝。犍陀罗艺术受了希腊艺术的影响，在雕刻上、绘画上、建筑上、音乐上，均有优良的成绩，且以中央亚细亚为媒介，而传入中国。法国马斯培罗（H. Maspero）在《先秦时代中国所受西方文物之影响》中，[②]

---

① 参照逸见梅荣:《印度美术思想》，页 31。

② Maspero: *La Chine antique*, 1927.

以为当时希腊美术之本流传入中国，对于从来支配中国人心之以静的和平的为主潮之写实的艺术，而传入以动的活跃的为主潮之装饰的艺术，不久之后，这新的倾向，遂能影响于中国本位美术之一部，使艺术的理想，以活动主义为第一位。这种非常大胆的论断，证以犍陀罗艺术在中国之传播情形，尚属恰当。如就雕刻言，山东之汉武梁祠画像石；就绘画言，如千佛洞所得之佛教画，以及在中国美术史上有名的所谓"曹衣出水，吴带当风"，这在衣褶和装饰方面，都可看出希腊式美术传统的影响。

现在专就音乐来说。印度佛教音乐，梵语称为干罗尔瓦（Gandhāra），即表示乾陀罗地方为新音乐之中心区。此新音乐之东流，从西域而至中国，当以秦时蒙恬之西征，与汉时张骞之西使为其关键。田边尚雄谓："当时西域以亚历山大帝国之国际的新文化，由秦而广播于中国各方面。……秦代以来，中国之乐器及音乐，已趋向于变动之机运，尤以蒙恬之西征，更促此种机运之进展，因是有多数乐器之发明，竟归功于蒙恬，即此故也。""至武帝时，大征西域而服属之，新舞踊、散乐之类，盛传中国，因之中国音乐之组织，根本上即起变化。"[①] 此种新音乐之东流，无疑即是犍陀罗佛教音乐之东流，而这种新音乐对于中国之影响，可分三方面来说：

1. 乐歌方面——犍陀罗音乐之传入中国，正当中国音乐陷于极端衰落的时候，徐养源《律吕臆说》中说："周衰乐坏，工器散亡，厥后清歌妙舞，多出西凉，傥亦自秦而往乎？（'羌笛'疑即古之'篴'）张骞入西域得《摩诃兜勒》一曲，李延年因之更造新声二十八解，乘舆以为武乐，此西音之初入也。《旧唐书》云：'西凉乐'者后魏平沮渠氏所得，盖凉人所传中国旧器，而杂以羌戎之声，

① 田边尚雄：《中国音乐史》中《西亚细亚音乐之东流》，页154—155。

此西音之再入也。后魏之世有《簸逻回歌》，又有《真人代歌》，梁《鼓角横吹曲》出于此，是北音也。自李郎子亡而南音阙，北音亦无习者，唐时惟西音最盛。刘贶云：周齐以来管弦杂曲将数百曲，皆'西凉乐'也，鼓舞曲皆'龟兹乐'也。惟琴家独传楚汉旧声。"[①] 这一段论中国音乐与西音的线索很分明，不过徐氏谓西音自周而往，有些近于附会。其实考究西音更深的源泉，是从西域间接地把印度希腊的音乐输入进来。其事见《晋书》卷二十三《乐志》中：

> 横吹有双角，即胡乐也，张博望入西域，传其法于西京，惟得《摩诃兜勒》一曲，李延年因胡曲，更造新声二十八解，以为武乐，后汉以给边。

晋崔豹《古今注》中，陈智匠《古今乐录》，《册府元龟》卷五七〇，乐六《夷乐》，均有此记载。究竟这《摩诃兜勒》曲是什么一种音乐呢？在这里有两种解释：

（1）摩诃兜勒为Maha Tokhâra之音译说。

此说以兜勒解释为地名之Tokhâra，其理由是（一）兜勒国名曾见于《后汉书》中；（二）兜佉勒或兜呿勒之国名，曾见于《鞞婆沙论》《高僧传》《出三藏记集》《大智度论》，明为Tokhâra之音译；（三）中国之外国名译音的方法，以兜佉勒或兜呿勒而略称兜勒者，其例甚多。因此《摩诃兜勒》，解释为Maha Tokhâra之音译，因张骞由大月氏或大夏传入此胡乐，故称《摩诃兜勒》。[②]

（2）《摩诃兜勒》为大伎乐说。

此说参照唐《大慈恩寺三藏法师传》第二卷中，有一节"傑侏

---

① 徐养源：《律吕臆说》，《俗乐论》一。
② 桑原骘藏：《张骞西征考》，页52。

兜离之音，铿锵互举，虽蕃俗之曲，亦甚娱耳目，乐心意也”。窝忒司（Watters）认此“兜离”为梵语 Turya 之音译，作音乐之意义解。此僸佅兜离之文字，又见于班固的《东都赋》中，桑原骘藏认为要是《东都赋》中之“兜离”，也是 Turya 的音译，则更进一步，张骞由西域传来之所谓《摩诃兜勒》，也可作与兜离同为 Turya 之音译解，即认《摩诃兜勒》为 Maha Turya 之音译。又有一说，谓 Turya 非音乐，实指一种铙钹的乐器而言。又为伎乐，即乐队之义，如以 Turya 解为伎乐时，则所谓《摩诃兜勒》者，当为大伎乐之义。[①]

由上两说，以后说为较正确。案《僧只律》云“伎乐者打鼓歌舞，弹琵琶，铙铜钹，不听看，道中见无罪”，此当为印度乐剧之受希腊影响者，换句话说，即是犍陀罗的音乐系统，至隋唐以后天竺乐与龟兹乐、安国乐、疏勒乐、康国乐、高昌乐、西凉乐的输入，那是后话，只好表过不提了。

2. 乐器方面——还有就是犍陀罗音乐中所用乐器，曾给中国汉、魏、六朝的乐府，以莫大影响。关于这一点。隋末人所作《乐部》一书，记龟兹、天竺、康国、疏勒、安国等音乐，似有参考价值，只可惜除了《太平御览》所引以外，很早失传了。《册府元龟》卷五七〇，乐六，《夷乐》所记西域诸国所用乐器如下：

天竺乐——凤首箜篌、琵琶、五弦、笛、毛圆铜鼓、都昙铜鼓等九种。

龟兹乐——竖箜篌、琵琶、五弦、笙、笛、箫、觱篥、毛圆鼓、都昙鼓、腰鼓、羯鼓等十五种。

疏勒乐——竖箜篌、琵琶、五弦、笛、箫、觱篥、答腊鼓等十种。

安国乐——箜篌、琵琶、五弦、笛、箫、双觱篥、正鼓和铜钹等

---

① 桑原骘藏:《张骞西征考》，页 53。

十四种。

现在只就乐器中之一、二种为代表，说明如下：

（1）琵琶——据林谦三《隋唐燕乐调研究》知道中国所传的琵琶有两种，一种是汉代以来所已知道（后人称“秦汉子”或“秦琵琶”），形是圆体，修颈有四弦十二柱。一种是隋唐胡乐中所使用的琵琶（胡琵琶），以四弦四柱为最普通的型式。[①] 前一种琵琶传入中国，早在汉武帝之时，在西域当时为马上之乐器，如王昭君携往胡地的琵琶，即此类。后一种即今日琵琶之形状。据田边尚雄说“今日琵琶之形状，为纪元后物，即如前述印度于第二世纪时始盛行之，盖为乾陀罗之文化也。其经西域而入中国，当在南北朝时”。[②] 中国自有此犍陀罗式的新乐器输入以后，在唐代发生很大影响。凌廷堪《燕乐考原》卷一云“燕乐即苏只婆琵琶之四均二十八调也。龟兹乐既入中国以后，周齐之俗乐如此”。又说“《隋书·音乐志》明云‘郑译用苏只婆琵琶弦柱相引为均’。《辽史·乐志》又云‘二十八调不用黍律，以琵琶弦叶之’，则燕乐之原于琵琶可知。……故《唐志》‘燕乐之器，以琵琶为首’；《宋志》亦云‘坐部伎琵琶曲盛流于时’皆其证也”。因为唐代的燕乐是以琵琶为主，所以这时代的音乐文学，即用琵琶来演奏，可以说是琵琶家最出风头的时代。

（2）笛——笛也是犍陀罗音乐的主要乐器，与琵琶同时流行于印度西域一代。据田边尚雄说“原来纵吹之笛，为美索不达米亚、犹太、埃及、希腊所见最古之古代乐器。……此与印度之佛教结合，殆在大月氏之时。此纵笛经中央亚细亚，由西域入中国，为时甚古，周末已有之。盖于亚历山大帝国时先驱，至阿育王而有相当之东进，至

---

① 林谦三：《隋唐燕乐调研究》（郭沫若译），页109—110。
② 田边尚雄：《中国音乐史》，页182—184。

佛教艺术中所采用者，则为大月氏时之西域文化，……印度佛教中尤重视此纵笛。如日本奈良东大寺大佛殿前，八角灯笼之扉绘上，即有吹此笛之菩萨象，此决非中国之乐器，盖表现中亚文化上印度佛教艺术之一”。[①] 由上所说大月氏时之西域文化，无疑即是犍陀罗音乐。所以笛之东传中国，当与琵琶同时，也到了唐代才发生大影响，如唐人把它来演奏《折杨柳曲》，即其例。

由上所述琵琶和笛，均不过一例，证明了犍陀罗音乐中所用乐器东传，此外如箜篌、觱篥等均为希腊文化自亚历山大、阿育王，以至迦腻色迦王时传入印度、中亚，因而传入中国之新乐器。

3. 乐律方面——现在话归本题，即在乐律方面，中国汉代乐律的进步，也由于此时希腊乐律，由印度西域各国东传的结果。京房的六十律实和希腊的毕太哥拉派的乐律理论相同，无疑亦为此时接受希腊乐律理论的影响。盖中国与希腊的文化交通很早，在纪元前十世纪周穆王时代，中国的音乐乐理，早已输入希腊，形成了纪元前六世纪之毕太哥拉乐律，及到毕太哥拉后之四百五十年，希腊之音乐理论，乃又以印度西域各国为媒介，而东传中国，影响为京房之六十律。这其间中国与希腊音乐文化之互相交通互相融化，乃为世界音乐史上最感兴趣的事实；尤以中国古代乐律对于希腊之影响，乃为中国与希腊古代文化交流之一有力的例证。其文化交流的图式，即是（一）中国——（二）希腊——（三）中国，不是希腊影响中国在先，乃是中国先影响了希腊，而后再受希腊的影响，这就是本论以乐律为例，而特别要加以说明的新题目了。

① 田边尚雄：《中国音乐史》，页 165—166。

本论：中国古代乐律与希腊乐律之交流

一、东西二大乐系之交流

世界音乐分为三大乐系，即（一）中国乐系，（二）希腊乐系，（三）波斯、阿拉伯乐系。这三大乐系中，波斯、阿拉伯乐系，与中国、希腊乐系截然不同，却不免受此两乐系的影响，暂可置之不论。现在只就东西之二大乐系，即中国乐系与希腊乐系拿来比较研究一下。据王光祈《东方民族之音乐》[①] 所列如下图：

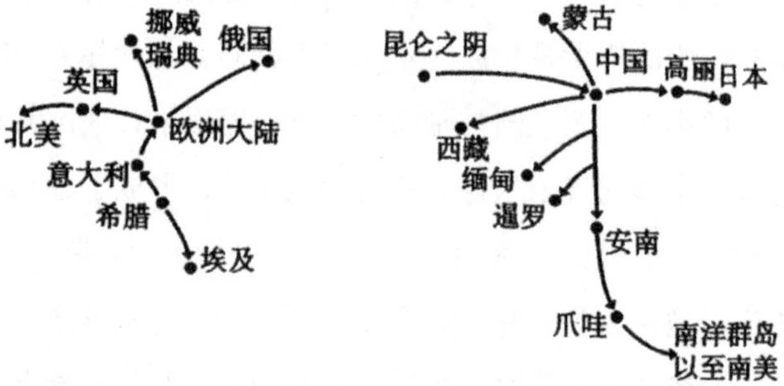

就这二大乐系的流传来说，似乎中国乐系和希腊乐系是绝不相干的了。中国乐系形成东方的音乐系统，希腊乐系形成了西方的音乐系统，东西二大乐系互不接触。但是事实果然如此吗？这当然是值得我们讨论的问题，如果这二大乐系，绝不相关，则我在《序论》中所述中国与希腊的文化交通，皆成废话。实际即因中西很早即有文化交通，所以东西二大乐系亦很早互相沟通。如照上图所列，则中国乐系除西藏外，并不向西发展；希腊乐系除俄国外，并不向东传播，这不

① 王光祈：《东方民族之音乐》，上编，页1—3。

但违背历史，在理论上也是说不通的。

依我意思，中国乐系与希腊乐系自古即有交通，两大乐系的乐律理论，就是最好的例。不过在未说破以前，须先将此二大乐系的音乐，作一比较研究。

（甲）古代中国音乐与希腊音乐均为“单音音乐” 世界音乐调式的进化，可以分做三大时期，即（一）单音音乐阶段；（二）复音音乐阶段；（三）主音音乐阶段。同样我们对于音乐调式之发生的分类，也可以分做三大调式，即（一）单音音乐为第一调式，是每一个调子之中，同时只有一个声音，连续进行。（二）复音音乐为第二调式，即是每一个调子之中，同时有数个异音齐发。（三）主音音乐为第三调式，即每一个调子之中，同时有数个声音齐发，但其中只有一个声音做主，叫做主音，其余都是副音。这三种调式的说明，可参看王光祈《欧洲音乐进化论》。

中国和希腊的音乐调式，都简单得很，换句话说，他们所应用的，都不出“单音音乐”的范围。中国古典音乐停滞在“单音音乐”里面，希腊应该比较进步了，但据王光祈说：“现在欧洲有许多音乐史家，颇疑像希腊这样聪明的人，为什么不晓得复音音乐，于是苦心孤诣，去搜集材料，以证明希腊人亦懂得复音音乐，但是搜集一阵，仍是毫无结果，大约希腊人仅懂单音音乐一项，业已成为定论了。”[①] 德国有一位音乐史家吕满（Riemann，1849—1919）曾为古代希腊的调式，搜集许多材料，并且译成乐谱，由这些乐谱来看，希腊音乐是完全和单音音乐的图式相同。中国音乐则无论朱子《仪礼经传通解》，《诗乐篇》所载《风雅十二诗谱》，或朱载堉的《乡饮酒乐谱》，乾隆的《诗经乐谱》，都是一字一音，为古代单音音乐的最好例证，即至

① 王光祈：《欧洲音乐进化论》，页13。

后来的《唐乐笛字谱》《乐府浑成》乃至《集成曲谱》，虽然一字数音，而奏乐之时，总是一个声音连续进行。即有时数种乐器同时并奏，所奏的仍是同一声音。所以中国古典音乐自始就是单音音乐，和希腊之为单音音乐，可谓不谋而合，而中国古典音乐之所以不能发达，当然也是因受单音音乐限制的缘故。

（乙）古代中国音乐与希腊音乐均从五声增至七声 中国音乐与希腊音乐，在远古时代的调子，均为一种“五音调”，后由“五音调”进至“七音调”，中国五音调是：

宫 商 角 徵 羽 宫'

据史书所载，此种五音调，传为纪元前二六五〇年左右黄帝时代所创，大概是极古的了，[①] 这种音调，是规定将一个音级分为五个部分，但是调子虽只有五音，然有十二律旋相为宫之法，一律而生五音，十二律恰好生六十音，以五音调和西洋音阶比较，即是：

c d e g a c'

到了周朝，复在五音调中加上二变，即“变徵[②]”“变宫”两音，遂由五音调进而成七音调，这即是：

宫 商 角 变徵 徵 羽 变宫 宫'

以西洋音阶表之，即是：

---

① 王光祈：《东方民族之音乐》，页2。

② 本文“徵”字，原皆作“征”，误，今据中山大学哲学系藏朱谦之先生手稿本统改。——编者

c　d　e　f　g　a　b　c^1

这种由五音阶进至七音阶的情形，希腊音乐和中国完全相同。希腊最初所用的五音调，其组织次序如下：

g　a　c　d　e　g^1

译为中文谱，即是：

徵　羽　宫　商　角　徵^1

因为调的次序是可以变通的、推移的。故希腊的五音调与中国古代的五音调可以根本相同，惟当为中国五音调中以“徵”为基音的“徵调”。这就是说，中国五音调以“宫”为基音，是所谓“主调”，以商、徵、角、羽等为基音，是所谓“变调”，而希腊五音调[①]的组织，即等于中国五音调的变调，希腊到了纪元前六世纪，才出现了一位音乐理论家，叫做毕太哥拉，方才发明七音，于是所谓七音调者应时而生。希腊七音主调共有三种，即 dorisch，phrygisch，lydisch 等，以 dorisch 一调为最通行，且为希腊的土产，[②]其组织次序如下：

e　f　g　a　b　c^1　d^1　e^1

译为中文谱，即是：

角　变徵　徵　羽　变宫　宫^1　商^1　角^1

① “调”，原作“谱”，误，据中山大学哲学系藏朱谦之手稿本改。——编者
② 王光祈：《东西乐制之研究》，丁编，页144。

由上可见中国的七音调，与古代希腊的七音调，组织相同，不过中国方面以“宫调”一种为最通行，而希腊方面则以与中国“变宫调”略相似之 dorisch 一种为最重要，有这些不同罢了。但无论如何，中国乐系与希腊乐系在乐调组织上，均从五音调而进至七音调，均为调式音乐，这一点不能不认为中西乐制史上巧合的事实了。

（丙）古代中国与希腊均注重音乐的谐和原理并提倡一种音乐的世界观

古代中国教育，最注重音乐，如《王制》“春秋教以礼乐”；《文王世子》“春诵夏弦”；《周礼·春官》“以乐德，乐语，乐舞教国子”。朱熹所“夔教国子只用乐，大司徒之职，也是用乐”。而且制乐的时候，特别注重中声。《国语》伶州鸠道“古之神瞽考中声而量之以制”；《左传》昭元年秦医和道“先王之乐所以以节百事也，故有五节，迟速本末以相及，中声以降，五降之后不容弹矣”。《说苑·修文篇》孔子说“先王之制音也，奏中声，为中节”；《吕氏春秋·适音篇》也说“黄钟之宫，为清浊之衷”；这种传统的音乐思想，把谐和的中声看做音乐的根本，和古代希腊的音乐理论家的见解，完全相似。希腊毕太哥拉派建立一种“数学乐理”，以为音乐的谐和，即系丝弦长短，以及颤动多寡的关系，即完全属于数理关系。在富有谐和的数的性质里面，各个音的高低，就由于与各高低音相应之弦长度，其中有一种数字的比例，于是“考中声而量之以制”，即以量音为主，而产生所谓“量音派”，以与那注重实际演奏，却不注重数理关系的所谓“谐和派”相对立，然无论量音派也好，谐和派也好，他们注重音乐之谐和原理，却和中国的音乐理论基本相同。

毕太哥拉派主张音乐能使人心净化，又以为“世界即是音乐”。为什么？世界的三大基调为平均、秩序、调和；万物因数而成为秩序整然的世界，世界即含有平均、秩序、调和底一切存在的总体，以和

"浑沌"相对立。就中世界的调和，在毕氏看来，是和音乐的调和为一样东西。音乐的调和是数的关系，这是毕氏学派所发明的，因此他们以为世界是数的关系，同时也就是音乐的关系，[①]而得到一个结论，即是"世界是个音乐"。"围绕着当作中心的火，回转着十个地球或行星。每一个行星在自身的运动中，弹出特别的音调的赞美歌而加速他的运动。这十个行星运动所出的音调带着音乐的谐和的性质，但是我们虽习知而不闻，好像铁匠不注意自己铁锤的敲击声一样。"[②]这一段话拿来和《庄子·天运篇》所云，以"天乐"为宇宙本体，真再相同也没有了。《天运篇》引有焱氏的话"听之不闻其声，视之不见其形，充满天地，苞裹六极，汝欲听之而无接焉"。这是中国最古的音乐的世界观，和毕太哥拉的世界观，虽然一样荒诞，但也一样表示着古代对于音乐之极高的评价。

总之，中国音乐和希腊音乐两相比较之下，有如下三点，即是第一，中国音乐与希腊音乐同为单音音乐；第二，中国音乐与希腊音乐均为从五声进至七声；第三，中国与希腊古代均极注重音乐的谐和原理，并提倡一种音乐的世界观，这虽然只是表面的初步看法，却已证明了中国与希腊的二大乐系是很相同。由此更进一步，在乐律学史上，注意到这二大乐系之互相影响，而探讨它的史实，这却是我们音乐史研究者的责任了。

二、毕太哥拉（Pythagoras）与中国之关系

我们既已知道，中国音乐和希腊音乐古代是很相同，那么更进一步的问题，就是二大乐系之中是否互相影响，而在互相影响之中，是

---

① Burnet：*Early Greek Philosophy*，页 107。

② 薛格洛夫编：《西洋哲学史简编》（工子野译），页 17。

中国音乐先受希腊影响，还是希腊音乐先受中国影响呢？我的答案，以为从文化交通史看，二大乐系之间不能没有影响，而且中国音乐之传入希腊在先，希腊音乐之传入中国在后，因此在乐律方面来说，也是中国对于希腊乐律之影响在先，而希腊乐律对于中国的影响，却是后来的事。

中国音乐对于希腊的影响，最初提出的，是耶稣会士钱德明（M. Amiot，1718—1793），他是法国人，1750年来华，在京四十二年，传教事业外，专事沟通中西文化。1776年在北京印行一本详论古乐八音的书，此书收入《北京耶稣会士研究纪要》（*Mémoires concernant l'histoire, les sciences, les arts, les mœurs, les usages, etc. par les Missionaires de Pekin*, Paris, 1776—1814）第六卷，即1780年发表的《中国古今音乐考》（*Mémoire sur la Musique des chinois tant anciens que modernes*）一书。他主张中国古代乐律和毕太哥拉氏的乐律相同，毕太哥拉曾经游历过印度，也许也到过中国，受了中国思想和音乐理论的影响。但一方面有人主张中国乐律给希腊以影响，一方面也有人主张中国乐律是受希腊的影响。如法国汉学家沙畹（Chavannes）即为好例。他在司马迁《史记》译本第三册中，有一节论到《希腊与中国音乐》（"Des rapports de la musique Grecque avec la musique Chinoise"，见 *Mémoires historique*，Vol. Ⅲ 1898，页630—645），依他意思，中国的七音调，是希腊人在亚历山大王东征亚洲时（334 B. C）经过印度而传入中国的。实际则亚历山大王的东征，为时甚晚，毕太哥拉既经到过印度，则经印度而受到中国古代乐律的影响，是很有可能的，所以在这两说之中，我觉着钱德明氏的中国乐律西传说，比较可靠多了。

在未详细研究这个题目以前，我们应先注意一下毕太哥拉的生平事略，次述其对于中国的关系，然后再论到这一位希腊的乐律家所受中国的影响。

（甲）毕太哥拉传略 毕太哥拉的生平，现已不大可考，流传至今的有三种传记，都是他死后几世纪的著作家，记载着他所做的奇闻轶事，充满着离奇怪诞的神话。因为他是古代的大旅行家，幼年即襆被远行，周游地方很广，所以这种神话的流行，不足为奇，但这种记载，也不尽可靠。我们知道的是他在公元前五百八十年与五百七十年之间（一说是在584—580B. C.）生于爱琴海的撒摩斯岛（Samos），大约在公元前五百二十九年迁居意大利南部克洛托那（Crotona）城（为当时希腊的殖民地），以后即定居于此。但在未迁到意大利之前，曾经漫游埃及和东方各国，据我们所知道的有下列各地：

伊奥尼亚（Ionia即今小亚细亚）；腓尼基；埃及；巴比仑。

据耶稣会士钱德明说，他曾经到过印度，或者亦到过中国，这虽在历史上没有什么证据可寻，但他的学说带有东方的色彩，因此有些传说，也是值得我们注意的。当然他不是如他的信从者们所视为能够创造奇迹的“神人”，他之所以离去本土，迁居意大利的希腊殖民地，是因为他反对当时的暴君坡力克拉提（Polyrcrates），而尽忠于贵族党，但这并不意味着他不也反对人民。他卜居克洛托那时，创立了一个学社，这个学社就是哲学学派、政治党派和宗教同盟的三位一体，站在反动贵族一边来反对人民的。盟社似乎是一个贵族的实际训练学校，在这里教生徒注重道德训练，须要尊师敬长尊重国家的威权；要晓得克服情欲，调和心灵。这盟社热心研究美术、天文、音乐、医学，尤其注重数学，相传欧几立（Euclid）几何第四十七条定理便是毕太哥拉发明的。又在宗教思想方面，毕氏虽没有什么著作遗留下来，我们都知道他提倡轮回转生之说，注重灵魂的洗涤，乃至命运等问题，认为音乐和数理的研究，非洗涤灵魂不可，非严格地恪守克己禁欲乃至独身思想的律戒不可。[①]他的学说带着很浓厚的唯心论的色彩，但仍然有些地方，正如列宁所指出的，是把“科学思想萌发和宗教神话式的狂想相联系”（《哲学笔记》），如乐律学就是一例。

毕太哥拉学派当时流布于希腊大部分繁荣都市，附和者甚多，但因其贵族政治思想和各城市的人民思想不合，结果毕氏学派遂被逐出意大利，而相传毕太哥拉，也不得已逃避于吕加尼亚洲（Lucania）之麦他邦顿（Metapontum），于公元前五〇〇年，死于其地。他的许多弟子也从意大利逃入希腊，相传和苏格拉底同时的菲罗劳斯（Philolaus），就是这一学派的继承者和组织者，菲氏也注重数学，认为数学说明一切的根本原理，而数学的法则性的确实，则在音乐和天文学里面得到证明。这派势力在公元四世纪时便已消失，可是这派的宗教势力，却延续到基督教时代，因而有新毕太哥拉学派的产生，公元一世纪小亚细亚人泰阿那（Tyana）、阿波罗尼阿斯（Apollonius）即为这一新派的哲学者、预言家，被人称为施行奇迹的圣者，相传其曾游历印度地方的。

由上所述毕太哥拉及其学派，使我们注意以下的几件事情，即是：

1. 毕太哥拉曾游历埃及和东方各国，传说谓其曾到过印度，或者亦到过中国。

2. 毕太哥拉学说，如轮回转生之说，禁欲独身生活，均无疑是受印度思想的影响。

3. 毕太哥拉站在贵族立场，反对暴君，也反对人民。他的学说，正如列宁所指出是科学思想萌芽和宗教神秘相联系，是有它的进步性也有它反动性的。

4. 毕太哥拉学派以后之新毕太哥拉学派，亦曾游历印度，此其学风使然。

---

① 《苏联大百科全书》第十二卷，页 521，《古希腊哲学》，参照汉译。

（乙）毕太哥拉学派与中国之关系 毕太哥拉学派与中国之关系，在一八四四年格拉地施（A. Gladisch）曾著《毕太哥拉派与古时中国人》（*Die Pythagoreer und die alten Schinesen*，Posen），证明毕太哥拉哲学是从中国得来，此书最拉（Zeller）在《希腊哲学史》中[①]虽欲加以论驳，却是其中必有很新颖的叙述是无可疑的。爱尔特曼（Erdmann）在他名著《哲学史》第一册[②]也曾举及格拉地施书，并认为毕太哥拉的矛盾表，中国之外还受了波斯的拜火教的影响，可惜此书未见，现在只好就我们普通所知道的材料，略为研究一番。

1. 数理——毕太哥拉是数论的始祖。他认“数”为世界万物原理，万物都是模仿“数”而成，没有“数”便任何东西都无从捉摸，而所谓关系、同异、秩序、律法等等，也无从认识；即天地万物，也无从成立。这种思想，虽然和唯物论相反，却向世界发展的规律性的认识，推进了一步。所以恩格斯在《自然辩证法》中[③]曾特别指出：

> 撒莫斯的毕达哥拉斯（540年前后）：数是本原：“数是万物的本质，它的宇宙万有的所有的规律性，是数及其种种关系的一个谐和的体系。”（亚里斯多德，《形而上学》1之5）黑格尔很正确地注意到，“那种想把表象中认为实有的，本质的（真的）一切东西一扫而光，想把感觉实体抹煞掉”，而打算在一种很狭隘的片面的逻辑范畴中去寻找本质的“观念，是很大胆的”（黑格尔《哲学史》237页），正如数被一定法则支配着一样，宇宙也是被一定法则支配着的。这是最初发表出来的关于宇宙规律性的思想。毕太哥拉又认为音乐的谐和，也是一种数学关系。

---

① Zeller：*Philosophie der Griechen*，第一卷，页28。

② Erdmann：*A History of Philosophy*，第一卷，页33，W. S. Hough译本。

③ 恩格斯：《自然辩证法》，《历史科学的东西》，页208—209，三联书店版。

然而可注意的，就是这种万物皆本于“数”的思想，这种最初发表出来的关于宇宙规律性的思想，实与中国古代的哲学诗——《易经》——的数理最为相合。《易经》有理有数，因数而明理；认为有一物即有一数，万物皆为数之有形的表现，数与理不可分离，而倚数以尽理之意。“探赜索隐，钩深致远，以成天下之事业，必归之数。”故《易》言筮法，于数最详，《易经》所理解的“数”，和毕氏的数论，基本相同。然而毕氏的数论思想，其来源则出自东方。郎格《唯物论史》上卷[①]曾告诉我们一个消息，即是在希腊最早哲学家，它的数学与自然科学之研究，是和东方各国商业的交通有关。“商业必然会用许多方法，将知识发明及观念，从一民族流入他民族”，“这种事实，可以叫我们知道东方诸国对于希腊文化所及之影响，那比较荒谬的传说所说希腊哲学家曾作某种旅行，曾作某种旅行修业的话，是更明白的”。郎格更指出“东方诸国在天文学和时间计算的范围内，确实比希腊人优先，而在希腊人尚未想到数字的知识与技术时，东方民族就已具有它们了”。这就是指毕太哥拉说的，东方民族就应该包括埃及和中国。科学史证明了在纪元前十八世纪到十二世纪中国已经建立了阴阳历，而古代的哲学诗——《易经》——它的数论，也确实比毕太哥拉为先，不过也正如郎格所指出，希腊人在受东方影响之后“在数学这个范围内，注定了要强过古代一切民族”罢了。

2. 十种矛盾表——毕太哥拉派说明数的本质怎样化成万物，他们首先是说一切数理由“一”构成，“一”为数之始，所有其余的数，都是集成多数的“一”而成，所以在宇宙万物发生的次序上，“一”为最先。德欧克尼斯（Diogenes）引述此派的教义是：“一为一切物之始，自一生不定的二，二属于一，一为二之原因。自二及不定的二

---

① 郎格：《唯物论史》（李石岑、郭大力译），上卷，第一章，页4—5。

生数，自数生象，自象生构成面积之线，自线生立体，自立体生可见之物，可见之物有四原质：水、火、风、地”；[①]这种说法，也实和中国传统的《易经》相同。《易》卦始于太初之一画，自有此一画而发展为“两仪”，为“四象”，为“八卦”，所谓“易有太极，是生两仪，两仪生四象，四象生八卦”，一象太极，无所不包，郑注是“极中之道淳和未分之气”，分为天地，故生两仪；又分水火雷泽，故生四象；又自此发展为天地山泽水火风雷八种自然现象，就是八卦。而这一二四八的顺序，也是本于宇宙生成自然的法则而来；也即是由数生象，由象生可见之物的原理，这不是和毕太哥拉的单一论很相符合吗？最妙的是就数目来说，如毕太哥拉主张水之数为2乘3，中国以水配北方，其数为六，竟和毕太哥拉的说法完全相同，毕太哥拉这种对于数所采取的神秘的观点，和中国旧一套唯心哲学的关联，决不会是偶然的。

毕太哥拉派从他数理哲学又引出了奇数偶数的对立理论，因为数有奇偶之分，宇宙是由反对的、矛盾的配偶所组成，而这些矛盾的特点，就起于所由组成的奇数和偶数的区别，这种说法，也和易经分阴分阳相同，阳即奇数，阴即偶数，《史记·自叙》“《易》著天地阴阳”，《庄子·天下篇》“易以道阴阳”，所谓阴阳，即是奇数和偶数的区别。宇宙间的矛盾现象，如生死、进退、有无、阖辟、往来、高下、前后，均为一阴一阳之道，所以说“刚柔相推而生变化”，即是一奇一偶而生变化于无穷。于是从奇数和偶数的对立，毕太哥拉就引出“有限”和“无限”的对立。奇数不可二分，偶数可二分，故前者为有限，后者为无限，由二者的关系，遂产生万物，宇宙便是奇数和偶数这些相反的东西之调和的结果。相反的东西可括成十项，这就是

① Diogenes Laertius, *Lives and Opinions of Emienent Philosophers*，卷八，此据冯友兰:《中国哲学史》卷下，页549译注。

有名的所谓“毕氏十种矛盾表”。[①]

1. 有限者——无限者	2. 奇数——偶数
3. 一——多	4. 右——左
5. 男性——女性	6. 静——动
7. 直——曲	8. 光——暗
9. 善——恶	10. 正方形——长方形

把十种矛盾表，拿来和虞翻所述《易义》来对比，真再相同也没有了。[②]毕太哥拉学徒有的将上下前后附加在十种表上，更和《易》理相同。依毕氏理论，昼为奇数，夜为偶数，干而温暖者为男性，湿而寒冷者为女性，这也和《易经》哲学“昼则天地皆属阳，夜则天地皆属阴”[③]，“阳以燥为性，其为气炎；阴以湿为性，其为气凉”[④]完全相同。因为由中国古代哲学看来，天地之道非阴即阳，“无乾坤则无以见易”，乾坤其实即是奇数和偶数之别名，由乾坤这二相反的调和的结果，便发生无数的事物，所以说“立天之道曰阴与阳”，“—”者奇也，即阳之象，“- -”者偶也，即阴之象。“阴阳合德而刚柔有体”，也就是毕氏所主张宇宙以平均、秩序、调和为三大基调的根本原理了。

3. 伦理思想——毕太哥拉派的伦理思想，是非常严肃的，他们的盟社主张弃世绝欲，注重纯洁的生活，如下面所引《毕太哥拉学派金言》[⑤]之首数节，便是最好的例：

---

① Aristotle: *The Metaphysics*, Book Ⅰ. Ⅴ. 7.（Vol. Ⅰ,页 35—36，万人丛书本。）

② 参看方申:《虞氏易象汇编》。

③ 章潢:《图书编》，卷二十二。

④ 《性理大全》卷二十七，李延平语。

⑤ *The Pythagorean Golden Words*，冯友兰译，见《海天集》，页 5—11。

永生的神们，如法律所订； 在尊贵的英雄及地下豪杰之前，	第一要尊敬，敬重誓言； 应致以相当之敬礼。
敬你的父母与亲族，	于其余的人中，以道德为标准，选择友朋；
对于柔和的言语与美善的行为要谦让， 忍你所能忍，因为“可能”与“必要”紧相邻。	不可因些微的小犯而憎你的朋友， 这些事你要知。
下边几样，学习着去管理：	第一是胃，次则睡眠，情欲，与恼怒。
对于别人或你自己不要做一点卑劣的事情，	最要紧的是自尊。
不要不合时的浪费你的金钱， 然而也不要吝啬。	象那下流的人。 在一切事情中，中庸是最好的。

似这样告诫门徒，怎样敬神，忠信于父母及朋友，怎样自尊、节制、忍辱励行着道德的生活，固然他的宗教观念如轮回转生等说受印度思想的影响，而他的道德观念和中庸思想，却和中国古代的哲学相同。

由上所说，即：[第一]毕太哥拉认“数”为宇宙万有原理；[第二]，以奇偶的对立，说明一切关系；[第三]，他的伦理思想。由上三点，均可见他和中国古代的哲学思想相同。毕太哥拉是到过东方各国的，他这种和中国古代思想的相同，绝不是偶然。他的整个哲学体系都不能不受中国思想的影响。

三、毕太哥拉乐律所受中国之影响

现在专就乐律为例，毕太哥拉所受中国古代乐律学的影响，依我研究的结果，是有几点：

（甲）毕太哥拉发明七音与中国七音相同　中国和希腊的音阶，都是一样地由五音调变为七音调。中国七音调的来源很早，关于它的起源，有种种不同的学说：

1. 虞舜说——此一说谓舜时已有七音，或于宫、商、角、徵、羽五音之外，添了变徵、变宫两音。[①]

2. 夏殷以前说——唐时人著《乐书要录》[②] 云："夫七声者兆于冥昧，出于自然，理乃天生，匪由人造，凡情性内充，歌咏外发，即有七声以成音调，五声二变，经纬相成，未有不用变声能成音调者也。故知二变者宫徵之润色，五音之盐梅也。变声之充赞五音，亦犹晕色之发挥五彩，不知音者莫识其源，或云武王克商，自午至子，凡有七辰，故加以七音。所以儒者相传皆云：变徵变宫起自周武，若如所言，则夏殷以前，乐不成调，箫韶大夏，何以克谐；斯乃拘文守见之谈，非知音达观之说。"

3. 周武王说——《国语·周语》下云："王将铸无射，问律于伶州鸠。对曰：'律所以立均出度也。古之神瞽，考中声而量之以制，度律均钟，百官轨仪，纪之以三（天地人也），平之以六（平之以六律也），成于十二（十二律吕也），天之道也'，……王曰：'七律者何？' 对曰：'昔武王伐殷，岁在鹑火，月在天驷，日在析木之津，辰在斗柄，星在天龟，星与月辰之位皆在北维，……自鹑及驷七列也，南北之揆七同也（七同合七律也），凡神人以数合之，以声昭之，

---

① 王光祈：《东西乐制之研究》，页 102。

② 《乐书要录》，卷五"论二变义"，此书日本奈良时吉备真备由唐传入，中国失传，日本现存卷五、六、七三卷，收入《佚存丛书》《正觉楼丛书》中。

数合声和，然后可同也。故以七同其数[①]，而以律和其声，于是乎有七律。’”案此谓七音调乐制之起源，起于周武王，即当公历纪元前一二〇〇年左右。

4. 周景王说——周景王二十三年，将铸无射之钟，初为单穆公所阻，乃问伶州鸠。《国语》云：“周景王问于伶州鸠曰：‘七律者何？’韦昭注：‘周有七音，黄钟为宫，太簇为商，姑洗为角，林钟为徵，南吕为羽，应钟为变宫，蕤宾为变徵。’”案此以宫、商、角、徵、羽、变宫、变徵七音为调，即七音的起源。明邢云璐《古今律历考》以为此即伶州鸠之说。

5. 周末说——宋蔡絛《铁围山丛谈》云：“乐曲凡有谓之均，谓之韵。均也者宫、徵、商、羽、角、合变宫、变徵为之，此七均也。变徵或云始于周，如战国时，太子丹遣荆轲于易水之上，作变徵之音，是周已有之矣。”

6. 周初至周末说——田边尚雄《东洋音乐史》云：“五声当周初，增变徵、变宫二声，成为七声。”这七声之出现，是起于转调，这就是说：“所谓五声七声者，非变音阶之性质，乃作曲法之进步而生所谓转调耳。故五声变为七声，不用三分损益之法亦无妨。三分损益法之发见，在七声出现之周初，未有证据，恐至周末始出现也。”[②]

7.《春秋》说——左氏鲁昭公二十年，齐侯与晏子谈话，有“五声、六律、七音”之说。王光祈《中国音乐史》云：“按鲁昭公二十年，即周景王二十三年，亦即西历纪元前五二二年，同时发生七声或七音之说，可谓凑巧已极。”[③]

由上各说，我以为主张变宫变徵起自周武王之说，为最正确。因

---

① “数”，原作“声”，误，据《国语》原文改。——编者

② 田边尚雄：《东洋音乐史》页164，汉译《中国音乐史》，页119。

③ 王光祈：《中国音乐史》上册，页20。

为依周景王对伶州鸠所说“七律者何”一段的记载，如照起于周景王说，那么周景王为纪元前544—前520年时人，中国七音的发现，应该是和希腊毕太哥拉（纪元前580—前500年）同时的了。不知中国七音调起于周武王，很早就有了。周武王时代为纪元前1122—前1116年，由周武而至周穆王之东征，《穆天子传》有“鼓笙鼓簧”及“乃作广乐”语，此“笙”即中国古代之特有乐器，其形制实包含七声，于是由穆王西征，而传至希腊，实大有可能。现在试照文克而曼（Winkelmann）《物理学》[1] 列表比较此二乐系之音阶如下：

毕太哥拉音阶	c	d	e	f	g	a	h	c^1
	1	$\frac{9}{8}$	$\frac{81}{64}$	$\frac{4}{3}$	$\frac{3}{2}$	$\frac{27}{16}$	$\frac{243}{128}$	2
中国音阶	c	d	e	fis	g	a	h	c^1
	1	$\frac{9}{8}$	$\frac{81}{64}$	$\frac{729}{512}$	$\frac{3}{2}$	$\frac{27}{16}$	$\frac{243}{128}$	2

晓得中国七音调组织，和古代希腊，即毕太哥拉所发明的七音阶调全同，又知道希腊七音阶调乐制的起源，在纪元前600年左右，而我国则远在纪元前1200年左右[2]，那么希腊乐律所受中国的影响，便很容易明白了。

（乙）毕太哥拉定律的方法，系采用“五阶定音制”，和中国古代所谓“隔八相生法”完全相同。什么是隔八相生法呢？隔八相生便是从基音起，每隔八律定准一音，但限于一个音级之内（即从黄钟至应钟），如下图，以十二律依次排列之：

---

① Winkelmann：*Handbuch der Physik*，第二册，1909，页213。此引《中西文化之关系》，页68。

② 王光祈：《东方民族之音乐》，页25—30。

1. 黄钟生林钟（黄钟——大吕——太簇——夹钟——姑洗——中吕——蕤宾——林钟）。
2. 林钟生太簇（林钟——夷则——南吕——无射——应钟——黄钟——大吕——太簇）。
3. 太簇生南吕（太簇——夹钟——姑洗——中吕——蕤宾——林钟——夷则——南吕）。
4. 南吕生姑洗（南吕——无射——应钟——黄钟——大吕——太簇——夹钟——姑洗）。
5. 姑洗生应钟（姑洗——仲吕——蕤宾——林钟——夷则——南吕——无射——应钟）。
6. 应钟生蕤宾（应钟——黄钟——大吕——太簇——夹钟——姑洗——仲吕——蕤宾）。
7. 蕤宾生大吕（蕤宾——林钟——夷则——南吕——无射——应钟——黄钟——大吕）。
8. 大吕生夷则（大吕——太簇——夹钟——姑洗——仲吕——蕤宾——林钟——夷则）。
9. 夷则生夹钟（夷则——南吕——无射——应钟——黄钟——大吕——太簇——夹钟）。
10. 夹钟生无射（夹钟——姑洗——仲吕——蕤宾——林钟——夷则——南吕——无射）。
11. 无射生仲吕（无射——应钟——黄钟——大吕——太簇——夹钟——姑洗——仲吕）。
12. 仲吕生黄钟（仲吕——蕤宾——林钟——夷则——南吕——无射——应钟——黄钟）。

如是十二次，每隔八律定准一音，共成一周，这种隔八相生法起于何时，当成问题。依我所见，乃起于《管子·地员篇》。由宫生徵，由商生羽，皆上生，进八位。由徵生商，由羽生角，皆下生，退六位，然无论进八退六皆是隔八相生法。宫生徵即黄钟生林钟，商生羽即太簇生南吕。又徵生商即林钟生太簇，羽生角即南吕生姑洗，均隔八相生，而退六与进八，也不过前者左旋与后者右旋之不同而已。管子约为纪元前七世纪（725？—645 B. C.）时人，《地员篇》言五音不言七声，当为中国隔八相生法的元祖。即使非管子作，时代亦当在毕太哥拉之前。[①] 所可异的，这最早发明的隔八相生法，实际即是“五阶定音法”。八律包含五阶，如黄钟生林钟，包含宫——商——角——变徵——徵；林钟生太簇，包含徵——羽——变宫——宫——商；太簇生南吕，包含商——角——变徵——徵——羽，南吕生姑洗，包含羽——变宫——宫——商——角；姑洗生应钟，包含角——变徵——徵——羽——变宫，以此类推。即是每隔八律，定准一音之隔八相生法，同时即等于每隔五阶，取定一音。这就是说中国古代的隔八相生法和毕太哥拉定律所用的“五阶定音法”完全相同，更可注意的，就是中国古代所谓“音以八生”之隔八相生，似乎只限于一个音级之内，而毕太哥拉所用定律之法，虽和中国隔八相生法相同，而不限于一个音级之内，则较为复杂，这较为复杂的定音制，应当是从较为简单的“限于一个音级之内”的隔八相生法孕育出来的，这也可说是希腊乐律接受中国影响之一证。

---

① 《管子·地员篇》，以“五”字分别七性，说者谓其显示系汉儒阴阳五行之说，因疑其为汉初人作，却不知“五行”之说，实在春秋战国之前，《洪范》箕子言，与《夏书·甘誓》，均言“五行”，《荀子》谓“案往旧造说，谓之五行”，可见这种思想很早就有了。这是农业社会很容易发生的素朴的自然观，不但不足以证明《地员篇》为汉初人作，反而证明了这是从自然现象出发的古代传统思想。

（丙）毕太哥拉应用与三分损益相同之方法，以为希腊音阶理论之基础，此三分损益法发见之时期，中国先于希腊。案田边尚雄《东洋音乐史》第二章《中亚音乐之扩散》中，曾讨论及此云：[①]

> 此三分损益法，希腊先乎？中国先乎？若两者互有关系，则由何种民族与以影响乎？皆重要之问题也。于是遂有三说，一谓此法由希腊传于中国，一谓由中国传于希腊，一谓出自某民族，西向希腊东向中国者，此等问题，至今尚未解决。然兹有一重要之事，即在希腊皆就弦长论之，在中国全就管长论之，管与弦状况大异，而弦方面为合理的，管方面有几分不合理之点。此不合理者，至汉时发见，京房曾大论之。今者认为中国与希腊两民族之间，无文化之交涉，倘专就空理以考究三分损益之发展，殆如前所述：此法先在管上漠然而起，后应用于弦上而格外确实，乃更以弦上之理论应用于管上以正其误。依以上之论而断，则当先有周之十二律还相为宫之论，继成毕太哥拉弦长比之论，更自毕氏之论，而成汉京房之竹声十三律之论，然以此种文化之移动，求之于古代东洋史上，颇感困难。普通谓毕氏由埃及得此法，埃及得自迦勒底人（Chaldaea），迦勒底人得自苏美尔人（Sumerians），苏美尔人乃立于中国与希腊之中间者，又波斯亦立于希腊与印度之间，为文化之媒介。若谓印度得自达罗毗荼人，则印度亦为中国与希腊之中间者。此两者究谁属乎？若由中国之绢入于希腊事考之，则似古代有意外之文化交涉者，但今日尚难确定此问题。

① 田边尚雄：《东洋音乐史》，页164—166。见《东洋史讲座》第十三卷，汉译《中国音乐史》，页119—120。

此三分损益法的记载，在中国始于《管子·地员篇》，其文曰：

凡将起五音，凡首（房玄龄注：凡首谓音之总先也）先主一而三之（戴望《校正》：王氏引之云，主当为立字之误也，《史记律书》云，置一而九三之以为之法，置一即立一），四开以合九九（一而三之，即四也，以是四开合于五音，九也。又九九之为八十一也），以是生黄钟小素之首以成宫（素本宫八十一数，生黄钟之宫，而为五音之本），三分而益之以一，为百有八，为徵（黄钟之数本八十一，益以三分之一，二十七通前为百有八，是为徵之数）。不无有三分而去其乘（《校正》引丁云，不无二字衍，有同又），适足，以是生商（房注，不无有即有也，乘亦三分之一也，三分百八而去一，余七十二，是商之数也）。有三分而复于其所，以是生羽（三分七十二，而益其一分二十四，合为九十六，是羽之数）。有三分西专其乘，适足，以是生角（三分九十六，去其一分，余六十四，是角之数）。

试用律管，依其三分损（减短）益（增长），以算式表之如下：

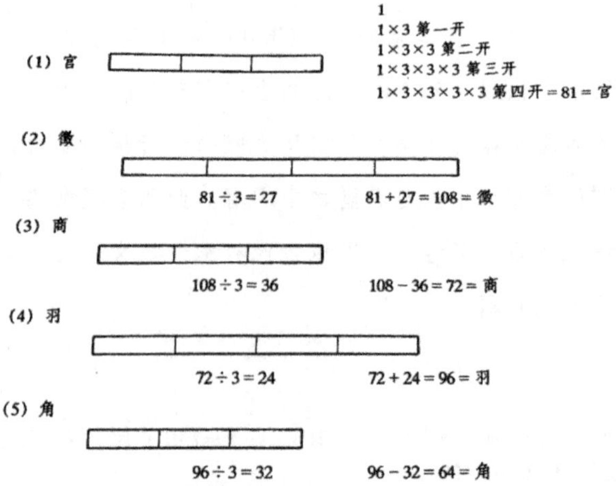

案此为中国最古之三分损益法，实中国乐律学之一大发明。田边尚雄疑其从苏美尔人，波斯人或印度人传入中国与希腊两方，实毫无根据。谓为由中国传于希腊。则以中国古代之绢入于希腊事考之，则证据确凿，殆无疑义。而且管子《地员篇》讲三分损益，如云“凡听徵如负豕觉而骇，凡听羽如马鸣在野，凡听宫如牛鸣窌甲；凡听商如离群羊，凡听角如雉登木以鸣”；这所云马鸣牛鸣，乃就农业社会经验而引起之对于“音色”之印象。又“五施……呼音中角，……四施……呼音中商，……三施……呼音中宫，……再施……呼音中羽……一施……呼音中徵”；似此以音律说明土壤之学，虽毫无科学根据，但却证明了三分损益法是从农业社会产生出来，和希腊之为都市国家与因商业与航海之故而接近科学者有所不同。再从乐理上观察，毕太哥拉以弦乐器（Monocord）作计算乐律的标准，虽比中国以律管之长为标准者进步得多，但实从中国得来。中国直到京房看出“竹声不可以度调”（《后汉书·律历志》），才知道从来的律算法，根据律管须有“管口补正”的错误。这就是说，竹管之长不能严密与三分损益法相合，因之京房便主张以弦长代替律管，这分明是受希腊乐律的影响，然也不能因此而抹煞了毕太哥拉乐律计算法所受中国之更早的影响。在毕太哥拉以前，中国和西方的通商往来，史有记载，丝绸之西传，周穆王之东征，都可见这时中国文化光芒万丈，其传入西方，为西方人所容易接受，毕太哥拉乃一大学者，且尝到过印度，那么以印度为媒介，将中国之三分损益法，传于希腊，这不是很可能的历史事实吗？

（丁）毕太哥拉的乐律，以完全协和音组织，与中国完全相同

所谓协和音，即是两音之间互相谐和，而其关系极简单，如初阶（c与c）、八阶（c与c′）、五阶（c与g）、四阶（c与f）均为协和音，二阶（c与d）、七阶（c与b）两音之间不相谐和，其关系也较复杂，为不协和音。西洋近代流行音乐与朱载堉的十二平均律均为不协和音，与中国古代之为完全协和音者不同。中国所谓“音以八生”，所谓“上生”“下生”即为应用协和音的方法，上生前进八步，即西洋所称“上五阶”，下生后退六步，即西洋所称“下四阶”，上五阶是完全五度音程者。下四阶是完全四度音程，但完全四度音程乃转回完全五度音程者。这种完全协和音的方法，与希腊所谓五阶定音法相同。毕太哥拉的乐律，也是以五阶协和音最占重要，他只承认初阶、八阶、四阶、五阶为协和音，这也是希腊乐律所受中国影响之一个证明。

由上所述各点综合来看，便可明了古代希腊的乐律实受中国乐律的影响。因此我们可以下一结论，就是中国文化在秦汉以后，虽受了希腊的影响，而在公元前中国文化即以乐律学为例，已可看出他实曾影响希腊，而奠定了今日西洋乐律学理论之初步基础。

四、京房六十律所受毕太哥拉的影响

（甲）京房与六十律 但是中国古代的乐律理论，虽影响于公元前580—前500年的希腊毕太哥拉及其学派；却是毕太哥拉的乐律理论，在毕氏后四百五十年，又实影响中国，成为京房的六十律。在没有详说以前，最好先述一下京房六十律的发明史。

案《前汉书》卷七十五《京房列传》,《后汉书》卷十一《律历志》，知道京房字君明，东郡顿丘人，曾治《易》，尤精好钟律，知音声。汉元帝初元四年，以孝廉为郎，时公历纪元前45年。他的六十律相生之法，据自云是受学梁人故小黄令焦延寿。他的方法是：

> 以上生下，皆三生二，以下生上，皆三生四，阳下生阴，阴下生阳，终于中吕，而十二律毕矣。中吕上生执始，下生去

灭，上下相生，终于南事，六十律毕矣。[①]

这里所云“以上生下，皆三生二”和“以下生上，皆三生四”即《吕氏春秋》“下生者倍，以三除之”，“上生者四，以三除之”，以上生下即下生，以下生上即上生，上生者四，以三除之，即4/3，即三分增一分为三分益一，下生者倍以三除之，倍即2，即2/3，即三分减一分，为三分损一。依此三分损益法推出六十律相生次序，依照《后汉书·律历志》，每律下文写的上生或下生，今以——代表下生，以——代表上生，可定其次序如下：[②]

（1）黄钟——（2）林钟——（3）太簇——（4）南吕——
（5）姑洗——（6）应钟——（7）蕤宾——（8）大吕——
（9）夷则——（10）夹钟——（11）无射——（12）中吕——
（13）执始——（14）去灭——（15）时息——（16）结躬——
（17）变虞——（18）迟内——（19）盛变——（20）分否——
（21）解形——（22）开时——（23）闭掩——（24）南中——
（25）丙盛——（26）安度——（27）屈齐——（28）归期——
（29）路时——（30）未育——（31）离官——（32）凌阴——
（33）去南——（34）族嘉——（35）邻齐——（36）内负——
（37）分动——（38）归嘉——（39）随期——（40）未卯——
（41）形始——（42）迟时——（43）制时——（44）少出——
（45）分积——（46）争南——（47）期保——（48）物应——
（49）质末——（50）否与——（51）形晋——（52）夷汗——

① 《后汉书》卷十一《律历志》。
② 参照王光祈：《东西乐制之研究》，页43—44。

（53）依行┈┈（54）色育——（55）谦待┈┈（56）未知——（57）白吕┈┈（58）南授——（59）分乌┈┈（60）南事。

（乙）“准”与“一弦器” 这六十律的乐制，据元郝经《续后汉书》卷八十七下《律历志》云：“天下无二数，古今一律，房之术皆所固有，特扩充以尽其变。”这似乎不承认他有什么自己发明的。实则这六十律的推算法，据云是焦延寿的传授，而焦延寿又从那里得来，这却是值得我们讨论的问题。这固然可以说完全是用古代三分损益法理论的结果，然而中国古代三分损益法，乃用在律管上，即是在竹子所截成的律管上面推算十二律，而我们的音乐理论家京房却发见了“竹声不可以度调，故作准以定数”①。这就是说这种推算法，用在管上，是走不通。因为竹管之长，不能严密与三分损益之法相合即以竹管须管口补正。②若改在弦上，则理论与音律实际高低完全相合，因此京房乃有“作准以代之”的新发明。《后汉书·律历志》一云：

> 截管为律，吹以考声，列以物气，道之本也。术家以其声微而体难知，其分数不明，故作准以代之。准之声，明畅易达，分寸又粗。然弦以缓急清浊，非管无以正也。均其中弦，令与黄钟相得，案画以求诸律，无不如数而应者矣。

六十律以准调音，这是乐律界的一大变动。“准”是什么？接着

---

① 《后汉书·律历志》一。

② 王光祈说：“中国有所谓竹声十三律者，其所发之音，与音律实际高低相近，但计算之法，却不是用单纯的三分损益理论。换言之，于三分损益之先，须先加上一个‘一寸二分’；于三分损益之后，又须减去一个‘一寸二分’，即得该律真正长度，此‘一寸二分’之加减，学者称为管口补正。”说见《东方民族之音乐》，页17。参看王光祈：《东西乐制之研究》，页142。又田边尚雄谓Monochord为一弦琴之意，毕太哥拉则用数弦。

说："准之状如瑟，长丈而十三弦，隐间九尺，以应黄钟之律九寸，中央一弦下有画分寸，以为六十律清浊之节。"这在弦乐器上应用三分损益法，以求六十律的推算法，是和古代希腊的量音派完全相同。京房以前，中国古代乐律应用三分损益法于律管之上，管上所得之音和弦上所得之音不同，所以和毕太哥拉"弦长比"之论，不能相合。然而希腊以弦长计算为合理，中国以律管长计算，却有些不合理，管弦状况不同，而有合理与几分不合理之分。京房主张"竹声不可以度调"，乃改管用弦，把三分损益法推进了一步，而与希腊人所用一种丝弦乐器——"一弦器"（Monochord）以定律者完全相合，这是否京房之"准"，曾受了希腊"一弦器"的影响？我们还没有方法得到确证，而且一弦器上面原只一弦，比京房的"准"也小得多。似此如十三弦之"准"不同的丝弦乐器，怎么说能有影响，这似乎是很成问题了。

（丙）京房所受毕太哥拉的影响 但话虽如此，京房以弦长为算法，其研究结果竟和毕太哥拉的乐律理论相同，这不能说是偶然的事。因此许多中外音乐史家，比较研究的结果，几乎都认为京房以弦长代替律管，一定是受希腊乐律的影响。如田边尚雄[①]便有肯定的论调，很可以作为代表。他说：

> 汉元帝时，郎中京房详于易律，乃一变旧来之学说。……当时京房所研究与毕太哥拉派之数理科学暗合。盖京房首以从来中国之推算法，根据律管，须管口补正之错误，谓'竹声不可以度调'，当以弦长代替律管，用为计算乐律之标准器。此于瑟类之木制函上，张十三弦，函长一丈，弦驹间之振动部分长九尺。因之黄钟律管之长应作九寸，而于十三弦中，于中央一弦之下，刻

① 田边尚雄:《中国音乐史》，页188— 190。

有度码，以记尺度。此种乐器，悉与毕太哥拉使用乐律计算之弦乐器（Monochord）相同，惟其器及弦数较大而已。京房用此标准实验，遂乃发见毕太哥拉安孔玛（Pythagorean Comma，毕氏之单音程）而作六十律；又应用于律管，而考管口补正，制成竹声十三律。毕太哥拉亦与京房作同样试验，制定希腊乐律论之基础，系在纪元前第六世纪时。其后希腊之乐律论者，皆本于毕太哥拉，经二百余年，亚历山大大王征亚细亚，成立亚历山大帝国，欲扶植希腊文化至中亚地方，乃广以希腊学者送至中亚，此项之研究，当然亦入于印度。汉武帝攻西域时，大夏文化亦逐渐传入于汉，京房从事新文化之科学的研究，距毕太哥拉后四百五十年，去亚历山大大王扶植希腊文化于大夏时约二百年，去汉武帝使西域诸国朝贡中国时约七八十年。京房之研究，当时被称为中国第一大家，其实验方法研究之途径，及其结果，大体与毕太哥拉一致，乃彼之研究中，完全否认由西方文化之输入，而认为独立之研究，其观念未免偏狭。当时为西方文化骎骎传入中国之时代，京房乃大学者，岂不知之。即使此种研究本为京房所发见，然若无西方文化之地盘，亦未必能突然而起也。

上面一大段话，我认为是正确的。这里所说汉武帝攻西域时大夏文化逐渐东流，也就是我在前面所述犍陀罗音乐的东流。张骞既输入了《摩诃兜勒曲》，那么希腊乐律之随之输入，亦为可能而且应有一段插曲。京房的研究，所以能一变旧来的学说；所以能和毕太哥拉的数理科学相合；他使用乐律计算的“准”与竹声十二律的理论，无疑乎是在那时代西方文化输入的气氛中产生的。正因为他受了犍陀罗音乐的系统所感化，所以能间接地和希腊乐律相接触，而得出与毕太哥拉相同的理论，这大概是无可疑的了。

简单的结论

总结起来，中国古代乐律和希腊古代乐律的相互联系，是中国古代乐律先影响了希腊。公元前1200年中国早已发明了七音调，纪元前十世纪周穆王之西征及丝绢贸易，遂使中国的音乐文化，逐渐传入西方，在纪元前六世纪形成了希腊毕太哥拉的乐律理论。同样在希腊方面，公元前334年亚历山大王的东征，传播了希腊文化，因而毕太哥拉的乐律理论，也在公元前一世纪，跟着犍陀罗音乐的东传，在汉元帝时，造成了京房六十律的乐律理论。所以东西乐律之相互联系，相互影响，是有它的历史条件的，就中仍以中国之传播于希腊为先，这是历史的事实，不能否认的。然而这还不过一个实例，证明了中国与希腊古代之文化交流，在乐律以外，中国其他文化之东传希腊，亦当同样先于希腊。希腊哲学，从前人以为即是希腊人所独创，但由现在看来，似由东方各国关于世界人生的哲理融合而成，希腊哲学所受于中国哲学文化的影响，也许不会比较乐律少些，但这已是论题以外的话，只好表过不提，让今后学者去努力钻研，得出结论好了。

[**附记**]

此稿于1940年五月作于云南澄江，1948年十二月，于广州中山大学作学术报告，但未发表。1954年一月曾在中央音乐学院民族音乐研究所召开的座谈会上报告，1955年五月，改稿完成。误谬之处一定不少，敬祈诸同志指正为幸。

朱谦之记于北京大学

三、印度佛教对于原始基督教之影响 *

La gnose veut retrouver dans l'Evangile et dans l'Ancien Testament la vérification des idées philosophiques de l'époque; le pessimisme, qui se manifeste dans la gnose, le dualisme entre l'esprit et la matière, semble inspiré par des influences bouddhiques probablement venues des Indes, avec lesquelles Alexandrie était alors en constantes relations commerciales.

在新约与旧约中证明了时代哲学思想的知识；物质与精神二元论的悲观主义表现于认识中者，似受来自印度佛教的影响，因亚力山大城经常与印度有商业的来往。

Jacques Pirenne : *Les grands courants de l'histoire universelle.* T. I. ed. de la Baconnière. Paris 1945, pp. 381—382。（阎宗临译）

（一）

原始基督教史的研究，显然可以分三个时期。第一以吉本（E. Gibbon）所著《罗马帝国衰亡史》（*History of the Decline and Fall of the Roman Empire*）为代表，此书最有价值的地方，即在叙述原始基

* 本文原载于《珠海学报》1949 年 5 月第二期，本次整理以此为底本。——编者

督教与犹太教之关系两章。第二以蒙孙（Theodor Mommson）所著《罗马史》（*The History of Rome*）为代表，此书才开始注意原始基督教与希腊的关系。第三以里利（Arthur Lillie）所著《原始基督教所受佛教的影响》（*The Influence of Buddhism on Primitive Christianity*）为代表。从此才知道原始基督教义，皆直接间接得自印度，而我在《文化哲学》中很重要的结论，也得到充实的证明了。

《文化哲学》曾从文化类型的分析，认为印度是宗教文化的代表，中国是哲学文化的代表，西洋是科学文化的代表，而这三种文化实互相影响。专就西洋文化来说，西洋文化史之第一时期——宗教时期，是受印度文化的影响，西洋文化史之第二时期——哲学时期，即十八世纪：理性时代，是受中国文化的影响。关于后者，我已著成专书——《中国思想对于欧洲文化之影响》（商务印书馆）——关于后者，就是我现在所提出的论题，要从客观的历史事实，来证明这个结论。

所谓西洋的科学文化，实孕育自希腊的母胎，而西洋人的宗教，却是直接间接从世界大宗教发生地的印度来的。为要证明这点，最好是引黑格尔（Hegel）的一段话。他在《宗教哲学》中推崇基督教，谓为登峰造极；但他也曾对他的学生说："欧洲人的宗教——属于超越的部分，来自一个很远的渊源，从东方特别从叙利亚（Syria）；但是属于此地的目前的科学与艺术——凡使一切生活满足，使生活优美的——我们皆直接间接得自希腊。"（Caird: *Hegel*. Chap. Ⅰ. p. 7，贺麟译：《黑格尔》，页七）这是不错的，不过黑格尔虽证明了欧洲人的宗教，出自东方，却还没有胆量来证明是出于他所认为停滞在"自然精神性"底原始阶段的印度，所以在理论上，还有让我们加以特别讲明的余地。

印度佛教和基督教的关系问题，似乎讨论的人已经很多了。一九二二年哈斯（Hans Haas）所著《佛教与基督教之相互关系问题书目》（*Bibliographie zur Frage nach den Wechselbeziehungen zwischen*

Buddhismus und Christentum，Leipzig）其中虽参杂以基督教以前东西交通之间接史料，但单就其所搜集的文献来看，只著者的人名，已达五百数十人之多。还有矢吹庆辉氏所著《西洋人の觀たゐ印度》，也对于本文供给很多有力的资料。所以今日来讨论这个问题，并不是什么创见，只不过是我从文化哲学的观点，旧话重提罢了。

这个问题的提出，最初应该感谢的，是叔本华（Schopenhauer）所著《意志与观念的世界》（*Die Welt als Wille und Vorstellung*）。他说："所有基督教中的真实东西，均可断定为和婆罗门教、佛教一样，这好似从遥远的热带原野所吹来的花香，在新约全书中，竟可看出印度圣智的痕迹。"又："《新约》书中之基督教的不灭性，实相当于印度的精神，这大概是从印度来的。"次之勒农（Renan）的《耶稣传》里面，也注意到敬虔派（Essenes）禁肉食、饮酒、女色，颇与婆罗门的行为相似，是否受了佛教的影响？因为在巴比伦，早已传布佛教，尤其Boudasp（即Bodhisattva菩萨），是很有名的智者，同时为拜星教（Sabaism）的创立者，在耶稣时代，佛教的感化，早已到达巴勒士登（Palestine）了。又赛得尔（Rudolf Seydel）从一八七二年至一八九七年所著的几本书，很热心地讨论佛教对于基督教的影响，以为现存福音书元本的所谓诗的福音书，实受佛教传说的影响。因此所以在传说之中，有很多竟和佛家相类似的部分。又里利（Arthur Lillie）一八八七年著《基督教国中之佛教》（*Buddhism in Christendom*）亦曾断言两教之历史的关系。又一八八七年顷，Dean Mansel，Hilgenfeld，Bohlen等人，均主张基督教以前，佛教传播于巴勒士登；其所经的路程，佛教怎样在巴勒士登发生影响，Lillie前著书之第七第八两章，有详细的叙述。Lillie关于这个问题，还有一八九三年所著《原始基督教所受佛教之影响》（*The Influence of Buddhism on Primitive Christianity*，一九〇〇年《佛陀与佛教》（*Buddha and Buddhism*），一九〇九年《印度之原始基督教》(*India in Primitive Christianity*)等著作。前世纪末宗教学的创立者牟勒(Max Müller)虽缺乏历史的根据,却已看出基督教所受印度思想的影响。还有达特(Dutt),以为佛教的那兰陀时代,这时基督教仅能免于北方蛮族的侵入,所以各种制度均受佛教的影响。印度为授者,西洋的宗教则不过受者罢了。

(二)

从传布上观察。原始基督教和佛教的关系,只要注意于在犹太的敬虔派(Essenes)和在亚历山大城的德尔巴多派(Therapeute),这两派和印度思想发生如何接触,因之由这两派,原始基督教和佛教发生了怎样关系,这在今日仍为不断争论的问题。固然在新约全书里面,似看不出轮回与遁世修行的思想,但在四福音书及经外圣书的"Logia",与佛教经典实有许多相类似的说话和说话的方式。佛陀和基督的生活,两相比较,亦有许多相似的地方。当然最值我们注意的,就是路德提倡新教以前的基督教宗派了。依海涅(Heinrich Heine)在《德国宗教及哲学历史》第一章中所述,则在路德提倡新教以前,罗马天主教中有两大宗派,即摩尼教(Manichaeism)和格诺西斯派(Gnostics),两派底思考方法浸透在基督教诸民族底全生活里,教义虽有不同,而均出自东方,尤其是印度。这就是说:"一方摩尼教徒从古代波斯底宗教获得这教理,这教理中阿尔莫兹 Ormuzd——光——是和阿里曼 Ahrimand——暗——敌对着的。它方……这格诺西斯的世界观,是古印度的东西,具有神底化身的,禁欲精神的自我内省的教理。这教理产生了禁欲的冥想的僧侣生活,这僧侣生活其实是基督教底观念之纯粹的精华。"(页 29—30,C. G. Leland 英译 *The Works of Heinrich Heine* Vol. V., pp. 7-8, "Germany till the Time of Luther")这是一点不错的，格诺西斯派如神智（Gnosis）、世界创造者（Demiurgus）等思想，实和印度思想相类似，巴得塞尼（Bardesanes，西历155—233年）是一位后期格诺西斯派的学者，曾著一本关于印度宗教的书，很明白地探究印度思想中之先天灵魂、业论等问题。西历一二〇——三〇间，在亚历山大城的Carpocrates，Basilides，也曾提倡轮回说，这都是很明白受印度思想的影响。至于摩尼教的始祖摩尼（Mānī），相传曾游历印度，摩尼教可以说是印度佛教与基督教的混合物，传入东方至七世纪顷，竟与佛教同化，这摩尼教在欧洲称为Bogomils、Albigenses，传布的时候，间接即是佛教思想的传播。由上事实，不是证明了原始基督教确曾受了印度佛教很大的影响吗？

（三）

从教义上观察。轮回与隐遁的思想，实为印度佛教的思想，同时也成了原始基督教的思想。轮回与转生之说，其原始的形式，虽在世界各野蛮人中可以看出，但将这种思想体系化的，却只有印度。古代民族如埃及、叙利亚、巴比伦、小亚细亚、希腊、意大利、均未见有此思想发生。又关于隐遁生活，古代民族中，也只有印度认为一种重要的宗教行为。在基督教寺院中从事禁欲生活的犹太人，以及欧洲人，从前均无此种习惯；只有埃及人的隐遁生活，是否为本地的产物，抑为外来思想的影响，这在Moncrieff与Preuschen间，发生了相反的意见，似乎很难决定。但是从埃及的古代宗教来看，却看不出隐遁或禁欲及冥想的宗教生活，其后受希腊文化影响的时代，才发见这种仪式；很明白地，这乃是受印度发生的东方宗教的余波。彼塔哥拉斯（Pythagoras）与柏拉图（Plato）的轮回思想，是希腊所自创，抑为印度产物，至今尚无定说，但有许多学者，是主张从印度发生的。

印度的轮回、隐遁思想，以波斯、巴比伦及埃及为媒介，而传入欧洲，形成了原始基督教义。原始基督教反对现世幸福即禁欲思想，还有主张“人类坠落”“上帝恩典”这些谦卑的教义，也正是印度宗教文化的特征，而算不得西洋文化的特征。白璧德（Irving Babbitt）《论欧亚两洲文化》，说得最为清楚：

> 耶稣与其门徒诀别，告之曰即以我之安赐尔。又曰凡劳苦负重者就我，我赐尔安。释迦成佛所言宗教虔修，成功之情形与此正同。（《白璧德与人文主义》，页 114—115）
>
> 耶稣使徒约翰之“道”，见于其所撰之《约翰福音》，耶稣解决此“道”之问题之方，厥为主张（或言明或默认）上帝之理知实隶属于上帝之意志之下。耶教之所以不失为亚洲之宗教者，正以此也。（同上，页 128）
>
> 彼拉多曰：“真理何欤？”彼拉多之为此问，适见其为欧洲之人而已。（即欲以理智解决一切）耶稣于他处答之曰：“我即途也，真理也，生命也。”（见《约翰福音》第十四章第六节）耶稣此答则亚洲人之态度也。（同上，页 129）

由上所述，可见基督教文化实不足以代表西洋文化，反之正足以代表西洋文化史之第一时期，即宗教时期所受于印度文化的影响，为决无可疑的了。

（四）

从宗教的仪式上观察，原始基督教也有许多受印度佛教影响的。姊崎正治和爱德曼（Edmunds）合著《佛教及基督的福音》（*The*

Buddhist and Christian Gospels）里，曾将佛教的开创者佛陀和基督对比，以为两圣人在修道中所受的诱惑，现身所显露的金光，水上步行，甚至于些少食物可以饱满众人等奇迹，佛陀和基督两传记，很多共通的事迹，这不能说没有什么关系。而且就基督教会来说，也和佛教寺院一样，应用蜡烛、香、念珠、钟等。又两教僧侣们，均须遵守童贞、剃须等习惯，这难道都是偶然相合，而没有直接的历史关系？要是有历史的关系的话，当然佛教在前，基督教在后，而基督教乃受佛教影响，是无可疑的了。

（五）

由上从传布上、教义上、宗教仪式上各方面观察的结果，很明了原始基督教和佛教的关系。现在试从历史方法论上着眼，应用文献、民俗、考古各方面的史料，再为补充研究一下。

第一[①]，从文献史料上观察。因为印度人历史的观念甚为缺乏，所以印度的文献史料，皆充满神话寓言，而对于东西交通史迹，国王年代先后，均不注意。例如纪元前三二六年（周显王四十三年）希腊马期顿亚历山大王的东征，为印度人与希腊人文化交通之始，而印度文献中，竟无一言记载，寓言诗歌之中，亦绝无一字提及。但话虽如此，在亚历山大王东征的纪念地，即纪元前第三世纪（秦始皇初年）希腊人梯俄朵都斯（Diodotus）所建的大夏国（Bactria，即今之 Amu Draya 流域），却留下很重要的文献史料，证明了印度佛教西传的史迹。原来此大夏国，在尤梯代莫斯（Euthydemus）时代，尝征入印度，据印度人的记载，此印度的希腊王朝，共经八十二年，历八个君主，其中有弥兰王（Milinda 或 Menander，《杂宝藏经》称为

① “第一”，底本如此，姑存之。——编者

难陀王），即位凡三十年（140—110B. C.）。弥兰王曾从高僧那先（Nagasena,《杂宝藏经》称为那伽斯那），问难佛教的教义；现存巴梨文之“Milinda-Panha”（《弥兰王问经》）与东晋（317—419）失译之《那先比丘经》即为明证。此书于一八八九年经 T. W. Rhys Davids 英译为 *The Questions of King Milinda* 一书（见 *The Sacred Books of the East*, Vol. XXXV）由此文献，可见希腊思想和印度思想之互相接触，而其结果，弥兰王乃改信佛教，这是一段佛教的光荣史迹。晋译原文如下；

太子名弥兰，弥兰少小好喜经，学异道，悉知异道经法，难异道人无有能胜者。弥兰王父王寿终，弥兰即立为国王。王问左右边臣言，国中道人及人民，谁能与我共难经道者。……王即乘车，与五百骑共往，到寺中，王与野惒罗相见。……时那先者，诸沙门师。常与诸沙门共出入，诸沙门皆使说经。那先时皆知诸经要，难能说十二部经。

那先问王，言名车何所为车者，轴为车耶？王言轴不为车。那先言辋为车耶？王言辋不为车。那先言辐为车耶？王言辐不为车。那先言毂为车耶？王言毂不为车。那先言辕为车耶？王言辕不为车。那先言轭为车耶？王言轭不为车。那先言舆为车耶？王言舆不为车。那先言扛为车耶？王言扛不为车。那先言盖为车耶？王言盖不为车。那先言合聚是诸材木著一面宁为车耶？王言合聚是诸材木著一面不为车也。那先言假令不合聚是诸材木宁为车耶？王言不合聚是诸材木不为车。那先言音声为车耶？王言音声不为车。那先言何所为车者。王便默言不语。那先言佛经说之如合聚是诸材木用为车，因得车，人亦如是。合聚头面耳鼻口颈项肩臂骨肉手足肝腑心脾肾肠胃颜色声响喘息苦乐善恶，合聚名为人，王言善哉善哉。（参照 *The Question of King Milinda*. Book Ⅱ, Chap. Ⅰ, pp. 43—45）

依 Cunningham 所著《古代印度地理》一书所说（引见 Davids 英译本序言，页XI），这弥兰王之名，至今尚传布于佛教各国。可见此书虽不足为印度佛教对于原始基督教影响之直接证据，然而因此而印度佛教很早即传入希腊，“希腊人实为一切宗教的介绍人”（坂口昂《希腊文明之潮流》，页 196），我们试研究一下东方印度的各种思想之盛行于希腊罗马，和犹太本国从亚历山大王侵入以至耶稣出现三世纪间，这时怎样为希腊罗马势力所支配（同上，页 198—199），于是由希腊人之东方宗教的憧憬（Kautsky《基督教之基础》第三章，页 207—208 曾述及许多希腊人曾专为研究那里所流行的各种哲学和宗教学说而东游印度的），流风传入犹太之巴勒士登，于是而原始的基督教便出现了。

（六）

从民俗学史料上观察。这一点 Frazer 所著《旧约圣经的民俗学》（*The Folklore in the Old Testament*）早已提及，以无原书，无从征引。现在只须注意考茨基（Kautsky）所著《基督教之基础》及其所引普夫来得勒（Pfleiderer）的考证，便很容易明白了。

> 照路加所载基督降生的故事，也有些佛教的色彩。普夫来得勒曾指出，福音书的作者，断不能凭空把这段故事捏做出来，虽然它是一段绝无历史根据的故事，他必然是取之于‘那些为他所知道’的传说中，也许就是取之于为一切西方的亚洲民族所共知的古代传说中。因为我们在东方的印度救主释迦牟尼（生于纪元前五世纪）的幼时的故事中，也看见同样的传说，其记号有时极相酷似的传说。他也是为处女王后摩耶（Maya）的神奇的产儿，

她的白碧无瑕的身体，也是因为一道天光而得孕。当他出世的时候，也有许多天神出现。并且唱着下边的赞美诗："一个奇异的英雄，一个无可比较的英雄，已经出世了。万国欢腾，尔充满仁慈，今日尔把尔的慈爱散播于全个宇宙的一切事物之上。让欢欣和愉快参入于一伤生物之间，会到它们可以安宁，可以自主，可以快乐。"释迦牟尼的母亲，后来也把他带到神殿去，以顺从他们的法律的习惯；他在那里为那个因得预觉而由希马拉雅山降临的老隐士（仙人）阿西他（Asita）所见；阿西他预断这个孩子就是佛，一切罪恶的救主，自由、光明和永生的指导者。……最后这个王子的知识、体魄和美观怎么样日臻完备的记载，又正和路加第二章第四十节和五十二节所说及小孩耶稣的话，刚刚一样。

此外还有种种提及日渐长成的释迦的幼年的智慧的例证。据说，这个孩子有一次曾在宴会中失踪，他的父亲找了很久，才看见他站在一班神圣人物当中，忘形于虔心的冥想中，并且规劝他的惊讶的父亲去寻求较高尚的东西。（汉译本《基督教之基础》中引普夫来得勒《原始基督教》及《基督教的起源》二书）

Pfleiderer 据此传说史料，指出基督教取自印度佛教的元素。Kautsky 引此以证明东方印度的各种见解，实为最有影响于原始基督教的教义和各种传说的一种势力，这大概也可以说是一种定论了。

（七）

从考古学史料上观察。最重要的就是纪元前三世纪，以宣扬佛法著名的阿育王（Asoka）的碑铭了。阿育王为旃陀罗笈多（Chandragupta）之孙，孔雀王朝（Maurya Dynasty）第三世（一译阿输迦王，以前佛典又译作无忧王,《法显佛国记》作阿育王),他即位于纪元前二七二或二七三年,卒于二三二年(秦始皇十五年),在位时保护佛教,尝召集佛教大会于华氏城(玄奘西域记作波吒厘子城)结集佛典。并派遣僧人至叙利亚、埃及、马期顿、锡兰、西藏、伊庇鲁斯(Epirus)、比奴阿(Binua)乃至印度全土,传布佛教。其布教范围,包括亚非欧三大陆。此事中国文献如《大唐西域记》,第十世纪时克什弥尔国诗人 Kshemendra 所著 *Bodhisattvavadana Kalpalata* 中,均略有记载,而以此时代所遗留之法敕碑及纪念碑的建造等遗迹,为最值得我们注意。最近十余年间欧洲学者从 Orissa、Mysone、五河地方(Punjab)、孟买海岸(Bombay Coast)[①] 及其他地方发见许多在摩崖、石柱所刻的法敕、纪念碑文,其价值之高,在碑文史上,可与 Malta 的碑文、Rosetta 石及 Behistun 石等价值相比;即就石柱头的雕刻物言,亦为印度美术史上现存最古的遗物,甚可珍贵。尤其是这碑文第十三中,发现刻有邻邦诸国名、王名等,给我们研究印度佛教西传史以很好的资料。其原文及地名考释如下(参照泥勒教授梵文原本《阿输迦王石刻》,民国二十二年云南教育厅编译处邓永龄译,页 26—28;矢吹庆辉:《西洋人の観たる印度》,页 16—17):

摩崖训十三[据萨钵尸迦刻石]:

> ……善见王愿尽人离障制心,平等自乐。王以法胜为最胜,故王于诸邻国,凡六百逾缮那之地,如臾那王安提乐阔,及此国西四王徒罗梅耶、安提喀尼、马迦、阿历山大,及南方鞠咺、盘咺、他墨磐尼及其王国内;并臾那、廉波那、那钵喀之那比提及钵迦、比提尼迦、安达罗、补哩帝等处,王均说法事。彼等信从无违。彼处王固未尝遣使,而彼等已闻王勤说法,于是遵法遵

① “Bombay”,今作“Mumbai”。——编者

法。王因此普胜而有喜乐，此胜盖因法胜故乐也。虽小果犹可乐。善见王甚至太果，希之他世为此刊石。

安提乐阔（Antiyoko，即 Antiochus Theos）领有叙利亚及西亚细亚之 Yavana，即希腊王，在位纪元前二六一—前二四六年。

徒罗梅那（Turamaya，即 Ptolemy Philadelphos），埃及王，在位纪元前二八五—前二四七年。安提喀尼（Antikina，即 Antigonus Gonatas），马期顿（Macedonia）王，在位纪元前二七八（或二七七）—前二三九年。

马迦（Maka，即 Magas），施勒尼（Cyrene）王，纪元前二五八年卒。

亚历山大（Alikasudara，即 Alexander），伊庇鲁斯（Epirus）王，在位纪元前二七二—前二五八年。

五王之名外，尚有如鞠咀（Cola）、婆咀（Pāndya）、他墨婆尼（Tambapanni）等诸王之地，及臾那（Yavana）、廉波那（Kamboja），那比提（Nabhapamti）、钵迦（Bhoja）、比提尼迦（Pitinika）、安达罗（Andhra）、补哩那（Pulinda），等诸名。就中臾那一名，在南方所传佛教文献，所记派遣传道师事迹的诸国名中，作 Yonakoloka（臾那世界），即 Yona（Yovana 为爱奥尼亚 lonia 之转名），此臾那世界，前人以为即史那世界，即是支那，为当时印度佛教传入中国之一证。但据今人将“善见律毗婆娑”（Samanta Pāsādikā）的汉译本与巴利原本对照研究，知道臾那世界，不是中国，而为希腊人殖民地的大夏（Bactria），又传道于信度河边阿波兰多迦的臾那人法护（昙无德 Yonaka Dhammarakkhita），也已证明是为希腊人。即在此派遣僧人中，很明白地是有希腊人的传道师的存在。由上考证，不是证明了在纪元前第三世纪，印度佛教已经传播西方，而间接给原始基督教以很大的影响吗？

还有在孟斐斯（Memphis）地方，发见的印度数字，证明了此处曾为印度人的殖民地。托雷密（Ptolemy）的墓石上面，雕刻着车轮、塔、三叉戟的记号。荷拉斯（Horus）的神像，在莲华上面，表现着印度的样式。凡此种种，均可见印度文化很早即已传播西方。而在纪元前五三八年，犹太人曾为巴比伦的俘虏，这也是很著明的事实。挨利俄特（Charles Eliot）在所著《印度教与佛教》（*Hinduism and Buddhism*, Vol. Ⅲ）中对于西洋与印度之文化交通，曾有很详细的叙述。依他意思，若使印度文化可以影响巴比伦，则自亦可以影响犹太。而且当波斯王薛西斯（Xerxes）与希腊战争的时候，其军队中即有印度人，印度与基督教诞生地的直接间接的文化交通，这不但是考古学上的事实，而且简直就是历史学上铁一般的事实了。

（八）

总结起来，由上所述文献、民俗、考古，各方面的史料，使我们越发相信印度佛教对于原始基督教的影响。从前罗马史家塔西佗（Tacitus）在所著《编年史》（*Annals*）第十五卷第四十四章曾述及当时罗马人的见解，他们之逮捕基督教徒，"是借口他们犯过痛恨人类之罪"（见 *Everyman's Library* 274, 英译本，页 486—487, "A number of Christians were convicted，not indeed，upon clear evidence of their having set the city on fire，but rather on account of their sullen hatred of the whole human race"），这痛恨人类的罪名，无疑乎就是原始基督教徒所受印度佛教影响的最大的证据了。

民国二十九年三月作于云南澄江

三十七年十二月十四日录正于广东石牌

四、中国人性论史*

导言　问题的提出

一　人性论的体系——无性论——性恶论——性善论——马基雅弗利的影响——“人”的文化——中国人性论史表

二　人性论的胚胎期——“生”之性善说——人性善说——性善即情善说——形色善说——“恶”的问题

三　人性论的过渡期——汉代阴阳家的性说——魏晋玄学家的性说——南北朝隋唐佛家的性说——过渡期的儒家

四　人性论的发展期——发展期的过渡阶段——宇宙观的性善说——人生观的性善说——社会观的性善说

五　人性论的新发展——孙文学说论进化——生元论——人性的长成——互助与竞争——大同的政治理想

“人类之进化原则与物种之进化原则不同，物种以竞争为原则，人类则以互助为原则。”（《孙文学说》）①

---

* 本文原题为《三民主义人生观的基本问题》，载于《民族文化》1942 年第二卷第五、六期，后经朱谦之先生本人改为今题。此次整理，以《民族文化》本为底本。——编者

① 本句下，《民族文化》本尚有一节文字：“三民主义人生观，实以互助为原则：换句话说，即以性善为人生第一义。从孔子说‘天地之性人为贵’，孟子说性异于犬牛，乃至李光地《中庸四记》、焦循的《孟子正义》，均主张人物之性不同。国父孙中山先生更加以进化论的解释，可见此种思想，实得中国文化的正传。而中国人性论之史的探讨，乃成为当前三民主义人生观的基本问题。”后为朱谦之先生本人删去。——编者

一

世界文化有三大体系：一宗教文化，二哲学文化，三科学文化。宗教文化以印度为代表，哲学文化以中国为代表，科学文化以西洋为代表。同样，人性论的派别亦有三大家：一性无说，为宗教家所主张；二性善说，为哲学家所主张；三性恶说，为科学家所主张。依文化地理上之分布，人性论之体系可列表如下：

- 人性
  - 有性论
    - 性善论——中国——王道
    - 性恶论——欧洲——霸道
  - 无性论——印度

性无说。以印度的宗教文化为代表。佛家言性，非色非空，非自非他，非内非外，非能非所，非体非用；似此一切俱非，空无所有。故鸠摩罗什谓“法无定相，相由感生；即谓法无自性，缘感而起”。又谓“大乘法中的幻花水月，但诳心眼，无有定法”。无有定法，即是性空，所以慧远作法性论，谓“本无与法性，同实而异名”。这既以无性为真实目性，即不能说是人性论了。性恶说以西洋的科学文化为代表，达尔文的物竞天择学说即是。法人哥宾□谓“万物之中，人为最酷”，叔本华更从生物学上加以例证，“蜻蜓蝴蝶，与人无争也；扑之以供娱乐，诘之则曰将为标本”。如此则人性之恶，可谓信而有征了。然而最可注意的，却是马基雅弗利（Machiavelli）所著《霸术》（*The Prince*）一书。此书主张王权高于一切，王者只要有权在手，便可为所欲为。影响所及，在十六十七世纪为马基雅弗利派之君主专制（如查理第五、略易十四、腓特烈大帝，见 Wells《世界史纲》

第三十五章第三节）；在十九世纪以后，则为马基雅弗利式帝国的外交政策，形成近代的帝国主义（同上，第二十九章第四节）；在现代则以法西斯主义的形态而出现。马基雅弗利主义的特点，在主张性恶。《霸术》第五章告诉执政者："必须心中存着人性本恶的念头；一遇适当的倾向，就发挥他们恶的本质。"第十七章更把人性本恶的思想，发挥得很透彻。

马基雅弗利影响于墨索里尼，墨氏所著《马基雅弗利论》，即是肯定马基雅弗利的性恶论。这在今日，更较四百年以前，来得有生气的（参看《日本内幕》第十五章）。墨氏为《霸术》作序，公开地说："人完全是败德的动物，……任何统治的方法都是合理的。……因为假如没有一个暴君，一个国家就要陷入无政府，无政府比暴君还要坏得多。"（参看《法国的悲剧》，汉译本一四二页）因为人性皆恶，所以残酷的战争是必要的。法西斯教育"小学生左手执书，右手执枪"，正是马基雅弗利的信徒，而墨索里尼的衣钵，又传至希特勒，再传于日本军阀，使日本发明侵略中国的"不宣而战"。这即是中国古话，所谓行霸道，所以，国父孙先生说："欧洲的文化，是霸道的文化。"

但是人性论终竟是人性论，而非兽性论。人性中虽如鲁滨孙（Robinson: *The Mind in the Making*）所说，有其历史层，即兽性、童性，与蛮性的遗传。然而人性终竟出于此历史层以外，而另有其高尚的善性。这高尚的善性，却只有"人的科学"才能充分了解。"物的科学"所用的方法，只可以理解"物质"，决不能理解"人性"深处；当科学以人性为研究对象之时，即是将"人性"当作"物质"看，将"人"当作"动物"看。而不知人性问题是属于"人的科学"问题，只有人生哲学家才能对人性有真切的理解，才能分别人类的进化原则与物种的进化原则不同。在这一点，数千年来代表哲学文化的中国先哲已有很重大的贡献。因为中国文化乃所谓"人"的文化，"人"的文化的特点在主张性善；所以中国正统哲学，无不说性善，因性善故主张和平，反对侵略，这即是中国古话所谓行王道。尤其，国父孙中山先生以进化论的眼光论性，可以说是中国现代哲学文化的代表，同时即是王道文化的代表；对于数千年来人性底传统问题，可以说是完全解决，而且已达到理论与实践之统一的地步了。为着明了这个人性问题，三民主义人生观的基本问题，在中国正统哲学自古迄今发展的全貌，以便讨论时有一个轮廓起见，我试作下列一表：

时期	胚胎期	过渡期	发展期		
			一、宇宙观底人性说	二、人生观底人性说	三、社会观底人性说
代表人物	孔子《论语》《系辞》 子思《中庸》 孟子《滕文公》《告子》 荀子《性恶》	《吕氏春秋》 董仲舒《春秋繁露》 扬雄 王充 班固 韩愈 皇甫持正 杜牧之	周濂溪 程明道 张横渠 朱晦庵 ［陆象山］	王阳明 王龙溪 周海门 许敬庵 顾泾阳 高景逸 ［刘蕺山］	黄梨洲 王船山 颜习斋 李光地 戴震 焦循 阮元 陈澧 孙中山
根本思想	“天地之性，人为贵。” “人皆有不忍人之心，……” “人无有不善。”	“性无善无不善。” “人性善恶混” “性可以为善，可以为不善。”	理——性 理善气恶说 理即善说	心——性 道心善人心恶说 心即善说	情——性 人性善物性恶说 情即善说
时代之区分	先秦时代	秦汉——唐	宋代	明代	清——现代

二

人性问题，乃是中国文化问题；而性善说，却即代表中国文化的传统精神，在中国哲学体系尚未完成以前早已经发生了。我们细看性善说在中国思想史上底胚胎时期，可分为三小段：

（甲）诗人时代——《蒸民》；

（乙）孔子——《易·系辞》《论语》；

（丙）孟子——《告子篇》《滕文公篇》。

《孟子·告子篇上》称："孔子读诗至'天生蒸民，有物有则，民之秉彝，好是懿德。'而叹曰：'为此诗者，其知道乎？'"可见这首《蒸民》的诗，实是中国性善说底起源。从此以后，性善性恶虽成为中国哲学争论的问题，但正统派里没有一个不抱"性善"的见解。试以中国哲学文化的元祖孔子为例，他即很明显地提出人性善底主张。孔子在《论语》上说："性相近也，习相远也。"王阳明《传习录》谓："夫子说性相近，即孟子说性善，不可专在气质上说；若说气质，如刚与柔对，如何相近得？惟性善则同耳。人初生时，善原是同的。但刚者习于善则为刚善，习恶则为刚恶；柔者习于善则为柔善，习于恶则为柔恶。便日相远了。"戴东原《字义疏证》谓："《论语》言相近，正见人无有不善；若善不与善相反，其违已悬绝，何近之有？分别性与习，然后有不善，而不可以不善归性。凡得养失养及陷溺梏亡，咸属于习：至下愚之不移，则生而蔽锢，其明善也难，而流为恶也易。"

《雍也篇》云："人之生也直。"顾亭林《日知录》卷七曰："《论语》曰：人之生也直，与孟子之说同。”刘宝楠《论语正义》曰：“直，诚也。”

在《周易》里，孔子对于性善的讲法更多。《系辞》云：“一阴一阳之谓道。继之者善也，成之者性也。”张横渠《易说》曰：“言继继不已者善也，其成就者性也。”游荐山《话解》曰：“孔子之言性，有以其本言之者；若继之者善，成之者性是也。……孟子亦然，其道性善深讨其本也。盖道之在天地，则播五行于四时；百物生焉，无非善者也，无恶也。故曰：继之者善也。”杨龟山曰：“继之者善，无间也；成之者性，无亏也。”朱晦庵曰：“流行造化处是善，凝成于我者即是性；继是接续绵绵不息之意，成是凝成有主之意。”

《系辞》又云：“成性存存，道义之门。”朱晦庵《语录》曰：“只是此性，万善完具，无有欠阙，故曰成性。”“成性犹言见成底性，这性元自好了，但知崇礼卑，则成性便存存。”《易》说：“成性是不曾作坏底。存谓常在这里，存之又存。”文言云“元者善之长也”；程明道曰：“大地之大德曰生。天地絪缊，万物化醇。生之谓性。万物之生意最可观。此元者善之长也，斯所谓仁也。”

在这里最可注意的，即“生”之性善说，换言之，即“生”即“性”。“生”即“善”说：充塞宇宙都是这活泼泼的“生命之流”。无思无为，随感而应，无不恰好；万物赖以化生，天地赖以流行。千变万化，无往非善，故《易·系辞》曰：“天地之大德曰生。”德即是善，就是“天地之大善曰生”。所以说“一阴一阳之谓道，继之者善也，成之者性也”。杨龟山注：“继之者善，无间也；成之者性，无亏也。”善是不间断的意思，不断的生命之流，即是不断的善性之实现。至云“元者善之长”，程明道注最可玩味：“生之谓性，万物之生意最可观；此元者善之长也，斯所谓仁也。”生是天地底大德，生就是性，就是善；故孔子说人性善。

孟子哲学是继承孔子性善说的。《滕文公上》说“孟子道性善，言必称尧舜”;《荀子·性恶篇》也说:“孟子曰人之学者其性善。”可见“性善说”确是孟子哲学的根本观念。孟子学问很受子思《中庸》的影响，而《中庸》开章明义说“天命之谓性，率性之谓道，修道之谓教”，完全是性善派的口吻。“性”是自然而然的，本来增减不得；所以圣人率性而行，便是道了，圣人以下修道而学便是教了。然性道教根本只是一个“诚”字。性之所以为性，只是其心纯乎自然而没有一点造作杜撰，这便是真诚恻怛的一点“情”，便即是诚。所以说:“自诚明谓之性，自明诚谓之教；诚则明矣，明则诚矣。”孟子本之，更把性善发挥得极为彻底。在孟子当时有几家论性的学说，孟子都一一驳倒他。

《告子篇上》说，公都子曰:“告子曰:‘性无善无不善也’，或曰:‘性可以为善，可以为不善；是故文武兴则民好善，幽厉兴则民好暴。’或曰:‘有性善，有性不善：是故以尧为君则有象，以瞽瞍为父而有舜，以纣为兄之子且以为君，而有微子启、王子比干’。今曰‘性善’，然则彼皆非与？”

在这里有告子性无善无不善说，公孙尼子世硕性可以为善，可以为不善。有性善有性不善说(《论衡·本性篇》)。但孟子总答这三派，而提出性善说的根本主张三点:

(一)人性善说　孟子要分别出哪是人性？哪是犬牛动物性？“告子曰生之谓性。孟子曰生之谓性也，犹白之谓白与？曰：然……白雪之白，犹白玉之白与？曰：然。然则犬之性犹牛之性，牛之性犹人之性与？”孟子是抱着人性中心论的，所谓“天地之性人为贵”，“人受天地之中以生”，动物有动物底性，人有人底性，不能够等量齐观。人性是善的，动物底性未必是善的。

(二)性善即情善说　孟子所谓性善，是指着人人本有底“情”；

故不但性善，即情也善。《孟子·告子篇》[1]云："乃若其情，则可以为善矣，乃所谓善也。若夫为不善，非才之罪也。"

这里所谓"才"是指与人生俱来的本体。因本体是真诚恻怛的，便叫做"情"，本体是不会错的，所以"不为善非才之罪"。"情""性""才"指着同一的东西，"情"和"性"是异名而同实。性外无情，情外无性；性即是情，情即是性。这个道理，虽然给宋儒大大地误解，但明季以后的学者，都没有不知道孟子是即情言性的。我们可以略举刘蕺山等的见解为例：

> 孟子曰：乃若真情则可以为善矣，何故避性字不言，只为性不可指言也。盖曰：吾就性中之情蕴而言，分明见得是善；今即如此解，尚失孟子本色，况可以情验性乎！何言乎情之善也？孟子言此恻隐心就是仁，何善如之。仁义礼智，皆生而有之。所谓性也，乃所以为善也。指情言性，非因情见性也；即心言性，非离心言善也。后之解者曰：因所发之情，而见所存之性；因所情之善，而见所性之善。岂不毫厘而千里了。（《明儒学案》卷六十二，蕺山学案）
>
> 孟子明言其情可以为善，宋儒却说情恶；甚至论气质之性，并性亦谓有恶。非孟子之罪人与？（颜元《四书正误》卷六）
>
> 孟子曰："乃若其情，则可以为善矣。"又曰："若夫为不善，非才之罪也。"继又云："人见其禽兽也，而以为未尝有才焉；是岂人之情也哉？孟子言性而及情，情犹性也。"（惠栋《周易述易微言》）。

---

① 《孟子·告子篇》，原作《孟子·公都子篇》，误，据《孟子》原文改。——编者

（三）形色亦善说　孟子把性看作人人具有的本能，不特情善，而且连形貌都是天性。《尽心上》云："形色，天性也。"顾泾阳对此解释得最好："孟子不特道性善，且道形善，所谓形色天性是也。情之虚明湛寂不待言，形则不免重滞矣；由孟子言之，都是虚明湛寂的。何者？以肉体观，通身皆肉；以道眼观，通身皆道也。象山每与人言尔目自明，尔耳自聪，亦是此意。"（《明儒学案》卷五十八）至戴震在《孟子字义疏证》上说："孟子之所谓性，即口之于味，目之于色，耳之于声，鼻之于臭，四肢于安佚之谓性。"

这也是本诸孟子性善说的。人性本都是好的，虽然流而为恶；而这天植灵根，依然存在，这就是孟子性善的论证。由此论证，即是得下面的结论："人之所不学，而能者，其良能也；所不虑而知者，其良知也。孩提之童无不知爱其亲者。及其长也，无不知敬其兄者。亲亲仁也，敬长义也。"（《孟子·尽心章上》）但是人性皆善，为什么见得有善有恶呢？孟子的答案，以为：

第一，善是由于生命的扩充——《孟子·公孙丑上》说："人皆有不忍人之心……无恻隐之心非人也，无羞恶之心非人也，无辞让之心非人也，无是非之心非人也。恻隐之心，仁之端也；羞恶之心，义之端也；辞让之心，礼之端也；是非之心，智之端也。人之有是四端也，犹其有四体也。"人生原来是善的，然这"善"如果不扩充它，生机便受了浊气间隔，就不得不谓之"恶"了。所以《公孙丑上》又谓："凡有四端于我者，知皆扩而充之矣。若火之始然，泉之始达。苟能充之，足以保四海；苟不充之，不足以事父母。"人性本来是好的，只要极端发挥它底本性，即所谓"能尽人之性"；自有一天，能成为完全的人物了。反之，如果不能扩充下去，便是生机遮蔽不通；结果便走不通，这就是恶。《尽心章上》谓："尽其心者，知其性也。"谢上蔡《语录》释云："问：孟子言尽其心者知其性，如何是尽其心？曰：昔有人向明道先生，如何斯可谓恕心？先生曰："扩充得去，则为恕心。如何是扩充得去的气象？曰：天地变化草木蕃。扩充不去将如何？曰：天地闭，贤人隐。此可以见尽不尽矣。""善"是能扩充得去的；但那不能扩充得去的，只有在不断活动当中，才有一毫倚着。有一毫扩充不去，便是"恶"了。所以学问之道，只要扩充得去。《告子上》云："学问之道无他，求其放心而已矣。"这句话的根本意思，就是要求扩充，《击壤集》注："孟子云：求放心。邵子云：心要放。放之则弥六合，徒卷而不能放，焉能与天地合德？"如果能够就四端——仁义礼智而扩充之，便活泼泼地生命流行，即是不断的善性之实现了。

第二，"恶"是由于生命的间断：关于恶底来源，有以下几种说法：（一）习染说——王阳明《传习录》云："人初生时，善原是同的。但刚者习于善则为刚善，习于恶则为刚恶；柔者习于善则为柔善，习于恶则为柔恶。便日相远了。"（二）过不及说——黄梨洲《孟子师说》云："刚柔皆善，有过不及则流为恶；是则人心无所为恶，止有过不及而已。"（三）反覆说——《象山语录》云："有善必有恶，其如反覆手。然善却是本然，恶却是反之方有。"《明儒学案》卷三魏庄渠云："只因气质反了这善，便生出恶。善之本体，不能自如；若能反转那恶，依旧是善。"（四）智愚说——戴震《孟子字义疏证》云："人虽有智有愚，大致相近，而智愚之甚远者盖鲜。智愚者远近等差殊科，而非相反。善恶则相反之名，非相近之名，知人之成性，其不齐在智愚，亦可知任其愚而不学不思，乃流为恶。愚非恶也，人无有不善明矣。"

由上解释"恶"的问题，其说都是本于孟子，都说得通：只可惜忘掉了一个很重要的观念，就是孟子所谓善，是有绵延不息的意思。生命之流就是善，不善由于不动，由于不能扩充。

三

人性论史的过渡期，由战国到汉唐，差不多一千多年，在中国哲学史上没有什么成就，故关于人性方面，也杂而不纯，而追源论祖，却不能不溯到最极端的荀卿的“性恶论”了。他驳孟子的性善说，以为“人之性恶，其善者伪也”。又说：“孟子曰人之学者其性善，曰是不然；是不及知人之性，而不察乎人之性伪之分者也。凡性者天之就也，不可学，不可事；礼义者[①]，圣人之所生也，人之所学而能，所事而成者也。不可学，不可事，而在人者谓之性；可学而能，可事而成者谓之伪。是性伪之分也。”“孟子曰人之性善，曰是不然。凡古今天下之所谓善者，正理平治也；所谓恶者，偏险悖乱也。故善恶之分也已。今诚以人之性固正理平治邪？则有（又）恶用圣王，恶用礼义矣哉？”

由此，荀子驳孟子的性善论有两点：（一）孟子说，学以成天性之善；荀子说，学是学圣人做出来的礼义。（二）孟子说人性本善，失性而为恶；荀子谓恶乃本然，善是离了质朴的性才有。这个分别很重要。因为人性管善，所以主张民主，看重自由；因为人性皆恶，所以主张君主，倾向专制，其流弊就成为法家的思想了。如韩非子不重仁义而重强权，这位中国的马基雅弗利，就是荀卿的高足。他受的是性恶说的影响；并且引了许多历史上的事实来证明人性是顶坏的。“父母之于子也，犹用计算之心，而况无父之泽乎。”（《六反篇》）这真是性恶说之极端的了！自此以后，一直到了唐代，中国的人生哲学都是受荀子的影响，如吕不韦辑智略士做的《吕氏春秋》总算是兼合

---

① “礼义”，原作“礼议”，误，据《荀子》原文改。——编者

阴阳儒墨名法了，而在《仲夏纪·大乐篇》却说："始生者天也，人无事焉。天使人有欲，人弗得不求；天使人有恶，人弗得不辟。欲与恶所受于天也，人不得兴焉。"这把欲与恶认为本有的东西，就是性恶的一个好例。自汉至唐，中间一千年的人性论，可以三派代表之：

（一）**汉代阴阳家的性说——这时以阴阳五行灾异之说，最为有力，人性论也受其影响**。例如：

（甲）董仲舒的《春秋繁露》 王充《论衡》批评他云："董仲舒览孔孟之书，作情性之说曰：'天之大经，一阴一阳；人之大经，一情一性。性生于阳，情生于阴；阴气鄙，阳气仁。曰性善者，是见其阳也；谓恶者，谓见其阴也。'董仲舒之言，谓孟子见其阳，荀卿见其阴也。……"至董仲舒之说，据《春秋繁露》有如下一段："身之有性情也，若天之有阴阳也；言人之质而无其情，犹言天之阳而无阴也。……性如茧如卵，卵待覆而为雏，茧待缫而为丝，性待教而为善。……天生民性。有善质而未能善，于是为之王以善也，此天意也。民受未能善之性于天，而退受成性之教于王，王承天意，以成民之性为仁者也。"董氏又说："性比于禾，善比于米；米出禾中，而禾未可全为米也。善出性中，而性未可全为善也。今谓性已善，不是无教而任其自然。……且名者性之实；实者性之质；无教之时，何遽能善。民之号取之瞑也，使性而已善，则何故以瞑为号。"董氏分明是从性阳情阴说，而倾向于性不善说了。

（乙）班固的《白虎通义》"性者阳之施，情者阴之化也。人禀阴阳气而生，故人怀五性六情。情者静也，性者生也，此人所禀六气以生者也。故《钩命诀》曰：情生于阴，欲以时念也；性生于阳，以理也。阳气者仁，阴气者贪；情有利欲，性有仁也。"照班固说来，"性"与"情"相为表里，而性善情恶。所谓"情"是什么呢？依荀子所下"情"的定义："性之喜怒好恶哀乐谓之情。"那么情恶不就是性恶么？许慎《说文解字》："情，人之阴气有欲者。"情恶又即是欲恶了。

（丙）刘向在《说苑》《新序》，均未论性，惟荀悦在《申鉴·杂言篇》引刘氏的话："性情相应，性不独善，情不独恶。"而王充《论衡·本性篇》又引刘氏的话："性生而然者也。在于身而不发；情接于物而然者也，出形于外。形外则谓之阳，不发则谓之阴。"这里主张"情阳性阴"之说，似与《白虎通义》"情阴性阳"之说相反，然以阴阳论性都是一样的。

（丁）扬雄的《法言·修身篇》"人之性也善恶混，修其善则为善人，修其恶则为恶人；气也者，所适于善恶之马也欤！"这还是告子性恶说的继承者，而"气也者所适于善恶之马"一语，仍是阴阳家"阴气""阳气"的说法。

（戊）王充的《论衡》在驳董仲舒说中有云："天人情性，俱出于阴阳。其生于阴阳，有湿有泊；玉生于石，有纯有驳。情性于阴阳，安能纯善，仲舒之言，未能得实。"在王氏自己，便主张："人性有善有恶，犹人才有高有下也。高不可下，下不可高，谓性无善恶，是谓人才无高下也。"（《本性论》）所以他最佩服世硕、公孙尼子之说。以为："自孟子以下至刘子政，鸿儒博士，闻见多矣；然而论情性者毫无定是，惟世硕公孙尼子之徒，颇得其正，由是言之，事易知，道难论也。"

（二）魏晋玄学家的性说——魏晋时代，老庄学说盛行，道家思想弥漫天下，稍倾向于无性说。

（甲）王弼的《老子注》 王弼以自然为性说：注《老子》"道法自然"句（廿五章）云："道不违自然，乃得其性。"又注"为者败之，执者失之"（廿九章）句云："万物以自然为性，故可因而不可为也，可通而不可执也。物有常性而道为之，故必败也；物有往来而执之，故必失也矣。”

（乙）嵇康的《难张辽叔自然好学论》 嵇康以为人性好安恶危，好逸恶劳；不去扰他，不去逼他，自然能顺其性。他说：“夫民之性好安而恶危，好逸而恶劳，故不扰则其愿得。不逼则其志从。……六经以引抑为主，人性以从欲为欢；抑引则违其愿，从欲则得自然。然则自然之得，不由抑引六经；全性之本，不须犯情之礼律。”那么，人性是从欲而得自然的。抑引六经则犯性，导诸礼律则犯情，都不是全性底办法。这种见地，和荀子所说“其为善者伪”相近。

（丙）鲍敬言的自然性说 《抱朴子》在《诘鲍篇》引鲍敬言底说话：“夫混茫以无名为贵，群生以得意为欢。故……促辔衔镳，非马之性；荷軏运重，非牛之乐。……以饰无用。捕飞禽以供华玩，穿本完之鼻，绊天放之脚，盖非万物并生之意。……夫死而得生，欣喜无量，则不如向无死也；让爵辞禄，以钓虚名，则不如本无让也。天下逆乱焉，而忠义显矣；六亲不和焉，而孝慈彰矣！”（《抱朴子·外篇》卷四）这种顺性为贵底自然性说，完全是从无名主义中演绎出来的。故礼乐制度，是性恶的根源；法乎自然，才是全性完朴的彻底办法。结果他便极倾向于“曩古之世，无君无臣。穿井而饮，耕田而食；日出而作，日入而息。泛然不系，恢尔自得；不竞不营，无荣无辱”的无政府境界了。

（三）南北朝隋唐佛家的性说——佛家性说，可以般若宗为代表，即所谓“性宗”。然而般若宗派别繁多，就中以释道安之性空宗为宗旨所归。僧睿毗摩罗诘《经义疏序》云：“自慧风东扇，法言流咏以来，虽日讲肆，……六宗偏而不即；性宗之宗，以今验之，最得其实。”性空宗即是本无宗，唐华严宗（贤首宗）、天台宗，谈玄说性，要亦不离性空本无的宗旨。

这一派以宇宙万物为没有自性的。若有自性，就不应变异，然现见一切物都在那里变异；可见这些无常的东西，都是没有自性的。且若物有自性，就应该自己如此，决不属于众因缘；而现见一切物都从因缘有所生起，可见这从因缘生的，没有一个东西，可说是自己如此。因为都无自性，所以自性本无，这就是无所有不可得的无。然这“无”也不是离因缘自然有性，而因缘本也是无所有不可得的；所以因缘不有，也不复更无。非有非无，这才是一切物没有自性的真谛。一切物因无常所以无。由无所以物物全真。现前的一切事物，就是本来寂静，自性涅槃的“无”；无生无灭，无所从来，也没有去处。如是一切都无所有，毕竟不生；即是生时，倏忽灭尽，总没有生性可得。生和灭是对持的；万物无生，安得有灭？故这个茫茫宇宙是不生不灭。成也可曾成，坏也何曾坏？而眼见的生生灭灭，有有无无，都只是痴人妄自计度；明眼人观之，物性本来如此，动也不一动（物性空故不动，非以各性住为不动）；没有一个东西不是空寂，没有一个东西不是凝然常住。所以说“性即是空，空即是性”。

除了佛家之外，在孔家中，对人性的见解，也还是倾向于性恶：或有性善性不善的论潮，而对“醇乎醇”的孟子性善说挑战。例如：

（甲）韩昌黎的《原性》 性之品有上中下三：上焉者，善焉而已矣；中焉者，可导而上下也；下焉者，恶焉而已矣。

（乙）皇甫持正的《孟子荀子言性篇》 孟子荀子皆一偏之论，孟子合经而多益。（陈澧驳他，既然孟荀皆一偏，何以孟子独能合经呢？）

（丙）杜牧之的《三子言性辨》 荀子之人性恶，比之二子（谓孟子、扬雄），荀得多矣。

总而言之：这一千多年来是中国哲学史上的黑暗时代，无论汉代阴阳家的性说，魏晋玄学家的性说，南北朝隋唐佛家的性说，均与中国传统底人性思想不合，都没有走上哲学文化的正路。末了虽有昌黎韩子提倡三品说，仍不过周人世硕公孙尼子之流，不足为孔家性善说的代表，所以这过渡期间，可以说是中国人性论史的“黑暗时代”。

四

人性论史的发展期，是从宋代开始。中国哲学在中古黑暗时代之后，开辟出闳大幽渺的生命宇宙观，这一点我不能不说是宋儒的最大贡献了。虽然有些人以为宋儒是受佛家影响的，但那只是反对的影响。从宋儒理学兴起之后，思想界起了一大革命；把从前支配于佛家观念之下的真空观完全推翻，极力肯定宇宙生命的实在。即在人性论上，也放一异彩，这可说是中国的文艺复兴期，也可以说就是人性论史发展期之第一时期。

然而一溯宋儒人性论的来源，也不是突然产生的，而是从旧底思想体系里面孕育出来的。因此，在宋代理学尚未奠定基础之前，宋初学者对于人性底见解，还有很多继续过渡期的说法。例如：

（甲）司马光的《疑孟》云：“孟子云‘人无有不善’，此孟子之言失也。丹朱、商均，日所见者尧舜也，不能移其恶。岂人之性无不善乎？”

（乙）王安石的《原性》云：“孟子以恻隐之心人皆有之，因以谓人之性无不仁。如其说，必也怨毒忿戾之心，人皆无之；然后可以言人之性无不善，而人果无之乎？”

（丙）苏子由的《孟子解》云：“有恻隐之心而已乎？盖亦有忍人之心矣。有羞恶之心而已乎？盖亦有无耻之心矣。有辞让之心而已乎？盖亦有争夺之心矣。有是非之心而已乎？盖亦有蔽惑之心矣。今孟子则别之曰，此四者性也，彼四者非性也；以告于人，而欲其信之，难矣！”

但是他们都是把孟子的意思误解了。陈澧说得好：“孟子所谓性善，谓人人之性皆有善也，非谓人人之性皆纯乎善也。……盖圣人之性纯乎善；常人之性皆有善；恶人之性仍有善，而不纯乎恶。所谓性善者如此。后人疑孟子者，未明孟子之说耳。”司马光自己也说：“盗跖、庄蹻，讳闻其恶，有羞恶也。”（《潜虚宜之初》）又云：“桀纣亦知禹汤之为圣也，盗跖亦知颜闵之为贤也。人之性莫不好善而恶恶，慕是而羞非。”（《致知在格物论》）又云：“凡人为不善，能欺天下之人，不能欺其心；虽忍而行之，于其心不能无蒂芥。”（《中和论》）这就完全是孟子无有不善的论证，也就可以说就是宋儒性善说的开端了。

现在试将人性论史的发展期，分作三阶级说明：

（一）宇宙观的性善说

宋代正统哲学家对于人性问题是主张性善的。他们都是以天理讲性，以理为善，这种见地，可以说是宇宙论的人性观，而以性为有超善恶的倾向。

（甲）周濂溪的《太极图说》云：“五性感动而善恶分。”《通书》又云：“诚无为，几善恶。”他底意思是以性静为善，动则兼善恶；而性的本质，则为超善恶的。

（乙）程明道的《遗书》卷一云：“人生气禀，理有善恶，然不是性中元有此两物相对而生也。有自幼而善，有自幼而恶，是气禀然有也。善固性也然恶亦不可不谓之性也。”盖生之谓性，人生而静以上不容说；才说性时，便已不是性也。这种讲法，分明认性的本体，没有善恶可言；而其所谓气禀，又和张横渠气质之性同一论调。可见他们在宇宙观上，虽然是纯粹一元论的，而他们的人生观，却不免是二元论的。

（丙）张横渠的《正蒙·诚明篇》云："形而后有气质之性，善反之则天地之性存焉；故气质之性，君子有弗性者焉。"他把性分为天地之性和气质之性，前者属理而后者属气，而性则有超越的意味；谓性无所谓善恶，气质偏有恶。"故气质之性，君子有弗性。"这种说法实在是受佛学影响而自创立的学说。程伊川、朱晦庵本之，都主张有气质之"性"和本然之"性"两种。前者是情，有善也兼有恶；后者为性，是善的而且是超善恶的。我们一看下面所引的话，便可以分别得很明白。

（丁）程伊川的《遗书》卷十八云："在天为命，在义为理，在人为性，主于身为心，其实一也。心本善，发于思虑，则有善有不善。若既发则可谓之情，不可谓之心。"又云："孟子言人性善是也，虽荀扬亦不知性也。孟子所以独出诸儒者，以能明性也。性无不善，而有不善者，才也。性即是理，理则自尧舜至于涂人一也。才禀于气，气有清浊，禀其清者为贤，禀其浊者为愚。"

（戊）朱晦庵的《语类》卷四云："气质之说，起自张程，极有功于圣门，有补于后学；前此未曾说到，故张程之说立，诸子之说泯矣。"又云："问：人物皆禀天地之理以为性，皆受天地之气以为形……若在物言之，不知是所禀之理便有不全耶？亦是缘气禀之昏敝，故如此耶？曰：惟其所受之气只有许多，故其理亦只有许多。如犬马，他这形气如此，故只会得如此事。又问：物物具一太极，则是理无不全也。曰：谓之全亦可，谓之偏亦可。以理言之，则无不全气，以气言之，则不能无偏。"（同上）自一气而言之，则人物皆受是而生；自精粗而言，则人得其气之正且通者，物得其气之偏且塞者。惟人得其正，故是理通而无所塞；物得其偏，故是理塞而无所知……

物之间有知者，不过只通得一路，如乌之知孝，獭之知祭，尤能守御，牛但能耕而已。（同上）

我们把宋儒学说归纳起来，可以得出二元论的结果，性说也是如此。一言以蔽之：他们都以为：理是善的，气是恶的。这实在是犯了顶大的谬误。颜习斋《存性篇》曾驳道："若谓气恶则理亦恶，若一谓理善则气亦善。盖气即理之气，理即气之理；乌得谓理纯一善，而气偏有恶哉！"理是客观的法则，是未发；气是所表现为具体的客观事物，是已发，无理则气不立，无气则理不存。两者同是一物的两面，是一而二,二而一的。这种批判很对。

总之，宋儒的性善说实和孟子的性善说有着很大的不同：

第一，孟子说："形色天性也。"张横渠云："气质之性，君子有弗性者矣。"宋儒把性分为本然之性和气质之性，而孟子则以为形色也属于性。

第二，孟子云："为不善非才之罪也。"程子云："性无不善，而有不善者才也。"孟子以为不善非才之罪；而宋儒以为性总是善的，其不善者都是后天的影响，是才之罪。

第三，宋儒批评孟子：朱子谓孟子道性善，"性字重，善字轻，非对言也。"又谓孟子"终是未备，所以不能杜绝荀扬之口"。而朱子底高徒陈北溪竟云："孟子不说到气禀，所以荀子便以性为恶了。"实际说来，宋儒在宇宙观实有很大的贡献，而他们的人生哲学，一方面继承孟子性善的主张；一方面把性提到超性的阶段，认为性等于理。这种见解，不容讳言，是受了佛老的影响。因此，到了南宋，即生反动。陆象山出来，一面把人性论从宋儒宇宙论的神秘外衣里剥出来，一方面就人生以论人性。我们可以说，陆象山底人性论，是从宋代宇宙观的性说跑到明代人生观的性说的过渡期。

陆象山《语录》云："见到孟子性善处，方是见得尽。有善必有恶，真如反覆手；然善却是本然，恶却是反了方有。”他又告学者道：“汝耳自聪目自明，事父母自能孝，事兄自能弟。本无少缺，不必他求。”他底弟子杨慈湖更继承其师底说法，而且更为明白，更为透彻。《先圣太训》第十云：“人性有善而无恶，恶非清明性中本有之物。”当时大江以南，都是慈湖底子弟，也就可见他的影响。过此就是我们认为人性论发展期的第二阶段。

（二）人生观的性善说

人性论发展期的第二阶段，应以明代为代表。王阳明可以说是中国启明运动的第一人，关于性论，也是即心言性，继承陆扬性恶说底主张，发扬而光大之。他说“至善只是此心”（《传习录》），“恶人之心失其本体”（同上）。又云：“至善哉性也。性元无一毫之恶，故曰至善。”（同上）“至善者，心之本体，本体上才过当些子，便是恶了。不是有一个善，却又有一个恶来相对也。”（同上）

他主张“致良知”的学说，即由于他根本相信人是好的这个观念申引出来的。故他说：“人初生时，善原是同的。但刚者习于善则为刚善，习于恶则为刚恶；柔者习于善则为柔善，习于恶则为柔恶。便日相远了。”（同上）这种说法，和孟子性善说最相近。但阳明也不彻底，他把心分为道心（性）和人心（情），而变为性善情恶说底论者，和宋儒底说法差不多。不过，一是从宇宙观以论性，一是从人生观以论性，看法不同罢了。

依阳明底意思，道心就是天理，人心就是人欲。《传习录》卷三云：“率性之谓道，便是道心；但着些人的意思在，便是人心。”这样把“心”分成道心和人心两种，于是阳明又陷入二元论的窠臼了！

心：
- 道心=理（超善恶）——无善无恶——周海门派
- 人心=气——有善有恶——许敬庵派

由于心底二元论的缘故，后来阳明弟子，各偏一方面，便形成上述两派。我们看《明儒学案》卷三十六周海门与许敬庵之争。海门主张性无善无恶，而敬庵却以性无善无恶不可为宗，因作《九谛》驳他。海门因作《九解》答辩，以为："善且无，恶便从何容？恶既无，善不必再立。"这种讲法很失阳明性说底本旨。

迨王学末流，学者束书不观，高谈性命；至时人目为野狐禅。于是王学又引起反动。东林学派反对海门性无善无恶底说法，力主性善，以为心性是绝对底善。而蕺山学派，却主情善说，以为性即是情，情即是性。这两派对于当日的思想界影响很大。兹略为分述如次。

东林学派底主张，俱见于《明儒学案》卷五十八至六十一《东林学案》，可供参考。现在将这派最重要的人物底"性善主义"，摘录一二。

（甲）顾泾阳　他驳性无善无恶说道："近世喜言无善无恶，就而即其旨，则曰：所谓无善，非真无善也，只是不著于善耳。予窃以为经言：无方无体，是恐著了方体也……言不识不知，是恐著了识知也，何者？吾之心，原自超出方体……识知之外也。至于善即是心之本色，说恁著不著：如明是目之本色，还说得个不著于明否……又如孝子还可莫著于孝否？忠臣还可莫著于忠否？昔阳明遭宁藩之变，日夕念其亲不置。门人问曰：得无著相？阳明曰：此相如何不著！斯言足以破之矣。"又道："以为心之本体原是无善无恶，合下便成一个空见。"

因是，顾泾阳力主性善；不但性善，而且情善，形善。故对孟子性说，推崇备至。他说：语本体只是性善两字。又说：孟子不特道情善，且道形善，所谓形色天性也。

（乙）高景逸　他同顾泾阳一样，以性善言性，而且更昌明善即生生之易说。他谓：“元特为善之长耳。元而亨，亨而利，利而贞，贞而复元，继之者皆此善也。”复谓：“善即生生之易也。有善而后有性，学者不明善，故不知性。”又谓：“孟子道性善，而言必称尧舜者何也？性无象，善无象；称尧舜者，象性善也。”

（丙）孙淇澳　他提出“舍善无性，舍明善无以率性”底说法；以为宋儒言气质之性恶，害人不浅！他谓：“孟子谆谆性善，为当时三说乱吾性也；又谆谆性无不善，恐后世气质之说，杂吾性也。”复谓：“无为吾所不为，无欲吾所不欲，此所谓性善也。吾人只有这些子，可以自靠。”又谓：“伊川论性，谓恶亦性中所有，其害不浅！”且谓：“孔子所谓性相近，相近便同善中，亦不可一律而齐。”

自有这“性善学派”出来提倡，“无善无恶”说便匿迹销声。而蕺山学派（即证人学派）也反对那误解无善无恶底说法，因主张性善，且进而言情善。这都是受东林学派的影响，《明儒学案》卷六十二《蕺山学案》云：

> 孟子曰，乃若其情，即可以为善矣。何言乎情之善也？孟子言这恻隐心就是仁，何善如之。仁义礼智皆生而有之，乃所以为善也。指情言性，非因情见性也。即心言性，非离心言善也。又云：古人言情者曰，利贞者情性也。六爻发挥旁通情也。乃若其情，无情者不得尽其辞；如得其情，皆指情蕴情实而言，即情即性也。并未尝以已发为情与性对也。乃若其情者，恻隐羞恶辞让是非之心是也。孟子言这恻隐之心就是仁。非因恻隐之发，而见所存之仁也。

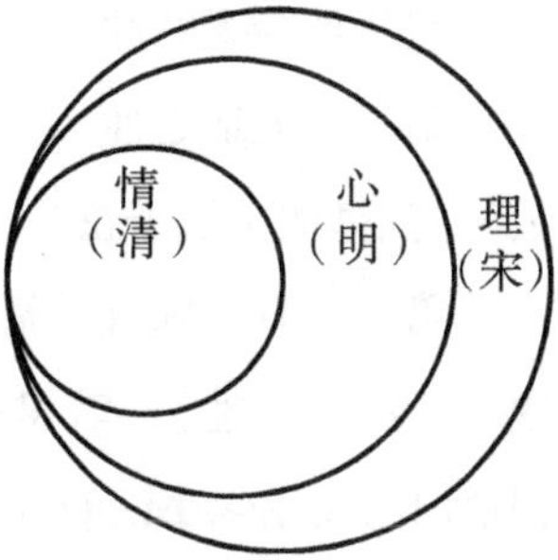

这种情善的说法，已开清代社会观性说之端。我们对于宋明两代性说与清代社会观的性说，可以先为比较；俾下面谈到清儒见解时，更容易了解。大抵宋儒基其宇宙观的见地，以理言性，而以性为天地之性；明儒基其人生观的见地，即心言性，而以性为气质之性；清儒基其社会观之见地，以情论性，而以性为人生之性。由是我人可得一宋明清儒对于“性”之理解图（见右图）。

戴东原《绪言》卷中云：“宋儒之异于前人者，以善为性之本量。如水之本清，而其后受污而浊，乃气禀使然，是以务于理气截之分明。以理为性之本，为无不善；以气之流行则有善有不善，视理俨若一物。显遵孟子性理之言，究之以才说性时，便是人生以后。此理已坠气质之中，孟子安得概之曰善哉。”

故宋儒以人生以前的先天的宇宙观论性是善的；清儒适与相反，以人生以后的后天的社会观论性是善的；而明儒则就人生之中，而以主观的人生观论性是善的。

（三）社会观的性善说

我们在前面谈到王学末流，只注重内心的修养，忽视对客观事物的体验；其流弊至于个人为重社会为轻，引起外族的侵入。这种颓废的思想，自然而然地引起反动；东林学派和蕺山学派对此已大加抨击，力矫颓风。思想体系，已有由人生观而转入社会观的倾向。迄于清初，乃完成崭新的思想体系，性说也因之而转变：以朴学家的精神，解释性即是情，情善即性善底说法。这阶段可以说是中国底科学运动时期，同时也就是人性论史发展期的第三阶段。

清代社会观的性说，可分为三派：

第一，天地之性“人”为贵，故说人性善：以李光地的《中庸四记》、焦循的《孟子正义》、程瑶田的《论学小记》为代表。

第二，有人则有“情”，故说人性善：以黄梨洲的《性子师说》、颜习斋的《存性》、戴震的《孟子字义疏证》、阮元的《性命古训》、程瑶田的《论学小记》为代表。

第三，有情则自然“扩而充之”，故说人性善：以王船山的《读四书大全说》、焦循的《孟子正义》、陈澧的《东塾读书记》为代表。

第一，天地之性人为贵说

（甲）李光地　他首先分别人性和物性。以为人性是得天地之中气，故善；物性则得其偏，故恶。《中庸四记》（榕村丛书本）云：“周子曰，得其秀而最灵，惟人受天地之中气……物则偏焉而已……圣门言性皆以人性而言也欤？曰：然。人之性虽拘而可移者也；物之性拘而难变者也……虽言性之，犹必曰，人之性，物之性。甚且曰，犬之性犹牛之性，牛之性犹人之性欤？别之也。是故孔子之言相近，子思之言天命，孟子之言性善，皆在以人者而为言也。”

（乙）焦循　《孟子正义》里面论性底话精粹的地方很多，而中心概念，就是人性中心主义的性善论。里面说：“孟子明辨人物之性不同。人之性善，物之性不善，盖浑人物而言，则性有善有不善，专以人言，则人无不善……故不曰，性无有不善，而曰，人无有不善。惟告子云，人性之无分于善不善。性上明标以人。故孟子必辨之曰，人性之善也，犹水之就下也。性上亦必明标以人。人性之异乎物，已无待言……禽兽知声不能知音……非不知声，不知好清而恶浊也，惟人知知，故人之欲异于禽兽之欲，即人之性异于禽兽之性……叶绍翁《四朝见闻录》云：‘刘黻……自为论云，惟人受天地之中以生，故谓之性。岂物之所得而拟哉？凡混人物而为一者，必非识性者也。孟子道性善，亦第谓人而已。假如或兼人物而言，则犬之性犹牛之性，牛之性犹人之性。当如告子之言。' 李氏光地《榕村藏稿自记》云：'孟子所谓性善者，人性也。故既言人性异于犬牛，又云犬马与我不同类。又言违禽兽不远。可见所谓性善者，惟指人为说。人性所以善，以其阴阳之交五行之秀气，孔子所谓天地之性人为贵也。'"（《告子上篇》注）"人之有男女，犹禽兽之有牝牡也。其先男女无别，有圣人出，示之以嫁娶之礼，而民知人伦矣；示之以耕耨之法，而民知自食其力矣；以此教禽兽，禽兽不知也。禽兽不知，则禽兽之性不善；人知之，则人之性善矣。圣人何以知人性之善也？以己之性推之也。己之性既能觉于善，则人之性亦能觉于善，第无有开之者耳。使己之性不善，则不能觉；已能觉，则己之性善。己与人同此性，则人之性亦善，故知人性之善也。"（《滕文公上》注）

这种学说，是本于李光地而发扬孔子"天地之性人为贵"底说法的。

（丙）程瑶田的《论学小记》云："有天地然后有天地之性[①]，有人然后有人之性，有物然后有物之性。有天地人物，则必有其质、有其形、有其气矣；有质、有形、有气、斯有其性，是性从其质其形其气而有者也。……惟物之性断乎不能如人之性善……何也？其质形气物也，非人也。……人之所以异于物者，异于其质形气而已矣……后世惑于释氏之说，遂欲超乎质形气以言性，而不知惟质形气之成于人者，始无不善之性也。"（《述性一》）"无气质则无人，无人则无心，性具于心，无心安得有性之善？故溯人性于未生之前，此天地之性乃天道也。……是故性善，断然以气质言，主实有者而言之，是姜则性热，是水则性柔，是人之气质则性善。"

---

① "天地之性"，原作"天之地性"，误倒，据程瑶田《通艺录·论学小记》本乙正。——编者

程瑶田以为人性应该是指气质而言，绝不是人性未生之前的天地之性；而人性和物性之别，是由于质形气的不同。

这种论调，和孟子"形色天性"说相同。

第二，有人则有情说

（甲）黄梨洲 《明儒学案》卷四十一案语云："气质即是情才。孟子云，乃若其情则可以为善矣；若夫为不善，非才之罪也。由情才之善而见性善，不可言因性善而后情才善也；若气质不善，便是情才不善；情才不善，则荀子性恶不可谓非矣。"此外，黄氏又在《孟子师说》卷三，引了许多学者底话，来阐明孟子性善之旨。他以为："苟非性善，绝学无传久矣。"

（乙）颜习斋　他以为性即是气质之性，善即是气质之善。他著《存性》篇，分两卷，上卷驳朱儒气质之说，下卷作七图，以明自己学说，他说：

> 气质即二气四德所结聚者，乌得谓之恶？……孟子一生苦心，见人即言性善，言性善必取才情故迹，一一指示而直指曰：形色天性也，惟圣人然后可以践形；明乎人不能作圣，皆负此形也！人至圣人，乃充满此形色，此形非他，气质之谓也。凡孟子言才情之善，即所以言气质之善也；归恶于才情气质，是孟子所深恶，是孟子所亟辩也。……非气质无以为性，非气质无以见性也；今乃以本来之气质而恶之，其势不并本来之性而恶之，不已也。（卷一）不惟有生之初，不可谓气质有恶；即习染凶极之余，亦不可谓气质有恶也。（卷二）

他以为孟子讲性善，即是谓气质底善。所以说："理即气之理也，清浊厚薄纯驳偏全万有不齐皆善也，其恶者引蔽习染耳。"这种说法影响很大。从兹以后，有清一代学者，几乎没有一个不是主张情才气质是善的。

（丙）惠栋的《周易述易微言》云："孟子言性而及情，情犹性也。故文言曰，利贞者，情性也。"这种以情为性底说法，可以说是受了颜习斋的影响。

（丁）戴东原的《孟子字义疏证》云：

> 孟子之所谓性，即口之于味，目之于色，耳之于声，鼻之于臭，四肢于安佚之为性；所谓人无有不善，即能知其限而不逾之为善，即血气心知能底于无失之为善。
>
> 人之性善，故才亦美；其往往不美，未有非陷溺其心使然。故曰，天之降才尔殊，才可以始美而终于不美，由才失其才也；不可谓性始善而终于不善；性以本始言，才以体质言也。体质戕坏究非体质之罪，又安可咎其本始哉？倘如宋儒言性即理，言人生以后，此理已坠入在形气之中，不全是性之本体矣。以孟子言性于陷溺梏亡之后，人见其不善，犹曰"非才之罪"者；宋儒于天之降才，即罪才也。
>
> 孟子言今人乍见孺子将入井，皆有怵惕恻隐之心。然则所谓恻隐、所谓仁者，非心知之外别如有物焉，藏于心也。已知怀生而畏死，故怵惕于孺子之危，恻隐于孺子之死；使无怀生畏死之心，又焉有怵惕恻隐之心？推之羞恶辞让是非，亦然。使饮食男女，与夫感于物而动者，脱然无之，以归于静，归于一；又焉有羞恶，有辞让，有是非？……古圣贤所谓仁义礼智，不求于所谓欲之外，不离乎血气心知；而后儒以为别如有物凑泊附着以为性，由杂乎老庄释氏之言。终昧于六经孔孟之言故也。

戴东原之意，以为性基于耳目口鼻四肢之欲，人之所以善，是由于人“知其限而不逾”底缘故。至于才，因人性善，故才亦美。性是本始的，才是体质的。体质戕坏非才之罪，也非本始之罪。因此，“所谓仁义礼智，不求于所谓欲之外，不离乎血气心知”的，这些都是与生俱来，是仁之端，是性善之基。

（戊）阮元　他对于人性底见解，以为才性虽有智愚之别，但都是善的。欲也不是所谓善恶之恶，它是与生俱来，属于血气心知，也是善的。《性命古训》云：

性中虽有秉彝，而才性必有智愚之别，然愚也非性也；智者善，愚者亦善也。古人每言才性，即孟子所谓“非才之罪”也。

欲不是善恶之恶，天既生人以血气心知，则不能无欲。惟佛氏始于绝欲，若天下人皆如佛绝欲，则举世无生人。禽兽繁失，此孟子所以说味、色、声、臭，安佚为性也。

（己）程瑶田的《论学小记》云：

性不可见，于情见之。情于何见？见于心之起念耳。……性从人之气质而定，念从人之气质而有；若有两念，便可分性有善恶。今只有一念，善者必居其先，……今为盗贼者未有不迫于饥寒者也，其初只有谋生一念耳。……是其初念未尝不善，而转而之乎恶耳。（《述性》）

心统性情。情者感物以统其性者也；无为而无不为，自然而出，发若机括，有善而已矣。（《述情》）

性浑然具之于心，有善而无恶；情则沛然流于所性，亦有善而无恶，……竟岂独有恶哉？……盖情之发于性也，直达之而已！意之主张于情者，有所经营不能直达，惟诚其意：则好善之情，如好好色；恶恶之情，如恶恶臭。情本直达，意更主张之，而使之直达。故曰，情无不善。情之有不善者，不诚其意之故也。(《述情二》)

程瑶田一方面主张性是气质之善，即孟子所谓“形色天性”；一方面主张性见于情，情本诸心而起于念；念是善的，故性也是善的。所谓情是沛然流于所性，有善无恶。故其情之流是不间断的，元是生生不息的善，而最初一念——意——则是可间断的、可转化为恶的。

第三，有情则自然扩充说。

(甲)王船山《读四书大全说》卷八云：

孟子之言性善，除孟子胸中自然了得如此，更不可寻影响推测；故曰，尽其心者，知其性也。知其性方解性善，岂从言语证佐得者哉！孟子将此形形色色都恁看得玲珑在，凡不善者皆非固不善也；其为不善者，则只是物交相引，不相值而不审于出耳。惟然，故好勇好货好色，即是天德王道之见端。

《周易外传》卷五云：

道者，善之所从出也；惟其有善，是以成之为性焉。……性则因乎成矣，成则因乎继矣；不成未有性，不继不成性。……天无所不继，故善不穷；人有所不继，则恶兴焉。

《尚书引义》卷三云：

性者生理也，日生则日成也；夫天命者，岂但初生之顷命之哉！……故天日命于人，而人日受命于天。故曰：性者，生也。日生而日成之也。

由上，我们可以看出船山对于人性的说法，以为：尽心可以知性；性是善的，不善者只是物欲所蔽。“故好勇好货好色，即是天德王道之端。”性是什么？性即生理，日日在新生成长中；它是生命之流，继续不断的。人所以有恶，因为不继——即间断的缘故。因此，他不但注重生，而更注重继；欲使善端能够发展，惟有自然扩充一法。这种见解，很有生之认识论的根据，我们不要忽略看去。他对于性善，还有最好的几句说话：

扩充则情皆中节；

不能扩充只为不知。

知者，知扩而知充也：扩充之中，便有全部不忍人之政在内。(《读四书大全说》卷八)

(乙)焦循的《孟子正义·告子上》注：

人性所以有仁义者，正以其能变通，异乎物之性也。以己之心通乎人之心，则仁也；知其不宜而变之乎宜，则义也。仁义由于能变通，人能变通故性善；物不能变通，故性不善。

焦循认为人性之所以善，是由于能变通；而物性之所以不善，则因其不能变通。这里所谓“变通”是含有日生日成之意，其所以能够日生日成者，则因为人生能扩充的缘故。

（丙）陈澧　他以为人性是善的，圣人底性是纯善，常人底性是有善，恶人底性仍可以有善；而发展善性的最主要手段，在“扩充”。《东塾读书记》卷三云：

孟子曰，“乃若其情，则可以为善矣，乃所谓善也”。此因有性不善之说而解其惑，谓彼性虽不善而仍有善。何以见之？以其情可以有善，可知性仍有善，是乃我所谓性善也。如象之性诚恶矣，乃若见舜而忸怩，则其情可以有善，可见象之性仍有善，是乃孟子所谓性善也。

圣人之性纯乎善，常人之性皆有善，恶人之性仍有善，而不纯乎恶。所谓性善者如此，所谓人无有不善者如此。

孟子道性善，又说扩充。性善者人之所以异乎禽兽也；扩充者，人皆可以为尧舜也。人能充无欲害人之心，而仁不可胜用也；人能充无穿窬之心，而义不可胜用也，人能充无受尔汝之实，无所往而不为义也。此三言充，即扩充之充也；充实，谓善，亦即扩充之充也。此外扩充之义，触处皆是：亲亲敬长，达之天下，扩充也；推恩保四海，扩充也；义义、养气、尽心、知性、知天，扩充也；博学详说，增益不能，皆扩充也。取譬言之，则山径之蹊间，介然用之而成路也；原泉混混，不舍昼夜也。若乡愿自以为是，则不扩充者也。苟失其养，无物不消；不扩充，则梏亡之也。枉尺直寻，梏亡之端；垄断墦间，梏亡之极也。

因为不能扩充，所以把生命拘囚起来；因而障碍本性的善，使他不能活动自如，因而有恶。然这种不扩充，由于他们一时不自知罢了；才自知便接续了，便扩充了，便复归善了。

五

最后，清代学者社会观的性善说，实为国父孙中山先生所著《孙文学说》所本。《孙文学说》中论进化，有如下的一段话：

> 夫进化者，自然之道也。而物竞天择、适者生存，不适者淘汰。此物种进化之原则也。……而作者则以为进化之时期有三：其一为物质进化之时期，其二为物种进化之时期，其三则为人类进化之时期。

把物种进化之时期，来和人类进化之时期比较，则物种进化以竞争为原则，人类进化却以互助为原则。原文如下：

> 由生元之始生而至于成人。则为第二期之进化。物质由微而显，由简而繁，本物竞天择之原则，经几许优胜劣败新陈代谢，千百万年而人类乃成。人类初生之时，亦与禽兽无异；再经几许万年之进化，而始长成人性，而人类之进化，于是乎起源。此期之进化原则，则与物种之进化原则不同：物种以竞争为原则，人类则以互助为原则。社会国家者互助之体也，道德仁义者互助之用也。人类顺此原则则昌，不顺此原则则亡；此原则行之于人类，当已数十万年。然而人类今日犹未能尽守此原则者，则以人类本从物种而来，其入于第三期之进化为时尚浅；而一切物种遗传之性，尚未能悉行化除也。然而人类自入文明之后，则天性之所趋，已莫之为而为，莫之致而致，向于互助之法则，以求达人类进化之目的矣。人类进化之目的为何，即孔子所谓“大道

之行也，天下为公”；耶稣所谓“尔旨得成，在地若天”。此人类所希望化现在之痛苦世界，而为极乐之天堂者是也。

在这里，以进化论底眼光论性，实为中国传统的性善论的嫡传。最可注意的，是对于人性分析，有极新颖的见解，为从来人性论者所未曾注意到的。如以“生元论”即生命论，说明人类的起源，即说明人性的起源，此其一。又以人性的长成，说明人类进化的起源；而人性乃从成人经几许万年之进化而成，此其二。又以互助论为人类进化之原则，且认为是人类有史以来行之数十万年的历史法则，此其三。又以人类互助与物种竞争相对立；互助既为人类之本性，故人性是善的，此其四。又以大同为人类天性之所趋，换言之，即为人类进化的目的，此其五。综上五点，可见，国父论性，不但继承我国古圣先贤的递相传习的性善的遗教，而且在此人性论的基础上，建立三民主义的人生观，建立伟大的政治理想——大同。拿他来和马基雅弗利——墨索里尼——从性恶论出发的暴力政治———法西斯比较一下。真理所在，真有如泰山之不可动摇了。

民国三十一年七月于坪石

国立中山大学文学院

五、中国文化之本质、体系及其发展*

目　次

第一章　中国文化之特质

文化之真义——中国文化是僵化吗？——Spengler《西欧的没落》中之中国文化观——Toynbee《历史研究》中之中国文化观——中国文化之新研究法——文化的根本类型——Max Scheler 论知识的形式——解脱的知识——本质的知识——实用的知识——文化之地理上分布（印度中国西欧）——中印欧文化之比较——宗教的文化区域（印度）——印度文化之源泉（达罗毗荼文化）——印度文化之发展——印度文化之世界传播——科学的文化区域（西洋）——原始基督教所受印度佛教的影响——西洋哲学时代与中国文化之关系——科学文化之世界征服的倾向——哲学的文化区域（中国）——哲学的宗教（泛神论）——哲学的科学——哲学为中国文化的特质——生命论——易之根本观念——《礼运》大同的理想——孙中山先生之宇宙观及人生观——中国文化之现代价值使命

---

* 本文原题为《中国文化之命运》，1946 年由广东文化事业公司出版单行本，后改名为《中国文化之本质、体系及其发展》。此次整理，以广东文化事业公司本为底本。——编者

第二章 中国文化之体系

中国哲学之三大系——老孔墨——老为哲学的宗教型——墨为哲学之科学型——孔为哲学的哲学型——道佛关系史——《现代世界观》中所见之唯物论者墨子——别墨与自然科学——中国哲学文化之面面观——（a）从知识论上观察——无知论（解脱的知识）——有知论（实用的知识）——格物致知论（本质的知识）——宇宙本质的知识（《易经》）——人生本质的知识（《中庸》）——社会本质的知识（“三礼”《春秋》）——“无”之辩证法——“有”之辩证法——“生”之辩证法（b）从宇宙论上观察——无论——有论——墨经之宇宙观——有无合论（生命论）——（c）从人生论上观察——主实论（轻社会重个体）——主名论（重社会轻个体）——名实合论（重个体重社会）——无为论（消极）——有为论（积极）——无所为而为论（真生命的实现）——（d）从社会论上观察——（Ⅰ）政治论——无治论（自然统治）——有治论（外力统治）——系统的政治哲学——放任政策——干涉政策——感化政策——（Ⅱ）法律论——天意法——人为法——自然法——礼——罗马法的渊源——十八世纪欧洲法律思想所受中国之影响——经济论——重农（自然力 = 土地生产力）——重工（物力 = 机械生产力）——重农工（人力 = 劳动生产力）——中国都市与手工业之发达——中国美术工艺与罗柯柯（Rococo）运动——结论：孔家为中国哲学之基本类型。

第三章 中国文化之发展

中国文化史之形态学——中国文化之泉源（a）生长时期（周

秦）——古代的泛神观——（b）混交时期（汉唐）——（1）阴阳家时代——（2）清谈家时代——（3）中国佛学时代——唐代道教之兴盛——（c）发展期——第一阶段：宇宙哲学时期（宋代）——中国的文艺复兴——第二阶段：人生哲学时期（明代）——陈白沙——王阳明——左派王学——右派王学——东林学派——证人学派——第三阶段：社会政治哲学时期（清代迄今）——经世学派——王船山（民族主义）——黄梨洲（民权主义）——颜习斋（民生主义）——唯情学派——今文学派——中国文化之现阶段——三民主义的哲学体系——国父文献之新发现——大同的理想——礼运无小康说——大亚洲主义——世界革命的两大基础——战后中国文化之新命运。

第一章　中国文化之特质

文化的真意义

在未讲之先，要先认清文化的真意义是什么？依我意思，以为文化的真意义是必须有生命性的、现代性的，如果一种文化失去了这两个条件，那么这种文化一定是僵化的了。齐[①]麦尔（Simmel）在一九一五年所著《生命观》一书，里面有这样底说话："生命产生文化，文化为生命之必然产物。'生'就是历史的社会的中心。"又克洛采（Croce）在《历史叙述的理论与历史》一书中，开头便说"一切真的历史就是'现代'的历史"，那么一切真的文化，也应该就是现代的生命的文化了。

---

① "齐"，底本作"面"，据上下文改。——编者

中国文化是僵化吗

中国文化是否僵化呢？换句话说：中国文化是还有生命性和现代性吗？如果是，中国文化便是活的不是死的了。却是依外国几位有名的学者研究的结果，认为中国文化是已经死了的，乃是僵化的文化。例如斯宾格勒（Spengler）在《西欧的没落》第二卷中，分世界文化为八种：（一）埃及，（二）巴比伦，（三）印度，（四）中国，（五）希腊罗马，（六）阿剌伯，（七）墨西哥，（八）西欧，他以为以上各种文化都已过去，西欧的文化亦将趋于没落，他把文化以植物比喻，植物的命运是由开花结实以至于枯死，文化亦有童年壮年和老年，以至于死亡的现象。这八种不相连系的独立的文化，其命运均至一千年便告没落。没有例外，因此中国文化，由他看来，是已经没有什么前途了。还有英国陶因贝（Toynbee）所著《历史研究》一书（1934—1937），共十三章，已出六册，他以为人类创造文化共六千年。此六千年中，创出二十一个文化单位，计：（一）希腊，（二）巴比伦，（三）埃及，（四）苏马连（Sumeric），（五）米诺（Minoan），（六）印度（Indic），（七）赫梯（Hittite），（八）中国，（九）耶教正宗，（十）希腊耶教，（十一）伊兰，（十二）叙利亚（Syria），（十三）阿剌伯，（十四）印度教（Hindu），（十五）远东之日本高丽，（十六）西欧，（十七）远东兼亚洲南部，（十八）安达（Andean），（十九）马耶（Mayan），（二十）俞加达（Yucatic），（廿一）墨西哥（Mexico），在这二十一个单位中，现存的文化只有七个，六个均已西化了。专就是中国文化言，中国文化和埃及同为僵化的文化，所以由他看来，中国文化已经是死的不是活的了。但事实果然如此吗？我可以说：中国文化至今还是活泼泼地有生气，至今还具有生命性的现代性的。这只要注意到中国文化在这次神圣的伟大的抗战过程中所有的贡献，便可知道。中国民族愈战愈强，中国文化愈在抗战洪流里面而愈为蓬勃地发展，中国五千年的文化命运，使中国虽经许多荆棘和困难而永不磨灭，永久存在，而对于这种有永远绵延永远存在的中国文化的新认识，就是这次讲题研讨的主要所在。

中国文化的新研究法

但是我们要明了我们中国文化的特质和其在世界所处的地位，必须应用一种新研究法，这就是历史的比较的方法。中国文化的特质如何？其发展如何？中国文化异于世界文化者何在？这都不是一两句话所可解决，而必须应用比较文化史的方法和材料去研究他、论述他。前述斯宾格勒和陶因贝虽均曾从事此种工作，但因对中国文化缺乏根本理解，所以得不到圆满的解答。

文化的根本类型

依我在《文化哲学》和《文化社会学》二书对于文化分类的结果，以为文化的根本类型，在知识生活上表现为四种不同类型：即宗教、哲学、科学、艺术。在社会生活上表现为四种不同类型：即政治、法律、经济、教育。这八种文化类型，一方面为本质的存在，一方面又为历史的存在：又社会生活的四类型，对于知识生活的四类型，又有依存的关系，现因时间的关系，不能详述，不过可注意的就是知识生活上的四类型，如艺术除外，则其余三类型实和有名的知识社会学者谢勒（Max Scheler）所谓“知识之三型式”相类，这就是解脱的知识（宗教）、本质的知识（哲学），和实用的知识（科学）。

文化的地理分布

上述三种知识文化，实即分布于世界人口最多之三个区域。这就是：中国、印度和西欧，每一种部影响世界人口的四分之一：固然世界史的文化本位不只此数，依我“文化类型学”中所分，即有二十四个文化单位，但虽有这么多的文化单位，而就其文化的体系言：不属于宗教型，即属于哲学型或科学型；或就文化的传播言，不是为印度文化所传播，即为中国文化或西洋文化所传播，所以综结起来，仍只有中、印、欧三个文化单位，而此三个文化单位：

（一）从文化的类型上来说：印度文化为宗教文化，中国文化为哲学文化[①]，西洋文化为科学文化，印度的文化史为一部宗教文化的发展史，中国文化史为一部哲学文化的发展史，西洋文化史为一部科学文化的发展史。

（二）从文化的结构上来说：印度文化中也有哲学和科学，然皆以宗教文化为中心，而形成为“宗教的哲学”和“宗教的科学”；中国文化中也有宗教和科学，然皆以哲学文化为中心，而形成为“哲学的宗教”和“哲学的科学”；西洋文化中也有宗教和哲学，然皆以科学为中心，而形成为“科学的宗教”和“科学的哲学”。

（三）从文化的接触上来说：印度文化史上之“科学时代”，实受西洋科学文化的影响，中国文化史上之“宗教时代”，实受印度宗教文化的影响，而其“科学时代”，实受西洋科学文化的影响。就西洋文化而言：西洋文化史上之“宗教时代”，实受印度宗教文化的影响，而其“哲学时代”，实受中国哲学文化的影响。

宗教的文化区域——印度

现在先就印度文化言：印度文化史上几千年来宗教的形式无不一具，可算是宗教一切种类形式之完全典型，固然印度也有哲学，但

---

① “哲”下原脱“学”字，据上下文意补。——编者

那是“宗教的哲学”，印度各宗派所用方法——瑜珈的方法——乃是宗教的方法：各宗派所讨论的问题——修行解脱、有我无我、宇宙缘起——均为宗教的问题。所以印度可以说是宗教国，不是哲学国，印度宗教文化的起源，从前以为是雅利安民族，现在根据于二十余年的发掘结果，知道印度在雅利安民族以前，即有很高的文化，这就是达罗毗荼（Dravidlian）文化。此族身体甚短，皮肤黝黑，属于尼格罗系统，初居印度北部，后为雅利安人所迫，迁徙印度南部。四姓阶段中之首陀罗，实则此族人。印度语阶级称为“瓦那”（Varna），本有颜色之意，乃雅利安人所以自别于原住黑人者，实则此先在之达罗毗荼文化。根据一九二二年在 Mohenjo-Daro 等地发掘所得成绩，与一九二五年写成的报告书（共七百页），知道此族支化，实以浴场为中心之宗教文化，和后来佛教文化很有关系：印度先有达罗毗荼人之拜物教为起点，才有继承他的吠陀时代的多神教和婆罗门教时代的一神教。印度宗教文化的发展，可从吠陀时代算起分为三时期：

（一）吠陀文化（婆罗门文化）：可以基于吠陀的组织教义的正统派，即婆罗门教为代表，其余只认吠陀的教义而非直接者如数论派、正理派、瑜伽派、胜论派等属之。

（二）反吠陀文化（佛教）：佛教为婆罗门教之否定，佛初五百年宏传四谛（苦、集、灭、道），是小乘法，即为反对婆罗门。印度佛教可分二期：自佛陀至纪元二世纪龙树出世止为小乘教，自龙树后为大乘教，小乘在前，大乘在后，小乘用巴利（Pali）文，大乘用梵文。

（三）新吠陀（吠檀多派）：迨后吠檀多派兴起，又为否定之否定，这时婆陀罗衍，商羯罗阿阇梨等辈出，重光教义，才有现今之新印度教。

由上可见印度文化史实即一部宗教文化的发展史，印度无论任何宗派，均主张解脱的知识。不过解脱有深浅二义，浅者如小乘涅槃经所举自饿投渊、赴火、牛狗等六外道，深者如般若之空观：“无所有不可得”。可算宗教知识文化之第一义（所罗门传道书亦具此意味），然而印度宗教文化之最大贡献，则在其影响于印度以外之世界传播：在中国所受影响为中国佛教——华严、天台禅宗之创立，尚不算什么；在西洋则影响于“原始基督教”，及其文化的价值是很大的，我们将于下面加以论述。

科学的文化区域——西洋

次就西洋文化来说：西洋为科学文化区域，代表实用的知识或征服自然的知识。现在的问题，乃是这种科学文化有没有宗教文化的存在？我们的答复是肯定的。然而西洋的宗教，只是“科学的宗教”，用斯宾格勒（Spengler）底话来说，即是“浮士德宗教”，浮士德文化的灵魂底根本特性，是在于他们最坚决的无限的意向与无限的要求和梦想，在行为上即表现为权力意志的新教义，这可以说就是西洋“科学的宗教”底特质；至于基督教，其来源实自很远的东方，不足以代表西洋的宗教文化，黑格尔（Hegel）在《宗教哲学》中，曾指出欧洲人的宗教，属于超越的部分，来自很远的东方，特别是叙利亚。叔本华（Schopenhauer）在《意志与观念的世界》中则简直认为是来自印度。关于这问题，前人讨论已多，德国哈斯（Hans Haag）所著《佛教与基督教之相互关系问题书目》（一九二二）所举著者人名已五百数十人，原来原始基督教史之研究，可分三期：（1）吉本（Gibbon）《罗马帝国衰亡史》中注意原始基督教与犹太教的关系，（2）蒙孙（Mommson）所著《罗马史》，则注意其与希腊教的关系，（3）一九八三年里利（A. Lillie）所著，《原始基督教所受佛教之影响》，则更注意及于印度佛教对于“原始基督教之影响”，许多学者都主张福音书元本所谓“诗的福音书”，实受佛教传说的影响，这是很可能的，如（一）从传播上观察：虔诚派（Essenes）与德尔巴多派（Eherapeate）均有印度宗教的痕迹。（二）从教义上观察：如轮回说、厌世说、禁欲说，世界主义对于战争的态度等均与佛教有关。（三）从宗教仪式上观察：两教僧侣重童贞，剃发及用蜡烛、香、念珠等亦属相同。

又从方法论上观察，证据很多，如：

甲、从文献学上看：佛教[①] 在希腊弥兰王（King Milinda）时，已受佛教影响，有现存巴利文之弥兰陀王问经与晋译那先比丘经为证，希腊人为一切宗教的介绍人是可信的。

乙、从民俗学上看：柯祖基（Kautsky）在《基督教之基础》中曾举许多例证，证明路加所载基督降生故事之佛教影响。

丙、从考古学上看：则阿育王（Asoka）之传播佛教，除希腊殖民地叟那，即大发国，也有新发见之纪念碑可证。

因为原始基督教受佛教影响，所以罗马史家塔西佗（Tacitus）在所著《编年史》中说：“他们之逮捕基督教徒是借口他们是患过痛恨人类之罪”，这一点也可见世界宗教之文化传播乃是历史的事实，是不容讳言的！由上可见西洋的宗教文化乃受印度宗教文化之影响无疑了。

还有西洋的哲学，原来也只是科学的哲学，所谓“实证论”“经验论”“机械论”“唯物论”“自然主义”等，均为“科学的哲学”，然而西洋文化史上之十八世纪“哲学时代”，是从哪里来的？我依在《中国思想对于欧洲文化之影响》一书所得结论，是从中国来的。由于十六、十七世纪耶稣会来华传教，引起了所谓“礼仪问题”的论争，从一六四五年起，一直到一七四二年止，论争期间至一百年之

① “佛教”，疑为“基督教”。——编者

久，参加者据戈逖尔（Cordier）《中国学书目》所列有二百六十二种，未发表者多至数百种，耶稣会士赞成孔教，而反对宋儒理学，其代表著作如：利玛窦:《天主实义》；龙华民:《灵魂道体说》；孙璋:《性理真铨》等，此反理学运动在欧洲发生很大影响，使当时无论迎拒中国哲学的人，均以此为讨论问题，一方面有人认中国哲学为唯物论，无神论加以攻击，一方面即有人认中国哲学为唯物论，无神论而加以欢迎，又一方有人认中国哲学之理性论为异端外道，一方即有人拥护此理性说而对于中国哲学曲加解释。前者的影响，可以法国麦尔伯兰基（Malebranche，属于笛卡儿中派）之攻击中国哲学为例。后者的影响，可以德国来布尼兹（Leibniz）、吴尔夫（Wolff）之拥护中国哲学为例。前者攻击其影响为百科丛书派之无神论的、唯物论的哲学，后者之拥护却造成德国观念论的古典哲学；前者之影响为法国政治革命，后者之影响为德国精神革命，其详细情形，请参看拙著，此不详述。要之，西欧的哲学时代，实为中国哲学文化所传播，则无可讳言。所以归结来说，西洋文化乃是科学文化，而所谓“宗教文化”（基督教文化）和“哲学文化”（十八世纪理性时代），均为外来文化所传播，严格论之，西洋文化应以十九世纪文化为代表，此种文化注意应用，造成灿烂的物质文明，现在已有征服全世界的倾向。

哲学的文化区域——中国

由上，知道印度代表宗教文化，西洋代表科学文化，就很容易明白中国是代表哲学文化了，中国从祖先所传递累积的文化，是最崇高最切实的以“人”为本位的文化，所以是本质的知识，若以印度解脱的知识和中国本质的知识相较，在印度不净观:（一）观身不净，（二）观受是苦，（三）观身无常，（四）观法无我。在中国则为净观，注重生命之现实方面，如易经咸卦“观其所感，而天地万物之情可见”，则观受是乐。恒卦“观其所恒，而天地万物之情可见”，则观身是常。萃卦“观其所聚，而天地万物之情可见”，则“观法有我”；大壮卦“正大而天地万物之情可见”，即观身是净，不净观以宇宙人生为幻梦，对人生抱消极态度，净观尊重生命，对人生抱肯定态度。

中国既是代表哲学文化，那么，有没有宗教文化呢？有的。这种宗教的文化是以哲学为中心。而为“哲学的宗教”，此即中国古代的泛神论。《周易》“神也者，妙万物而为言”“神无方而易无体”，《论语》“祭如在，祭神如神在”，《中庸》“至诚如神”，都是泛神论的明证，也可以说就是以“人”为本位的宗教，罗素论中国文化特点，有一件即以孔子的论理思想代宗教，至于宗教的宗教，是从印度来的，是印度文化所传播。

还有中国有没有科学的文化呢？我也可以肯定答复这个问题，然而中国的科学文化，则是“哲学的科学”，中国虽有四大发明，而为哲学文化所限，不能有大发展，如对自然现象所云“譬如北辰，居其所而众星拱之”，这便不是纯粹科学的问题，点金术须曾经发达，但炼丹事业在中国有如文人之焚香弹棋为一种消遣，当然不是科学方法。就认识的对象说：如金木水火土五行，乃至阴阳，均不是具体的事物而属于抽象的意味。可见对象也非科学，由于“哲学的科学”底局限性，所以中国不能成功真正科学，真正“科学的科学”，乃从西洋文化传播而来。

哲学为中国文化特质

然而中国五千年来所创立的特殊的文化，就是哲学，哲学实为中国文化的基础，这种哲学既不是以“神”为本位的“宗教的哲学”（印度型），也不是以“物”为本位的“科学的哲学”（西洋型），而是以“人”为本位的“哲学的哲学”，即是“生命论”的哲学，即是本质的知识。这种本质的知识的特征，各时代的认识不同：在宋儒说他是“理”，明儒说他是“心”，清儒说他是“仁”，理是天理，也是理性，是宇宙论的“生命观”，这种说法影响十八世纪欧洲哲学的时代。心是道心，是人生论的“生命观”，这种说法影响日本德川明治维新的哲学时代。“仁”是人与人之关系，是社会论的“生命观”，影响于戊戌维新为谭嗣同的“仁学”，影响于辛亥革命为国父孙先生的“博爱”。

但以现在的观点，这种中国文化的特质，应该用活言语来表示，即是“情”字，也就是“爱”字，中国文化为“哲学”，中国哲学为“唯情哲学”或“爱的哲学”，何以见得？我们研究中国文化特质，最先应该注意《周易》一书，其中千言万语，都只是一个“情”字。《周易》所认识的宇宙本体，就是到处皆有的“情”，一切山川草木皆“情”的化身，由“真情之流”流出的，所以说“天地感而万物化生，圣人感人心而天下和平，观其所感而天地万物之情可见矣”（《易·咸卦》）；“天地之道恒久而不已，观其所恒而天地万物之情可见矣”（《易·恒卦》）；“萃聚以正也，观其所聚而天地万物之情可见矣”（《易·萃卦》）；“大者壮也，正大而天地万物之情可见矣”（《易·大壮卦》）；本体就是存在于宇宙万物之间的“真情之流”，所谓“逝者如斯夫，不舍昼夜”，这个永远绵延永远创新的真情本体，就是中国文化的真对象，《易经》一书，即摹拟这个对象，以求宇宙万物及其发展变化之公例，《易经》的几个基本部门：（一）卦，（二）象，（三）爻，（四）辞，（五）象，都是要讲明这个“真情之流”的变化法则，所以说：

卦——设卦以尽“情”伪，始作八卦，以通神明之德，以类万物之“情”。

爻——六爻发挥旁通“情”也。

象——爻象以“情”言。

辞——圣人之“情”见乎辞。

象——圣人有以见天下之“啧”，而拟诸其形容，象其物宜，是故谓之象——京房周易章句云：啧，情也。

这一套中国的形而上，在人生哲学上，便成功为“爱的哲学”，天地万物是这点“情”，人生也赋有这一点“情”，这就是“仁”字，所以给人生下一定义“仁者，人也”（《中庸》《表记》）；“仁也者，人也”（《孟子》）；人生即是“仁”，懂得这个“仁”，才懂得这个“人”，所以杀身成仁即是杀身成人，但仁字的意义是什么？简单的答案，“仁”字即是“爱”，《易经》：“安土敦乎仁故能爱”；《论语》：“樊迟问仁？子曰：爱人”；又曰：“泛爱众而亲仁”；周子《通书》：“爱曰仁”；韩愈《原道》：“博爱之谓仁”；可见“仁”字即是“爱”，人生之真意义即是“爱”，修身、齐家、治国、平天下都只是爱，从最切身的个人的爱做起，而推及人类的爱，是后便到达《礼运》大同的理想，所谓“大道之行，天下为公，选贤与能，讲信修睦，故人不独亲其亲，不独子其子，使老有所终，壮有所用，幼有所长，矜寡孤独废疾者皆有所养，货恶其弃于地也，不必藏于己，力恶其不出于身也，不必为己，是故谋闭而不兴，盗窃乱贼而不作，故外户而不闭，是谓大同”。这大同世界，“四海之内皆兄弟也”，所谓四海同胞主义，乃是人类爱的理想境，也可说就是中国文化的精华，所以就此种文化的特质来看，中国文化至今仍然活跃存在，而且实为此次大战后世界所向的目标。

孙中山先生之宇宙观及人生观

对现阶段的中国文化来说，孙先生的政治哲学：三民主义。其所根据的宇宙观及人生观，即以此中国哲学文化为背景，孙先生的宇宙观可以所写笔墨最多的“博爱”二字为代表，其人生观可以孙文学说中所说的“互助”二字为代表，孙先生指出“人类之进化原则与物种之进化原则不同，物种以竞争为原则，人类则以互助为原则”。“互助”即是“爱”。这完全充分表现出中国哲学文化的精神。

中国文化之现代世界使命

最后我们对于人类社会进步的理想，惟有依赖中国文化充分地发挥真人生的精神，才有实现的希望，而在此次世界大战之后，也只有依照孙中山先生的互助学说，才能联合全世界爱好和平的国家去战胜黩武主义侵略者，才能获得永远的胜利，这就是中国文化特质之现代意义，同时也可以说明真的文化是有生命性和现代性的了。

第二章　中国文化之体系

中国哲学之三大系

现在，我们进一步来讨论中国文化之体系问题，中国哲学在周秦诸子时代，即发生许多学派，最主要的即孔、老、墨三家，其学说思想各自不同，然则我们要问：中国文化之根本类型：哲学，那么，代表这哲学思想的，究竟是指老家、墨家，还是孔家哲学？这就涉及本章“中国文化之体系”的问题了。

现在试将孔、老、墨三家的哲学比较一下，虽然这三家哲学，同属中国文化体系中之重要派别，然而很有趣地，老家在中国文化上代表“哲学的宗教”，墨家代表“哲学的科学”，孔家则代表“哲学的哲学”，再拿来和世界文化比较，这三家即接近于三种不同的文化类型：

（一）老家——宗教型——接受印度之宗教文化

（二）孔家——哲学型——形成中国之哲学文化

（三）墨家——科学型——接近西洋之科学文化

宗教型的老家哲学

现在试略加申论，先说老家，老子虽然不是宗教家，却含有“哲学的宗教”意味，所以老子学说，其末流便成为一种道教，而走向宗教的路上去，所谓道家三品说，即可见老家形成道教的三时期：上者，清净无为，次之，神仙服饵，下者，符箓禁厌，最初只是清净无为，而清净无为中却带点长生不死，后来却只说得长生不死一项，再后一变再变为符箓厌禳祈祷的宗派，他们一方面推崇老子为教主，一方面利用符箓与宗教仪式，这虽是末流的结果，然而也因老子含有宗教型之文化要素的缘故。

原来道家的形成实愈趋愈下，从老子、庄子到魏伯阳的《参同契》，葛洪的《抱朴子》（神仙家），迨至六朝以后，佛教发达，幼稚浅薄之道教受其刺激，为撑持门面计，乃窃取印度佛教方式来博取民间的信仰，乃至伪造《老子化胡经》，来附会佛为老子化身，用卑劣的手段，剽窃佛典来维持其“哲学的宗教”，即“半宗教”的局面，于是道佛两教，便起争端，中国佛教史上所谓“三武一宗”（后魏太武帝、北周武帝、唐武宗、周世宗），就是由于道士的嫉妒引起来的，换言之，即是中国“哲学的宗教”对于印度“宗教的宗教”之一种反抗运动。然而在此种文化互相接触之中，两教实有合一的倾向，结果中国佛教也不得不因“哲学的宗教”的影响而改变原形，许多名僧如僧肇、道安、慧远一流，均能以老庄讲佛学，其所以能将印度佛教传播中土，也因有这些“哲学的宗教”，即道家为媒介，这不是证明了道家的学说，虽非纯粹宗教，但与宗教文化相接近，然而这种作为哲学文化体系之一，“哲学的宗教”，当然不能完全代表中国哲学文化，而从全体观察，竟可以说是和印度的宗教文化相接近了。

科学型的墨家哲学

次说墨家：墨家哲学是中国哲学文化而带科学型的，故与西洋科学文化相接近，就墨家子本身来说，已比较老、孔为接近科学，接近唯物论，塔尔海姆尔（Thalheimer）在《现代世界观》第十五章中曾说："代表中国科学第三倾向的墨子，可以说是原始的未发展的唯物论者……他不以概念作真理的标准，而以感觉的经验（即见闻所得）作真理的标准，所谓感觉的经验并不是各个人的经验，而是普遍的一般的感觉的经验，即他所说的'众之耳目之实'，他又认为旧日知识上的证明和事实的实际上的作用，都是对于真理的准则。他的唯物论所以是原始的，可以从他几个结论中证出来，他说：他所以承认祖先的灵魄和自然的精神，也是因为民众也承认他，但他却不承认命运。"

由上可见原始的墨学中已含着科学的墨学的萌芽，所以一转而至别墨时代，便完全成立一种科学的方法论了，别墨对于物质科学的贡献，也有相当成绩，如力学中关于重力作用、杠杆原理，光学中关于光之直行、光之辐射、凸凹镜之虚影等，在《墨经》中均有说及，可见这一派正是中国文化哲学体系中之"哲学的科学"，然而这种仅有的科学思想，本质上是和中国文化不相合的，所以墨学不久中绝，直到西学东渐，才有人起来提倡，所以从全体上观察，可以说是和西洋之科学文化相接近了。

哲学型的孔家哲学

在此，我们得到一个初步的结论，就是中国文化之三大体系：老家接近宗教，和印度的宗教文化可相调和，但非中国哲学思想代表，墨家接近科学，和西洋的科学文化可相调和，但非中国哲学思想代表，而真正中国哲学思想的根本，依我看来，却只有孔家哲学。

中国哲学文化之面面观

现在试更进一步从中国文化之全体系中，更将这三大系的特点从各方面去比较观察一下。

第一，从知识论上观察。

凡接近宗教的，在知识论上主张“无知”，接近科学的便看重知识，前者为“解脱的知识”，后者为“实用的知识”，以印度宗教为例：如佛家即主张“无知”者，禅家所谓“这张嘴只堪挂在壁上”，所谓“当下便是，动念即乖”；因为要解脱即不可不先抛弃我底一切知识，老庄一派，虽非宗教文化，却为“哲学型”的宗教文化，所以也主张废弃知识，《老子》七十一章：“知不知，上不知，知病”，那自以为知实在不知，而无上的知反在于“不知”知之，所以屡屡说到“无知”，如云“常使民无知”，这“无知”也即是庄子哲学的出发点，庄子《人间世》篇“闻以有知知者矣，未闻以无知知者也”；《知北游》篇也说“不知深矣，知之浅矣；弗知内矣，知之外矣……弗知乃知乎？知乃不知乎？孰知不知之知！”他很看轻那“尊其知之所知”的科学家。以为“吾生也有涯，而知也无涯，以有涯随无涯，殆已”（《养生主》）。并且很大胆地给知识下一个定义：“知出乎争……知也者，争之器也。”（《人间世》）因为知识即是大乱的根源，所以老庄同一种结论，就是“绝圣弃智，天下大治”（《在宥》）。

反之，墨家接近科学，故偏于“有知”。以《墨子》为例，《墨子·公孟》篇对于一切事物要问他“所以然”，《贵义》篇要求一切知识的实际应用，这就是接近科学家的态度，墨子以后，别墨一派，对于知识论更有许多发挥，《墨经》发端就有四条告诉我们以求精确知识的方法：

（一）知，材也。（《经上》）

知：知也者，所以知也，而（不）必知若（眼）。（《经说上》）

（二）虑，求也。（《经上》）

虑：虑也者，以其知有求也，而不必得之，若睨。（《经说上》）

（三）知，接也。（《经上》）

知：知也者，以其知过物，而能貌之，若见。（《经说上》）

（四）恕，明也。（《经上》）

恕：恕也者，以其知论物，而其知之也著，若明。（《经说上》）

从这里可以看出他们看重感官印象的知识，又论知识的来源为闻知、说知、亲知，真知识是有实际的效用，而可以表现于行为的。

但话虽如此，老、墨的知识论，前者偏于“无知论”，其流弊为“不格物的致知”；后者偏于“有知论”，其流弊为“不致知的格物”，却只有孔家的“格物致知论”，才真正可代表中国的知识方法，即哲学的致知方法，所谓“本质的知识”，这种“本质的知识”，即“无知有知合论”，即“格物致知论”，是从体物而来，兼知行、合内外，既不同于虚空寂照的“解脱的知识”，也不同于蔽于机械唯物论的“实用的知识”，乃为对于宇宙、人生、社会之“本质的知识”，“无知论”“有知论”不能超出感觉经验，仅以知道外物为已足，结果知外而不知内。王充《论衡·薄葬篇》批评墨子有鬼论说："以外效立事是非，信闻见于外，不诠订于内，是用耳目论，不以意议也"。这可看出这一派"不致知的格物"的毛病，反之，中国哲学文化的代表方法，"不徒耳目，必开心意"，和墨子不同；又"不徒心意，必开耳目"，和老家不同，他是主张"格物致知"，兼内兼外的。

然"格物致知"的真义绝不止此，乃是层次的本质知识论，其高深处，穷究到"宇宙本质的知识"，几和老家不易分别，其浅近处，注意到"社会本质的知识"，又和墨家接近，不过最注意的还在"人生本质的知识"罢了。即如《大学》一书，为哲学方法的精华，而格物致知一段，学者所见不同，宋儒以为理学方法，应用之以求"宇宙本质的知识"；明儒以为心学方法，应用之以求"人生本质的知识"；清儒迄今以为政治哲学的方法，应用之以求"社会本质的知识"，然而格物致知虽然层次不同，而其为"本质的知识"则一。《大学》以外，《易经》近于"宇宙本质的知识"，为宋儒思想方法所本；《中庸》近于"人生本质的知识"，为明儒思想方法所本；《礼》《春秋》近于"社会本质的知识"，为清儒迄今思想方法所本。最重要的还是《大学》，国父孙先生称之为"我们政治哲学的知识中独有的宝贝"，实也即为现代知识方法的代表，适用于现代的中国，所以我们从知识论上观察，中国哲学思想的根本不是老、墨两家，而为孔家哲学，是毫无疑义的了。

第二，从宇宙论上观察。

凡接近宗教的对于宇宙观主张"无论"，接近科学的主张"有论"，而哲学的宇宙观却是"有无合论"，即"生命论"。如以老家为例：老子虽不是宗教家，却具宗教家的解脱的知识，而以宇宙的本体为"无"，《老子》开宗明义第一章云"无，名天地之始；有，名万物之母"；四十六章云"天下万物生于有，有生于无"；又云："道生一,一生二,二生三,三生万物";王弼注云"由无乃一",在这里"无"即是"道";《庄子·齐物论》云"有有也者,有无也者,有未始有无也者,有未始夫未始有无也者";天下万物都是从无而有,而又从有而无,宇宙万物在这无的本体中,不过是气形生死这些过渡的变相罢了,所以这种思想很容易走上厌世主义;"生者,假借也,假之而生,生者尘埃也,死生为昼夜",这完全接近"解脱的知识"。

反之,墨家的宇宙观恰好相反,《墨子·明鬼》篇认为,"天下之所察知有无之道者,必以众之耳目之实,知有与亡为仪者也,试或闻之,见之,则必以为有,莫闻莫见,则必以为无"。这种"有论"很接近科学的宇宙观,至于《墨经》所下时空的定义:

久:弥异时也。(《经说》)　　久:合古今旦莫(暮)。
宇:弥异所也。(《经说上》)　宇:冢(统)东西南北。

这不消说就是科学的宇宙观了,孔家则和老、墨两家不同而主张"有无合一"之生命宇宙观,他只认为宇宙生命是自有而有,不是自无而有,所以对于虚无寂灭的宗教宇宙观,根本反对,以为宇宙即生命之流,生生不息,所以说"宇宙之大德曰生"(《易经》),"生生之谓易"(同上);所谓"至诚无息"(《中庸》),无息即绵延不已;所谓"天行健"(《易经》),所谓"天何言哉,四时行焉,百物生焉"(《论语》);所谓"逝者如斯夫,不舍昼夜"(《论语》),在这永远绵延,永远创化的生命之流中,永远没有宇宙万物间断时节,所以宗教的"解脱的知识",是用不着了,同样,他也和墨家不同,墨家偏于科学的宇宙观,故"有即有",和孔家"有若无"的态度不同,墨家所用的是形式逻辑"有,有也"的公式;孔家用的是哲学方法——辩证法——即"有,无也"的公式,所以结果宇宙观上,墨家成为"有论”之唯物的宇宙观，而孔家成为“有无合论”之不断变化不断创造的生命的宇宙观了。

第三，从人生论上观察。

凡接近宗教的以为生死事大，须以解脱的知识为究竟，而解脱的第一步工夫必从个人本位出发，所以主“实”不主“名”，看重个体，轻视社会，其结果为“无为论”；接近科学者大概主热心救国，从社会国家本位出发，主“名”以举“实”——西方文化均其显例——看重社会，轻视个体，其结果为“有为论”，如老子以“名”为抽象的、人造的，所以他只取个体的事物（实），所谓“名与身（实）孰亲”（《老子》四十四章），大丈夫“处其实不居其华（名），故去彼取此”（《老子》四十四章[①]），他不取于代表名的共相的“彼”而取那个体的特别的“此”，这种“此”字，就是“这个事物”，就是“实”，推到极端，便如伪列子杨朱篇所云“实无名，名无实，名者伪而已矣”，既然看轻社会，重实而不重名，在行为上也自然偏于消极，偏于“无为”的人生态度，老庄主张返朴归真，主张无用，主张不争，都是从这一个观点出发，然而“以退为进，以与为取”“无为而无不为”，以消极为积极，仍和印度文化底真消极不同。

墨家则恰相反，而为“有名论”的代表，“无名论”尚异，“有名论”尚同，墨子主张“尚同”，又主张“兼爱”，荀子谓“墨子以见于齐，无见于畸”，齐一的思想即是“尚同”，又墨子说“兼以易别”“别非而兼是”，兼即社会，别即个人，尚兼不尚别，即重社会不重个人，因重社会所以“以绳墨自矫，而备世之急”（《庄子·天下篇》语）；别墨主别：“为身之所恶，以成人之所急。”其结果便是积极有为，“摩顶放踵利天下为之”（《孟子》）；又主张功利，《兼爱下》

---

① 此句出处当为《老子》三十八章。——编者

云:“用而不可，虽我亦将非之，且焉有善而不可用者？”这种有所为而为的人生态度，和西洋很相接近，而主张“非攻”，为反侵略而奋斗，却又与征服的人生态度仍不相同。

然而无论老家的“无为”，或墨家的“有为”，都是把人生分成手段和目的两截，只有孔家才是“无所为而为”，是“无为有为合论”，可算为生活的本身而生活的，他所注重的既不是“名”，也不是“实”，而是“名”与“实”的意义的关系，如《中庸》所谓:“仁者，人也。”仁即是人生；麻木不仁即非人生，孔家“当名辨物”，旨在意义的真实，因看重人生的真实，所以，对于非人的生活以为不值得过的，在必要时候，宁愿把身命牺牲了，所以“志士仁人，无求生以害仁，有杀身以成仁。”杀身成仁、即是杀身成人，这才是同异合一，看重社会亦看重个体，这“名”“实”相符才是真人生的实现，对于老子“无为”，墨子“有为”，这里“富贵不能淫，贫贱不能移，威武不能屈”的“自强不息”的人生态度，实为“无所为而为”的，所以有人批评孔子:“知其不可为而为之”，这是何等伟大的代表中国民族文化的人生观！

第四，从社会论上观察。

这里，我们可以从政治、法律、经济三方面来看:

一，先从政治方面来看:接近宗教的主张无治，因为宗教是解脱的知识，所以印度文化不谈政治，而印度贤哲，也从未企图征服世界，在中国老家的政治观虽不同于印度，却有个理想的乌托邦，使人们复归于无治的自然状态，《老子》八十一章“小国寡民，使有什百之器而不用，使民重死而不远徙，虽有舟舆无所乘之，虽有甲兵无所陈之，使人复结绳而用之，甘其食，美其服，安其居，乐其俗，邻国相望，鸡犬之声相闻，民至老死不相往来”。这就是《庄子·天地篇》所谓“至德之世”，在伪《列子·黄帝篇》就变成很具体的“华胥国”

了，这就是“无治论”的理想境！

反之，接近科学的，对于政治则倾向于严格的外力统治，墨子认强有力的政府为极端必要，如尚同。上述古者未有刑政之时，天下之乱若禽兽焉，次述刑政成立以后，产生天子诸侯，叫人民都跟着皇帝走，使天子能一同天下之义，是以天下治，他的政治形式是一阶层一阶层地压下去，如图：

天——天子——国君——乡长——里长——里之百姓

老家的“无治”，其结果为放任政策，“以辅万物之自然而不敢为”“民莫之令而自均”，庄子“闻在宥天下，未闻治天下”。这完全主张自由放任即是制裁力的否定。墨家的有治，其结果为干涉政策，《尚同上》：“正长已具，天子发政于天下之百姓，言曰：闻善不善，皆以告其上，上之所是必皆是之，上之所非必皆非之。”《尚同》中：“凡国之万民，上同于天子而不敢下比，天子之所是必亦是之，天子之所非必亦非之。”这完全是强力的制裁。然而真正哲学的政治哲学，则对于“无治”与“有治”二者兼有他的所长，这就是孔家的“系统的政治哲学”，孔家以“人性”为基础，“民之所好好之，民之所恶恶之”(《大学》)，“选贤举能”(《礼运》)，这种民主的思想，却与墨家完全外力统治不同，孔家以政治为“正治”，所谓“政者，正也，子帅以正，孰敢不正”(《论语》)，“君子笃恭而天下平”(《中庸》)，而极其所至，便能做到“无为而治”，却又与老家的“无治”不同，孔家最有系统的政治哲学，依国父孙先生所说：“在外国政治家还没有见到还没有说到那样清楚的，就是《大学》中所说的格物致知诚意正心修身齐家治国平天下那一段话，把一个人从内发扬到外，由一个人的内部做起，推到平天下止——大同世界。”(《民族主义》第六讲)

这种“感化政策”对于老子的“放任”，墨子的“干涉”加以合理的矫正，却能“以身作则”“化民成俗”，以社会的制裁来代替自由的制裁和强力的制裁，使“民日迁善而不知为之者”，这又是何等伟大的系统的政治哲学，无怪，孙先生要大加赞叹不置了。

二，从法律方面来看，接近宗教的注意“法”与“神”的关系，故主张“神意法”；接近科学的注意“法”与“物”之关系，故主张“人为法”。老子虽和宗教文化不同，已经带上了哲学的意味，但不言“神意法”而言“天意法”，又不能不说是接近宗教文化的特点，如云：“天之所恶，孰知其故。”“天网恢恢，疏而不失。”均其明证。墨子接近西洋文化，故也注意“法”与“物”之关系，如《法仪》篇即其好例，据巨子腹䵍所述：“墨子之法，杀人者死，伤人者刑，所以禁伤人也。”实是法家思想的渊源，别墨的倾向更加明白了，墨子《经上》云：“法所若而然也……佴所然也。”《经说上》释云：“佴然也者，民若法也。”此处对法所下的定义和法家相同，这就是接近于西洋“人为法”的中国文化的显例。不过真正说到法律文化，则孔家的法律思想，其价值乃在老子的“天意法”和墨子的“人为法”之上，孔家的法律观，认定人性根本的和谐的管理，即所谓“礼”，礼即是“自然法”，中国法律根本是从“礼”之自然法发展出来的，所谓“恕道”，所谓“自然之理”，无不影响于罗马法里面，罗马法中本来有“市民法”和“万民法”之分别，万民法乃国际法律，其创立的原因与经过是和外来异族接触的结果，以当时中国与罗马之丝绢贸易考之，实受中国影响无疑。十八世纪法国革命时代，欧洲一方面受罗马法律中万民法之影响，一方面即直接接受中国自然法的影响，服尔德（Voltaire）、狄德罗（Diderot）、魁斯奈（Quesnay）等无不注重中国之自然法，以中国为万古不易之自然法之象征，从这点又可见中国的法律文化也是以孔家的自然法，即“哲学的法律”

为代表无疑了。

三，从经济方面来看，凡接近宗教的大概主张“无欲论”，反对物质文明，重农；接近科学的大概主张“有欲论”，提倡物质文明，重工。老子的思想接近宗教，故其理想社会是农业社会，所谓：“小国寡民，使民重死而不远徙。”所谓：“彼民有常性，织而衣，耕而食。”这是和印度的农村公社很接近了。墨家接近科学，主张功利，《节用》篇所谓：“示之以利，是以终身不厌。”这派经济思想重视工业，对于舟车、纺织、机械、守御等，无不注意，近人甚至以为墨子的墨，即是绳墨的墨，大匠的唯一法宝，即是绳墨，墨子在当时即是一个著名的大匠，他的技术强过公输子，因为他的绳墨精巧过人，故有墨子之称，这虽然只是一个假说，未必是真事实，但却可为墨学重工的证明。《韩非子·右篇》载，墨子为木鸢，三年乃成。《墨经》六篇中有许多是论几何学、物理学、光学、力学的话，这就是接近西洋经济社会的好例。孔家兼重农工，不论无欲有欲而以自然之理即理性为经济生活的本源；《尚书·洪范》中“食”“货”两项，最可代表中国之经济思想，为一方面重农，一方面重工；《易·系辞》以制造器具者为圣人；《中庸》“来百工则日用足”；《周礼·考工记》《礼运》“货恶其弃于地”等，均可见中国经济思想重农而兼重工之明证，因历来兼重农工，所以中国财富的充裕、工商业的发达，在鸦片战争以前，实居世界第一，纪元前八世纪已有丝绢西传，十三世纪四大发明的传播，十六世纪特别发生美术的物质接触，使中国的生丝、缎子、锦绣、漆器等美术工艺品，风行全欧，酝酿成十七、十八两世纪西欧各国的罗柯柯（Rococo）运动，和十八世纪欧洲之中国园林运动，中国经济的繁荣，在一八三〇年前，外国银币常不断地由印度、英国、美国流入中国，这种“哲学的经济型式”，虽然在西方经济侵入以后，现出停滞的现象，然而中国经济，以孔家之重农工的思想为代表，却是无可疑的了。

孔家为中国哲学之基本类型

综上所述：中国以哲学为文化特质，中国哲学的文化体系，虽有孔、老、墨三家不同，但无论从知识论上、宇宙论上、人生论上、社会论上去观察，却很明白地指出：老家哲学为“宗教型”，接近印度的宗教文化，墨家哲学为“科学型”，接近西洋的科学文化，均不足为中国文化之代表，而真正代表中国文化本位的，只有孔家哲学，因此所得结论：在中国哲学文化的全体系中，只有孔家哲学乃为中国哲学文化的基本原型。

第三章　中国文化之发展

中国文化之泉源

我们研究中国文化史之形态学，最先值得注意的，就是中国文化之如何创立与形成，假如我们对于这没有一个明白的了解，便无从分析中国文化的发展。

关于中国文化是从哪里开头的问题，追根到底，也即中华民族的起源问题，中华民族的起源，如旧巴比伦说为法国拉克伯里（Terrien de Lacouperie）在一八五〇年所主张，谓中国太古民族乃从西亚细亚巴比伦地方移住而来，他从学术及技术、文字及文法、制度及信仰、历史上的传说四方面来证明这点，他的结论，断定中国文化之起源在巴比伦，而汉族即系巴克族（Bak）。这种说法虽然对中国学者会发生很大的影响（如蒋观云、刘师培、章太炎、黄节、丁谦等），但有许多地方却与历史的事实不符，尤其是巴比伦之 Urbau，Sargon 均为闪族，Nakhunte 为藹南人，和中国之为黄种人者绝不相合，可以说是不攻自破了，但新巴比伦说，主张中国文化与巴比伦苏马连族同源，则立论新颖，证据确凿，实可置信，依此说汉族的起源当在中央亚细亚或西亚细亚一带之地。Pumpelly 在西亚细亚发掘地层，得知其地在纪元前约八千二百五十年间，土质膏腴，为古代文化的发源地，后因地质变异，骤成沙漠，住人遂相率迁散，其迁徙于阿付腊底河流域者为苏马连族，而汉族亦同出一源，自中央亚细亚移殖于东南，美国人类学协会东部主任 Edward T. William 曾于讨论中国民族的起源时力赞此说，且引牛津大学 Ball 之说为证。关于这我们可从下列三方面来观察：

（一）从文献学上看：Ball 在一九一三年著《中国人与苏马连人》（*Chinese and Sumerian*）曾将汉字与苏马连字之音义相近者，集得千余字以相比较，以为汉字构成的象形、指事、会意、谐声、转注、假借之所谓六书，和苏马连文字同出一源，例如会意之明字自日月两字而成，而苏马连文字至，亦合“日”“月”之意而成，足证中国人与苏马连人在纪元前四千年以前为同居住于中央亚细亚之高地邻近。此二民族实同出于一源，这当然可算得很重大之文献学上证据的新发见。还有郭沫若氏在《甲骨文字研究》中《释干支》一篇，也证明了甲骨文字中十二辰文字恰与巴比伦之十二星辰暗合，可见其真确性了。

（二）从民俗学上看：西村真次曾本民俗学的立场，证明中国古代传说所现帝王之蛇首人身与马斯波他米亚[①]之圆埏印章之牛首人身相同，Hayes and Moon 则从骨相学上证明苏马连人和中国人同有斜而深的眼睛，因此中国人至少是苏马连人的远亲。

（三）从考古学上看：一九二〇年至一九二一年瑞典人安特生（J. G. Anderson）从考古发掘所得的证据，他和哈同（Haddon）、巴

① “马斯波他米亚”，又译“美索不达米亚”。——编者

克斯东（L. H. D. Buxton）等根据于中国出土彩色土器来和西亚细亚地方的这些土器比较，而提倡汉族的新西来说。

合上述各方面的论据，那么，我们便可断定中央亚细亚为苏马连人与中国人的文化共同策源地，而中国文化和巴比伦苏马连文化的关系，也就很容易明白了，国父孙先生在《民族主义》第三讲中，承认此说，以为："中国文化是由西方来的。"又在《民族主义》第一讲中，特别指明："中国古代文化所以发生于黄河流域，因为沿河两岸的人类，是由别处搬来的，比方马斯波他米亚（Mesopotamia）的文化，便早过中国万多年，到了中国三皇五帝以前，便由马斯波他米亚搬到黄河流域，发生中国的文明。"中国文化原与马斯波他米亚文化为一民族文化之两分支，苏马连人的故乡同时也就是原始中国人的故乡。我们的共同祖先，大概在极古时代曾同在一个地方（中央亚细亚），创造了人类最古的文化，其后苏马连人向西方迁移，中国人向东方迁移，因此便发生巴比伦文化与中国文化之不同，而我们竟可推论中国文化是从马斯波他米亚搬到黄河流域才产生的了。

一、生长期

由上所述，中国文化发生很早，绝不会后于任何其他文明古国，如以巴比伦苏马连文化为世界文化之元祖，则中国最古的文化即为与苏马连人同住中亚时之共同产物："八卦"。八卦和楔形文字的关系，近来已有许多学者说及，所可注意的，就是中国自画卦以后，经过长久期间的演进，从文王周公的爻象辞更进而为孔子的《系辞传》，于是中国的"生"之形而上学，乃告完成。中国古代哲人，在大自然现象之前，从容潜玩，以直探到处皆有的本体，知道本体不是别的，就是这到处皆有的生命之流，一切山川草木皆是生命的化身——由神的生命而流出的，《周易》一书，完全就是发挥这套"生"之哲学，以神为一切行动历程的源泉，如云："天地之大德曰生"，"生生之谓易"。这是何等注重"生命之流"！今文学家讲中国的哲学思想，以孔子为鼻祖，而古文学派则追溯到周公，孔子和周公虽有不同，然而那种"生"之哲学，始终是一贯的，传至子思在《中庸》里面，更发挥这种思想，看重自然的运行流转，生生不息，所谓"至诚无息"，所谓"唯天下至诚为能尽其性，能尽其性则能尽人之性，能尽人之性则能尽物之性，能尽物之性则可以赞天地之化育，可以赞天地之化育，则可以与天地参矣"。这里的所谓诚，便是神，而更带着人本主义的色彩，孟子主张性善，主张浩然之气……"其为气也，至大至刚，以直养而无害，则塞于天地之间。"（《公孙丑下》）这是何等气象，何等家风！从人道起点，而极其至便与天合一，这可以说就是以人为本位的哲学文化的特色，从此便把中国文化的根本基础奠定了。

二、混交期

从纪元前二四六年至纪元后九〇六年，这一千多年间，是中国文化的过渡时代，同时也是中西文化的混交时代。由于外族屡次的内侵，和外族文化的侵入，似乎中国文化黯然无光，然而在这极困难的文化厄运的期间，在武功上却显出赫然的伟迹，以武功掩护文化，使民族文化衰而复兴，绝而复续，而且在这中外文化接触期间，更能以固有的哲学文化为中心，融会贯通外来的文化，使外来的文化长存于中国的文化之中，可分成三个阶段：

（一）阴阳家时代：同时就是中国文化与希腊文化接触而使希腊文化融化于中国文化的时代。原来秦火之后，中国古代的典籍，荡然无存，汉武帝搜集遗书，尊崇儒学，不绝如缕的中国文化，才有一线生机，结果便产生当时所谓"经学"，而这些经学家，实兼通阴阳之学，举凡历法、音乐、医学、算学都贡献很大，但都杂以阴阳五行之说，如董仲舒著《春秋繁露》，刘向著《洪范五行传》[1]，扬雄著《太玄经》，高相说阴阳灾异，京房讲灾变，翼奉讲律历，这几位经学大师，都是以阴阳五行为其思想方法。这就是受希腊思想的影响，如京房的六十律和毕太哥拉（Pythagoras）的关系即为好例。东汉之末，阴阳家变为谶纬家，一时“虚伪之徒，以要世取资”，于是整个思想界闹得乌烟瘴气，而希腊化的文化运动乃告一结束。

（二）清谈家时代：同时就是中国文化与印度文化初步接触而使印度文化融化于中国文化的时代，朕原来魏晋以降，五胡乱华，中原丧乱，民多流离，这种动荡的局面，印度佛教便在中国思想史上，发生很大的影响。最先传入中国的是般若宗（空宗），它的思想可和老庄调和，所以当日高僧都能以老庄释佛经，而道家也剽窃佛家以创立道教。一方面由佛图澄、鸠摩罗什等的东来，引起了对这外来的印度佛教的迎拒问题，而当日执政者为保持外族入主中国的政治地位，如石勒、石虎、苻坚等都是主张迎佛的，《高僧传》石虎下书：“度（王度）议云：佛是外国国神，非诸华天子所宜奉，朕生自边壤、忝当期运，君临诸夏，至于飨祀，应兼从本俗，佛是戎神，正所应奉。”这是何等明显地宣传外国宗教！在这个时候，信佛者或谓华夷一般（朱昭之《难夷夏论》）或谓天竺即中国（僧愍《戎华论》）；排佛者则力斥中夏之人效西戎之法（顾欢《夷夏论》），在思想界上引起极大的论争，但从另一方面来看，魏晋南北朝实为印度化的文化运动最盛的时代，在中国文化本位上说即是“新老庄时代”，又可分为三时期：第一期何晏王弼；第二期竹林七贤——山涛、阮籍、嵇康、向秀、王戎、刘伶和王衍；第三期是梁武帝讲经，这一时代的思想，虽尚老庄，至有三日不读《道德经》便觉舌本间强之语，实则融通佛老，

---

① “洪范五行传”，原作“洪范行传”，脱“五”字，今据史实补。——编者

《颜氏家训》谓“强梁世庄老周易总谓三玄”，此亦可见此时思想的潜在形态，如王弼之《周易》注、郭象之《论语》注等，在中国哲学史上实应占一重要的位置，但从本身来讲，仍不是已经走上生命坦坦大道的真正哲学，不足为中国本位文化的代表！

（三）中国佛学时代：同时即是中国文化与印度文化接触，因此而提出文化本位的时代，原来佛教经魏晋南北朝译述介绍和在上者的提倡后，在中国植下了坚固的根基。到了唐代，已经登峰造极，这时印度式的三论、成实、涅槃各宗派，已为中国式华严、天台和教外别传的禅宗各派所替代，所谓中国佛教，显然是对于印度佛教的一个否定，实际上，虽有如玄奘西行取经，规模极大，然亦不足为提倡佛法的证明，倒是当日的皇室，因和老子是本家的关系，反而提倡道家思想，据《续高僧传》二集“敕令翻老子五千字文为梵言，以遗西域，奘乃召诸黄巾，述其玄奥，领叠词旨，方为翻述”。再看唐朝历代尊崇老子的敕令及大规模编道藏的事实，便是唐代道教兴盛的明证，而最可注意的，则在以道教对抗佛教以外，在唐朝几年中，更出了韩愈和李翱，来撑持孔家门面，为中国文化本位张目。

三、发展期——宋至现代

在“过渡时代”之后，紧接着中国的“文艺复兴时代”，这一千多年来中国文化上的漫漫长夜，至此才又放射出光芒万丈的曙光，以后数百年，即自宋代以迄现在，可以说是中国文化的发展期，在中国文化史上占了很重要的地位，这一期可分为三个阶段：

第一阶段：宇宙哲学时期——宋代
第二阶段：人生哲学时期——明代
第三阶段：社会政治哲学时期——清代迄今

在这三阶段中，实以三个“山”为分水岭：

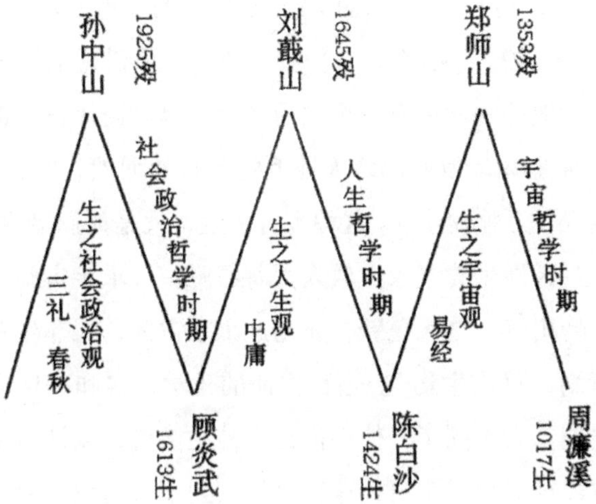

宇宙哲学时期——宋

宋代可以说是中国的文艺复兴期，一般人以为宋学是受佛家的影响，在我看来：与其说是受佛家正面的影响，毋宁说是受反面的影响，从宋儒理学兴起之后，思想界起了一大革命，把从前支配于佛家思想之下的虚空观一手推翻，从新肯定宇宙生命的实在，他们反对佛学，就是标榜他们的“文艺复兴运动”，他们要由复古得到解放，所以提出生命派的孔子，做他们的目标。这种情形，和欧洲文艺复兴运动的情形，是很相似的。当时理学诸儒，以新儒家的面目，到处聚徒讲学，要把生机剥尽、死气沉沉的思想界，从新宇宙观复活过来，而《周易》一出，实为他们一面鲜明的旗帜，他们的运动，实在有元气淋漓的新气象！他们的代表著作，如：周濂溪（敦颐）的《太极图说》《通书》，邵康节（雍）的《观物内外篇》，张横渠（载）的《正蒙》《易说》，程明道（颢）的《语录》，程伊川（颐）的《易传》，朱晦庵（熹）的《易本义》《太极图通书》《西铭解》等，都和这一部讲宇宙生命哲学的《周易》一书，发生很密切的关系，至如刘牧的《易数钩隐图》，司马光的《潜虚》，晁补之的《易玄星纪谱》，朱震的《汉上易卦图说》，把《周易》数的观念，来讲他的宇宙论的，更不在话下了。他们的学说有一个共通点，就是“新宇宙”的发见，也就是一种泛神主义，他们都认天地万物皆自然而然，“天地之大德曰生，天地絪缊，万物化生”。这种宇宙之生，就是他们最重要的观念，他们要教人观天地生物气象，教人大着心胸，广求宇宙间的道理，天空海阔，山峙川流，鸢飞鱼跃，充塞这个宇宙内，无非生意春气，只是“四时行焉，百物生焉”。这种生命的哲学，自和一切虚无寂灭茫茫冥冥的空论者大不同了，他们都是泛神主义者，以神为生命永久的主宰，宇宙即神，神即宇宙，这种哲学，到了朱晦庵，总算是集大成了，他的魄力极大，没一个人再能于宇宙观多所发明，他的弟子力量都不如他，并且他的时代，也渐渐由宇宙哲学而移入自我哲学时期，当时出了一位陆象山（九渊），可说是一位了不得的人物，他说“宇宙便是吾心，吾心便是宇宙”。他的学说，只注重人生方面，认朱子格物方法，很是支离，当时就有朱陆异同的争论，自宋到元，杨慈湖弟子遍于大江以南，而李屏山（纯甫）的《鸣道集》，自号“中国心学”，格外可看出元代是由宇宙哲学到自我哲学的过渡期，但话虽如此，元代学术虽有朱陆两派与朱陆之调和派，但仍以朱子学派为正宗，此派学脉传至郑师山，便不能再有发展，过此就是明代，就是我们所认为近代哲学的第二时期。

人生哲学时期——明

近代哲学的第二时期，以明代心学为代表。起于陈白沙、王阳明，《明儒学案》说：“作圣之功，至白沙而始明，至文成而始大。”

又说："无姚江则古来之学脉绝矣。"可见白沙、阳明确可代表这一代生命人生观的思潮，但这思潮，实起源于陆象山和杨慈湖，陆象山告诉我们以一个"主观的宇宙"，所以说"万物皆备于我"，"宇宙便是吾心，吾心便是宇宙"。到了杨慈湖，这种特色格外推到极端，他著一部《己易》说："易者，己也，非他也：天地者我之天地，变化者我之变化，非他物也。"又说："在天成像，在地成形，皆我所为也。"这种极端主我思想，影响到明代哲学很大。陈白沙说："人争一个觉，才觉便我大而物小，物有尽而我无尽。"王阳明出来，因备尝艰苦的结果，一旦忽悟圣人之道，吾性自足，于是即提倡一种生命的人生哲学，把人生的价值，看得如天地一般大，天地只这一点生意，人生也只这一点生意；所以随感而应，对于宇宙内飞潜动植纤细毫末的东西，看他得所，就油然而喜，和自家得所一般；看他失所，就罔然而悲，和自家失所一般；还满腔子恻隐之心，他叫做"良知"。"良知之在人心，无间于圣贤，天下古今之所同。"不过既然讲到良知，自然引起认识论上的问题：即因认识论上种种不同的见解，以后遂成为种种不同的阳明学派，即唤起种种不同的对于人生问题的解决方法，大概可分成下列两派：

- 王阳明
  - 左派
    - 浙中学派
      - 钱绪山
      - 王龙溪
    - 泰州学派
      - 王心斋
      - 王东崖
      - 罗近溪
  - 右派——江右学派
    - 聂双江
    - 罗念庵
    - 王塘南
    - 万思默

这左右两派中，左派主动，右派主静；左派主张本体即是工夫，近于顿悟；右派主张由工夫达到本体，近于渐修。两派都是富于人生的意趣的，右派应以江右学派为代表，其根本观念，是在实现一个冻解冰释的人生，能够日间常是闲闲静静，欣欣融融，使情感自然幽美和畅，而人生的意味，也格外浓厚了。“左派”以浙中学派与泰州学派为代表，其人生态度，在于不停歇不呆坐的全身全灵的“动”——生命的动，越努力越有生趣，越发能体验自己的快活，反之生命不动，由于有欲，有欲便不能与外面生命相应和，那真是烦恼的原因了，所以这派有一个中心观念，就是实现快活的人生，他们叫做一“乐”字，他们以为“乐是心之本体”：“吾人欲求仲尼颜子之乐，惟有求吾心之乐。”所以说：“须见得自家一个真乐，直与天地万物为一体，然而能宰万物而主经纶。”（王心斋）所以说：“君子坦荡荡，小人长戚戚，一日坦荡，便做了一日君子，一时忧戚便做了一时小人。”（王一庵）所以说：“生意活泼，了无滞碍，即是圣贤之所谓乐，即是圣贤之所谓仁，故人之初生，自有天然之乐趣，故曰：‘仁者人也。’”（罗近溪）由上可见这一派的根本哲学就是人生——生命的人生观，这就是中国近代哲学第二期的特色了。但话虽如此，明代哲学注重人生，注意主观的冥想，而忽略于客观考察，对于当时社会政治的情形，未免太隔膜了，传至末流，如颜山农、何心隐、李卓吾等学说更趋于极端，于是自然而然地引起了反动，而有“东林学派”发生，这一派一方面反对阳明学派的空谈误国，一方面用学术团体名义，来实行政党式的活动，这一派的重要人物，如顾泾阳（宪成）、顾泾凡（允成）、高景逸（攀龙）、钱启新（一本），都对着当时政治上的恶势力，拼命奋斗到死，而在王学自身，也有反动，如最后结束王学的刘蕺山（宗周）一派，特标出“证人主义”，也总算是趋向实践方面了，由这种种反动，所以接着就有明末清初的“经世学派”出来，于是中国思想遂由人生哲学时期一转而入于社会政治哲学时期了。

社会政治哲学时期——清迄今

社会政治哲学时期，即以清代至今之“生”之社会观为代表，而以明末清初的“经世学派”开始，“经世学派”的元祖是崐山顾炎武（亭林），他攻击晚明学风，有一段责备阳明最痛快的话道：“以一人而易天下，其流风至于百有余年之久者，古有之矣，王夷甫之清谈，王介甫之新说，其在今日，则王伯安之良知是也！”从他以后，第二期告一结束，而“经世学派”便开始了，他平生最得意的著作，是那三十二卷的《日知录》，这部书的内容，卷八至十二，都是讲政治的；卷十三至十七，都是讲社会问题的。他自己说著这部书的宗旨是：“意在泼乱涤污，法古用发，启多闻于来学，待一治于后王。”和顾氏同时的几位经世学者，如黄梨洲（宗羲）、王船山（夫之）、颜习斋（元）等，他们都是从明学里反动出来，都一样注全力于政治社会方面的。黄梨洲提倡“民权主义”，有一部有价值的书，名《明夷待访录》，所条陈的都是“为治大法”。顾亭林很看重这部书，给梨洲的信道：“大著待访录读之再三，于是知天下之未尝无人，百年之蔽，可以复起，而三代之盛，可以徐还也。”可见这部书的真价值了。本书开头《原君》一篇，对于向来所认为天经地义的纲常——君主，从根本上怀疑起来；又《原法》篇极力攻击后世“所谓法者，一家之法，而非天下之法”。这是何等彻底的政治思想；王船山提倡“民族主义”，他论政治的专著《黄书》《噩梦》二书，以为君主不过为保护民族而有，是由民族自己合意选择来的，所以历代君主，须要以本族的人来作本族的代表，他一方面从过去历史研究的结果，知道历代曾经受异族蹂躏，一方面又切身抱着“故国之思”“遗民之痛”，自然对于历来卖国的君主们，痛恨极了，他很勇敢地提出民族自决主义，把气候和土壤的差异，来断定中国与异族间的差异，可算他独创的见解，因要贯彻这个主张，他便倾向于民主主义，对于二千年来专制君主的政治而起一大革命，还有就是颜习斋、李刚主提倡“民生主义”，颜习斋的代表作是《存学》《存性》《存治》《存人》四篇，而以《存治》一篇，最为重要，《存治》开始便谈“王道”，又讲井田道：“天地间田，宜天地间人共享之，若顺彼富民之心，即尽万人之产而给一人，所不厌也，王道之顺人情，固如是乎？况一人而数十百顷或数十百人不一顷，为父母者使一子富而诸子贫可乎？”他的理想社会，是“不安本分者无之，为盗贼者无之，为乞丐者无之，以富凌贫者无之”。这种议论，便是民生主义的根本精神，他的门人李刚主作《存治篇后序》也说：“夫使天下富贵，数百年皆一姓及数功臣享之，草泽贤士，虽如孔孟，无可谁何，非立贤无方之道，不公孰甚，欲治平何由？”他还作了几种讲政治的书，如《拟太平策》《瘳忘篇》《平书订》等，由上所述，王船山的民族主义，黄梨洲的民权主义，颜习斋、李刚主的民生主义，实为后来国父三民主义所本。

但是在满清政府的压制底下，这派对于清廷的反感很深，因此大受猜忌，自文字之狱兴后，“经世学派”便不能不改头换面，把那激烈的论潮隐藏起来，当时的文字狱有好几次，最重要的是曾静、吕晚村之狱，晚村也可算是“经世学派”的大师，他的书里有论赈饥的（卷八）、论保甲的（续集卷四），曾静即因见其所评时文中，有论井田封建的话，很表同情，而且还上书岳钟琪，力言夷夏之防，数雍正帝九大罪，劝他革命，结果被捉到京，吕留良剖棺戮尸，曾静到乾隆初亦被杀，“经世学派”经这一次摧折之后，大家箝口结舌，避去政治问题不谈，而从事于文献学的研究，结果在考证学上却得到意外的贡献，在纯哲学上也产生了唯情主义，所以我认清代三百年学术史中，“经世学派”之后，便继之以“唯情学派”，程普芳作《正学论》(《逸行堂文集·正学论》三）批评这一派云：“近代一二儒家又以为程朱之学，禅学也，人之为人，情而已矣，圣人之教人也，顺乎情而已。”这虽只是反对派的话，却正是唯情学派的发端，这学派的代表思想家，就是惠栋、戴震、焦循、阮元。惠栋的《周易述》，戴震的《孟子字义疏证》，焦循的《易通释》《论语通释》，阮元的《性命古训》《论孟论仁篇》《释顺篇》，都是极端抱“唯情哲学”思想的，所谓：“孟子言性而及情，情犹性也，故利贞者情性也。”（《周易述易微言》）又谓：“彖传屡言天地之情，情犹性也。”所谓：“圣人之道使天下无不达之情，求遂其欲而天下治。”（《东原文集》，卷八《与某书》）又谓：“饮食男女，人之大欲存焉，圣人治天下，体民之情，遂民之欲而王道备。”焦循更趋极端，他简直主张“理不足持”，主情不主理，所谓：“格物在旁通情也，旁通以情，此格物之要也。”《使无欲解》所谓：“成物在情之旁通。”（《易通释》）“率性由乎通情”“舍情而言善，舍欲而言仁，舍才以明道，所以昧乎羲文孔孟之传也。”阮元则不但主情，而且主张唯情的政治，所谓：“圣人治天下万世，不别主法术，但以天下人情顺逆，叙而行之而已，故孔子曰：至德要道，以顺天下，顺字为圣经最重要之字。”（《释顺篇》）可见惠、戴、焦、阮在骨子里，实潜伏一种政治的本能，不过表面上用唯情主义来表现罢了，此外如凌廷堪的复礼三篇，和许多研究典章制度的都不能谓于政治上全体没干涉，所以即在乾嘉纯粹朴学的时代，仍不自觉地把政治本能发挥起来，如王念孙抗疏劾和坤，洪亮吉应诏直言，以至遣戍，这就是好例子。

但到乾嘉以后，政治的权威，渐渐张弛坠，而中外交涉适于此时发生，由于人民对于当局的不满，因而起太平天国革命运动，太平天国之后，对于天朝的观念，业已发生动摇，发生了新政派的变法思想和洋务运动，如王韬、曾国藩、薛福成、张之洞和李鸿章等都很明白地主渐[①]“变法自强”，但变法之道要以中学为体、西学为用的，于是明末清初“经世致用”的思想又重新出现，结果便有“今文学派”的产生，“今文学派”以中学附会西学，而提倡今文家言。今文家学问的中心在《春秋公羊传》，真所谓“其中多非常异义可怪之论”（何休《公羊传注自序》），自常州派今文经学家出来，就特别表彰这本书，以成立他们的政治思想，著名的代表如：武进庄存与（方耕）著《春秋正辞》，刘逢禄（申受）著《公羊春秋何氏释例》，又龚自珍（定庵）的《五经大义始终论》，魏源（默深）的《默觚》，戴望（子高）的《论语注》等，他们都是应用公羊春秋里的“张三世”“通三统”“异内外”“受命改制”诸义来诋排当时的政局的，然而这派和清初“经世学派”的思想不同，在今文家主张维新，经世家学派主张复古，今文家主张井田封建必不可复，经世学派主张封建井田可复，好比顾炎武看重乡村，魏源反转过来看重城市，这是极端的例。最后清末南海康有为（长素），可算今文家的集大成者，著有《新学伪经考》《孔子改制考》《大同书》等，以为六经都是孔子托古改制，他最大的贡献就是把公羊义例来讲《礼运》，谓升平世为“小康”，太平世为“大同”，把“大同”一段认为孔子的理想的社会制度，但康氏只是个保皇党，和反革命反共和的复辟党，他要分别什么“大同”“小康”，一面把“大同”认为是孔子的理想政治，一面又甘心作伪，拿“小康”一段，来拥护溥仪复辟，来做他反动反革命的根据，这不能不为康氏惜的。

中国文化之现阶段

在另一面，与康氏同时，而其政治理想影响全国为中国文化现

① “主渐”，疑为“主张”。——编者

阶段之高准绳的，即国父孙先生的三民主义，他不但接受了“经世学派”的根本观念，如王船山的民族主义、黄梨洲的民权主义、颜习斋的民生主义，而提倡一大生命的政治哲学，并且根本推翻了二千年来腐儒所根据的小康思想，而大胆地提倡由国民革命到世界大同。孙先生早年曾私刊《明夷待访录》等书，卷端加一小引，自称杞忧公子，为清吏所举发，原疏藏故宫博物院，试摘录于下：

> 孙文原字帝像，别号逸仙，改字载之，香山县蔡坑村人，现改称旱埔头人，年约三十左右，身材短小，面黑微须，剪发洋装，由檀香山行抵金山……该犯随身携带私刊书册两本，虽无悖逆实迹，检其上李傅相书，确有该犯之名，显系孙文无疑，现将原书设法觅取寄呈……查阅该犯书册两本，一系摘录明黄梨洲《明夷待访录》中《原君》《原臣》两篇，卷端加一小引，自称杞忧公子，一系上李辅相书，洋洋万余言，自称文索在香港习西医，已蒙考取，欲乞傅相专委筹办农务，两种文笔俱畅达，昨已附致总署备核矣！

这段可算国父文献之最有价值的发见！不但如此，国父所受中国政治哲学的影响，据民族主义第六讲所述已极明显，而这一套生命的政治哲学完全实现，是什么景象呢？这就是礼运的大同世界，因此，国父也从中国数千年已经开辟的东西中，选择那最有价值的“大同”两字，做政治哲学的最高目标，他遗留的东西中，写得最多的墨迹，就是“天下为公”四个大字，这就可见他对将来的志愿了！而且最值得我们注意的就是翻读中山全书，都只有“大同”二字，没有“小康”两字，我们知道本来《礼记》孔本《礼运》《大同》是有错简的，所以清代学者（如《日讲礼记解义》、《礼记义疏》、姜兆锡、任启运、杭世骏）主张将《孔子家语·礼运》第三十二与《礼记·礼运》相对勘，根本主张取消“大同”“小康”之别，这种见解是很对的，现在我们再对勘原文，当更加明白：

《孔子家语·礼运》第三十二

孔子曰：昔大道之行，与三代之英，吾未之逮而有记焉，大道之行天下为公，选贤与能讲信修睦，故人不独亲其亲，不独子其子，使老有所终，壮有所用，矜寡孤疾皆有所养，货恶其弃于地，不必藏于己，力恶其不出于身，不必为人，是以奸谋闭而弗兴，盗窃乱贼不作，故外户而不闭，谓之大同，今大道既隐，天下为家，各亲其亲，各子其子，货则为己，力则为人，大人世及以为常，城郭沟池以为固，禹汤文武成王周公，由此而选……未有不谨于礼，礼之所兴，与天地并，如有不由礼而在位者，则以为殃。

《礼记》孔本《礼运》第九

孔子曰，大道之行也，与三代之英，丘未之逮而有志焉，大道之行，天下为公，选贤与能，讲信修睦，故人不独亲其亲，不独子其子，使老有所终，壮有所用，幼有所长，矜寡孤独废疾者，皆有所养，男有分女有归，货恶其弃于地也，不必藏于己，力恶其不出于身也，不必为己，是故谋闭而不兴，盗窃乱贼而不作，故外户而不闭，是谓大同，今大道既隐，天下为家，各亲其亲，各子其子，货力为己，大人世及以为礼，城郭沟池以为固，礼义以为纪，以正君臣，以笃父子，以睦兄弟，以和夫妇，以设制度，以立田里，以贤勇知，以功为己，故谋用是作而兵由此起，禹，汤，文武，成王，周公，由此其选也，此六君子者，未有不谨于礼者也，以著其义，以考其信，著有过，刑仁讲让，示民有常，如有不由此者，在势者去，众以为殃，是谓小康。

把这两段比看一下，就知道家语无“小康”二字，却有礼之所兴以下二十一字，可见《礼记》之误，不幸康有为虽是一个经生出身，却没有注意及此，国父孙先生虽不是经学家，而睿智过人，竟得到与清代考证家相同的结论，这不能不说是一大奇迹，而且更可注意的就是，孙先生的大同思想乃受太平天国革命思想的影响，太平天国旨准颁行书中有“太平诏书”一种，其初刻本（伦敦博物院藏本）与后刻本（普鲁士国家图书馆藏本）不同，后刻本增入孔孟之说，如《礼运》大同一节即为好例，中山先生一向推崇太平天国文化，是有如何深刻的影响无疑了。

末了，我们更应该注意中国文化的现阶段，即是三民主义的哲学体系，归结于大同世界，但怎样才能从三民主义而达到这个最高的理想呢？在这里他曾提出而常被人忽略过去的，就是《大亚洲主义》，我们可以这样说：三民主义是以“大同”为理想目标，而以“大亚洲主义”为其实现这个目标的方法，依国父孙先生的指示，世界的革命运动，本有两大营垒：“像俄国的一万万五千万人，是欧洲世界主义的基础，中国四万万人是亚洲世界主义的基础。”（民族主义）又在《大亚洲主义》讲演里，告诉我们：“欧洲的文化是专用武力压迫人的文化，是霸道的文化；亚洲的文化是用仁义道德感化人的文化，是王道的文化。”中国四万万人的责任，就是“恢复亚洲民族的地位，只用仁义道德做基础，联合各部的民族”。但在这里可注意的就是所谓“亚洲也有道德很退步的国家”正是指日本，日本的人民自被军阀出卖以后，日本便在亚洲大陆，施行其侵略的帝国主义，它无疑乎已经转化为亚洲霸道的文化，而不能为亚洲世界主义的基础，而且恰恰相反，欲实现亚洲世界主义，首先必须打倒日本帝国主义，打倒日本帝国主义，正是所以实现亚洲世界主义的基本条件，换句话说，欲由三民主义到达世界大同，其第一的任务，在先建立亚洲世界主义的基础，而欲建立亚洲世界主义的基础，必须先对日抗战，现在抗战胜利了，也可以说就是亚洲世界主义的胜利，也就是孔子所希望的大同世界的初步实现，所以归根结底，中山先生的三民主义哲学，无论从体系上、目的上、方法上说，均可看出其为中国民族文化的正统，他不但适应中华民族的特性和现在的需要，而且正是几千年来中国历史文化所发展来的一大产物。①

参考书目（以讲者自著为限）

（一）《文化哲学》 民国二十四年商务印书馆本
（二）《文化社会学》 中华正气出版社学术丛书本
（三）《中国文化新时代》 现代史学第五卷第二期
（四）《中国思想对于欧洲文化之影响》 民国二十九年商务印书馆本
（五）《中国古代乐律对于希腊之影响》 国立中山大学研究院文科研究所集刊第二期
（六）《谦之文存》 民国十五年泰东图书局本
（七）《周易哲学》 民国十二年上海学术研究会本廿四年启智书局本
（八）《三民主义与中国文化之联系》 民族文化第二期又民国卅一年南狱夏令营本
（九）《三民主义人生观的基本问题》 民族文化第二卷第六期
（十）《历史哲学》 民国十五年泰东图书局本
（十一）《中国思想方法问题》 民国三十年民族文化出版社本
（十二）《国民革命与世界大国》 民国十六年泰东图书局本

① 此节之下，单行本尚有“抗战与中国文化命运”一节，后为朱谦之先生本人删去。——编者

六、中国文化之地理三周期*

（一）中国文化之新认识

抗战以来，由于中国民族之再度觉醒，发生对于中国文化之新的认识。许多外国学者都以为中国文化已经过去了。如施宾格勒（Spengler）所著《西欧的没落》，他将世界文化分为八个高级文化单位，这些文化单位的产生，都是起于突然的，不是有什么连带的关系，也不互相了解，但在这里却有一个共同点，即是各种文化的发生及消灭，都只是一个自然的命运，文化好比植物一样，植物的运命从其开花结实以至枯死。人类每种文化的产生，也是有它的童年期、壮年期和老年期，以至不可避免的死亡。由他看来，各文化之标准生命，都不过一千年之久，经过这个期间，即不因外面的灾厄而绝灭，也必因内面力之消耗而自归于尽，这是没有什么例外的。因此中国的文化由他看来早已发展到最后阶段，即由老年时代而进入死亡时代了。不但中国，欧洲现在也不是什么文化的支持者，只不过为文明的支持者，照千年的标准说法，早已入于命运的绝境而

* 本文原载《现代史学》第五卷第三期，原题为《中国文化新时代——中国教育学会桂林分会演讲辞》，后经朱谦之先生本人改为今题。此次整理，以《现代史学》本为底本。——编者

没落了。还有就是陶俾（Toynbee）[①] 所著《历史研究》，此书共十二章，现出版六册，包括前五章，依他意思人类创造文化，已有六千年，在此六千年中人类创造了二十一个文化，现存七个，而其中六个皆有为西洋文化所吸收或消灭的趋势，单就中国文化来说，中国文化实与埃及同例，为僵化的文化，中国自元亡以后，文化虽仍旧延续，而如同化石一般，不但中国，西洋文化的前途，不是可乐观的。由上所述，无论施宾格勒的九种文化说也好，陶俾的二十一个文化说也好，总之对于中国文化的看法，显然非常隔膜，施宾格勒的看法，也许较为深刻，但他所理想的将来文化，却是俄罗斯农民所创造的文化，陀思妥夫斯基（Dostoevsky）的文化，这显然只是普鲁士乡间老农的思想，和事实完全不符。陶俾的看法，也许较为现实，然而现存的西洋文化，在他已抱悲观的论潮，难道二次世界大战以后，世界文化不会有多少改观吗？若由我从《文化哲学》的结论来看，中国文化虽然很"老"，却是不衰，所以施宾格勒和陶俾的历史决定论，都应受严格的批评，而谓将来欧洲文化的倾向为陀思妥夫斯基文化，则不如谓为现代苏联之新兴科学文化，我这话也有所本，本于国父孙先生对于世界革命前途的推测。世界文化将来必然倾向大同，而所以实现世界大同，实有两条路径，即如民族主义所说："像俄国的一万万五千万人是欧洲世界主义的基础，中国四万万人是亚洲世界主义的基础。"又在《大亚洲主义》讲演所说"欧洲的文化，是专用武力压迫人的文化，是霸道的文化，亚洲的文化是用仁义道德感化人的文化，是王道的文化"。原来西洋文化即是霸道文化，而苏俄则为霸道文化之走到极端而转化为王道文化者，所以陶俾以为世界文化均消灭于西洋文化，这就大体来说是对的，

① "陶俾"，又译"汤俾""陶因贝"。——编者

但这西洋文化乃是苏俄的新兴文化，施宾格勒认为将来世界文化必为俄罗斯文化，这也是对的，但这俄罗斯文化，并非与西洋文化对立，而实为西洋文化之极端，即是苏俄之新科学文化。就事实来说，二次世界大战即是告诉我们在欧洲这时期即将来临，将来苏联打败德、意，以后，必能以其新兴科学力量为欧洲世界主义的基础，这个时期是必会到来的。

但在这里应有一个申明，即在陶俾所述现存的七种文化，虽然其中六个皆有被西洋文化所同化或消灭的趋势，然而中国文化实为例外，因为中国文化和西洋文化实为不联系的文化，中国代表哲学的文化，西洋代表科学的文化。不但中国，即就印度文化而言，印度虽和西洋同属印欧民族，但印度文化实建立于阿利安民族征入印度之前。依据最近印度 Mohenjo-daro 等地的发掘与言语学之证明，知道在吠陀文化之前印度先住民达罗毗荼人（Dravidian）所创的文化已极发达，此种文化和□来佛教文化更为接近，所以严格来说，印度文化的开拓者实为属于尼格罗系统的达罗毗荼人，即黑人种所创的宗教文化，而以后世界的宗教文化，无不受其影响。次之中国文化则为黄人种所创的哲学文化，而以后世界之哲学文化，无不受其影响，次之乃为西洋文化即白人种所创的科学文化，而以后世界的科学文化，也无不受其影响。现代乃为科学时代，当然可说现存文化都已消灭于西洋文化之中，即代表哲学文化的中国，和代表宗教文化的印度，亦多少印着西洋科学文化的色彩，然而科学文化终竟是科学文化，它虽能使哲学文化科学化、宗教文化科学化，却万不能代替哲学文化或宗教文化，因此所以西洋文化虽同化了现代所有文化区域，而印度之宗教的文化，中国之哲学的文化，仍然不被消灭，尤其是中国文化，越到现代越发现出蓬勃新兴的气象，从文化的独立现象看，中国文化是永远绵延，永远不会磨灭的。

（二）中国文化空间说

为什么中国文化不被消灭而反现出蓬勃新兴的气象呢？这可以说完全是中国历史的地理的文化特质所造成的。中国有广大的“文化空间”，同时有长久的“文化时间”，中国抗战至今不败的原因，即由于这“文化空间”与“文化时间”之交互条件，中国今后的前途，无疑乃在于我们怎样保持此文化空间的问题，而责任就在我们的身上。一部中国文化史，从史的心理方法来看、中国文化的发展和西洋文化的发展一样，都走经文化之两周期，西洋文化史第一周至罗马灭亡为止，中世纪即史家所称为“回复模型的时期”，可以算是第二周的开始，一直到现在，已走到这一周的山穷水尽的时候了。但是无论中国或西洋，每一文化周都是从宗教时期进至哲学时期再进至科学时期；再从史的论理方法来看，西洋历史以物力“经济”为本位，故表现为经济斗争的历史；中国历史是以人力“民族”为本位，故表现为民族斗争的历史；同样印度历史是以神力（宗教团体）为本位，故表现为宗教斗争的历史（如印度教与回教）。若专就中国来说，中国文化的历史进程，应如下表式（见下页）：

中国文化为哲学的文化，中国一部文化史即哲学的文化史，但在此哲学文化的发展中，从纵的方面看，实经过三个阶段即：宗教时期，哲学时期，科学时期。换言之，即宗教的哲学时期，哲学的哲学时期，科学的哲学的时期。从横的方面看，即在宗教的哲学时期中，亦经过三个阶段，即宗教时期，哲学时期，科学时期。换言之即宗教的宗教时期，宗教的哲学时期、宗教的科学时期，以此类推。在这里应该特别注意的，就是这种哲学文化的时间之长与空间之大，使中国和世界许多文化发生异样，如埃及巴比伦其文化所占区域极少，埃及

文化之三大周期大事记						宗教时期	哲学时期	科学时期
第一周	宗教时期	黄河流域文化时代	第一小周	中国文化第一次独立发展期	纪元前三十三世纪至纪元三世纪约三千六百年	古代泛神思想—神农氏（天乐）—黄帝书（吕氏春秋引）—殷商之祭祀祖先—商颂—甲骨文字—周易—天道观念	春秋时代—（天）之形上学的意义—老子（道）—孔子易系辞—战国时代诸子百家—孟子—墨子	西汉经学为变相科学—西汉阴阳家通阴阳之学—董仲舒—高相—京房—翼奉—东汉儒者通天文星历（如杨厚、襄楷）—张衡制作
						向长江流域移动		
			第二小周	中国文化之印度文化传播期	纪元三世纪至十世纪约七[①]百年	魏晋南北朝外族征入与外族宗教之关系—佛教之输入—石勒石虎与佛图澄—苻坚与鸠摩罗什—华夷论同—朱昭之《难夷论》	唐代中国佛学为印度佛学之否定—玄奘奉敕译老子道德经—唐太宗以老子比佛或在其上—唐代君主以姓李故特重道教—唐玄宗注老子道德经—两京及诸州置崇玄学	中唐五代之疏证学时代—孔颖达《五经正义》—开元藏书之富—唐末雕版印书法之发明—冯道—“术数小学字书”—五代监本
第二周	哲学时期	长江流域文化时代	第一小周	中国文化第二次独立发展期	纪元十世纪至十九世纪约一千年	宋代中国文艺复兴—宇宙哲学时期—周易—生之宇宙观—泛神论—周濂溪、邵康节、张横渠、程明道、程伊川、朱晦庵、陆象山、杨慈湖、郑师山	中国启明运动—人生哲学时期—中庸—生之人生观—乐的生活—陈白沙、王阳明、钱绪山、王龙溪、王心斋、王东崖、聂双江、罗念庵—东林学派（顾泾阳高景逸）—证人学派（刘蕺山）—唯情学派（惠栋、戴震、焦循、阮元）	清初经世学派—社会政治哲学时期—三礼春秋—生之社会观—民族民权民生的政治哲学及考证学—顾炎武、王船山、黄梨洲、颜习斋、李刚主—今文学派

① “七”，原作“一千三”，误，据上下文改。——编者

续表

<table>
<tr><th colspan="6">文化之三大周期大事记</th><th>宗教时期</th><th>哲学时期</th><th>科学时期</th></tr>
<tr><td></td><td></td><td></td><td>第二小周</td><td>中国文化之西洋文化传播期</td><td>从十九世纪鸦片战争至二十世纪即民国二十六年抗战约一百年</td><td colspan="2">向珠江流域移动
太平天国革命—基督教之影响—天条书—幼学诗—天父下凡诏书—新旧遗诏圣书—“讨粤匪檄”中之太平宗教观
戊戌维新与辛亥革命—王韬、薛福成、张之洞、李鸿章—康有为—谭嗣同—梁启超—严复译西洋名著—孙中山—陈天华—胡汉民—刘师复—辛亥革命所受西洋思想之影响</td><td>五四运动至中国国民党之新建设—提倡白话文运动—反对旧文化—民主主义社会主义—国民革命兴起—新兴社会科学运动—科学与人生观之论战—中国社会史之论争—全盘西化论</td></tr>
<tr><td>第三周</td><td>科学时期</td><td>珠江流域</td><td></td><td>中国文化第三次独立发展期</td><td>现在</td><td>民国二十六年“七七”卢沟桥事变起之抗战建国运动—三民和平建国纲领主义新科学—生命论—行的哲学</td><td>和平建国纲领</td><td></td></tr>
</table>

不过尼罗河沿岸长约七百哩广约十五哩地方，其文化的运命，在纪元第三世纪至二世纪已告全灭。巴比伦的文化区域不过在一百八十五方哩之巴比伦城内，而且国命短促，创立于六二五年，于五三八年即为波斯人所灭。即就西洋文化而言，也不如中国文化生命之长。据施宾格勒所说，世界文化[①]的标准生命，都不过一千年，没有例外，然而很奇怪的，中国文化竟成为惟一的例外，中国文化从第一周算起，已经五千年的历史，而且直到现在，还是一周又一周地发展下去，这是第一点。又如施宾格勒分别文化的程序为"文化"与"文明"，文化为宗教的，文明为科学的，"包括现代之工业与机械"，换言之，即前者为精神的，后者为物质的。诚然，文化进至科学的阶段，便因物质过度发达，生机剥削而至于灭亡，如二次大战中法兰西之倾覆，即为好例，然而中国则不然，中国是一个历史最长（可追溯到纪元前三千年）、占地最广（四百万方英里以上，大于欧洲之全面积）、人口最多（约世界全人口五分之一至四分之一间）的一个独立国家，其文化程序在第一第二周以外更有第三周，且并不因外族的压迫与内面力之消耗而灭亡，这究竟为什么呢？我简单的解释，是一种"文化空间说"，我以为文化空间的广大，乃是中国文化生命的重要条件，中国文化从古至今都是自北而南的发展，从文化空间上观察，实可分为三个时期：

（1）黄河流域文化期……………………………古代至北宋前
（2）长江流域文化期…………………………………宋至清
（3）珠江流域文化期………………………………清季迄今

这就是说中国文化史第一周为黄河流域文化期，中国文化史第二周为长江流域文化期，而今后中国文化史第三周之发展，则为珠江流

① "世界文化"，原作"世界文"，疑有脱文，据上下文意补。——编者

域文化期，因为一切文化必须以空间为根据，中国占地最广，故有无穷尽的文化空间为发展之基础，当黄河流域之文化空间失却其重要性的时候，便有长江流域的文化空间代起，当长江流域的文化空间消失重要性的时候，便有珠江流域的文化空间起而代之，而此文化空间的“量”的问题更影响于文化时间的“质”的问题，中国所有文化均从无穷经验中得来，所以不易磨灭，更因文化空间之大，延长了文化时间，这是量的变化影响质的变化，又因文化时间之长，使文化空间之周围，发生投射作用，这是质的变化影响量的变化。但在这里更应注意的，在这各周期中所发生的理论的矛盾现象，乃是中国民族与外族的斗争，中国历史总是几个周而复始、更迭递转的大节目所造成，这些大节目，亨丁顿（E. Huntington）在《种族的品性》中曾归纳成如下式，即：外族的侵凌→人口的移徙→人文的进步→人文的退步→政治的混乱→外族的侵凌，因为一部中国历史，乃是人力“民族”文化史，所以外族的侵凌与人口的南迁，土木工程之大兴，便成为中国历史中的周期现象，然而无论人口南迁，外族征入而中国文化仍能维持一个新局面，以求第二次的文化复兴，这不能不说是因为中国文化空间的博大的原故。因有博大的文化空间便有源源不绝的文化产生，所以五胡乱华晋室南迁以后，黄河流域已经渐不见中国文化，然而长江流域却以新的姿态而出现，黄河流域代表第一周中国的宗教时代，长江流域则代表第二周中国的哲学时代，中唐以后中国文化已渐移至中原即长江流域，辽金元外族的压迫使北方民族不断南迁，长江流域乃成为中国文化的荟萃地，因有长江流域之文化空间给我民族以生养休息之所，所以中国文化并不因灾难而灭亡，长江流域的富庶补充了北方的衰颓，因而产生第二周的文化，但自鸦片战争迄今，中国文化又渐由长江流域移向珠江流域，即由哲学文化进至科学文化的时代了。不但湘、粤、闽、赣、黔、桂、滇、蜀各省人才渐多，即中原辈出人才，也均集中于南方文化之旗帜下（如三民主义文化），而受南方文化的洗礼，太平天国革命、辛亥革命把珠江流域文化抬起头来，抗战军兴以后，中原文化陷落，继起的便是西南文化，西南文化以新生的力量，涌现于中国文化舞台，我在十年前提倡“南方文化运动”曾经指出南方文化即是科学文化，即因看到第三周中国文化的复兴，乃为科学时代的文化，应从西南发动。固然从文化本质上说，中国为哲学文化所分布，而从文化发展上说，现在却是科学时代，应该提倡科学文化，给中国文化以物质的基础，因有此物质的基础，中国虽被外族侵凌而不至于灭亡，而且即因有此物质基础，乃有第三周的中国文化复兴。所谓“抗战建国”，抗战建国即等于历史上淝水之战，淝水之战使中国文化从第一周移至第二周，抗战建国则使中国文化从第二周移至于第三周，惟可注意的，即此第三周的中国文化，从文化的周期说是科学文化时代，而从文化的阶段说却是新的宗教文化的创始，此新的宗教文化，以吾所见即是国父孙先生所提倡的生命论，乃为一种科学的新信仰。中国文化老而不衰，故经历数千年的文化时间而永不磨灭，即是生命常存，生命论应该成为中国文化第三周的大旗帜，是决无可疑的。

（三）中国文化之三周期

现在为彻底明了我们中国文化的新时代□见，试将数千年来的中国文化史，按前列表式，简单说明之如下：

中国文化第一周：宗教时期，又可分两小周，第一小周从古代文化之发祥以至两汉，从纪元前三十三世纪至纪元三世纪初叶，约三千六百年，为中国文化第一次独立发展时期，即黄河流域文化时代，又可分三小时期，第一为宗教时期，以古代泛神思想、殷商宗教和西周宗教为代表。中国古代哲人在大自然现象之前，从容潜玩，以直探到处皆有的本体，知道本体不是别的，就是这到处皆有的生命，一切山川草木都是生命的化身——由神的生命而流出的。这种泛神思想，至神农氏，以天乐喻□，所谓“听之不闻其声，视之不见其形，充满宇宙，包裹六极”。《吕氏春秋·圜道篇》引《黄帝书》曰“帝无常处也，有处者乃无处也”。至于《周易》更是发挥这套生命思想和以神为一切变化一切行动一切历程底永存不变的源泉。殷商文化注意祭祀祖先，文献如商颂五篇，都是祭祀的诗。遗物如甲骨文字，均可见这时宗教情绪的热烈，然而中国古代宗教于崇祀祖先之外更崇拜自然，《汤誓》《盘庚》均表现天道的观念，西周时代天道观念更为发达，礼记祭法，被祭的自然物有天、地、日、月、星、水旱、四方、山林、川谷、丘陵等等，虽尚不免素朴的自然崇拜，但如诗所谓“维天之命，于穆不已”，所谓“上天之载，无声无臭”诸如此类，其所谓天已渐由宗教的意味变为哲学的意味了。第二为哲学时期，这时人类理性渐渐开拓，乃予“天”以形而上学的意义，同时更有以为“天道远，人道迩”（郑子产语），有偏重于人道之中实现天道的倾向，老子《道德经》以“道”为天地万物的根本，但同时对于鬼神则加否认，孔子《易·系辞》以“一阴一阳之谓道”说明宇宙间诸事物的发展变化，然而所重者仍在人道，故说“未知生，焉知死”。《大学》的致知方法、《中庸》之“诚”的哲学、孟子的性善论，都是从人道起点，极其至便与天合一，这都是代表中国正统的哲学思想的。至于战国时代诸子百家，虽然思想派别极其复杂，而当时显学，却只有儒墨二家，《淮南要略》“墨子学儒者之业，受孔子之术”，则两家又只是出于一家了。第三为科学时期，由于汉武帝之搜集遗书，其结果便发生变相的科学，所谓“经学”。但两汉的经学风气不同，西汉多治今文，看重微言大义；东汉今古文并立，看重章句训诂。可注意的这些经学家，实兼通阴阳之学，阴阳之学是那时的科学，所以讲历法音乐的是阴阳家言，讲医学及算学的是阴阳家言，乃至董仲舒著《春秋繁露》，高相说阴阳灾异，京房讲灾变，翼奉讲律历，这几位都是西汉的经学大师。其后阴阳家变为谶纬家，一时“虚伪之徒，以要世取资”（张衡《疏》中语），才算把初期的科学精神丧失尽了，然而东汉诸儒，仍重实验，如杨厚、襄楷、苏瑜、任文孙、廖扶等均精于天文星算，而张衡的制作，尤为汉代一大事，所以可称为宗教时期的科学时期。

中国文化之第一周：宗教时期，其第二小周从魏晋南北朝以至晚唐五代从纪元三世纪至十世纪大约七[①]百年，为中国文化之印度思想传播时期。这一时期始之以五胡十六国以外族侵华，中之唐代亦乱日多，治日少，终之五代多西戎杂种，可以说这长期间均为外族征入时代，从文化区域来说，因汉族之混乱迁流，遂造成从黄河流域向长江流域移动的时代。此时代又可分为三小时期，第一为宗教时期，印度佛教自魏晋以后在中国文化思想上，便发生很大影响，而一究其原因，尚含有一种种族的政治作用，如石勒、石虎之迎佛图澄，苻坚之迎鸠摩罗什皆是。《高僧传》石虎下书曰：“度议云佛是外国国神，非天子诸华所可宜奉，朕生自边壤，忝当期运，君临诸夏，至于飨祀，应兼从本俗，佛是戎神，正所应奉。夫制由上行，永世作则，苟事允无亏，何拘前代，其夷赵百蛮，有舍于淫祀，乐事佛者，悉听为道。”这是何等明显地宣传外族宗教！在这个时候信佛者或谓华夷一般（朱昭之《难夷华论》），或谓天竺即中国（僧愍《戎华论》），排佛者则力斥中夏之人效西戎之法（顾欢《夷夏论》），而要之这时由于外族的征入，随之便有作为外族思想之印度文化的征入罢了。第二时期为哲学时期，以唐代为代表，这时就佛学言，印度式的三论、成实、涅槃各宗派已为“中国式”的华严、天台、禅宗各宗派所代替，所谓中国佛学显然就是对于印度佛学之一个否定，虽有如玄奘西行取经，规

① “七”，原作“一千三”，误，据上下文改。——编者

模极大，然亦不足为提倡佛法的证明，反之更可以反映这一个哲学时期的特色。据《续高僧传二集》“敕令翻老子五千文为梵言以遗西域，奘乃召诸黄巾，述其玄奥，领叠词旨，方为翻述”。韦尔思（Wells）《史纲》（第三十章）以为：“太宗之意，以为不如是不足以报印度而使各宗教根本上之佳处交相为利。大概彼以为老子实足以与佛陀比肩，或者稍在其上，此种精神颇与君士坦丁大帝努力欲使阿利阿与阿塔内纽阿两派携手相安也正同。此种□议当然为玄奘所不赞成，于是玄奘乃退而隐居于寺中，从事翻译其所挑来之佛经。”这一段故事告诉我们唐代文化乃出于一般想像之外为佛教文化的衰落期，同时即为中国玄学思想的兴盛期。案：封演《闻见录》云：“国朝以李氏出自老子，故崇道教，高祖武德三年，晋州人，于羊角山见白衣老父，呼曰为我语唐天子，我是老君，即汝祖也，今年无贼，天下太平，高祖遣使致祭，立庙于其地，高宗乾封元年还自代狱，过真源县，诣老君庙追尊为元元皇帝，玄宗开元二十一年亲注老子《道德经》令学者习之，二十九年两京及诸州皆置元元皇帝庙，号元元宫，诸州号紫极宫。”又《旧唐书·礼仪志》：“开元二十年正月己丑，诏两京及诸州置元元皇帝庙一所，并置崇玄学，其生徒令习《道德经》及《庄子》《列文子》等，每年准明经例举送。”因为唐代君主之提倡道教，因之道教的建筑雕刻绘画均有多量的产出，天才诗人李白，志气横放，其名句“含光混世贵无名”，亦受道家影响，此亦可见当时的风气了。第三为科学时期，这就是作为变相科学的疏证学的发达，案唐书儒林传叙，孔颖达与诸儒撰定《五经义疏》共一百七十卷，名为“五经正义”，这种疏证学的开端，大概是受印度学者治学方法的影响，也可以算就是以科学方法治经的萌芽，开元时代藏书极富，代宗创壁书“五经”，文宗创立石“九经”并《孝经》《尔雅》，这种新经学运动，可以说就是当时的科学运动，但最可注意的却是唐末雕版印书法的发明，《国史志》“唐末益州始有墨板，多术数小学字书”。五代雕版大兴，《旧五代史》“后唐明宗长兴三年，宰相冯道、李愚，请令制国子监田敏校正九经刻板印宝”，王溥《五代会要》所记更详。我们知道欧洲文艺复兴怎样得力于中国印刷术之输入，就知道此时中国印刷术的发明，是何等一件大事，自有雕版印刷以后，中国文化才有一大转机，而就雕版最初期言，如“术数小学字书”，又可见唐末历算一类科学的发达，如所译《九执术》即为好例，所以这时代可称之为科学时代。

中国文化之第二周：哲学时期，又可分两小周，第一小周从北宋初以至清末鸦片战争，从纪元十世纪至十九世纪中叶大约一千年，为中国文化第二次独立发展时期，即长江流域文化时代。又可分为三小时期：第一为宗教时期以宋代理学为代表，这时可算中国的文艺复兴期，第二为哲学时期以明代心学为代表，这时可算中国的启明期，第三为科学时期则以清代社会政治哲学及考证学为代表，试以图表之：

文化阶段		发展时期	重要思想家	重要著作	基本概念	集大成人物
第一时期	宗教时期（宇宙观哲学）	宋代	周濂溪、邵康节、张横渠、程明道、程伊川、朱晦庵	太极图说、通书、观物内外篇、正蒙、易传、易本义、太极图通书、西铭解等	泛神的宇宙观	朱晦庵
第二时期	哲学时期（人生观哲学）	明代	陈白沙、王阳明、王龙溪、王心斋、王东崖、罗近溪、聂双江、罗念庵	白沙子集 阳明集要 王龙溪集 王心斋集 盱坛真诠 聂双江集 罗念庵集 等	乐的人生观	王阳明

续表

文化阶段		发展时期	重要思想家	重要著作	基本概念	集大成人物
第三时期	科学时期（社会观哲学）	清代	黄梨洲、顾亭林、王船山、颜习斋、李刚主、庄存与、刘逢禄、龚定庵、魏默深	明夷待访录、日知录、黄书、噩梦、存活、瘳忘编、平书订、拟太平策、刘礼部集、龚定庵集、默觚	民族民权民生的政治观	颜李学派

在这里第一时期为宗教时期，即宇宙观哲学时期，那时提倡古学复兴和欧洲文艺复兴的情形是很相似的，他们的代表如周濂溪、邵康节、张横渠、程明道、程伊川、朱晦庵等到处聚徒讲学，开始唱华夏之防，拥护中央，辟佛老，尊儒学，他们要把生机剥尽死气沉沉的学术界，从新宇宙里复活过来，他们的学说有一个共通点，就是“新宇宙的发见”，就是一种泛神主义，他们都认天地万物皆自然而然，“天地之大德曰生，天地絪缊，万物化生”。这个“宇宙之生”就是他们最重要的观念。不但如此，他们实在因着宇宙之生，而高唱这世界的赞美歌的，鸢飞鱼跃，山峙川流，充塞这个宇宙内，无非生意春气，只是“四时行焉，百物生焉”这种生命的宇宙观，实在就是哲学时期之第一时期的特色了。自宋到元是由宇宙观哲学进至人生观哲学的过渡时期，过此便是哲学时期之第二时期，应该以陈白沙、王阳明为代表。阳明提出良知做人生行为的标准，以后遂因认识论的不同，引起种种不同的学派，即唤起种种不同的对于人生问题的解决方法，如左派主动，右派主静，左派如王龙溪、王心斋，主张本体即是工夫，近于顿悟；右派如聂双江、罗念庵，主张由工夫到达本体，近于渐修。现在只就左派来说，依他们的意思，人生只是不停歇不呆坐着的全身全灵的“动”，生命的动；越努力越有生趣，越能体验自己本心的快活，所

以他们这一派的根本哲学就是人生——快乐的人生，这就是哲学时期之第二时期的特色了。但是我们要注意的，这时期的哲学，看重个人，所以注重主观的冥想而忽略于客观的考察，对于当时社会政治的情形太隔膜了，所以到了明末，自然而然起了反动，而有东林学派发生，这派重要人物，如顾泾阳、顾泾凡、高景逸等，他们一方面反对阳明学派的空谈误国，一方面用学术团体名义来实行政党式的活动，这实在就是哲学时期之第三时期的开端。再到黄梨洲、顾亭林、王船山、颜习斋一般明末清初的"经世学派"出来，于是由人生观的哲学完全一转而入第三时期社会观的哲学了。这一期的社会政治思想，许多是很透辟的。尤以王船山的民族主义，黄梨洲的民权主义和颜习斋、李刚主的民生主义，为后来国父孙先生三民主义所本，但是不幸得很，在当时满清政府专制之下，要谈经世，开口便触忌讳，所以到乾嘉时代，经世学派便不得不改头换面，把那激烈的政论隐藏起来，用他们的聪明才力，去研究变相的科学，结果在文献学上却得意外的贡献，在纯哲学上也产生了唯情学派，如惠栋、戴震、焦循、阮元都是极端抱唯情哲学思想的，但是这哲学上的经世学派和唯情学派，与在科学上的考证学派原本一家，考证学至惠栋、戴震已发展至于极点，特尊称之为汉学，又称朴学，他们的贡献包括语言学、训诂学、校勘学、考订学、古物学，他们整理古书的成绩，处处应用了史学方法，处处都含着归纳的科学的新精神，因此我们也可以称之为科学时期，即哲学时期之第三时期。

中国文化之第二周：哲学时期，其第二小周从清季鸦片战事起，至中华民国二十六年"七七"卢沟桥事变止，大约一百年，为中国文化之西洋思想传播时期，这时代以鸦片战争开始，用外国批评家的话，"清朝一遇英国的枪炮，便丧失了自己的声威，迷信天朝万古不朽的这种幻想，也被打破了。通商关系底基础也就产生了"。因此又入于一个外族征入外患纷乘的时代（如英法联军，中法之战，中日之战，八国联军皆是）。从文化区域来说，也是从长江流域向珠江流域移动的时代，此时代又可分为三小时期，第一为宗教时期，以太平天国文化为代表，太平天国的革命崛起，很明显地是受西洋宗教的影响，外国批评家说及“中国的起义者进行了真正的十字军征讨来反对佛教，捣毁庙宇打死和尚”。这很可看出太平天国农民革命之宗教的性质。太平天国因受基督教的影响，所以他们呼基督教士为兄弟而教士们之袒护他们，也是意料中事。维多利亚主教所谓“太平之旗帜代表基督之胜利与真理之光荣”。英国政府蓝皮书中太平天国史料附件之十“中国革命军概观”极力称道太平宗教等作如《天条书》《幼学诗》二书理论之正确，而在反对方面，如曾国潘《讨粤匪檄》中，则简直以为“粤匪窃夷之绪，崇天主之教……士不能诵孔子之经而别有所谓耶稣之说，新约之书，举中国数千年礼义人伦诗书典则一旦扫地荡尽，此岂独我大清之变，乃开辟以来名教之奇变”。这就是针对太平军之宗教文化而发的。第二为哲学时期，以戊戌维新与辛亥革命为代表，康有为、梁启超提倡变法维新运动，其根据为今文家言，今文家学问的中心，在《春秋公羊传》，真所谓“其中多非常异义可怪之论”，自常州派今文学家出来，就特别表彰这本书，以成立他们的政治思想，康有为可算今文家的集大成者，著有《新学伪经考》《孔子改制考》《大同书》等，以为六经都是孔子托古改制，他最大的贡献，就是把公羊义例来讲《礼运》，谓“升平世”为小康，“太平世”为大同，把大同一段认为孔子的理想的社会制度，一方面又要分别大同小康，拿小康一段，来拥护溥仪复辟，做他反动思想的根源，所以在这一点，只有我们国父孙先生不但接受了经世学派的根本观念，而综合为一大生命的政治哲学：三民主义，而且根本推翻了二千年来腐儒所根据的小康思想，但话虽如此，我们意思并不是以国父思想来完全代表这个时代，因为那是更应该放在中国文化之第三周来讲的。就这本时期的革命思想而言，还是以模仿西洋之哲学思想为主，留学生中如严复等介绍西洋政治哲学思想，影响极大，他们先后翻译赫胥黎《天演论》，亚丹·斯密《原富》，穆勒约翰《名学》《群己权界论》，孟德斯鸠《法意》，斯宾塞《群学肄言》等种，使中国思想真正和西洋的思想发生接触。我们再细心注意辛亥革命时代人物，他们崇拜卢梭，崇拜拜伦，以“不自由毋宁死”一语，为争自由的口号，他们好谈法国革命、美国独立。这就可见他们所受西洋哲学思想的影响之大，也就可称之为哲学时代了。第三为科学时期，可包括五四时期之新文化运动以至中国国民党的新建设运动，民国七八年间《新青年》杂志提倡白话文运动，随之发生反对旧文化运动，其口号有所谓礼教吃人、非孝、打倒孔家店、线装书扔毛厕里、废止汉字等，但在积极方面来看，却是要提倡科学与民主主义，五四运动时代思想极其复杂，有民主主义派、社会主义派、无政府主义派、虚无主义派、共产主义派，要之这都不过当时西洋社会思想之一反映。直到民国十三年中国国民党的新建设运动开始，取广包并容的态度，于是庞杂的思想界始共集中于中国国民党与孙中山革命主义的旗帜之下，民国十六年国民革命军兴起，随之便是中国的新兴社会科学运动，中国社会史的论争，中国的思想愈趋向于西洋化的时候，也就是中国文化要求新出路的时候，中国应该全盘西化吗？这个问题终于提出来了。

中国文化之第三周：科学时期，这可说就是中国文化第三次独立发展时期，以文化区域言，即珠江流域文化时期。这时期开始于中国民族之再度醒觉的深刻民族意识，国父孙先生三民主义理论的建立，使中国民族才重新接近了中国文化正统。即在中国文化第一周之第二时期，在那西洋思想传播的时期，孙先生早已经看出中国文化的重要性，早年曾经匿名翻刻黄梨洲的《明夷待访录》等书，为清廷官吏所举发，并加以禁止，原奏疏藏故宫博物院。不但如此，孙先生更从中国数千年已经开辟的东西中，选择那最有价值的“大同”两字，做政治哲学的最高目标，他在《孙文学说》里，在《三民主义》里，在《军人精神教育里》，在《社会主义谈》里，都改之只谈大同，不谈小康，以较同时期保皇党的思想家不知高明得多，然而孙先生全盘思想体系的完成，乃在“五四”运动以后，尤其特色的是唤起了中国固有的生命哲学，自从民国二十六年“七七”卢沟桥事变开始，全国一致对日抗战以后，三民主义的新科学，更成为一般抗战行动及建国之最高准绳，中国文化已经不是如施宾格勒、陶俾所谓僵化的文化而是自力更生的文化了，这就是中国文化的新时代。

（四）结论

最后，我们现在的问题，乃在于中国文化的拥护者怎样在抗战建国期中，运用我们的新科学以保持此最后的文化空间，我们当知西南之文化空间实为现代中国文化的生命线，抗战的胜利已在眼前，中国文化的新时代更给我们以一种新信仰，从前我们战略，是以空间换时间，一面消耗敌人实力，以求达到以抗战掩护建设，以建设支持抗战的目的。这种自动向国内退军的战略，依克劳塞维兹（Clausewitz）在《大战原理》所说，是有两个根本条件，一须有广大的地面，二或有长远的退线，中国和苏俄当为好例，然而中国虽有广大空间，却没有苏俄的险恶的季节，中国无论如何是不能再失却文化空间了。所以保持此西南之文化空间：珠江流域，乃是我们攻守的转变点，乃是中国文化生存的条件，我们努力罢！

民国三十二年三月六日

于桂林师范学院

文章辑录

法国百科全书派与中国思想之关系*

I. 所谓“百科全书派”

百科全书派在十八世纪的法国风动一时，其来源则在中国，这一点很少人注意到。我们都知道这一派公开反宗教，而为法国大革命思想的造因，但还不知道这一派大多数还是从耶稣会出身。威尔斯对于这一派的来历，很简单地说及“一群优秀之士”——即百科全书家（the Encyclopedists）大都系耶稣会中富有反叛精神之人——于狄德罗（Diderot）指导之下，思欲于其著作物中计划一新世界。知道百科全书和耶稣会的关系，就知道百科全书派和中国文化的关系了。

百科全书派，崇拜理性，其结果在法国革命时候，便有人提倡理性教为国教，塑一美女像，为理性神像，供于巴黎圣母大教堂祭坛上。实际则此理性的宗教，正是在华耶稣会士所极力攻击的“理”之变形，是从中国贩回来的。

这一派将无神论、唯物论、自然主义作个起点。理学在耶稣会士看来，即是无神论，即是唯物论。天主独立自存，而理则为依赖之类，而且理不过物之模样，物的元质，即谓理为自然之理，“不知自然之说，殊非究竟之旨”。——汤若望语——故为拥护天主实义，即

---

* 本文原发表于《中国与世界》1940 年第 2 期，本次整理以此为底本。——编者

不得不认“理”为异端，而加以排斥。然而矛盾的事实，莫过于此。耶稣会士极力攻击“理学”，而一群优秀之士，即耶稣会中富有反叛精神的人，却无意之中，起而拥护此异端之“理”，拥护无神论、唯物论，与自然主义，于是大革命的哲学基础形成，许多崭新的革命思想，便从此诞生了。

Ⅱ. 百科全书派与中国思想的接触

百科全书派既然很多是耶稣会中富有反叛精神之人，当然因为耶稣会的历史关系，很容易和中国的文化接触，不过百科全书派也有不和耶稣会接近的，所以他们和中国思想的接触，也就不止由于一个媒介。耶稣会士的著作以外，还有游客的著作，如安孙（Anson）所著《环游地球记》（*A Voyage Round the World*）也为百科全书派所取材。因为两种著作的性质不同，因之百科全书派对于中国文化，也因而发生不同的见解。

（1）耶稣会士之著作

如《耶稣会士书简集》，因著者均为优秀学者，态度诚恳，可算中国文化的百科全书，而为百科全书派如服尔德、荷尔巴赫及宗教反对者所引用。竺赫德（du Halde）的《中华帝国全志》亦为服尔德、孟德斯鸠、荷尔巴赫、魁斯奈等所取材。荷尔巴赫以百科全书派领袖人物的资格，在一七七三年所著《社会的体系》（*Système Social*）中，为研究中国文化的便利起见，曾举出下列各书，劝人试读：

（1）R. P. du Halde（竺赫德）: *L'histoire de la Chine*

（2）R. P. le Comte（李明）: *Mémoires de la Chine*

（3）*Les lettres edifiantes;* t. XV

（4）Halwell（阿尔韦尔）: *Relations des événements de Bengale*, Part Ⅱ

荷尔巴赫在那时候所读的书，同时就是沙龙中人物，也是要读的，这就可见耶稣会士著作和百科全书派的关系了。

（2）游客的著作

如英国安孙（George Lord Anson）所著《环游地球记》（*A Voyage Round the World*，见 *Everyman's Library* 510）出版于一七四八年，他因受了中国人的许多委曲，所以此书叙述与中国人的交涉，如在第三卷中（共十章，页267—380）述他在澳门、汕头、广州各地的情形，口调很不客气，和英国航海家和海贼丹皮亚尔（William Dampier）在一六九七年出版同样著作 *A New Voyage Around the World* 一书，可谓无独有偶。因为他们的荒诞记载，使百科全书派如卢梭、孟德斯鸠对于中国不能发生很好的感想。

（3）两种著作影响之不同

大概来说，前者的著作，如《耶稣会士书简集》，竺赫德《中华帝国志》《北京耶稣会研究纪要》等名著，皆为有系统有研究的大部著作，而且对于中国文化均能深表同情。所以百科全书派如荷尔巴赫（d'Holbach）、服尔德（Voltaire）、巴夫尔（Poivre）、魁斯奈（Quesnay）等受其影响，也能看到中国文化的好处，而大大提倡他的中国文化赞美论。但在反对方面，游客的著作，因不能深入中国内地，所见的只是中国贫苦的和穷僻的村落，当然对于中国文化容易发生反感，因之而百科全书派如孟德斯鸠（Montesquieu）、卢梭（Rousseau）受其影响，也只能看到中国文化的不好处，而主张中国文化的反对论了。就中还有批评派如狄德罗（Diderot）、赫尔维修（Helvetius）等对于中国文化接触的机会较多，故取一种批评的态度。

但从大体来说，仍以偏于赞成的方面为多。赖赫准恩（Reichwein）在《中国与欧洲》一书中曾有一段总述百科全书派和中国思想的关系，现在试征引如下：

> 那时候“百科全书”（Encyclopaedia）关于中国哲学家的见解，即直接采自服尔德、狄德罗在《百科全书字典》（*Dictionnaire Encyclopédique*）中对于中国部分有如下的论调‘中国民族极能同心合力，他们历史的悠久，精神、艺术、学问、政治、哲学各方面，不仅压倒所有其他亚洲民族。据一部分学者的意见，他们所有的优点，甚至可以和欧洲最开明的民族竞争。同样的主张，在赫尔维修（Helvetius）所著《精神论》（*De l'esprit*, Discours Ⅲ, Cap. XXIX; Ⅳ, Caps. XIII and XIV）亦可看得出来。又巴夫尔（Poivre）在《一个哲学家的旅行》（*Voyages d'un philosophe*, 1709 P. 148ff）中更加赞美中国。他说：“若是中国的法律变为各民族的法律，地球上就成为光华灿烂的世界。你们试到北京，瞻仰一下世间最有权力的人（皇帝），他就是天上美满的象征。”（China offers an enchanting picture of what the whole world might become, if the laws of that empire were to become the laws of all nations. Go to Peking! Gaze upon the mightiest of mortals; he is the true and perfect image of Heaven.）

我们不是有意提倡中国文化，我们也不会相信中国过去的政治，即是最好的政治，然而在法国百科全书派领导之下的法国思想界，很明白地是将中国文化“理想化”了。很明白地有意将中国文化抬高起来，以为大革命运动之理想的目标。赞美论者不消说了，就是批评论者乃至于反对论者，也都直接间接受者中国文化的影响。孟德斯鸠也曾指出中国文化的优点，卢梭虽在论及文明与幸福，反对中国，但在主张重农一点，又何尝不是中国文化的赞美者呢？知道百科全书派和中国文化有微妙的关系，就知道中国哲学在法国革命史上的贡献，是如何值得我们加以注意的价值了。

抗战第五年文化的展望 *

一、世界文化现阶段

抗战四周年，我们民族争取最后胜利的时期已经到了。我们长期的坚忍苦斗，不但奠定了军事上政治上经济上的胜利基础，更且奠定了文化上的胜利基础。八中全会诏示我们，四年抗战的总结，在军事方面：敌人歼灭战术已告失败，我国磁铁战术着着成功。在政治方面：经过四年之抗战，现更取得国际间无限之同情，加强国内之统一与团结。在经济方面：一为后方经济之开发，一为民族工业之兴建。在文化方面：则为求与军事、政治、经济及社会建设工作密切配合，通过了战时三年之国防教育文化建设计划，注意于文化教育与国防及生产事业各方面之联系，而为今后文化奠定胜利的基础。所以综结四年所获宝贵的教训，抗战已经走上新的一个阶段，而“国防文化”实在是为应时势迫切的需要而产生，为抗战第五年必须以积极造成这个任务的最大目标。

历史告诉我们：现代文化即是国防文化，我们抗战第五年的国防文化建设，同时就是适应世界现阶段的文化建设，现代世界举凡一切事业，无一不以国防文化为中心，国防文化造成现代的国防力量，而国防文化最重要的，从社会生活上说是国防经济，从知识生活上说就

---

* 本文原载于《新建设》1950 年抗战建国四周年纪念特辑（六、七合辑），本次整理以此为底本。——编者

是国防科学。换句话说，现代就是国防文化时代。

为什么现代就是国防文化时代呢？欲明了这一点，我们对于世界文化的现阶段，应作一个简单的解释：

世界文化的现阶段，从社会生活上说，第一是经济时代，第二是资本主义经济时代，第三是军火资本主义经济时代；从知识生活上说，第一是科学时代，第二是工业科学时代，第三是军事工业科学时代。

一九三三年我在《文化哲学》(页四二)说及“现代是科学时代，同时即为经济时代，所以构成现社会文化之根柢者，不是宗教，不是哲学，也不是政治，不是法律，实是使人类生活成为可能之科学团体与经济组织”。一九三四年德国大经济学家桑巴特(Werner Sombart)著《德意志社会主义》，其第一卷为《经济时代》，他把现代生活特征归纳成为一个概念：“经济时代”。他说明这一个文化阶段的特质，是“在这时代中，经济和经济的以及与其有联系关系所谓物质的重要，实已征服一切其他价值而取得霸权的地位，并且从经济的特质，已经在社会和文化的一切其他疆域上盖上它的标记”。可见现代就是经济时代。

但现代是什么经济时代呢？我简单的答案，现代即是资本主义经济时代。资本主义社会的好处，在他增高劳动生产力，如“机器的使用，化学的应用于手工业和农业上，蒸汽航海的实施，铁路和电报的创设，全大陆的开凿”。这些在经济领域内的一些积极的建设的事业，都是现代经济时代的特征。再就他生产和管理方法来论，如采用最好的计算和管理制度等等，也可见科学上的造诣，是为从前各时代所没有的，固然资本主义制度显著的弊端，直到现代而更加明显，而且从苏联无产阶级的共产的革命开始以后，似已告诉我们经济的演化，已经有新意义的新时代发生。然而现代苏联决不是共产主义国家，苏联的经济，是“在资本主义所已成就的基础上，实现那高度的劳动生产力”(Lenin)，是“无产阶级国家的特殊政策，允许资本主义存在而操最高权于无产阶级国家手中，预计资本主义原素和社会主义原素的斗争，预计社会主义原素的作用日益长大起来制服资本主义原素，预计社会主义原素克服资本主义原素，预计消灭阶级，建立社会主义经济的基础”（Stalin）。所以严格来说，只算得资本主义经济之内在的矛盾，就社会主义经济的性质来说，只是过渡期的军事社会主义经济，对于资本主义经济时代，虽发生反作用，而其本身仍生长于国家资本主义的母胎当中。所以我的答案，仍可以说现代就是资本主义经济的时代。

但现代是什么资本主义经济时代呢？我简单的答案，现代即是军火资本主义经济时代，原来资本主义的发展，是可分为三大时期，即第一时期工业资本主义，第二时期金融资本主义，第三时期军火资本主义。工业资本主义的特征，在资本政策上说，是工业资本主义；在生产性质上说，是自由竞争：生产力之澎涨，物价低平。在政治性质上说是民主政治；在银行性质上说，是借贷营期；在产业性质上说，是纺织业。金融资本主义的特征，在资本政策上说，是财政资本政策即银行资本融合工业资本政策；在生产性质上说，是垄断：生产力的发达停止，物价的低减停止。在政治性质上说，是新民主政治（经济的民主主义）；在银行性[①]质上说，是工商经营期；在产业性质上说，是银行业。军火资本主义的特征，在资本政策上说，是军火资本政策融合金融资本主义政策（现代每一个大军火商人都有他自己的军火银行）；在生产性质上说，是垄断与竞争之新综合；在政治性质上说，是独裁政治；在银行性质上说，是军事工业经营期；在产业性质上说，是军火业。马克思的资本论，虽看到工业资本主义经济时代，关于信用经济则付之不论，论而不详。列宁的帝国主义论，虽看到金融资本主义经济时代，和 1914—1918 欧洲大战的经济原因，却无从看

---

① “性”字原缺，据上下文补。——编者

到1930—世界大战，是由于资本主义发展到军火资本主义时代，所以他所提出资本主义最后阶段的帝国主义论，未免时代太早，实际来说，金融资本主拥护掠夺的侵略政策，而为稳定国际金融和贸易，保持某限度的和平是必要的。反之军火资本主义，则必须挑拨最大限度的国际战争，来发展军火工业。他们拥护造成战争的政治机构，他们为希特勒、墨索里尼、日本军阀造成政权，因而造成世界大战。所以就现代来说，现代已经不是唯一经济力量所能决定一切，现代乃是经济力量通过军事力量，才可以决定一切。换言之，现代已经是将一切力量集中为战争力量（消极方面为防御力量，积极方面为进攻力量），这就是所谓军火资本主义的经济时代。

但就知识生活上说，现代是什么时代呢？我简单的答案，第一现代是经济时代，同时即是科学时代；第二现代是资本主义经济时代，同时即是工业科学时代；第三现代是军火资本主义时代，同时即是军事工业的科学时代。一九三三年和一九三九年间，所生军事技术上最大的革命，使我们知道知识生活史的发展，已经达到军事工业科学的新阶段，从科学史上观察，工业资本主义时代以自然科学为研究中心；金融资本主义时代以社会科学为研究中心，军火资本主义时代，不消说是以军事科学（国防科学）为研究中心了。如以自然科学为“正”的阶段，社会科学为“反”的阶段，则军事科学正是综合两者的新阶段。从军事史上观察，金融资本主义只须经济雄厚，便能雇用军队，来击败他的敌人；军火资本主义则必须有大量的现代进攻武器：飞机和坦克车，才能取得胜利。金融资本主义时代以经济封锁和金融力为战争武器，军火资本主义则以集中军力和闪击战为战争武器。换句话说，就是金融资本主义时代的胜利，取决于社会科学的研究，军火资本主义时代的胜利，则更有待于军事科学的研究。军事科学在中国即是国防科学，我们生长在军火资本主义时代，而欲从事反对军火资本主义的工作，必须提倡国防科学，我们不是唯武器论者，然而在全体性的战争之中，我们必须在知识生活中，赶上那无畏舰、潜水艇、飞行机、坦克车的军事工业科学时代，我们必须密切注意与国防有关的各种学科，如航空力学、国防化学、国防矿产、军事地质、国防经济学、军事地理学，乃至一切有军事意义的历史科目，如战争史、军事地理沿革之类。总而言之，现代的世界文化，已经走上国防科学的阶段了。

二、中国文化现阶段

世界文化的现阶段，同时就是中国文化的现阶段。世界现代文化正当经济时代与科学时代，中国现代文化也正当经济时代与科学时代。然而在这里却有几点重大的区别，值得我们注意。第一，此处世界现代文化，是指西洋现代文化，西洋文化为科学的文化，这就是说科学文化为西洋文化的基本原型，而现阶段的西洋科学文化乃为现阶段的西洋文化的基本原型。反之中国文化为哲学文化，这就是说，哲学文化为中国文化的基本原型，而现阶段中国的科学文化，则为西洋基本文化的采借，即为西洋科学文化所传播。中国在抗战过程中，武器在数量上与质量上均已巨量增进，可说已迎头赶上那快枪大炮飞行机坦克车的时代了，然而这些军事工业科学的产物，许多至今还是非从外国输入不可，所以不是中国文化的产物，而为西洋文化传播的产物。第二即同在军火资本主义经济的现阶段，西洋文化和中国文化实表现为正反两不相同的作用，如以西洋文化代表军火资本主义经济的正面，则中国实为军火资本主义经济反面。西洋人提倡军事工业科学为战争，为掠夺，为帝国主义，中国人提倡军事工业科学即国防科学，乃为正义，为自卫，为世界和平。但无论如何，在抗战的初期，这些国防文化的建设，尚不无仰给于外人，固然我们对于现代国防所要求的物质条件，以土地和资源来说，我们实比任何一国为优，我们的陆军常备军额，据一九三七年初的统计，实居世界第一。然而现代的战争，乃为科学的战争，乃为机械动力的战争，我们的文化缺乏科学，便是缺乏国防所要求的战争科学的条件。所以抗战以来，我们为维持长期战争，一方面努力使外国军火不断地输入，一方面努力加紧去建树与国防有关的工业。据经济部翁文灏部长去年的报告："今日我国国防重工业、钢铁、机械、雷器、化学以及采矿各部门，国营民营兼程并进，皆已产品，虽距自给自足尚有相当距离，但已建树起国防工业自力更生的广大基础。"现在距离这句话已经一年了，国防工业的对外依存性，当更为减少，在轻兵器方面，早已经可以自己仿造了，虽然这种新兴的国防工业，尚有待于经济金融当局的扶植，而文化胜利的基础已经奠定，却是众所共知的事实。

因此，所以中国文化现阶段，可以说就是国防文化时代，即是国防科学的文化时代，然而一说到国防科学文化，是有他历史发生的背景的。这就是一部西洋文化输入中国的历史，也就是科学文化东渐史。在工业资本主义经济时代，科学研究以自然科学为中心，东传中国的科学文化，亦以自然科学为中心。又可分为三小时期，明末徐光启与利玛窦等译述天文历算诸书为第一期。康熙时用张诚、白进、巴多明等译述法国科学书为第二期，同治时曾国藩创办江南制造厂，翻译制造测量格致兵书等为第三期。在金融资本主义经济时代，科学研究以社会科学为中心。东传中国的科学文化，也以社会科学为中心，又可分为三小时期。严复译《天演论》《群学肄言》《群已权界论》《穆勒名学》《孟德斯鸠法意》诸书为第一期，胡适之等介绍实验主义思想方法、考证学派历史方法为第二期，马克思派提倡辩证法唯物论为第三期。前三期偏重物质科学的贡献，和社会科学无关；后三期始注重社会科学的贡献，和国防科学无关。直到军火资本主义经济时代，科学研究以军事科学为中心，东传中国的科学文化，才有注重军事科学即国防科学的倾向，尤其是抗战四周年的今日。

国防科学的思想背景，在西欧国家可以德国为例：如一九三三年庞士（Ewald Banse）所著《德国作战计划》（原名《困厄中的领土和人民》）实为第二次世界大战的战略指南，其中即有《国防学术》一篇，以为“这种新学术不仅仅限于化学知识运用于战争机械的改进为已足，它应建立一个知识的集体，从地上和从空中，从工业和运输，从民族和个人心理学，这种种的研究，都包括在内”。他以为“国防学术乃是一个民族的军事志愿之精神表现”“国防学术是将每一个人类的思想和努力，都引用到增加我们人民的防御力上”。这种将一切学术资源，都深深地渗入了国防的意义，这就是所谓“现代型的国防文化”，或“国防科学”，国防科学综合自然科学和社会科学，但不必即如德国一样以国防科学为侵略的工具。反之，在中国实为防御的工具，现在无论在军队中，在大学专门学校中，都成为一种教育学科，无论在侵略国家、反侵略国家，都成为一种新型的学术部门，尤其在中国。抗战四周年的中国文化现阶段，正是国防科学运动要求理论与实践一致的新阶段。

在这新阶段，有一个最重要的文献新发见，值得我们密切注意的，就是国父孙先生手订《十年国防计划概要》。这是民国十年七月八日给廖仲凯先生遗函中所拟六十二项的国防十年计划。准备起草而尚未完成的。近年首先由高良佐先生发现，才公表出来。今试摘录其中纲目要项如下：

（五）制定永远国防政策，与永远国防军备，充实建设，为立国之政策。

（九）国防与实业计划之关系。

（十）发展国防工业计划。

（十一）发展国防农业计划。

（十二）发展国防矿业计划。

（十三）发展国防商业计划。

（十四）发展国防交通计划。

（十五）发展国防教育计划。

（三六）遣派青年军校学生，留学欧美各国，学习各军事专门学校，及国防科学物质工程专门学校之意见书。

（三七）向列强定制各项海陆空新式兵器，如潜水艇、航空机、坦克炮车、军用飞艇、气球等，以为充实我国之精锐兵器，与仿制兵器之需。

（三八）奖励国民关于国防物质科学发明之方略。

（三九）购买各国军用书籍、军用品、军用科学仪器、军用交通器具、军用大小机器等，以为整理国防之需。

（四五）训练国防基本人才三千万计划，训练国防物质工程人才五千万计划。

（四六）完成十年国防重要建设一览表。

（五八）我国之海军建舰计划，航空建机计划，陆军各种新式枪炮战车及科学兵器机械建造计划。

（五九）训练不败之海陆空军队计划。

由上，孙先生十年国防计划，适发见于抗战四周年的今日，这是有很重大的历史意义的。我们知道古来新学问题，大概都由于新发见。“有孔子壁中书出，而后有汉以来古文字之学，有赵宋古器出，而后有宋以来古器物古文字之学，有殷墟甲骨，汉晋木简，敦煌写本，内阁档案的发现，而后有近数十年的考古考证之学。”现代中国文化又踏进一个新时代了。这就是由于，孙先生十年国防计划的新发见，而发生了抗战第五年的国防科学文化运动。

三、抗战新阶段的文化展望

抗战第五年的开始即是抗战史第三时期的开始，我们从头至尾检讨一下，无论军事、政治、经济、文化，均已突破最艰难困苦的四周年，而愈战愈强。我们不但在过去四年发挥中华民族的伟大力量，我们今后仍须努力奋斗，以求完成历史所赋予我们的神圣使命。从七七抗战开始，以至今日的抗战经过，根据各方面的事实报告，可列表说明之如下：

上表[①]参照何应钦将军《抗战军事之检讨》、白崇禧将军《抗战中敌我战法的演变》、王宠惠部长《三年来之国际形势与我国外交》各重要文献编排增补而成。在这里，我们不但从抗战的每一阶段看出敌人战略战术上的失败，而且看出"敌人的力量随着他侵略的时间，一天一天的衰退了""敌人虽然在兵力方面每阶段都有增加，而所能占领的面积，反一天天减少，这正是敌人愈战愈弱的明证"。现在呢？现在无疑乎已经达到第三期全面战争的时代了。一九三五年鲁登道夫将军（Ludendorff）出版《全面战争》，创战术史之新纪元。苏联的红军，也更完全存在于一个新的军事时代，红军于军事外，它同时是一个学校和政治组织，它的人员有百分之七十是技术家，这也正是全体战争的一个文化军队的典型。至于抗战四周年的中国，在我抗战开始时，早已决定一贯的方针，即一曰持久抗战，二曰全面战争，三曰争取主动，而在抗战第五年的开始，全面战争的革命战术，愈在持久抗战中，而愈见重要。因为这种战争实为革命战争最后胜利的必要条件，所以含义较广，应加以说明：

---

① 即下页表格。——编者

年代的标记	口号的演变	国际外交的演变	战术的演变	战略的演变	战争的标记	抗战阶段	
民国廿六年七月至廿七年十月	我军——长期抗战 敌军——速战速决速和速结	我军——国联机构之运用（国联精神上之援助） 敌军——一再申明中日问题，各国无权过问	我军——正规战 敌军——包围迂回战法、锥形战法	以空间换时间，一面消耗敌人实力，以求达到以抗战掩护建设以建设支持抗战为目的	南京失守以前	第一阶段	第一期
					徐州大会战	第二阶段	
					武汉大会战	第三阶段	
二十七年十月至三十年六月	我军——国民精神总动员 敌军——长期战争，以战养战	我军——各国个别动作之运用（苏英法美物质上的援助） 敌军——对于英法美苏在远东权益与威望予以威胁	我军——游击战、机动战法 敌军——警备战法、小支队战法、空陆联合战法	转守为攻，给敌人以打击	长沙粤北昆仑关之战	第一阶段	第二期
					枣阳宜昌之战敌兵退出广西	第二阶段	
					浙东粤南赣北之战	第三阶段	
三十七年七月起	抗战必胜，建国必成	我军——联合世界各友邦共同奋斗 敌军——在世界大战中趁火打劫	全面战（军事政治技能经济文化各种熔冶一炉而灵活运用之的革命战术）	预计选择有利时间和地点争取我们最后的胜利	抗战新阶段的开始		第三期

第一，从时间上说：全面战争本非时间空间所能限制，但就其发展来说，则时间空间均有其全面战争。时间的全面战即为无限时间的综合形式。如抗战史的三个时期，第一期为正规战，第二期为游击战，第三期即为正规战与游击战的配合战。第一期为原野战，第二期为山地战，第三期为山地战与原野战的配合战。

第二，从空间上说：这就是抗战的时间愈后，中国战争在世界大局中所起的波浪愈大，苏联英美之物质上精神上的援助，英美荷澳之联防，使日寇益陷孤立，证明了中国在世界已经不是单独作战了。我们原已得道多助，经过四年的抗战，更取得国际间无限的同情，广大的援助，这种以时间换取广大世界空间的外交战，与以空间换取无限时间的军事战，正是全面战争之一物的两面。

第三，从超越时间空间上说：全面战争以内容说，"战争不仅是军事战，而且也包括了政治战和经济战；多加战斗的份子不仅是士兵，而且包括了整个国家民族每一个国民：公务员、学生、农人、工人和商人。既有全面战争，就有全面战术，全面战术就是把军事、政治、经济、文化各种熔冶一炉而灵活运用之的革命战术，运用政治、经济、文化力量并以与军事力量相连系，相配合，以展开广大的游击战和运动战，就是全面战争的战法"。这种战争为什么在抗战第五年特别显出它的重要性？因为"目前敌人的军事侵略虽然不能进展了，但它却正加紧扶植伪组织，加紧经济的侵略，这使我们有不得不采取全面战术的趋势。今后我们不但要加强游击区的军事、政治、经济和宣传的总力量，而且要在一般的政治战、经济战和宣传战方面采取攻势，以配合军事战。在经济方面，要改换对敌经济反封锁的统制方法，以抵制敌人的掠夺和封锁：要开发经济生产力来力求自给，以巩固抗战的资源。在政治方面，要健全组织政治的基层机构，使管教养卫的力量集中起来，经过训练后可以配合军队的力量，实行破路、清野、游击、伏击诸战法，积极向敌后进攻。在宣传方面，要利用文化机关和党团多办书报，扩大宣传，参加伪军实行反间，促进敌军的反战思想。凡此等等，都是全面战术的应用”（白崇禧：《抗战中敌我战法的演变》）。

总结起来，全面战争实为抗战第五年今后的主导战术，而最重要的关键，则在于提倡国防文化——国防科学运动。国防文化的新建设，即是全面战术的新建设，没有国防文化就没有全面战争，没有全面战争便不易取得最后胜利。如蒋委员长的最近指示：“我们一切政策、一切设施，都要以国防为中心，一切文化教育事业，亦必须适合国防的需要，成为国防的一部分。”现代世界文化和中国文化都已经走上军事工业科学，即国防科学的新阶段了，我们应奋起直追，以我们的劳动和努力来建设国防文化的基础，保证全面战争的实行。最后，我们于抗战第五年开始的今日，预祝我们中华民族最后的胜利。

中国哲学输入欧洲是辩证法唯物论底重要源泉之一*

（一）

现代中国思想，是以马克思列宁主义的理论与中国革命的实践之统一的思想——毛泽东思想作为代表指导的世界观，而所谓马克思列宁主义的理论，一句话来说尽，就是“辩证法唯物论”。中国现代思想，换句话说，也就是以辩证法唯物论为代表，所谓毛泽东思想是把辩证法唯物论革命的科学的世界观，具体应用于中国社会环境，使它能够成为指导中国革命实践斗争的世界观。而这种应用，有人称之为“中国化”，真正能正确把握辩证法唯物论的人，就自然能够使它中国化。

但这里既说辩证法唯物论要中国化，即是证明了辩证法唯物论不是从中国本身直接产生的，即是说辩证法唯物论是外来输入的思想。

---

① 本文有中山大学哲学系藏朱谦之先生1951年5月12日手稿本，内有八页为铅印本，乃蒋玉麟所记朱谦之先生演讲稿。此稿本封面注明“中山大学哲学系集体讨论资料”，曾作为中山大学欢迎捷克文化考察团座谈上的报告。1956年，朱谦之先生将第一节内容删除，更名为《十八世纪中国哲学输入欧洲是辩证法与唯物论底重要源泉之一》，有油印本单行，上有朱谦之先生校批文字若干，篇末注明“一九五六年十二月二日改定稿”；再易名为《十八世纪中国哲学对欧洲哲学的影响》，发表于《哲学研究》1957年第4期。此次整理，恢复全文完整面目，第一节内容依据1951年手稿本，其后内容则以《哲学研究》本为底本。——编者

外来输入的思想所以能够在中国革命运动中发生影响，一定是在中国革命运动中已有一些根据。这就是说，它的发生，乃孕育于中国反帝国主义反封建主义的斗争中，所以能够和中国实际结合。辩证法唯物论在中国的出现，正是中国社会发展的必然结果。

另一方面说，辩证法唯物论既然是外来输入的，当然不是中国过去思想的继承和发展。在中国旧的许多优秀思想中，虽也包括着不少的辩证法和唯物论的因素，而何以不能成功为辩证法唯物论，而何以必须等在“五四”以后，才从先进国家里把这哲学理论介绍到中国来？这个原因很简单，即在中国过去优秀思想中，虽有辩证法和唯物论的因素，而不能在辩证法和唯物论之间达到一个真正的综合，甚至于这种综合的可能也没有想到。中国过去思想可以这样说，它是把它的辩证法放在一个口袋里面，而把它的唯物论放在另一个口袋里，这是第一个缺点。次之，中国哲学的唯物论，基本上都没有达到唯物论的真正水平，它不是“怕羞的唯物论”，如所谓自然主义、经验主义，就是“有礼的唯物论”，如泛神主义、人本主义，甚至如恩格斯批评机械唯物论者所谓“在下的唯物论，在上的唯心论”，在中国都找不出。这是第二个缺点。再则，辩证法唯物论乃是无产阶级的世界观，而中国过去却缺乏产生这种思想的经济条件，这是第三个缺点。

但话虽如此，在现代中国，辩证法唯物论却已变成为中国革命思想之最深奥的内在的内容了。从前由外输入的哲学理论，只是外的变化的条件之一，现在这外部变化的条件，已根本上发生了变化；对于根据是副产物的东西，现在变成这个根据的内容，转变成它的内的本来条件，转变成它的发动力。因此所以从来放在两个口袋里面的辩证法和唯物论，竟受了外来辩证法唯物论思想的影响，而居然有综合的可能，变成为完全新式的中国前此所没有的辩证法唯物论了。

因为辩证法唯物论之在中国，一方面在固有哲学中有其辩证法和唯物论的因素，一方面此辩证法唯物论是从外来输入的结果，这么一来，说到辩证法唯物论在中国的形成史，便不能不涉及中外文化交通史的问题了。这就是说，辩证法唯物论在中国的形成过程是决定于：

时间：近代

地点：欧洲和中国

条件：经济条件之下的文化接触

因此，我便不得不明确地指出这问题的复杂性，而提出一种新的研究方法。我以为研究近代思想史，都不应孤独来看，而必须注意中外思想之有机联系的必然性。即必须注意在中外经济影响下之文化接触条件，由此条件自然表现着它的相互依存和相互制约、相互影响，如中国固有哲学中既有辩证法和唯物论的因素，则可能亦影响欧洲即其例。但在影响之中，仍由于历史过程中的条件、地点和时间的不同，有时是中国的思想占着主导地位，有时则西方思想占着主导地位；有时在某一点上东方占着主导地位，在另一点上西方又占着主导地位。如在十八世纪东西思想交流，欧洲哲学即受中国的影响，详见拙著《中国思想对于欧州文化之影响》（商务印书馆版）一书。而最重要的即中国哲学对于欧洲的影响，从直接方面说，一方面反响为法国的唯物论哲学，一方面为德国观念论的辩证法；从间接方面说，这辩证法和唯物论的影响，恰好就成为马克思、恩格斯创立辩证法唯物论底重要源泉。

（二）

十八世纪欧洲是封建主义崩溃和资本主义生长的时代，这时代的特征，是反对封建的特权者，反对封建的社会制度，反对僧侣，反对上帝。反映在意识形态上面，则在积极方面，主张理性，主张自然法，主张资产阶级的自由权利，并且拥护自然神或无神论，机械的唯物论，这就是法国启明主义者达隆培尔（d'Alembert）所称为哲学时代。德史家士罗塞（F. C. Schlosser）著《十八世纪史》则称之为哲学时代和启明时代。因为这时代文化的特点，是想以哲学的文化来推翻中世纪的宗教文化，也就是想以理性的权威，来代替上帝的权威。因此，在这个时期，大家都非常尊重理性，尊重自由，应用理性的批评，而称之为理性时代，实际就是资产阶级革命时代。恩格斯在《反杜林论》中描写得最好：

> 现在太阳第一次出现了，理性的王国到临了。从今以后，迷信和偏见，特权和压迫，将让位于永恒的真理，永恒的正义，自然的平等和人类不可或离的法律。
>
> 现在我们知道这个理性的王国不是别的，不过是理想化的资产阶级王国而已。……理性的国家和卢梭的社会公约，在实际上就是而且只能是资产阶级的民主共和国。

理性时代在历史上最明显的表现，可从两方面观察出来：

1. 法国的理性派，从笛卡儿开始，经过百科全书派之唯物论无神论，影响到法国革命。

2. 德国古典哲学，从来布尼兹、吴尔夫（Wolff）到康德、菲希特与黑格尔之观念论的哲学，影响到精神革命。

法国泰纳（Taine）曾有一段妙文，描写法国革命时代雅各宾党的新教纲领，是一种“哲学宗教”。他们宣言：“在今日以前，一切都受宗教的管辖，今日以后，却是理性管辖时代了。我们同志都是百科全书派的信徒，我们尊重理性，而以之为一种宗教。从前宗教时代已告结束，我们应用此哲学的宗教，即理性的光明，来为历史上开一新纪元。”

把法国革命时代罗伯士比尔和德国观念论哲学比较一下，则如德国海涅在他名著《德国宗教及哲学的历史》里所说：康德的《纯粹理性批评》在思想界的伟大破坏，是远过于罗伯士比尔的。法国革命判决了帝王贵族的死刑，德国哲学家则用那艰深的文字，来反对宗教，以判决上帝的死刑。康德告诉我们，神只是一个虚构的观念，当他做大学校长的时候，曾领导全校齐到教堂，他不肯进去，中途跑了，这可见他鄙视宗教的态度。从菲希特的《知识论》直至黑格尔的《历史哲学》，都是看重理性过于宗教，菲希特的《知识论》竟因无神论的事件，而被人控告。黑格尔有一次对德国青年说“我们都是上帝”，批评家说他是以哲学上之“绝对”，来作上帝的代名词的。

所以，我们可以说：十八世纪的时代是哲学时代，就是理性时代。但我们要问：这个理性时代，是从哪里来的？问题的关键就在这里。

我可以这样说：在十八世纪时代，欧洲哲学思想的来源有二：一是希腊，一是中国。

不过比较起来，在这两个来源里，中国思想的影响比希腊的为大。在欧洲文艺复兴时代，受希腊的文化影响较深，但到了启明时代，希腊的影响已为中国文化所代替。虽然有一位倾心希腊文化的费内龙（Fénelon）提倡希腊来和中国文化对抗，而在当时所谓“欧洲之孔子”的魁斯奈（Quesnay）即持相反论调。以为希腊的文化，远不如中国。甚至一八〇六年尚有人提倡希腊的宗教是受中国的影响，可见中国文化这时比希腊来得有力量了。

那么，理性的观念从中国来的，还是从希腊来的呢？我可以肯定地说一句：还是从中国来的多些。黑格尔在《历史哲学》里，说到理性支配世界可想起两种形式：一是希腊哲学家之 Nous 支配宇宙说，一是宗教家对于神意的信仰说。但他反对这两种形式，以为两者都不是“哲学理性观”，把他推翻了。而理性之“变化的范畴”，黑格尔以为“这就是东方人所抱的一种思想，或许就是他们的伟大思想，他们的形而上学之最高的思想”。

十八世纪法国哲学是法国革命的预备，然而，法国哲学如利维布律尔（Lévy-Bruhl）所说，却是突起的，不是传承的，那么，这种外来的文化影响是从哪里来呢？我的答案：是从中国来的，尤其是从中国理学的影响来的。如说理学之影响，在德国古典哲学当作“辩证法”来接受，那么，在法国百科全书派无疑乎是当作“唯物论”来接受了。

我现在就从事实的基础，来证明这个肯定。

（三）

我们知道，从十六、十七世纪以来，耶稣会士来中国传教的结果，他们一面把欧洲科学文化传到中国，一面把中国的哲学经典介绍到欧洲，他们为什么把它介绍到欧洲呢？他们想从那里找出“天”“天主”“上帝”这些名词，来附会基督的教义，以证明基督的义理和中国的完全相符。但这种思想传至欧洲，却引起欧洲教士们的反对，以为中国所讲的神，和基督教所讲的上帝根本不同，因而大加攻击，这就是所谓“礼仪问题”的论争。从一六四五年至一七四二年，中间实经过一百年之久，参加这次论争的著述，依戈尔逖（H. Cordier）《中国学书目》所列，共有二百六十二部之多，未发表的尚数百种。最可注意的，就在当时的宗教家，除耶稣会士以外，均注意中国哲学和欧洲的不同，中国哲学是无神论的，基督教是有神论的，而在一般知识阶级，则即以此不同于基督教之“理学”，来作他们启明运动的大旗帜。

本来在华耶稣会士虽极力将原始孔家的思想与基督教相调和，但对于宋儒理学则处于批评的立场来攻击。明末利玛窦的《天主实义》，就是看重原始孔家思想，而对宋儒理学的“理”和“太极”，加以严格的批评。其理由为（一）理依于物说；（二）理无灵觉说；（三）理卑于人说。其实他著此书的目的，本来就是以宋代理学派的唯物主义倾向为批评的对象的。

其次，龙华民（Nicolas Longobardi）著《灵魂道体说》，力排道体太极之非。艾儒略（Julius Alenius）的《万物真原》和《三山论学记》，也站在基督教的立场，反对宋儒的理学。在《万物真原》里说：“理不能造物。”在《三山论学记》里说：“太极之说，总不外理气二字；未尝言其为灵明知觉也。”“物物各具一太极，则太极岂非物之元质，与物同体者乎？”他以为理就是法则，有东西才有法则。利类思（Ludovicus Buglio）《不得已辩》也极力主张“理不能生物”。汤若望的《主制群征》亦对于宋儒之太极阴阳诸说，加以反驳。卫匡国（Martin Martini）的《真主灵性理证》更根本推翻了宋儒的唯气论。至一六七三年陆安德著《真福直指》，简直只认太极不外是物质的元质，这还来得客气一点，到了一六九七年比人卫方济著《人罪至重》，竟指宋儒为俗儒，其批评周子、张子说：“俗儒以生前安身，死后神散为归。”至一七五三年比人孙璋著《性理真诠》，共四册，为耶教哲学中有数的书籍，他把儒家分为原始孔家和宋儒，前者称之先儒，后者称之后儒，其对宋儒理气说，攻击不遗余力。如卷二《总论太极》《辨理非万物之原》《驳〈西铭〉万物一体之说》《辨性理诸书》，卷三《驳汉唐以来性理诸书之谬说》。全书反复论难，不厌其详，在他看来，理气太极，都不过卑陋的唯物主义。

总之，从一六〇三年利玛窦的《天主实义》到一七五三年孙璋的

《性理真诠》，他俩都认宋儒理学是唯物论的无神论的，拥护原始孔家而攻击宋儒。他们把中国思想传到欧洲，不是想介绍宋儒理学，实在想将原始孔家传进去，以附会其教义。但欧洲一般学者，是不分别出哪是宋儒的，哪是原始孔家的。因此，在接受原始孔家的时候，宋儒理学也夹带着接受过去了。

宋儒思想传入欧洲，可分两方面来看：一是有意的接受，一是无意的接受。

有意的接受——（一）竺赫德（Du Halde）《中华帝国全志》（一七三五年出版）第二卷介绍朱熹的教育论，第三卷介绍中国近代一哲学者的世界起源说。（二）邵康节的六十四卦圆图方位图，及六十四卦次序图，于一七〇三年由白进（Bouvet）介绍到欧洲。（三）一八二六年在《亚细亚时报》第二十二册所载之《中国之创世论》中述及朱子。（四）狄德罗（Diderot）《百科全书》中关于“中国”一段，讲中国哲学小史，自古代至明末。

无意的接受——比有意的接受影响更大。（一）《天主实录》（有中文本与拉丁本）以拉丁文本无意地传入欧洲。（二）龙华民他根本反对中国哲学，于一七〇一年发表《关于中国宗教之几个疑问》，由反对派译成法文。（三）方济各会士栗安当（Saint-Marie）于一七〇一年发表《关于中国传教事业之几个要点的评论》，也是以宋儒理学做攻击的对象。

在这些著作里，攻击最烈的，要算龙华民。他说“理”就是物质，中国的“天”就是物质的天，他们反对宋儒唯物论与无神论，这是宋儒理学的厄运，但一方面也可以说正是宋儒理学的幸运。

为什么呢？因为哲学文化从宗教的见地来看，哲学不外是一种“异端”“外道”，从哲学上看，则此宗教所认为异端之孔子，异端之理学，却正是哲学的老祖宗。十八世纪欧洲的思想界既为反对宗教而主张哲学的时代，当然对此非宗教的中国哲学，要热烈地欢迎它、提倡它。而这一百年来关于礼仪问题之论争，即为中国哲学西传欧洲之唯一的机会。罗马教皇所认为无神论的唯物论的“中国哲学”，不幸因耶稣会士的媒介，而竟将此异端的学说传入欧洲。幸而有此“异端”的学说，才能给欧洲思想界以一大刺激，给欧洲思想界以“反基督教”“反神学”“反宗教”之学理基础，因而形成了欧洲之哲学时代。

但我更希望各位注意一点，这个时代，无论反对或欢迎中国哲学的人，都是以宋儒的“理气说”来做对象。一方面有人认中国哲学为唯物论无神论而加攻击，一方面即有人承认了中国哲学为唯物论无神论而大加欢迎。又一方面有人认中国哲学的“理气说”为异端外道，一方面即有人拥护此“理神论”，而对于中国哲学加以新的解释。前者之影响可以法国麦尔伯兰基（Malebranche）之攻击中国哲学为例，后者之影响可以德国来布尼兹之拥护中国哲学为例。前者的攻击，其反响为法国百科全书派之无神论的唯物论的哲学；后者的拥护，遂造成了德国辩证法观念论的哲学。前者之影响为法国之政治革命，后者之影响为德国之精神革命。

（四）

现在先从法国说起，法国理性派的元祖笛卡儿，他思想的来源虽得不到整个的事实来下结论，但我们总可以注意两点：第一，他一生总对于耶稣会派特别关心。第二，他一生差不多都在荷兰，全部著作差不多都是在荷兰写的。那时的荷兰，和东方的贸易很盛，笛卡儿曾经说过在荷兰常常看到各种船只带来印度的一切产品（当时东方各国，通称印度，言印度可包括中国及南洋群岛）。在他的名著《方法论》里，也有两大段赞美中国的话，他说法国有聪明人，中国也有许多聪明人，最少中国人运用理智的能力，和法国的不相上下。

十七世纪法国哲学家的思想，都是自笛卡儿哲学来的。不过同在笛卡儿的信仰中，一方面有人希望将笛卡儿的哲学与正宗的教义相合，如巴斯噶（Pascal）；一方面却有人借笛卡儿的名义，来提倡“无神论的社会”的假设，如贝尔（Bayle）。这两者最好的对照，可从他们对于中国哲学所见的差别认识出来。因为中国哲学在当时法国，确是一种外来思想，甚至于异端邪说，所以拥护基督教的巴斯噶，便不得不极力反对中国，而在攻击基督教的贝尔，也自然而然拿中国的哲学做他有力攻击的护身符了。

巴斯噶对于中国知识的来源，是从在华耶稣会士卫匡国《中国上古史》一书来的。但他研究的结果，以为中国宗教和回教、古代罗马教一样没有价值。但反一面来看中国思想的拥护者贝尔，他虽曾在科学的立场上，举出中国人之占星学的迷信，但他一六九七年发表的《历史的批评的辞典》，却很分明地指出中国思想之为无神论的。最可注意的，就是他将中国人的无神论和斯宾诺莎的泛神论相提并论，以为两者均为无神论，而中国人之无神论尤为彻底，暗中即以中国思想来攻击耶稣会士的立场。因为他的思想暗伏了反基督教的哲学，所以服尔德（Voltaire）特别佩服他，称他为“人类的骄子”。利维布律尔说“他的著作，简直成了十八世纪无信仰者之无穷的宝藏”。

再以直接承笛卡儿哲学的麦尔伯兰基来说，更容易明白了。他正当“礼仪问题”争论很激烈的时候，一位主教由中国回到欧洲，慕麦氏哲学的大名，劝他著书立说来攻击中国哲学而拥护天主教的教义。但我们把他在一七〇三年（一七〇八年？）所著《关于神的存在及其本质：中国哲学者与基督教哲学者之对话》来看，很明白麦尔伯兰基是以宋儒理学作中国哲学的对象来攻击的。依他意思，中国哲学和基督教哲学的不同，即由于中国哲学所主张之“理”，和基督教所主张之“神”的不同。分开来说，是有三个要点：

第一，中国哲学之“理”，是永远依存于物质之中，而造成物质；又为存于物质中之法则，此种“理”的观念，实与基督教“神”之观念不同。

第二，中国哲学者以为“理”在物质之中，因而确信物质之实在，基督教徒则信“神”与物质为全然不同的存在，而物质则为神所创造。

第三，基督教哲学主张“神”为独立的存在，反之中国哲学则否认“理”之独立性，始终主张“理”不能在物质之外，因物质而有。有物则有理，无物则无理，可见理是无灵无觉者，与“神”之为有灵觉者不同。

他的结论，以为中国哲学即无神论，这当然是要给当时法国一般的知识阶级，尤其是无神论者以很大的影响了。宋儒理学如周濂溪、张横渠本具有唯物论的因素，即如程伊川说：“凡眼前无非是物，物皆有理。”朱晦庵也说：“天下未有无理之气，亦未有无气之理。”这就可见麦尔伯兰基对于中国哲学的批评，决不是无的放矢，而中国哲学之所以在法国变成唯物论，变成革命的哲学来接受和麦尔伯兰基的新解释，是有关的。

十八世纪法国重要的思想家如服尔德、卢梭、孟德斯鸠等，没有一个不曾对于中国哲学有些接触的关系，没有一个不曾对于中国思想表示了一些意见，然而对基督教尚有真挚信仰的卢梭，自不能和彻底的服尔德更能对中国的思想表同情。卢梭和服尔德两人都是继承贝尔，反对当时正宗宗教的，可是两人所受中国之影响，有正反之不同。卢梭在《学艺论》里，承认中国文明之古，但即以中国为例，来作他文明否定论之有力的例证；反之，服尔德亦承认中国为古国，却以中国为例，来说明真正的有神教。他以为“我们不能像中国人一样，这是大不幸！”孟德斯鸠《法意》第二十四卷二十九章，也以中国人为无神论者，但他却以为无神论在中国，很有许多好处。

十八世纪是服尔德的世纪，也是以中国哲学之“理”代替基督教之“神”的世纪。法国启明运动之最大权威者服尔德，无疑乎是一个理性论的信徒，反宗教的大将；他赞美中国文化，认为这是《圣经》以前的文化，且为《圣经》以外的文化。他在中国发现了一个新的道德的与物质的世界。他是全盘华化论者，所以对于中国文化之各方面——宗教、政治、教育、文学，乃至于物质生活，均赞叹不置。他著《风俗论》以反驳孟德斯鸠对于中国文化的批评，著《中国孤儿》剧本以宣扬中国道德，反驳卢梭的“文明不是幸福”的中国文化观。他甚至以为人类知慧不能想出比中国文化更伟大更优美的了。

但是使我们惊异的，就是当服尔德把中国的理性主义做根据，来攻击正宗的宗教的时候，那更彻底的百科全书派，却将中国的哲学一变而成无神论来读了。百科全书派没有人肯承认有一个全能的上帝，同样没有人不承认中国文化之真价值。狄德罗在《百科全书字典》中承认中国民族所有的优点，且曾说及孔教的根本概念，即是“理性”。同样的主张，在赫尔维修书中亦可看得出来。又巴夫尔（Poivre）在《一个哲学家的旅行记》中，更加赞美中国，他说：“若是中国的法律变为各民族的法律，地球上就成光华灿烂的世界。”至如重农学派之魁斯奈号称“欧洲的孔子”，他提倡中国哲学，以《论语》为圣经，其弟子杜尔哥（Turgot）更以中国之重农主义为基础，实行改革。还有一部书，名《中国间谍》，是以中国文化鼓动法人来反抗政府的。

在此我们不应忘却荷尔巴赫（d'Holbach），他虽为德国人，但一生寄居巴黎，实居百科全书派之领袖地位，他把父亲留下的许多遗产，作法国知识界的思想运动。如赫尔维修、狄德罗、卢梭、格拉母（Grimm）等人，均为他的沙龙（客厅）中人物——沙龙在那个时候实为思想革命的大本营——所以有人说，法国革命是发生于沙龙中，而尤其是先诞生于荷尔巴赫的沙龙中。以这样富于革命思想的人物来提倡中国思想，当然影响再大也没有了。他一七七〇年所著《自然之体系》，至今尚可称为“唯物论之圣书”。然而很有趣地，就是这一个反宗教文化的无神论者唯物论者，同时就是中国哲学的赞美者和讴歌者。他接近中国哲学，即因中国哲学是有非宗教的特质。一七七三年他著《社会之体系》一书，极力主张政治与道德的关系，极力赞美中国，以中国为最好政治的模范。他引出很多中国例子，尤其是在他《社会之体系》第二卷八十六页以下得一结论，说“欧洲政府非学中国不可”，接着为研究中国之便利起见，介绍了好些书籍，这就可见他所受中国思想的影响了。荷尔巴赫如此，由他所领导的法国百科全[1]书派，亦几乎没[2]有例外。

（五）

我们再来看看德国，德国思想受中国哲学的影响和法国不同，这是因为同在资产阶级反对封建的大斗争中，德国的经济背景和法国的不同，因之它的政治生活和意识形态也因而不同。马克思在《〈黑格尔法律哲学批判〉导言》中曾经指出：

> 在法兰西，部分的解放是普遍的解放之基础；在德意志，普遍解放却是各部分的解放之不可缺少的条件。在法兰西阶级解放之现实性，产生完全的自由；而在德意志，却必须阶级的解放之不可能，才能产生它。

① “全”字原无，误，据前文补。——编者
② “没”字原无，疑误，据文意改。——编者

恩格斯在《费尔巴哈与德国古典哲学的终结》中也指出，资产阶级对封建社会的革命，德国和法国不同：

在法国是一下子摧毁的，在德国直到如今还没有清算它。

这反映在意识形态上，在法国表现为机械唯物论，在德国乃表现为辩证法观念论。同样地同在中国理学影响之下，法国百科全书派当作唯物论无神论来接受，德国古典哲学派则当作辩证法和理神论来接受。朗格（Lange）《唯物论史》不是有“德意志对唯物论之反动”一章吗？他说十八世纪最初期的德国哲学，是来布尼兹之“单子”说普及的时代，“单子”好似物理学上的“元子”，然而因此也可以避免了唯物主义与无神论。所以我们要谈德国的古典哲学，不得不先从来布尼兹的哲学说起。他很早就注意中国哲学，据哲学史家霍甫丁（Höffding）所说，他研究孔子是始于一六七六年，据他自己说在一六八七年已读过《孔子传》，发现中国人以理为神，和自己的哲学很相合。一六八九年他在罗马会见一位曾经留华多年的耶稣会士闵明我（P. M. Grimaldi），一六九七年他匿名发表了一部《新中国》，绪论之中主张沟通东西文化，以为中国在实践哲学方面，比欧洲还要美满得多。然而最重要的还是一七〇三年四月一日他从耶稣会士白进得到邵康节的六十四卦圆图方位图，及六十四卦次序图，惊喜之余，以为与他在一六七八年所发明之“二元算术”完全相合。现在德国汉诺尔图书馆尚保存他讨论《易经》的几封信件，和上述六十四卦之中国木板图，并由他亲自加上号数说明，这就可见来氏所受中国哲学之重大影响了。而且来布尼兹最有名的代表作《单子论》，也是在一七一四年受了中国哲学影响以后才出版的，怪不得他要那样热心来提倡中国的思想了。

来布尼兹和宋儒理学之关系，最明显的证据，就是他给法国摄政累蒙（De Remond）的一篇长信，现收入《全集》第四卷第一部里面。在他读过龙华民和栗安当的著作以后，他觉着有起而为儒家辩护的必要，即有起而为中国理学辩护的必要，他和麦尔伯兰基的见解相反，他是主张中国哲学之“理”和基督教之“神”是全然相合的。全文分四部，其要点如下：

第一，论中国人之神的观念，以为中国哲学的“理”，就是欧洲人所讲的神。“理”如龙华民所说是有“物质”之缺点，可称之为“第一物质”，来布尼兹驳他，以为理谓之为带第一物质之性质，毋宁谓其带有更多之神的性质，且在此两说之中，以后说易于和儒家其他学说联络起来。

第二，论“理”与“气”的关系，以为“理”即太极，“气”为第一物质，是依“理”而有的。又论上帝与道的关系，以为理是天之自然法则，违背天的法则就是违背理性的法则。这根本是和基督教相合。

第三，论上帝及人类之灵，否认以中国哲学为无神论的说法。

来布尼兹这种辩护的态度，实际即是证明了他的“理神论”和宋儒理学有密切的关系。从他以后，法郎克（Francke）和吴尔夫均受其影响，而提倡中国思想。尤以吴尔夫的影响，比来氏还要大，由他才将理学思想用德语介绍于大学知识阶级方面，因此而中国哲学竟然有普遍的影响了。一七二一年他在哈尔大学，讲演一篇《中国的实践哲学》，极力赞美儒教，对基督教有些表示不满，大学神学教授便乘机开会反对，提出二十七条的难点来打倒他。事情闹大了，普王腓特烈一世于翌年十一月解除了他的大学教授职务，甚至限其于四十八小时内离开国境，否则处以绞刑。这么一来，吴尔夫的哲学因被压迫反而成为学界争论之中心了，因而著的书有二百余种，其中一百三十种反对他，有九十种是赞美他。这种论争继续至二十年之久，而在当时青年学者总是站在吴尔夫一边的。他既离开哈尔大学，即为马堡大学所热烈欢迎，及至腓特烈二世登极时，因新王本他的信徒，所以召他回校，并任以宫中顾问之职。吴尔夫离开哈尔不过十余年，他的哲学竟为普鲁士各大学所采用，因而至于支配那个时代了。

在来布尼兹、吴尔夫的影响之下，发生了德国辩证法观念论的正统哲学，观念论实际即是理性论。《纯粹理性批判》的著者康德，他就是吴尔夫的再传弟子。他的本师舒尔兹（Schultz）就是吴尔夫的高足弟子，从哈尔来的，曾著《信仰与理性合一》的论文为人所称道。而康德初期著作，处处表示他受来布尼兹和吴尔夫的影响，这就可见他虽和中国思想没有直接的关系，却不能没有间接的关系了。由康德到菲希特、谢林、黑格尔，有的以神为道德的存在（如康德），有的以神为普遍的自我（如菲希特），有的以神为构成世界的统一的绝对观念（如黑格尔），而要之这种以"哲学的宗教"来代替正宗的宗教，不能不说是受中国哲学的影响。海涅（Heine）在《德国宗教及哲学的历史》中，历叙康德、菲希特、黑格尔这种哲学的"反宗教"运动以后，有一段说及他们思想的背境是这样："当革命的波涛在巴黎，在这个人类的大洋中汹涌沸腾的时候，那时莱茵河那边底德国人的心脏也吼动了……但他们太孤立着，他们站在中国制造的佛像之下，这佛像对着全无感觉的瓷器、茶器、咖啡壶和任何的东西，都像无所不知样地点着头……"这是很好的暗示，告诉我们在这一个时代的德国哲学者，是何等地孤立奋斗着，尤其是可注意的是"他们站在中国制造的佛像之下"一句，至少表示着德国的精神革命只有哲学发生地的中国，才能够完全了解他们的。

一八二九年费尔巴哈所著《黑格尔哲学批判》，开头即告诉我们以谢林和黑格尔的分别："谢林哲学本来是一个外来种，是古代东方的同一性，孕育在日耳曼大地上。"所以谢林无疑乎是东方主义者，至如黑格尔则可称之为西方主义。因为欧洲的哲学时代实到黑格尔而登峰造极，而一大转变，黑格尔以后即为“科学时代”而非狭义的“哲学时代”。但话虽如此，黑格尔既为从东方主义到西方主义之一过渡人物，他虽否定了东方主义，而实与东方思想有很多的接触，他曾从耶稣会士的著作集里、报告书里，得到巨量的中国研究资料。他曾读过十三大本的《通鉴纲目》，读过《玉娇梨》的小说译本。尤其可注意的是，他读中国古代经典的翻译，更备有其他各种译本比较。因此他表面上虽批判中国，批判孔子，但其观念论辩证法一部分的来源，尚不可不求之于中国。《逻辑学》的第一部以“有”“无”“生成”之三个范畴，揭穿了存在之谜。依他意思，“有”之范畴是从希腊巴门尼底（Parmenides）出来，“无”之范畴是从东方尤其佛教出来，“生成”之范畴是从赫拉克里特士（Heraclitus）和东方出来。他引东方俗谚说“一切所有，都在生中含有灭，反之死，亦即新生的开始，这种谚语实际上表示有无之合一”（《大逻辑学》第一章）。但说得最明白的，是他高足弟子菲沙（Kuno Fischer）在《黑格尔哲学解说》（第十四章“论‘定在’”一节）中引用席勒《孔子之箴言》中所述时间之迁流转变“逝者如斯夫”来作解释，这不是证明了黑格尔逻辑学的根本概念有些是受了中国哲学的影响吗？

最后还应该提到叔本华，他和中国思想最有关系的地方，在他自己承认了他和朱子的学说相同。他有一部科学书，是一八三六年出版的《天然的意志》，共分十章，而将“中国学”列为专章，以与各经验科学如生理学、解剖学、天文学等并列，可见其重视了。再将“中国学”的内容来看，他先据十七、十八世纪耶稣会士报告，将中国宗教分为儒释道三种，特别介绍佛教，开了不少书单。然而最重要的，却是当时耶稣会士争论“礼仪问题”对于叔本华的影响。他引一八二六年《亚细亚时报》第二十二册所载《中国之创世论》一文中述朱夫子即朱熹语，把论天的话引了许多，认为和他的学说极相吻合，很惊叹地说，要不是这篇论文较他的书发表的时候迟了八年，则人将认他的学说是从朱子得来的了。谁也知道，对付新思想有三种办法：一是置之不理，二说他不能通行，三即谓此种思想“古已有之”，然而我的根本思想不是从中国来的，最好的证据，即我不通中国语。但话虽如此，朱子的学说在一七三五年实已介绍到欧洲，叔本华哲学——自然意志说——无论他自己承认不承认，其和朱子发生关系，却是决无可疑的事实了。

（六）

由上所述可得到一个结论，就是十八世纪欧洲的哲学时代，曾受中国哲学的影响。这种影响，一方面表现为法国的唯物论哲学，一方面表现为德国观念论辩证法。

我们知道，辩证法唯物论这个时代的新哲学，本质上就是加深并发展了哲学的唯物论，因此，法国的唯物论和引用到费尔巴哈唯物论的黑格尔的辩证法就成为马克思、恩格斯辩证法唯物论之直接的理论的前提。恩格斯在一八八九年《论马克思底政治经济学批判》中，在一八八二年《社会主义从空想到科学的发展》德文第一版序文中，都不止一次说及“德国社会主义者，却引以为荣地说，我们不仅继承圣西门、傅立叶和欧文，而且继承康德、菲希特和黑格尔”。而傅立叶和欧文，依马克思说实出自法国唯物论的观点，“先于唯物论的——批判的社会主义的乌托邦主义，在其本身包含着前者的萌芽”（一八八七年给左尔格的信）。这不很够明白吗？

由上证明，使我们发现一样历史事实，就是马克思主义——辩证法唯物论实与十八世纪欧洲哲学相关，而十八世纪的欧洲哲学实与中国哲学相关。这就是说，中国哲学输入欧洲，从直接方面说，一方面反响为法国唯物论哲学，一方面为德国观念论的辩证法。这辩证法和唯物论的影响，恰好就成为马克思、恩格斯创立了辩证法唯物论底重要源泉。如果历史事实是不会错的话，那么我们今后对马克思主义和中国哲学的关系，格外容易明白，对于辩证法唯物论也就不会如前一样生疏。总而言之，我们更容易接受马克思主义哲学了。

当然这个新问题的提出，还须要更丰富地考证，材料来源，请先参阅拙著《中国思想对于欧洲文化之影响》一书（一九四〇年商务印书馆版）。最后，我热烈地欢迎在这问题上展开讨论。

哥仑布前一千年中国僧人发现美洲考 *

一

今年是哥仑布发现美洲的530年纪念，我们重新提出纪元五世纪中国僧人发现美洲这个学说拿来研究，决不是没有意义的吧。自从1961年8月号，《知识就是力量》译载了俄文关于这个问题的资料，题名《比哥仑布早1000年》。同年9月《北京晚报》即接着有马南邨同志《燕山夜话》所写三篇短文，即1.《谁最早发现美洲》，2.《扶桑小考》，3.《由慧深的国籍说起》。不久这段公案，又为《现代佛学》1961年第4期转载，标题《1400多年前我国高僧慧深发现美洲大陆》，又《中国青年报》(同年11月5日)也有一篇发挥这个问题，题名《谁最早发现美洲》。还有据另一报道，今年1月24日加拿大《环球邮报》也发表题为《第一个到美洲的人》的文章，居然不得不承认"最近中国关于它的种族的人远在哥仑布以前就已发现了美洲的说法，正好存在着充分的证据，使得这种说法成为一个有趣的值得测度的问题"。但一方面有人肯定把美洲的新发现归功于中国人，一方面如香港2月27日一些英文报纸却报道一位印度和尚查曼·拉尔主张首先发见美洲的是一个印度僧侣。《光明日报》同月21日也报道挪

* 本文原发表于《北京大学学报》1962年第4期，本次整理以此为底本。——编者

威一考古学家认为列伊夫·埃里克森是最早发现美洲的欧洲人，可见这个问题现在已几乎成为国际间学者争论的问题了。

实际，关于纪元五世纪中国僧人发现美洲的学说，自从1752年歧尼（De Guignes）在中国古史里面发见了这新奇问题，并于1761年报告文史学院以后，参加这问题的讨论的人，有法、美、俄、德、英、意、荷、日、印度各国学者，讨论的时间从1761年至1921年的160年间，所著许多专书或论文据法国汉学家戈尔逖（Cordier）《中国学书目》第四册，第2654—2658、3218页，第五册，第4247页所录已有三十余种，批评尚不在内，却是这些论著里，只没有中国人的一篇。因此我在1939年，特为此写成专书，标题《扶桑国考证》，一名《哥仑布前一千年中国僧人发现美洲说之讨论》，此书于1941年在香港商务印书馆出版，共131页，因为许多人不知道有这本书，因此把这老问题作为"非常新奇"的新问题来处理了。现在觉得这个问题，既已成为国际学者争论的问题，即不能不把我所知道的新旧材料和看法，给注意这问题的人作一介绍。

二

现在先说这个问题的中心论点，即所谓慧深与扶桑问题。在中国文献中，记载扶桑国的实从《梁书》《南史》开始，所谓"扶桑国在昔未闻也，梁普通中（纪元520—526年），有道人自彼而至，其言元本尤悉，故并录焉"，这较齐永元元年后20年的详细记录史书未见，现传只有梁尚未建国时，即《梁书》卷五十四列传第四十八《诸夷传·东夷》所载原文：

文身国在倭国东北七千余里，……大汉国在文身国东五千余里。……扶桑国者齐永元元年（499），其国有沙门慧深，来至荆州，说云扶桑在大汉国东二万余里，地在中国之东，其上多扶桑木，故以为名。扶桑叶似桐，而初生如笋，国人食之。……绩其皮为布以为衣，亦以为绵。作板屋，无城郭，有文字，以扶桑皮为纸，无兵甲，不攻战，其国法有南北狱，若犯轻者入南狱，重罪者入北狱，有赦则赦南狱，不赦北狱者；男女相配，生男八岁为奴，生女九岁为婢。……贵人有罪，国乃大会，坐罪人于坑，对之宴饮，分诀若死别焉，以灰烧之。……名国王为乙祁，贵人第一者为大对卢，第二者为小对卢，第三者为纳咄沙。……有牛角甚长，以角载物，至胜二十斛。有马车牛车鹿车，国人养鹿，如中国畜牛，以乳为酪。有桑梨，经年不坏，多蒲桃，其地无铁有铜，不贵金银。市无租估。其婚姻，壻往女家门外作屋，晨夕洒扫经年而女不悦，即驱之，相悦乃成婚，婚礼大抵与中国同。亲丧七日不食，祖父母丧五日不食，兄弟伯叔姑姊妹三日不食，设灵为神像，朝夕拜奠。……其俗旧无佛法，宋大明二年（458），罽宾国尝有比丘五人，游行至其国，流通佛法经像，教令出家，风俗遂改。

这一条亦曾为《文献通考》卷327《四裔考·扶桑》条所录，歧尼即根据这转录的扶桑国记事在1761年发表了《中国人之美洲海岸航行及关于居住亚洲远东之几个民族的研究》，报告于文史学院，谓其寻究中国古史，曾发见纪元五世纪已有中国僧人至扶桑国，扶桑者，即今美洲的墨西哥云云。依歧尼以为倭国即日本，文身国为虾夷所住地方，大汉国即堪察加，更向东二万余里的扶桑国，就地理和物产来说，不得不证明为美洲的墨西哥了。而且美洲的古代文化，先从西海岸发达起来，有很大证据，知道是受对岸亚洲大陆的影响。从地理上观察，从日本北海道千岛、堪察加半岛穿过阿留地安群岛而到达北美洲的西北部，这是乘坐小船也可以到达的。因此歧尼所提出的问题，便惹起了十九至二十世纪世界学者不断的争论，赞成的人也有，反对的人也有，但他们都是依据中国的记载来作讨论这个问题的核心。

最早的反对论是德国东方语言学家克拉卜洛特（Klaproth），他在1831年发表《关于中国文献中所载之扶桑国竟被认为美洲一部之说的研究》，他否认以扶桑国为美洲大陆的理由，以为扶桑国有马、有葡萄，而美洲本来没有，直待西班牙人发见一新大陆以后才输入的。依他以为倭国即日本，文身国当虾夷所住地方，这没有问题，问题在大汉国不是堪察加而为桦太岛（库页岛），从倭国经文身国至大汉国，其路程是从日本海沿北海道的西海岸航行，反之从大汉国而至扶桑国的路程，则从北海道沿东海岸南下航行，因此他将扶桑国置于日本的东南部。这就是说，他认倭国与扶桑国均为日本国，不过所指的地方不同而名称不同罢了。自从他提出这反对说以后，和歧尼一派的肯定说，便发生了史地学界继续不断的争论的问题。

在赞成说的方面，可以1885年文宁（E. P. Vining）所著《无名的哥仑布或慧深与阿富汗族之佛教团于五世纪发见美洲之证据》为代表。他极力证明扶桑国即墨西哥，以《梁书》记载与墨西哥的古代文化相比拟，发见其无不吻合。墨西哥的特产龙舌兰，即所谓扶桑木，成为墨西哥人一日不可或缺的必需品，如饮料、食物、衣服的材料，及其他日用品的材料，差不多都是从这植物供给的。古代墨西哥人使用象形文字，其国法确曾有两种监狱的区别，有收容轻罪者的牢狱和收容死刑或重罪者的牢狱。依据西班牙人的记载，古代墨西哥奴隶的小孩只能作为奴隶，男孩七岁为奴，女孩八岁为奴，《梁书》所云乃照中国人习用计算年龄的方法。又在地下室（=坑）开国民大会以裁判罪人的习惯，和古代墨西哥所行灰责的刑罚，都与《梁书》记事相合。这种习惯，别处是很少见到的。还有贵族称号的“对卢”当即“Teule”的音译，“纳咄沙”或即“Tlatoca”音译之讹。墨西哥古代栖息着野牛，其角据遗物测量，长约六尺以上，大在二尺以上。又在西班牙人渡美以前，有一种野生葡萄，产出很好果实，又依据各地所发现的遗骨，远古时代美洲亦确有马的种类。最重要的是《梁书》所说“流通佛法经像”证以墨西哥的古传说，谓曾从外来的伟大人物，传给他们以新的信仰，而这新信仰的旨趣，乃是独身主义、禁欲主义、素食主义、苦行主义、和平主义、隐退主义。就这几点，便带着很浓厚的佛教色彩，在这外来人中最杰出而为土人所最称道的是 Wixipecocha 与 Quetzalcoatl 二人，后者依古墨西哥语，即“可尊敬之外来人”；前者或即慧深比丘的音译，Wixi 即慧深，Pecocha 即比丘。还有墨西哥东南海岸附近的地方，称宗教上最高位置的人为 Tay Sacaa，Tay 土语为人，Sacaa 为外来语或即“释迦”的音译，Tay Sacaa 与“释子”同义，这可以解释为古代佛教徒流行此地的遗迹，其他墨西哥和附近地方所发见的古代雕刻，都非常类似佛像，由此事实可见将扶桑国认为是墨西哥是很有理由的了。

在反对说方面，可以希勒格（G. Schlegel）在1892年发表的《扶桑国考证》为代表，依他意思，以为中国人对于扶桑，很早就知道了。扶桑即中国名称的库页，日本名称的桦太。他依据《山海经》所记“汤谷上有扶桑”以为，古代中国人以东海为日出之处，这就是日本国名的由来。他极力证明扶桑与日本的关系，以东方朔所著《十洲记》中叙述扶桑，认为最确实可靠。又将桦太岛的情形，与《梁书》所载相比拟，如“楮”即扶桑木，古代虾夷人亦有文字，其余监狱、官制、服制、婚姻等等无不相合，又从《图书集成·边裔典》卷41引《梁四公记》杰公所述“扶桑蚕”一段故事，以证明桦太的地方出产。他的结论，否认了扶桑即墨西哥说，但对于流通佛法一节，则一字不提。

三

由上所述，主张扶桑即墨西哥说，与主张扶桑即桦太说，两说似均能言之成理。不过依照希勒格的说法，则扶桑国乃在倭国东北，与《文献通考》引李淳风注所述历代史所记“扶桑复在倭国之东”不能相合。最有趣的就是大汉国有二，一见《梁书》，在中国之东；一见《新唐书》，在中国之西北，是到了纪元649—650年才为中国人所知，却是希勒格说明纪元499年的大汉国，即根据此而计算其与扶桑国的距离，甚为大惑不解，因有种种的疑问，使我对于扶桑问题，发生了重新估定价值的勇气。

我们试将赞否两说来综合比较一下，便知扶桑即桦太说的缺点甚多。如以居室为例，希勒格说桦太岛现有板屋，但据《日本文库》八册所引唐高宗与日本贡使的问答，知道在纪元五、六世纪，虾夷中之熟夷，尚未有居室，住于山中的树穴中，熟夷如此，生夷可知。以文字来说，墨西哥图画文字发展到很高的程度，桦太则只有记号或数目语，算不得文字之成熟状态。以武器来说，虾夷人有弓矢，善射击，史有明史，与《梁书》“无兵甲，不攻战”之语不合。以刑罚言，墨西哥确有两种监狱，桦太则无可考，又灰责的刑罚，亦为墨西哥所独有，他处所无。最主要的还是文化，墨西哥古代文化发达，号称世界高等文化之一，桦太岛的虾夷，则至今榛榛狉狉，尚在距石器时代不远，这不是证明了两说之中，以主张扶桑为墨西哥说更有可靠的事实做根据吗？

不过最彻底的解决方法，不能不先从搜集和批判关于扶桑的史料的方法上着想。第一就扶桑史料的系统来说，显然可以分为两种，一是正史的系统，一是野史的系统。歧尼、文宁等主张扶桑即墨西哥说，所根据的是正史的系统；希勒格主张扶桑即桦太说，所根据的是野史的系统。试将两种史料列表即：

（1）正史

《梁书》（卷 54 列传第 48《东夷传》）、《南史》（卷 79 列传第 69《夷貊传下》）、《文献通考》（卷 327《四裔考》）。

（2）野史

《山海经》（卷 9《海外东经》卷 14《大荒东经》）、《十洲记》（卷 100 之 10《汉魏丛书》）、《梁四公记》（《图书集成·边裔典》卷 41）、《酉阳杂俎》（卷 14《诺皋记》上）。

希勒格引东方朔《海内十洲记》，以决定扶桑之地理位置，引《梁四公记》杰公语，以证明扶桑蚕的存在。不知这些野史资料，完全是一种神话，其不足认为信史，一见而知，然亦可见反对说的价值了。

其次就扶桑史料的演变来说，我们很可以利用民俗学的方法来研究关于扶桑传说的演变。第一期以扶桑为日所照拂的神木，可以《离骚》《山海经》为代表，其中包含十日并出的神话，日中有三尺乌的神话，然而传说中的扶桑，仍为一种树木。第二期以扶桑为日出之所，或即为日，可以《十洲记》《梁四公记》为代表，《十洲记》包含仙人岛的神话，仙人飞升的神话，仙果异物的神话。《梁四公记》包含扶桑蚕不死的神话，大蚕变小蚕的神话，蚕丝可悬金炉重五十斤的神话。第三期以扶桑为日出处的日本，可以唐段成式的《酉阳杂俎》为代表，其所载有女人生须的神话，中国士人充虾精驸马的神话，海龙王的神话。因为这些野史的史料和“扶桑国在昔未闻也”的正史的史料系统不同。所以根据正史史料的，自较为真确，而根据野史史料的，依神话的自然演变，也不自觉得到扶桑即桦太的错误结论，这只要注意到希勒格扶桑国考证所用的史料的系统，便不足为奇了。

四

我们既推翻了扶桑即桦太说，便可以进一步重新来积极证明扶桑即墨西哥说。我的证据有三，即第一证人，第二证地，第三证事。

第一，以人为证。《梁书·扶桑传》："宋大明二年（纪元 458 年）罽宾国比丘五人游行至其国，流通佛法经像。" 今按罽宾国，即唐玄奘《西域记》之迦湿弥罗今之克什米尔，唐时曾归中国版图，见《旧唐书》卷 198、《新唐书》卷 221，因此歧尼所提出的报告竟将罽宾国比丘和慧深一并认为中国人。实际，慧深是中国人，没有问题，至于在那几位无名的亚洲的哥仑布，究竟是怎样人物，是有怎样本领，用怎样方法，居然能够到达了从未发见的新大陆呢？在未解释之前，须先注意一下罽宾国与中国之交通情形，依《前汉书》卷 96 所载，须经过"大头痛之山，小头痛之山，赤土身热之阪[①]"，"险阻危害，不可胜言"；然而无论如何困难，而罽宾国的僧人，居然自汉以后接踵而来，据《高僧传初集》卷 1 至 3 所载，其东来诸僧，从纪元四世纪至五世纪间，已有僧伽跋澄、僧伽提婆、昙摩耶舍、弗若多罗、佛陀耶舍、卑摩罗叉、佛驮什、昙摩密多、求那跋摩诸人。这些僧人皆有宗教天才，均受极严格的宗教训练与冒险精神，他们立誓远方传道，又均为大游历家，其好游四方的嗜欲，决不在回教徒之下。固然从地理上观察，罽宾国至中国的路程，约万二千二百里，从中国至扶桑国的路程，则约二万里，不过这些僧人既然可以从罽宾国到中国，也就可以从中国到美洲了。再从时间上观察，《梁书》大明二年，正是以上僧人来中

---

① "阪"，原作"阨"，疑误，据《前汉书》改。——编者

国的时候，而这些僧人，又是《高僧传》所载多“不知所终”的，他们究竟是到了什么地方，这就很值得我们去注意研究的问题了。

虽然罽宾国的比丘五人，还没有传下确实的姓名，而第一个发现美洲的中国僧人慧深，则证据确凿，无疑是历史上的人物。据《高僧传初集》卷九“山阴法华山释慧基”下云：

> 释慧基、姓吕、吴国钱唐人，……初依随祇洹慧义法师，至年十五……出家……基既栖志法门，厉行精苦，学兼昏晓，解洞群经。后有西域法师僧伽跋摩，弘赞禅律，来游宋境，义乃令基入室供事。跋摩谓基曰汝当道王江东，不当久留京邑，于是五四年中，游历讲肆，备访众师，……仍止山阴法华寺，尚学之徒，追踪问道，于是遍历三吴，讲宣经教，学徒至者千有余人。……基弟子僧行，……慧旭、道恢，……次沙门慧深亦基之弟子，深与同学法洪，并以戒素见重……。

把这一段和《梁书》所记“沙门慧深”，合看正是一人。慧深是慧基弟子，慧基据本传“以齐建武三年冬十一月卒于城傍寺，春秋八十有五”，案齐明帝建武三年即纪元四九六年。慧基生于东晋安帝义熙八年（412 年），其“遍历三吴，讲宣经教”当在宋文帝元嘉年间，即纪元 453 年以前，据马南邨同志的考证，“慧深无疑的也是在这个期间成为慧基的弟子，从此以后到齐永元元年即从公元 452 年到 499 年间可能正是慧深远游美洲之时，等到回到荆州，刘宋的天下已经变成萧齐的天下了，人们都说他来自扶桑，这是很自然的”（《燕山夜话》二集第 8—10 页）。这一段话很可以解决慧深的国籍问题，同时对我的旧著也作了重要的补充。不过《高僧传》关于慧深寥寥二十余字的记载，当然是不够的，究竟慧深是怎么样的人物，那时候从中国到美洲，他和罽宾国的比丘五人是怎么样的关系，他在美洲留了多少时候，回国以后又做了什么事情，总之慧深的一生还有待于进一步的研究。因此我根据了《魏书·释老志》等一些材料，特写一篇《纪元五世纪中国名僧慧深年谱》作为补充的补充，本文也就表过不提。

第二，以地为证。依照《梁书》，倭国即今日本，文身国即北海道及千岛群岛中的某岛，为旧虾夷人所居地。次之大汉国，在文身国东五千余里，歧尼与希勒格，均决定其为今之堪察加地方，惟大汉之义仍不能明。希勒格以为大汉意即大川，不知大汉实指人，非指地，中国人名堪察加人为流鬼不名大汉。依我意思，大汉国风俗既与文身国同，则以文身国的风俗生活的状况推之，当系阿留地安群岛的埃斯基摩种族的土地，以与文身国之距离计之，亦刚相合。埃斯基摩人虽像一个野蛮人，但实和平不事攻战的种族，埃斯基摩人生活的特质，是尊敬团体的利益，而阿留地安人，尤为特色。据俄国威尼阿米诺夫（Veniaminoff）1840 年在阿留地安人民间住了十年以后所记：

> 他们六万人口，在过去一世纪中，只有一个杀人犯，若我们知道骂詈、轻蔑和出言不逊，在他们生活中是绝对没有，甚至他们的小孩子也决不打架，决不互相乱骂，至多不过说“你的母亲不知缝纫”，或“你的父亲瞎了一只眼睛而已”。

今代阿留地安人传说如此，古代的大汉国，可想而知。因为埃斯基摩人“我族”的观念极强，故常自称为“Innuit”，即“大人”“好汉”之意，此即大汉国一名之由来。还有就是扶桑国后所记的女国，因为神话与史实相混，最成问题。其实女人国的传说，古代各地皆有。亚美尼亚王（Hethim）的《海敦纪行》，勃拉奴克劈尼（Plano Carpini）的《纪行书》，西班牙克拉维局（de Clavijo）的《奉使东方记》及《马哥波罗游记》《苏莱曼东游记》，均有此传说。中国文献如《后汉书》《梁书》《北史》《隋书》《新唐书》《元史》《山海经》《博物志》《梁四公记》《三才图会》，亦均有此传说，慧深所传扶桑国东之女国，当亦不出此例。但亦非无线索可寻；按其所说，当系今南美洲亚马孙河附近之一岛。Amazon 本东方女国之称，亚马孙河因西班牙人所见之女兵团而得名，墨西哥地方，至今尚有亚马孙城。但泛指女国在亚马孙河附近，仍未确切。据我现在可更确实地指出，这女国当即墨西哥东，为小安的列斯群岛中之马尔的尼加岛（Martinique），为法属之一岛，这岛当哥仑布第二次航行时，曾于此岛听到与慧深所述女国的同样的故事（参照 Yule-Cordier《马哥波罗游记》第二册，第405—406 页），甚可注意也。总上所述，知道《梁书》所记扶桑国地理位置，以与倭国、文身国、大汉国、女国等距离考之，在今地均有可考，则扶桑国之为墨西哥，也因此很可明白了。

第三，以事为证。可分三点来观察，其一民族起源，其二神话传说，其三古物遗留。

（1）先就民族起源说，案亚洲大陆，尤其中亚细亚原为人类的发源地，从这些地方变为干燥以后，人类乃分歧移动，东支入中国为蒙古利亚种，而美洲的原住民——印第安人和埃斯基摩人——从人类的系统来看，即为蒙古利亚种之再向东移植，和中国人是有亲属关系的。这美洲的蒙古利亚种，于数千年前自亚洲越白令海峡移植而来，以后因与旧世界隔绝，渐渐向南分布，构成墨西哥与秘鲁两种文化。专就墨西哥的住民来说，“黄种悉系土著，形貌绝类蒙古，……其称华人曰‘拔山拿’，译犹同乡也”（清出使秘鲁参赞谢希傅:《墨西哥述略》第 4—5 页）。实际则亚洲人之移植墨西哥，当不止一次，史前之民族移动给墨西哥原住民以形质的基础，史后之民族移动则更含有文化的意义。墨西哥的阿斯逖克（Aztec）文化，实继承托尔泰克族（Taltec）者，托尔泰克文化起于纪元五一〇年，即在宋大明二年（纪元458年）之后，而终于阿斯逖克文化继起之时，其中消息，甚可注意。派克斯（H. B. Parks）《墨西哥史》（汉译本第7页，三联书店）中特别指出，美洲的印第安人在人种上主要是属于蒙古人种的一支，“他们的身体的与心理的特征与亚洲东部的居民相类似。中国人就表现相类的忍耐和坚韧，相类的爱好自然的与单纯的乐趣的倾向，相类的具有直观艺术的天才，相类的倾向于创立一种半独立的乡村的联合而不是一以政治自觉为根据的国家”。这种身体的与心理的特征的相类，除却所称“拔山拿”，还有什么更好的解释呢？

（2）就神话传说，可举的如（a）扶桑木的神话。图见亚历山大（Alexander）所编《世界各族的神话》第十一册拉丁美洲第二章第70—71页之间，其中树木为世界大海所环绕，大海中有日出其下，树两根相生，更相依倚，树旁有玉蜀黍，其上有啄木鸟，似与三足乌之传说有关。（b）圭查尔柯脱尔（Quetzalcoatl）的神话。案圭查尔柯脱尔为东方之神，又为日月星之象征，又为建立墨西哥古文化之神。由此种种，可证其与扶桑传说相合，而为古墨西哥的“可尊敬之外来人”的神话化。（c）雨神的神话。详见斯密司（Elliot Smith）所著《龙之进化》第二章，王符称世俗画龙之状，马首龙尾，龙为中国雨神，玛雅（Maya）人之Chaac与阿斯逖克（Aztec）人之Tláloc亦为雨神，而为象首蛇尾者，参见原书第84—85页之间。惟斯密司欲证明美洲传说与埃及、巴比仑之关系，则未免离题太远了。

（3）就古物遗留说，在墨西哥境内发现许多汉人的古碑、古钱、古雕刻，陈列于首都博物院。又秘鲁发现的一块汉文古碑，有汉文“太岁”二字，现陈列于秘鲁公园。又南美玻利维亚发掘原始人的遗物，其中有汉文字样的雕刻，厄瓜多尔国境内，曾掘出王莽时所造货币，陈列于厄瓜多尔国博物院。又加拿大大西洋海岸于1930年在该地掘得石柱，上有中国篆文。奥国音乐学者在秘鲁掘得一银笛，其笛孔距离远近，恰与中国笛孔计算之法相同。又在亚历山大所编《世界民族神话》第十一册卷首一图为大独石碑，可算美洲原住民的艺术，碑中的图案“龙”实受中国传说的影响。又该碑顶面，绘一似佛之神，在碑所绘龙之肩角上面，发现玛雅年月，约当纪元五二五年，与《梁书》所载年月相差只 67 年，无疑是受中国僧人的影响。又同书（第 168—169 页之间）年青神像与第 25 图纪念碑的石柱雕刻，同为表示佛教之神像，上图一见，即可决定其为佛像，下图甚精致，惜已毁破，其中一佛徒像，胸首有串珠一副，甚为明了，其余物证尚多。例如吕思勉《中国民族史》（第 151 页，世界书局，1934 年）引中国外交部咨教育部云“据驻纽约总领事张祥麟呈称，准美国亚拉斯加省前任总督函请本省前掘土发见古物二件，一系陶器，一系铜器，如能证明确系中国古物，则可证实华人曾经发见美洲，乞查明示复等因，并附发现古物拍照四张前来”云云，又如马南邨同志文中引 1913 年《地学杂志》第 37 期所载在墨西哥国越万滔地方，寻获甚多与华人面貌无异的泥制古像，及塑法与中国近代木雕神像相似之泥造佛像数百等等，不胜枚举。而要之纪元五世纪中国僧人之发现美洲的事实，由于人、地、物各方面的证明，则几乎可说要成为定论的了。

固然我们不否认 1492 年哥仑布发现美洲，这一次在地理上的大发见，将所有以前历史的面目完全为之改观，然就其此次远航的动机，据其自述，即为寻求《马哥波罗游记》中所载之“契丹”（Cathay），而且拿它和纪元五世纪中国僧人的发现相比，也退后了一千年。固然我们也不否认在哥仑布前十世纪时北欧民族的航海家列依夫（Leif）发见格林兰与美洲大陆，他们的航海故事在《文兰旅行记》中有详细的记载，他们曾经在新大陆觅得葡萄树，此亦可为扶桑国所记“多蒲桃”一句话的证明，然而可惜这最早发现美洲的欧洲人，原是一个海盗，所给新大陆的遗物，是“盔甲中的枯骨”，其目的乃在取得高贵的货物，即以发见的时间来说，亦较后 523 年。

1962 年 4 月 24 日

附：纪元五世纪中国僧人慧深年谱

案慧深本传，见梁慧皎所撰《高僧传初集》卷九、附《齐山阴法华山释慧基》中，仅寥寥二十余字，生卒年月不详。据《魏书・释老志》“世宗（元魏宣武帝庙号）以来……沙门知名者有慧猛、慧辨、慧深……并见重于当世。（一作道俗）”；可知慧深实当时一名僧，兹据本传，《梁书・东夷传》《魏书・释老志》《广弘明集》，及严可均《全后魏文》卷六十等，为撰年谱如下：

公元四一二年（东晋安帝义熙八年、元魏明元帝永兴四年）

慧深之师齐山阴法华山释慧基生。此据《高僧传初集》慧基本传卒年上溯八十五年，如上数。

公元四三一年（宋文帝元嘉八年、元魏太武帝神䴥四年）

慧基初随祇洹寺慧义法师，年十五出家，至是“年满二十，蔡州受戒”。

公元四三六年（宋文帝元嘉十三年、元魏太武帝太延二年）是年慧深生。

古“惠”通“慧”，慧深亦作惠深（《高僧传》释慧基下，目录作“惠深”，本传作“慧深”同一人）。此据《高僧传》卷九慧基弟子所列次序，以慧深为较晚辈，疑年龄约后慧基二十五岁左右。

公元四四二年（宋文帝元嘉十九年、元魏太武帝太平真君三年）

慧深七岁，是年慧基之师僧伽跋摩“随西域贾人舶还外国，莫详其终”。案《高僧传》卷三“僧伽跋摩天竺人，善解律藏，……以宋元嘉十年，步自流沙，至于京邑”，继罽宾国王种求那跋摩之后，号三藏法师，曾与慧义翻覆辩论“义靡然推伏，令弟子慧基等服膺供事”。僧伽跋摩“游化为志，不滞一方”与求那跋摩“以圣化宜广，不惮游方”，均见《高僧传》卷三各本传，又卷九慧基传“跋摩谓基曰汝当道王江东，不须久留京邑，于是四五年中，游历讲肆，备访众师”，可见此派以远游为学问宗旨，其后慧深之发现美洲，亦其学风使然。

公元四五〇—四五二年（宋文帝元嘉二七年[①]—二九年、元魏太武帝太平真君十一年—文成帝兴安元年）

慧基四五年游历之后“进适会稽，仍止山阴法华寺，尚学之徒，追踪问道，于是遍历三吴，讲宣经教，学徒至者千有余人”，疑慧深时年十五至十七左右，为慧基弟子，即在此期间。

公元四五二年（宋文帝元嘉二九年、元魏文成帝兴安元年）

慧深年十七岁，案《魏书·释老志》，是年元魏文成帝践极下诏，修复往时所毁图寺，“佛像经论，皆复显出”于是“京师沙门师贤者本罽宾国王种人，少入道东游凉城，凉平赴京，罢佛法时师贤假为医术，还俗而守道不改。于修复日，即反沙门，其同辈五人，帝乃亲为下发，师贤仍为道人统”云云。案此以师贤为首之罽宾僧“同辈

① “二”下原脱“七”字，据上文“公元四五〇年”推算补。——编者

五人”，当即《梁书·东夷传》中所云罽宾国之比丘五人。

公元四五八年（宋孝武帝大明二年、元魏文成帝太安四年）

慧深年二十三岁，据《梁书·东夷传》扶桑国条“其俗旧无佛法，宋大明二年，罽宾国尝有比丘五人，游行至其国，流通佛法经像”云云，疑此罽宾国比丘五人之远游美洲，慧深实与之同往。盖元魏自道武帝下《灭佛法诏》后，虽经宣武时恢复，而“有佛图形象及胡经”之罽宾僧人，咸有戒心，此或即其远游美洲之动机，而慧深则助其成行，且当为其向导，证之墨西哥至今土人间，尚传其盛名的Wixipecocha即慧深比丘之音译，可知其在此游新大陆后所居领导地位。而且《梁书》所载关于罽宾国比丘五人传佛法事，亦传自慧深，此疑慧深自述，而意有所顾忌，故归功于罽宾之五比丘，若无干己事然者。

公元四九六年（齐明帝建武三年、元魏孝文帝太和二十年）

慧深年六十一岁，是年慧基卒。案本传“以齐建武三年冬十一月卒于城傍寺，春秋八十有五。……基弟子僧行、慧旭、道恢，并学业优深，次沙门慧永，……次沙门慧深，亦基之弟子。深与同学法洪，并以戒素见重”云云。

公元四九九年（齐东昏侯永元元年、元魏孝文帝太和二三年）

是年慧深年六十四岁，从美洲大陆（扶桑国）来至中国荆州。据《梁书·东夷传》“扶桑国者齐永元元年，其国有沙门慧深，来至荆州，说云扶桑国在大汉国东二万余里”云云（案《佛祖统纪》第三十六误以慧深为扶桑国僧，又误以二万里作三万里）。此处“其国”二字指扶桑国，盖慧深自公元458年远游美洲以至499年，往返并留居墨西哥等地约四十一年云。

公元五〇五年（梁武帝天监四年、元魏宣武帝正始二年）

慧深返国时，刘宋已亡，至是萧齐亦亡，约七十岁，乃北上为元魏宣武帝沙门统。据《魏书·释老志》任城王澄《奏禁私造僧寺》文云“城内不造立浮图僧尼寺舍，……盖以道俗殊归，理无相乱故也。但……至正始三年沙门统惠深有违景明之禁，便云营造之寺，不忍移毁，求自今已后，更不听立”云云。

公元五〇九年（梁武帝天监八年、元魏宣武帝永平二年）

慧深时为沙门统，以约七十四岁之高龄，再《上言立僧尼制》，诏从之。文见《魏书·释老志》及严可均《全后魏文》卷六十。略云“诸州镇郡维那、上坐寺主，各令戒律自修，咸依内禁”，“其有造寺者，限僧五十以上，启闻听造。若有辄营置者，处以违敕之罪，其僧寺僧众，摈出外州，僧尼之法不得为俗人所使，若有犯者，还配本属。其外国僧尼来归化者，求精检有德行合三藏者听住，若无德行遣还本国；若其不去，依此僧制治罪”云云。

公元五一八年（梁武帝天监十七年、元魏孝明帝神龟元年）

慧深当卒于此数年前，享寿八十岁左右。案《魏书·释老志》神龟元年冬司空公尚书令任城王澄《奏禁私造僧寺》，先举正始二年及永平二年慧深所立条制后，竟称“尔来十年，私营转盛，罪摈之事，寂尔无闻，岂非朝格虽明，恃福共毁，僧制徒立，顾利莫从者也”按其不客气的语调，似慧深此时早已去世。

1962年五一国际劳动节